Ring/Klingelhöfer

AGB-Recht in der anwaltlichen Praxis

AnwaltsPraxis

AGB-Recht in der anwaltlichen Praxis

4. Auflage 2017

Von
Univ.-Prof. Dr. **Gerhard Ring**,
Lehrstuhl für Bürgerliches Recht, Deutsches und
Europäisches Wirtschaftsrecht,
TU Bergakademie Freiberg
und
Dr. **Thomas Klingelhöfer**
Rechtsanwalt, Stuttgart

DeutscherAnwaltVerlag

Zitiervorschlag:
Ring/Klingelhöfer, AGB-Recht, § 1 Rn 1

Hinweis
Die Ausführungen in diesem Werk wurden mit Sorgfalt und nach bestem Wissen erstellt. Sie stellen jedoch lediglich Arbeitshilfen und Anregungen für die Lösung typischer Fallgestaltungen dar. Die Eigenverantwortung für die Formulierung von Verträgen, Verfügungen und Schriftsätzen trägt der Benutzer. Herausgeber, Autoren und Verlag übernehmen keinerlei Haftung für die Richtigkeit und Vollständigkeit der in diesem Buch enthaltenen Ausführungen.

Anregungen und Kritik zu diesem Werk senden Sie bitte an
kontakt@anwaltverlag.de
Autoren und Verlag freuen sich auf Ihre Rückmeldung.

Copyright 2017 by Deutscher Anwaltverlag, Bonn
Satz: Reemers Publishing Services, Krefeld
Druck: Druckhaus Köthen GmbH & Co. KG
Umschlaggestaltung: gentura, Holger Neumann, Bochum
ISBN 978-3-8240-1461-3

Bibliografische Information der Deutschen Nationalbibliothek
Die Deutsche Nationalbibliothek verzeichnet diese Publikation in der Deutschen Nationalbibliografie; detaillierte bibliografische Daten sind im Internet über http://dnb.d-nb.de abrufbar.

Inhaltsverzeichnis

§ 1	**Einleitung**	11
	A. Rechtsprechungsübersichten	12
	B. Gesetzgebungsmaterialien	13
	C. Die Missbräuchliche-Klausel-Richtlinie	13
§ 2	**Allgemeines zum AGB-Recht**	17
	A. Einleitung	17
	I. Der materiell-rechtliche Teil des AGB-Rechts	17
	II. Die Ermächtigungen zum Erlass von Rechtsverordnungen	24
	III. Die verfahrensrechtlichen Vorschriften des alten AGB-Gesetzes	24
	1. Zielsetzung des UKlaG	25
	2. Unterlassungs- und Widerrufsanspruch	26
	3. Das Unterlassungsklageverfahren	32
	4. Der Anspruch auf Mitteilung des Namens und der zustellungsfähigen Anschrift	36
	5. Kundenbeschwerden (Schlichtungsverfahren)	37
	6. Anwendungsausschluss	39
	7. Überleitungsvorschriften	39
	IV. Übergangsvorschriften	40
	V. Synopse: BGB – AGB-Gesetz (alt)	41
	VI. Änderungen, die die §§ 305 ff. BGB erfahren haben	42
	VII. Das Verhältnis der §§ 305 ff. BGB zu anderen Regelungen	42
	VIII. Schadensersatz wegen der Verwendung unwirksamer Klauseln	44
	IX. Grenzüberschreitende Verwendung von Allgemeinen Geschäftsbedingungen	44
	B. Zweck der gesetzlichen Regelung	45
§ 3	**Der Begriff der Allgemeinen Geschäftsbedingung (§ 305 Abs. 1 BGB)**	49
	A. Einleitung	51
	B. Vertragsbedingung	56
	C. Vorformulierung	69
	D. Vielzahl von Verträgen	72
	E. Veranlassen der Einbeziehung durch den Verwender	75
	F. Die Klarstellung nach § 305 Abs. 1 S. 2 BGB	84
	G. Abgrenzung zur Individualvereinbarung	85
	I. Die Individualabrede	88
	II. Sonderproblem: Schriftformklausel	97
	III. Beweislast	102

§ 4 Einbeziehung der Allgemeinen Geschäftsbedingungen 105
- A. Einleitung 106
- B. Gesetzliche Voraussetzungen der Einbeziehung (§ 305 Abs. 2 BGB) 110
  - I. Die Hinweispflicht des Verwenders (§ 305 Abs. 2 Nr. 1 BGB) . 113
  - II. Die Möglichkeit der Kenntnisnahme durch den Vertragspartner (§ 305 Abs. 2 Nr. 2 BGB) 116
- C. Das Einverständnis des Vertragspartners (§ 305 Abs. 2 letzter Hs. BGB) 126
- D. Rahmenvereinbarungen und andere Sonderformen der Einbeziehung 127
  - I. Rahmenvereinbarungen 128
  - II. Die Einbeziehung von Allgemeinen Geschäftsbedingungen im unternehmerischen Bereich 129
  - III. Einbeziehung von Allgemeinen Geschäftsbedingungen bei Vertragsabschlüssen im Internet 133
- E. Einbeziehung in besonderen Fällen (§ 305 lit. a BGB).......... 133
  - I. Wegfall von § 305 lit. a Nr. 1 BGB-RegE............... 136
  - II. Beförderungstarife (§ 305 lit. a Nr. 1 BGB).............. 137
  - III. Postbeförderungsverträge und solche über Telekommunikations-, Informations- und andere Dienstleistungen (§ 305 lit. a Nr. 2 BGB) 138
    1. Beförderungsverträge, die außerhalb von Geschäftsräumen durch den Einwurf von Postsendungen in Briefkästen abgeschlossen werden 141
    2. Vertragsabschlüsse in Call-by-Call-Verfahren sowie Verträge über Mehrwert- und Informationsdienste, die während der Dauer einer Telefonverbindung „in einem Mal" erbracht werden.................................... 142
- F. Umgehungsverbot (§ 306 lit. a BGB)..................... 144
- G. Widersprechende Allgemeine Geschäftsbedingungen 149
  - I. „Theorie des letzten Wortes"....................... 149
  - II. Prinzip der Kongruenzgeltung 150
  - III. Sonderproblem: Eigentumsvorbehalt 151
- H. Überraschende und mehrdeutige Klauseln (§ 305 lit. c BGB) 152
  - I. Vorrang vor Inhaltskontrolle 160
  - II. Überraschende Vertragsbedingungen................. 160
  - III. Mehrdeutige Vertragsbedingungen 181
- I. Rechtsfolgen bei Nichteinbeziehung und Unwirksamkeit (§ 306 BGB) 194
  - I. Aufrechterhaltung des übrigen Vertrags 201
  - II. Ersatzweises Eingreifen des dispositiven Rechts 203
  - III. Unwirksamkeit des Vertrags 214
- J. Exkurs: Verwendung Allgemeiner Geschäftsbedingungen in Verträgen mit Auslandsberührung............................. 217

§ 5 Die Auslegung Allgemeiner Geschäftsbedingungen 219

A. Einführung 219
   I. Gegenstand der Auslegung 219
   II. Änderungen durch das Schuldrechtsmodernisierungsgesetz (2002) 219
B. Die Unklarheitenregelung (§ 305 lit. c Abs. 2 BGB). 220
C. Die Inhaltskontrolle (§§ 307 ff. BGB) 222
   I. Die Anwendbarkeit der Inhaltskontrolle 222
   II. Klauselverbote ohne Wertungsmöglichkeit (§ 309 BGB) 223
      1. Der Einleitungssatz 223
      2. Die einzelnen Klauselverbote des § 309 BGB 224
         a) Kurzfristige Preiserhöhungen (§ 309 Nr. 1 BGB). 224
         b) Leistungsverweigerungsrechte (§ 309 Nr. 2 BGB) 231
         c) Aufrechnungsverbot (§ 309 Nr. 3 BGB). 234
         d) Mahnung und Fristsetzung (§ 309 Nr. 4 BGB). 238
         e) Pauschalierung von Schadensersatzansprüchen
            (§ 309 Nr. 5 BGB). 240
            aa) Allgemeines. 240
            bb) Angemessenheit der Pauschalierung des Schadens oder
                der Wertminderung 241
            cc) Beweislast. 244
            dd) Vorbehalt des Nachweises eines geringeren Schadens
                bzw. einer geringeren Wertminderung 245
            ee) Rechtsfolgen der Unwirksamkeit 246
            ff) Kaufmännischer Geschäftsverkehr 246
         f) Vertragsstrafe (§ 309 Nr. 6 BGB). 247
            aa) Allgemeines. 247
            bb) Untersagte Vertragsstrafen 249
            cc) Kaufmännischer Geschäftsverkehr 250
            dd) Wirksamkeitserfordernisse nach § 307 BGB 250
         g) Haftungsausschluss (§ 309 Nr. 7 BGB) 254
            aa) Verletzung von Leben, Körper oder Gesundheit
                (§ 309 Nr. 7 lit. a BGB) 256
            bb) Grobes Verschulden (§ 309 Nr. 7 lit. b BGB) 257
         h) Sonstige Haftungsausschlüsse bei Pflichtverletzungen
            (§ 309 Nr. 8 BGB). 260
            aa) Ausschluss des Rechts, sich vom Vertrag zu lösen
                (§ 309 Nr. 8 lit. a BGB) 261
            bb) Mängel (§ 309 Nr. 8 lit. b BGB). 262
               (1) Ausschluss und Verweisung auf Dritte
                   (§ 309 Nr. 8 lit. b aa BGB) 265

(2) Beschränkung auf Nacherfüllung (§ 309 Nr. 8 lit. b bb BGB)...................... 270
(3) Aufwendungen bei Nacherfüllung (§ 309 Nr. 8 lit. b cc BGB)...................... 273
(4) Vorenthalten der Nacherfüllung (§ 309 Nr. 8 lit. b dd BGB)........................ 275
(5) Ausschlussfrist für Mängelanzeige (§ 309 Nr. 8 lit. b ee BGB)..................... 277
(6) Erleichterung der Verjährung (§ 309 Nr. 8 lit. b ff BGB)........................... 279
i) Laufzeit bei Dauerschuldverhältnissen (§ 309 Nr. 9 BGB) 281
j) Wechsel des Vertragspartners (§ 309 Nr. 10 BGB) 285
k) Haftung des Abschlussvertreters (§ 309 Nr. 11 BGB)... 288
l) Beweislast (§ 309 Nr. 12 BGB)................. 290
m) Form von Anzeigen und Erklärungen (§ 309 Nr. 13 BGB) 294
n) Klageverzicht (§ 309 Nr. 14 BGB)............... 297
III. Klauselverbote mit Wertungsmöglichkeit (§ 308 BGB)...... 297
1. Allgemeines 297
2. Annahme- und Leistungsfrist (§ 308 Nr. 1 BGB)........ 299
   a) Annahmefrist 300
   b) Leistungsfrist 304
      aa) Verhältnis zur Individualabrede............. 304
      bb) Frist für Leistungen des Verwenders........... 305
      cc) Unangemessenheit der Leistungsfrist 307
      dd) Unbestimmtheit der Leistungsfrist 308
   c) Ausnahme für Leistungsvorbehalt nach Ablauf einer Widerrufsfrist............................ 309
   d) Rechtsfolgen bei Unwirksamkeit................ 309
   e) Verhältnis zu anderen Vorschriften 310
3. Zahlungsfrist (§ 308 Nr. 1a BGB)................. 311
   a) Unangemessenheit des für die Erfüllung vorbehaltenen Zeitraums (§ 308 Nr. 1a Hs. 1 BGB) 312
   b) Entgeltforderung des Vertragspartners 313
   c) Auslegungsregel für Zahlungsfristen eines kaufmännischen Verwenders (§ 308 Nr. 1a Hs. 2 BGB) 313
      aa) Zeit von mehr als 30 Tagen nach Empfang der Gegenleistung (1. Alt.) 313
      bb) Zeit von mehr als 30 Tagen nach Zugang einer Rechnung oder Zahlungsaufstellung (2. Alt.) 314

4. Überprüfungs- und Abnahmefrist (§ 308 Nr. 1b BGB) 314
   a) Unangemessenheit des für die Erfüllung vorbehaltenen
      Zeitraums (§ 308 Nr. 1b Hs. 1 BGB) 315
   b) Entgeltforderung des Vertragspartners 315
   c) Auslegungsregel für Überprüfungs- bzw. Abnahmefristen
      eines kaufmännischen Verwenders (§ 308 Nr. 1b Hs. 2
      BGB) 316
5. Nachfrist (§ 308 Nr. 2 BGB) 316
   a) Allgemeines 316
   b) Unangemessenheit der Nachfrist 317
6. Rücktrittsvorbehalt (§ 308 Nr. 3 BGB) 321
   a) Allgemeines 321
   b) Zweck 321
   c) Anwendungsbereich 321
   d) Sachlich gerechtfertigter Grund 324
      aa) Leistungshindernisse aus der Sphäre des Verwenders 325
      bb) Leistungshindernisse aus der Sphäre des Vertrags-
          partners 328
   e) Angabe des Lösungsgrundes 330
   f) Rechtsfolge 331
7. Änderungsvorbehalt (§ 308 Nr. 4 BGB) 332
8. Fingierte Erklärungen (§ 308 Nr. 5 BGB) 341
   a) Allgemeine Voraussetzungen 341
   b) Zulässigkeit der Erklärungsfiktion (§ 308 Nr. 5 2. Hs. BGB) 344
      aa) Angemessene Erklärungsfrist 344
      bb) Hinweispflicht 345
   c) Ausnahmeregelung für VOB 347
   d) Sonstiges 347
9. Fiktion des Zugangs (§ 308 Nr. 6 BGB) 348
10. Abwicklung von Verträgen (§ 308 Nr. 7 BGB) 351
    a) Allgemeines 351
    b) § 308 Nr. 7 lit. a BGB 352
    c) § 308 Nr. 7 lit. b BGB 353
    d) Unangemessenheit 353
       aa) Höhe des Vergütungsanspruchs 354
       bb) Höhe des Aufwendungsersatzes 355
    e) Möglichkeit des Gegenbeweises 356
11. Nichtverfügbarkeit der Leistung (§ 308 Nr. 8 BGB) 357
IV. Unwirksamkeit wegen Verstoßes gegen Treu und Glauben
    (§ 307 BGB) 358

1. Typisierte Fälle unangemessener Benachteiligung (§ 307 Abs. 2 BGB) 360
   a) Unvereinbarkeit mit einer gesetzlichen Regelung (§ 307 Abs. 2 Nr. 1 BGB) 360
   b) Gefährdung des Vertragszwecks (§ 307 Abs. 2 Nr. 2 BGB) 362
2. Transparenzgebot (§ 307 Abs. 1 S. 2 BGB) 363
   a) Allgemeines 363
   b) Fallgruppen 366
3. Die Generalklausel 367
   a) Allgemeines 367
   b) Tatbestandsvoraussetzungen................... 369
      aa) Benachteiligung....................... 369
      bb) Unangemessenheit..................... 370

§ 6 Anwendungsbereich (§ 310 BGB) 377

A. Einführung...................................... 380
B. Verwendung von Allgemeinen Geschäftsbedingungen gegenüber Unternehmern................................... 380
C. Sachlicher Anwendungsbereich (Elektrizitäts-, Gas-, Fernwärme-, und Wasserversorgungsunternehmen) 385
D. Verbraucherverträge............................. 389
   I. Standard-Verbraucherverträge (§ 310 Abs. 3 Nr. 1 BGB)..... 393
   II. Einmalbedingungen in Verbraucherverträgen (§ 310 Abs. 3 Nr. 2 BGB) 396
   III. Die Beurteilung der unangemessenen Benachteiligung (§ 310 Abs. 3 Nr. 3 BGB) 404
   IV. Bereichsausnahmen 405
      1. Familien- und Erbrecht 406
      2. Gesellschaftsrecht......................... 407
      3. Arbeitsrecht............................. 408
Stichwortverzeichnis................................ 417

§ 1 Einleitung

Literatur (zum alten Recht):

Basedow, Eine Deponie wird geschlossen – Ein Rückblick auf die Karriere des AGBG, ZEuP 2001, 433; *Borges*, Die Inhaltskontrolle von Verbraucherverträgen, 2000; *Bunte*, Erfahrungen mit dem AGBG, AcP 181 (1981), 31; *Borges*, Zehn Jahre AGBG – Rückblick und Ausblick, NJW 1987, 921; *Coester-Waltjen*, Die Inhaltskontrolle von Verträgen außerhalb des AGBG, AcP 190 (1990), 1; *Erman/Hefermehl*, Kommentierung des AGB-Gesetzes, 10. Aufl. 2000; *Fastrich*, Richterliche Inhaltskontrolle im Vertragsrecht, 1992; *Heinrichs*, Das Gesetz zur Änderung des AGB-Gesetzes – Umsetzung der EG-Richtlinie über missbräuchliche Klauseln in Verbraucherverträgen durch den Bundesgesetzgeber, NJW 1996, 2190; *Heinrichs/Löwe/Ulmer* (Hrsg.), Zehn Jahre AGBG, 1987; *Hensen*, Zur Entstehung des AGBG, in: Recht im Spannungsfeld von Theorie und Praxis, FS für Heinrichs, 1998, S. 335; *ders.*, 20 Jahre AGBG im Spiegel der Rechtsprechung des Bundesgerichtshofs, in: FS für Brandner, 1996, S. 231; *Klaas*, Zur EG-Richtlinie über missbräuchliche Klauseln in Verbraucherverträgen – „Stellen" von AGB, insbesondere Inhaltskontrolle notarieller Verbraucherverträge?, in: FS für Brandner, 1996, S. 247; *Kramer*, Nichtausgehandelter Individualvertrag, notariell beurkundeter Vertrag und AGB, ZHR 146 (1982), 105; *MüKo/Kötz/Basedow/Gerlach*, Kommentierung des AGB-Gesetzes, 4. Aufl. 2001; *Pflug*, Kontrakt und Status im Recht der Allgemeinen Geschäftsbedingungen, 1986; *Schlechtriem*, Der Kaufmann im Gesetz zur Regelung des Rechts der Allgemeinen Geschäftsbedingungen, in: FS für Duden, 1977, S. 571; *Stein*, Die Inhaltskontrolle vorformulierter Verträge des Allgemeinen Privatrechts, 1982; *Ulmer*, AGB-Gesetz und einseitig gesetzte Gemeinschaftsordnungen von Wohnungseigentümern, in: FS für Weitnauer, 1980, S. 205; *Ulmer*, Das AGB-Gesetz: ein eigenständiges Kodifikationswerk, JZ 2001, 491; *Ulmer/Brandner/Hensen*, Kommentar zum AGB-Gesetz, 9. Aufl. 2001; *Soergel/Stein*, Kommentierung des AGB-Gesetzes, 12. Aufl. 1991; *Staudinger/Coester/Coester-Waltjen/Schlosser*, Kommentierung des AGB-Gesetzes, 13. Bearb. 1998; *Thamm/Pilger*, Kommentar zum AGB-Gesetz, 1998; *Wackerbarth*, Unternehmer, Verbraucher und die Rechtfertigung der Inhaltskontrolle vorformulierter Verträge, AcP 200 (2000), 45; *v. Westphalen*, Vertragsrecht und Klauselwerke, 1999; *Wolf*, Die Vorformulierung als Voraussetzung der Inhaltskontrolle, in: FS für Brandner, 1996, S. 299; *Wolf*, Vertragsfreiheit und Vertragsrecht im Lichte der AGB-Rechtsprechung des Bundesgerichtshofs, in: Festgabe 50 Jahre BGH, Bd. 1, 2000, S. 111; *Wolf/Horn/Lindacher*, AGB-Gesetz, Kommentar, 4. Aufl. 1999.

Literatur (zur Integration des AGBG in den §§ 305 ff. BGB infolge des Schuldrechtsmodernisierungsgesetzes und allgemein zur Gestaltung von Schuldverhältnissen mittels Allgemeiner Geschäftsbedingungen – AGB-Recht neu in den §§ 305 ff. BGB):

Basedow, in: MüKo zum BGB, Bd. 2, 5. Aufl. 2007; *Basedow*, Der Europäische Gerichtshof und die Klauselrichtlinie 93/13: Der verweigerte Dialog, in: FS für Hirsch, 2008, S. 51; *Boerner*, Kaufrechtliche Sachmängelhaftung und Schuldrechtsreform, ZIP 2001, 2264; *Borges*, Zur AGB-Kontrolle interner Richtlinien, ZIP 2005, 185; *Brüggemeier/Reich*, Europäisierung des BGB durch große Schuldrechtsreform?, BB 2001, 213; *Däubler-Gmelin*, Die Entscheidung für die sogenannte Große Lösung bei der Schuldrechtsreform, NJW 2001, 2281; *Dörner*, Die Integration des Verbraucherrechts in das BGB, in: Schulze/Schulte-Nölke (Hrsg.), Die Schuldrechtsreform vor dem Hintergrund des Gemeinschaftsrechts, 2001, S. 177; *Gottschalk*, Neues zur Abgrenzung zwischen AGB und Individualabrede bei vorformulierten Vertragsbedingungen, NJW 2005, 2493; *Grziwotz*, Städtebauliche Verträge und AGB-Recht, NVwZ 2002, 391; *Heinrichs*, Das neue AGB-Recht und seine Bedeutung für das Mietverhältnis, NZM 2003, 6; *Hellwege*, Allgemeine Geschäftsbedingungen, in: Basedow/Hopt/Zimmermann (Hrsg.), Handwörterbuch des Europäischen Privatrechts, Bd. 1, 2009, S. 28; *Hellwege*, Allgemeine Geschäftsbedingungen, einseitig gestellte Vertragsbedingungen und die allgemeine Rechtsgeschäftslehre, 2010; *Hennrichs*, in: Dauner-Lieb/Heidel/Lepa/Ring, AnwaltKommentar Schuldrecht, §§ 305 ff., 2002; *Hennrichs*, in: Dauner-Lieb/Heidel/Lepa/Ring, Lehrbuch des Schuldrechts, 2002, S. 169 ff.; *Henn*, Zu den „Besonderheiten" des Arbeitsrechts, ZfA 2003, 325; *Jansen*, Klauselkontrolle im europäischen Privatrecht – ein Beitrag zur Revision des Verbraucheracquis, ZEuP 2010, 69; *Kesseler*, Der Kauf gebrauchter Waren nach dem Diskussionsentwurf eines Schuldrechtsmodernisierungsgesetzes, ZRP 2001, 70; *Ketz*, Der Schutzzweck der AGB-Kontrolle, JZ 2003, 209; *Klieninger*, Die Vollharmonisierung des Rechts der Allgemeinen Geschäftsbedingungen – eine Utopie?, RabelsZ 73 (2009), 793; *Kötz*, Der Schutzzweck der AGB-Kontrolle – Eine rechtsökonomische Studie, JuS 2003, 209; *Kollmann*, in: Dauner-Lieb/Heidel/Ring, AnwaltKommentar BGB, Bd. 2: Schuldrecht, Teilbd. 1, §§ 305 ff., 2005 (nunmehr: Nomos-Kommentar BGB); *Kroll/Hennecke*, Kollidierende Allgemeine Geschäftsbedingungen in internationalen Kaufverträgen, RIW 2001, 736; *Leuschner*, Gebotenheit und Grenzen der AGB-Kontrolle, AcP 207 (2007), 491; *Leyens/Schäfer*, Inhaltskontrolle allgemeiner Geschäftsbedingungen – Rechtsökonomische Überlegungen zu einer einheitlichen Konzeption von BGB und DCFR, AcP 210 (2010), 771; *Pfeiffer*, Die Integration von „Nebengesetzen" in das BGB, in: Ernst/Zimmermann (Hrsg.), Zivilrechtswissenschaft und Schuldrechtsreform, 2001, S. 481; *Pfeilschifter*, Inhaltskontrolle preisbestimmender und leistungsbeschreibender Vertragsklauseln nach Aufhebung des AGB-Gesetzes – Betriebskostenvereinbarungen im Wohnraummietrecht im Lichte des Transparenzgebotes aus § 307 BGB, WuM 2002, 73; *Pick*, Zum Stand der Schuldrechtsmodernisierung, ZIP 2001, 1173; *Ring/Klingelhöfer*, Das neue AGB-Recht, 2002; *Rösler*, Europäisches Konsumentenvertragsrecht, 2004; *Rosenow/Schaffelhuber*, Neues zur Transparenzkontrolle im AGB-Recht, ZIP 2001, 2211; *Schäfer*, Vertragsschluss unter Einbeziehung von AGB gegenüber Fremdmuttersprachlern, JZ 2003, 879; Schumacher, Die Aufwertung des Transparenzgebots und die Konsequenzen für das Mietrecht – Neuen Thesen, NZM 2003, 13; *Söllner*, Zur Anwendung der gesetzlichen Vorschriften über Allgemeine Geschäftsbedingungen im Arbeitsrecht, ZfA 2003, 145; *Thüsing*, Neues zur Inhaltskontrolle von Formulararbeitsverträgen – Ein Streifzug durch die Rechtsprechung nach der Schuldrechtsreform, BB 2004, 42; *Ulmer*, Das AGB-Gesetz: Ein eigenständiges Kodifikationswerk, JZ 2001, 491; *Ulmer*, Integration des AGB-Gesetzes in das BGB?, in: Schulze/Schulte-Nölke (Hrsg.), Die Schuldrechtsreform vor dem Hintergrund des Gemeinschaftsrechts, 2001, S. 215; *Ulmer/Brandner/Hensen*, AGB-Recht, 11. Aufl. 2011; *v. Wangenheim/Rückebeil*, Die unterschiedlichen Grundlagen von deutschem AGB-Recht und europäischer Klauselvertragsrichtlinie, in: Eger/Schäfer (Hrsg.), Ökonomische Analyse der europäischen Zivilrechtsentwicklung, 2007, S. 480; *v. Westphalen*, AGB-Recht ins BGB – Eine erste Bestandsaufnahme, NJW 2002, 12; *v. Westphalen*, Neues Recht für Dauerschuldverhältnisse ab 1.1.2003, ZGS 2002, 431; *Wisskirchen/Stühm*, Anspruch des Arbeitgebers auf Änderung von unwirksamen Klauseln in alten Arbeitsverträgen?, DB 2003, 225; *Wolf/Pfeiffer*, Der richtige Standort des AGB-Rechts innerhalb des BGB, ZRP 2001, 303; *Wolf/Lindacher/Pfeiffer*, AGB-Gesetz, 6. Aufl. 2013.

A. Rechtsprechungsübersichten

1
- *Crisolli/Zaumseil*, BB-Rechtsprechungsreport zum arbeitsrechtlichen AGB-Recht, BB 2012, 1281
- *Löhning/Gietl*, Grundfälle zum Recht der Allgemeinen Geschäftsbedingungen, JuS 2012, 494
- *Niebling*, Die Entwicklung des Rechts der AGB im Jahre 2008, NJ 2009, 45; *Niebling*, Die Entwicklung des Rechts der AGB im Jahre 2009, NJ 2009, 491; *Niebling*, Die Entwicklung des Rechts der AGB im Jahre 2010, NJ 2011, 177; *Niebling*, Die Entwicklung des Rechts der AGB im Jahre 2012, NJ 2013, 89; *Niebling*, Zum Stand des UKlaG im AGB-Recht, NJ 2016, 309
- *Niebling*, AGB-rechtliche Fragen zu Garantie und Mängelhaftung, NZV 2011, 521

- *Niebling*, Aktuelle Änderungen im AGB-Recht, MDR 2010, 961; *Niebling*, Aktuelle Fragen des UKlaG im AGB-Recht, MDR 2012, 1071; *Niebling*, AGB-Recht – Aktuelle Entwicklungen zu Einbeziehung, Inhaltskontrolle und Rechtsfolgen, MDR 2014, 636; *Niebling*, AGB-Recht – Aktuelle Entwicklungen bei einzelnen Vertragstypen und -klauseln, MDR 2014, 696; *Niebling*, AGB-Recht – Aktuelle Entwicklungen zu Einbeziehung, Inhaltskontrolle und Rechtsfolgen, MDR 2015, 560; *Niebling*, AGB-Recht – Aktuelle Entwicklungen zu Einbeziehung, Inhaltskontrolle und Rechtsfolgen, MDR 2016, 629
- *Pfeiffer*, Entwicklungen und aktuelle Fragestellungen des AGB-Rechts, NJW 2017, 913
- *v. Westphalen*, Entwicklung des AGB-Rechts, NJW 2002, 1688; 2003, 1635; 1891; *v. Westphalen*, AGB-Recht im Jahr 2004, NJW 2005, 1987; *v. Westphalen*, AGB-Recht im Jahre 2005, NJW 2006, 2228; *v. Westphalen*, AGB-Recht im Jahre 2006, NJW 2007, 2228; *v. Westphalen*, AGB-Recht im Jahr 2007, NJW 2008, 2234; *v. Westphalen*, AGB-Recht im Jahr 2008, NJW 2009, 2355; *v. Westphalen*, AGB-Recht im Jahr 2009, NJW 2010, 2254; *v. Westphalen*, AGB-Recht im Jahr 2010, NJW 2011, 2098; *v. Westphalen*, AGB-Recht im Jahr 2011, NJW 2012, 2243; *v. Westphalen*, AGB-Recht im Jahr 2012, NJW 2013, 2239; *v. Westphalen*, AGB-Recht im Jahr 2013, NJW 2014, 2242; *v. Westphalen*, AGB-Recht im Jahr 2014, NJW 2015, 2223; *v. Westphalen*, AGB-Recht im Jahr 2015, NJW 2016, 2228

B. Gesetzgebungsmaterialien

BT-Drucks 14/6040 (Gesetzentwurf der Bundesregierung), BR-Drucks 338/01 (Stellungnahme des Bundesrates), BT-Drucks 14/6857 (Gegenäußerung der Bundesregierung), BT-Drucks 14/7052 (Beschlussempfehlung der Rechtsausschusses).

C. Die Missbräuchliche-Klausel-Richtlinie

Nach einer jahrzehntelangen Diskussion[1] mit korrespondierenden Versuchen der Judikatur, eine AGB-Inhaltskontrolle als richterliche Gültigkeitskontrolle zu etablieren, erfolgte am 9.12.1976 die Kodifikation eines AGB-Gesetzes im deutschen Recht, das die andere Vertragspartei (auch unter Verbraucherschutzgesichtspunkten) vor dem Verwender von Allgemeinen Geschäftsbedingungen schützen sollte.[2] Mit der Umsetzung der Richtlinie 93/13/EWG (fortan: Klausel-Richtlinie) vom 5.4.1993 über missbräuchliche

---
1 Dazu *Raiser*, Das Recht der AGB, 1935.
2 Näher NK-BGB/*Kollmann*, Vor §§ 305 ff. BGB Rn 1 f.

§ 1 Einleitung

Klauseln in Verbraucherverträgen[3] durch Gesetz vom 19.7.1996 erfolgte eine unübersehbare Hinwendung zum **primären Verbraucherschutz**.[4]

4 Während der EuGH noch in der Entscheidung Kommission gegen Schweden[5] im Hinblick auf die Bedeutung, welche der Anhang zu Art. 3 Abs. 3 der Klausel-Richtlinie für ihn selbst und die mit der Auslegung solcher missbräuchlicher Klauseln befassten nationalen Gerichte entfaltet, festgestellt hatte, dass die Mitgliedstaaten verpflichtet seien, bei der Umsetzung des Richtlinienanhangs sicherzustellen, dass die Allgemeinheit tatsächlich Kenntnis vom Inhalt dieses Anhangs und der dort aufgeführten, als missbräuchlich bezeichneten Klauseln erlangt (was dann der Fall sein sollte, wenn der Anhang in der Gesetzesbegründung wiedergegeben wird, was in Deutschland nicht geschehen war, weswegen zunächst begründete Zweifel an einer wirksamen Umsetzung des Richtlinienanhangs in Deutschland bestanden),[6] hat der EuGH mit Urt. v. 1.4.2004 entschieden, dass es ausschließlich Aufgabe der nationalen Gerichte ist, darüber zu befinden, ob eine Vertragsklausel i.S.d. Art. 3 Abs. 3 der Klausel-Richtlinie missbräuchlich ist:[7] Zwar ist allein der EuGH nach Art. 234 EGV dafür zuständig, die zur Definition des Begriffs einer „missbräuchlichen Klausel" verwendeten allgemeinen Kriterien auszulegen. Vor dem Hintergrund aber, dass die Kontrolle der Missbräuchlichkeit einer in Rede stehenden Klausel sich stets auch unter Beachtung der konkreten Begleitumstände einschließlich der jeweiligen Folgen des Falles zu vollziehen hat, ist für die konkrete Bewertung der Missbräuchlichkeit einer im Anhang zu Art. 3 Abs. 3 der Klausel-Richtlinie aufgeführten Klausel **ausschließlich das nationale Gericht zuständig**. Eine im Anhang zu Art. 3 Abs. 3 der Klausel-Richtlinie aufgeführte Klausel könne nicht zwangsläufig als „missbräuchlich" qualifiziert werden und vom angerufenen nationalen Gericht so bewertet werden – während umgekehrt auch eine in der Richtlinie nicht enthaltene Klausel „missbräuchlich" i.S.v. Art. 4 Abs. 1 der Klausel-Richtlinie sein könne,[8] was darin begründet liegt, dass der Verbraucherschutz nach nationalem Recht wegen missbräuchlicher Klauseln weitergehender sein kann als nach der Klausel-Richtlinie (vgl. Art. 8 Klausel-Richtlinie, der den einzelnen Mitgliedstaaten die Schaffung eines höheren Schutzniveaus zugunsten der Verbraucher gestattet, als die Richtlinie als Mindeststandard vorgibt).

---

3 ABl Nr. C 73 v. 24. 3. 1992, S. 7.
4 So zutreffend Jauernig/*Stadler*, § 305 BGB Rn 1 – vor allem durch die Einfügung des § 24a AGBG: *„In Verbraucherverträgen werden nunmehr sowohl Dritt- wie Einmalklauseln erfasst und die konkreten individuellen Umstände des Vertragsschlusses berücksichtigt. Die genannten Klauseln waren über AGBG § 1 I 1 keine AGB, so dass der beibehaltene Name AGBG nicht mehr zutraf."*
5 EuGH, Slg. I 2002, 4147 = EuZW 2002, 465.
6 Dazu näher *Pfeiffer*, EuZW 2002, 465, 467.
7 EuGH NJW 2004, 1647 – Freiburger Kommunalbauten/Hofstetter.
8 EuGH NJW 2004, 1647 – Freiburger Kommunalbauten/Hofstetter.

C. Die Missbräuchliche-Klausel-Richtlinie § 1

Etwas anderes (mithin eine Zuständigkeit des EuGH) gilt nur für den Ausnahmefall, dass 5
eine von einem Gewerbetreibenden formulierte Klausel (bspw. eine Gerichtsstandsvereinbarung) alle Kriterien der Missbräuchlichkeit erfüllt,[9] was aber nur dann der Fall ist, wenn es sich um eine Klausel handelt, die ausschließlich und ohne Gegenleistung zugunsten des Verbrauchers für den Gewerbetreibenden vorteilhaft ist (und zwar unabhängig von dem zugrunde liegenden Vertragstyp), indem sie (was ein seltener Ausnahmefalls ist) all jene Rechte infrage stellt, die die Richtlinie dem Verbraucher gewährt. Diese dem EuGH verbleibende Kompetenz bei der „Missbräuchliche-Klausel-Kontrolle" ist unerlässlich, um dergestalt eine gemeinschaftsweit einheitliche Konkretisierung der Missbrauchskontrolle zu gewährleisten.[10]

Beachte 6
Ein nationales Gericht hat aber auch weiterhin bei einer entscheidungserheblichen Frage (sofern es Zweifel im Zusammenhang mit der Auslegung von Gemeinschaftsrecht hat) dann dem EuGH vorzulegen, wenn es eine Entscheidung von grundsätzlicher Bedeutung zum Nachteil des Verbrauchers beabsichtigt.[11]

2006 hat der EuGH[12] festgestellt, dass die Klausel-Richtlinie dahin auszulegen ist, dass 7
ein nationales Gericht, das über eine Klage auf Aufhebung eines Schiedsspruchs zu entscheiden hat, die Nichtigkeit der Schiedsvereinbarung prüft und den Schiedsspruch aufhebt, wenn die Schiedsvereinbarung eine missbräuchliche Klausel zulasten eines Verbrauchers enthält – und zwar auch dann, wenn der Verbraucher diese Nichtigkeit nicht im Schiedsverfahren, sondern erst im Verfahren der Aufhebungsklage eingewendet hat: Wegen der Bedeutung des Verbraucherschutzes hat der Gemeinschaftsgesetzgeber in Art. 6 Abs. 1 Klausel-Richtlinie vorgesehen, dass missbräuchliche Klauseln in Verträgen, die ein Gewerbetreibender mit einem Verbraucher geschlossen hat, „für den Verbraucher unverbindlich sind". Dabei handelt es sich um eine zwingende Vorschrift. Diese zielt – wegen der Unterlegenheit einer der Vertragsparteien – darauf ab, die formale Ausgewogenheit der Rechte und Pflichten der Vertragsparteien als solche durch eine materielle Ausgewogenheit zu ersetzen und so deren Gleichheit wiederherzustellen.[13] Da die Klausel-Richtlinie den Verbraucherschutz verbessern soll, stellt sie eine Maßnahme nach Art. 3 Abs. 1 lit. t EGV dar. Somit ist die Klausel-Richtlinie für die Erfüllung der Aufgaben der EU – insbesondere für die Hebung der Lebenshaltung und der Lebensqua-

---

9 Vgl. EuGH NJW 2000, 2572 – Oceano Grupo Editorial-Quiltero; EuGH NJW 2004, 1647 – Freiburger Kommunalbauten/Hofstetter.
10 Dazu näher *Markwardt*, ZIP 2005, 152, 156.
11 Siehe *v. Westphalen*, NJW 2005, 1987, 1988.
12 EuGH NJW 2007, 135 – Elisa Maria Mostaza Claro/Centro Movil.
13 EuGH NJW 2007, 135, 136 – Elisa Maria Mostaza Claro/Centro Movil.

Ring 15

lität in der ganzen Gemeinschaft – unerlässlich.[14] Darüber hinaus rechtfertigen die Art und die Bedeutung des öffentlichen Interesses (auf dem der durch die Klausel-Richtlinie den Verbrauchern gewährte Schutz beruht), dass nationale Gerichte von Amts wegen die Missbräuchlichkeit einer Vertragsklausel prüfen und damit dem Ungleichgewicht zwischen Verbrauchern und Gewerbetreibenden Abhilfe gewähren müssen.[15]

8 Der Richter ist – so der EuGH[16] – verpflichtet, eine Gerichtsstandsklausel von Amts wegen der Inhaltskontrolle zu unterziehen.

9 *Beachte*

Nach einer Entscheidung des EuGH[17] ist es nach Art. 5 der RL 93/13/EWG dem Gaslieferanten verboten, die für den Bereich der Tarifkunden gesetzlich vorgesehene Preisanpassungsklausel auf den privatautonom zu regelnden Sektor der Sonderkunden zu erstrecken, weil die gesetzlich verankerte Preisanpassungsklausel nicht hinreichend transparent ist.

---

14 So auch EuGH NJW 1999, 3549 – Leits. = EuZW 1999, 565 – Eco Swiss – analog zu Art. 81 EGV.
15 EuGH NJW 2007, 135, 136 – Elisa Maria Mostaza Claro/Centro Movil.
16 NJW 2009, 2367.
17 NJW 2013, 2253 = EuZW 2013, 461 – RWE. Vgl. dazu auch die Besprechung von *Micklitz/Reich*, EuZW 2013, 457.

§ 2 Allgemeines zum AGB-Recht

A. Einleitung

Während der **materiell-rechtliche Teil** des alten AGB-Gesetzes sich nach der Schuldrechtsreform 2002 durch eine Eingliederung in das BGB weitgehend unverändert in den §§ 305 bis 310 BGB wiederfindet (siehe Rdn 2 ff.), ist der **verfahrensrechtliche Teil** auch weiterhin infolge Art. 3 des Schuldrechtsmodernisierungsgesetzes in einem Sondergesetz, nämlich dem Gesetz über Unterlassungsklagen bei Verbraucherrechts- und anderen Verstößen (Unterlassungsklagengesetz – UKlaG)[1] geregelt (siehe Rdn 19).

I. Der materiell-rechtliche Teil des AGB-Rechts

Mit dem Abschnitt 2 des Zweiten Buches des BGB (Gestaltung rechtsgeschäftlicher Schuldverhältnisse durch Allgemeine Geschäftsbedingungen) wurde im Rahmen des Schuldrechtsmodernisierungsgesetzes[2] in Verfolgung der Kodifikationsidee der **materiell-rechtliche Teil des AGB-Gesetzes (alt)** mit den §§ 305–310 BGB als Teil des allgemeinen Privatrechts (das inhaltlich mit dem BGB so eng verwoben ist, dass man beide Bereiche nicht trennen kann und um der Bedeutung dieser wichtigen Rechtsmaterie für die Praxis gerecht zu werden) in das Bürgerliche Gesetzbuch **integriert** und in einem eigenen Abschnitt zusammengefasst (**systematische Neuordnung**).[3] Eine grundlegende inhaltliche Neugestaltung war damit nicht gewollt (gesetzesformale Umgliederung bei weitgehender inhaltlicher Kontinuität ohne wesentliche sachliche Änderungen).[4] Vielmehr sollten die AGB-Regelungen im Wesentlichen beibehalten werden, womit der Gesetzgeber den **Grundsatz einer schonenden Neuordnung** verfolgt hat.[5]

---

1 Gesetz über Unterlassungsklagen bei Verbraucherrechts- und anderen Verstößen (Unterlassungsklagengesetz – UKlaG) i.d.F. der Bekanntmachung vom 27.8.2002 (BGBl I, S. 3422, 4346), zuletzt geändert durch Artikel 3 des Gesetzes vom 28.4.2017 BGBl I, S. 969. Das Gesetz wurde als Art. 3 des G 400–2/10 vom 26.11.2001 (BGBl I, S. 3138 – SchuldRModG) vom Bundestag beschlossen. Es ist gemäß Art. 9 Abs. 1 S. 3 dieses Gesetzes am 1.1.2002 in Kraft getreten.
2 Gesetz zur Modernisierung des Schuldrechts vom 26.11.2001 – BGBl I, S. 3138. Dazu näher AnwK-Schuldrecht (hrsg. von Dauner-Lieb/Heidel/Lepa/Ring), 2002; Dauner-Lieb/Heidel/Lepa/Ring (Hrsg.), Das neue Schuldrecht in der anwaltlichen Praxis, 2002; NK-BGB/*Kollmann*, §§ 305 ff.
3 Näher Ring/Klinghöfer, Das neue AGB-Recht, 2002.
4 AnwK-Schuldrecht/*Hennrichs*, vor § 305 ff. BGB Rn 18: *„Die Neuordnung rechtfertigt daher keine (zu) weitergehenden Folgerungen. Namentlich ist mit der Integration der Vorschriften in das BGB weder eine Ausweitung noch eine Einschränkung des bisherigen Anwendungsbereichs ... noch eine prinzipielle Änderung der Klauselkontrolle bezweckt. Ebenso würde die Neuordnung überbetont, wollte man aus der Eingliederung der AGB-Kontrolle in das BGB eine Legitimation zu weit reichender Inhaltskontrolle nun auch von Nicht-AGB ablesen ... all dies ist nicht bezweckt".*
5 AnwK-Schuldrecht/*Hennrichs*, vor §§ 305 ff. BGB Rn 10.

§ 2 Allgemeines zum AGB-Recht

3 Die gegen eine zusammenfassende Integration in den §§ 305–310 BGB im Allgemeinen Schuldrecht vorgebrachte **Kritik**, eine Zusammenführung würde der Eigenständigkeit des AGB-Gesetzes (alt) nicht gerecht,[6] vermochte den Gesetzgeber der Schuldrechtsreform 2002 nicht zu überzeugen, da das AGB-Gesetz (alt) seine Funktion überhaupt nicht hätte erfüllen können, wenn es nicht den gleichen Prinzipien wie das Bürgerliche Gesetzbuch selbst folgen würde.[7]

4 Eine Beibehaltung einer sondergesetzlichen Regelung hätte lediglich die Gefahr in sich geborgen, dass sich unterschiedliche Auslegungsgrundsätze, Begrifflichkeiten und Wertungsmaßstäbe entwickeln, wohingegen die Integration sicherstellt, dass das AGB-Recht den gleichen Prinzipien wie das Bürgerliche Gesetzbuch selbst folgt. Das AGB-Gesetz als „Sonderprivatrecht" des Verbraucherschutzes mit korrespondierender Begrenzung der Vertragsfreiheit soll – so die gesetzgeberische Intention – durch die Integration in das BGB erheblichen Einfluss auch auf die nicht-sonderprivatrechtlichen Bereiche des Bürgerlichen Rechts gewinnen.[8]

Wichtig ist allerdings, dass die Einordnung im Allgemeinen Schuldrecht insoweit nicht überzeugt, als der zutreffendere Standort der Allgemeine Teil des Bürgerlichen Gesetzbuchs gewesen wäre, da das AGB-Recht auch für die Verträge des Sachenrechts gilt und seine Regelungen an Schutzprinzipien des Allgemeinen Teils anknüpfen.[9]

5 *Hennrichs*[10] weist allerdings zutreffend darauf hin, dass die gesetzgeberische Argumentation für eine Integration „nur von eingeschränkter Überzeugungskraft", d.h. „nicht wirklich zwingend", allerdings auch „nicht wirklich schädlich" sei – wobei der Hinweis darauf, dass die AGB-Regelungen inhaltlich mit dem Bürgerlichen Gesetzbuch so untrennbar verwoben seien, dass es nunmehr das zusammenzuführen gelte, was zusammengehöre,[11] „sachlich und sprachlich überzogen" ist.[12] Das frühere Nebeneinander von Bürgerlichem Gesetzbuch und AGB-Gesetz (alt) habe – jedenfalls nicht nennenswert – zu Intransparenz und/oder Wertungswidersprüchen geführt, weshalb auch noch niemand Mängel der Rechtsanwendung habe spezifizieren können.[13] *„Ebenso wenig hängt der*

---

6 So *Ulmer* in: Schulze/Schulte-Nölke, S. 239.
7 RegE, BT-Drucks 14/6040, S. 149 r. Sp.: *„Die Regelung ganzer Rechtsgebiete durch Allgemeine Geschäftsbedingungen ... ist keine Ausprägung einer Eigenart des AGB-Gesetzes, sondern typisch für das Bürgerliche Gesetzbuch, das sich im besonderen Teil des Schuldrechts auf die wichtigsten Vertragstypen beschränkt und in § 305 (jetzt: § 311 Abs. 1 BGB neu) ganz bewusst der Gestaltungsfreiheit insbesondere auch der Wirtschaft breiten Raum gewährt".*
8 Vgl. dazu auch Jauernig/*Stadler*, § 305 BGB Rn 1.
9 So *Wolf/Pfeiffer*, ZRP 2001, 303.
10 AnwK-Schuldrecht/*Hennrichs*, vor §§ 305 ff. BGB Rn 6.
11 BT-Drucks 14/6040, S. 150 l. Sp.
12 AnwK-Schuldrecht/*Hennrichs*, vor §§ 305 ff. BGB Rn 6.
13 *Ulmer* in: Schulze/Schulte-Nölke, S. 215, 217.

Rang des BGB als Gesamtkodifikation davon ab, ob die materiell-rechtlichen AGB-Vorschriften integriert sind oder sich erst in einem Sondergesetz finden."[14]

Das BGB-Vertragsrecht mit seinem vielfach dispositiven Gesetzesrecht gestattet den Vertragsparteien eine vom Gesetz weitgehend abweichende Gestaltung der Vertragsbeziehungen im Rahmen der **Vertragsfreiheit** (verstanden als **Inhaltsfreiheit**, vgl. auch § 311 Abs. 1 BGB). Dies geschieht vor allem für die Massengeschäfte des täglichen Lebens vielfach durch vom Bürgerlichen Gesetzbuch abweichende standardisierte Allgemeine Geschäftsbedingungen. Rechtstatsächlich kommt den Allgemeinen Geschäftsbedingungen eine **Rationalisierungs- und Vereinfachungsfunktion** (Stichwort: Senkung der Transaktionskosten) zu, wobei zum Teil neue, im Bürgerlichen Gesetzbuch selbst nicht kodifizierte Vertragstypen einer Regelung zugeführt werden (**Lückenausfüllungsfunktion**), bspw. Baubetreuungs-, Factoring-, Leasing- oder Automatenaufstellungsverträge.[15] 6

Während Allgemeine Geschäftsbedingungen damit entscheidend dazu beitragen, die Risiken von Geschäften transparent und somit kalkulierbar zu machen, weichen sie andererseits doch oft auch von der vom Gesetzgeber selbst konzipierten und ausbalancierten Gleichgewichtslage zwischen den Vertragsparteien (**Vertragsparität**) ab, wie sie im Gesetz ihren Niederschlag gefunden hat und stärken damit einseitig die Position des AGB-Verwenders (der die gesetzlich dispositive Regelung – z.B. durch Haftungsausschlüsse oder Beweiserleichterungen – zu seinem Vorteil verändert). Dies führt vor allem bei nichtkaufmännischen Vertragspartnern (Verbrauchern i.S.v. § 13 BGB), die das „Kleingedruckte" entweder nicht lesen oder nicht verstehen, zu erheblichen **Disparitäten beim Vertragsabschluss.** 7

Dieser Risikoabwälzung – Stärkung der Rechte des Verwenders (der die Vertragsgestaltungsfreiheit einseitig für sich reklamiert) bei paralleler Minderung der Kundenrechte – sollen die §§ 305 ff. BGB im Hinblick auf eine Stärkung der Vertragsgerechtigkeit[16] in viererlei Hinsicht begegnen: 8

- Vorgaben über die Einbeziehung Allgemeiner Geschäftsbedingungen (**Einbeziehungskontrolle,** § 305 Abs. 2 und 3 BGB) – Wie werden Allgemeine Geschäftsbedingungen überhaupt Vertragsbestandteil?;
- Vorrang der Individualabrede (§ 305 lit. b BGB);
- Vorgaben über überraschende und mehrdeutige Klauseln (§ 305 lit. c BGB);
- Inhaltskontrolle nach Maßgabe der §§ 307–309 BGB.

---

14 AnwK-Schuldrecht/*Hennrichs*, vor §§ 305 ff. BGB Rn 6.
15 Jauernig/*Stadler*, § 305 BGB Rn 1; Palandt/*Grüneberg*, Überbl. vor § 305 BGB Rn 5.
16 Palandt/*Grüneberg*, Überbl. vor § 305 BGB Rn 6.

§ 2 Allgemeines zum AGB-Recht

Grüneberg[17] konstatiert gleichwohl zu Recht, dass der Wettbewerb nicht dazu in der Lage ist, für „angemessene AGB" zu sorgen: *„Der Kunde orientiert sich an Preis und Qualität des Angebots, nicht aber an der für ihn undurchschaubaren oder uninteressanten ‚Qualität' der AGB."*[18]

In Umsetzung der Missbräuchliche-Klausel-Richtlinie 93/13/EWG ist vor allem der **Verbraucherschutz** tragende Säule des AGB-Rechts (wobei gemäß Art. 12 und Art. 114 Abs. 3, 169 AEUV ein hohes Verbraucherschutzniveau im EU-Binnenmarkt zu gewährleisten ist), vgl. insbesondere § 310 Abs. 3 BGB als schutzerweiternde Norm (wonach auch Dritt- und Einzelvertragsklauseln der Inhaltskontrolle nach den §§ 305 ff. BGB unterliegen). Infolgedessen bedürfen die §§ 307 ff. BGB einer **richtlinienkonformen Auslegung**[19] am Maßstab der Missbräuchliche-Klausel-Richtlinie 93/13/EWG. **Unternehmer** (§ 14 BGB) genießen hingegen durch die §§ 305 ff. BGB nur einen eingeschränkten Schutz[20] nach § 310 Abs. 1 S. 1 BGB als schutzmindernde Norm. Europarechtlich besteht eine Verpflichtung zur richtlinienkonformen Auslegung allein für Verbraucherverträge.[21]

> *Beachte*
>
> Entscheidungen des EuGH sind nur für die Auslegung der Missbräuchliche-Klausel-Richtlinie 93/13/EWG bindend – nicht hingegen im Hinblick auf die §§ 305 ff. BGB, weswegen auch allein die deutsche Judikatur abschließend darüber zu befinden hat, ob eine konkret in Rede stehende Klausel „missbräuchlich" ist oder nicht.[22]

9   Der **privatautonomen Gestaltungsfreiheit** durch Vertrag (§ 311 Abs. 1 BGB) sind Grenzen gesetzt, was allerdings kein Spezifikum des früheren AGB-Gesetzes, sondern des Bürgerlichen Gesetzbuchs selbst ist, das von Anfang an bereits auf den Schutz des Schwächeren (**Schuldnerschutz**) angelegt war – eine Eigenart, die sich in den letzten Jahrzehnten allerdings verstärkt hat, angeregt nicht zuletzt durch das frühere AGB-Gesetz, das insoweit Änderungen des Bürgerlichen Gesetzbuchs (mit)bewirkt hat. *„Das alles belegt aber, dass das AGB-Gesetz (alt) und das Bürgerliche Gesetzbuch inhaltlich so eng verwoben sind, dass man sie nicht mehr trennen kann. Dies müsste im Gegenteil sogar*

---

17 Palandt/*Grüneberg*, Überbl. vor § 305 BGB Rn 6: „*Marktversagen*", weswegen die §§ 305 ff. BGB auch als wirtschaftsrechtliche Normen zu qualifizieren seien: Abwendung von Nachteilen, *„die dem Wirtschaftsverkehr durch den nicht funktionierenden Konditionenwettbewerb drohen"*: Palandt/*Grüneberg*, Überbl. vor § 305 BGB Rn 8.
18 Palandt/*Grüneberg*, Überbl. vor § 305 BGB Rn 6.
19 Palandt/*Grüneberg*, Überbl. vor § 305 BGB Rn 9; Palandt/*Grüneberg*, § 310 BGB Rn 22.
20 Palandt/*Grüneberg*, Überbl. vor § 305 BGB Rn 11.
21 Palandt/*Grüneberg*, Überbl. vor § 305 BGB Rn 13: *„Die §§ 305 ff. (BGB) gehen davon aus, dass Unternehmer nicht in gleichem Umfang schutzbedürftig sind wie Verbraucher"*, was auch aus § 310 Abs. 1 BGB ableitbar ist; Palandt/*Grüneberg*, § 310 BGB Rn 23; Staudinger/*Coester*, § 307 BGB Rn 78 f.
22 Palandt/*Grüneberg*, Überbl. vor § 305 BGB Rn 13; Palandt/*Grüneberg*, § 310 BGB Rn 25.

verhindert werden, wenn man die Einheit des Zivilrechts erhalten will. Die sich jetzt bietende Möglichkeit, zusammenzuführen, was zusammengehört, will der Entwurf nutzen."[23] Erst durch die Integration des früheren AGB-Gesetzes gewinnt das Bürgerliche Gesetzbuch wieder den Rang einer **zivilrechtlichen Gesamtkodifikation**.

Der Gesetzgeber hat gleichermaßen darauf verzichtet – wie dies in Teilen des Schrifttums[24] gefordert worden war – den materiell-rechtlichen Teil des AGB-Gesetzes (alt) zu zergliedern und auf unterschiedliche Bereiche der ersten zwei Bücher des Bürgerlichen Gesetzbuchs zu verteilen (sog. **Splitting-Lösung**), was nur zu einer Unübersichtlichkeit des gesamten Zivilrechts geführt hätte.[25] Die Integration der Vorschriften des AGB-Gesetzes (alt) bei den einzelnen inhaltlich jeweils angesprochenen BGB-Regelungen[26] hätte das in sich geschlossene Recht der AGB-Kontrolle ohne Not und ohne Gewinn nur auseinandergerissen.[27] Ein entsprechendes Vorgehen wäre im Übrigen auch der Transparenz und Regelungsdogmatik der Materie zuwidergelaufen.[28] Vielmehr ist eine „en-bloc"-Übernahme des Regelungsbereichs Allgemeiner Geschäftsbedingungen in das Bürgerliche Gesetzbuch erfolgt, was mit einem Fortschritt an Transparenz und Verständlichkeit verbunden ist.

10

Der Gesetzgeber war der Auffassung, dass mit der Integration des alten AGB-Gesetzes in das Bürgerliche Gesetzbuch und der systematischen Neuerung des AGB-Rechts **inhaltlich** nur geringe Änderungen der früheren Vorschriften erfolgt sind[29] (was auch nicht bezweckt gewesen sei), die auf Folgendes zurückzuführen sind:

11

- Notwendige **Anpassung** der AGB-Vorschriften an die im Schuldrecht im Zuge des Schuldrechtsmodernisierungsgesetzes erfolgten Änderungen.

---

23 RegE, BT-Drucks 14/6040, S. 150 l. Sp.
24 *Dörner* in: Schulze/Schulte-Nölke, S. 187, 190; *Pfeiffer* in: Ernst/Zimmermann, Zivilrechtswissenschaft und Schuldrechtsreform, S. 481, 502 ff.
25 RegE, BT-Drucks 14/6040, S. 150 l. Sp.: „*Zwar könnten einzelne Teilbereiche des AGB-Gesetzes, etwa die Definition der Allgemeinen Geschäftsbedingungen und die Regelungen über die Einbeziehungskontrolle oder auch die Rechtsfolgen bei Nichteinbeziehung und Unwirksamkeit herausgelöst und in den Allgemeinen Teil des Bürgerlichen Gesetzbuchs eingestellt werden. Bereits bei der Frage nach dem ‚richtigen' Standort für die Generalklausel des bisherigen § 9 AGBG entstünden indessen Zweifel. Insoweit käme eine Zuordnung zu § 138, § 157 oder auch § 242 BGB in Betracht. Auch eine Auflösung der Klauseltatbestände der bisherigen §§ 10, 11 AGBG würde erhebliche Schwierigkeiten bereiten und zu Unebenheiten führen, wenn man sie den diversen Vorschriften des Bürgerlichen Gesetzbuchs zuordnen wollte. Denn zahlreiche Klauselverbote berühren – für sich genommen – ganz unterschiedliche Bereiche des Bürgerlichen Gesetzbuchs, so dass die Platzierung an einer einzelnen bestimmten Stelle nicht überzeugen könnte*".
26 So *Pfeiffer* in: Ernst/Zimmermann, Zivilrechtswissenschaft und Schuldrechtsreform, S. 481, 503.
27 Rechtsausschuss, BT-Drucks 14/7052, S. 187 r. Sp.
28 So *Ulmer* in: Schulze/Schulte-Nölke, S. 229, 235 f.
29 RegE, BT-Drucks 14/6040, S. 150 l. Sp.

§ 2 Allgemeines zum AGB-Recht

- **Fortschreibungsbedarf** der Regelungsmaterie Allgemeine Geschäftsbedingungen hinsichtlich einiger Fragen zur Umsetzung der Klausel-Richtlinie 93/13/EWG[30] und bestehender Ausnahmen vom Anwendungsbereich der Vorschriften, die sich wegen zunehmender Privatisierung (bspw. im Bereich der Telekommunikationsbranche) heute nicht mehr rechtfertigen lassen.[31]
- **Klarstellungsbedarf** hinsichtlich einiger Bereiche, die Rechtsprechung und Schrifttum angemeldet hatten (bspw. des Transparenzgebots in § 307 Abs. 1 S. 2 BGB).

12 Von Änderungen betroffen war vor allem § 309 BGB (Klauselverbote ohne Wertungsmöglichkeiten) – etwa dessen

- Nr. 5 (Pauschalierung von Schadensersatzansprüchen);
- Nr. 7 (Haftungsausschluss bei Verletzung von Leben, Körper und Gesundheit); bzw.
- Nr. 8 lit. a und b (Lösungsrechte vom Vertrag bzw. Erleichterungen der Verjährung).

13 Vor diesem Hintergrund werden in den §§ 305 ff. BGB diese Fragen aufgegriffen. Damit wird das frühere AGB-Gesetz durch Ergänzungen und teilweise Neuformulierungen fortgeschrieben, *„die aber im Ergebnis Rechtsprechung und Lehre zur Anwendung des AGB-Gesetzes entsprechen".*[32] Die materiell-rechtlichen Vorschriften des AGB-Gesetzes (alt) wurden im Übrigen weitestgehend (bei unveränderter Beibehaltung der Reihenfolge der Regelungen) wörtlich übernommen und nur zum Teil zusammengefasst.

14 Ein **Prüf- und Anpassungsbedarf für die anwaltliche Praxis** (trotz der nur behutsam erfolgten inhaltlichen Änderungen, siehe Rdn 11) resultiert allerdings vor allem aus den Änderungen

- des § 309 BGB (Klauselverbote ohne Wertungsmöglichkeit; siehe § 5 Rdn 17 ff.),
- des Rechts der Leistungsstörungen und
- des Kaufrechts.

15 Lassen die neuen Vorschriften (vor allem des Kaufrechts) überhaupt noch (und dann ggf. inwieweit) einen Spielraum für eine Ergänzung oder Abänderung durch Allgemeine Geschäftsbedingungen zu?[33]

16 Der **Verbrauchsgüterkauf** (§§ 474 ff. BGB), d.h. der Kauf einer beweglichen Sache durch einen Verbraucher (§ 13 BGB) von einem Unternehmer (§ 14 BGB), eröffnet in weiten Bereichen keine Möglichkeit mehr für abweichende Vereinbarungen. So erklärt § 475 BGB zum Schutz des Verbrauchers in dem dort geregelten Umfang eine Verkür-

---

30 Richtlinie 93/13/EWG über missbräuchliche Klauseln in Verbraucherverträgen.
31 RegE, BT-Drucks 14/6040, S. 150 l. Sp.
32 RegE, BT-Drucks 14/6040, S. 150 r. Sp.
33 AnwK-Schuldrecht/*Hennrichs*, vor §§ 305 ff. BGB Rn 12.

A. Einleitung § 2

zung von Verbraucherrechten für **unwirksam**:[34] Auf eine vor Mitteilung des Mangels an den Unternehmer getroffene Vereinbarung, die zum Nachteil des Verbrauchers von

- § 433 BGB (Vertragstypische Pflichten beim Kaufvertrag),
- § 434 BGB (Sachmangel),
- § 435 BGB (Rechtsmangel),
- § 437 BGB (Rechte des Käufers bei Mängeln),
- § 439 BGB (Nacherfüllung),
- § 440 BGB (Besondere Bestimmungen für Rücktritt und Schadensersatz),
- § 441 BGB (Minderung),
- § 442 BGB (Kenntnis des Käufers),
- § 443 BGB (Beschaffenheits- und Haltbarkeitsgarantie) sowie von
- den Vorschriften des Untertitels 3 (Verbrauchsgüterkauf – §§ 474 ff. BGB)

abweicht, kann der Unternehmer sich nicht berufen (§ 475 Abs. 1 S. 1 BGB). Die Käuferrechte sind insoweit **zwingend**: Im wirtschaftlichen Ergebnis ist dies nichts anderes als eine partielle Nichtigkeitsregel unter Aufrechterhaltung des Kaufvertrags (entgegen § 139 BGB) im Übrigen.[35]

Dies hat für den Verbrauchsgüterkauf nach den §§ 474 ff. BGB u.a. bspw. folgende Konsequenzen:[36]

- **Gefahrübergangsklauseln** sind nach § 474 Abs. 2 i.V.m. § 475 Abs. 1 BGB unwirksam.
- Da dem Käufer zwingend das Wahlrecht zusteht (§§ 475 Abs. 1, 439 Abs. 1 BGB), sind **Klauseln, die die Art der Nacherfüllung in das freie Verwenderermessen stellen**, unwirksam.
- Bei **Verjährungsklauseln** ist die zwingende Verjährung der Käuferansprüche nach zwei Jahren zu beachten (bei gebrauchten Sachen nach einem Jahr, gerechnet ab dem gesetzlichen Verjährungsbeginn – § 475 Abs. 2 BGB).
- Ein **(vollständiger) Gewährleistungsausschluss** beim gewerblichen Handel mit gebrauchten Sachen gegenüber Verbrauchern (etwa im Kfz-Gebrauchtwagenhandel)[37] ist nach § 475 Abs. 1 BGB nicht mehr statthaft – hinsichtlich der Verjährung ist eine Verkürzung der Frist nur noch bis zur Mindestfrist von einem Jahr möglich (§ 475 Abs. 2 BGB).[38]

17

---

34 NK-BGB/*Büdenbender*, § 475 Rn 1.
35 NK-BGB/*Büdenbender*, § 475 Rn 1: „... *vermittelt rein sprachlich – zu Unrecht – den Eindruck, es handle sich nicht um eine Nichtigkeitsregel, sondern um eine Einrede des Käufers.*"
36 Dazu AnwK-Schuldrecht/*Hennrichs*, vor §§ 305 ff. Rn 13.
37 Dazu *Kessler*, ZRP 201, 70.
38 AnwK-Schuldrecht/*Hennrichs*, vor §§ 305 ff. BGB Rn 13.

§ 2 Allgemeines zum AGB-Recht

II. Die Ermächtigungen zum Erlass von Rechtsverordnungen

18   Die im AGB-Gesetz (alt) auch enthaltenen **Ermächtigungen zum Erlass von Rechtsverordnungen** wurden Gegenstand eines neuen Teils des EGBGB – Art. 243 (Ver- und Entsorgungsbedingungen), der wörtlich § 27 AGB-Gesetz (alt) entspricht, sowie Art. 244 EGBGB (Abschlagszahlungen beim Hausbau),[39] der wörtlich § 27a AGB-Gesetz (alt) entspricht –, da wegen der Integration des AGB-Gesetzes in das Bürgerliche Gesetzbuch ein neuer Standort für die Verordnungsermächtigungen gefunden werden musste. Diese ließen sich nicht günstig in das Bürgerliche Gesetzbuch einfügen (das Verordnungsermächtigungen früher nur für Informationspflichten und eher formale Fragen enthielt), weil es um die inhaltliche Ausgestaltung von Rechtsverhältnissen geht. Auch der fünfte Teil des EGBGB erschien dem Gesetzgeber für die Aufnahme solcher Regelungen nicht geeignet, da sie Dauerrechte enthalten. Obgleich das EGBGB an anderer Stelle auch Fragen unbestimmter Dauer regelt, wurde letztlich (weil dies als ungünstig erachtet wurde) von einer Integration an diesen Stellen abgesehen und mit der Einfügung eines neuen siebten Teils des EGBGB Raum für Regelungen geschaffen, die der Durchführung des Bürgerlichen Gesetzbuchs dienen, insbesondere für Verordnungsermächtigungen, die einen BGB-Regelungsbereich betreffen.[40]

III. Die verfahrensrechtlichen Vorschriften des alten AGB-Gesetzes

Literatur:

Alexander, Kollektiver Rechtsschutz im Zivilrecht und Zivilprozessrecht, JuS 2009, 509; *Gilles*, Prozessrechtliche Probleme von verbraucherpolitischer Bedeutung bei den neuen Verbraucherverbandsklagen im deutschen Zivilrecht, ZZP 101 (1998), 1; *Greger*, Neue Regeln für die Verbandsklage im Verbraucherschutz- und Wettbewerbsrecht, NJW 2000, 2457; *Greger*, Verbandsklage und Prozessrechtsdogmatik, ZZP 113 (2000), 399; *Kamloh*, Zum Konkurrenzverhältnis des UWG zum UKlaG, WRP 2006, 33; *Klocke*, Rechtsfortbildung im und am Unterlassungsklagengesetz, VuR 2013, 203; *Köpernick*, Zur Notwendigkeit einer Verbandsklage bei Datenschutzverstößen, VuR 2014, 240; *Meller-Hannich* (Hrsg.), Kollektiver Rechtsschutz im Zivilprozess, 2008; *Micklitz*, Verbandsklage und die EG-Richtlinie über missbräuchliche Klauseln, ZIP 1998, 937; *Micklitz/Rott/Docekal/Kolba*, Verbraucherschutz durch Unterlassungsklage, 2007; *Micklitz/Stadler*, Das Verbandsklagerecht in der Informations- und Dienstleistungsgesellschaft, 2005; *Niebling*, Aktuelle Fragen des UKlaG im AGB-Recht, MDR 2012, 1071; *Rehart*, Aufgespaltene Rechtsverfolgung – auch im UKlaG rechtsmissbräuchlich? Zusammenfassung der Grundsätze der UWG-Rechtsprechung und deren Übertragbarkeit auf UKlaG-Konstellationen, MDR 2014, 506; *Säcker*, Die Einordnung der Verbandsklage in das System des Privatrechts, 2006; *Schaumburg*, Die neue Verbandsklage, DB 2002, 723; *Schmidt*, Verbraucherschützende Verbandsklagen, NJW 2002, 25; *Walker*, Kommentierung des Gesetzes über Unterlassungsklagen bei Verbraucherrechts- und anderen Verstößen, in: NK-BGB-

---

39   Art. 243 S. 1 und Art. 244 EGBGB zuletzt geändert durch Art. 179 Zehnte Zuständigkeitsanpassungsverordnung vom 31.8.2015, BGBl. I, S. 1474 m.W.v. 8.9.2015.
40   RegE, BT-Drucks 14/6040, S. 274 l. Sp.: *„Die Schaffung eines solchen neuen Teils lässt sich aber nur rechtfertigen, wenn die im Bürgerlichen Gesetzbuch vorhandenen Verordnungsermächtigungen in diesem Teil zusammengefasst werden. Es soll hier in den Bereichen geschehen, die von dem Entwurf abgedeckt werden."*

Schuldrecht, 3. Aufl. 2016, Band 2/2; *Walker/Stomps*, Die bisherigen Änderungen des UKlaG insbesondere durch die UWG-Reform, ZGS 2004, 336; *Weidlich-Flatten*, Verbraucherschutzverbände als Heilsbringer für den Datenschutz?, ZRP 2014, 196.

Die verfahrensrechtlichen Vorschriften des AGB-Gesetzes (alt) wurden im Zuge der Schuldrechtsreform in einem neuen Verfahrensgesetz – dem **Gesetz über Unterlassungsklagen bei Verbraucherrechts- und anderen Verstößen** (Unterlassungsklagengesetz – UKlaG) – zusammengefasst.[41] Das UKlaG gliedert sich in sechs Abschnitte: 19

Abschnitt 1:	Ansprüche bei Verbraucherrechts- und anderen Verstößen (§§ 1 bis 4 lit. a UKlaG)
Abschnitt 2:	Verfahrensvorschriften (§§ 5 bis 12 UKlaG)
Unterabschnitt 1:	Allgemeine Vorschriften (§§ 5 bis 7 UKlaG)
Unterabschnitt 2:	Besondere Vorschriften für Klagen nach § 1 UKlaG (§§ 8 bis 11 UKlaG)
Unterabschnitt 3:	Besondere Vorschriften für Klagen nach § 2 UKlaG (§ 12 UKlaG)
Abschnitt 3:	Auskunft zur Durchführung von Unterlassungsklagen (§§ 13 und 13 lit. a UKlaG)
Abschnitt 4:	Außergerichtliche Schlichtung (§ 14 UKlaG)
Abschnitt 5:	Anwendungsbereich (§ 15 UKlaG)
Abschnitt 6:	Überleitungsvorschriften (§ 16 UKlaG).

1. Zielsetzung des UKlaG

Das UKlaG zielt darauf ab, den Verbraucher vor einer Einbeziehung unwirksamer Allgemeiner Geschäftsbedingungen und verbraucherschutzgesetzwidriger Praktiken des Verwenders zu schützen.[42] Zur Durchsetzung dieses Zieles wird die (Individual-)Klageberechtigung durch § 3 UKlaG auch auf Verbände ausgedehnt, bei denen einerseits die Klagebereitschaft nicht schon bereits an den Prozessrisiken scheitern dürfte und andererseits eine erhöhte Breitenwirkung erreicht wird (da entsprechende Urteile nicht nur inter partes, sondern auch „zugunsten der am Verfahren gar nicht beteiligten Vertragspartner des AGB-Verwenders" wirken[43] (vgl. § 11 UKlaG). Damit stellt das UKlaG (unter Durchbrechung des in § 325 Abs. 1 ZPO statuierten Grundsatzes) im Interesse eines wirksamen Schutzes vor missbräuchlichen Allgemeinen Geschäftsbedingungen[44] ein **abstraktes Kontrollverfahren** zur Verfügung, in dem unabhängig von der konkreten Ver- 20

---

41 Dazu näher *Ring/Klingelhöfer*, Das neue AGB-Recht, Rn 1 ff.
42 NK-BGB/*Walker*, Schuldrecht, Teilband 2/2, Vorbem. UKlaG Rn 6.
43 NK-BGB/*Walker*, Schuldrecht, Teilband 2/2, Vorbem. UKlaG Rn 6.
44 Palandt/*Grüneberg*, § 11 UKlaG Rn 1.

wendung Allgemeiner Geschäftsbedingungen deren Wirksamkeit einer gesetzlichen Überprüfung unterzogen werden kann.[45] Der Kunde kann sich im Individualprozess auf ein Unterlassungsurteil im Verbandsprozess berufen. Vice versa kann sich ein Kunde, wenn im Verbandsprozess die Unterlassungsklage (weil die in Rede stehende Klausel wirksam sei) abgewiesen wurde, gleichwohl auf die Unwirksamkeit berufen – dem Kunden kann dies im Individualprozess nicht mit bindender Wirkung entgegengehalten werden.[46]

2. Unterlassungs- und Widerrufsanspruch

21 Das Unterlassungsklagengesetz gewährt in seinem § 1 einen Unterlassungs- und Widerrufsanspruch bei Allgemeinen Geschäftsbedingungen und in seinem § 2 einen Unterlassungsanspruch bei verbraucherschutzgesetzwidrigen Praktiken (sowie – außerhalb des hier interessierenden AGB-Bereichs – in § 2 lit. a einen Unterlassungsanspruch bei Verstößen gegen § 95 lit. b Abs. 1 UrhG). Anspruchsberechtigte Stellen für die in den §§ 1 und 2 UKlaG bezeichneten Ansprüche sind nach § 3 Abs. 1 UKlaG qualifizierte Einrichtungen i.S.v. § 4 UKlaG (bzw. in dem Verzeichnis der EG-Kommission nach Art. 4 der Richtlinie 98/27/EG [ABl EG Nr. L 166, S. 51] eingetragene Einrichtungen), rechtsfähige Verbände zur Förderung gewerblicher oder selbstständiger beruflicher Interessen sowie Industrie- und Handelskammern oder Handwerkskammern.

Gemäß Art. 4 der Richtlinie 98/27/EG führt die Kommission der EG ein Verzeichnis „qualifizierter Einrichtungen", die nicht nur in ihrem Heimatstaat, sondern auch in allen anderen EU-Mitgliedstaaten nach Maßgabe von § 3 Abs. 1 S. 1 Nr. 1 UKlaG anspruchsberechtigt sind.[47] Das Bundesamt für Justiz führt zum 1. Januar eines jeden Jahres eine im Bundesanzeiger bekannt gemachte Liste der nach deutschem Recht „qualifizierten Einrichtungen", die nach § 3 Abs. 1 S. 1 Nr. 1 UKlaG anspruchsberechtigt sind, die an die EU-Kommission zur Aufnahme in das Verzeichnis nach § 4 UKlaG weitergeleitet wird.[48] Der Eintragung im Verzeichnis bzw. der beim Bundesamt für Justiz geführten Liste[49] kommt **konstitutive Bedeutung** zu[50] mit der Folge, dass es dem Prozessgericht verwehrt ist, zu prüfen, ob die Eintragung rechtmäßig erfolgt bzw. die Nichteintragung unrecht-

---

45 NK-BGB/*Walker*, Schuldrecht, Teilband 2/2, Vorbem. UKlaG Rn 6.
46 Palandt/*Grüneberg*, § 11 UKlaG Rn 1.
47 Palandt/*Grüneberg*, § 4 UKlaG Rn 1 – wobei die Mitgliedstaaten den Status einer „qualifizierten Einrichtung" zubilligen und die entsprechenden Einrichtungen der Kommission melden.
48 Palandt/*Grüneberg*, § 4 UKlaG Rn 2.
49 Nicht jedoch der Bekanntmachung im Bundesanzeiger: so KG BB 2001, 461; OVG Münster NJW 2004, 1123; Palandt/*Grüneberg*, § 4 UKlaG Rn 3.
50 Palandt/*Grüneberg*, § 4 UKlaG Rn 3.

mäßig unterblieben ist.[51] Die Prüfungskompetenz des Prozessgerichts erstreckt sich allein auf die Frage, ob die Prozessführung im konkreten Fall vom Schutzzweck der Einrichtung gedeckt ist.[52]

Nach § 1 UKlaG kann derjenige, der in Allgemeinen Geschäftsbedingungen Bestimmungen verwendet oder für den rechtsgeschäftlichen Verkehr empfiehlt (**Verwender oder Empfehler**), die nach den §§ 307–309 BGB unwirksam sind, auf Unterlassung und (im Fall des Empfehlens auch auf) Widerruf in Anspruch genommen werden. § 1 UKlaG zielt darauf ab, den Rechtsverkehr vor unwirksamen Klauseln freizuhalten.[53] Zugleich soll verhindert werden, dass Rechtsunkundige von einer Geltendmachung ihrer Rechte abgehalten werden, wenn ihnen eine Klausel, die nach Maßgabe der §§ 307–309 BGB unwirksam ist (unabhängig davon, ob die Klausel wegen des Vorrangs der Individualabrede nach § 305 lit. b BGB keine Wirkung entfaltet),[54] entgegengehalten wird.[55] § 1 UKlaG erfordert – wie jeder Unterlassungsanspruch – das Vorliegen einer Wiederholungsgefahr als ungeschriebene materielle Tatbestandsvoraussetzung.[56] Eine Wiederholungsgefahr kann nicht automatisch schon dann angenommen werden, wenn der Rechtsvorgänger des Verwenders (bspw. vor einer Verschmelzung auf den jetzigen Verwender) unwirksame Allgemeine Geschäftsbedingungen verwendet hat.[57]

22

Ein Unterlassungsanspruch nach § 1 UKlaG setzt voraus, dass es sich bei den beanstandeten Klauseln um Allgemeine Geschäftsbedingungen i.s.v. § 305 Abs. 1 BGB handelt und dass diese einer Inhaltskontrolle nach den §§ 307–309 BGB – oder bei Verwendung zwischen Unternehmern (§ 310 Abs. 1 S. 1, 2 BGB) einer Inhaltskontrolle nach § 307 BGB – nicht standhalten.[58]

Der Unterlassungsanspruch aus § 1 UKlaG umfasst neben der Pflicht, die Verwendung einer Klausel in Neuverträgen zu unterlassen, auch die Verpflichtung, bei der Durchführung bereits bestehender Verträge die beanstandete Klausel nicht anzuwenden.[59]

Nach § 2 Abs. 1 S. 1 UKlaG kann derjenige, der in anderer Weise als durch Verwendung oder Empfehlung von Allgemeinen Geschäftsbedingungen Vorschriften zuwiderhandelt, die dem Schutz der Verbraucher dienen (**Verbraucherschutzgesetze** i.s.v. § 2 Abs. 2 UKlaG), im Interesse des Verbraucherschutzes auf Unterlassung in Anspruch genommen

---

51 Palandt/*Grüneberg*, § 4 UKlaG Rn 3.
52 BGH NJW 2012, 1812 – Rn 11.
53 Palandt/*Grüneberg*, § 1 UKlaG Rn 1.
54 BGH NJW 1983, 1320.
55 BGH NJW 2013, 593 – Rn 19.
56 Palandt/*Grüneberg*, § 1 UKlaG Rn 9.
57 BGH NJW 2013, 593.
58 BGHZ 200, 362 = NJW 2014, 2269, zitiert nach juris Rn 20.
59 BGHZ 207, 176 = NJW 2016, 560, zitiert nach juris Rn 34 und BGHZ 208, 290 = NJW 2016, 1382, zitiert nach juris Rn 32 unter Bezugnahme auf BGH WM 2015, 519 Rn 20; BGHZ 127, 35, 37 ff.; BGHZ 196, 11 Rn 11.

§ 2 Allgemeines zum AGB-Recht

werden.[60] § 2 UKlaG zielt auf einen kollektiven Schutz der Verbraucherinteressen – nicht hingegen auf die Durchsetzung von Individualansprüchen.[61]
Beachte: Werden unwirksame Allgemeine Geschäftsbedingungen verwendet oder empfohlen, gilt ausschließlich § 1 UKlaG.[62] § 2 UKlaG gelangt nicht zur Anwendung.

23 Werden die Zuwiderhandlungen in einem geschäftlichen Betrieb von einem Angestellten oder einem Beauftragten begangen, so ist nach § 2 Abs. 1 S. 2 UKlaG der Unterlassungsanspruch auch gegen den Inhaber des Betriebs begründet.[63]

24 **Verbraucherschutzgesetze** i.S.v. § 2 UKlaG sind nach dessen Abs. 2 „insbesondere" (d.h. beispielhaft)

- die Vorschriften des Bürgerlichen Rechts, die für
- Haustürgeschäfte (§ 312b und d BGB i.V.m. Art. 246a EGBGB),[64]
- Fernabsatzverträge (§§ 312c und d BGB i.V.m. Art. 246a EGBGB),[65]
- Verbrauchsgüterkäufe (§§ 474 ff. BGB),[66]
- Teilzeit-Wohnrechteverträge, Verträge über langfristige Urlaubsprodukte sowie Vermittlungsverträge und Tauschsystemverträge (§§ 481 ff. BGB),[67]
- Verbraucherdarlehensverträge (§§ 491 ff. BGB),[68] Finanzierungshilfen (§§ 499 ff. BGB)[69] und Ratenlieferungsverträge (§ 510 BGB),[70]
- Reiseverträge (§§ 651 lit. a ff. BGB),[71]
- Darlehensvermittlungsverträge (§§ 655 lit. a ff. BGB)[72] sowie
- Zahlungsdiensteverträge (§§ 675 lit. c ff. BGB)
  zwischen einem Unternehmer (§ 14 BGB) und einem Verbraucher (§ 13 BGB) gelten,
- die Vorschriften zur Umsetzung der Art. 5, 10 und 11 der Richtlinie 2000/31/EG des Europäischen Parlaments und des Rates vom 8.6.2000 über bestimmte Aspekte der Dienste der Informationsgesellschaft, insbesondere des elektronischen Geschäftsverkehrs, im Binnenmarkt (Richtlinie über den elektronischen Geschäftsverkehr –

---

60 BGH NJW 2014, 3721 = WM 2014, 2383, zitiert nach juris Rn 7; NK-BGB/*Walker*, Schuldrecht, Teilband 2/2, § 2 UKlaG Rn 1; vgl. zum Verhältnis zwischen § 2 UKlaG und den §§ 3, 8 UWG: *Niebling*, MDR 2012, 1071.
61 Palandt/*Grüneberg*, § 2 UKlaG Rn 1.
62 OLG Brandenburg OLG-NL 2006, 51.
63 NK-BGB/*Walker*, Schuldrecht, Teilband 2/2, § 2 UKlaG Rn 8.
64 Kommentierung NK-BGB/*Ring*, § 312b.
65 Dazu NK-BGB/*Ring*, § 312c.
66 Dazu näher die Kommentierung NK-BGB/*Büdenbender*, §§ 474 ff.
67 Kommentierung NK-BGB/*Niehuus*, §§ 481 ff.
68 NK-BGB/*Krämer*, §§ 491 ff.
69 NK-BGB/*Müller*, §§ 499 ff.
70 NK-BGB/*Müller*, §§ 505 bzw. NK-BGB/*Müller*, § 510 BGB.
71 Dazu näher NK-BGB/*Niehuus*, §§ 651a ff.
72 Dazu näher die Kommentierung NK-BGB/*Reiff*, §§ 655a ff.

A. Einleitung § 2

E-Commerce-Richtlinie)[73] – umgesetzt in § 312 lit. i und j BGB (Allgemeine Pflichten im elektronischen Geschäftsverkehr und besondere Pflichten im elektronischen Geschäftsverkehr gegenüber Verbrauchern) und durch Art. 246c EGBGB sowie § 6 TMG,[74]
- das Fernunterrichtsschutzgesetz,
- die Vorschriften des Bundes- oder Landesrechts zur Umsetzung der Art. 10–21 der Richtlinie 89/552/EWG des Rates vom 3.10.1989 zur Koordinierung bestimmter Rechts- und Verwaltungsvorschriften der Mitgliedstaaten über die Ausübung der Fernsehtätigkeit,[75]
- die entsprechenden Vorschriften des Arzneimittelgesetzes sowie Art. 1 §§ 3–13 des Gesetzes über die Werbung auf dem Gebiete des Heilwesens (HWG),[76]
- § 126 des Investmentgesetzes oder § 305 des Kapitalanlagegesetzbuchs,
- die Vorschriften des Abschnitts 6 des Wertpapierhandelsgesetzes (WPHG, die das Verhältnis zwischen einem Wertpapierdienstleistungsunternehmen und einem Kunden regeln),
- das Rechtsdienstleistungsgesetz (RDG),
- § 37 Abs. 1 und 2, § 53 Abs. 2 und 3, §§ 54, 55 Abs. 2 und 3 sowie § 56 des Erneuerbare-Energien-Gesetzes (EEG) sowie
- das Wohn- und Betreuungsvertragsgesetz.

§ 2 Abs. 2 Nr. 1 UKlaG benennt die neuen, die Sondervorschriften ablösenden BGB-Normen und integriert zugleich § 22 Abs. 2 Nr. 8 AGB-Gesetz (alt). Infolge der Umsetzung der Verbrauchsgüterrichtlinie (Richtlinie 1999/44/EG) im Rahmen des Schuldrechtsmodernisierungsgesetzes werden im Übrigen auch die entsprechenden neuen Vorschriften über den Verbrauchsgüterkauf (§§ 474 ff. BGB) aufgenommen.[77] § 2 Abs. 2 Nr. 2 UKlaG qualifiziert des Weiteren die aus der Umsetzung der Art. 5, 10 und 11 der E-Commerce-Richtlinie im Bürgerlichen Gesetzbuch resultierenden Vorschriften beispielhaft als „Verbraucherschutzgesetze".[78]

Die Bestimmung des § 66a S. 2 TKG ist eine Verbraucherschutznorm i.S.v. § 2 Abs. 1 S. 1 UKlaG, obwohl sie nicht in der – nicht abschließenden – Liste der Verbraucherschutzgesetze gemäß § 2 Abs. 2 UKlaG aufgeführt ist.[79] Nach dieser Vorschrift des TKG

25

---

73 ABl EG Nr. L 178, S. 1.
74 Dazu die Kommentierung NK-BGB/*Ring*, § 312i und j.
75 ABl EG Nr. L 298, S. 23, geändert durch die Richtlinie 97/36/EG des Europäischen Parlaments und des Rates vom 30.6.1997 zur Änderung der Richtlinie 89/552/EWG des Rates zur Koordinierung bestimmter Rechts- und Verwaltungsvorschriften der Mitgliedstaaten über die Ausübung der Fernsehtätigkeit (ABl EG Nr. L 202, S. 60).
76 Dazu näher *Bülow/Ring/Artz/Brixius*, Heilmittelwerbegesetz, Kommentar, 5. Aufl. 2016.
77 RegE, BT-Drucks 14/6040, S. 275 l. Sp.
78 RegE, BT-Drucks 14/6040, S. 275 r. Sp. NK-BGB/*Walker*, Schuldrecht, Teilband 2/2, § 2 UKlaG Rn 3.
79 BGH NJW-RR 2016, 491 = GRUR 2016, 275 = WRP 2016, 327, zitiert nach juris Rn 11.

§ 2 Allgemeines zum AGB-Recht

muss der Preis für Servicedienste gut lesbar, deutlich sichtbar und in unmittelbarem Zusammenhang mit der Rufnummer angegeben werden. Damit dient die Regelung dem Schutz der Verbraucher, die vor der Inanspruchnahme einer Leistung über die Kosten informiert werden sollen, um eine fundierte Entscheidung über eine Inanspruchnahme der Dienste treffen zu können.[80] Der Berechtigung eines Klägers, Ansprüche wegen Verstößen gegen Art. 23 Abs. 1 S. 2 der VO (EG) Nr. 1008/2008 gemäß § 8 Abs. 3 Nr. 3 UWG geltend zu machen, steht nach Ansicht des BGH[81] nicht entgegen, dass die genannte VO nicht in den Katalog der Verbraucherschutzgesetze des § 2 Abs. 2 UKlaG aufgenommen worden ist: Die Verbraucherschutzverbände seien gemäß § 8 Abs. 3 Nr. 3 UWG nicht auf die Verfolgung von Verstößen gegen Verbraucherschutzgesetze i.S.v. § 2 UKlaG beschränkt – sondern zur Verfolgung von Wettbewerbsverstößen berechtigt, soweit diese Verbraucherschutzinteressen beeinträchtigen und die Prozessführung im konkreten Einzelfall vom Satzungszweck des klagenden Verbands gedeckt ist.[82] Zudem enthalte § 2 Abs. 2 UKlaG keine abschließende Aufzählung der Verbraucherschutzgesetze i.S. des § 2 Abs. 1 S. 1 UKlaG.[83] Zu den Verbraucherschutzgesetzen im Sinne dieser Bestimmung gehörten deshalb – ungeachtet ihrer fehlenden ausdrücklichen Benennung – auch die dem Schutz der Verbraucher vor Beeinträchtigungen ihrer Entscheidungsfreiheit dienenden Vorschriften des Preisangabenrechts, wozu die Bestimmung des Art. 23 Abs. 1 der VO (EG) Nr. 1008/2008 zählt.[84]

Überlässt der Betreiber eines Seniorenheims interessierten Pflegegästen oder Dritten im Zusammenhang mit dem Abschluss eines Wohn- und Betreuungsvertrags als Anlage zu einem vorformulierten Vertragsentwurf eine „Beitrittserklärung", in der sich ein Dritter als Beitretender verpflichtet, selbstständig und neben dem Pflegegast für dessen Verpflichtungen aus dem Vertrag aufzukommen, liegt hierin nach Ansicht des BGH[85] eine Zuwiderhandlung gegen § 14 Abs. 1 S. 1 WBVG i.S.v. § 2 Abs. 1 S. 1, Abs. 2 Nr. 10 UKlaG, wenn der Beitritt des Dritten im Wohn- und Betreuungsvertrag nicht vereinbart ist.

26 Der Unterlassungsanspruch kann gemäß § 2 Abs. 3 UKlaG nicht geltend gemacht werden, wenn die Geltendmachung unter Berücksichtigung der gesamten Umstände missbräuch-

---

80 BGH NJW-RR 2016, 491, zitiert nach juris Rn 11 unter Bezugnahme auf *Schmitz/Brodkorb* in Säcker, § 66a TKG Rn 2; *Sodtalbers* in Spindler/Schuster, Recht der elektronischen Medien, § 66a TKG Rn 1.
81 BGH NJW 2016, 1015 = MDR 2016, 341 = WRP 2016, 467 = GRUR 2016, 392, zitiert nach juris Rn 17.
82 BGH NJW 2016, 1015, zitiert nach juris Rn 17 unter Bezugnahme auf BGH GRUR 2012, 415 Rn 11 ff. = WRP 2012, 467 – Überregionale Klagebefugnis; *Bergmann/Goldmann* in: Harte/Henning, § 8 UWG Rn 372; *Köhler* in Köhler/Bornkamm, § 8 UWG Rn 3.52; *Fezer/Büscher*, § 8 UWG Rn 270; MüKo-UWG/*Ottofülling*, § 8 Rn 421.
83 BGH NJW 2016, 1015, zitiert nach juris Rn 17 unter Bezugnahme auf BGH GRUR 2012, 415 Rn 23 – Überregionale Klagebefugnis; *Köhler* in Köhler/Bornkamm, § 2 UKlaG Rn 10.
84 BGH NJW 2016, 1015, zitiert nach juris Rn 17 unter Bezugnahme auf BGH GRUR 2012, 415.
85 BGH NJW 2015, 2573 = MDR 2015, 753 – Leitsatz.

lich ist. Dies ist insbesondere dann anzunehmen, wenn sie vorwiegend dazu dient, gegen den Zuwiderhandelnden einen Anspruch auf Ersatz von Aufwendungen oder Kosten der Rechtsverfolgung entstehen zu lassen (**Unterlassungsanspruchsausschluss bei Missbrauch**).

Der Gesetzgeber hat es aufgrund der Neuregelung des Verjährungsrechts im Bürgerlichen Gesetzbuch als entbehrlich erachtet, die frühere besondere Verjährungsregelung in § 22 Abs. 5 AGB-Gesetz (alt) in das Unterlassungsklagengesetz mit zu übernehmen.[86]

27

Nach § 2a Abs. 1 UKlaG kann auf Unterlassung in Anspruch genommen werden, wer gegen § 95 lit. b Abs. 1 UrhG verstößt – was dann nicht gilt, soweit Werke und sonstige Schutzgegenstände der Öffentlichkeit aufgrund einer vertraglichen Vereinbarung in einer Weise zugänglich gemacht werden, dass sie Mitgliedern der Öffentlichkeit von Orten und zu Zeiten ihrer Wahl zugänglich sind (so § 2 lit. a Abs. 2 UrhG).

28

Der gerade in § 2a Abs. 1 UKlaG bezeichnete Unterlassungsanspruch steht nach § 3 lit. a UKlaG rechtsfähigen Verbänden zur nicht gewerbsmäßigen und nicht nur vorübergehenden Förderung der Interessen derjenigen zu, die durch § 95 lit. b Abs. 1 S. 1 UrhG begünstigt werden. Der Anspruch kann auch nur an Verbände in diesem Sinne abgetreten werden.

Die in den § 1 und § 2 UKlaG bezeichneten Ansprüche auf Unterlassung und Widerruf können nach § 3 Abs. 1 S. 1 UKlaG von folgenden Gläubigern geltend gemacht werden:

29

- **Qualifizierten Einrichtungen**, die nachweisen, dass sie in die Liste qualifizierter Einrichtungen nach § 4 UKlaG oder in dem Verzeichnis der Kommission der Europäischen Gemeinschaften nach Art. 4 der Richtlinie 98/27/EG des Europäischen Parlaments und des Rates vom 19.5.1998 über Unterlassungsklagen zum Schutz der Verbraucherinteressen[87] in der jeweils geltenden Fassung eingetragen sind (Nr. 1);
- **rechtsfähigen Verbänden zur Förderung gewerblicher oder selbstständiger beruflicher Interessen**, soweit sie insbesondere nach ihrer personellen, sachlichen und finanziellen Ausstattung imstande sind, ihre satzungsgemäßen Aufgaben der Verfolgung gewerblicher Interessen tatsächlich wahrzunehmen, und bei Klagen nach § 2 UKlaG, soweit ihnen eine erhebliche Zahl von Unternehmern angehört, die Waren oder Dienstleistungen gleicher oder verwandter Art auf demselben Markt vertreiben und der Anspruch eine Handlung betrifft, die die Interessen ihrer Mitglieder berührt und die geeignet ist, den Wettbewerb nicht unerheblich zu verfälschen (Nr. 2); bzw. den
- **Industrie- und Handelskammern** oder den **Handwerkskammern** (Nr. 3).

---

86 RegE, BT-Drucks 14/6040, S. 275 l. Sp. NK-BGB/*Walker*, Schuldrecht, Teilband 2/2, § 2 UKlaG Rn 10.
87 ABl EG Nr. L 166, S. 51.

§ 3 Abs. 1 UKlaG normiert die Aktivlegitimation – darüber hinaus (vgl. die Formulierung „Ansprüche ... stehen zu" und – so § 3 Abs. 2 UKlaG – „Anspruch ... nicht geltend machen") aber auch die Prozessführungsbefugnis.[88] Die Regelung weist zugleich den genannten Institutionen den Unterlassungs- bzw. Widerrufsanspruch zu. Mitbewerber und Kunden sind hingegen nicht aktiv legitimiert.[89] Ersteren steht ggf. aber über § 8 UWG ein Unterlassungsanspruch zu.[90] Letztere können, falls die Voraussetzungen des § 256 ZPO gegeben sind, ggf. auf Feststellung der Unwirksamkeit einer Klausel klagen.[91]

Beachte
Der Wortlaut des § 3 Abs. 1 S. 1 und S. 2 UKlaG („Ansprüche ... stehen zu" bzw. „Anspruch kann ... abgetreten werden") stellt klar, dass die Norm eine Zuweisung materiell-rechtlicher Ansprüche i.S.v. § 194 Abs. 1 BGB vornimmt.[92]

30 Der Anspruch kann nach § 3 Abs. 1 S. 2 UKlaG nur an Stellen i.S.d. § 3 Abs. 1 S. 1 UKlaG abgetreten werden.
Die „qualifizierten Einrichtungen" i.S.v. § 3 Abs. 1 S. 1 Nr. 1 UKlaG können gemäß § 3 Abs. 2 UKlaG Ansprüche auf Unterlassung und auf Widerruf nach § 1 UKlaG nicht geltend machen, wenn Allgemeine Geschäftsbedingungen gegenüber einem Unternehmer (§ 14 BGB) verwendet oder wenn Allgemeine Geschäftsbedingungen zur ausschließlichen Verwendung zwischen Unternehmern empfohlen werden.

3. Das Unterlassungsklageverfahren

31 Der Unterabschnitt 1 (§§ 5–7 UKlaG) trifft allgemeine Vorschriften, die sowohl für Klagen nach § 1 als auch nach § 2 UKlaG gelten. Auf das Unterlassungsklageverfahren sind nach § 5 UKlaG die Vorschriften der Zivilprozessordnung und § 12 Abs. 1 (Abmahnung), Abs. 2 (Verfügungsgrund), Abs. 4 und 5 UWG (Vergünstigung nach UWG) anzuwenden, soweit sich aus dem Unterlassungsklagengesetz selbst nicht etwas anderes ergibt.[93] § 5 UKlaG nimmt klarstellend auf die ZPO (und damit auch auf das GVG) Bezug, da die §§ 1, 2 sowie 2 lit. a UKlaG privatrechtliche Ansprüche statuieren[94] – womit die Dispositions- und Verhandlungsmaxime zur Anwendung gelangen mit der Folge, dass „Aner-

---

[88] Palandt/*Grüneberg*, § 3 UKlaG Rn 2 unter Bezugnahme auf KG NJW-RR 2013, 54; a.A. hingegen *Greger*, NJW 2000, 2437.
[89] Palandt/*Grüneberg*, § 3 UKlaG Rn 1.
[90] Palandt/*Grüneberg*, § 3 UKlaG Rn 1 unter Bezugnahme auf *Köhler*, NJW 2008, 177.
[91] Palandt/*Grüneberg*, § 3 UKlaG Rn 1.
[92] Palandt/*Grüneberg*, § 3 UKlaG Rn 1.
[93] NK-BGB/*Walker*, Schuldrecht, Teilband 2/2, § 5 UKlaG Rn 2.
[94] Palandt/*Grüneberg*, § 5 UKlaG Rn 1.

A. Einleitung § 2

kenntnis-, Verzichts- bzw. Versäumnisurteil sowie Klage- bzw. Rechtsmittelrücknahme, Erklärung der Erledigung der Hauptsache und Prozessvergleich möglich" sind.[95]

Ein Anspruch auf **Erstattung der Abmahnkosten** findet seine Rechtsgrundlage in § 5 UKlaG i.V.m. § 12 Abs. 1 S. 2 UWG.[96]

Für die **Bemessung der Beschwer** und des **Streitwerts** wird bei der Verbandsklage eines Verbraucherschutzverbandes der wirtschaftlichen Bedeutung des Verbots, bestimmte Klauseln zu verwenden, regelmäßig keine ausschlaggebende Bedeutung beigemessen.[97] Streitwert und Beschwer in Verfahren nach dem UKlaG richten sich daher grundsätzlich (allein) nach dem Interesse der Allgemeinheit an der Beseitigung der gesetzwidrigen AGB-Bestimmung (und nicht nach der wirtschaftlichen Bedeutung des Klauselverbots).[98]

Dem liegt die Erwägung zugrunde, Verbraucherschutzverbände bei der Wahrnehmung der ihnen im Allgemeininteresse eingeräumten Befugnis, den Rechtsverkehr von unwirksamen Allgemeinen Geschäftsbedingungen zu befreien, vor unangemessenen Kostenrisiken zu schützen. Nichts anderes soll auch dann gelten, wenn eine Verbandsklage im Hinblick auf eine verbraucherschutzgesetzwidrige Praxis i.S.d. § 2 UKlaG erhoben ist.[99] Dies gilt nicht nur für die Beschwer eines Verbraucherschutzverbandes, sondern auch für die Bemessung der Beschwer des im Unterlassungsprozess unterliegenden Verwenders.[100]

Doch kann im Einzelfall ausnahmsweise einer herausragenden wirtschaftlichen Bedeutung einer Klausel für die betreffenden Verkehrskreise dann Relevanz zukommen, wenn die Entscheidung über die Wirksamkeit einer speziellen Klausel nicht nur für deren Verwender und seinen Vertragspartner – sondern für die gesamte Branche – von „wesentlicher Bedeutung" ist, etwa dann, wenn es sich um äußerst umstrittene, generalisierungsfähige Rechtsfragen von wirtschaftlicher Tragweite handelt, über deren Beantwortung vielfältig und mit kontroversen Ergebnissen gestritten wird.[101]

Für Klagen nach dem Unterlassungsklagegesetz ist nach der Sondervorschrift des § 6 Abs. 1 S. 1 UKlaG für die örtliche und sachliche Zuständigkeit (und zwar sowohl für Unterlassungs- als auch Widerrufsklagen – einschließlich einstweiliger Verfügungen –

---

95 Palandt/*Grüneberg*, § 5 UKlaG Rn 1; a.A. hingegen *Schmidt*, NJW 1989, 1192 und *Schmidt*, NJW 2002, 25 – wonach die Dispositionsmaxime nur dann Anwendung finden soll, wenn damit nicht unwirksame Allgemeine Geschäftsbedingungen als weiterhin anwendbar festgeschrieben werden.
96 BGHZ 207, 176 = NJW 2016, 560, zitiert nach juris Rn 34; ebenso BGHZ 208, 290 = NJW 2016, 1382, zitiert nach juris Rn 33 unter Bezugnahme auf BGHZ 190, 66 Rn 41.
97 BGH GRURPrax 2015, 394, zitiert nach juris Rn 5; ebenso BGH MMR 2016, 179, zitiert nach juris Rn 4 unter Bezugnahme auf BGH NJW-RR 2007, 497 Rn 2; BGH NJW 2013, 875 Rn 20.
98 BGH VersR 2016, 140, zitiert nach juris Rn 3.
99 BGH GRURPrax 2015, 393, zitiert nach juris Rn 6.
100 BGH MMR 2016, 179, zitiert nach juris Rn 4.
101 BGH GRURPrax 2015, 394, zitiert nach juris Rn 5 unter Bezugnahme auf BGH ZIP 2014, 96; BGH ZNER 2015, 441.

nach den §§ 1, 2 und 2 lit. a UKlaG) als ausschließliche Zuständigkeitsregelung[102] das Landgericht, in dessen Bezirk der Beklagte seine gewerbliche Niederlassung oder in Ermanglung einer solchen seinen Wohnsitz hat, zuständig. Die allgemeinen Zuständigkeitsregelungen gelten hingegen für Rechtsstreitigkeiten über Ansprüche nach § 13 UKlaG (und damit zugleich über § 13 lit. a UKlaG) und solche zwischen Kunden und Verwender.[103]

Hat der Beklagte im Inland weder eine gewerbliche Niederlassung noch einen Wohnsitz, so ist das Gericht des inländischen Aufenthaltsorts zuständig, in Ermanglung eines solchen das Gericht, in dessen Bezirk die nach den §§ 307–309 BGB unwirksamen Bestimmungen in Allgemeinen Geschäftsbedingungen verwendet wurden oder gegen Verbraucherschutzgesetze (§ 6 Abs. 1 S. 2 Nr. 1 und 2 UKlaG) bzw. gegen § 95 lit. b Abs. 1 UrhG verstoßen wurde. Nach § 6 Abs. 2 UKlaG werden die Landesregierungen ermächtigt, zur sachdienlichen Förderung oder schnelleren Erledigung der Verfahren durch Rechtsverordnung einem Landgericht für die Bezirke mehrerer Landgerichte Rechtsstreitigkeiten nach dem Unterlassungsklagengesetz zuzuweisen, wobei die Landesregierungen selbst wieder im Wege der Rechtsverordnung die Ermächtigung auf die Landesjustizverwaltungen übertragen können.[104] Die genannten Vorgaben gelten nach § 6 Abs. 3 UKlaG nicht für Klagen, die einen Anspruch der in § 13 UKlaG bezeichneten Art (mithin einen solchen auf Mitteilung der Namen und der zustellungsfähigen Anschrift bei Klagen nach § 1 bzw. § 2 UKlaG, sofern diese Angaben nicht anderweitig zu beschaffen sind – Auskunftsanspruch der anspruchsberechtigten Stellen) zum Gegenstand haben.

32   Wird einer Klage stattgegeben, so kann dem Kläger (allerdings nicht im einstweiligen Verfügungsverfahren)[105] nach § 7 UKlaG im Urteil (nicht hingegen in einem besonderen Beschluss)[106] – wobei die Entscheidung nach pflichtgemäßem Ermessen (vgl. Wortlaut: „kann") nach Maßgabe von § 308 Abs. 1 S. 1 ZPO[107] zu treffen ist – auf Antrag die Befugnis zugesprochen werden, die Urteilsformel mit der Bezeichnung des verurteilten Beklagten auf dessen Kosten im Bundesanzeiger – im Übrigen auf eigene Kosten – bekannt zu machen. Das Gericht kann die Befugnis zeitlich begrenzen.

33   Der Unterabschnitt 2 (§§ 8–11 UKlaG) trifft besondere Vorschriften für Klagen nach § 1 UKlaG, der Unterabschnitt 3 (§ 12 UKlaG) besondere Vorschriften für Klagen nach § 2 UKlaG: Bei Klagen nach § 1 UKlaG (Unterlassungs- und Widerrufsanspruch bei All-

---

102 Palandt/*Grüneberg*, § 6 UKlaG Rn 1.
103 Palandt/*Grüneberg*, § 6 UKlaG Rn 1.
104 NK-BGB/*Walker*, Schuldrecht, Teilband 2/2, § 6 UKlaG Rn 9.
105 Palandt/*Grüneberg*, § 7 UKlaG Rn 1 – ebenso wenig im Falle eines abweisenden Urteils, auch nicht im Falle stattgebender bzw. abweisender Urteile auf Feststellungsklagen des Verwenders oder Empfehlers.
106 Palandt/*Grüneberg*, § 7 UKlaG Rn 1.
107 Palandt/*Grüneberg*, § 7 UKlaG Rn 1 unter Bezugnahme auf BGH NJW-RR 2007, 1286 – Rn 47; BGH MDR 2008, 319.

gemeinen Geschäftsbedingungen) muss der Klageantrag gemäß § 8 Abs. 1 UKlaG auch den Wortlaut der beanstandeten Bestimmungen in Allgemeinen Geschäftsbedingungen (Nr. 1) und die Bezeichnung der Art der Rechtsgeschäfte, für die die Bestimmungen beanstandet werden (Nr. 2), enthalten. Vor seiner Entscheidung über eine Klage nach § 1 UKlaG hat das Gericht nach § 8 Abs. 2 UKlaG die Bundesanstalt für Finanzdienstleistungen (Bundesanstalt) zu hören, wenn Gegenstand der Klage Bestimmungen in Allgemeinen Versicherungsbedingungen (Nr. 1) bzw. Bestimmungen in Allgemeinen Geschäftsbedingungen sind (Nr. 2), für die nach dem Bausparkassengesetz bzw. dem Kapitalanlagegesetzbuch (vgl. §§ 5 Abs. 3, 8 und 9 BausparkassenG bzw. § 163 KAGB) eine Genehmigung vorgesehen ist (dabei handelt es sich im Einzelnen um folgende Allgemeine Geschäftsbedingungen: AVB und AGB der Bausparkassen) – womit auch diese mit behördlicher Genehmigung erlassenen Allgemeinen Geschäftsbedingungen der Inhaltskontrolle unterliegen.[108]

Hinsichtlich der Urteilsformel normiert § 9 UKlaG einige Besonderheiten: Erachtet das Gericht die Klage nach § 1 UKlaG für begründet (Verurteilung zur Unterlassung der Verwendung bzw. Empfehlung der nach § 9 Nr. 1 UKlaG unzulässigen Allgemeinen Geschäftsbedingungen),[109] so enthält die Urteilsformel auch die beanstandeten Bestimmungen der Allgemeinen Geschäftsbedingung im Wortlaut (Nr. 1), die Bezeichnung der Art der Rechtsgeschäfte, für welche die den Unterlassungsanspruch begründenden Bestimmungen der Allgemeinen Geschäftsbedingungen nicht verwendet werden dürfen (Nr. 2), das Gebot, die Verwendung oder Empfehlung inhaltsgleicher Bestimmungen in Allgemeinen Geschäftsbedingungen zu unterlassen (Nr. 3) und (für den Fall der Verurteilung zum Widerruf) das Gebot, das Urteil in gleicher Weise bekannt zu geben, wie die Empfehlung verbreitet wurde (Nr. 4). § 9 UKlaG ergänzt (vgl. den Wortlaut: „auch") die Regelungen der §§ 308 Abs. 2, 313 Abs. 1 Nr. 4 und der §§ 708 ff. ZPO.[110]

34

§ 10 UKlaG ermöglicht die Einwendung wegen abweichender Entscheidung: Der Verwender, dem die Verwendung einer Bestimmung untersagt worden ist, kann im Wege der Klage nach § 767 ZPO einwenden, dass nachträglich eine Entscheidung des BGH oder des Gemeinsamen Senats der Obersten Gerichtshöfe des Bundes ergangen ist, welche die Verwendung dieser Bestimmung für dieselbe Art von Rechtsgeschäften nicht untersagt, und dass die Zwangsvollstreckung aus dem Urteil gegen ihn in unzumutbarer Weise seinen Geschäftsbetrieb beeinträchtigen würde. § 10 UKlaG statuiert eine Ausnahme vom allgemeinen Rechtsgrundsatz, dass spätere Änderungen in der Judikatur

35

---

108 BGH WM 2010, 702.
109 § 9 Nr. 1 bis 3 UKlaG gelten für einstweilige Verfügungen entsprechend – für Feststellungsklagen gelten § 9 Nr. 1 und 2 UKlaG entsprechend: so Palandt/*Grüneberg*, § 9 UKlaG Rn 1.
110 Palandt/*Grüneberg*, § 9 UKlaG Rn 1.

keine Möglichkeit eröffnen, den Rechtsweg nach den §§ 323, 580 bzw. 767 ZPO zu beschreiten,[111] weswegen die Regelung aufgrund dieses Ausnahmecharakters und ihres eingeschränkten Normzwecks einer **restriktiven Auslegung** bedarf.[112] Auf § 10 UKlaG sind – soweit die Norm selbst keine Sonderregelungen enthält – die für Vollstreckungsgegenklagen nach § 767 ZPO geltenden Vorgaben, nicht jedoch die Regelungen der §§ 5–7 UKlaG, anzuwenden.[113]

36 Die Wirkungen des Urteils regelt § 11 UKlaG in Durchbrechung des Grundsatzes von § 325 Abs. 1 ZPO:[114] Handelt der verurteilte Verwender einem auf § 1 UKlaG beruhenden Unterlassungsgebot zuwider, so ist – „im Interesse eines wirksamen Schutzes vor missbräuchlichen AGB"[115] (im Hinblick auf den Kunden) – die Bestimmung in den Allgemeinen Geschäftsbedingungen als unwirksam anzusehen, soweit sich der betroffene Vertragsteil auf die Wirkung des Unterlassungsurteils beruft. Er kann sich jedoch auf die Wirkung des Unterlassungsurteils nicht berufen, wenn der verurteilte Verwender gegen das Urteil Klage nach § 10 UKlaG (siehe Rdn 35) erheben könnte. Der Kunde kann sich also im Individualprozess auf ein Unterlassungsurteil im Verbandsprozess berufen – wohingegen eine Abweisung der Unterlassungsklage im Verbandsprozess (mit der Begründung, die Klausel sei unwirksam) dem Kunden im Individualprozess nicht (bindend) entgegengehalten werden kann.[116]

37 Für Klagen nach § 2 UKlaG (Unterlassungsanspruch bei verbraucherschutzgesetzwidrigen Praktiken) gilt gemäß § **12 UKlaG** (Einigungsstelle) die Regelung des § 15 UWG und die darin enthaltene Verordnungsermächtigung entsprechend – des Weiteren gelten die §§ 5–7 UKlaG, nicht hingegen die §§ 8–11 UKlaG.[117]

4. Der Anspruch auf Mitteilung des Namens und der zustellungsfähigen Anschrift

38 **§ 13 UKlaG** (Auskunftsanspruch der anspruchsberechtigten Stellen) statuiert einen Anspruch auf Mitteilung des Namens und der zustellungsfähigen Anschrift: Wer geschäftsmäßig Post-, Telekommunikations- oder Telemediendienste erbringt oder an der Erbringung solcher Dienste mitwirkt, hat den nach § 3 Abs. 1 Nr. 1 und 3 UKlaG anspruchsberechtigten Stellen und Wettbewerbsverbänden auf deren Verlangen nach § 13 Abs. 1 UKlaG den **Namen** und die **zustellungsfähige Anschrift** eines Beteiligten an Post-, Tele-

---

111 Palandt/*Grüneberg*, § 10 UKlaG Rn 1.
112 Palandt/*Grüneberg*, § 10 UKlaG Rn 1.
113 Palandt/*Grüneberg*, § 10 UKlaG Rn 1.
114 Palandt/*Grüneberg*, § 11 UKlaG Rn 1.
115 Palandt/*Grüneberg*, § 11 UKlaG Rn 1.
116 Palandt/*Grüneberg*, § 11 UKlaG Rn 1.
117 Palandt/*Grüneberg*, § 12 UKlaG Rn 1.

kommunikations- oder Telemediendiensten mitzuteilen, wenn diese Stellen schriftlich versichern, dass sie die Angaben zur Durchsetzung ihrer Ansprüche nach § 1 oder § 2 UKlaG benötigen und nicht anderweitig beschaffen können.
Der Anspruch besteht nur, soweit die Auskunft ausschließlich anhand der bei dem Auskunftspflichtigen vorhandenen Bestandsdaten erteilt werden kann. Die Auskunft darf nicht deshalb verweigert werden, weil der Beteiligte, dessen Angaben mitgeteilt werden sollen, in die Übermittlung nicht einwilligt (so § 13 Abs. 2 UKlaG). Der Anspruchspflichtige kann nach § 13 Abs. 3 UKlaG vom Anspruchsberechtigten einen angemessenen Ausgleich für die Erteilung der Auskunft verlangen. Der Beteiligte hat, wenn der gegen ihn geltend gemachte Anspruch nach § 1 oder § 2 UKlaG begründet ist, dem Anspruchsberechtigten den gezahlten Ausgleich zu erstatten.

§ 13 UKlaG zielt darauf ab, dass Unterlassungs- und Widerrufsansprüche nach den §§ 1 und 2 UKlaG nur deshalb nicht durchgesetzt werden können, weil der Schuldner unter einer Anschrift agiert, unter der er deshalb nicht verklagt werden kann,[118] weil sie nicht den Vorgaben nach § 253 Abs. 2 Nr. 1 ZPO (Notwendigkeit der Angabe einer ladungsfähigen Anschrift als hinreichende Parteibezeichnung) genügt – weshalb die Klage nicht nach § 253 Abs. 1 ZPO zugestellt werden kann.[119]

Sonstigen Betroffenen steht ein Auskunftsanspruch nach Maßgabe des **§ 13 lit. a UKlaG** zu: Wer von einem anderen Unterlassung der Lieferung unbestellter Sachen, der Erbringung unbestellter sonstiger Leistungen oder der Zusendung oder sonstiger Übermittlung unverlangter Werbung verlangen kann, hat die Ansprüche gemäß § 13 UKlaG mit der Maßgabe, dass an die Stelle des Anspruchs nach § 1 oder § 2 UKlaG sein Anspruch auf Unterlassung nach allgemeinen Vorschriften tritt.

§ 13 lit. a UKlaG zielt darauf ab, dass ein Unterlassungsanspruch wegen der in der Norm benannten Handlungen nur deswegen nicht durchgesetzt werden kann, weil ein Lieferant unter einer Anschrift handelt, die es nicht erlaubt, ihn zu verklagen.[120]

5. Kundenbeschwerden (Schlichtungsverfahren)

§ 14 Abs. 1 UKlaG trifft eine Regelung über Kundenbeschwerden („Schlichtungsverfahren"): Bei Streitigkeiten aus der Anwendung

- der Vorschriften des Bürgerlichen Gesetzbuchs betreffend Fernabsatzverträge über Finanzdienstleistungen **(Nr. 1)**,
- der §§ 491–509 BGB **(Nr. 2)**,

---

118 Palandt/*Grüneberg*, § 13 UKlaG Rn 1.
119 Palandt/*Grüneberg*, § 13 UKlaG Rn 3 – bspw. weil nur die Postfach- oder Internetadresse des Beklagten bzw. dessen Fax- oder Telefonnummer bekannt ist.
120 Palandt/*Grüneberg*, § 13a UKlaG Rn 1.

- der Vorschriften betreffend Zahlungsdiensteverträge in den §§ 675 lit. C–676 lit. c BGB (**Nr. 3a**), der Verordnung (EG) Nr. 924/2009 des Europäischen Parlaments und des Rates vom 16.9.2009 über grenzüberschreitende Zahlungen in der Gemeinschaft und zur Aufhebung der Verordnung (EG) Nr. 2560/2001,[121] die durch Artikel 17 der Verordnung (EU) Nr. 260/2012 des Europäischen Parlaments und des Rates vom 14.3.2012 zur Festlegung der technischen Vorschriften und der Geschäftsanforderungen für Überweisungen und Lastschriften in EUR und zur Änderung der Verordnung (EG) Nr. 924/2009[122] geändert worden ist (**Nr. 3b**) und der Verordnung (EU) Nr. 260/2012 des Europäischen Parlaments und des Rates vom 14.3.2012 zur Festlegung der technischen Vorschriften und der Geschäftsanforderungen für Überweisungen und Lastschriften in EUR und zur Änderung der Verordnung (EG) Nr. 924/2009[123] (**Nr. 3c**) oder
- des § 2 Abs. 1 lit. a S. 3 und des § 23 lit. b des Zahlungsdiensteaufsichtsgesetzes zwischen E-Geld-Emittenten und ihren Kunden (**Nr. 4**)

können die Beteiligten unbeschadet ihres Rechts, die Gerichte anzurufen, die Schlichtungsstelle anrufen, die bei der Deutschen Bundesbank einzurichten ist.

Die Deutsche Bundesbank kann mehrere Schlichtungsstellen einrichten. Sie bestimmt auch, bei welcher ihrer Dienststellen die Schlichtungsstellen eingerichtet werden.

41 Nach § 14 Abs. 2 S. 1 UKlaG regelt das Bundesministerium der Justiz durch Rechtsverordnung, die nicht der Zustimmung des Bundesrates bedarf, die näheren Einzelheiten des Verfahrens der Schlichtungsstelle nach § 14 Abs. 1 UKlaG (siehe Rdn 40) und die Zusammenarbeit mit vergleichbaren Stellen zur außergerichtlichen Streitbeilegung in anderen Vertragsstaaten des Abkommens über den Europäischen Wirtschaftsraum. Das Verfahren ist auf die Verwirklichung des Rechts auszurichten und es muss gewährleisten, dass die Schlichtungsstelle unabhängig ist und unparteiisch handelt (Nr. 1), ihre Verfahrensregelungen für Interessierte zugänglich sind (Nr. 2) und die Beteiligten des Schlichtungsverfahrens rechtliches Gehör erhalten, insbesondere Tatsachen und Bewertungen vorbringen können (Nr. 3). Die Rechtsverordnung regelt gemäß § 14 Abs. 2 S. 2 UKlaG auch die Pflicht der Unternehmen, sich nach Maßgabe eines geeigneten Verteilungsschlüssels an den Kosten des Verfahrens zu beteiligen; das Nähere, insbesondere zu diesem Verteilungsschlüssel, regelt die Rechtsverordnung.

42 Das Bundesministerium der Justiz wird im Übrigen nach § 14 Abs. 3 UKlaG ermächtigt, im Einvernehmen mit dem Bundesministerium der Finanzen und für Wirtschaft und Technologie durch Rechtsverordnung mit Zustimmung des Bundesrates die Streit-

---

121 ABl EU Nr. L 226 v. 9.10.2009, S. 11.
122 ABl EU Nr. L 94 v. 30.3.2012, S. 22.
123 ABl EU Nr. L 94 v. 30.3.2012, S. 22.

schlichtungsaufgabe nach § 14 Abs. 1 UKlaG auf eine oder mehrere geeignete private Stellen zu übertragen, wenn die Aufgabe dort zweckmäßiger erledigt werden kann.

6. Anwendungsausschluss

§ 15 UKlaG statuiert eine Ausnahme für das Arbeitsrecht: Das Unterlassungsklagengesetz findet auf das Arbeitsrecht keine Anwendung. Damit ist § 15 UKlaG an die Stelle des früheren § 23 Abs. 1 AGB-Gesetz (alt) getreten, soweit dort die Anwendbarkeit auf dem Gebiet des Arbeitsrechts ausgeschlossen wurde.[124] Nach § 310 Abs. 4 S. 1 BGB findet der Abschnitt über Allgemeine Geschäftsbedingungen keine Anwendung bei Verträgen auf dem Gebiet des Erb-, Familien- und Gesellschaftsrechts sowie auf Tarifverträge, Betriebs- und Dienstvereinbarungen – wohingegen gemäß § 310 Abs. 4 S. 2 BGB bei der Anwendung auf Arbeitsverträge die im Arbeitsrecht geltenden Besonderheiten angemessen zu berücksichtigen sind und § 305 Abs. 2 und 3 BGB nicht anzuwenden ist. Obgleich damit die §§ 305 ff. BGB grundsätzlich auch im Arbeitsrecht zur Anwendung gelangen, schließt § 15 UKlaG den Anwendungsbereich dieses Gesetzes auf das Arbeitsrecht insgesamt aus – womit es „auf Arbeitsverträge, denen nach BGB §§ 307–309 unwirksame AGB-Bestimmungen zugrunde liegen, keine Anwendung" findet, d.h. Unterlassungs- und Widerrufsansprüche nach § 1 UKlaG ausgeschlossen sind.[125]

43

7. Überleitungsvorschriften

Nach § 16 Abs. 1 UKlaG werden Verfahren, soweit sie am 1.1.2002 nach dem AGB-Gesetz i.d.F. der Bekanntmachung vom 29.6.2000[126] noch anhängig sind, nach den Vorschriften dieses Gesetzes abgeschlossen. D.h., das Unterlassungsklagengesetz kann und sollte auf alle bis dahin noch nicht rechtskräftig erledigten Verfahren angewendet werden, *„weil die Verfahrensvorschriften inhaltsgleich übernommen werden".*[127] Hinsichtlich des materiellen Rechts des AGB-Gesetzes (alt) gilt hingegen die allgemeine Überleitungsvorschrift des Art. 229 § 4 EGBGB. Die Regelung ist infolge Zeitablaufs bedeutungslos geworden.

44

Das beim Bundeskartellamt geführte Entscheidungsregister nach § 20 AGB-Gesetz (alt) stand gemäß § 16 Abs. 2 UKlaG bis zum Ablauf des 31.12.2004 unter den bis zum Ablauf des 31.12.2001 geltenden Voraussetzungen zur Einsicht offen. Die in das Register eingetragenen Entscheidungen werden zwanzig Jahre nach ihrer Eintragung in das Register,

45

---

124 NK-BGB/*Walker*, Schuldrecht, Teilband 2/2, § 15 UKlaG Rn 1.
125 Palandt/*Grüneberg*, § 15 UKlaG Rn 1.
126 BGBl I, S. 946.
127 RegE, BT-Drucks 14/6040, S. 276 r. Sp.

spätestens mit dem Ablauf des 31.12.2004, gelöscht. Der Gesetzgeber hat sich dafür entschieden, § 20 AGB-Gesetz (alt) über das Entscheidungsregister nicht zu übernehmen, da sich einerseits datenschutzrechtliche Bedenken gegen die namentliche Registrierung der Parteien ergeben und andererseits das Register seine ihm zugedachte Bedeutung (in der Anfangsphase des AGB-Gesetzes (alt) sollte es die Transparenz der Rechtsprechung sicherstellen und erreichen, dass das Gesetz in der Rechtswirklichkeit auch durchgesetzt werden kann) verloren hat:[128] „Heute ist dazu ein Register aber nicht mehr notwendig",[129] zumal die Nachfrage beim Register stark nachgelassen habe und der mit seiner Führung sowohl bei den Gerichten (die meldepflichtig waren) als auch beim Bundeskartellamt verbundene Aufwand nicht mehr erforderlich sei. Wegen der nicht erfolgten Aufnahme einer Regelung in das Gesetz und die parallele Aufhebung des AGB-Gesetzes (alt) ist die frühere Mitteilungspflicht der Gerichte ab dem 1.1.2002 entfallen.[130] Auch die Regelung des § 16 Abs. 2 UKlaG ist infolge Zeitablaufs bedeutungslos geworden.

46 Schlichtungsstellen i.S.v. § 14 Abs. 1 UKlaG sind gemäß § 16 Abs. 3 UKlaG auch die aufgrund des § 29 Abs. 1 AGB-Gesetz (alt) eingerichteten (Schlichtungs-)Stellen – sie müssen also nicht neu eingerichtet werden.[131]

47 Die nach § 22 lit. a AGB-Gesetz (alt) eingerichtete Liste qualifizierter Einrichtungen wird gemäß § 16 Abs. 4 UKlaG nach § 4 UKlaG fortgeführt. Mit Ablauf des 31.12.2001 eingetragene Verbände brauchen die Jahresfrist des § 4 Abs. 2 S. 1 UKlaG nicht einzuhalten.

IV. Übergangsvorschriften

48 Gemäß Art. 229 § 5 S. 1 EGBGB ist auf Schuldverhältnisse, die **vor dem 1.1.2002 entstanden sind,** das AGB-Gesetz (alt) (soweit nicht ein anderes bestimmt ist) in der bis zu diesem Tag geltenden Fassung anzuwenden.[132] Die §§ 305 ff. BGB gelten demnach nur für Schuldverhältnisse, die nach dem 31.12.2001 entstanden sind. Bei Dauerschuldverhältnissen gilt eine Übergangsfrist bis 31.12.2002 – d.h. seit dem 1.1.2003 gelten auch für Dauerschuldverhältnisse die §§ 305 ff. BGB (Art. 229 § 5 S. 2 EGBGB)[133] –, womit sie auch vor dem 1.1.2002 begründete Dauerschuldverhältnisse erfasst.[134] Weiterhin gelten die §§ 305 ff. BGB auch für vor dem 1.1.2002 abgeschlossene Verträge,[135] sofern

---

128 NK-BGB/*Walker*, Schuldrecht, Teilband 2/2, § 16 UKlaG Rn 3.
129 RegE, BT-Drucks 14/6040, S. 276 r. Sp.
130 NK-BGB/*Walker*, Schuldrecht, Teilband 2/2, § 16 UKlaG Rn 3.
131 NK-BGB/*Walker*, Schuldrecht, Teilband 2/2, § 16 UKlaG Rn 4.
132 Zum zeitlichen Geltungsbereich näher NK-BGB/*Kollmann*, Schuldrecht, Teilband 2/2, vor §§ 305 ff. BGB Rn 10.
133 AnwK-Schuldrecht/*Hennrichs*, vor §§ 305 ff. BGB Rn 22.
134 Palandt/*Grüneberg*, Überbl. vor § 305 BGB Rn 1.
135 So Palandt/*Grüneberg*, Überbl. vor § 305 BGB Rn 1.

- ein durch Kündigung oder Fristablauf beendeter Vertrag fortgesetzt wird,[136]
- der Anwendungsbereich des Altvertrags in sachlicher bzw. zeitlicher Hinsicht infolge einer Änderungsvereinbarung eine Erweiterung erfahren hat[137] bzw. für den Fall, dass
- eine Einbeziehung abgeänderter Allgemeiner Geschäftsbedingungen in den Vertrag erfolgt ist.[138]

V. Synopse: BGB – AGB-Gesetz (alt)

BGB	AGB-Gesetz (alt)
§ 305 Abs. 1	§ 1
§ 305 Abs. 2	§ 2
§ 305 Abs. 3	§ 2 Abs. 2
§ 305 lit. a Nr. 1	§ 23 Abs. 2 Nr. 1
§ 305 lit. a Nr. 2	§ 23 Abs. 2 Nr. 1 lit. a und b
§ 305 lit. b	§ 4
§ 305 lit. c Abs. 1	§ 3
§ 305 lit. c Abs. 2	§ 5
§ 306	§ 6
§ 306 lit. a	§ 7
§ 307 Abs. 1 S. 1	§ 9 Abs. 1
§ 307 Abs. 1 S. 2	–
§ 307 Abs. 2	§ 9 Abs. 2
§ 307 Abs. 3	§ 8
§ 308	§ 10
§ 309 Nr. 1 bis 6	§ 11 Nr. 1 bis 6
§ 309 Nr. 7	§ 11 Nr. 7, § 23 Abs. 2 Nr. 3
§ 309 Nr. 8	§ 11 Nr. 8 bis 11, § 23 Abs. 2 Nr. 3
§ 309 Nr. 9 bis 13	§ 11 Nr. 12 bis 16, § 23 Abs. 2 Nr. 6
§ 310 Abs. 1	§ 24
§ 310 Abs. 2	§ 23 Abs. 2 Nr. 2

---

136 OLG Frankfurt/M. NJW 1987, 1650: Die §§ 305 ff. BGB gelangen hingegen nicht zur Anwendung, wenn ein Vertrag, weil eine mögliche Kündigungsoption nicht gezogen wurde, über den 1.1.2002 hinaus fortgesetzt worden oder es entsprechend einer Vertragsklausel lediglich zu einer Entgeltanpassung an die veränderten Verhältnisse gekommen ist.
137 BGH NJW 1985, 971.
138 Palandt/*Grüneberg*, Überbl. vor § 305 BGB Rn 1.

BGB	AGB-Gesetz (alt)
§ 310 Abs. 3	§ 24 lit. a
§ 310 Abs. 4	§ 23 Abs. 1

VI. Änderungen, die die §§ 305 ff. BGB erfahren haben

50 Mit Wirkung vom 18.8.2008 ist infolge des Risikobegrenzungsgesetzes[139] der Anwendungsbereich des § 309 Nr. 10 BGB (Wechsel des Vertragspartners) auf Darlehensverträge erstreckt worden.

Mit Wirkung vom 1.1.2009 ist durch das Forderungssicherungsgesetz[140] die allgemeine Privilegierung der Vergabe- und Vertragsordnung von Bauleistungen Teil B (VOB/B)

- in § 308 Nr. 5 BGB (Fingierte Erklärungen) aufgehoben worden,
- in § 309 Nr. 8 BGB (Sonstige Haftungsausschlüsse bei Pflichtverletzung) aufgehoben worden und
- in § 310 Abs. 1 S. 3 BGB im unternehmerischen Geschäftsverkehr gesetzlich verpflichtend vorgegeben worden: In den Fällen des § 310 Abs. 1 S. 1 BGB findet § 307 Abs. 1 und 2 BGB auf Verträge, in die die Vergabe- und Vertragsordnung für Bauleistungen Teil B (VOB/B) in der jeweils zum Zeitpunkt des Vertragsschlusses geltenden Fassung ohne inhaltliche Abweichungen insgesamt einbezogen ist, in Bezug auf eine Inhaltskontrolle einzelner Bestimmungen keine Anwendung.

Der Verweis in § 310 Abs. 3 Nr. 2 BGB hat infolge des Gesetzes vom 25.6.2009[141] eine Anpassung an die Änderung von Art. 46 lit. b EGV erfahren.

§ 308 Nr. 1 BGB (Annahme- und Leistungsfrist) hat infolge des Gesetzes zur Umsetzung der Verbraucherkreditrichtlinie sowie zur Neuordnung der Vorschriften über das Widerrufs- und Rückgaberecht vom 27.7.2009[142] eine redaktionelle Änderung erfahren.

VII. Das Verhältnis der §§ 305 ff. BGB zu anderen Regelungen

51 Die §§ 307 ff. BGB statuieren kein gesetzliches Verbot i.S.v. § 134 BGB[143] (arg.: Regelung der Unwirksamkeitsfolge in § 306 BGB) – im Falle eines Parallelverstoßes gelangen

---

139 Vom 12.8.2008, BGBl I, S. 1666.
140 Vom 23.10.2008, BGBl I, S. 2022; näher BT-Drucks 16/9787, S. 22.
141 BGBl I, S. 1574.
142 BGBl I, S. 2355.
143 Palandt/*Grüneberg*, Überbl. vor § 305 BGB Rn 14.

beide Regelwerke nebeneinander zu Anwendung[144] (mit einem systematischen Vorrang des § 134 BGB).[145]

§ 307 BGB wird im Rahmen seines Schutzzwecks ein Vorrang vor § 138 BGB (lex specialis) eingeräumt[146] – ebenso wie die §§ 307 ff. BGB spezieller sind als § 242 BGB,[147] wohingegen „*für die Frage, ob die Berufung auf eine gültige Klausel wegen der Einzelfallumstände gegen Treu und Glauben verstößt („Ausübungskontrolle')*", § 242 BGB maßgeblich ist.[148] § 123 BGB wird im Falle einer arglistigen Täuschung über den Klauselinhalt durch die §§ 307 ff. BGB hingegen nicht verdrängt[149] – ebenso wie ein Kunde,[150] der sich über die Einbeziehung oder den Inhalt Allgemeiner Geschäftsbedingungen (wenn er insoweit bestimmte Vorstellungen hatte) irrt, auch nach § 119 BGB anfechten kann.[151]

52

Der BGH qualifiziert die §§ 307, 308 Nr. 1[152] sowie 309 Nr. 7 lit. a BGB als **Marktverhaltensregelungen** i.S.v. **§ 3a UWG (§ 4 Nr. 11 UWG alt)**.[153] *V. Westphalen*[154] will dies „*jedoch im Zweifel auf alle Verbotsnormen des AGB-Rechts [...] erstrecken, weil die Verwendung unwirksamer AGB gegenüber einem Verbraucher stets einen Verstoß gegen die Gebote der sachlichen Sorgfalt i.S.v. Art. 5 II lit. a Richtlinie 2005/29/EG einschließt*". Allerdings – so *v. Westphalen*[155] – dürfe die Regelung des § 4 Nr. 11 UWG alt (§ 3a UWG neu) nur dann in Ansatz gebracht werden, „*wenn bei Verwendung einer missbräuchlichen Klausel zugleich die Norm der Richtlinie 93/13/EWG verletzt wird*". Es ist also zu prüfen, ob wegen der Mindestharmonisierung nach Art. 8 der Richtlinie 93/13/EWG „die in Anwendung gebrachten Normen der §§ 307 ff. BGB auch in dem Ver-

53

---

144 BGH NJW 2003, 290, 293; vgl. auch Palandt/*Grüneberg*, Überbl. Vor § 305 BGB Rn 14 unter Bezugnahme auf BGHZ 87, 197 und BGH NJW 2015, 3025.
145 Palandt/*Grüneberg*, Überbl. vor § 305 BGB Rn 14.
146 Näher Palandt/*Grüneberg*, Überbl. vor § 305 BGB Rn 15.
147 Palandt/*Grüneberg*, Überbl. vor § 305 BGB Rn 16.
148 Palandt/*Grüneberg*, Überbl. vor § 305 BGB Rn 16 unter Bezugnahme auf BGHZ 105, 88; BGH NJW 2013, 1519.
149 Palandt/*Grüneberg*, Überbl. vor § 305 BGB Rn 18 unter Bezugnahme auf *Laas*, JZ 1997, 67.
150 Hingegen ist ein Anfechtungsrecht des Verwenders wegen versehentlicher Nichteinbeziehung seiner Allgemeinen Geschäftsbedingungen wegen Sinn und Zweck des § 305 Abs. 2 und § 306 BGB ausgeschlossen: Palandt/*Grüneberg*, Überbl. vor § 305 BGB Rn 18 unter Bezugnahme auf *Stoffels*, AGB-Recht, 2. Aufl. 2009, Rn 398; a.A. hingegen *Loewenheim*, AcP 180 (1980), 433.
151 Palandt/*Grüneberg*, Überbl. vor § 305 BGB Rn 18 unter Bezugnahme auf *Loewenheim*, AcP 180 (1980), 433; a.A. hingegen *Schmid*, JuS 1987, 932.
152 Ebenso OLG Hamm MMR 2013, 241.
153 BGH NJW 2012, 3577; so zuvor schon OLG Frankfurt/M. CR 2009, 253; KG GRUR-RR 2008, 308. Bereits mit BGH NJW 2011, 76 hat das Gericht die §§ 474 ff. BGB, mit BGH NJW 2010, 3566 die §§ 312 lit. c, 355 BGB (Widerrufsrecht im Fernabsatzvertrag) als Marktverhaltensregelung i.S.v. § 4 Nr. 11 UWG anerkannt.
154 *v. Westphalen*, NJW 2013, 2239, 2242 unter Bezugnahme auf BGH NJW 2011, 76.
155 *v. Westphalen*, NJW 2013, 2239, 2242.

dikt der Missbräuchlichkeit der Klausel nach Art. 3, 4 und 5 Richtlinie 93/13/EWG ihre Legitimation haben".[156]

54 Beachte

§ 2 Abs. 1 und 2 Nr. 1 UKlaG kommt im Verbraucherbereich kein Vorrang gegenüber § 4 Nr. 11 UWG alt (§ 3a UWG neu) zu.[157]

VIII. Schadensersatz wegen der Verwendung unwirksamer Klauseln

55 Der Verwender von Allgemeinen Geschäftsbedingungen macht sich nach § 311 Abs. 2 i.V.m. § 280 Abs. 1 BGB schadensersatzpflichtig, wenn der Vertragspartner – in Unkenntnis der Unwirksamkeit einer Klausel – Aufwendungen getätigt hat.[158] Der Vertragspartner ist dann gemäß § 249 BGB grundsätzlich so zu stellen, wie er stünde, wenn der Verwender keine unwirksame Klausel verwendet hätte. *V. Westphalen*[159] wirft die Frage auf, *„ob der Kunde auch berechtigt ist, im Rahmen der Schadensersatzhaftung zu verlangen, dass der AGB-Verwender ihn so stellt, als wäre die wirksame Klausel – an Stelle der unwirksamen – vereinbart worden".*[160]

56 Beachte

Der Verwender (= Vermieter) soll nach Ansicht des BGH[161] dem Vertragsgegner (= Mieter) gegenüber auch zum **Wertersatz** nach § 818 Abs. 2 BGB (angemessene Vergütung) verpflichtet sein, wenn Letzterer aufgrund einer unwirksamen Klausel Schönheitsreparaturen durchführt.

IX. Grenzüberschreitende Verwendung von Allgemeinen Geschäftsbedingungen

57 Nach § 5 Nr. 3 EuGVVO ist die international-prozessrechtliche Zuständigkeit der deutschen Gerichte dann gegeben, wenn missbräuchliche Allgemeine Geschäftsbedingungen

---

156 *v. Westphalen*, NJW 2013, 2239, 2242.
157 *v. Westphalen*, NJW 2011, 2098, 2100.
158 BGHZ 181, 188 = NJW 2009, 2590 – Rn 10 ff.; vgl. auch BGH NJW 2008, 2254; BGHZ 99, 101 = NJW 1987, 639. Näher zudem *Lorenz*, NJW 2009, 2576.
159 *v. Westphalen*, NJW 2012, 2243, 2244. Beachte aber auch BGH NJW 2010, 2873, wo der BGH eine Einschränkung des Umfangs der Ersatzpflicht nach dem Schutzzweck der Norm (konkret: § 308 Nr. 1 BGB) vornimmt.
160 So *v. Westphalen*, NJW 2012, 2243, 2244 unter Bezugnahme auf BGH NZM 2011, 478. Dazu kritisch *Kappus*, NZM 2011, 674.
161 BGHZ 181, 188 = NJW 2009, 2590. Kritisch dazu *Lorenz*, NJW 2009, 2576.

innerhalb Deutschlands Verwendung finden.[162] Für die Klage eines Verbraucherschutzvereins, mit der dieser von einem Luftverkehrsunternehmen mit Sitz in einem EG-Mitgliedstaat die Unterlassung der Verwendung missbräuchlicher Klauseln in Allgemeinen Geschäftsbedingungen in Deutschland begehrt, sind damit die deutschen Gerichte international zuständig.[163] Behauptet ein Kläger einen innergemeinschaftlichen Verstoß gegen Gesetze zum Schutz der Verbraucherinteressen durch Verwendung missbräuchlicher Klauseln in Allgemeinen Geschäftsbedingungen, dann bestimmt sich das anwendbare Sachrecht nach Art. 4 Abs. 1 der Rom II-VO (Verordnung [EG] Nr. 864/2007 des Europäischen Parlaments und des Rates vom 11.7.2007 über das auf außervertragliche Schuldverhältnisse anzuwendende Recht) – womit das Recht des Staates maßgeblich ist, in dem nach dem Klagevortrag die kollektiven Verbraucherinteressen durch Verwendung der Klausel beeinträchtigt worden sind oder wahrscheinlich beeinträchtigt werden. Im Übrigen bedarf es für die Beurteilung der Wirksamkeit der Allgemeinen Geschäftsbedingungen bei grenzüberschreitenden Sachverhalten einer gesonderten kollisionsrechtlichen Anknüpfung nach dem Vertragsstatut.[164] Nach § 4 lit. a UKlaG – so der BGH[165] – kann auf Unterlassung in Anspruch genommen werden, wer in Deutschland Allgemeine Geschäftsbedingungen verwendet, die gegen Gesetze eines anderen EG-Mitgliedstaats zum Schutz der Verbraucher i.S.v. Art. 3 lit. b der Verordnung (EG) Nr. 2006/2004 vom 27.10.2004 über die Zusammenarbeit zwischen den für die Durchsetzung der Verbraucherschutzgesetze zuständigen nationalen Behörden verstoßen. Im Übrigen konstatiert der BGH,[166] dass bei Verträgen über die Luftbeförderung von Personen der Verbraucherschutz als solcher kein Umstand ist, der i.S.v. Art. 28 Abs. 5 EGBGB alt (seit dem 17.12.2009 ersetzt durch die Rom-I-VO) „engere Verbindungen" mit einem anderen Staat als demjenigen begründet, mit dem der Vertrag aufgrund der Vermutung des Art. 28 Abs. 2 EGBGB alt die engsten Verbindungen aufweist.

B. Zweck der gesetzlichen Regelung

Ziel der Integration des AGB-Gesetzes (alt) in die §§ 305 ff. BGB ist eine **übersichtlichere Gestaltung des Schuldrechts** gewesen, das vor der Schuldrechtsreform an einer zunehmenden Zahl von Sondergesetzen gelitten hat. Weiterhin sollte mit einer Rückführung aller Sondergesetze in das Bürgerliche Gesetzbuch das Schuldrecht auch vereinfacht werden. Im Falle des AGB-Gesetzes (alt) lag eine entsprechende Integration auch inhaltlich nahe, da dieses mit den Schuldrechtsbestimmungen besonders eng verzahnt war.

58

162 BGHZ 182, 24 = NJW 2009, 3371.
163 BGHZ 182, 24 – Ls. 1.
164 BGHZ 182, 24 – Ls. 2.
165 BGHZ 182, 24 – Ls. 3.
166 BGHZ 182, 24 – Ls. 4.

§ 2 Allgemeines zum AGB-Recht

59 Die §§ 305 ff. BGB sollen sicherstellen, dass der **Grundsatz der Privatautonomie** (d.h. der grundsätzlichen Richtigkeitsgewähr des Vertrages), der den Vertragsparteien grundsätzlich die Freiheit einräumt, von den Schuldrechtsvorschriften abzuweichen, nicht zu Missbräuchen führt. Die **Dispositivität des gesetzlichen Schuldrechts** mit der Möglichkeit einer Verdrängung desselben durch einen Oktroi selbst geschaffenen Rechts durch wirtschaftlich stärkere Unternehmer gegenüber unterlegenen Verbrauchern veranlasste den Gesetzgeber, aus sozialstaatlichen und wirtschaftspolitischen Gründen der **Vertragsgestaltungsfreiheit** dort Grenzen zu setzen und ein ausreichendes Maß an Vertragsgerechtigkeit sicherzustellen, wo „*die Dispositionsfreiheit einseitig zugunsten der … Vertragspartei ('Verwender') ausgenutzt wird und zu einer unangemessenen Benachteiligung der anderen Vertragspartei führt*".[167] Praktisch besonders relevante Abweichungen von den Vorschriften des gesetzlichen Schuldrechts sind am Maßstab der §§ 308 und 309 BGB zu messen. Ob ein Abweichen von den Vorgaben des Schuldrechts überhaupt statthaft ist, beantworten letztlich allein die §§ 305 ff. BGB.

60 Der zweite Abschnitt (Gestaltung rechtsgeschäftlicher Schuldverhältnisse durch Allgemeine Geschäftsbedingungen) – §§ 305 ff. BGB – als Ergebnis der Integration des AGB-Gesetzes (alt) räumt damit diesen Vorschriften „einen inhaltlich adäquaten und auch prominenten Standort" im Allgemeinen Teil des Schuldrechts ein,[168] wo das frühere AGB-Recht letztlich auch seinen Ursprung hatte, um entsprechend dem Schutzzweck, dem Zuschnitt seiner Regelungen und seinem überwiegenden Anwendungsbereich eine Kontrolle schuldrechtlicher Verträge zu gewährleisten. Im Übrigen machen schuldrechtliche Vertragsbestimmungen in der Rechtspraxis auch den ganz überwiegenden Anwendungsbereich der AGB-Regelungen aus.[169]

61 Der nunmehr gewählte Standort soll andererseits aber auch keine Einschränkung des Anwendungsbereichs allein auf Schuldverträge bewirken.[170] Er macht nur den **Schwerpunkt des Anwendungsbereichs** deutlich, schließt jedoch die Anwendung der §§ 305 ff. BGB bspw. auf Sicherungsgeschäfte oder einseitige Rechtsgeschäfte (die im Zusammenhang mit einer vertraglichen Beziehung stehen) – mithin nicht-schuldrechtliche Allgemeine Geschäftsbedingungen – **nicht** aus. In § 310 BGB wird vielmehr ausdrücklich und eindeutig bestimmt, worauf die Vorschriften nicht anzuwenden sind. Dabei werden in § 310 BGB bspw. das Sachenrecht und der Allgemeine Teil des BGB

---

167 RegE, BT-Drucks 14/6040, S. 149 r. Sp.
168 RegE, BT-Drucks 14/6040, S. 149 r. Sp.; *Dörner* (in: Schulze/Schulte-Nölke, S. 177, 180) und *Pfeiffer* (in: Ernst/Zimmermann, S. 481, 502) sprachen sich hingegen für eine „Verortung" im Allgemeinen Teil des BGB aus.
169 AnwK-Schuldrecht/*Hennrichs*, vor §§ 305 ff. BGB Rn 5.
170 A.A. Wolf/*Pfeiffer*, ZRP 2001, 303: Der gewählte Standort führe zu einer inhaltlichen Verkürzung des Anwendungsbereichs – die Regelungen über die AGB-Kontrolle würden nicht mehr auf sachenrechtliche Verträge und auf einseitige Rechtsgeschäfte anzuwenden sein.

B. Zweck der gesetzlichen Regelung § 2

nicht als Ausnahmebereiche genannt.[171] Die Regelungen über Allgemeine Geschäftsbedingungen erfassen demnach auch Verträge mit sachenrechtlichem Inhalt.[172] *„Bei der gebotenen (historisch-)teleologischen Auslegung sind die §§ 305 ff. (BGB) daher (ebenso wie bislang das AGB-Gesetz) auch auf nicht-schuldrechtliche Allgemeine Geschäftsbedingungen (direkt) anwendbar".*[173]

Die materiellen Rechtsvorschriften des früheren AGB-Gesetzes weisen sowohl Bezüge zum Allgemeinen Teil des Bürgerlichen Gesetzbuchs als auch zum Schuldrecht auf, wobei ihr eindeutiger praktischer Schwerpunkt allerdings im Schuldrecht liegt, weil sie aus dessen zentraler Norm – dem § 242 BGB – in der BGH-Rechtsprechung entwickelt wurden: *„Diese Vorschriften und ihre Auslegung durch die Rechtsprechung entscheiden heute auch darüber, wieweit der zentrale Grundsatz des Schuldrechts, nämlich die Vertragsfreiheit, insbesondere die Freiheit, vom geschriebenen Recht abzuweichen, wirklich geht. Diese sehr differenzierten Regelungen haben mit der Kontrolle von Verträgen anhand des Maßstabs der guten Sitten nichts gemein".*[174] 62

Dies alles hat es gerechtfertigt, die AGB-Kontrolle in den §§ 305 ff. BGB und damit im Allgemeinen Schuldrecht anzusiedeln. Die über das Schuldrecht hinausgehende Bedeutung wird durch die Schaffung eines eigenständigen Abschnitts herausgestellt.[175] 63

Die Zusammenfassung in einem eigenen Abschnitt hebt zum einen die Bedeutung des Regelungsgehalts hervor. Zum anderen wird das im alten AGB-Gesetz enthaltene (geschlossene) System aufrechterhalten („en-bloc"-Übernahme),[176] womit der Gesetzgeber an das in der Praxis bewährte System des alten AGB-Gesetzes anknüpft. Dies erleichtert es dem Rechtsanwender, der sich an die bewährte Systematik des alten AGB-Gesetzes gewöhnt hatte, die einschlägigen Vorschriften aufzufinden und anzuwenden. 64

Es steht **nicht** zu erwarten, dass die gewollte Integration das BGB-Leitbild der Vertragsfreiheit und der Privatautonomie verwässert, weil die Wertungen der §§ 307 ff. BGB auch bei der richterlichen Kontrolle von Individualverträgen zur Anwendung 65

---

171 Vgl. Rechtsausschuss, BT-Drucks 14/7050, S. 187; zudem AnwK-Schuldrecht/*Hennrichs*, vor §§ 305 ff. BGB Rn 20.
172 *„Im Übrigen betrafen die in diesem Zusammenhang zitierten Leitentscheidungen nicht sachenrechtliche Verträge, sondern schuldrechtliche Vereinbarungen, die im Zusammenhang mit oder in sachenrechtlichen Urkunden enthalten waren (BGH NJW 1987, 904; OLG Stuttgart NJW 1979, 222: Schuldversprechen in Grundschuldbestellung; BGH NJW 1987, 1636: Sicherungsabrede zu einer Grundschuld)"*, Rechtsausschuss, BT-Drucks 14/7052, S. 187 r. Sp.
173 AnwK-Schuldrecht/*Hennrichs*, vor §§ 305 ff. BGB Rn 9.
174 Rechtsausschuss BT-Drucks 14/7052, S. 187 r. Sp.
175 So schon der Vorschlag von *Ulmer* in: Schulze/Schulte-Nölke, S. 215, 226.
176 RegE, BT-Drucks 14/6040, S. 150 l. Sp.

Ring 47

gelangen könnten[177] (**Gefahr einer Ausstrahlungswirkung auf das Allgemeine Vertragsrecht**). Allein aus der gesetzessystematischen Neuordnung lässt sich ein entsprechendes Übergreifen nicht ableiten, da die einzelnen Klauselverbote der §§ 308 f. BGB ihre Rechtfertigung in den Besonderheiten der Allgemeinen Geschäftsbedingungen finden.[178]

---

177 So allerdings die Befürchtung von *Ulmer*, JZ 2001, 491, 496.
178 AnwK-Schuldrecht/*Hennrichs*, vor §§ 305 ff. BGB Rn 7: *„Insgesamt sprechen daher zwar keine zwingenden Gründe für eine Integration der Vorschriften über AGB in das BGB, andersseits ist eine solche Neuordnung aber auch keinen zwingenden Einwänden ausgesetzt."*

§ 3 Der Begriff der Allgemeinen Geschäftsbedingung (§ 305 Abs. 1 BGB)

Literatur:

Bartsch, Der Begriff des „Stellens" Allgemeiner Geschäftsbedingungen, NJW 1986, 28; *Baur*, Die Auswirkungen des AGBG auf Bezugs- und Benutzungsordnungen der öffentlichen Hand, FS für Mallmann, 1979, S. 33; *Bender*, Kann die handschriftliche Ergänzung eines Vertragsformulars eine Allgemeine Geschäftsbedingung (AGB) sein?, WRP 1998, 580; *Berger*, Aushandeln von Vertragsbedingungen im kaufmännischen Geschäftsverkehr, NJW 2001, 2152; *v. Bernuth*, Die Bindung des AGB-Verwenders an unwirksame Klauseln – Grund und Grenzen, BB 1999, 1284; *Borges*, Zur AGB-Kontrolle interner Richtlinien, ZIP 2005, 185; *Brambring/Schippel*, Vertragsmuster des Notars und Allgemeine Geschäftsbedingungen, NJW 1979, 1802; *Bunte*, Inhaltskontrolle notariell beurkundeter Verträge, ZIP 1984, 1313; *Coester-Waltjen*, Die Inhaltskontrolle von Verträgen außerhalb des AGBG, AcP 190 (1990), 1; *Derleder*, Individuelle Abreden bei Vertragsdurchführung zur Rettung unwirksamer Schönheitsreparaturklauseln, NZM 2009, 227; *Fastrich*, Richterliche Inhaltskontrolle im Vertragsrecht, 1982; *Fell*, Hintereinander geschaltete Allgemeine Geschäftsbedingungen, ZIP 1987, 690; *Frankenberger*, AGB im B2B-Geschäft: Wenn die Wirklichkeit das Recht überholt, AnwBl 2012, 318; *Freitag/Riemenschneider*, Vollstreckbares Schuldanerkenntnis in der deutschen und europäischen Klauselkontrolle, WM 2004, 2470; *Gaßner/Strömer*, Arzneimittelrabattverträge als Allgemeine Geschäftsbedingungen, PharmR 2015, 41; *Genzow*, Der Reformvorschlag von Prof. Dr. Lars Leuschner für die AGB-Kontrolle im unternehmerischen Rechtsverkehr unter dem Blickpunkt des Vertriebsrechts, IHR 2015, 133; *Gottschalk*, Das Transparenzgebot und Allgemeine Geschäftsbedingungen, AcP 206 (2006), 555; *Gottschalk*, Neues zur Abgrenzung zwischen AGB und Individualabrede bei vorformulierten Vertragsbedingungen, NJW 2005, 2493; *Grunewald*, Was sind Vertragsbedingungen im Sinne von § 305 BGB?, in: FS für v. Westphalen, 2010, S. 229; *Grziwotz*, Städtebauliche Verträge und AGB-Recht, NVwZ 2002, 391; *Haas/Fabritius*, Auslegung von unwirksamen Formularklauseln, FA 2009, 130; *Habersack*, Richtigkeitsgewähr notariell beurkundeter Verträge, AcP 189 (1989), 403; *Heinrichs*, Zum Rechtsbegriff der Allgemeinen Geschäftsbedingungen, NJW 1977, 1505; *Heinrichs*, Das neue AGB-Recht und seine Bedeutung für das Mietverhältnis, NZM 2003, 6; *Hofmann*, Entgeltflexibilisierung und AGB-Kontrolle, 2014; *Janal*, Die AGB-Einbeziehung im „M-Commerce", NJW 2016, 3201; *Kadner Graziano/Landbrecht*, Vertragsübernahme und AGB-Kontrolle im Dreipersonenverhältnis – Ein Fall aus der anwaltlichen Praxis, Jura 2014, 514; *Kähler*, Aushandlung von AGB-Klauseln aufgrund begründeten Verhandlungsverzichts, BB 2015, 450; *Kästle*, M&A-Verträge unterliegen nicht der AGB-Kontrolle, NZG 2014, 288; *Kappus*, Abgrenzung von Individual- und Formularverträgen, NZM 2010, 529; *Kappus*, Der „steinige Weg" des AGB-Verwenders zur Individualvereinbarung, NJW 2016, 33; *Kaufhold*, „Echte" und „unechte" AGB in der Klauselkontrolle, BB 2012, 1235; *Kaulartz*, Herausforderungen bei der Gestaltung von Smart Contracts, InTeR 2016, 201; *Kessel*, AGB oder Individualvereinbarung – Relevanz und Reformbedarf, AnwBl 2012, 293; *Kessel/Jüttner*, Der Vorbehalt der Individualabrede im unternehmerischen Geschäftsverkehr – Zur Abgrenzung von Individualvereinbarung und AGB, BB 2008, 1350; *Kieninger*, AGB in B2B-Verträgen: Rückbesinnung auf die Ziele des AGB-Rechts, AnwBl 2012, 301; *Kirchner/Giessen*, Anwendbarkeit des AGB-Rechts auf M&A-Verträge?, BB 2015, 515; *Klaas*, Zur EG-Richtlinie über missbräuchliche Klauseln in Verbraucherverträgen – „Stellen" von AGB, insbesondere Inhaltskontrolle notarielle Verbraucherverträge?, in: FS für Brandner, 1996, S. 247; *Koch*, Auswirkungen der Schuldrechtsreform auf die Gestaltung Allgemeiner Geschäftsbedingungen, WM 2002, 2173; *König*, AGB-Kontrolle bei ausgehandelten Verträgen?, BRJ 2011, 133; *Kolmsee*, Die Anpassung von Allgemeinen Geschäftsbedingungen in Dauerschuldverhältnissen, 2011; *Kondring*, Flucht vor dem deutschen AGB-Recht bei Inlandsverträgen, RIW 2010, 184; *Kramer*, Nichtausgehandelter Individualvertrag, notariell beurkundeter Vertrag und AGB, ZHR 146 (1982), 105; *Kreße*, Der AGB-Begriff im Lichte der Klauselrichtlinie, ZGS 2009, 14; *Kues/Winter*, Individualrechtlich keine pauschale Abdingbarkeit von Allgemeinen Geschäftsbedingungen, NZBau 2014, 750; *Lahr*, Rückzahlungs- und Stichtagsklauseln für Sonderzahlungen im AGB-Recht, 2015; *Lehmann-Richter*, Mietvertragsbedingungen und ihre AGB-recht-

Ring 49

§ 3 Der Begriff der Allgemeinen Geschäftsbedingung (§ 305 Abs. 1 BGB)

liche „Verwendung" – „Stellen", „Aushandeln" und „Verbrauchervertrag" oder: Die Lehren aus der „Gebrauchtwagen"-Entscheidung BGH, NJW 2010, 1131, NZM 2011, 57; *Lehmann-Richter*, Die AGB-Kontrolle in der Wohn- und Geschäftsraummiete, AL 2014, 96; *Leitzen*, Zur Abgrenzung zwischen Individual- und Formularvertrag bei notarieller Beurkundung, NotBZ 2009, 212; *Leuschner*, Reformvorschläge für die AGB-Kontrolle im unternehmerischen Rechtsverkehr, ZIP 2015, 1045; *Leuschner*, Noch einmal: Reformvorschläge für die AGB-Kontrolle im unternehmerischen Rechtsverkehr, ZIP 2015, 1326; *Leuschner*, Die Kontrollstrenge des AGB-Rechts, NJW 2016, 1222; *Matusche-Beckmann*, Die Bedingungsanpassungsklausel – zulässiges Instrument für den Fall der Unwirksamkeit allgemeiner Versicherungsbedingungen?, NJW 1998, 112; *Medicus*, Zur gerichtlichen Inhaltskontrolle notarieller Verträge, 1989; *Meier-Reimer*, AGB-Recht im unternehmerischen Rechtsverkehr – Der BGH überdreht die Schraube, NJW 2017, 1; *Meier-Reimer/Niemeyer*, Unternehmensverkauf und AGB-Recht, NJW 2015, 1713; *Meyer*, „Gleichschritt-Rechtsprechung" und individuelles Aushandeln, WM 2014, 980; *Michalski/Römermann*, Die Wirksamkeit der salvatorischen Klausel, NJW 1994, 886; *Michalski/Römermann*, Inhaltskontrolle von Einzelvereinbarungen an Hand des AGB-Gesetzes, ZIP 1993, 1443; *Miethaner*, AGB oder Individualvereinbarung – die gesetzliche Schlüsselstelle „im Einzelnen ausgehandelt", NJW 2010, 3121; *Miethaner*, AGB-Kontrolle versus Individualvereinbarung, 2010; *Möhrke*, Die AGB-Kontrolle nach §§ 305 ff. BGB in der Zivilrechtsklausur, ZJS 2015, 31; *Niebling*, Preisanpassungsklauseln in Gaslieferungsverträgen, ZMR 2013, 20; *Noll*, Die wirksame Vereinbarung Allgemeiner Geschäftsbedingungen des Pauschalreiseveranstalters im Lichte der neueren Rechtsprechung des Bundesgerichtshofes, RRa 2011, 2; *Oetker*, Dynamische Verweisungen in Allgemeinen Geschäftsbedingungen als Rechtsproblem, JZ 2002, 337; *Pfeiffer*, Die stillschweigende Unterlegung von AGB durch Individualabreden, ZGS 2003, 378; *Pfeiffer*, Die Bedeutung der AGB-Kontrolle für die Durchführung von Bauverträgen, BauR 2014, 402; *Preis*, Probleme der Bezugnahme auf Allgemeine Arbeitsbedingungen und Betriebsvereinbarungen, NZA 2010, 361; *Ramming*, Die neuen ADSp 2017, RdTW 2017, 41; *Rodemann/Schwenker*, Vor einer Neubewertung des „Stellens" Allgemeiner Geschäftsbedingungen i.S.d. § 305 Abs. 1 Satz 1 BGB?, ZfBR 2010, 419; *Roth*, Die Inhaltskontrolle nicht ausgehandelter Individualverträge im Privatrechtssystem, BB 1987, 977; *Rott*, Einbeziehungs- und Bestätigungsklauseln in AGB, VuR 1998, 251; *Schniepp/Giesecke*, Virtuelle Anteile und AGB, NZG 2017, 128; *J. Schmidt*, Vom „Stellen" zum „Aushandeln" von AGB, NZM 2016, 377; *Schulze-Hagen*, Allgemeine Geschäftsbedingungen im unternehmerischen Geschäftsverkehr mit Fokus auf den Bau und Anlagenbau, NZBau 2016, 395; *Schumacher*, Die Aufwertung des Transparenzgebots und die Konsequenzen für das Mietrecht, NZM 2003, 13; *Schumann*, Die Verhandlung komplexer Vertragsverhältnisse unter dem Aspekt des AGB-Gesetzes, BB 1996, 2473; *Schwintowski*, Die AKB auf dem Prüfstand des Transparenzgebots, ZfV 2014, 332; *Spießhofer/v. Westphalen*, Corporate Social Responsibility und AGB-Recht, BB 2015, 75; *Staechlin*, Haben die Allgemeinen Deutschen Spediteurbedingungen (ADSp) ausgedient?, BB 2015, 2828; *Stein*, Die Inhaltskontrolle vorformulierter Verträge des Allgemeinen Privatrechts, 1982; *Stoffels*, Vermieter und Mieter als Verwender Allgemeiner Geschäftsbedingungen, WuM 2011, 268; *Streyl*, Zur Heilkraft von Schriftformheilungsklauseln, NZM 2015, 28; *Thalhofer/Wilmer*, Praktische Herausforderungen bei der Abgrenzung von AGB und Individualvertrag bei IT-Projekten, CR 2014, 765; *Thamm/Detzer*, Druckgröße und sonstige formelle Gestaltung von Allgemeinen Geschäftsbedingungen, BB 1989, 1133; *Thüsing*, Unwirksamkeit und Teilbarkeit unangemessener AGB – Kritisches zum sog. „blue-pencil-test", BB 2006, 661; *Ulmer*, AGB-Gesetz und einseitig gesetzte Gemeinschaftsordnungen von Wohnungseigentümern, in: FS für Weitnauer, 1980, S. 205; *Ulmer*, Die Lando-Principles und die AGB-Recht, FS für Tilmann, 2003, S. 1001; *Voit*, Mehrfachverwendungsabsicht bei Klauseln und Doppelsicherung von Gewährleistungsansprüchen, NJW 2013, 350; *Wackerbarth*, Unternehmer, Verbraucher und die Rechtfertigung der Inhaltskontrolle vorformulierter Verträge, AcP 200 (2000), 45; *Wagner/Wagner*, Abschied von der Schriftform: Zum Änderungsbedarf bei AGB für B2C-Geschäfte nach der jüngsten Änderung des AGB-Rechts, BB 2016, 707; *Wandt*, Die Kontrolle handschriftlicher AGB im Verbandsklageverfahren gemäß § 14 AGBG, VersR 1999, 917; *Waldenberger*, Grenzen des Verbraucherschutzes beim Abschluss von Verträgen im Internet, BB 1996, 2365; *v. Westphalen*, Stellen vs. Aushandeln von AGB-Klauseln im unternehmerischen Geschäftsverkehr – der BGH weist die Lösung, ZIP 2010, 1110; *v. Westphalen*, Kollision von Einkaufs- und Verkaufs-AGB, in: FS für Kreft, 2004, S. 97; *v. Westphalen*, Plädoyer für ein Beibehalten der strengen Rechtsprechung zur AGB-Klauselkontrolle im unternehmerischen Bereich am Beispiel des Gewerberaummietrechts, NZM 2016, 369; v. *Westphalen*, Neueste AGB-rechtliche Entwicklungen zur Bürgschaft, ZfIR 2016, 369; *Wittuhn*, Unternehmenskaufverträge und das Recht der Allgemeinen Geschäftsbedingungen, NZG 2014, 131; *Wolf*, Die Vorformulierung als Voraussetzung der Inhaltskontrolle, in: FS für Brandner, 1996, 299.

A. Einleitung

§ 305 BGB regelt unter der amtlichen Überschrift „Einbeziehung Allgemeiner Geschäftsbedingungen in den Vertrag" dreierlei: 1

- Den Begriff der Allgemeinen Geschäftsbedingung in Abs. 1.
- Das Verfahren, wie Allgemeine Geschäftsbedingungen Vertragsbestandteil werden, in Abs. 2.
- Sonderformen einer Einbeziehung (Rahmenvereinbarungen) in Abs. 3.

Nach der **Legaldefinition** des § 305 Abs. 1 S. 1 BGB versteht man unter Allgemeinen Geschäftsbedingungen alle für eine Vielzahl von Verträgen vorformulierten Vertragsbedingungen, die eine Vertragspartei (**Verwender**) der anderen Vertragspartei bei Abschluss eines Vertrags stellt. Dabei ist es nach § 305 Abs. 1 S. 2 BGB gleichgültig, ob die Bestimmungen einen äußerlich gesonderten Bestandteil des Vertrags bilden oder in die Vertragsurkunde selbst aufgenommen werden, welchen Umfang sie haben, in welcher Schriftart sie verfasst sind und welche Form der Vertrag hat.[1] Die §§ 305 ff. BGB erfassen damit vom eigentlichen Vertragstext getrennte (bspw. auf die Rückseite der Vertragsurkunde gesetzte) Bedingungen, darüber hinaus aber auch ganze Formularverträge (mit den notwendigen Individualangaben im Vordrucktext)[2] oder kurze Textpassagen (z.B. *„Haftung ausgeschlossen"*).[3] Allgemeine Geschäftsbedingungen liegen gemäß § 305 Abs. 1 S. 3 BGB hingegen **nicht** vor, soweit die Vertragsbedingungen zwischen den Vertragsparteien im Einzelnen ausgehandelt werden (vgl. dazu auch § 305 lit. b BGB – Vorrang der Individualabrede).

Beachte

Auch vor ihrer Verwendung **kollektivrechtlich ausgehandelte Vertragsbedingungen** können Allgemeine Geschäftsbedingungen sein.[4] Nach Ansicht des BAG[5] sind Klauseln in **arbeitsvertraglichen Vereinbarungen**, die auf kollektivrechtlich ausgehandelte Vertragsbedingungen Bezug nehmen oder inhaltlich mit ihnen übereinstimmen, nach denselben Maßstäben auszulegen wie einseitig vom Arbeitgeber vorformulierte Klauseln: Auch sie beträfen eine Vielzahl von Fällen, die eine ein-

---
1 Dazu näher NK-BGB/*Kollmann*, § 305 BGB Rn 2 f.
2 AnwK-Schuldrecht/*Hennrichs*, § 305 BGB Rn 3.
3 Vgl. etwa BGH NJW 1996, 2574 – Hinweisschild auf Taschenkontrolle im Supermarkt.
4 BAG NZA-RR 2012, 232, zitiert nach juris Rn 30 unter Bezugnahme auf BAG AP BGB § 611 Arbeitgeberdarlehen Nr. 1 – Rn 20.
5 BAG NZA-RR 2012, 232, zitiert nach juris Rn 33.

§ 3 Der Begriff der Allgemeinen Geschäftsbedingung (§ 305 Abs. 1 BGB)

heitliche Auslegung erforderten. Die Arbeitnehmer, die derartige Verträge unterzeichnen, wären zudem an der Aushandlung der Kollektivregelung nicht beteiligt und könnten sie deshalb auch nicht beeinflussen. Die Gründe, die zu der später in die vertragliche Vereinbarung übernommenen Kollektivregelung geführt haben, seien ihnen unbekannt. Für die Auslegung solcher Klauseln – so das BAG[6] – komme es deshalb nicht auf das Verständnis der an den Verhandlungen über die Kollektivregelung Beteiligten, sondern nach § 157 BGB auf die Verständnismöglichkeiten der Arbeitnehmer an, mit denen später die darauf verweisende arbeitsvertragliche Regelung vereinbart werde.[7]

2   Allgemeine Geschäftsbedingungen sind nach § 305 Abs. 1 BGB alle für eine Vielzahl von Verträgen vorformulierten Vertragsbestimmungen, die der Verwender der anderen Vertragspartei bei Abschluss des Vertrages stellt. Der Begriff der „Allgemeinen Geschäftsbedingung" setzt damit eine Erklärung des Verwenders voraus, die den Vertragsinhalt regeln soll.[8]

3   Für die **Unterscheidung von allgemeinen (verbindlichen) Vertragsbedingungen und (unverbindlichen) Bitten, Empfehlungen oder tatsächlichen Hinweisen** ist auf den Empfängerhorizont abzustellen.[9]

4   Eine „Vertragsbedingung" liegt dann vor, wenn ein allgemeiner Hinweis nach seinem objektiven Wortlaut bei den Empfängern den Eindruck hervorruft, es solle damit der Inhalt eines vertraglichen oder vorvertraglichen Rechtsverhältnisses bestimmt werden[10] – wobei, wie bei der Auslegung des Inhalts von Allgemeinen Geschäftsbedingungen[11] – auf den rechtlich nicht vorgebildeten Durchschnittskunden und die damit typischerweise gegebenen Verhältnisse abzustellen ist.[12]

---

6 BAG NZA-RR 2012, 232, zitiert nach juris Rn 33.
7 So BAG NZA-RR 2012, 232, zitiert nach juris Rn 33 unter Bezugnahme auf BAG AP BGB § 611 Arbeitgeberdarlehen Nr. 1 – Rn 22.
8 BGHZ 200, 362 = NJW 2014, 2269 = ZIP 2014, 481 (zur Frage, wie Abwicklungsrichtlinien AGB-rechtlich zu beurteilen sind – wobei der Grundsatz gilt, dass eine „Vertragsbedingung" nur vorliegt, wenn die Regelung beim Vertragspartner objektiv den Eindruck hervorruft, dass sie den Inhalt des vertraglichen oder vorvertraglichen Rechtsverhältnisses bestimmen soll, weshalb in Abgrenzung zu bloß faktischem oder Gefälligkeitsverhalten auf die Verbindlichkeit der Erklärung – mithin auf das Ziel der Herbeiführung eines rechtlichen Erfolgs – abzustellen ist, so BGHZ 133, 184 = NJW 1996, 2574, 2575), zitiert nach juris Rn 23 unter Bezugnahme auf BGHZ 133, 184, 187; BGH NJW 2009, 1337 Rn 11.
9 BGHZ 200, 362, zitiert nach juris Rn 24 unter Bezugnahme auf BGHZ 133, 184, 188; BGH NJW 2009, 1337 Rn 11.
10 BGHZ 200, 362, zitiert nach juris Rn 24 unter Bezugnahme auf BGHZ 133, 184, 188.
11 Dazu näher BGH NJW 2011, 1342 Rn 29; BGHZ 194, 121 Rn 16.
12 BGHZ 200, 362, zitiert nach juris Rn 24 unter Bezugnahme auf BGHZ 133, 184, 189; BGH NJW 2009, 1337 Rn 17 und 19.

Der Inhalt von Allgemeinen Geschäftsbedingungen ist nach einem objektiv-generalisierenden Maßstab zu ermitteln und die Allgemeinen Geschäftsbedingungen nach ihrem objektiven Inhalt und typischen Sinn einheitlich so auszulegen, wie sie von verständigen und redlichen Vertragspartnern unter Abwägung der Interessen der normalerweise beteiligten Verkehrskreise verstanden werden – wobei die Verständnismöglichkeiten des durchschnittlichen Vertragspartners des Verwenders zugrunde zu legen sind.[13]

5

Auslegung
Allgemeine Geschäftsbedingungen sind nach der ständigen Judikatur ausgehend von den Verständigungsmöglichkeiten eines rechtlich nicht vorgebildeten Durchschnittskunden nach dem objektiven Inhalt und typischen Sinn der in Rede stehenden Klausel einheitlich so auszulegen, wie ihr Wortlaut von verständigen und redlichen Vertragspartnern unter Abwägung der Interessen der regelmäßig beteiligten Verkehrskreise verstanden wird.[14] Zweifel bei der Auslegung gehen nach § 305 lit. c Abs. 2 BGB zulasten des Verwenders. Außer Betracht bleiben nur solche Auslegungsmöglichkeiten die zwar theoretisch denkbar, praktisch aber fernliegend und daher nicht ernstlich in Betracht zu ziehen sind.[15]

Die auf dem Wege der **Auslegung** zu treffende **Unterscheidung von rechtsverbindlicher Vertragsbedingungen und unverbindlichen Erklärungen**[16] kann der BGH selbst vornehmen, da Allgemeine Geschäftsbedingungen im Rahmen ihrer Auslegung wie revisible Rechtsnormen zu behandeln und infolgedessen vom Revisionsgericht frei auszulegen sind:[17] Bei Ihnen besteht nämlich – ungeachtet der Frage, ob sie über den räumlichen Bezirk des Berufungsgerichts hinaus verwendet werden – ein Bedürfnis nach einer einheitlichen Handhabung.[18] Dies gilt nach Ansicht des BGH[19] auch für die im Wege der Auslegung zu klärende Frage, ob überhaupt eine (rechtsverbindliche) Vertragsbedingung i.S.v. § 305 Abs. 1 BGB vorliegt.

6

Der BGH[20] hat in Bezug auf die Einordnung der Angabe „*Datum der Erstzulassung lt. Fzg-Brief*" in einem „*verbindlichen Bestellformular*" festgestellt, dass die Frage, ob eine Erklärung oder ein bestimmtes Verhalten als (rechtsverbindliche) Willenserklärung

7

---

13 BAGE 152, 82 = NZA-RR 2015, 649, zitiert nach juris Rn 25 unter Bezugnahme auf BAG ZTR 2015, 511 Rn 25.
14 BGH NJW-RR 2015, 885 = ZIP 2015, 642 = WM 2015, 822, zitiert nach juris Rn 28 unter Bezugnahme auf BGHZ 187, 360 Rn 29; BGHZ 190, 66 Rn 21.
15 BGH NJW-RR 2015, 885, zitiert nach juris Rn 28 unter Bezugnahme auf BGHZ 195, 298 Rn 16.
16 Dazu BGH NJW 2009, 1337 Rn 11 und 22.
17 BGHZ 200, 362, zitiert nach juris Rn 25.
18 BGHZ 200, 362, zitiert nach juris Rn 25 unter Bezugnahme auf BGH NJW 2010, 2877 Rn 11; BGH WM 2013, 2235 Rn 14; BGH NJW 2013, 1805 Rn 9.
19 BGHZ 200, 362, zitiert nach juris Rn 25 unter Bezugnahme auf BGHZ 133, 184, 187 f.; BGHZ 101, 271, 272 f.
20 BGH NJW 2016, 3015 = ZIP 2016, 1775.

§ 3   Der Begriff der Allgemeinen Geschäftsbedingung (§ 305 Abs. 1 BGB)

zu werten ist, sich nach den für die Auslegung von Willenserklärungen geltenden Maßstäben beurteilt.[21] Im konkreten Fall komme allein eine Einordnung als Allgemeine Geschäftsbedingung oder als typische im Gebrauchtwagenhandel verwendete Individualerklärung in Betracht – wobei in beiden Fällen sich die Unterscheidung zwischen einer rechtsverbindlichen Vertragsbedingung (§ 305 Abs. 1 BGB) bzw. einer rechtsverbindlichen (typischen) Willenserklärung von einer unverbindlichen Angabe nach objektiven Maßstäben richte. Nach dem bei Allgemeinen Geschäftsbedingungen geltenden **Grundsatz der objektiven Auslegung**[22] seien AGB nach ihrem objektiven Inhalt und typischen Sinn einheitlich so auszulegen, wie sie von verständigen und redlichen Vertragspartnern unter Abwägung der Interessen der normalerweise beteiligten Kreise verstanden werden, wobei die Verständnismöglichkeiten des durchschnittlichen Vertragspartners des Verwenders zugrunde zu legen seien.[23]

8   Ob es sich um Allgemeine Geschäftsbedingungen handelt, hat – so das OLG Rostock[24] – das Gericht, auch ohne dass sich eine Partei darauf beruft, zu prüfen: Zwar treffe es zu, dass die Partei, die sich auf den Schutz der AGB-Regel beruft, das Vorliegen von Allgemeinen Geschäftsbedingungen darzulegen und zu beweisen hat (**Darlegungs- und Beweislast**, siehe hierzu Rdn 89 f.). Dies gelte allerdings nur, soweit sich Tatsachenfragen stellen. Denn nur dann bleibe Raum für eine Verteilung der Darlegungs- und ggf. Beweislast.[25] Ergebe sich aus dem unstreitigen Vortrag, dass Allgemeine Geschäftsbedingungen vorliegen, habe das Gericht die entsprechenden Rechtsvorschriften anzuwenden.[26]

9   § 305 Abs. 1 BGB entspricht wörtlich § 1 Abs. 1 und 2 AGB-Gesetz (alt). In der Neuregelung wurde lediglich der früher auf zwei Absätze verteilte Inhalt der Vorschrift wortgleich in einem Absatz zusammengeführt, woraus sich allerdings keine inhaltlichen Abweichungen ergeben.

Damit bestimmt § 305 Abs. 1 S. 1 BGB den **Anwendungsbereich** der Vorschriften über Allgemeine Geschäftsbedingungen – der durch § 310 Abs. 3 BGB **sachlich erweitert** und durch § 305 lit. a, § 308 Nr. 5 2. Hs., § 309 Nr. 7 2. Hs., Nr. 8 lit. a 2. Hs, Nr. 8 lit. b ff. 2. Hs., Nr. 9 2. Hs. sowie § 310 Abs. 2 und 4 BGB **sachlich** bzw. § 310 Abs. 1 BGB **persönlich eingeschränkt** wird.

---

21 BGH NJW 2016, 3015, zitiert nach juris Rn 28 unter Bezugnahme auf BGH NJW 2014, 1951 Rn 14; BGH NJW 2002, 363 unter II.3.b.aa. – und in Bezug auf die Abgrenzung von AGB und unverbindlichen Erklärungen BGHZ 200, 362 Rn 24 f.
22 BGH NJW 2016, 3015, zitiert nach juris Rn 29 unter Bezugnahme auf BGH NJW-RR 2007, 1697 Rn 23; BGH NJW 2012, 1066 Rn 23; BGH NJW-RR 2016, 572 Rn 10.
23 BGH NJW 2016, 3015, zitiert nach juris Rn 29 unter Bezugnahme auf BGHZ 200, 362 Rn 57; BGH WuM 2016, 164 Rn 17; BGH NJW-RR 2016, 572 Rn 10.
24 OLG Rostock NotBZ 2011, 304, zitiert nach juris Rn 24.
25 OLG Rostock NotBZ 2011, 304, zitiert nach juris Rn 24 unter Bezugnahme auf Palandt/*Grüneberg*, § 307 BGB Rn 9.
26 So OLG Rostock NotBZ 2011, 304, zitiert nach juris Rn 24.

A. Einleitung §3

Beachte 10

Vertragsbedingungen in der Form von **Rechtsnormen** (Gesetzen, Verordnungen oder Satzungen), die Unternehmen der öffentlichen Hand oder Privatunternehmen verwenden, unterfallen **nicht** den §§ 305 ff. BGB[27] (so z.b. die auf der Grundlage von Art. 243 EGBGB erlassenen Verordnungen – bspw. die AVBFernwärmeV vom 20.6.1980[28] oder die AVBWasserV vom 20.6.1980[29]).[30] Etwas anderes gilt hingegen für **behördlich** (bloß) **genehmigte Allgemeine Geschäftsbedingungen** oder solche, die auf eine Empfehlung internationaler Organisationen hin erlassen worden sind.[31]

Beachte weiter

Für Allgemeine Geschäftsbedingungen, die einer behördlichen Genehmigung bedürfen, sind die §§ 305 ff. BGB im Rahmen des Genehmigungsverfahrens Prüfungsmaßstab.[32]

Beachte zudem

Klauseln in behördlich genehmigten Allgemeinen Geschäftsbedingungen können am Maßstab der §§ 307 ff. BGB überprüft und als unwirksam qualifiziert werden.[33]

Die Regelung des § 305 Abs. 1 BGB umfasst (resultierend aus einer historisch-teleologischen Auslegung heraus) damit **alle** Arten von Allgemeinen Geschäftsbedingungen (d.h. für eine Vielzahl von Verträgen vorformulierte Vertragsbedingungen) ohne Rücksicht auf ihren Inhalt und Gegenstand, wohingegen § 310 BGB dann im Einzelnen Vorgaben trifft, worauf die AGB-Vorschriften keine Anwendung finden sollen[34] (**Anwendungsausschlüsse**). 11

Allgemeine Geschäftsbedingungen bedürfen auf privatautonomer Grundlage (**Vertragsfreiheit**, vgl. § 311 Abs. 1 BGB) einer **Einbeziehung in den Vertrag** nach § 305 Abs. 2

---

27 Womit eine AGB-Kontrolle nicht stattfindet: Palandt/*Grüneberg*, § 305 BGB Rn 2; *Hilpert*, NZV 2007, 288.
28 BGBl I, S. 742.
29 BGBl I, S. 750.
30 BGHZ 100, 1, 4. Diese unterliegen nur einer Angemessenheits- und Ausgewogenheitsprüfung: BGH NJW-RR 2006, 133; Palandt/*Grüneberg*, § 307 BGB Rn 4. Für Verträge mit Sonderabnehmern und Industriekunden gelten sie nur aufgrund einer besonderen Einbeziehung – Palandt/*Grüneberg*, Art. 243 EGBGB Rn 1, weshalb die §§ 305 ff. BGB nur mit Einschränkungen zur Anwendung gelangen können, so Palandt/*Grüneberg*, § 310 BGB Rn 6.
31 BGHZ 83, 172; 86, 288, 291; Palandt/*Grüneberg*, § 305 BGB Rn 2.
32 Palandt/*Grüneberg*, Überbl. vor § 305 BGB Rn 19 unter Bezugnahme auf BVerwG NJW 1998, 3216, wonach AVB gemäß § 81 VAG der Missbrauchskontrolle unterliegen, die auch eine Prüfung umfasst, ob ein Verstoß gegen die §§ 307 ff. BGB vorliegt.
33 Palandt/*Grüneberg*, Überbl. vor § 305 BGB Rn 19 unter Bezugnahme auf BGH NJW 2011, 1801.
34 AnwK-Schuldrecht/*Hennrichs*, vor §§ 305 ff. BGB Rn 20.

BGB. Obgleich ihnen faktisch nach dem Prinzip „Take it or leave it" gesellschaftlich normativer Charakter zukommt – der Verwender stellt sie, sein Vertragspartner kann sie akzeptieren oder aber von dem in Rede stehenden Rechtsgeschäft gänzlich Abstand nehmen – kommt ihnen **kein Rechtsnormcharakter** zu, da dem Verwender keine Recht(setzung)sbefugnisse zustehen.[35]

B. Vertragsbedingung

12 Der Begriff der Allgemeinen Geschäftsbedingung setzt eine Vertragsbedingung,[36] d.h. eine Erklärung des Verwenders voraus, die den Vertragsinhalt regeln soll,[37] wobei die Erklärung nach ihrem objektiven Wortlaut beim Empfänger den Eindruck hervorrufen muss, es solle damit der Inhalt eines vertraglichen Schuldverhältnisses bestimmt werden.[38] Dieser konstitutive Charakter unterscheidet Vertragsbedingungen von bloßen Informationen über tatsächliche Umstände als faktisches Verhalten.[39] Damit sind grundsätzlich bloße Bitten, Hinweise oder Werbeaussagen vom Begriff der Allgemeinen Geschäftsbedingung ausgeschlossen,[40] bspw. Hinweise, die nur den werbenden und unverbindlichen Charakter von Katalogangaben und -abbildungen verdeutlichen[41] (vgl. auch Rdn 13) – es sei denn, die getroffenen Aussagen erwecken beim Durchschnittskunden den Eindruck, dass der Verwender vertragliche Rechte und Pflichten begründen möchte.[42] Auch die vorformulierte Erklärung eines Kunden, dass er der Geltung von Allgemeinen Geschäftsbedingungen zustimmt, ist nicht als Vertragsbedingung zu qualifizieren[43] – wobei auch hier etwas anderes gilt, wenn der Text eines Einheitsschreibens beim Durchschnittskunden den Eindruck hervorruft, der Verwender wolle vertragliche Rechte und Pflichten begründen.[44] Unter einer „*Vertragsbedingung*" versteht § 305 Abs. 1 S. 1 BGB (entsprechend § 1 Abs. 1 S. 1 AGB-Gesetz alt) jede – und sei es auch nur mittelbar[45] bzw. nicht-rechtsgeschäftliche[46] – **inhaltsbestimmende Vertragsklausel** (Regelungen,

---

35 BGHZ 9, 3; 17, 2; so auch Palandt/*Grüneberg*, § 305 BGB Rn 2: „*Es widerspricht auch der Konzeption der §§ 305 ff. BGB, AGB als fertig bereitliegende Rechtsordnung zu qualifizieren*" – unter Bezugnahme auf BGHZ 127, 281; 129, 327, 349 zu den Allgemeinen Deutschen Spediteurbedingungen (ADSp).
36 NK-BGB/*Kollmann*, § 305 BGB Rn 4 ff.
37 BGHZ 133, 184, 187; BGH NJW 2005, 1645; BGHZ 99, 374, 376.
38 BGHZ 133, 184, 187.
39 OLG München ZD 2011, 180 unter Bezugnahme auf MüKo/*Basedow*, § 305 BGB Rn 9 und 12.
40 BGHZ 124, 45; Palandt/*Grüneberg*, § 305 BGB Rn 4.
41 BGHZ 179, 319, zitiert nach juris Rn 11 = NJW 2009, 1337.
42 So BGHZ 133, 184.
43 Umstritten, so aber BGH NJW 1982, 1388, 1389; OLG München ZD 2011, 180; a.A. hingegen Palandt/*Grüneberg*, § 305 BGB Rn 4.
44 BGH NJW 1996, 2574, 2575; Palandt/*Grüneberg*, § 305 BGB Rn 4.
45 BGHZ 141, 126; Jauernig/*Stadler*, § 305 BGB Rn 3.
46 BGH NJW 1990, 2314.

die den Vertragsinhalt gestalten sollen).[47] Auch eine notarielle Schiedsgerichtsabrede kann „Allgemeine Geschäftsbedingung" i.S.v. § 305 Abs. 1 S. 1 BGB sein.[48] Um zu differenzieren, ob es sich um eine verbindliche Vertragsbedingung oder um eine unverbindliche Bitte oder Empfehlung bzw. einen bloßen Hinweis ohne eigenständigen Regelungsgehalt handelt, ist auf den **Empfängerhorizont** abzustellen.[49] Vom Vorliegen einer Vertragsbedingung ist dann auszugehen, wenn ein allgemeiner Hinweis seinem objektiven Wortlaut nach bei den Empfängern den Eindruck hervorruft, dass damit der Inhalt eines vertraglichen oder vorvertraglichen Rechtsverhältnisses bestimmt werden soll.[50]

Beachte
Sportliche Regelwerke sind hingegen **keine** Allgemeinen Geschäftsbedingungen.[51]

Grundsätzlich kann aber **Hinweisen in Werbeprospekten** oder z.B. auf **Preisschildern** 13 der Charakter von Allgemeinen Geschäftsbedingungen zukommen, wenn sie aus der Sicht des Empfängers dazu dienen, den Inhalt eines vertraglichen oder vorvertraglichen Rechtsverhältnisses zu regeln.[52] Allerdings hat das OLG Hamm[53] – im Gegensatz zum BGH[54] (der die Aussage *„Preis- und Kalkulationsirrtum auf Seiten des Auftraggebers ausgeschlossen"* als eine nach § 307 Abs. 1 S. 1 BGB unwirksame Allgemeine Geschäftsbedingungen qualifiziert hatte) – festgestellt, dass die Hinweise *„Änderungen und Irrtümer vorbehalten. Abbildungen ähnlich"* in einem Reklameprospekt keine Allgemeinen Geschäftsbedingungen darstellen sollen. Maßgebend für die Abgrenzung war dabei die Auslegung der Erklärung gemäß §§ 133, 157 BGB,[55] aber auch der Umstand, dass der BGH[56] eine gleichlautende Klausel (*„Irrtümer sind vorbehalten"*) aus UWG-Sicht wegen fehlender Rechtsbeeinträchtigung nicht beanstandet hatte.[57] Der BGH[58] hat diese Auffassung bestätigt: Die im Produktkatalog eines Mobiltelefonanbieters enthaltenen Hinweise

---

47 Palandt/*Grüneberg*, § 305 BGB Rn 4.
48 OLG Köln, NJW-RR 2009, 159, 160.
49 BGHZ 179, 319, zitiert nach juris Rn 11 = NJW 2009, 1337.
50 BGHZ 133, 184, 187.
51 BGHZ 128, 101.
52 OLG Düsseldorf NJW-RR 1997, 1147; *Ulmer/Brandner/Hensen*, § 305 BGB Rn 11a.
53 OLG Hamm WM 2008, 499.
54 BGH NJW 1983, 1671 – unter II.2.
55 OLG Hamm WM 2008, 499.
56 BGH NJW 2007, 1780.
57 Zum Rangverhältnis zwischen den §§ 307 ff. BGB und § 4 Nr. 11 UWG: *v. Westphalen*, NJW 2008, 2234.
58 BGHZ 179, 319 = NJW 2009, 1337.

§ 3 Der Begriff der Allgemeinen Geschäftsbedingung (§ 305 Abs. 1 BGB)

„*Änderungen und Irrtümer vorbehalten*,[59] *Abbildungen ähnlich*" stellten keine Vertragsbedingungen i.S.v. § 305 Abs. 1 BGB dar, da es sich um Hinweise ohne eigenen Bedeutungsgehalt handele, die lediglich zum Ausdruck brächten, dass die im Katalog enthaltenen Angaben insoweit vorläufig und unverbindlich sind, als sie vor und bei Abschluss des Vertrags noch korrigiert werden können (grundsätzlich bloße invitatio ad offerendum). Ein vertraglicher Regelungsgehalt, insbesondere eine etwaige Beschränkung der Rechte des Vertragspartners in haftungs- und gewährleistungsrechtlicher Hinsicht, könne diesen Hinweisen – so der BGH[60] – jedoch nicht entnommen werden.

Die **Bestätigung einer Tatsache** kann dann Vertragsbedingung (i.s. einer Vertragsklausel) sein, wenn sie einen vertraglichen Regelungsgehalt hat.[61]

14 Die Begrifflichkeit „*Vertragsbedingung*" setzt weder voraus, dass die Klausel Vertragsbedingung wird,[62] noch, dass es zu einem Vertragsabschluss kommt. Daher können auch bestimmte **einseitige Rechtsgeschäfte**,[63] bspw. Aushandlungsbestätigungen[64] bzw. materiell-rechtlich oder verfahrensrechtlich[65] vom Verwender einseitig vorformulierte Erklärungen des anderen Teils, als Allgemeine Geschäftsbedingung qualifiziert werden[66] (z.B. das Einverständnis zu einer Telefonwerbung)[67] – nicht jedoch abschlussregelnde Klauseln.[68]

---

59 Dieser Hinweis „*besagt, dass Irrtümer – Druckfehler und andere auf menschlichem Irrtum beruhende Falschangaben – im Katalog ebenso wenig ausgeschlossen werden können wie nach Drucklegung eintretende Änderungen hinsichtlich der beworbenen Produkte*", womit er lediglich die auch ohne ausdrücklichen Vorbehalt bestehende Rechtslage zum Ausdruck bringt, „*dass die im Katalog enthaltenen Angaben zu den Produkten und deren Preisen und Eigenschaften nicht ohne Weiteres Vertragsinhalt werden, sondern insoweit vorläufig und unverbindlich sind, als sie durch die Beklagte vor oder bei Abschluss eines Vertrages noch korrigiert werden können. Es verdeutlicht damit, dass erst die bei Vertragsschluss abgegebenen Willenserklärungen und nicht schon die Katalogangaben für den Inhalt des Vertrages über die im Katalog angebotenen Produkte maßgebend sind*", so BGHZ 179, 319, zitiert nach juris Rn 13 = NJW 2009, 1337.
60 BGHZ 179, 319 – Leits. = NJW 2009, 1337.
61 Palandt/*Grüneberg*, § 305 BGB Rn 4 – bspw. eine Bestätigung, dass mündliche Nebenabreden nicht bestehen (BGH NJW 2000, 207) bzw. die Feststellung, dass Vertragsbedingungen im Einzelnen ausgehandelt worden seien (BGH NJW 1999, 374).
62 Palandt/*Grüneberg*, § 305 BGB Rn 4: Erfasst werden auch unwirksame Klauseln oder solche, deren Einbeziehung scheitert, so BGHZ 99, 381.
63 Palandt/*Grüneberg*, § 305 BGB Rn 5.
64 BGHZ 99, 374, 376 f.
65 Bspw. nach § 19 GBO bzw. § 794 Abs. 1 Nr. 5 ZPO – BGH NJW 2002, 139.
66 Jauernig/*Stadler*, § 305 BGB Rn 3 unter Bezugnahme auf BGH NJW 1987, 2011 – Bevollmächtigung; vgl. auch OLG Koblenz NJW-RR 1994, 59.
67 BGH NJW 2000, 2677; vgl. auch Palandt/*Grüneberg*, § 305 BGB Rn 4 unter Verweis auf BGH NJW 2013, 2683.
68 So BGH NJW 1985, 1394; a.A. *Ulmer* in: Ulmer/Brandner/Hensen, § 1 AGBG Rn 13; offengelassen von BGHZ 104, 98, 101.

B. Vertragsbedingung § 3

Vertragsbedingungen, die der Verwender bei einseitigen Rechtsgeschäften verwendet, sind von Vertragsbedingungen des Verwenders abzugrenzen, die in Rechte Dritter eingreifen[69] – wobei in letzterem Fall der Verwender nicht nur eigene, sondern auch fremde Gestaltungsmacht im Hinblick auf einzuschränkende bzw. zu begründende Rechte Dritter für sich in Anspruch nimmt:[70] z.B.[71] ein Preisausschreiben als einseitige Regelung[72] (bei der sich der Dritte freiwillig beteiligen kann) versus eine vom Verwender veranlasste Einverständniserklärung des Kunden in eine Telefonwerbung (als regelnder Eingriff in die Rechtssphäre des Dritten).[73]

15

Allgemeine Bestimmungen, die der Verwender bei **eigenen einseitigen Rechtsgeschäften** trifft, können grundsätzlich nicht als nach den §§ 305 ff. BGB kontrollierfähige Allgemeine Geschäftsbedingungen i.S.v. § 305 Abs. 1 BGB qualifiziert werden, da der Verwender dabei regelmäßig nicht fremde, sondern ausschließlich eigene rechtsgeschäftliche Gestaltungsmacht in Anspruch nimmt.[74] Dies hat der BGH[75] bei einem Preisausschreiben etwa für die in der Ausschreibung aufgestellten Regeln zum Ablauf der Verlosung angenommen.

Anders verhält es sich jedoch, soweit es sich um eine **vorformulierte** und vom Veranstalter **vorgegebene Einwilligungserklärung für Werbeanrufe** handelt:[76] Diese ist nach Ansicht des BGH[77] der Kontrolle nach den §§ 305 ff. BGB unterworfen, da sie nicht lediglich die Regelung der „*eigenen Verhältnisse*" des Veranstalters beträfen, sondern in die gesetzlichen Rechtspositionen Dritter eingriffen.[78] Bei der von seinem Kunden abzugebenden Erklärung nehme der Verwender die rechtsgeschäftliche Gestaltungsfreiheit für sich ebenso in Anspruch wie bei der Vorformulierung eines Vertragstextes, wobei der Kunde lediglich entscheiden könne, ob er die Erklärung abgeben will, auf ihren Inhalt aber keinen Einfluss hat.[79]

---

69 Vgl. BGHZ 187, 86 = NJW 2009, 1337 – Reitturnierausschreibung.
70 Dazu BGH NJW 2013, 2683 – Einwilligung in Werbeanrufe II.
71 Gegenüberstellung nach *v. Westphalen*, NJW 2013, 2239.
72 BGHZ 187, 86 = NJW 2011, 1337.
73 BGH NJW 2013, 2683 – wobei dann eine wirksame Einverständniserklärung des Kunden dessen ausreichende Aufklärung über mögliche Werbeanrufe i.S. einer Einwilligung (als ohne Zwang in voller Kenntnis der Sachlage abgegebene Willensbekundung, BGH NJW 2008, 2997, 2998) entsprechend Art. 2 lit. h der Richtlinie 95/46/EG (ABl EG Nr. L 281, S. 31) voraussetzt. Vgl. auch BGHZ 177, 253 = NJW 2008, 3055 – Rabattsystem. Anders hingegen noch BGH NJW 2000, 2677.
74 BGHZ 187, 86 – Rn 23 = NJW 2009, 1337.
75 NJW 2013, 2683, zitiert nach juris Rn 18.
76 BGH NJW 2013, 2683.
77 BGH NJW 2013, 2683 – Einwilligung in Werbeanrufe II, zitiert nach juris Rn 19.
78 BGH NJW 2013, 2683 – Einwilligung in Werbeanrufe II, zitiert nach juris Rn 19 unter Bezugnahme auf BGHZ 187, 86 – Rn 24.
79 BGH NJW 2013, 2683 – Einwilligung in Werbeanrufe II, zitiert nach juris Rn 19 unter Bezugnahme auf BGHZ 141, 124, 126; BGH GRUR 2000, 818, 819 = WRP 2000, 722 – Telefonwerbung VI.

§ 3 Der Begriff der Allgemeinen Geschäftsbedingung (§ 305 Abs. 1 BGB)

In Bezug auf eine wirksame Einwilligung in den Empfang elektronischer Post zu Werbezwecken hat der BGH[80] in Fortführung dieser Judikatur entschieden, dass der Adressat sich bewusst sein muss, welche Produkte und Dienstleistungen welcher Unternehmen von der Einwilligung erfasst sind, und dass seine Erklärung ein Einverständnis darstellt. Eine vorformulierte Einwilligungserklärung ist nach Ansicht des BGH dann an den §§ 305 ff. BGB zu messen.[81] Nach ständiger Judikatur des BGH sind die §§ 305 ff. BGB auch auf vom Verwender vorformulierte einseitige Erklärungen des anderen Teils anzuwenden, die im Zusammenhang mit einer **Sonderverbindung** stehen:[82] Mit der Teilnahme an einem Gewinnspiel sei ein Rechtsverhältnis verbunden, aus dem Pflichten hinsichtlich der sorgfältigen und ordnungsgemäßen Durchführung des Spiels sowie des Schutzes der persönlichen Daten der Teilnehmer erwachsen. Hierin liege – so der BGH[83] –, neben dem einseitigen Rechtsgeschäft des Preisausschreibens als solchem, eine schuldrechtliche Sonderverbindung, die jedenfalls ein vertragsähnliches Verhalten begründe und es, zumal mit Blick auf den gebotenen Schutz der Rechtsgüter der Beteiligten, rechtfertige, vom Veranstalter vorgegebene Erklärungen, wenn sie im Zusammenhang mit dem Gewinnspiel abgegeben werden, der AGB-Kontrolle nach den §§ 305 ff. BGB zu unterziehen.[84] Dabei komme es nicht darauf an, ob für die an dem Gewinnspiel interessierten Verbraucher der Eindruck entsteht, ohne Einwilligung in die Telefonwerbung sei eine Spielteilnahme nicht möglich.[85]

16 **Inhaltsbestimmend**[86] sind Vertragsklauseln bspw. auch dann, wenn Regelungen über die Hauptleistungspflicht[87] (z.B. Honorarvereinbarungen mit Ärzten)[88] oder solche über gesetzliche Ansprüche (bspw. über deliktische Ansprüche)[89] oder prozessuale Fragen getroffen werden.[90] Auch **Vertragsschlussklauseln**,[91] die das Zustandekommen des Vertrags zum Gegenstand haben oder ein vorvertragliches Rechtsverhältnis begründen sollen, **nicht** aber vorformulierte Erklärungen des Kunden, dass er der Geltung Allgemeiner Geschäftsbestimmungen zustimmt,[92] sind inhaltsbestimmend, mithin „*Vertragsbedingung*".

---

80 BGH NJW 2017, 219 = BB 2017, 910 = DB 2017, 897. Dazu *Ring*, EWiR 2017, 479.
81 BGH BB 2017, 910, zitiert nach juris Rn 21.
82 BGH NJW 2013, 2683 – Einwilligung in Werbeanrufe II, zitiert nach juris Rn 20 unter Bezugnahme auf BGHZ 141, 124, 126; BGH GRUR 2000, 818, 819 – Telefonwerbung VI.
83 BGH NJW 2013, 2683 – Einwilligung in Werbeanrufe II, zitiert nach juris Rn 20.
84 BGH NJW 2013, 2683 – Einwilligung in Werbeanrufe II, zitiert nach juris Rn 20 unter Bezugnahme auf BGHZ 187, 86 – Rn 24.
85 So BGH NJW 2013, 2683 – Einwilligung in Werbeanrufe II, zitiert nach juris Rn 20; a.A. hingegen KG NJW 2011, 466.
86 Dazu Palandt/*Grüneberg*, § 305 BGB Rn 4.
87 OLG Düsseldorf WM 1984, 83; Palandt/*Grüneberg*, § 305 BGB Rn 4.
88 BGHZ 115, 394.
89 So BGHZ 100, 157; BGH NJW 1994, 2489; BGH NJW 1986, 2757.
90 BGH NJW 2002, 138.
91 BGHZ 104, 99; LG München NJW-RR 1992, 244.
92 So BGH NJW 1982, 1388; a.A. Palandt/*Grüneberg*, § 305 BGB Rn 4.

B. Vertragsbedingung § 3

Beachte
Das Zustandekommen eines Vertrags selbst kann nicht wirksam durch Allgemeine Geschäftsbedingungen geregelt werden,[93] da Geltungsgrund der Allgemeinen Geschäftsbedingungen der Vertrag selbst ist.[94]

Die **Bezugnahmeklausel in einem Arbeitsvertrag** ist eine Allgemeine Geschäftsbedingung, wobei bereits das äußere Erscheinungsbild des Vertrags hierfür eine tatsächliche Vermutung begründet.[95]

Bei einer Gesamtzusage handelt es sich um ein an eine Vielzahl von Arbeitnehmern gerichtetes Vertragsangebot i.S. des § 305 Abs. 1 S. 1 BGB und damit um eine Allgemeine Geschäftsbedingung i.S. der §§ 305 ff. BGB.[96]

Bei einer Regelung zum Restwertausgleich (**Formularklausel zum Restwert**) handelt es sich nach Ansicht des BGH[97] – ungeachtet des Umstandes, dass der betragsmäßig ausgewiesene Restwert im konkreten Fall individuell auf ein geleastes Fahrzeug hin kalkuliert worden war – um eine Allgemeine Geschäftsbedingung i.s.v. § 305 Abs. 1 S. 1 BGB. Im konkreten Fall war die Klausel bei gleichartigen Verträgen wortgleich verwendet worden. Die Einfügung des individuell kalkulierten Restwerts stelle lediglich eine notwendige, gleichwohl aber unselbstständige Ergänzung der Klausel dar und berühre deshalb im Übrigen nicht ihren Charakter als Allgemeine Geschäftsbedingung.[98]

Auch **Änderungen** oder **Ergänzungen** gesetzlicher Regelungen bzw. die Wiederholung des bloßen Gesetzestextes (sog. **deklaratorische Klauseln**) bzw. **leistungsbestimmende**   17

---

93 KG NJW 1981, 2822.
94 Palandt/*Grüneberg*, § 305 BGB Rn 4. Etwas anderes kann aber dann gelten, wenn die Allgemeinen Geschäftsbedingungen antizipiert während der Vertragsanbahnung einbezogen wurden: OLG Düsseldorf NJW 2005, 1515.
95 So BAGE 152, 82 = NZA-RR 2015, 649, zitiert nach juris Rn 23 unter Bezugnahme auf BAGE 150, 380 = NJW 2015, 2284 Rn 17.
96 BAG NZA 2014, 1333 = ZIP 2015, 49, zitiert nach juris Rn 20. „*Eine Gesamtzusage ist die an alle Arbeitnehmer des Betriebs oder einen nach abstrakten Merkmalen bestimmten Teil von ihnen in allgemeiner Form gerichtete ausdrückliche Erklärung des Arbeitgebers, bestimmte Leistungen erbringen zu wollen. Eine ausdrückliche Annahme des in der Erklärung enthaltenen Antrags i.s.v. § 145 BGB wird dabei nicht erwartet. Ihrer bedarf es nicht. Das in der Zusage liegende Angebot wird gemäß § 151 BGB angenommen und ergänzender Inhalt des Arbeitsvertrags. Gesamtzusagen werden bereits dann wirksam, wenn sie gegenüber den Arbeitnehmern in einer Form verlautbart werden, die den einzelnen Arbeitnehmer typischerweise in die Lage versetzt, von der Erklärung Kenntnis zu nehmen. Auf dessen konkrete Kenntnis kommt es nicht an. Die Arbeitnehmer erwerben einen einzelvertraglichen Anspruch auf die zugesagten Leistungen, wenn sie die betreffenden Anspruchsvoraussetzungen erfüllen.*"
97 BGH ZMR 2014, 966.
98 BGH ZMR 2014, 966, zitiert nach juris Rn 18 unter Bezugnahme auf BGH WM 1998, 1685 unter II.2.a.; BGHZ 157, 102, 106 f.

§ 3 Der Begriff der Allgemeinen Geschäftsbedingung (§ 305 Abs. 1 BGB)

Bedingungen können zum Gegenstand von Allgemeinen Geschäftsbedingungen gemacht werden.[99]

Hingegen sind **salvatorische Klauseln** in Allgemeinen Geschäftsbedingungen jedenfalls dann nicht wirksam vereinbart, wenn die Rechtslage (wie bspw. im Fall einer Parkettklausel)[100] nicht zweifelhaft ist.[101]

18 Weiterhin sind **einseitige Rechtsgeschäfte des Kunden** (die auf einer Vorformulierung des Verwenders beruhen,[102] d.h. es handelt sich um vom Verwender vorformulierte Erklärungen des Kunden als Verwendungsgegner) „*Vertragsbedingung*"[103] (siehe hierzu auch Rdn 14) – selbst dann, wenn sie nur im Zusammenhang mit den vertraglichen Beziehungen bestehen, aber nicht unmittelbar den Vertrag betreffen[104] (arg.: Regelungen des § 308 Nr. 1 und des § 309 Nr. 12 lit. b BGB sowie Schutzzweck der §§ 305 ff. BGB):[105] bspw. Bestätigungen und Quittungen,[106] Einwilligungen in Operationen,[107] Einwilligungen in eine Telefax-, E-Mail- oder SMS-Werbung,[108] Einverständnis mit Telefonwerbung,[109] Einverständnis zur Weitergabe von Daten,[110] Entbindungen von der Schweigepflicht,[111] Erklärungen über die ärztliche Aufklärung,[112] Ermächtigungen und Vollmachten[113] bzw. Überweisungsformulare,[114] ja selbst Ermächtigungen zur Vornahme tatsächlicher Handlungen (bspw. einer Sektion).[115]

---

99 So AnwK-Schuldrecht/*Hennrichs*, vor §§ 305 ff. BGB Rn 3: „*Praktische Bedeutung erlangt die Differenzierung zwischen abändernden und ergänzenden Klauseln einerseits und deklaratorischen oder leistungsbestimmenden Klauseln andererseits erst im Hinblick auf den Umfang der Inhaltskontrolle nach § 307 BGB.*"
100 BGH NJW 2013, 1668 (Parkettklausel): Die andere Vertragspartei muss in eine selbständige Prüfung eingetreten sein, nachdem ihr eine reale Möglichkeit eingeräumt worden ist, Pro und Contra der Klausel abzuwägen und die Vertragsgestaltung (textliche Umgestaltung) tatsächlich zu beeinflussen – was auch dann gilt, wenn der Vertragspartner ein Rechtskundiger (konkret: ein Richter) ist.
101 BGH NJW 2013, 1668, zitiert nach juris Rn 3 unter Bezugnahme auf *Ulmer/Habersack* in: Ulmer/Brandner/Hensen, § 305 BGB Rn 153; MüKo/*Basedow*, § 305 BGB Rn 75.
102 Palandt/*Grüneberg*, § 305 BGB Rn 5.
103 BGHZ 98, 24, 28.
104 BGH NJW 1999, 1860.
105 Palandt/*Grüneberg*, § 305 BGB Rn 5: „*Der Verwender, der eine einseitige Erklärung des Kunden vorformuliert, greift in dessen rechtsgeschäftliche Gestaltungsfreiheit noch stärker ein als bei Vorformulierung der Vertragsbedingungen.*"
106 Palandt/*Grüneberg*, § 305 BGB Rn 5; Palandt/*Grüneberg*, § 309 BGB Rn 106.
107 *Gounalakis*, NJW 1990, 753.
108 *Ayad/Schafft*, BB 2002, 1711.
109 BGH NJW 2000, 2677; 1999, 1864; a.A. hingegen *Lettl*, NJW 2001, 42.
110 Palandt/*Grüneberg*, § 305 BGB Rn 5; Palandt/*Grüneberg*, § 307 BGB Rn 82.
111 Palandt/*Grüneberg*, § 305 BGB Rn 5; *Hollmann*, NJW 1978, 2332; *Hollmann*, NJW 1979, 1923.
112 *Gounalakis*, NJW 1990, 753; *Jungbecker*, MedR 1990, 173.
113 BGH NJW 1999, 1864.
114 BGHZ 98, 24, 28.
115 So BGH NJW 1990, 2314.

B. Vertragsbedingung § 3

Beachte 19
Dagegen können **einseitige Rechtsgeschäfte des Verwenders** (außerhalb des Anwendungsbereichs des § 310 Abs. 3 BGB)[116] **nicht** als „Vertragsbedingung" qualifiziert werden (arg.: Der Verwender nimmt insoweit keine fremde, sondern allein eigene rechtsgeschäftliche Gestaltungsmacht in Anspruch).[117]

Die Erklärung eines GbR-Gesellschafters, die akzessorische Gesellschafterhaftung (analog § 128 HGB) auszuschließen und nicht mit seinem persönlichen Vermögen haften zu wollen, stellt hingegen **kein** einseitiges Rechtsgeschäft dar:[118] Sie ist – anders als bei der Publikums-KG[119] – vielmehr als Angebot zur Vereinbarung einer Haftungsbeschränkung zu qualifizieren (und unterfällt damit § 305 Abs. 1 BGB).[120] 20

„*Vertragsbedingung*" soll auch die **Festlegung des Vollmachtsumfangs** sein[121] (selbst wenn der Verwender eine gesetzlich ausgestaltete Vollmacht [bspw. jene des Versicherungsagenten] einschränkt). 21

Für die Unterscheidung von allgemeinen (verbindlichen) Vertragsbedingungen und **höflich formulierten** (unverbindlichen) **Bitten, Empfehlungen oder tatsächlichen Hinweisen** ist, ebenso wie für die Abgrenzung zwischen einer auf die Herbeiführung individueller Rechtsfolgen gerichteten Willenserklärung von einem rein gesellschaftlichen oder tatsächlichen Verhalten,[122] auf den Empfängerhorizont abzustellen.[123] Jedenfalls schließt eine höfliche Formulierung den Rechtscharakter als Allgemeine Geschäftsbedingung nicht von vornherein aus.[124] 22

Eine Vertragsbedingung i.S.v. § 305 Abs. 1 S. 1 BGB liegt demnach dann vor, wenn ein allgemeiner Hinweis nach seinem objektiven Wortlaut beim Empfänger den Eindruck hervorruft, es solle damit der Inhalt eines **(vor)vertraglichen Rechtsverhältnisses** be- 23

---

116 Dazu Palandt/*Grüneberg*, § 305 BGB Rn 6 und Palandt/*Grüneberg*, § 310 BGB Rn 12.
117 Palandt/*Grüneberg*, § 305 BGB Rn 6 unter Bezugnahme auf BGH NJW 2011, 139; BAG NZA 2016, 485. Vgl. auch *Heinrichs*, NJW 1999, 1596; *Jaeger*, MDR 1992, 96; Staudinger/*Schlosser*, § 305 BGB Rn 10.
118 Palandt/*Grüneberg*, § 305 BGB Rn 7.
119 So BGH NJW 2002, 1642.
120 So BGH NJW 1999, 3483; zudem *Hasenkamp*, BB 2004, 230. Vgl. auch Palandt/*Grüneberg*, § 305 BGB Rn 7 – und verstößt gegen § 307 Abs. 2 Nr. 1: OLG Stuttgart BB 2001, 2607.
121 So BGH NJW 2011, 139; 1999, 1683; kritisch Palandt/*Grüneberg*, § 305 BGB Rn 6: Dies sei mit dem Schutzzweck der §§ 305 ff. BGB unvereinbar, womit neben § 310 Abs. 2 BGB allein § 242 BGB Grundlage für eine Inhaltskontrolle sein könne.
122 BGHZ 91, 324, 328 ff.; BGHZ 109, 171, 177.
123 BGHZ 101, 271, 273; Erman/*Roloff*, § 305 BGB Rn 3.
124 Vgl. BGHZ 133, 184, 187 entgegen BGHZ 124, 39, 44.

stimmt werden,[125] ein Text also beim Durchschnittskunden den Eindruck erweckt, der Verwender wolle vertragliche Rechte und Pflichten begründen.[126]

24 Das Tatbestandsmerkmal „*Vertragsbedingung*" setzt **nicht** voraus, dass die Klausel auch tatsächlich Vertragsbestandteil wird. Damit erfasst § 305 Abs. 1 BGB auch unwirksame Regelungen[127] bzw. solche, deren Einbeziehung an § 305 Abs. 2 BGB (siehe § 4 Rdn 1 ff.) scheitert.[128]

25 *Beachte*
Nach § 310 Abs. 4 BGB (siehe § 6 Rdn 59 ff.) finden die §§ 305 ff. BGB auch keine Anwendung auf Verträge des Erb-, Familien- und Gesellschaftsrechts sowie auf Tarifverträge, Dienst- und Betriebsvereinbarungen.

26 **Ausschlussfristen** können hingegen grundsätzlich auch in Formulararbeitsverträgen nach Maßgabe von § 305 Abs. 1 S. 1 und 2 BGB vereinbart werden, da die §§ 305 ff. BGB keine Bestimmungen enthalten, die Ausschlussfristen für unwirksam erklären.[129] Auch **Freiwilligkeitsvorbehalte** – z.B. „*als freiwillige Leistung ohne Rechtsanspruch*" – sind Vertragsbedingungen i.S.v. § 305 Abs. 1 S. 1 BGB.[130] Eine entsprechende, vom Arbeitgeber gestellte Klausel wolle die vertraglichen Beziehungen zwischen Arbeitgeber und Arbeitnehmer gestalten, wobei der Arbeitgeber im konkreten Fall sich ein einseitiges Recht zur Entscheidung über einen Bonus vorbehalten hatte. Selbst wenn eine entsprechende Klausel nur darauf zielt, die Entstehung einer betrieblichen Übung zu verhindern, wäre ihr Zweck – so das BAG[131] – die Festlegung der Bedeutung einer späteren Erklärungsverhaltens bereits im Vertrag.[132] Soweit das BAG in einer Entscheidung aus dem Jahre 2008 zunächst Zweifel daran geäußert hatte, ob es sich bei einer entsprechenden Klausel (Freiwilligkeitsvorbehalt) um eine Vertragsbedingung i.S.v. § 305 BGB gehandelt hat,[133] hat es später hieran nicht mehr festgehalten und entsprechende Vertragsklauseln stets einer Prüfung am Maßstab der §§ 305 ff. BGB unterzogen.[134]

---

125 BGH NJW 1996, 2574, 2575: Die auf den im Eingangsbereich eines Einzelhandelsmarktes angebrachten Hinweis – „*Information und Taschenannahme. Sehr geehrte Kunden! Wir bitten Sie höflich, Ihre Taschen hier an der Information vor dem Betreten des Marktes abzugeben*" – folgende Erklärung – „*andernfalls weisen wir Sie höflichst darauf hin, dass wir an den Kassen gegebenenfalls Taschenkontrollen durchführen müssen*" –, stellt eine Allgemeine Geschäftsbedingung dar: teilweise Abweichung von BGHZ 124, 39.
126 BGHZ 133, 184.
127 Palandt/*Grüneberg*, § 305 BGB Rn 4.
128 BGHZ 99, 374, 381.
129 BAG NZA 2008, 699, zitiert nach juris Rn 17 unter Bezugnahme auf BAGE 116, 66.
130 BAGE 147, 322 = NZA 2014, 595.
131 BAGE 147, 322, zitiert nach juris Rn 28.
132 BAGE 147, 322, zitiert nach juris Rn 28 unter Bezugnahme auf BAGE 139, 156 Rn 31.
133 BAGE 127, 185 Rn 16.
134 BAGE 147, 322, zitiert nach juris Rn 28 unter Bezugnahme auf BAGE 129, 164; 136, 294; 139, 156 Rn 31.

B. Vertragsbedingung § 3

Bei einem arbeitsvertraglichen Verweis auf die *„jeweils gültigen Tarifverträge der Deutschen Lufthansa (DLH)"* – einer sog. **kleinen dynamischen Bezugnahme** – handelt es sich nach Ansicht des LAG Köln[135] um eine Allgemeine Geschäftsbedingung (§ 305 Abs. 1 S. 1 und S. 2 BGB), die nach ihrem objektiven Inhalt und typischen Sinn einheitlich so auszulegen ist, wie sie von verständigen und redlichen Vertragspartnern unter Abwägung der Interessen der normalerweise beteiligten Verkehrskreise verstanden wird, wobei die Verständnismöglichkeiten des durchschnittlichen Vertragspartners des Verwenders zugrunde zu legen sind. Von Bedeutung für das Auslegungsergebnis sollen ferner der von den Vertragsparteien verfolgte Regelungszweck sowie die der jeweils anderen Seite erkennbare Interessenlage der Beteiligten sein.

27

Es muss nachdrücklich darauf hingewiesen werden, dass, obgleich Allgemeine Geschäftsbedingungen regelmäßig in der Praxis meist gesetzliche Schuldverträge betreffen,[136] dies nicht zwingend ist. Die §§ 305 ff. BGB erfassen **auch nicht-schuldrechtliche Vertragsbedingungen**[137] (bspw. Bestimmungen zu vorvertraglichen Beziehungen [siehe oben Rdn 23] – wie etwa Regelungen über den Vertragsschluss)[138] oder Verträge mit sachenrechtlichem Inhalt[139] (bspw. die Bestellung des Sicherungszwecks einer Grundschuld)[140] bzw. Regelungen verfahrens- oder vollstreckungsrechtlichen Inhalts[141] (z.B. die Unterwerfung unter die Zwangsvollstreckung).[142] Art und Rechtsnatur des Vertrags sind also gleichgültig.[143]

28

---

135 NZA-RR 2012, 195, zitiert nach juris Rn 42.
136 Bspw. Teilnahmebedingungen für Gewinnspiele (OLG Karlsruhe NJW-RR 1988, 303): Wenn sich die Erklärung des Teilnehmers an einem Gewinnspiel auf die Aussage beschränkt, eine Schiffsreise gewinnen zu wollen, kommt nach Ansicht des KG (NJW 2011, 466 – Ls.) kein Vertragsverhältnis mit dem Veranstalter zustande: Eine auf dem Teilnahmeschein vorgedruckte Einverständniserklärung zur Verwendung persönlicher Daten zu Zwecken der Werbung, Marktforschung und Beratung, die der Teilnehmer unabhängig von seinen sonstigen Angaben ankreuzen kann, unterliege nicht der Inhaltskontrolle nach den §§ 305 ff. BGB, wenn aufgrund ihrer drucktechnischen Anordnung und Gestaltung deutlich erkennbar ist, dass die Teilnahme an dem Gewinnspiel weder rechtlich noch tatsächlich von der Abgabe der Erklärung abhängt. Oder der Inhalt von Auftragsbestätigungen (BGHZ 99, 381), ein Schuldanerkenntnis (BAG NZA 2005, 682), der Inhalt einer Abfindungserklärung (BGH NJW 1985, 970), Genussscheinbindungen (BGHZ 119, 312), Berechtigungsverträge zwischen Künstlern und der GEMA (BGH NJW 2002, 1713), Regelwerke des Neuen Marktes (LG Frankfurt/M. NJW-RR 2002, 124) oder Satzungsbestimmungen von Zusatzversorgungen (OLG Hamm NJW-RR 1995, 1527, vgl. auch BGH NJW 2006, 3774 zu einer Satzung des Versorgungswerkes des Bundes und der Länder); Anleihebedingungen (BGH NJW 2005, 2917) bzw. Vorstandsverträge (so Bauer/Arnold, ZIP 2006, 2337). Zudem die Bedingungen einer Public Private Partnership (OLG Düsseldorf NZBau 2008, 180).
137 AnwK-Schuldrecht/*Hennrichs*, § 305 BGB Rn 3.
138 BGHZ 104, 95, 99.
139 Umstritten, so aber AnwK-Schuldrecht/*Hennrichs*, § 305 BGB Rn 3 und vor §§ 305 ff. BGB Rn 20; MüKo/ *Basedow*, § 305 BGB Rn 9; Palandt/*Grüneberg*, § 305 BGB Rn 23.
140 BGHZ 99, 203, 205.
141 Palandt/*Grüneberg*, § 305 BGB Rn 3.
142 BGH NJW 2002, 138.
143 Palandt/*Grüneberg*, § 305 BGB Rn 3.

§ 3 Der Begriff der Allgemeinen Geschäftsbedingung (§ 305 Abs. 1 BGB)

29 **Keine Vertragsbedingungen**[144] (und somit keine Allgemeine Geschäftsbedingungen) sind hingegen Gesundheitsanfragen[145] bzw. geschäftsplanmäßige Erklärungen des Versicherers.[146] Allerdings kann nach Ansicht des BGH[147] dann etwas anderes gelten, wenn ein ausdrücklicher Verweis auf eine veröffentlichte drittschützende Erklärung eines anderen gegeben sein sollte. Keine Vertragsbedingung i.S.v. § 305 Abs. 1 BGB stellen auch die im Produktkatalog eines Mobiltelefonanbieters enthaltenen Hinweise *„Änderungen und Irrtümer vorbehalten. Abbildungen ähnlich"* dar.[148] Es handelt sich dabei lediglich um Hinweise ohne eigenständigen Regelungsgehalt, die nur zum Ausdruck bringen, dass die im Katalog enthaltenen Angaben insoweit vorläufig und unverbindlich sind, als sie vor oder bei Abschluss eines Vertrages noch korrigiert werden können. Ein vertraglicher Regelungsgehalt, insbesondere eine etwaige Beschränkung der Rechte des Vertragspartners in haftungs- oder gewährleistungsrechtlicher Hinsicht, kann diesen Hinweisen jedoch nicht entnommen werden.[149]

Weiterhin unterfallen dem Begriff der *„Vertragsbedingung"* auch **nicht** Teilungserklärungen nach § 8 WEG sowie Gemeinschaftsordnungen gemäß § 10 WEG, deren Inhaltskontrolle sich nach § 242 BGB bemisst.[150]

Sportliche Regelwerke, selbst wenn sie das Verhältnis zu Nichtmitgliedern regeln, unterfallen gleichermaßen nicht der Begrifflichkeit *„Vertragsbedingung".*[151] So hat der BGH[152] etwa festgestellt, dass allgemeine Bestimmungen, die der Verwender bei eigenen einseitigen Rechtsgeschäften (im konkreten Fall ein Preisausschreiben [Auslobung]) trifft, grundsätzlich keine nach den §§ 305 ff. BGB kontrollfähigen Allgemeinen Geschäftsbedingungen i.S.v. § 305 Abs. 1 BGB darstellen, weil der Verwender hier regelmäßig nicht fremde, sondern ausschließlich eigene rechtsgeschäftliche Gestaltungsmacht in Anspruch nimmt.[153] Dies gelte bei der **Veranstaltung eines Reit- und Springturniers** etwa für die in der Ausschreibung aufgestellten Regeln für den äußeren Ablauf des Turniers (insbesondere für das *„sportliche Regelwerk",* das indes der Kontrolle nach § 242

---

144 Dazu im Einzelnen Palandt/*Grüneberg*, § 305 BGB Rn 3.
145 OLG Bremen VersR 1996, 317.
146 BGHZ 128, 54; BGHZ 105, 140, 151; kritisch dazu *Schünemann*, JuS 1995, 1062.
147 BGHZ 128, 54.
148 So BGH NJW 2009, 1337 – Ls. 1.
149 So BGH NJW 2009, 1337 – Ls. 1.
150 So Palandt/*Grüneberg*, § 305 BGB Rn 3; Palandt/*Grüneberg*, § 10 WEG Rn 3. Offengelassen von BGH NJW 2012, 676; 2002, 3240.
151 BGHZ 128, 93, 101; Palandt/*Grüneberg*, § 305 BGB Rn 3.
152 BGHZ 187, 88 = NJW 2011, 139, zitiert nach juris Rn 23.
153 BGHZ 187, 86, zitiert nach juris Rn 23 unter Bezugnahme auf Palandt/*Grüneberg*, § 305 BGB Rn 6; MüKo/ *Basedow*, § 305 BGB Rn 11; Staudinger/*Schlosser*, § 305 BGB Rn 10; *Ulmer* in Ulmer/Brandner/Hensen, § 305 BGB Rn 18. Kritisch hingegen *Grunewald* in: FS für Westphalen, 2010, S. 229, 231 f.

B. Vertragsbedingung §3

BGB und damit mittelbar auch einer Überprüfung nach den Wertungsmaßstäben der §§ 305 ff. BGB zugänglich sei).[154] Anders verhalte es sich – so der BGH[155] – jedoch, soweit es um vorformulierte und vom Veranstalter vorgegebene Ausschlüsse oder sonstige Beschränkungen der Haftung für Verletzungen von Rechtsgütern der Teilnehmer – oder in den Schutzbereich einbezogener sonstiger Dritter – gehe: Die verwendeten allgemeinen Bestimmungen beträfen dann nämlich nicht nur die Regelung der „eigenen Verhältnisse" des Verwenders, d.h. des Veranstalters, sondern griffen auf die geschützten Rechtspositionen Dritter über und seien deshalb auch der Kontrolle nach den §§ 305 ff. BGB unterworfen.[156]

Öffentlich-rechtlich genehmigte Allgemeine Geschäftsbedingungen unterfallen hingegen den §§ 305 ff. BGB (vgl. auch § 8 Abs. 2 Nr. 2 UKlaG),[157] wenngleich hier Ausschlüsse (**Teilausnahmen**) von bestimmten Vorgaben bestehen (vgl. etwa § 305 lit. a Nr. 2, § 308 Nr. 5 2. Hs., § 309 Nr. 7 lit. b 2. Hs., § 309 Nr. 8 lit. a 2. Hs., § 308 Nr. 9 2. Hs. bzw. 310 Abs. 2 BGB). 30

Allgemeine Versorgungsbedingungen in einem Fernwärmelieferungsvertrag unterliegen – von den Fällen des § 1 Abs. 2 und 3 S. 1 AVBFernwärmeV abgesehen – nach Ansicht des BGH[158] nicht den Vorschriften über Allgemeine Geschäftsbedingungen, sondern denjenigen der AVBFernwärmeV.[159] Für die Auslegung von vorformulierten Allgemeinen Versorgungsbedingungen seien aber die gleichen Maßstäbe heranzuziehen wie bei Allgemeinen Geschäftsbedingungen im Rahmen der §§ 305 ff. BGB: Der Gesetzgeber wollte zwar mit der AVBFernwärmeV die Besonderheiten der Energielieferung berücksichtigen.[160] Soweit die Auslegungsfrage aber nicht auf diesen Besonderheiten beruht und die AVBFernwärmeV auch keine entsprechende Regelung enthält, sei auf die für Allgemeine Geschäftsbedingungen entwickelten Grundsätze zurückzugreifen,[161] die ohnehin weitgehend bereits bei Erlass des AGBG (alt) durch die Rechtsprechung entwickelt waren und daher zunächst unabhängig von einer Kodifikation auf derartige Verträge An- 31

---

154 BGHZ 187, 86, zitiert nach juris Rn 23 unter Bezugnahme auf BGHZ 128, 93, 101 ff.
155 BGHZ 187, 86, zitiert nach juris Rn 24.
156 BGHZ 187, 86, zitiert nach juris Rn 24 unter Bezugnahme auf BGH NJW 1999, 1633, 1635: für Vollmachtsbeschränkungen.
157 BGHZ 86, 291.
158 NJW 2011, 3219 = WM 2011, 1906 – Ls. 1.
159 Bei der Versorgung mit Fernwärme richten sich die Rechtsbeziehungen zwischen des Parteien des Wärmelieferungsvertrages grundsätzlich nach dem gemäß § 27 AGBG (alt) als Rechtsverordnung erlassenen Allgemeinen Bedingungen für die Versorgung mit Fernwärme (AVFernwärmeV) vom 20.7.1980 (BGBl I, S. 742). Vgl. dazu auch BGH, Urt. v. 6.4.2011 – VIII ZR 66/09, zitiert nach juris Rn 23 f., und VIII ZR 273/09, zitiert nach juris Rn 21 ff.
160 So BR-Drucks 90/80.
161 BGH NJW 2011, 3219, zitiert nach juris Rn 29 unter Bezugnahme auf *Schmidt-Salzer* in: Hermann/Recknagel/Schmidt-Salzer, § 6 AVFernwärmeV Rn 430.

Ring 67

wendung fanden. Anhaltspunkte dafür, dass der Verordnungsgeber bei Allgemeinen Versorgungsbedingungen im Fernwärmebereich diese Auslegungsgrundsätze mit der Einführung der AVBFernwärmeV aufgeben wollte, seien nicht ersichtlich.[162] Ebenso wie die Auslegung Allgemeiner Geschäftsbedingungen der uneingeschränkten revisionsrechtlichen Nachprüfung unterliegt,[163] gilt dies auch für Allgemeine Versicherungsbedingungen.[164] Ebenso wie Allgemeine Geschäftsbedingungen seien Allgemeine Versicherungsbedingungen ausgehend von den Verständnismöglichkeiten eines rechtlich nicht vorgebildeten Vertragspartners einheitlich so auszulegen, wie sie von verständigen und redlichen Vertragspartnern unter Abwägung der Interessen der normalerweise beteiligten Kreise verstanden werden.[165]

Schienennetz-Benutzungsbedingungen der DB Netz AG sind in ihrer Gesamtheit als Allgemeine Geschäftsbedingungen i.S.d. § 305 Abs. 1 BGB zu qualifizieren:[166] Aus ihnen hebe § 4 Abs. 6 EIBV – quasi als Schienennetz-Benutzungsbedingungen i.e.S. – diejenigen Klauseln hervor, die besondere Bedeutung für den Zugang zum Schienennetz haben. In dieser Norm wird deren Verbindlichkeit auch insoweit unabhängig von ihrer Einbeziehung in eine Infrastrukturnutzungsvereinbarung nach den geltenden Regeln der §§ 305 Abs. 2, 305a BGB bestimmt. Hingegen solle sich die Vertragsbeziehung für die übrigen Allgemeinen Geschäftsbedingungen, die Teil der Schienennetz-Benutzungsbedingungen i.w.S. sind, ausschließlich nach den allgemeinen zivilrechtlichen Regeln richten.[167] Sie erfüllen eine Informationsfunktion und dürfen nur bei einem entsprechend deutlichen Anhalt im Klauselwortlaut geltungserhaltend ausgelegt werden.[168]

Gemäß § 59 Abs. 1 VwVfG gelten die Regelungen über Allgemeine Geschäftsbedingungen und damit auch die Begrifflichkeit der „*Vertragsbedingung*" gleichermaßen für **öffentlich-rechtliche Verträge** (entsprechende Anwendbarkeit der §§ 305 ff. BGB).

32 Die Abrechnungsregeln der **VOB/C** (Allgemeine Technische Vertragsbedingungen für Bauleistungen) sind AGB-Klauseln, da es sich um vertragliche Bedingungen handelt, die geeignet sind, den Preis der erbrachten Bauleistung zu bestimmen und zu beeinflussen:[169] Es ist aufgrund dessen für die in VOB/C enthaltenen „*Allgemeinen technischen Vertragsbedingungen für Bauleistungen*" anerkannt, dass die dort in den einzelnen DIN-Normen enthaltenen Abrechnungsbestimmungen, insbesondere die Übermessungsvor-

---

162 BGH NJW 2011, 3219, zitiert nach juris Rn 29.
163 Vgl. etwa BGH NJW 2010, 2877 – Rn 11.
164 BGH NJW 2011, 3219, zitiert nach juris Rn 30.
165 BGH NJW 2011, 3219, zitiert nach juris Rn 31 unter Bezugnahme auf BGH NJW 2010, 2877 – Rn 12.
166 So BVerwGE 140, 359 = NVwZ 2012, 307, zitiert nach juris Rn 28 unter Bezugnahme auf *Kramer*, N&R 2008, 97, 99 f.; *Kramer*, N&R 2010, 57, 59.
167 BVerwGE 140, 359, zitiert nach juris Rn 28 unter Bezugnahme auf BR-Drucks 249/05, S. 38.
168 BVerwGE 140, 359 – Ls. 4.
169 BGH NJW-RR 2004, 1248.

schriften (jeweils Abschnitt 5 der einzelnen DIN-Vorschriften), Allgemeine Geschäftsbedingungen i.S.v. § 305 Abs. 1 BGB darstellen.[170]

Der **AGB-Charakter eines Vertrags** kann sich aus Inhalt und Gestaltung des Vertrags ergeben, was allerdings vom Verwender widerlegt werden kann.[171] Dies liegt darin begründet, dass der AGB-Typus dann i.s.d. § 305 Abs. 1 S. 1 BGB allein aus der Tatsache folgt, dass der Vertrag zahlreich formelhafte Klauseln verwendet und nicht auf einen Einzelfall abgestimmt ist,[172] was auf fast alle Verträge zutrifft, *„weil der Rationalisierungseffekt Pate steht und die Datenbanken die Basis darstellen"*.[173]

33

Die meisten **Subunternehmerverträge** sehen vor, dass der Hauptvertrag (mit seinen nachteiligen Bedingungen) auf den Subunternehmer *„durchstellt"*, was i.d.R. nur durch vorformulierte Klauseln i.S.v. § 305 Abs. 1 BGB geschieht mit der Folge, dass die Inhaltskontrolle unmittelbar erfolgt, um den Subunternehmer vor unangemessenen Benachteiligungen zu schützen.[174]

34

C. Vorformulierung

Das Erfordernis *„Vorformulierung"*[175] (*„für eine Vielzahl von Verträgen"*) qualifiziert *Pfeiffer*[176] als formelles und regelmäßig auch inhaltlich zutreffendes Indiz für die Annahme einer die Vertragsfreiheit beeinträchtigenden überlegenen Verhandlungsmacht des Verwenders. Es setzt eine (wenn auch nicht notwendigerweise schriftlich fixierte)[177] Vorbereitung (*„zumindest im Kopf"* des Verwenders)[178] – d.h. eine Klausel kann auch *„im Kopf"* vorformuliert werden[179] – der Allgemeinen Geschäftsbedingungen für eine mehrfache Verwendung, d.h. eine Vielzahl von Verträgen (siehe Rdn 39 ff.) voraus, wobei Inhalts-, nicht aber Wortgleichheit gefordert ist.[180] Hingegen reicht eine Anweisung für den

35

---

170 BGH NJW-RR 2004, 1248, 1249 = NZBau 2004, 500, 501; ebenso OLG Stuttgart IBR 2008, 635.
171 BGH NJW-RR 2004, 814 – Baubetreuungsvertrag. Vgl. zudem BGHZ 157, 102 = NJW 2004, 502 – Bauvertrag; BGHZ 118, 229, 238 – Bauträgervertrag. Vgl. aber auch die Übertragung dieses Ansatzes vom Baurecht auf andere Vertragstypen: *Fischer* in: FS für Kreft, 2004, S. 33, 49 f. – Bürgschaft auf erstes Anfordern.
172 BGH NJW-RR 2004, 814.
173 Siehe *v. Westphalen*, NJW 2005, 1987, 1988: Der „Einzelfall wird dann nur noch im Rahmen des Preises, der Zahlungsbedingungen und der Leistungsbeschreibung beachtet, was nicht ausreicht, um den Ansatz einer vermuteten Mehrfachverwendung zu widerlegen".
174 EuGH NJW-RR 2004, 1498.
175 Dazu näher NK-BGB/*Kollmann*, § 305 Rn 10: „vorformulierte Bedingung".
176 *Pfeiffer* in Wolf/Lindacher/Pfeiffer, Einl. Rn 19.
177 BGH NJW 2001, 2636; 1988, 410 – Umstr.
178 BGH NJW 1988, 410; BGH NJW 2001, 2635; BGH WM 2005, 1373; Jauernig/*Stadler*, § 305 BGB Rn 5 oder Fixierung in sonstiger Weise (Programm eines Schreibautomaten oder Tonband): so Palandt/*Grüneberg*, § 305 BGB Rn 8.
179 BGH NJW 1999, 2180; BGH WuM 2003, 561; *Kappus*, NZM 2010, 529.
180 *Heinrichs*, NJW 1999, 1596.

§ 3 Der Begriff der Allgemeinen Geschäftsbedingung (§ 305 Abs. 1 BGB)

internen Gebrauch oder die Niederlegung in einer Richtlinie nicht aus.[181] Damit unterfällt diesem Tatbestandsmerkmal z.B. **nicht** der schriftliche Entwurf eines Individualvertrags.[182] Andererseits ist „*Vorformulierung*" anzunehmen, wenn eine Regelung (mit Wiederholungsabsicht) hand- oder maschinenschriftlich in einen Vertrag eingefügt wird[183] – selbst dann, wenn die Einfügung gelegentlich unterbleibt[184] bzw. (in Einzelfällen) unter Beibehaltung der sachlichen Identität eine unterschiedliche Fassung erfährt.[185]

Aus dem Aufbau und allgemein gehaltenen Klauseln eines Vertragswerks kann der (widerlegbare) Beweis des ersten Anscheins (**Anscheinsbeweis**) für das Merkmal „*Vielzahl*" in § 305 Abs. 1 S. 1 BGB abgeleitet werden,[186] wenn die Vertragsbedingungen nicht für den konkreten Vertrag vorformuliert worden sind und Regelungen enthalten, die dem Verwender günstig, dem anderen Vertragsteil aber zum Nachteil gereichen.[187] „*Übernimmt man diesen beweisrechtlichen Ansatz, wird man ihn uneingeschränkt auch auf andere Fallkonstellationen erstrecken dürfen, in denen eine Partei vorformulierte Vertragsbedingungen einführt.*"[188]

Die §§ 305 ff. BGB sind – mit Rücksicht auf ihren Schutzzweck – auch auf eine vom Verwender vorformulierte **einseitige Erklärung des anderen Teils** anzuwenden, die im Zusammenhang mit dem Vertragsverhältnis steht.[189]

36 Der im Emissionsprospekt einer Fondsgesellschaft abgedruckte Mittelverwendungskontrollvertrag, der als ein dem Schutz der Anleger dienender Vertrag zugunsten Dritter ausgestaltet ist, soll nach Ansicht des BGH[190] auch dann der Inhaltskontrolle nach dem Recht der Allgemeinen Geschäftsbedingungen unterfallen, wenn er zwischen der Fondsgesellschaft (Versprechensempfänger) und dem als Mittelverwendungskontrolleur eingesetzten Wirtschaftsprüfer (Versprechender) individuell ausgehandelt wurde – was darin be-

---

181 So BGH NJW 2005, 1645; OLG Köln ZIP 2004, 1494; Palandt/*Grüneberg*, § 305 BGB Rn 8 – doch stehe eine entsprechende Anweisung in Anwendung des § 306 lit. a BGB einer Allgemeinen Geschäftsbedingung gleich. A.A. Palandt/*Heinrichs* in der Vorauflage unter Bezugnahme auf LG Dortmund, NJW-RR 2001, 1205.
182 Jauernig/*Stadler*, § 305 BGB Rn 5.
183 BGHZ 115, 391, 394; BGH NJW 1988, 410; Palandt/*Grüneberg*, § 305 BGB Rn 8.
184 BGH NJW 1999, 2180; OLG Frankfurt/M. NJW-RR 2001, 55.
185 OLG Dresden BB 1999, 228; OLG Düsseldorf NZG 1998, 353.
186 Ebenso schon BGHZ 157, 102 = NJW 2004, 502.
187 BGHZ 204, 346 = NJW 2015, 1952 – Rückgabeklausel für Gewährleistungsbürgschaft. Vgl. zum Anscheinsbeweis auch OLG Saarbrücken, NJW- RR 2016, 53.
188 So v. *Westfalen*, NJW 2016, 2228: Und ohne Rücksicht darauf, ob es sich um einen gegenseitigen Vertrag oder ein einseitiges Sicherungsversprechen handele – der Anscheinsbeweis greife stets, wenn der den AGB zugrunde liegende oder durch AGB geprägte Vertrag im Aufbau eine Typizität erkennen lasse, die für Verträge dieser Art marktgängig sei. Zur „Erschütterung" des Anscheinsbeweises durch den Verwender auch BGH NJW-RR 2014, 270, 271.
189 BGH NJW 2008, 3055, 3056 (Fall einer „opt-in"-Klausel für eine E-Mail bzw. SMS-Werbung) unter Bezugnahme auf BGH NJW 2000, 2677 – Telefonwerbung VI.
190 BGHZ 183, 220 = NJW 2010, 1277 – Ls.

C. Vorformulierung §3

gründet liege, dass auch eine vordergründig einzeln ausgehandelte Vertragsbestimmung für eine Vielzahl von vertraglichen Verhältnissen vorformuliert sein könne, da es für die Anwendbarkeit des Rechts der Allgemeinen Geschäftsbedingungen nicht darauf ankommt, ob derartige Klauseln Bestandteil eines zweiseitigen Vertrags sind. Vielmehr können nach dem Schutzzweck des AGB-Rechts auch vorformulierte Klauseln der Inhaltskontrolle unterliegen, die nicht im engeren Sinne Vertragsbedingungen sind, sofern sie im Zusammenhang mit einer vertraglichen Beziehung stehen.[191]

„*Vorformuliert*" sind – so der BGH[192] – auch vertraglich eingeräumte, gesetzlich aber nicht als erforderlich erachtete Widerrufsrechte zugunsten des Verbrauchers.[193]   37

Die Inhaltskontrolle zielt auf einen Ausgleich ungleicher Verhandlungspositionen (Sicherung der Vertragsfreiheit gegen die Inanspruchnahme einseitiger Gestaltungsmacht des AGB-Verwenders),[194] wofür das Tatbestandsmerkmal des „*einseitigen Vorformulierens*" ein wichtiges Indiz ist.[195]

„*Gestellte Vertragsbedingung*" ist auch ein Bearbeitungsentgelt, das ein Kreditinstitut   38
zum Zweck einer Blankettausfüllung im Vertragsmuster „*im Kopf gespeichert*" hat[196] – ebenso wie das vorformulierte Vertragsmuster einer Leasinggesellschaft, in das entsprechend dem Vertragstyp noch ein spezifischer Restwert (als leasingtypische Amortisations- und Zahlungsverpflichtung des Leasingnehmers zum Vertragsende) eingefügt wird.[197]

Eine Bestimmung über ein Bearbeitungsentgelt in einem Darlehensvertrag zwischen einem Kreditinstitut und einem Verbraucher ist auch dann „*vorformuliert*" i.S.v. § 305 Abs. 1 S. 1 BGB, wenn das Bearbeitungsentgelt nicht in bestimmter Höhe in einem Preisaushang oder einem Preis- und Leistungsverzeichnis ausgewiesen ist.[198] Es reicht aus, dass sie – wie bspw. beim Abschluss eines Online-Darlehensvertrages – zum Zwecke künftiger wiederholter Einbeziehung in Vertragstexte „*im Kopf*" des Kreditinstituts als Klauselverwender gespeichert ist, anhand der Daten des individuellen Darlehensvertra-

---

191 BGHZ 183, 220, zitiert nach juris Rn 12 unter Bezugnahme auf BGHZ 98, 24, 28; BGHZ 141, 124, 126; BGH NJW 2000, 2677 – jeweils für einseitige Erklärungen des Kunden, die auf einer Vorformulierung des Verwenders beruhen. Ebenso *Pfeiffer* in: Wolf/Lindacher/Pfeiffer, § 305 BGB Rn 7; *Ulmer* in: Ulmer/Brandner/Hensen, § 305 BGB Rn 16.
192 NJW 2012, 1066. Ebenso BGH NJW-RR 2009, 709, 710.
193 Diese sind objektiv auszulegen nach den Vorstellungen und Verständnismöglichkeiten eines rechtlich nicht vorgebildeten Durchschnittskunden: *v. Westphalen*, NJW 2012, 2243. Nach Ansicht des BGH (NJOZ 2011, 1615, 1616) muss die Klausel allerdings den gesetzlichen Anforderungen an eine ordnungsgemäße Widerrufsbelehrung dann genügen, wenn es sich um eine Nachbelehrung (§ 355 Abs. 2 S. 1 BGB) handelt.
194 BGH NJW 2010, 1277.
195 *v. Westphalen*, NJW 2010, 2254, 2255.
196 BGH NJW-RR 2014, 1133.
197 BGHZ 201, 271 = NJW 2014, 2940.
198 BGH NJW-RR 2014, 1133 = ZIP 2014, 1369 = WM 2014, 1325 – Ls.

ges nach bestimmten Vorgaben errechnet und sodann in den Vertrag einbezogen wird. „*Vorformuliert*" sind Vertragsbedingungen nämlich, wenn sie für eine Verwendung schriftlich aufgezeichnet oder in sonstiger Weise fixiert sind – wobei es aber ausreicht, wenn die Vertragsbedingung zum Zwecke künftiger Einbeziehung in Vertragstexte „*im Kopf des Verwenders*" gespeichert ist.[199] In Bezug auf das Bearbeitungsentgelt ist – unabhängig von einer Fixierung – eine Bearbeitungsentgeltklausel auch dann „*vorformuliert*", wenn der Klauselverwender beim Abschluss von Darlehensverträgen regelmäßig ein Bearbeitungsentgelt in Höhe festgelegter Prozentsätze verlangt oder er das Entgelt anhand der Daten des individuellen Darlehensvertrages nach bestimmten Vorgaben errechnet und es sodann in den Vertrag einbezogen wird.[200]

D. Vielzahl von Verträgen

39 Die Allgemeinen Geschäftsbedingungen müssen vom Verwender oder einem Dritten (d.h. bspw. einem vom Verwender beauftragten Notar, Vertreter oder Abschlussgehilfen)[201] für eine Vielzahl von Verträgen[202] im geschäftlichen oder nichtgeschäftlichen Verkehr[203] aufgestellt worden sein. Womit der lediglich für einen bestimmten Vertrag ausgearbeitete Text § 305 Abs. 1 BGB nicht unterfällt,[204] wohl aber § 310 Abs. 3 Nr. 2 BGB[205] (**Einmalklausel** reicht aus; siehe § 6 Rdn 36 ff.). Bei Verträgen zwischen einem Unternehmer (i.S.v. § 14 BGB) und einem Verbraucher (§ 13 BGB – **Verbraucherverträge**) finden § 305 lit. c Abs. 2 und die §§ 306 und 307–309 BGB sowie Art. 46 lit. b EGBGB auf vorformulierte Vertragsbedingungen auch dann Anwendung, wenn diese nur zur **einmaligen Verwendung** bestimmt sind und soweit der Verbraucher aufgrund der Vorformulierung auf ihren Inhalt keinen Einfluss nehmen konnte.

40 Hinsichtlich des Tatbestandsmerkmals **Vielzahl von Verträgen** ist auf die Umstände des konkreten Falles abzustellen,[206] wobei bereits die einmalige Verwendung eines Vertragsformulars – bspw. eines Mustervertrags – ausreicht, sofern das Formular generell nur für

---

199 BGH NJW-RR 2014, 1133 zitiert nach juris Rn 20 unter Bezugnahme auf BGHZ 141, 108, 111.
200 BGH NJW-RR 2014, 1133 zitiert nach juris Rn 20 unter Bezugnahme auf *Becher/Krepoold*, BKR 2014, 45, 47; *Casper/Möllers*, BKR 2014, 59. Abweichend AG Marienberg, WM 2013, 1357; LG Essen, Beschl. vom 30.8.2013 – 13 S 91/13, zitiert nach juris Rn 13; AG Düsseldorf, Urt. v. 28.8.2012 – 36 C 3722/12, zitiert nach juris Rn 11.
201 MüKo/*Basedow*, § 305 BGB Rn 19.
202 Dazu NK-*Kollmann*, § 305 Rn 11.
203 Palandt/*Grüneberg*, § 305 BGB Rn 9.
204 BGH NJW-RR 2002, 13.
205 Palandt/*Grüneberg*, § 305 BGB Rn 9.
206 BGH NJW 2000, 1111; BGH NJW 1998, 2287; BGH NJW 1997, 135.

eine Vielzahl von Fällen Verwendung finden soll.[207] Der Verwender muss zur Zeit des Vertragsabschlusses[208] beabsichtigen, die vorformulierten Klauseln für eine **unbestimmte Zahl** (Vielzahl von Fällen) zu verwenden[209] (**Absicht der Mehrfachverwendung**). Verändert der Verwender die Allgemeinen Geschäftsbedingungen im Einzelfall zu seinen Gunsten, gelten die §§ 305 ff. BGB gleichwohl – ihrem Schutzzweck folgend – entsprechend.[210] Die **bloße Absicht**, sie für eine **bestimmte Zahl** von Fällen zu verwenden, reicht aus, wenn eine mindestens **dreimalige Verwendung** (auch gegenüber dem gleichen Partner)[211] ins Auge gefasst wird.[212] Nicht erforderlich ist eine Absicht, sie gegenüber verschiedenen Parteien zu verwenden.[213] Bereits bei der ersten Verwendung handelt es sich dann um eine Allgemeine Geschäftsbedingung.[214] Der Mehrfachverwendungsnachweis gegenüber dem Verwender, d.h. entweder

41

■ die Absicht einer Mehrfachverwendung oder dass
■ tatsächlich eine mindestens dreimalige Verwendung stattgefunden hat,

bereitet praktische Schwierigkeiten, weswegen die Judikatur auf eine *„Typizität der Vertragsgestaltung"* abstellt, „um daraus abzuleiten, dass der Verwender die betreffende Klausel nicht nur für den Einzelfall entwickelt hatte":[215] Gelingt ein Typizitätsnachweis einer Klausel – vor allem einer vergleichbaren Vertragsstruktur –, nimmt die h.A. einen Prima-facie-Beweis des Vorliegens der Voraussetzungen einer AGB-Klausel an.[216] In diesem Kontext genügt allerdings nicht eine bloße Einlassung des Kunden *„ins Blaue hinein"*,[217] dass der Verwender eine Mehrfachverwendung beabsichtigt.[218]

Beachte
Benutzt der Verwender von einem Dritten für eine mehrfache Verwendung formulierte Bedingungen, ist **nicht** erforderlich, dass er selbst eine mehrfache Verwendung plant.[219]

---

207 BGH NJW 1991, 843; OLG Dresden WM 2001, 2169.
208 BGH NJW-RR 2002, 14.
209 BGH NJW 1998, 2600.
210 So *Michalski/Römermann*, ZIP 1993, 1434.
211 BAG DB 2006, 1377.
212 BGHZ 150, 226, 230; BAG DB 2006, 1377; BGH NJW 2002, 138, 139; BGH NJW 1998, 2286; *Wolf/Horn/ Lindacher*, § 1 AGBG Rn 14.
213 BGH NJW 2004, 1454.
214 BGH NJW 2002, 138; Jauernig/*Stadler*, § 305 BGB Rn 4; Palandt/*Grüneberg*, § 305 BGB Rn 9.
215 So v. *Westphalen*, NJW 2013, 2239, 2240 unter Bezugnahme auf BGHZ 157, 102 = NJW 2004, 502 und *Fischer* in: FS für Kreft, 2004, S. 33, 40 ff.
216 Dazu OLG Hamm NJW 2013, 392, 393. Ebenso Palandt/*Grüneberg*, § 305 BGB Rn 23.
217 So v. *Westphalen*, NJW 2013, 2239, 2240.
218 OLG Hamm NJW 2013, 293, 293.
219 BGH WM 2006, 247; BGH ZIP 2005, 1604; Palandt/*Grüneberg*, § 305 BGB Rn 9.

§ 3 Der Begriff der Allgemeinen Geschäftsbedingung (§ 305 Abs. 1 BGB)

42 Wenn die gleiche Haftungsklausel in zwei Verträgen mit einem Kunden und in einem weiteren Vertrag mit einem anderen Kunden verwendet wird, findet § 305 Abs. 1 S. 1 BGB somit Anwendung[220] (arg.: Der Wortlaut spricht nicht vom gleichen Vertragspartner des Verwenders, sondern von einer *„Vielzahl von Verträgen"*). Sind Verträge nach Aufbau, Inhalt und Wortlaut (bis auf wenige Worte) identisch, spricht also schon der äußere Anschein für eine mehrfache Verwendung. Aus Inhalt und Gestaltung der Klauseln folgt bereits die widerrufliche Vermutung dafür, dass diese (weil sie nicht auf die individuelle Vertragssituation abgestimmt worden sind) zur *„mehrfachen Verwendung"* vorformuliert wurden.[221] Auf eine Mehrfachverwendung einer Klausel darf und kann damit immer dann geschlossen werden, wenn – wie bspw. bei einem Bauvertrag[222] – eine Reihe formelhafter Klauseln ohne Abstimmung auf die konkrete Situation Verwendung findet.[223]

43 Der Anschein einer Mehrfachverwendung wird nicht bereits schon dadurch widerlegt, dass ein Vertrag in Teilen (bspw. bei der Preisfestlegung oder bei der Fixierung der Zahlungsbedingungen) auch individuelle Vereinbarungen enthält.[224]

> *Beachte*
> Bis zum Beweis des Gegenteils erwecken damit formelhaft verwendete Klauseln ohne Rücksicht auf den zugrunde liegenden Vertragstyp (und unabhängig davon, ob das formelhaft Wiederkehrende aus einem Muster, einer Datenbank oder dem Gedächtnis eines Anwalts bzw. der Rechtsabteilung eines Unternehmens herrührt) den Anschein einer **Mehrfachverwendungsabsicht**.[225]

44 Bei Unternehmern (§ 14 BGB) wird die Absicht *„mehrfacher Verwendung"* oft indiziert sein.[226] Verwendet eine Vertragspartei die von **Dritten vorformulierten** Bedingungen (bspw. einen Mustermietvertrag oder VOB), resultiert der abstrakt-generelle Charakter (der Allgemeinen Geschäftsbedingungen) bereits aus der Zweckbestimmung des Ausstellers,[227] womit die Absicht einer mehrfachen Verwendung durch die Vertragspartei selbst **nicht** erforderlich ist.[228] Nicht erforderlich ist, dass eine mehrfache Verwendung gegenüber einer Vielzahl von Vertragspartnern beabsichtigt ist[229] (vgl. hierzu Rdn 40).

---

220 BGH NJW 2004, 1454.
221 BGHZ 157, 102 = NJW 2004, 502 – Bauvertragsentscheidung.
222 BGHZ 157, 102 = NJW 2004, 502.
223 BGH NJW 2009, 3717.
224 So BGH NJW 2004, 502, 503.
225 Siehe *v. Westphalen*, NJW 2004, 1993, 1994.
226 BGH WM 2001, 2347.
227 Palandt/*Grüneberg*, § 305 BGB Rn 9.
228 BGH NJW 1991, 843; *Heinrichs*, NJW 1977, 1506.
229 So BGH NJW 2004, 1454 = BGH BB 2004, 243.

Aber: § 305 Abs. 1 BGB unterfällt **nicht** ein für den Abschluss eines Generalbauvertrags entwickeltes Formular – selbst dann nicht, wenn dieses aufgrund nachträglicher Entscheidung für ein weiteres Objekt Verwendung finden soll und mehreren Bietern zugesandt wird.[230] Wird in einem Subunternehmervertrag seitens des Generalunternehmers die zwischen ihm und dem Bauherrn geltende **Vertragsstrafenklausel** eingeführt und praktisch „*durchgestellt*", spricht dies ohne Weiteres für das Vorliegen einer „*Vielzahl von Verträgen*" i.S.v. § 305 Abs. 1 S. 1 BGB.[231]

Eine **Lastschriftklausel** stellt dergestalt eine Allgemeine Geschäftsbedingung dar, da sie nicht den Preis, sondern die Modalität der Zahlung regelt[232] – gleichermaßen eine Klausel, die die kontoführende Bank von ihrer Schweigepflicht entbindet und ihr gestattet, personenbezogene Daten ihres Kunden an Dritte weiterzugeben (obgleich sie nur eine einseitige Berechtigung bzw. Verpflichtung enthält, was aber für die Annahme des Tatbestandsmerkmals „*Vertragsbedingung*" ausreichend ist).[233]

45

E. Veranlassen der Einbeziehung durch den Verwender

Verwender ist nach der Legaldefinition des § 305 Abs. 1 S. 1 BGB die Vertragspartei, die der anderen Vertragspartei bei Vertragsabschluss Allgemeine Geschäftsbedingungen stellt: sog. **Stellen der Vertragsbedingungen** (vgl. aber abweichend die Regelung des § 310 Abs. 3 Nr. 1 BGB, die auch Drittklauseln erfasst, siehe § 6 Rdn 32 ff.). Das Merkmal „*Stellen*" ist formal zu verstehen: Der Verwender konfrontiert den Kunden mit einem vorformulierten Text und räumt diesem keinen Einfluss auf den Inhalt ein. Unerheblich ist dabei, ob der Verwender selbst, sein Interessenverband oder ein Dritter (bspw. ein Rechtsanwalt oder [Haus-]Notar[234] **im Auftrag** einer Partei)[235] die Bedingungen aufgesetzt hat.[236] Etwas anderes gilt dann, wenn die Vertragsbedingungen von einem Dritten – bspw. einem Makler oder Notar – **vorgeschlagen** werden.[237]

46

Verwender (bzw. „*Veranlasser*") ist im Interesse eines erhöhten Schutzniveaus auch derjenige (Unternehmer), dessen (ständig verwendeten) Allgemeine Geschäftsbedingungen in „*vorauseilendem Gehorsam*" gegenüber dem anderen Vertragspartner in ein Angebot aufgenommen worden sind, da nach aller Erfahrung ansonsten (wegen der Marktmacht

47

---

230 BGH NJW 1997, 135, Palandt/*Grüneberg*, § 305 BGB Rn 9.
231 KG NJW-RR 2003, 1599.
232 BGH NJW 2003, 1237, 1238.
233 Siehe *v. Westphalen*, NJW 2004, 1993, 1994.
234 MüKo/*Basedow*, § 305 BGB Rn 23.
235 Dazu BGHZ 118, 229, 239; BGH NJW 1985, 2477; Palandt/*Grüneberg*, § 305 BGB Rn 10.
236 AnwK-Schuldrecht/*Hennrichs*, § 305 BGB Rn 3.
237 Palandt/*Grüneberg*, § 305 BGB Rn 12: Dann dürfte beim Verbrauchervertrag aber regelmäßig § 310 Abs. 3 Nr. 1 BGB anwendbar sein – so Palandt/*Grüneberg*, § 310 BGB Rn 12.

§ 3 Der Begriff der Allgemeinen Geschäftsbedingung (§ 305 Abs. 1 BGB)

der Marktgegenseite)[238] ein Vertragsschluss nicht zu erwarten steht[239] (sog. „**Rollentausch**" bei der Verwendung von Allgemeinen Geschäftsbedingungen):[240] Schließt eine Vertragspartei i.d.R. Verträge nur unter Einbeziehung von bestimmten Allgemeinen Geschäftsbedingungen ab, ist (bleibt) sie auch dann „*Verwenderin*" i.S.v. § 305 Abs. 1 S. 1 BGB, wenn ihr Vertragspartner gerade diese Vertragsbedingungen im Hinblick darauf bereits in sein Angebot aufgenommen und somit formal in den Vertragsabschluss eingeführt[241] und damit formal die Stellung des Verwenders eingenommen hat).[242] In solchen Konstellationen bedarf es allerdings dann einer besonderen Darlegung, dass es sich nicht um selbst entworfene Allgemeine Geschäftsbedingungen handelt.[243]

Für den Fall, dass die Einbeziehung vorformulierter Bedingungen – im konkreten Fall: Aufrechnungsverbotsklausel – auf **beide Vertragspartner** zurückgeht, finden die §§ 305 ff. BGB hingegen darauf keine Anwendung.[244]

48 *Beachte*

Die Allgemeinen Geschäftsbedingungen des Versteigerers können bei **Versteigerungen** regelmäßig nicht dem Einlieferer als „Verwender" zugerechnet werden.[245]

Beachte zudem

Allgemeine Geschäftsbedingungen **gelten** aber nach der **gesetzlichen Fiktion** des § 310 Abs. 3 Nr. 1 BGB bei Verträgen zwischen einem Unternehmer (§ 14 BGB) und einem Verbraucher (§ 13 BGB – **Verbraucherverträge**) – selbst wenn es sich um **Drittklauseln** handelt – als vom Unternehmer gestellt (vgl. § 6 Rdn 32 ff.). Dies bedeutet, dass bei **Standard-Verbraucherverträgen** tatsächlich von dritter Seite (nämlich von Maklern, Architekten usw.) in den Vertrag eingeführte Klauseln

---

238 Aber auch bspw. bei bestehender Verbandsmitgliedschaft, „*die es sinnlos erscheinen lässt, andere Allgemeine Geschäftsbedingungen in ein Angebot oder eine Bestellung einzusetzen*": v. Westphalen, NJW 2007, 2228.
239 BGH NJW 1997, 2043, 2044; BGH NJW-RR 2006, 740; Jauernig/*Stadler*, § 305 BGB Rn 6.
240 Siehe *v. Westphalen*, NJW 2007, 2228.
241 BGH NJW-RR 2006, 740 – Architekt/Kommunaler Auftraggeber – in Bestätigung von BGH NJW 1997, 2043.
242 Vgl. *v. Westphalen*, NJW 2007, 2228.
243 So *v. Westphalen*, NJW 2007, 2228 unter Verweis auf skurrile Ergebnisse bei Haftungsfreizeichnungsklauseln (die § 309 Nr. 1 bzw. § 307 BGB nicht genügen), wenn der (wahre) Verwender die Unwirksamkeit entsprechender Klauseln nur dadurch vermeiden kann, dass er seine eigenen Allgemeinen Geschäftsbedingungen nach § 305 Abs. 1 S. 3 BGB „*ernsthaft zur Disposition stellt*" – unter Bezugnahme auf BGHZ 143, 103 = NJW 2000, 1110. Hier der scheinbare „*Verwender*" kann nur dann argumentieren, es handele sich um eine „*Individualabrede*", „*wenn er seinem Vertragspartner, der diese AGB in den Vertrag eingeführt hat, klarmacht, dass deren Geltung wegen ihrer erkennbaren Unwirksamkeit nicht hingenommen werden kann*".
244 KG BauR 2012, 809.
245 OLG Hamm NJW 2001, 1142.

E. Veranlassen der Einbeziehung durch den Verwender § 3

als vom Unternehmer gestellt gelten[246] (und selbst bei Klauseln in Einzel-Verbraucherverträgen sind nach § 310 Abs. 3 Nr. 2 BGB die Vorschriften über die AGB-Kontrolle nach den §§ 307 ff. BGB anzuwenden). Etwas anderes gilt nur für den Fall, dass sie durch den Verbraucher in den Vertrag eingeführt wurden (bspw. weil dieser beim Autokauf auf die Verwendung der ADAC-Formulare bestanden hat), wobei dem Verwender die entsprechende Beweislast auferlegt ist.

Bei **Verträgen zwischen Verbrauchern** gilt hingegen keine gesetzliche Vermutung, dass die Geschäftsbedingungen von einer der Parteien gestellt worden sind und welche der Parteien sie gestellt hat. Dies beurteilt sich dann nach den Umständen des konkret in Rede stehenden Einzelfalls – wobei die Verwendereigenschaft grundsätzlich von demjenigen darzulegen und zu beweisen ist, der sich im Individualprozess auf den Schutz der §§ 305 ff. BGB beruft.[247]

49

Beachte
Wenn bspw. in der Versicherungsbranche Vertragsbedingungen (z.B. für eine D&O-Versicherung) nicht vom Versicherer, sondern von einem Makler vorformuliert wurden, sind diese vom Makler (als Vertreter des Kunden), nicht jedoch vom Versicherer „gestellt"[248] mit der Folge, dass die §§ 305 ff. BGB dann nicht dem Schutz des Kunden dienen, sondern zugunsten des Versicherers Berücksichtigung finden.[249] Der Kunde muss sich dann also das Vorformulieren der Versicherungsbedingungen durch den Makler zurechnen lassen.[250] Dazu merkt *v. Westphalen*[251] an: *„Dass dieser Ansatz praktische Auswirkungen etwa auf den formularmäßig fixierten Umfang einer Haftpflichtversicherung bei einer „claims-made"-Police hat, aber auch bei verschiedenen Risikobegrenzungs- oder Risikoausschlussklauseln eingreifen dürfte, sollte künftig im Auge behalten werden."*[252]

Verwender der Vertragsbedingungen ist beim **Bauherrenmodell** im Zweifelsfall der Bauträger[253] – im Falle einer Verflechtung mit dem Treuhänder selbst dann, wenn der Treuhänder die Vertragsmuster ohne Beteiligung des Bauherrn entworfen hat.[254]

50

---

246 AnwK-Schuldrecht/*Hennrichs*, § 305 BGB Rn 4.
247 BGHZ 184, 259 = NJW 2010, 1131, zitiert nach juris Rn 11 unter Bezugnahme auf BGHZ 118, 229, 238; BGHZ 130, 50, 58.
248 BGH NJW-RR 2010, 39.
249 *v. Westphalen*, NJW 2010, 2254.
250 So auch OLG München NZG 2009, 71.
251 NJW 2010, 2254, 2255.
252 *v. Westphalen*, NJW 2010, 2254, 2255.
253 BGH NJW 1992, 2162; BGH WM 2007, 1140.
254 So BGHZ 126, 326, 332.

51 **Veranlassen** (Stellen)[255] setzt – außerhalb des Anwendungsbereichs des § 310 Abs. 3 Nr. 1 BGB (siehe Rdn 48) – nach dem Schutzzweck der §§ 305 ff. BGB voraus, dass die vom Verwender (selbst oder durch eine Hilfsperson) vorformulierten Bedingungen dem anderen Vertragspartner (nach dem Prinzip „*take it or leave it*")[256] einseitig und diskussionslos (d.h. unter Ausschluss von dessen rechtsgeschäftlicher Gestaltungsmacht)[257] auferlegt werden[258] und der mit einer solchen Regelung Konfrontierte auf ihre Ausgestaltung regelmäßig keinen Einfluss nehmen kann.[259] Das Tatbestandsmerkmal kann nicht durch inhaltliche Kriterien ersetzt werden.[260] Erforderlich ist, dass der Verwender ein **konkretes Einbeziehungsangebot** macht.[261] Allerdings ist ein wirtschaftliches oder intellektuelles Übergewicht des Verwenders nicht erforderlich, d.h. er kann auch der wirtschaftlich Schwächere sein.[262]

„*Aushandeln*" i.S.v. § 305 Abs. 1 S. 3 BGB bedeutet mehr als „*verhandeln*":[263] Es genügt daher nicht, dass das gestellte Formular dem Verhandlungspartner bekannt ist und nicht auf Bedenken stößt, dass der Inhalt lediglich erläutert oder erörtert wird und den Vorstellungen des Partners entspricht. „*Aushandeln*" setzt vielmehr voraus, dass der Verwender zunächst den in seinen Allgemeinen Geschäftsbedingungen enthaltenen „*gesetzesfremden Kerngehalt*" – mithin die den wesentlichen Inhalt der gesetzlichen Regelung ändernden oder ergänzenden Bestimmungen – ernsthaft zur Disposition stellt. Er muss dem Vertragspartner Gestaltungsfreiheit zur Wahrung eigener Interessen einräumen – mit zumindest der realen Möglichkeit, die inhaltliche Ausgestaltung der Vertragsbedingungen zu beeinflussen. D.h. er muss sich deutlich und ernsthaft zur gewünschten Änderung einzelner Klauseln bereit erklären. Eine solche Bereitschaft schlägt sich in aller Regel auch in erkennbaren Änderungen des vorformulierten Textes nieder. Nur unter besonderen Bedingungen kann ein Vertrag auch dann als Ergebnis eines „*Aushandelns*" qualifiziert werden, wenn es schließlich nach gründlicher Erörterung bei dem gestellten Entwurf verbleibt.[264]

Für die Frage des „*Stellens*" kommt es nicht entscheidend darauf an, wer die Geschäftsbedingungen entworfen hat, da auch ein Dritter die Allgemeinen Geschäftsbedingungen für eine Vielzahl von Verträgen vorformuliert haben kann und die die Klausel stellende

---

255 Dazu näher NK-BGB/*Kollmann*, § 305 Rn 12.
256 Jauernig/*Stadler*, § 305 BGB Rn 6.
257 BGHZ 130, 50, 57.
258 Umstritten, so aber BGH BB 1984, 564; BGH NJW 1985, 2477; BGH WM 1986, 389.
259 So BT-Drucks 7/3919, S. 15 f.
260 BGHZ 130, 50, 57; BGH Hamm NJW-RR 1999, 999.
261 BGHZ 130, 50, 57; OLG Düsseldorf BB 1997, 754; Palandt/*Grüneberg*, § 305 BGB Rn 10.
262 So Palandt/*Grüneberg*, § 305 BGB Rn 10; *Ulmer/Habersack* in Ulmer/Brandner/Hensen, § 305 BGB Rn 26; a.A. hingegen LG Köln, NJW-RR 1987, 1001.
263 OLG Sachsen-Anhalt, RdE 2010, 258, zitiert nach juris Rn 41.
264 So OLG Sachsen-Anhalt, RdE 2010, 258, zitiert nach juris Rn 41 unter Bezugnahme auf BGHZ 143, 104.

E. Veranlassen der Einbeziehung durch den Verwender § 3

Vertragspartei sie nur in einem einzigen Vertrag verwenden will.[265] Sofern ein Dritter die Bedingungen formuliert hat, muss allerdings im Hinblick auf eine Anwendbarkeit der §§ 305 ff. BGB geprüft werden, ob eine der Vertragsparteien sich die Bedingungen als „*von ihr gestellt*" zurechnen lassen muss.[266]

Ein „*Stellen*" von Vertragsbedingungen setzt nicht voraus, dass ein Ungleichgewicht zwischen den Vertragsbeteiligten hinsichtlich der vertraglichen Durchsetzung besteht.[267] „*Verwender*" kann nämlich auch eine Vertragspartei sein, die der anderen weder wirtschaftlich noch sonst überlegen ist.[268] Die im Stellen einer Vertragsbedingung zum Ausdruck kommende Einseitigkeit der Auferlegung – so der BGH[269] –, in der der Gesetzgeber bei der Schaffung des AGBG den inneren Grund und Ansatzpunkt für die rechtliche Sonderbehandlung von Allgemeinen Geschäftsbedingungen gegenüber Individualabreden gesehen hat[270] und woran bei Erlass des Schuldrechtsmodernisierungsgesetzes (siehe § 2 Rdn 49) inhaltlich nichts geändert werden sollte,[271] beruht nicht zwingend auf einer solchen Überlegenheit: Als wesentliches Charakteristikum von Allgemeinen Geschäftsbedingungen habe der Gesetzgeber vielmehr die Einseitigkeit ihrer Auferlegung und den Umstand gesehen, dass der andere Vertragsteil, der mit einer solchen Regelung konfrontiert wird, auf ihre Ausgestaltung gewöhnlich keinen Einfluss nehmen kann[272] – wohingegen der Gesetzgeber der Frage, worauf das beruht, ersichtlich keine Bedeutung beigemessen habe.

Der BGH[273] lehnt auch die vereinzelt vertretene Auffassung[274] ab, dass die Rolle des Verwenders unabhängig von der Herkunft des Vertragsformulars – zumindest im Zweifel – derjenigen Partei zuzuweisen sei, auf deren Veranlassung die für sie günstige Einbeziehung der vorformulierten Regelungen in den Vertrag zurückgeht, da eine solche Sichtweise mit der Systematik und dem Regelungszweck des Gesetzes unvereinbar sei: Die Schutzbestimmungen der §§ 305b ff. BGB knüpften mit ihren bis zur Unwirksamkeit reichenden Korrekturen des vertraglich Vereinbarten entscheidend daran an, dass eine Vertragspartei der anderen unter Inanspruchnahme einseitiger Gestaltungsmacht vorformu-

---

265 BGHZ 184, 259 = NJW 2010, 1131, zitiert nach juris Rn 10 unter Bezugnahme auf BGH ZIP 2000, 1535 – unter II.1.b.; BGH ZIP 2005, 1604 – unter II.1. Dazu auch *v. Westphalen*, NJW 2010, 2254.
266 BGHZ 126, 326, 332.
267 BGHZ 184, 259 = NJW 2010, 1131, zitiert nach juris Rn 12.
268 So BGHZ 184, 259 = NJW 2010, 1131, zitiert nach juris Rn 12 unter Bezugnahme auf *Ulmer* in Ulmer/Brandner/Hensen, § 305 BGB Rn 26; Palandt/*Grüneberg*, § 305 BGB Rn 9; jurisPK-BGB/Salomon, § 305 BGB Rn 36.
269 BGHZ 184, 259, zitiert nach juris Rn 12.
270 BT-Drucks 7/3919, S. 15.
271 BT-Drucks 14/6040, S. 150 und 160.
272 BGHZ 184, 259 = NJW 2010, 1131, zitiert nach juris Rn 12 unter Bezugnahme auf BT-Drucks 7/3919, S. 15 f.
273 BGHZ 184, 259 = NJW 2010, 1131, zitiert nach juris Rn 14.
274 Vgl. bspw. OLG Düsseldorf BB 1994, 1521; MüKo/*Basedow*, § 305 BGB Rn 27.

lierte Bedingungen „*gestellt*" hat – ob dies der Fall sei, lasse sich aus dem Inhalt und der Formulierung einer Vertragsklausel als solcher noch nicht erschließen, so dass Inhalt und Formulierung einer Klausel zur Beurteilung der Verwendereigenschaft für sich allein jedenfalls i.d.R. nicht aussagekräftig seien.[275] Allenfalls im Einzelfall könne aus dem Inhalt benachteiligender Formularverträge auf eine bestimmte Marktstärke einer der Vertragsparteien geschlossen werden, welche dann zusammen mit anderen Anhaltspunkten den weiteren Schluss auf die Inanspruchnahme einseitiger Gestaltungsmacht durch ein Stellen vorformulierter Bedingungen gegenüber der benachteiligten Partei zulasse.[276]

Ein „*Stellen*" von Vertragsbedingungen liegt hingegen nicht vor, wenn die Einbeziehung vorformulierter Vertragsbedingungen in einen Vertrag auf einer **freien Entscheidung** desjenigen beruht, der vom anderen Vertragsteil mit dem Verwendungsvorschlag konfrontiert worden ist, wozu es erforderlich ist, dass er in der Auswahl der in Betracht kommenden Vertragstexte frei ist und insbesondere Gelegenheit erhält, alternativ eigene Textvorschläge mit der effektiven Möglichkeit ihrer Durchsetzung in die Verhandlungen einzubringen.[277] Sind die Vertragsbedingungen bei einvernehmlicher Verwendung eines bestimmten Formulartextes nicht i.S.v. § 305 Abs. 1 S. 1 BGB „*gestellt*", so finden die §§ 305 ff. BGB auf die Vertragsbeziehung keine Anwendung.[278]

I.S. von § 305 Abs. 1 S. 1 BGB können auch Bedingungen gestellt werden, die ein Dritter (im konkreten Fall: die Oberforstdirektion München) entworfen hat (**Entwurf der Bedingungen durch einen Dritten**) – was aber nur dann der Fall ist, wenn die Verwendung dieser Bedingungen für den Vertrag nicht das Ergebnis einer freien Entscheidung desjenigen darstellt, der vom anderen Vertragsteil mit dem Verwendungsvorschlag konfrontiert wird, sondern Ausdruck der für AGB typischen einseitigen Ausnutzung der Vertragsgestaltungsfreiheit durch eine Vertragspartei ist.[279]

Ein „*Stellen von Vertragsbedingungen*" – so der BGH[280] – liegt nicht vor, wenn die Einbeziehung vorformulierter Vertragsbedingungen in einen Vertrag auf einer freien Entscheidung desjenigen beruht, der vom anderen Vertragsteil mit dem Verwendungsvorschlag „*konfrontiert*" wird. Dazu ist es erforderlich, dass er in der Auswahl der in Betracht kommenden Vertragstexte frei ist und insbesondere Gelegenheit erhält, alternativ eigene Textvorschläge mit

---

275 So BGHZ 184, 259 = NJW 2010, 1131, zitiert nach juris Rn 14 unter Bezugnahme auf BGHZ 130, 50, 57; BGH WM 1997, 1587 – unter I.2.c.
276 BGHZ 184, 259 = NJW 2010, 1131, zitiert nach juris Rn 14 unter Bezugnahme auf BGHZ 118, 229, 239; BGH WM 1997, 1587 – unter I.2.c.
277 BGHZ 184, 259 = NJW 2010, 1131 – Ls. 1.
278 BGHZ 184, 259 = NJW 2010, 1131 – Ls. 2.
279 BGH NZM 2016, 640 unter Bezugnahme auf BGHZ 184, 259 Rn 18; BGH WM 2016, 668 Rn 24 f.; ähnlich auch BGH NJW-RR 2013, 1028 Rn 17.
280 BGH NJW 2016, 1230 = ZIP 2016, 474 = WM 2016, 668 in Bestätigung von BGHZ 184, 259 = NJW 2010, 1131, 1132. Vgl. auch *J. Schmidt*, NZM 2016, 377 (Formulierungsvorschlag für ein Anschreiben).

E. Veranlassen der Einbeziehung durch den Verwender § 3

der effektiven Möglichkeit ihrer Durchsetzung in die Verhandlungen einzubringen: Allerdings entfällt ein „*Stellen von Vertragsbedingungen*" noch nicht schon dann, wenn die vorformulierten Vertragsbedingungen dem anderen Vertragsteil mit der Bitte übersandt werden, Anmerkungen oder Änderungswünsche mitzuteilen (eigene Textvorschläge zu unterbreiten). Das wesentliche Charakteristikum von AGB habe der Gesetzgeber in der Einseitigkeit ihrer Auferlegung sowie im Umstand gesehen, dass der andere Vertragsteil, der mit einer solchen Regelung konfrontiert wird, auf ihre Ausgestaltung gewöhnlich keinen Einfluss nehmen kann.[281] Mit Rücksicht darauf sei das Merkmal des „*Stellens*" erfüllt, wenn die Formularbestimmung auf Initiative einer Partei in die Verhandlungen eingebracht und ihre Verwendung zum Vertragsschluss verlangt worden ist.[282] Der einseitige Wunsch einer Partei, bestimmte von ihr bezeichnete vorformulierte Vertragsbedingungen zu verwenden, sei grundsätzlich ausreichend.[283] Dabei komme es nicht darauf an, wer die Geschäftsbedingungen entworfen hat – entscheidend sei, ob eine der Vertragsparteien sie sich als von ihr gestellt zurechnen lassen muss.[284] An einem durch einseitige Ausnutzung der Vertragsgestaltungsfreiheit einer Vertragspartei zum Ausdruck kommenden „*Stellen*" vorformulierter Vertragsbedingungen fehle es hingegen, wenn deren Einbeziehung sich als Ergebnis einer freien Entscheidung desjenigen darstellt, der mit dem Verwendungsvorschlag konfrontiert wird.[285] Erforderlich hierfür sei, dass diese Vertragspartei in der Auswahl der in Betracht kommenden Vertragstexte frei ist und insbesondere Gelegenheit erhält, alternativ eigene Textvorschläge mit der effektiven Möglichkeit ihrer Durchsetzung in die Verhandlungen einzubringen.[286]

V. Westphalen[287] weist darauf hin, dass der Normgehalt des § 307 Abs. 3 Nr. 2 BGB (Einflussnahme des Verbrauchers auf den Inhalt der Vertragsbedingungen) mit dem Begriff des „*Aushandelns*" von AGB-Klauseln nach § 305 Abs. 1 S. 3 BGB identisch ist.

Ein „*Stellen der Vertragsbedingungen*" ist also nicht schon zu verneinen, weil der Vertragspartner zwischen verschiedenen Regelungswerken wählen kann (Fallkonstellation

52

---

281 BGH NJW 2016, 1230 zitiert nach juris Rn 24 unter Bezugnahme auf RegE, BT-Drucks 7/3919.
282 BGH NJW 2016, 1230 zitiert nach juris Rn 24 unter Bezugnahme auf BGHZ 184, 259 Rn 11; BGH NJW-RR 2014, 937; BGH NJW-RR 2014, 1133; BGHZ 200, 326 Rn 23.
283 BGH NJW 2016, 1230 zitiert nach juris Rn 24 unter Bezugnahme auf BGHZ 184, 249 Rn 12.
284 BGH NJW 2016, 1230 zitiert nach juris Rn 24 unter Bezugnahme auf BGH NJW-RR 2013, 1028 (der Verwender stellt Vertragsbedingungen, konfrontiert die andere Partei damit, auf seine Veranlassung erfolgt die Einbeziehung in den Vertrag, auch wenn ein Rechtsanwalt sie konzipiert hat – etwas anderes gilt nur dann, wenn der die Vertragsbedingungen konzipierende Dritte „neutral" ist, Rn 17 unter Bezugnahme auf BGH NJW 1992, 2817); BGHZ 184, 259 Rn 10; BGHZ 126, 326, 332.
285 BGH NJW 2016, 1230 zitiert nach juris Rn 25 unter Bezugnahme auf BGHZ 184, 259 Rn 18; BGH NJW 1997, 2043.
286 BGH NJW 2016, 1230 zitiert nach juris Rn 25 unter Bezugnahme auf BGHZ 184, 259 Rn 18; BGH NJW-RR 2014, 937; BGH NJW-RR 2014, 1133. Vgl. auch BGH NJW-RR 2013, 1028.
287 *v. Westphalen*, NJW 2016, 2228, 2229.

einer **Regelungsalternative**)[288] bzw. der Formulartext die Aufforderung enthält, Streichungen oder Änderungen vorzunehmen.[289] Anders ist es hingegen, wenn die Parteien die gewählte Regelungsalternative tatsächlich ausgehandelt haben.[290]

53 Allgemeine Geschäftsbedingungen sind gleichermaßen auch **Klauseln mit ausfüllungsbedürftigen Leerräumen**, sofern es sich um unselbstständige Ergänzungen (bspw. die Einfügung von Namen oder die Bezeichnung des Vertragsobjekts) handelt.[291] Hingegen ist nach *Grüneberg*[292] dann eine Differenzierung geboten, wenn die Einfügung den Regelungsgehalt mitbestimmt (etwa im Falle einer Laufzeitfestlegung). Ist es dem Kunden gestattet, den Leerraum aufgrund freier Entscheidung auszufüllen, ist der entsprechende Teil des Formulars regelmäßig **nicht** als Allgemeine Geschäftsbedingung zu qualifizieren.[293] Etwas anderes soll dann gelten, wenn entweder Mitarbeiter des Verwenders die Lücke in einer Vielzahl von Fällen in einem bestimmten Sinne ausfüllen[294] oder aber darauf hinwirken, dass der Vertragspartner den Text (ohne ein individuelles Aushandeln) i.S.d. Verwenders ergänzt.[295] Die maschinenschriftliche Ergänzung eines ansonsten vorformulierten Vertragstextes ist Allgemeine Geschäftsbedingung.[296]

54 Stehen mehrere vorformulierte **Regelungsalternativen** mit einem individuell ausfüllbaren **Leerraum** zur Wahl, handelt es sich dann um Allgemeine Geschäftsbedingungen, wenn die Alternativen im Vordergrund stehen und andere Wahlmöglichkeiten überlagern.[297] Sieht bspw. ein Klauselwerk eine durch Ankreuzen auszuübende Option vor, ob der Verwender einen Vertragsstrafeanspruch gegen seinen Vertragspartner vorsehen will, ist vorbehaltlich besonderer Umstände des Einzelfalls keine Vertragsstrafe vereinbart, wenn die Ankreuzoption nicht ausgeübt wird.[298]

55 Eine durch eine Klausel begünstigte Partei ist aber nicht bereits deswegen „*Verwender*", weil sie sich die Klausel im Rahmen der Vertragsabwicklung bloß zunutze macht.[299]

---

288 BGH NJW 1996, 1676: Wahl zwischen einer fünf- oder zehnjährigen Laufzeit (ebenso BGH NJW-RR 1997, 1000); BGH NJW 1992, 503; OLG Hamburg VersR 1998, 92: Einbeziehung eines bestimmten Risikos in eine Versicherung oder dessen Ausschluss (a.A. OLG München VersR 1998, 92). Vgl. zudem Palandt/*Grüneberg*, § 305 BGB Rn 10 und 11.
289 BGH NJW 1987, 2011.
290 So BGH NJW 2003, 1313; Palandt/*Grüneberg*, § 305 BGB Rn 11: „*Einem Verhandeln steht nicht entgegen, dass die für den anderen Teil günstigere Alternative mit einem höheren Entgelt verbunden ist.*"
291 BGHZ 118, 229, 238; BGHZ 99, 203, 205; BGH NJW 1998, 215.
292 Palandt/*Grüneberg*, § 305 BGB Rn 8.
293 So BGH NJW 1998, 1066.
294 BGH NJW 2010, 3431; BGH NJW 2005, 1574; BGH NJW 1999, 2180; BGH NJW 1998, 2815.
295 BGH NJW 1998, 1066; Palandt/*Grüneberg*, § 305 BGB Rn 8.
296 BGH NJW 2010, 3431.
297 BGH NJW-RR 1997, 1000; BGH NJW 1996, 1676; Palandt/*Grüneberg*, § 305 BGB Rn 8.
298 So BGH NJW 2013, 2583 = MDR 2013, 957 – Ls.
299 So BGHZ 130, 50, 57; BGH NJW 1984, 2094; a.A. hingegen noch BGHZ 74, 204, 211.

E. Veranlassen der Einbeziehung durch den Verwender § 3

Eine bloße **Verhandlungsbereitschaft** schließt ein Veranlassen nicht aus,[300] da "*Aushandeln*" i.S.v. § 305 Abs. 1 S. 3 BGB mehr als ein bloßes Verhandeln (i.S. einer Individualabrede, siehe hierzu Rdn 59 ff.) voraussetzt. Wünschen hingegen beide Vertragsparteien (unabhängig voneinander) die Einbeziehung von Allgemeinen Geschäftsbedingungen (bspw. der VOB/B), ist – aufgrund der fehlenden Einseitigkeit – ein Veranlassen des Verwenders („Stellen") ausgeschlossen.[301] Ein Veranlassen scheidet gleichermaßen aus, wenn ein **unbeteiligter Dritter** (bspw. ein Notar in Wahrnehmung seiner Pflichten) den Vertragsparteien die Verwendung eines bestimmten Vertragsmusters anrät – wobei § 310 Abs. 3 Nr. 1 BGB allerdings eine abweichende Regelung für Verbraucherverträge trifft (siehe § 6 Rdn 32 ff.) –,[302] es sei denn, dass der Verwender sich das drittformulierte Klauselwerk zurechnen lassen muss:[303] Er ist dann nämlich „*mittelbarer Verwender*"[304] (zu **Drittklauseln** siehe oben Rdn 48). Die Zurechnung eines formulierten Klauselwerks kann bspw. angenommen werden, wenn ein Dritter (z.B. ein Notar) im Auftrag des Verwenders ein Vertragsformular (bspw. einen Eigentumswohnungsverkauf- oder Bauträgervertrag) formuliert hat[305] bzw. wenn er eine von seinem Mandanten ständig verwendete Klausel übernimmt.[306] D.h. nur dann, wenn ein neutraler Dritter eigenständig (mithin weder auf Veranlassung noch im Auftrag des Vertragspartners) Vertragsbedingungen vorformuliert, unterliegen diese **keiner** AGB-Kontrolle[307] (ggf. aber einer Kontrolle nach § 242 BGB).[308]

Ob im Fall einer **einvernehmlichen Verwendung eines bestimmten Formulartextes** keine der Parteien als „*Verwender*" i.S.v. § 305 Abs. 1 S. 1 BGB angesehen werden kann[309] oder ob beiden Parteien die Eigenschaft eines Verwenders zukommt,[310] ist umstritten. Die §§ 305 ff. BGB finden auf eine solche Vertragsbeziehung jedenfalls schon deshalb keine

56

---

300 Jauernig/*Stadler*, § 305 BGB Rn 6.
301 Palandt/*Grüneberg*, § 305 BGB Rn 13; *Ulmer* in Ulmer/Brandner/Hensen, § 1 AGBG Rn 29; a.A. Staudinger/ *Schlosser*, § 305 BGB Rn 31.
302 BGH NJW 1991, 841 – Notar; BGH NJW-RR 2002, 14.
303 BGH NJW 1994, 2826.
304 Jauernig/*Stadler*, § 305 BGB Rn 6. Vgl. zudem BGH NJW 2002, 139: Der Hausnotar hat auf Geheiß des Verwenders die Klauseln vorformuliert. Zum „*Hausnotar*" i.S. eines ständig und routinemäßig für eine bestimmte Vertragspartei tätigen Notars auch MüKo/*Basedow*, § 305 BGB Rn 23.
305 BGHZ 118, 229, 238: Für eine entsprechende Zurechnung spricht bei einem notariellen Vertrag (sofern er offensichtlich nur die Interessen einer Partei berücksichtigt) eine **tatsächliche Vermutung** (BGHZ 118, 229, 239). Zudem BGH NJW 1985, 2477.
306 OLG Köln VersR 2000, 730.
307 AnwK-Schuldrecht/*Hennrichs*, § 305 BGB Rn 4.
308 Bspw. ein formelhafter Gewährleistungsausschluss, der auf Vorschlag eines Notars in einen Vertrag über neu errichtete Häuser oder Eigentumswohnungen aufgenommen worden ist: Palandt/*Grüneberg*, § 305 BGB Rn 12.
309 So Erman/*Roloff*, § 305 BGB Rn 12; Palandt/*Grüneberg*, § 305 BGB Rn 12; *Pfeiffer* in Wolf/Lindacher/Pfeiffer, § 305 BGB Rn 32.
310 In diesem Sinne Staudinger/*Schlosser*, § 305 BGB Rn 31.

§ 3 Der Begriff der Allgemeinen Geschäftsbedingung (§ 305 Abs. 1 BGB)

Anwendung, weil sie – wie es bereits im Wortlaut des § 305 Abs. 1 S. 1 BGB ihren Ausdruck gefunden hat – darauf abzielen, die Rechtsbeziehungen zwischen einem Verwender und einer anderen Vertragspartei, nicht aber zwischen zwei Verwendern, zu regeln.[311]

F. Die Klarstellung nach § 305 Abs. 1 S. 2 BGB

57 *Stadler*[312] qualifiziert die Klarstellung des § 305 Abs. 1 S. 2 BGB, wonach es gleichgültig ist,

- ob die Bestimmungen einen **äußerlich gesonderten Bestandteil** des Vertrags bilden oder in die Vertragsurkunde selbst aufgenommen werden (z.b. **Formularverträge**), da Formularverträge, die den Voraussetzungen des § 305 Abs. 1 S. 1 BGB entsprechen, Allgemeine Geschäftsbedingungen sind;
- welchen **Umfang** Allgemeine Geschäftsbedingungen haben[313] (da auch einzelne Klauseln – wie bspw. eine Gerichtsstandsklausel im Briefkopf[314] oder die Übernahme einer Mithaftung[315] –, sofern sie nur die Voraussetzungen des § 305 Abs. 1 S. 1 BGB erfüllen, als Allgemeine Geschäftsbedingungen zu qualifizieren sind.[316] Es besteht sogar die Möglichkeit, dass in einem individuellen Vertrag eine einzige Klausel Allgemeine Geschäftsbedingung ist);[317]
- in welcher **Schriftart** (bspw. Druck, Schreibmaschine oder Handschrift)[318] Allgemeine Geschäftsbedingungen verfasst sind[319] und
- welche **Form** (bspw. auch notariell beurkundete Verträge[320] nach § 128 BGB, sofern diese Allgemeinen Geschäftsbedingungen enthalten [Formularverträge] oder auf diese Bezug nehmen)[321] der Vertrag hat,

als (sachlich) **überflüssig**. Die Regelung zielt darauf ab, Zweifel über den Anwendungsbereich der §§ 305 ff. BGB auszuräumen.

---

311 So OLG Köln NJW 1994, 59; Palandt/*Grüneberg*, § 305 BGB Rn 13; Erman/*Roloff*, § 305 BGB Rn 12; a.A. hingegen Staudinger/*Schlosser* § 305 BGB Rn 31.
312 Jauernig/*Stadler*, § 305 BGB Rn 7; ebenso Palandt/*Grüneberg*, § 305 BGB Rn 14.
313 Vgl. BGH NJW 1983, 1603: Bereits ein einziger Satz kann eine Allgemeine Geschäftsbedingung sein.
314 BGHZ 101, 271, 273.
315 BGHZ 104, 232, 236.
316 Palandt/*Grüneberg*, § 305 BGB Rn 15.
317 So BGHZ 75, 15, 21.
318 Palandt/*Grüneberg*, § 305 BGB Rn 16.
319 Palandt/*Grüneberg*, § 305 BGB Rn 16 f.: „*Vertragsbedingungen, die für jeden Vertragsschluss durch Schreibautomat, Schreibmaschine oder von Hand neu geschrieben werden, sind AGB, sofern sie inhaltlich unverändert verwendet werden.*"
320 Palandt/*Grüneberg*, § 305 BGB Rn 17: Womit das Gesetz der Erfahrung Rechnung trägt, dass auch der Inhalt von notariell beurkundeten Verträgen oft allein von der marktstärkeren Partei bestimmt wird und damit allein deren Interesse im Vertrag zum Ausdruck gebracht wird.
321 BGHZ 74, 204, 209; BGH NJW 1984, 172.

Beachte 58

Die §§ 305 ff. BGB i.V.m. § 14 Abs. 2 BNotO sowie § 4 BeurkG verpflichten den Notar zu einer inhaltlichen Kontrolle von Formularverträgen,[322] weshalb der Notar von einer Amtstätigkeit dann absehen muss, wenn ein Formularvertrag unwirksame Klauseln enthält.[323] § 17 BeurkG verpflichtet den Notar zu einer umfassenden Belehrung.

G. Abgrenzung zur Individualvereinbarung

Literatur:

Franzen, Doppelte Schriftformklausel – Vorrang der Individualabrede nach § 305b und betriebliche Übung, SAE 2009, 89; *Herber*, Die IoC-Klausel: Ein Ärgernis in der Kautelarpraxis, TranspR 1990, 147; *Horst*, Renovierungspflicht durch Flucht in die Individualabrede – Königsweg oder Irrglaube?, DWW 2009, 174 und 183; *König*, AGB-Kontrolle bei ausgehandelten Verträgen?, BRJ 2011, 133; *Salomon*, Individuelle Zusagen durch konkludentes Handeln – Abgrenzung zur betrieblichen Übung und Vermeidestrategien, FA 2013, 194; *Schulz*, Schriftformklauseln in Allgemeinen Geschäftsbedingungen, Jura 1995, 71; *Trinkner*, Vorrang der Individualabrede bei Verwendung von Allgemeinen Geschäftsbedingungen, in: FS für Cohn, 1975, S. 191; *Zoller*, Dogmatik, Anwendungsprobleme und ungewisse Zukunft des Vorrangs individueller Vertragsvereinbarungen vor Allgemeinen Geschäftsbedingungen, JZ 1991, 850.

Allgemeine Geschäftsbedingungen liegen nach § 305 Abs. 1 S. 3 BGB **nicht** vor, soweit 59
die Vertragsbedingungen zwischen den Vertragsparteien im Einzelnen (auch konkludent
– ergebnisoffen) ausgehandelt sind[324] (mithin eine **Individualvereinbarung** vorliegt –
Notwendigkeit, dass der Kerngehalt einer Allgemeinen Geschäftsbedingung inhaltlich

---

322 Palandt/*Grüneberg*, § 305 BGB Rn 17.
323 So *Heinrichs*, NJW 1977, 1507; *Heinrichs*, NJW 1995, 158.
324 Dazu BGHZ 204, 346 = NJW 2015, 1952: Ein „*ausgehandelter Vertrag*" kann allenfalls unter besonderen Umständen vorliegen, wenn es schließlich nach gründlicher Erörterung beim gestellten Entwurf verbleibt, was man nach Ansicht *v. Westphalen* (NJW 2016, 2228, 2229) allerdings nur dann bejahen darf, *„wenn unter Beachtung aller Umstände des Einzelfalls feststeht, dass der Vertragspartner die gestellte Vertragsbedingung als sachgerecht angesehen hat, sodass er sie in seinen autonomen Vertragsabschlusswillen – verstanden als rechtsgeschäftliche Selbstbestimmung – aufgenommen hat"* – nicht jedoch, wenn der Verwender die Klausel als „*unabdingbar*" bezeichnet hat (so BGH NJW 2013, 856). Vgl. auch BGH NJW 2015, 3025 (unter Berücksichtigung der Einzelfallumstände – *„vor allem die intellektuellen Fähigkeiten und die berufliche Position der Verhandlungspartner sowie das Bestehen oder Fehlen eines wirtschaftlichen Machtgefälles"* sind zu berücksichtigen, wogegen *v. Westphalen*, NJW 2016, 2228, 2229, Vorbehalte anmeldet). Zudem: BGH NZBau 2016, 213 = NZM 2016, 408: Für ein „*Aushandeln*" soll auch ein überwiegender Verhandlungserfolg des Kunden in Bezug auf seine Geldleistungspflicht, sollte er statt des vereinbarten Mülls nur Mindermengen liefern, nicht reichen – sofern es dem Kunden also im Verhandlungswege nicht gelingt, eine ihm nachteilige Klausel „erheblich" zu seinen Gunsten zu verändern, liegt selbst im unternehmerischen Geschäftsverkehr damit keine Individualvereinbarung vor (wenn der Verwender nicht den gesamten gesetzesfremden Kerngehalt der Klausel von Anfang an zur Disposition gestellt hat). Näher auch NK-BGB/*Kollmann*, § 305 Rn 20 ff. Kritisch zum „*steinigen Weg*" (so *Kappus*, NJW 2016, 33) – d.h. den erschwerten Anforderungen an ein „*Aushandeln*" – des BGH *Berger*, NJW 2010, 465; *Leuschner*, NJW 2016, 1222; *Müller*, NZM 2016, 185.

§ 3 Der Begriff der Allgemeinen Geschäftsbedingung (§ 305 Abs. 1 BGB)

ernsthaft zur Disposition gestellt wird mit der realen Möglichkeit für den Vertragsgegner, die Vertragsklauseln in seinem eigenen Interesse abzuändern),[325] wodurch die AGB-Definition des § 305 Abs. 1 S. 1 und 2 BGB sowie der Anwendungsbereich der §§ 305 ff. BGB eine Einschränkung erfährt. *„Eine als ‚unabdingbar' oder ‚unverhandelbar' bezeichnete Klausel erfüllt diese Voraussetzungen keinesfalls."*[326] – *„Nur nach dem Willen des Vertragspartners abgeänderte AGB sind als ‚ausgehandelte' Vertragsbestimmungen i.S.d. § 305 I 3 BGB anzuerkennen."*[327]

Beachte auch Reformvorschläge, wonach als Merkmal eines Individualvertrags eine „*bewusste Erklärung beider Vertragsparteien*" gelten soll.[328]

Beachte zudem

Auch vorformulierte Klauseln des Verwenders können im Einzelfall Gegenstand und Ergebnis von Individualabreden sein.[329]

Eine Allgemeine Geschäftsbedingung – so der BGH[330] – verliert aber nicht allein dadurch ihren Charakter als nach den §§ 305 ff. BGB der Inhaltskontrolle unterliegende Klausel, dass sie von den Parteien **nachträglich geändert** wird: Vielmehr müsse die nachträgliche Änderung in einer Weise erfolgen, die es rechtfertigt, sie wie eine von vornherein getroffene Individualvereinbarung zu behandeln. Das sei nicht der Fall, wenn der Verwender auch nach Vertragsschluss dem Vertragspartner keine (reale) Gestaltungsfreiheit eingeräumt hat und die Parteien auf dieser Grundlage eine Einigung finden, mit der die nachteilige Wirkung der Klausel lediglich abgeschwächt wird.[331] Denn in diesem Fall wirke die zum Nachteil des Vertragspartners unangemessen ausgeübte Gestaltungsmacht des Verwenders fort. Habe der Verwender in seinen Allgemeinen Geschäftsbedingungen in unangemessener Weise eine Vorleistungspflicht des Kunden vorgesehen, bestehe er auf die Bitte des Kunden, diese zu ändern, darauf, dass dieser vorzuleisten hat, und sei er lediglich bereit, den Umfang der Vorleistungspflicht zu reduzieren, so wirke die un-

---

[325] So BGHZ 204, 346 = NJW 2015, 1952 (zur Disposition stellen des gesetzesfremden Kerngehalts der Klausel und Einräumung von „*Gestaltungsfreiheit*" zugunsten des Kunden – bzw. Führung des Nachweises, dass eine unveränderte Klauselübernahme dazu geführt hat, dass es vice versa zu anderweitigen Verbesserungen der Vertragsgestaltung zugunsten des Kunden gekommen ist). Die bloß allgemeine Bereitschaft des Verwenders, belastende Klauseln abzuändern, reicht nicht, so BGH NJW 2015, 3025; BGH NJW 2016, 1230.
[326] *v. Westphalen*, NJW 2016, 2228, 2228 f.
[327] *v. Westphalen*, NJW 2016, 2228, 2229.
[328] *Kaufhold*, BB 2012, 1235, 1241.
[329] So BGH NJW 2016, 1230, zitiert nach juris Rn 23 unter Bezugnahme auf BT-Drucks 7/3919, S. 15 f. (zu § 1 Abs. 1 und 2 AGBG).
[330] NJW 2013, 1431 = ZIP 2013, 1028, zitiert nach juris Rn 30.
[331] So BGH NJW 2013, 1431, zitiert nach juris Rn 30 unter Bezugnahme auf OLG Köln NJW-RR 2002, 1487; Staudinger/*Schlosser*, § 305 BGB Rn 49; MüKo/*Basedow*, § 305 BGB Rn 42; *Fuchs* in Ulmer/Brandner/Hensen, § 305 BGB Rn 46/48; *Pfeiffer* in Wolf/Lindacher/Pfeiffer, § 305 BGB Rn 45; Palandt/*Grüneberg*, § 305 BGB Rn 20.

G. Abgrenzung zur Individualvereinbarung § 3

wirksame Vereinbarung der Vorleistungspflicht jedenfalls dann fort, wenn weiterhin eine unangemessene Vorleistung gefordert werde.

> *Beachte*
>
> Damit ist aber die bloße Streichung einer vorformulierten Vertragsstrafenregelung in einem Formular bei paralleler – unveränderter und handschriftlicher – Verankerung dieser Klausel an anderer Stelle mit dem Zusatz „*ausgehandelt*" unzureichend: keine Annahme einer Individualvereinbarung.[332]

Ein „*Aushandeln*" setzt voraus, dass der Verwender änderungsbereit ist und dies dem anderen Teil auch ernsthaft kundtut,[333] was sich regelmäßig in einer erkennbaren Änderung des vorformulierten Textes niederschlägt. Dies liegt darin begründet, dass es dem Schutzzweck der §§ 305 ff. BGB entspricht, die Regelungen auch im Rahmen der Inhaltskontrolle zur Anwendung gelangen zu lassen,[334] damit der Verwender nicht einseitig die Vertragsgestaltungsfreiheit zu seinen Gunsten auslegt.[335] *„Auf ein ‚im Einzelnen Aushandeln' i.S.v. § 305 Abs. 1 S. 3 BGB durch den anderen Vertragsteil kann und darf er nicht hoffen, es sei denn, er stellt den ‚gesetzesfremden Kerngehalt' der formulierten Klausel ernsthaft zur Disposition, um ihm die ‚reale Möglichkeit' einzuräumen, den Vertrag nach seinen eigenen Interessen und Vorstellungen autonom zu gestalten."*[336]

60

Eine Allgemeine Geschäftsbedingung ist von einer Individualvereinbarung abzugrenzen, da § 305 lit. b BGB (als Ausdruck eines funktionellen Rangverhältnisses zwischen Individualvereinbarung und Allgemeiner Geschäftsbedingung)[337] den **Vorrang** (auch zugunsten des Verwenders)[338] der Individualabrede postuliert: Individuelle Vertragsabreden (individuell ausgehandelte Vereinbarungen) haben **Vorrang** vor Allgemeinen Geschäftsbedingungen (auch zugunsten des Verwenders).[339] Spezielle Abreden gehen also allgemeinen vor,[340] da dies dem Willen der Vertragsparteien entspricht (arg.: Allgemeine Geschäftsbedingungen sollen als vorformulierte allgemeine Regelungen und Ersatz des abgedungenen dispositiven Gesetzesrechts Individualabreden der Vertragsparteien nur ergänzen oder ausfüllen).[341] Sie verdrängen eine widersprechende AGB-Klausel. § 305 lit. b BGB entspricht wörtlich § 4 AGB-Gesetz (alt).

61

---

332 OLG Brandenburg NJW-RR 2012, 982.
333 BGHZ 153, 312 = BGH NJW 2003, 1805, 1807.
334 BGH NJW 2004, 502, 503.
335 BGH NJW 2004, 1454.
336 So *v. Westphalen*, NJW 2012, 2243, 2248 unter Bezugnahme auf BGHZ 143, 103 = NJW 2000, 1110.
337 So *Zoller*, JZ 1991, 856; Palandt/*Grüneberg*, § 305b BGB Rn 1.
338 BGH NJW 1995, 1494, 1496.
339 BGH NJW 1995, 1494, 1496.
340 MüKo/*Basedow*, § 305b BGB Rn 1 f.; a.A. *Ulmer/Schäfer* in Ulmer/Brandner/Hensen, § 305b BGB Rn 8.
341 Palandt/*Grüneberg*, § 305b BGB Rn 3: *„Sie dürfen diese aber nicht zunichte machen oder aushöhlen."* Ebenso *Knops*, ZIP 2006, 1965.

§ 3   Der Begriff der Allgemeinen Geschäftsbedingung (§ 305 Abs. 1 BGB)

62   Eine Verletzung des Vertrags nach § 305 lit. b BGB ist **Unwirksamkeitsgrund**,[342] d.h. Klauseln, die im Widerspruch zu einer Individualvereinbarung stehen, sind unwirksam.[343] Ein in einem Formulararbeitsvertrag vereinbartes Schriftformerfordernis für Vertragsänderungen führt allerdings nicht zur Nichtigkeit mündlich abgeschlossener Vertragsänderungen. Dies folgt aus dem Grundsatz des Vorrangs individueller Vertragsabreden nach § 305 lit. b BGB. Eine sog. doppelte Schriftformklausel ist i.d.r. irreführend und benachteiligt den Vertragspartner deshalb unangemessen i.S.v. § 307 Abs. 1 BGB.[344]

Infolgedessen hat eine in einem Leasingvertrag individualvertraglich vereinbarte bestimmte Vertragslaufzeit gemäß § 305 lit. b BGB Vorrang vor einer in den Leasingbedingungen für den Fall des Unterbleibens der Kündigung enthaltenen automatischen Vertragsverlängerungsklausel.[345]

63   Bei Vorlage eines gedruckten Formulars wird prima facie vermutet, dass es sich um Allgemeine Geschäftsbedingungen handelt.[346] Für den Fall, dass der Verwender behauptet, die Vertragsbedingungen seien mit dem Vertragspartner individuell ausgehandelt worden, trifft ihn hierfür die Beweislast.[347]

64   § 305 lit. b BGB geht systematisch der Inhaltskontrolle nach den §§ 307 ff. BGB vor, da eine Inhaltskontrolle eine Klausel voraussetzt, die nur Bestand hat, wenn ihr keine Individualabrede vorgeht.[348]

I.   Die Individualabrede

65   Unter einer „*Individualabrede*" i.S.v. § 305 lit. b BGB ist jede Vereinbarung zu verstehen, die i.S.d. § 305 Abs. 1 S. 3 BGB im Einzelnen ausgehandelt worden ist. Zudem fallen darunter aber auch solche Vereinbarungen, die nicht den strengen Anforderungen des § 305 Abs. 1 S. 3 BGB genügen.[349]

---

342 Palandt/*Grüneberg*, § 305b BGB Rn 3.
343 Palandt/*Grüneberg*, § 305b BGB Rn 3 f.
344 LAG Schleswig-Holstein AA 2013, 144 – Ls. 1.
345 OLG Saarbrücken BB 2008, 2649 = NJW-RR 2009, 989 – Ls. 1 unter Bezugnahme auf Staudinger/*Schlosser*, § 305b BGB Rn 19.
346 AnwK-Schuldrecht/*Hennrichs*, § 305 BGB Rn 5.
347 AnwK-Schuldrecht/*Hennrichs*, § 305 BGB Rn 5 unter Bezugnahme auf Palandt/*Grüneberg*, § 305 BGB Rn 23.
348 AnwK-Schuldrecht/*Hennrichs*, § 305b BGB Rn 1.
349 Palandt/*Grüneberg*, § 305b BGB Rn 2; Staudinger/*Schlosser*, § 305 BGB Rn 12.

G. Abgrenzung zur Individualvereinbarung §3

Individualabreden, die auch noch nach Vertragsschluss getroffen werden können, beinhalten ausdrücklich (schriftlich [auch in hand- oder maschinenschriftlichen Einfügungen[350] oder in einem Bestätigungsschreiben][351] bzw. mündlich) oder sogar stillschweigend[352] eine gegenüber (auch mit einbezogenen) Allgemeinen Geschäftsbedingungen **besonders** (d.h. gesondert) **ausgehandelte Regelung**. Dabei setzt ein Aushandeln mehr als ein bloßes „*Verhandeln*" voraus.[353] Individualabreden sind damit alle Vereinbarungen, die gemäß § 305 Abs. 1 S. 3 BGB (siehe Rdn 59 ff.) im Einzelnen ausgehandelt werden, darüber hinaus aber – dem Schutzzweck des AGB-Rechts entsprechend – auch nicht diesen strengen Anforderungen entsprechende Abreden.[354]

Die Praxis beschäftigt sich oft mit der Abgrenzung der Allgemeinen Geschäftsbedingung   66
von der Individualklausel – mithin zwischen den §§ 305 Abs. 1 S. 1 und 3, 305 lit. b BGB. In der **Bring-or-pay-Entscheidung** des BGH[355] ist nicht weiter auf die in der Literatur geführte Diskussion eingegangen worden, ob im unternehmerischen Bereich (B2B) an das Tatbestandsmerkmal „*Aushandeln*" (§ 305 Abs. 1 S. 3 BGB) reduzierte Anforderungen zu stellen sind.[356] Vielmehr rekurriert der BGH in dieser Entscheidung auf seine bisherige ständige Judikatur,[357] wonach „*Aushandeln*" zur Voraussetzung hat, dass der Verwender den gesetzesfremden Kerngehalt der in Rede stehenden Klausel eindeutig und ernsthaft zur Diskussion stellen muss, sodass der andere Teil eine reale Möglichkeit erhält, Eigeninteressen zu wahren – einschließlich der Eröffnung einer Möglichkeit, die inhaltliche Ausgestaltung der Klausel tatsächlich zu beeinflussen[358] (Eröffnung einer Einflussmöglichkeit auf die inhaltliche Gestaltung des vorgelegten und unverändert gebliebenen Textes[359] – was

---

350 BGH NJW 1987, 2011; Palandt/*Grüneberg*, § 305b BGB Rn 2.
351 BGH NJW-RR 1995, 179.
352 Vgl. etwa BGH NJW-RR 1996, 674; BGH NJW 1986, 1807; Palandt/*Grüneberg*, § 305b BGB Rn 2.
353 H.M. – vgl. etwa BGHZ 104, 232, 236; BGH NJW 1991, 1679; Palandt/*Grüneberg*, § 305 BGB Rn 20. Kritik äußert allerdings *Wackerbarth*, AcP 200 (2000), 45, 85 ff.; ebenso *Berger*, NJW 2001, 2152.
354 So Palandt/*Grüneberg*, § 305b BGB Rn 2.
355 NJW 2013, 856 (Verwender erklärt trotz langwieriger Verhandlung und Anwaltsbeteiligung auf der Gegenseite eine Klausel als „*unabdingbar*"). Dazu auch die Anmerkung von *Faber/Rieger*, NJW 2013, 858; kritisch *Dauner-Lieb*, AnwBl 2013, 845.
356 Vgl. zu dieser Diskussion bspw. *Berger*, NJW 2010, 465; *v. Westphalen*, NJW 2009, 2977. Zuletzt: *Dauner-Lieb*, Vertragsfreiheit zwischen Unternehmen: AGB-Recht ihr Garant oder ihr Totengräber?, AnwBl 2013, 845 einerseits und *v. Westphalen*, Geglücktes und Gelungenes im AGB-Recht, AnwBl 2013, 850 andererseits.
357 BGHZ 153, 311 = NJW 2003, 1805, 1807; BGHZ 143, 103 = NJW 2000, 1110, 1111.
358 BGH NJW 2013, 856.
359 BGH NJW 2010, 1131. Nur dann liegen keine „gestellten" Allgemeine Geschäftsbedingungen vor: *Kaufhold*, ZIP 2010, 631.

auch für den unternehmerischen Verkehr Geltung beansprucht[360]). Der BGH[361] verlangt, dass der Verwender nicht nur einen bestimmten Teilbereich (geringfügiges Nachgeben in einem Randbereich) des gesetzesverändernden Kerngehalts der vorformulierten Klausel zur Disposition des Kunden stellen muss, sondern den gesamten Klauselinhalt (soweit er im Detail Änderungen vom dispositiven Recht vorsieht).

Damit bedingt eine Individualabrede grundsätzlich eine Abänderung der vorgelegten Klausel[362] (Notwendigkeit, dass der Kunde nach einer intensiven juristischen Prüfung letztlich den ausführlich verhandelten Vertragstext im Rahmen seiner Vertragsgestaltungsfreiheit i.S. einer autonomen, rechtsgeschäftlichen Willensentscheidung[363] billigt).

67   Voraussetzung einer Individualabrede ist die ernsthafte **Verhandlungsbereitschaft** des Verwenders über den Vertragsinhalt, die er dem Kunden gegenüber unzweideutig mitgeteilt hat,[364] die sich aber auch aus seinem Vorverhalten (im Zusammenhang mit früheren Vertragsabschlüssen) ergeben kann. *Grüneberg*[365] weist daraufhin, dass, wer sich angeblich immer verhandlungsbereit zeigt, tatsächlich aber nie zu einer Änderung bereit ist, sich regelmäßig nicht auf § 305 Abs. 1 S. 3 BGB berufen kann. Auch eine allgemein geäußerte Bereitschaft des Verwenders, belastende Klauseln abzuändern, ist ebenso wenig ausreichend[366] wie seine Erklärung, er stelle die Unterzeichnung einer Regelung frei.[367]

Der Verwender einer Klausel kann sich zur Darlegung eines *„Aushandelns"* nicht ausschließlich auf eine individualrechtliche Vereinbarung, nach der über die Klausel *„ernsthaft und ausgiebig verhandelt wurde"*, berufen:[368] Der BGH fordert nämlich für ein *„Aushandeln"* mehr als ein *„Verhandeln"*. *„Aushandeln"* liegt vor, wenn der Verwender zunächst den in seinen AGB enthaltenen gesetzesfremden Kerngehalt – mithin den wesentlichen Inhalt der gesetzliche Regelungen ändernden oder ergänzenden Bestimmungen – inhaltlich ernsthaft zur Disposition stellt und dem Vertragspartner Gestaltungsfreiheit zur Wahrung eigener Interessen einräumt mit zumindest der realen Möglichkeit, die inhaltliche Ausgestaltung der Vertragsbedingungen zu beeinflussen – wobei er sich also deutlich und ernsthaft zur gewünschten Änderung einzelner Klauseln bereit erklären

---

360 *v. Westphalen*, ZIP 2010, 1110, 1111 f.; *v. Westphalen*, NJW 2010, 2254, 2255.
361 NJW 2013, 1431, 1432 = BB 2013, 909 mit Anm. *v. Westphalen* – Einbauküchenentscheidung (trotz teilweisem *„Nachgeben"* liegt kein hinreichendes Zur-Disposition-Stellen vor, wenn aufgrund des gesetzeswidrigen Kerngehalts einer Klausel diese als *„unangemessen"* i.S.v. § 307 BGB zu qualifizieren ist). Nach *v. Westphalen* (NJW 2014, 2242, 2243) gilt diese Entscheidung (im Verbraucherverkehr ergangen) uneingeschränkt auch für den unternehmerischen Verkehr.
362 So *v. Westphalen*, NJW 2013, 2239, 2240 unter Bezugnahme auf BGH NJW 2013, 856.
363 BGHZ 184, 259 = NJW 2010, 1131, 1133.
364 BGH NJW 1977, 642.
365 Palandt/*Grüneberg*, § 305 BGB Rn 19.
366 BGH NJW-RR 2005, 1046.
367 BGH NJW 2005, 2543.
368 BGHZ 200, 326 = NJW 2014, 1725 = ZIP 2014, 924 = WM 2014, 838 – Ls. 2.

G. Abgrenzung zur Individualvereinbarung § 3

muss.[369] Steht dies in Frage, muss der Verwender die entsprechenden Umstände darlegen.[370] Ein nur allgemein gehaltener Hinweis, alle Vertragsbedingungen hätten zur Disposition gestanden, enthält damit nicht die notwendige Konkretisierung hinsichtlich der Kerngehalte der einzelnen Klauseln: Könnte der Verwender allein durch eine solche Klausel die Darlegung eines „*Aushandelns*" stützen, bestünde – so der BGH[371] – die Gefahr der Manipulation und der Umgehung des Schutzes der §§ 305 ff. BGB.

Mit dem Schutzzweck der §§ 305 ff. BGB ist es nämlich nicht zu vereinbaren, wenn die Vertragsparteien unabhängig von den Voraussetzungen des § 305 Abs. 1 S. 3 BGB die Geltung des Rechts der Allgemeinen Geschäftsbedingungen individualrechtlich ausschließen.[372] Zwingendes, der Vertragsfreiheit Grenzen ziehendes Recht sei anzunehmen, wenn Sinn und Zweck des Gesetzes einer privatautonomen Gestaltung entgegenstehen. Der Zweck der Inhaltskontrolle von AGB nach den §§ 305 ff. BGB bestehe darin, zum Ausgleich ungleicher Verhandlungspositionen und damit zur Sicherung der Vertragsfreiheit Schutz und Abwehr gegen die Inanspruchnahme einseitiger Gestaltungsmacht durch den Verwender zu gewährleisten.[373] Deshalb finde eine Inhaltskontrolle vertraglicher Vereinbarungen auch nicht statt, wenn die Vertragsbedingungen im Einzelnen nach § 305 Abs. 1 S. 3 BGB ausgehandelt worden sind. In einem solchen Fall befänden sich die Vertragsparteien in einer gleichberechtigten Verhandlungsposition, die es ihnen gestattet, eigene Interessen einzubringen und frei zu verhandeln.[374] Mit diesem Schutzzweck sei es nicht zu vereinbaren, wenn die Vertragsparteien unabhängig von den Voraussetzungen des § 305 Abs. 1 S. 3 BGB die Geltung des Rechts der Allgemeinen Geschäftsbedingungen individualrechtlich ausschließen.[375] Dadurch werde nämlich die Prüfung verhindert, ob eine gleichberechtigte Verhandlungsposition bestanden hat. Diese könne nicht allein aus dem Umstand abgeleitet werden, dass individualrechtlich die Geltung der §§ 305 ff. BGB ausgeschlossen worden ist. Eine solche Vereinbarung könne vielmehr auf der wirtschaftlichen Überlegenheit einer Vertragspartei beruhen, die unter Umgehung der gesetzlichen Bestimmungen zur Inhaltskontrolle von AGB ihre Gestaltungsmacht einseitig verwirklicht. Dem will – so der BGH[376] – das Recht der Allgemeinen Geschäftsbedingungen aber entgegenwirken, indem es nur unter den Voraussetzungen

---

369 BGHZ 200, 326, zitiert nach juris Rn 27 unter Bezugnahme auf BGH BauR 2013, 462 Rn 10.
370 BGHZ 200, 326, zitiert nach juris Rn 27 unter Bezugnahme auf BGH NJW 1998, 2600, 2601.
371 BGHZ 200, 326, zitiert nach juris Rn 27 unter Bezugnahme auf Erman/*Roloff*, § 305 BGB Rn 58; Staudinger/*Schlosser*, § 305 BGB Rn 53; a.A. hingegen *Ulmer/Habersack* in Ulmer/Brandner/Hensen, AGB-Recht, § 305 BGB Rn 65.
372 BGHZ 200, 326 – Leitsatz 3.
373 BGHZ 200, 326, zitiert nach juris Rn 29 unter Bezugnahme auf BGH BauR 2014, 127 Rn 27 = NZBau 2014, 47; MüKo/*Basedow*, Vor §§ 305 ff. BGB Rn 4 ff.
374 BGHZ 200, 326, zitiert nach juris Rn 29.
375 BGHZ 200, 326, zitiert nach juris Rn 30.
376 BGHZ 200, 326, zitiert nach juris Rn 30.

des § 305 Abs. 1 S. 3 BGB von einer Inhaltskontrolle nach den §§ 307 ff. BGB absieht. Das aus dem Normzweck der §§ 305 ff. BGB abgeleitete Ergebnis sei auch verfassungsrechtlich abgesichert:[377] Zwar sei die Vertragsfreiheit über Art. 2 Abs. 1 GG geschützt, aber nicht schrankenlos. Solche Schranken seien unentbehrlich, weil Privatautonomie auf dem Prinzip der Selbstbestimmung beruht, also voraussetzt, dass auch die Bedingungen freier Selbstbestimmung tatsächlich gegeben sind. Habe einer der Vertragsteile ein zu starkes Übergewicht, dass er vertragliche Regelungen faktisch einseitig setzen kann, bewirke dies für den anderen Vertragsteil „*Fremdbestimmung*". Wo es an einem annähernden Kräftegleichgewicht der Beteiligten fehlt, sei mit den Mitteln des Vertragsrechts allein kein sachgerechter Interessenausgleich zu gewährleisten. Gesetzliche Vorschriften, die sozialem und wirtschaftlichem Ungleichgewicht entgegenwirken, verwirklichten die objektiven Grundentscheidungen der Grundrechte und damit zugleich das grundgesetzliche Sozialstaatsprinzip.[378] Diese verfassungsrechtliche Vorgabe habe der Gesetzgeber mit den Regelungen der §§ 305 ff. BGB umgesetzt. Durch § 305 Abs. 1 S. 3 BGB werde sichergestellt, dass nur durch ein „*Aushandeln*" im Sinne dieser Vorschrift die Anwendung des AGB-Rechts ausgeschlossen werden kann.[379]

68 **Aushandeln** hat nämlich zur Voraussetzung, dass der Verwender tatsächlich und ernsthaft den Inhalt seiner Allgemeinen Geschäftsbedingungen (die gesetzesändernder oder ergänzender Natur sind [mithin den „*gesetzesfremden Kerngehalt*" seiner Allgemeinen Geschäftsbedingungen][380]) dem Prüfstand – mithin zur Disposition – seines Vertragspartners (d.h. für diesen erkennbar) überantwortet und diesem im Interesse einer eigenen Interessenwahrnehmung die reale Möglichkeit einer Beeinflussung des Bedingungsinhalts (mithin zur Klauseländerung) eröffnet,[381] was i.d.R. zu einer Klauseländerung (Änderung des vorformulierten Textes) führen wird.[382] Dem Vertragspartner muss Gestaltungsfreiheit zur Wahrung seiner eigenen Interessen eingeräumt werden.

Ein „*Aushandeln*" i.S.v. § 305 Abs. 1 S. 3 BGB liegt nur vor, wenn der Verwender zunächst den in den Allgemeinen Geschäftsbedingungen enthaltenen „*gesetzesfremden Kerngehalt*" inhaltlich ernsthaft zur Disposition gestellt und dem Kunden Gestaltungsfreiheit eingeräumt hat, was bei einem „*Verhandeln*" über die Höhe einer vorgegebenen Vertragsstrafe dann nicht erfüllt ist, wenn die Klauseln lediglich im Einzelnen erörtert oder gemeinsam

---

377 BGHZ 200, 326, zitiert nach juris Rn 31.
378 BGHZ 200, 326, zitiert nach juris Rn 31 unter Bezugnahme auf BVerfGE 81, 242, 255.
379 BGHZ 200, 326, zitiert nach juris Rn 31.
380 Palandt/*Grüneberg*, § 305 BGB Rn 20.
381 BAG NZA 2008, 219; BGH NJW 2000, 1110, 1111 f.; BGH NJW 1998, 2601; BGH NJW 1992, 1107; BGHZ 85, 305, 308; Palandt/*Grüneberg*, § 305 BGB Rn 20.
382 BGH NJW 2000, 1112; Palandt/*Grüneberg*, § 305 BGB Rn 20. Ist die Klauseländerung mit den §§ 305 ff. BGB unvereinbar, soll dies – nach zwar umstrittener Ansicht – grundsätzlich unschädlich sein: so *Ulmer/Habersack* in Ulmer/Brandner/Hensen, § 305 BGB Rn 47.

G. Abgrenzung zur Individualvereinbarung § 3

durchgelesen worden sind. Dies gilt gleichermaßen bei einem mehrfachen Verhandeln als reiner Tätigkeit, und zwar auch insoweit, als der Auftragnehmer vergeblich versucht hat, einen Änderungsvorschlag durchzusetzen, sofern dieser aber vom Verwender der Allgemeinen Geschäftsbedingung rigoros abgelehnt worden ist. Ein bloßes Nichtbeanstanden oder ein mehr oder weniger frustriertes Hinnehmen genügt ebenso wenig.[383]

Maßgeblich sind die konkreten Umstände des Einzelfalls unter Berücksichtigung des (Nicht-)Bestehens einer wirtschaftlichen Machtposition[384] – und damit auch die Berücksichtigung der intellektuellen Fähigkeiten oder der berufliche Stellung des Vertragspartners[385] (für den, sofern er Unternehmer i.S.v. § 14 BGB ist, weniger strenge Anforderungen gelten als für einen Verbraucher i.S.v. § 13 BGB). *„Aushandeln"* zwischen Unternehmern kann dann ggf. sogar für den Fall angenommen werden, dass der Verwender einer Klausel diese zur *„condicio sine qua non"* erklärt hat.[386]   69

Sofern im Rahmen eines früheren Vertragsabschlusses eine Individualvereinbarung getroffen worden ist, die **inhaltlich unverändert** geblieben ist, führt dies bei einer erneuten Verwendung **nicht** automatisch zu einer Bejahung von § 305 Abs. 1 S. 3 BGB.[387] Die bloße Belehrung über Tragweite und Bedeutung der Allgemeinen Geschäftsbedingungen durch den Verwender als solche ist somit **unzureichend**,[388] ebenso wie eine bloß gemeinsame Erörterung des Inhalts einer Klausel[389] (selbst wenn es dabei um Alternativen geht, sofern keine ernsthafte Änderungsbereitschaft besteht), ein Verlesen und Belehren durch einen Notar,[390] wenn ein Formulartext zu Änderungen und Streichungen auffordert,[391] wenn der Kunde die Wahl zwischen verschiedenen formulierten Regelungen hat und einige Lücken im Formular individuell ausfüllen kann[392] (siehe Rdn 53), ein wahlweises Ankreuzen unterschiedlich (aber suggestiv) formulierter Klauseln,[393] ein ausdrückliches Einverständnis des Vertragspartners nach einem Hinweis auf eine belastende Klausel,[394] eine formularmäßige Aufforderung zur Streichung einzelner Klauseln oder Klauselteile,[395] eine (bloß) schriftliche (und   70

---

383 BGHZ 153, 312 = BGH NJW 2003, 1805; BGHZ 143, 103 = BGH NJW 2000, 1110.
384 OLG Düsseldorf VersR 2002, 901.
385 Palandt/*Grüneberg*, § 305 BGB Rn 20.
386 BGH NJW 1992, 2285.
387 So BGH NJW 1979, 367.
388 BGHZ 74, 204, 209; BGH NJW 1992, 2759; 1984, 171; AnwK-Schuldrecht/*Hennrichs*, § 305 BGB Rn 5: *„Ebenso wenig ist es ausreichend, dass pauschal über das gesamte Klauselwerk verhandelt wird oder der Formulartext zu einer Auswahl zwischen verschiedenen Alternativen zu Änderungen oder Streichungen auffordert."*
389 BGHZ 153, 311, 322; BGH NJW 1992, 2760.
390 BGH NJW 1990, 576.
391 BGHZ 98, 24, 28; BGH NJW 1987, 2011.
392 Palandt/*Grüneberg*, § 305 BGB Rn 20 und 11.
393 BGH NJW-RR 1997, 1000.
394 OLG Schleswig MDR 2001, 262.
395 BGH NJW 1987, 2011.

besonders unterschriebene) Erklärung des Vertragspartners, der Vertragsinhalt sei in allen Einzelheiten ausgehandelt worden,[396] ein bloßes Bestehen von Verhandlungsbereitschaft[397] bzw. ein kollektives Aushandeln von Musterverträgen zwischen Verbänden (auf Verbandsebene) für ihre Mitglieder.[398]

71 Eine vorformulierte Vertragsbedingung kann also dann i.S.v. § 305 Abs. 1 S. 3 BGB „*ausgehandelt*" sein, wenn sie der Verwender als **eine von mehreren Alternativen** anbietet, zwischen denen der Vertragspartner die Wahl hat.[399] Es steht daher einem Aushandeln nicht entgegen, dass die Angebotsalternativen mit einem erhöhten Entgelt verbunden sind (sog. **Tarifwahl**),[400] sofern im Rahmen einer solchen Tarifwahl Ergänzungen oder Änderungen (bspw. in Gestalt von zu wählenden Alternativen) zur Auswahl stehen, da es sich dann nicht lediglich um ein Ergänzen unselbstständiger Art handelt (z.B. in Gestalt eines bloßen Anfügens von Name und Vertragsobjekt). Vielmehr muss sichergestellt sein, dass die Wahlfreiheit des Kunden nicht durch die Einflussnahme des Verwenders in irgendeiner Weise (und sei es auch durch die Gestaltung des Formulars oder in vergleichbarer Weise)[401] beeinflusst wird.[402] Ein „*Aushandeln*" im Rahmen einer Tarifwahl liegt also nur dann vor, wenn der Kunde eine (transparent gestaltete) Vertragsgestaltungsfreiheit in Anspruch nehmen kann. Dann ist er in der Lage, sich über unterschiedliche Alternativen und die entsprechenden Preisgestaltungen auch ein klares Bild zu verschaffen, bevor er den Vertrag mit einer bestimmten Leistung und einem entsprechenden (erhöhten oder ermäßigten) Nutzungsentgelt unterzeichnet.[403]

---

396 BGH NJW 1977, 625: Dies kann ein wirkliches Aushandeln nicht ersetzen. Zudem ist die Klausel nach § 309 Nr. 12 lit. b BGB unwirksam: BGHZ 99, 374, 378.
397 BGHZ 98, 24, 28.
398 Vgl. BGH NJW 1982, 1821 zu ADSp bzw. BGHZ 86, 141 zu VOB. Zudem Jauernig/*Stadler*, § 305 BGB Rn 10.
399 BGH NJW 2003, 1303.
400 Dazu *Ulmer/Habersack* in Ulmer/Brandner/Hensen, § 305 BGB Rn 54.
401 BGH NJW 199, 1676; BGH NJW 1998, 1066.
402 Demzufolge kann von einem „*Aushandeln*" i.S.v. § 305 Abs. 1 S. 3 BGB dann die Rede sein, wenn der Verwender sich bereit findet, bei einem Vertrag über Breitbandkabel-Kommunikationsverteilungsanlagen auch Laufzeiten für den Vertrag anzubieten, die zwischen 12 und 25 Jahren liegen, so dass dann die kürzere Laufzeit mit einem erhöhten Nutzungsentgelt der an das Kabel angeschlossenen Kunden verbunden ist: BGH NJW 2003, 1303.
403 Siehe *v. Westphalen*, NJW 2003, 1635, 1636. Vgl. auch OLG Köln WM 2002, 853 = OLG Köln VuR 2001, 292: Voraussetzung eines „*Aushandelns*" ist immer, dass der Verwender sich deutlich und ernsthaft zur gewünschten Änderung einzelner Klauseln bereit erklärt hat. Daher ist auch eine formularmäßige Vorleistungsklausel nicht deshalb „*ausgehandelt*", weil sich der Verwender nach Abschluss des Vertrags bereit findet, dass ein Teilbetrag des für den Einbau einer Küche anfallenden Werklohns sukzessive mit Fortschritt der Montage gezahlt werden soll (wenn sich zugleich herausstellt, dass der Verwender eine solche Klausel mehrfach verwendet, um unberechtigten Mängelrügen seiner Kunden zu begegnen).

G. Abgrenzung zur Individualvereinbarung §3

Beachte: Vorformulierte Individualabreden können auf der Grundlage von § 242 BGB einer Inhaltskontrolle unterworfen werden.[404] 72

Akzeptiert der Vertragspartner aus Sachgründen nach einer konkreten und gründlichen Einzelerörterung den vorformulierten Text ausdrücklich (**unveränderter Text**), so ist § 305 Abs. 1 S. 3 BGB gegeben[405] – was gleichermaßen (trotz der hohen Anforderungen)[406] für den kaufmännischen Verkehr gilt.[407] 73

Stellen sich wichtige Bestimmungen einer im Anschluss an einen Formularvertrag (bspw. einen Partnerschaftsvermittlungsvertrag) unterzeichneten Zusatzvereinbarung als von einer Vertragspartei gestellte Allgemeine Geschäftsbedingung i.s.v. § 305 Abs. 1 S. 1 und 2 BGB dar, reicht für die Beurteilung, die Zusatzvereinbarung sei „*im Einzelnen ausgehandelt*" i.S.v. § 305 Abs. 1 S. 3 BGB, **nicht** die Feststellung, dass der Verwender der anderen Vertragspartei diese Unterzeichnung „*freigestellt*" hat. Voraussetzung für ein „*Aushandeln*" ist (jedenfalls bei einem nicht ganz leicht verständlichen Text), dass der Verwender die andere Vertragspartei über den Inhalt und die Tragweite der Zusatzvereinbarung belehrt hat oder sonst erkennbar geworden ist, dass der andere deren Sinn wirklich erfasst.[408] 74

Die **Auslegung von Individualabreden** erfolgt nach allgemeinen Regeln,[409] **nicht** nach den besonderen Auslegungsregeln für Allgemeine Geschäftsbedingungen (bspw. nach Maßgabe der §§ 305 lit. c Abs. 2, 306 BGB).[410]

Die Verdrängungswirkung (siehe oben Rdn 59) ist unproblematisch bei einem **direkten Widerspruch** mit der AGB-Klausel[411] – problematisch ist die Situation bei einem bloß 75

---

404 BGHZ 108, 168; Jauernig/*Stadler*, § 305 BGB Rn 11. Vgl. zur Inhaltskontrolle von Individualvereinbarungen auch *Hromadka*, NJW 2002, 2524.
405 BGH NJW-RR 2001, 195; BGH NJW 2000, 1110, 1111; BGH NJW 1998, 2600; BGH NJW 1992, 2285; BGH NJW 1991, 1679; BGHZ 84, 109, 111.
406 Kritisch *Hensen*, NJW 1981, 1987.
407 So Jauernig/*Stadler*, § 305 BGB Rn 9.
408 BGH NJW 2005, 2543 = BGH WM 2005, 1373 = BGH MDR 2005, 1214.
409 BGHZ 84, 268, 273.
410 Jauernig/*Stadler*, § 305b BGB Rn 4.
411 Vgl. bspw. (Beispiele nach Palandt/*Grüneberg*, § 305b BGB Rn 3) die Unbeachtlichkeit einer formularmäßigen Trennungsklausel, wenn die Parteien zwei Konten als Einheit behandeln: BGH LM § 355 HGB Nr. 13. Eine formularmäßige Ersetzungsbefugnis wird nicht Vertragsbestandteil, wenn der Kunde ausdrücklich eine ganz bestimmte Ware bestellt: BGH NJW 1970, 992. Die Benennung eines Reeders als „*Verfrachter*" in den Konnossementsbedingungen ist unwirksam, wenn der Zeitcharterer individualvertraglich als Verfrachter bestimmt wurde: BGH NJW-RR 1990, 613. Alleinauftragsklauseln in Makler-AGB sind gegenstandslos, wenn der Auftraggeber zum Grundstücksdirektverkauf berechtigt bleiben soll: BGHZ 49, 84, 87.

§ 3 Der Begriff der Allgemeinen Geschäftsbedingung (§ 305 Abs. 1 BGB)

indirekten (mittelbaren) **Widerspruch**[412] zwischen AGB-Klausel und Individualabrede. Doch soll auch hier Unwirksamkeit begründet sein.[413]

76 Werden nur **einzelne Klauseln** ausgehandelt, ändert dies an der rechtlichen Qualifikation der anderen Vertragsbedingungen als „Allgemeine Geschäftsbedingungen" nichts (vgl. den Wortlaut von § 305 Abs. 1 S. 3 BGB – „soweit").[414] Es besteht auch die Möglichkeit, ein „Aushandeln" nur auf den **Teil einer Klausel** zu beschränken.[415] Für das Vorliegen einer Individualabrede i.S.d. § 305 lit. b BGB über die gesamte vertragliche Zahlungsstruktur reicht es auch bei einem sog. CSL-Swap aus, dass die Bank ihr ursprüngliches Angebot nicht nur hinsichtlich der – bzw. eines der – beiden Festzinssätze für die wechselseitigen „*fixen*" Zahlungen im ersten Geschäftsjahr, sondern auch bezüglich der ursprünglich vorgegebenen Zahlenwerte für den als „*Strike*" bezeichneten Parameter in der Berechnungsformel für den variablen Zinssatz nachgebessert hat.[416]

77 Im Rahmen von Verträgen zwischen Unternehmern (i.S.v. § 14 BGB), d.h. in neudeutsch B2B-Verträgen, bei denen die aus § 305 Abs. 1 S. 3 BGB resultierenden Anforderungen weniger streng sind,[417] kann das „*Aushandeln*" **Fernwirkung** auf sachlich zugehörige Regelungen bzw. den Gesamtvertrag entfalten (Ausstrahlungswirkung). Dies soll eine erweiterte Anwendung von § 305 Abs. 1 S. 3 BGB rechtfertigen.[418]

78 Allgemeine Geschäftsbedingungen können auch noch **nach Vertragsschluss** im Verhandlungswege in Individualvereinbarungen umgewandelt werden,[419] wozu jedoch eine bloße Abschwächung der Klausel durch den Verwender (ohne den Kerngehalt der Klausel ernsthaft zur Disposition zu stellen) nicht ausreicht.[420]

---

412 Jauernig/*Stadler*, § 305b BGB Rn 2: „*Wenn AGB und besondere Abrede wortlautmäßig vereinbart sind, aber fraglich ist, ob letztere **nur** oder **auch** (d.h. ergänzend) gilt*"; vgl. bspw. BGH NJW 1981, 1959: Skontogewährung und Vorauszahlung.
413 OLG Karlsruhe VersR 1984, 830; Palandt/*Grüneberg*, § 305b BGB Rn 4. Vgl. bspw. BGHZ 50, 200, 206: Vertragliche Zusicherungen von bestimmten Eigenschaften können von formularmäßigen Ausschlussklauseln nicht zunichte gemacht werden. Die Vereinbarung einer bestimmten Lieferzeit wird nicht durch eine Klausel außer Kraft gesetzt, wonach Liefertermine „*unverbindlich*" sind: BGH WM 1984, 1317.
414 BGHZ 97, 212, 215; AnwK-Schuldrecht/*Hennrichs*, § 305 BGB Rn 5; Palandt/*Grüneberg*, § 305 BGB Rn 18. Vgl. zudem BGH WM 1982, 872 (wonach der formularmäßige Ausschluss des Kündigungsrechts nach § 649 BGB durch das Aushandeln einer vertraglichen Laufzeit nicht zu einer Individualvereinbarung wird) bzw. BGH ZIP 1996, 1997 (wonach eine Verzugsschadensregelung einer Treuhand auch dann Allgemeine Geschäftsbedingung bleibt, wenn der Kernbereich des Vertrags im Einzelnen individuell ausgehandelt wird).
415 BGH NJW 1998, 2488; 1983, 1603.
416 OLG Bamberg WM 2009, 1082 = ZIP 2009, 1209 – Ls. 3.
417 Palandt/*Grüneberg*, (Voraufl.) § 305 BGB Rn 22: Es soll genügen, „*dass der Verwender dem anderen Teil angemessene Verhandlungsmöglichkeiten einräumt und dieser seine Rechte in der konkreten Verhandlungssituation mit zumutbarem Aufwand selbst wahrnehmen kann*".
418 So *Michel/Hilpert*, DB 2000, 2513; Palandt/*Grüneberg*, § 305 BGB Rn 22.
419 OLG Hamm NJW 1981, 1049.
420 OLG Hamm NJW-RR 2002, 1487.

G. Abgrenzung zur Individualvereinbarung § 3

Zusammenfassung „Aushandeln": Die Vertragsbedingungen müssen im konkreten Fall auf der von freier Selbstbestimmung getragenen Zustimmung des Vertragspartners des Verwenders beruhen und deshalb nicht den Schutz des AGB-Rechts benötigen. *„Aushandeln"* bedarf einer Kommunikation zwischen den Vertragspartnern und einer selbstverantwortlichen Prüfung, Abwägung und möglichen Einflussnahme beider Vertragsparteien.[421] Werden vorformulierte Bedingungen verwendet, sind an ein *„Aushandeln"* hohe Anforderungen zu stellen, wobei ein selbstverantwortliches Prüfen und Abwägen voraussetzt, dass jede Vertragspartei Kenntnis von Inhalt und Bedeutung der einzelnen Klauseln nehmen kann. *„Aushandeln"* fordert mehr als bloßes Verhandeln. Hinzukommen muss die ernsthafte und reale Möglichkeit der Einflussnahme für jeden Vertragsteil, so dass er die Bedingungen mit ihrem gesetzesfremden Kerngehalt zur Wahrnehmung seiner berechtigten Interessen abändern kann. Der Verwender muss den gesetzesfremden Kerngehalt der Klausel ernsthaft und erkennbar zur Disposition stellen. Eine bloße theoretische Abänderungsbereitschaft genügt nicht. Sie muss vielmehr real vorhanden und dem Vertragspartner deutlich erkennbar sein. Bleibt es nach gründlicher Erörterung bei dem vorformulierten Text, weil der Betroffene nunmehr von der sachlichen Notwendigkeit überzeugt ist, so kann der Vertrag als das Ergebnis eines *„Aushandelns"* gewertet werden. Voraussetzung dafür ist aber, dass sich der Verwender deutlich und ernsthaft zu den gewünschten Änderungen der zu treffenden Vereinbarung bereit erklärt, und dass dies dem Verwendungsgegner bei Abschluss des Vertrages bewusst war.[422] Die Möglichkeit der Einflussnahme muss sich auf die konkrete Klausel beziehen. Vorformulierte Bedingungen in einem Vertragswerk, die nicht *„ausgehandelt"* werden, bleiben kontrollfähige Allgemeine Geschäftsbedingungen, was aus der Verwendung des Wortes *„soweit"* in § 305 Abs. 1 S. 3 BGB folgt.[423]

79

II. Sonderproblem: Schriftformklausel

Schriftformklauseln[424] beinhalten, dass mündliche Abreden unwirksam sein oder nur dann Geltung beanspruchen sollen, wenn sie vom Verwender schriftlich bestätigt werden, bspw.:[425]

80

- *„Mündliche Absprachen sind ohne schriftliche Bestätigung ungültig"* oder
- *„Vereinbarungen, Zusicherungen, Änderungen sind nur in schriftlicher Form gültig".*

---

421 So BT-Drucks 7/3919, S. 17.
422 BAG NZA 2010, 939.
423 BAG NZA 2010, 939.
424 Dazu näher *Teske*, Schriftformklauseln in AGB, 1990.
425 Nach Jauernig/*Stadler*, § 305b BGB Rn 3.

Sie ändern aber am Vorliegen einer (auch mündlichen) nachträglich getroffenen Individualabrede nichts,[426] da sie zugleich die Schriftformklausel stillschweigend abbedingen.[427]
Eine Schriftformklausel begründet auch nicht in jedem Falle einen Verstoß gegen § 307 BGB. Vielmehr ist auf den Inhalt und den Geltungsbereich der konkret in Rede stehenden Klausel abzustellen.[428] Allerdings sollen Schriftformklauseln, soweit sie für Nebenabreden und Vertragsänderungen konstitutiv Einhaltung der Schriftform fordern, gegen § 305 lit. b BGB verstoßen.[429]

81 Eine Schriftformklausel, die nicht nur für Vertragsänderungen Schriftform vorschreibt, sondern auch Änderungen der Schriftformklausel ihrerseits der Schriftform unterstellt (sog. **doppelte Schriftformklausel**), erweckt – so das OLG Rostock[430] – den Eindruck, als könnte sie nicht durch eine die Schriftform nicht wahrende Vereinbarung abbedungen werden. Sie käme dann einer konstitutiven Schriftformklausel gleich, weil bei einer solchen Klausel Änderungen und Ergänzungen des Vertrags ohne Beachtung der Schriftform unwirksam wären. Dies widerspreche dem in § 305 lit. b BGB niedergelegten Grundsatz des Vorrangs der Individualvereinbarung. Unwirksam sei deshalb eine Schriftformklausel, wenn sie dazu dient, nach Vertragsschluss getroffene Individualvereinbarungen zu unterlaufen, indem sie beim anderen Vertragsteil den Eindruck erweckt, eine mündliche Abrede sei entgegen § 305 lit. b BGB unwirksam.[431] Solche Klauseln seien geeignet, den Vertragspartner von der Durchsetzung der ihm zustehenden Rechte abzuhalten.[432] Die Bedeutung der Schriftformklausel liege in einer stets unzutreffenden Belehrung über die Rechtslage. Diese Irreführung des Vertragspartners benachteilige ihn unangemessen i.S.v. § 307 Abs. 1 BGB, weil sie intransparent sei. Der Klauselgegner werde davon abgehalten, sich auf die Rechte zu berufen, die ihm aufgrund einer wirksamen mündlichen Vereinbarung zustehen.[433] Das gelte auch für sog. doppelte Schriftformklauseln: Eine vom Arbeitgeber im Arbeitsvertrag als Allgemeine Geschäftsbedingung aufgestellte doppelte Schriftformklausel kann – so das BAG[434] – beim Arbeitnehmer

---

426 BGH NJW 2006, 138; BGH NJW 2001, 292; BGH NJW 1995, 1488; Palandt/*Grüneberg*, § 305b BGB Rn 5; a.A. hingegen *Ostermeier*, ZGS 2007, 260.
427 AnwK-Schuldrecht/*Hennrichs*, § 305b BGB Rn 3: „*Formularmäßige Klauseln können die höherwertige individuelle Abrede nicht außer Kraft setzen.*" Vgl. zudem MüKo/*Basedow*, § 305b BGB Rn 11. Zum Problem der Abgabe mündlicher Zusagen bei einer Schriftformklausel durch den Vertreter des Verwenders näher auch *Ulmer* in Ulmer/Brandner/Hensen, § 305b BGB Rn 34.
428 BGH NJW 1986, 1810.
429 Palandt/*Grüneberg*, § 305b BGB Rn 5.
430 NJW 2009, 3376, zitiert nach juris Rn 5.
431 Dazu BGH NJW 1995, 1488 – unter II.2.a.
432 BGH NJW 1991, 1750 – unter II.2.b.bb. Vgl. auch *Hromadka*, DB 2004, 1261, 1264.
433 BAGE 126, 364 = NJW 2009, 316; BGHZ 145, 203 – unter I.1.
434 BAGE 126, 364 = NJW 2009, 316 – Ls. 1.

den Eindruck erwecken, jede spätere vom Vertrag abweichende mündliche Abrede sei gemäß § 125 S. 2 BGB nichtig. Das entspreche aber nicht der wahren Rechtslage. Denn gemäß § 305 lit. b BGB haben individuelle Vertragsabreden Vorrang vor Allgemeinen Geschäftsbedingungen. Dieses Prinzip des Vorrangs – mündlicher – individueller Vertragsabreden setze sich auch gegenüber doppelten Schriftformklauseln durch. Eine zu weit gefasste doppelte Schriftformklausel sei irreführend und benachteilige deshalb den Vertragspartner unangemessen i.S.v. § 307 Abs. 1 BGB.

Der Vorrang von Individualabreden gemäß § 305 lit. b BGB umfasst nach Ansicht des BAG[435] zwar nicht betriebliche Übungen. Eine zu weit gefasste Schriftformklausel werde aber nicht auf das richtige Maß zurückgeführt, sondern muss insgesamt als unwirksam angesehen werden: Eine Teilunwirksamkeit komme nicht in Betracht,[436] vielmehr gelte nach ganz h.A.[437] für den Bereich Allgemeiner Geschäftsbedingungen das aus § 306 Abs. 2 abgeleitete Verbot der geltungserhaltenden Reduktion (siehe § 4 Rdn 166). Dieses Verbot gelte auch im Bereich des Arbeitsrechts.[438] Ansonsten könnte der Verwender gefahrlos beliebige Klauseln vereinbaren. Der Vertragspartner würde über die Reichweite der Klausel getäuscht. Das Transparenzgebot des § 307 Abs. 1 S. 2 BGB liefe leer.[439] Damit ist nach Ansicht des BAG eine entsprechende Schriftformklausel im Arbeitsvertrag insgesamt unwirksam und steht einem Anspruch aus betrieblicher Übung entgegen.[440]

Das OLG Frankfurt/M.[441] hat hinsichtlich einer **unwiderruflich ausgestalteten doppelten Schriftformklausel** in zwischen Unternehmern vereinbarten Allgemeinen Geschäftsbedingungen festgestellt, dass diese wirksam ist: Für einen Ausschluss einer mündlichen Änderung der doppelten Schriftformklausel bestehe im Hinblick auf die gesetzliche Regelung des § 550 BGB aufseiten beider Vertragsparteien ein anerkennenswertes Bedürfnis. Die Schriftformklausel stehe nicht in Widerspruch zu einer zugleich vereinbarten Schriftformheilungsklausel, da diese gerade nur in dem Fall einschlägig sei, dass trotz der vereinbarten doppelten Schriftformklausel eine mündlich getroffene Vereinbarung der Parteien wirksam ist.[442]

---

435 BAGE 126, 364 = NJW 2009, 316 – Ls. 2.
436 BAGE 126, 364, zitiert nach juris Rn 42.
437 BAGE 126, 364, zitiert nach juris Rn 42 unter Bezugnahme auf BGHZ 84, 109 – unter II.3.; BGH NJW 2005, 1574 – unter II.3.
438 BAGE 126, 364, zitiert nach juris Rn 42 unter Bezugnahme auf BAGE 116, 66 – unter II.6.
439 BAGE 126, 364, zitiert nach juris Rn 42 unter Bezugnahme auf *Reinecke*, DB 2002, 583, 586.
440 BAGE 126, 364, zitiert nach juris Rn 42.
441 ZMR 2013, 584 – Ls. 1.
442 OLG Frankfurt/M. ZMR 2013, 584 – Ls. 2.

§ 3 Der Begriff der Allgemeinen Geschäftsbedingung (§ 305 Abs. 1 BGB)

82 *Beachte*

Formularmäßige Schriftformklauseln (ebenso wie Bestätigungsklauseln, die die Wirksamkeit mündlicher Abreden von einer schriftlichen Bestätigung abhängig machen)[443] können höherrangige Individualabreden nicht außer Kraft setzen.[444] Dies gilt gleichermaßen für Klauseln, die mündliche Nebenabreden für unwirksam erklären.[445] Gegen § 305 lit. b BGB verstoßende Klauseltypen sind zugleich nach § 307 BGB unwirksam.[446] Hingegen sollen personenbezogene Bestätigungsvorbehalte (bspw. für Zusagen von Hilfspersonen)[447] und Vollständigkeitsklauseln[448] (die lediglich eine Vermutung der Richtigkeit und Vollständigkeit einer Urkunde wiederholen)[449] mit § 305 lit. b BGB vereinbar sein (ggf. stellen sie aber einen Verstoß gegen § 307 BGB dar).[450]

83 In jedem Falle bleibt festzuhalten, dass eine mündliche Sonderabrede bei oder nach Vertragsschluss einer Allgemeinen Geschäftsbedingung vorgeht.[451] Eine abweichende Vereinbarung mit einem Vertreter setzt eine entsprechende Vertretungsmacht voraus[452] – ansonsten gelten die §§ 177 ff. BGB.

84 Eine Klausel, wonach Änderungen und Ergänzungen der Schriftform bedürfen, kann vom Grundsatz abweichen, dass Individualvereinbarungen vorgehen und die Klausel deshalb gegen das gesetzliche Leitbild verstößt, Dies ist vom BGH[453] geklärt worden. Ob in den Fällen der **gesetzlichen Schriftform** (§ 550 BGB – Form eines Mietvertrags, der für eine längere Zeit als ein Jahr nicht in schriftlicher Form geschlossen worden ist) etwas anderes zu gelten hat, ist bisher höchstrichterlich noch nicht entschieden.[454]

85 Ist eine Klausel unwirksam, dann können die Parteien ohne Weiteres nach Abschluss des Vertrags durch mündliche Absprache den Vertrag ändern. Aber auch dann, wenn die

---

443 Dazu *Teske*, Schriftformklauseln in AGB, S. 407 ff.
444 Umstritten, dazu Palandt/*Grüneberg*, § 305b BGB Rn 5.
445 BGH NJW 1995, 179; BGH NJW 1986, 3132; Palandt/*Grüneberg*, § 305b BGB Rn 5.
446 Palandt/*Grüneberg*, § 305b BGB Rn 5.
447 Palandt/*Grüneberg*, § 305b BGB Rn 5. Nicht hingegen (Folge: Unwirksamkeit) solche, die die Verbindlichkeit individueller Zusagen des Verwenders von einer schriftlichen Bestätigung abhängig machen (allgemeine Bestätigungsklauseln): BGH NJW 1983, 1853; 1982, 1389.
448 BGH NJW 2000, 207; BGH NJW 1993, 60; Palandt/*Grüneberg*, § 305b BGB Rn 5.
449 Hingegen liegt ein Verstoß gegen die §§ 305 lit. b, 307, 309 Nr. 12 BGB vor, wenn sie eine unwiderlegbare Vermutung begründen wollen: Palandt/*Grüneberg*, § 305b BGB Rn 5.
450 Palandt/*Grüneberg*, § 305b BGB Rn 5.
451 BGHZ 104, 396.
452 BGH NJW 1986, 1810. Vgl. zudem Jauernig/*Stadler*, (Voraufl.) § 305b BGB Rn 3: §§ 54 f. HGB bzw. Anscheinsvollmacht reichen aus.
453 BGH NJW 1995, 1488, 1489.
454 Einerseits Erman/*Roloff*, § 305b BGB Rn 11; KG MDR 2000, 1241; andererseits juris PK-BGB/*Schur*, § 550 BGB Rn 28.

G. Abgrenzung zur Individualvereinbarung § 3

Klausel als wirksam angesehen wird, sind die Parteien nicht daran gehindert, nach Abschluss des Vertrags die Klausel zu ändern. Der Vorrang der Individualabsprache (§ 305 lit. b BGB) greift auch gegenüber einer nach dem AGB-Recht angemessenen Schriftformklausel.[455] Vereinbaren die Parteien **nach** dem Abschluss eines Formularvertrages eine Änderung mittels Individualabsprache (**nachträgliche mündliche Individualvereinbarung**), so hat diese Änderung Vorrang vor kollidierenden Allgemeinen Geschäftsbedingungen. Es kommt nicht darauf an, ob die Parteien eine Änderung der Allgemeinen Geschäftsbedingungen beabsichtigt haben oder sich der Kollision mit den Allgemeinen Geschäftsbedingungen bewusst geworden sind.[456] Ebenso wenig stellt § 305 lit. b BGB darauf ab, ob die Individualvereinbarung ausdrücklich oder stillschweigend getroffen worden ist.[457] Den Vorrang gegenüber Allgemeinen Geschäftsbedingungen haben individuelle Vertragsabreden ohne Rücksicht auf die Form, in der sie getroffen worden sind. Damit gebührt ihnen auch dann ein Vorrang, wenn sie auf mündlichen Erklärungen beruhen. Dies gilt weiterhin auch dann, wenn durch eine AGB-Schriftformklausel bestimmt wird, dass mündliche Abreden unwirksam sind.[458]

Grüneberg[459] ist der Ansicht, dass auch bei einem Vertrag zwischen Unternehmern (§ 14 BGB) „*keine Vermutung für eine Individualvereinbarung*" bestehe.

86

Dem Grundsatz eines Vorrangs individueller Vertragsabreden nach § 305 lit. b BGB gebührt auch gegenüber einer wirksamen konstitutiven Schriftformklausel ein Vorrang.[460] § 305 lit. b BGB statuiert eine **Konkurrenzregel**, die auf der Rechtsfolgenseite zu einer Verdrängung der Allgemeinen Geschäftsbedingungen durch die Individualabrede führt – es handelt sich somit bei der Regelung nicht um einen zur Unwirksamkeit abweichender Klauseln führenden Maßstab der Inhaltskontrolle (vergleichbar den §§ 307 ff. BGB).[461] Damit ist § 305 lit. b BGB Ausdruck des funktionellen Rangverhältnisses zwischen Individualvereinbarungen einerseits und Allgemeinen Geschäftsbedingungen andererseits. Die Norm beruht auf der gesetzgeberischen Überlegung, dass Allgemeine Geschäftsbedingungen als generelle Richtlinien für eine Vielzahl von Verträgen abstrakt vorformuliert und daher von vornherein auf Ergänzung durch die individuelle Einigung der Parteien ausgelegt sind. Daraus folgt, dass Allgemeine Geschäftsbedingungen nur insoweit Geltung beanspruchen können und sollen, als die von den Parteien getroffene Individualabrede ihnen dafür Raum lässt.[462] In der Folge führt ein Widerspruch zwischen einer In-

---

455 Ulmer in Ulmer/Brandner/Hensen, § 305b BGB Rn 33; *Lindacher* in Wolf/Lindacher, § 305b BGB Rn 33.
456 BGH Urt. v. 21.9.2005 – XII ZR 312/02. Zudem BGH NJW-RR 1995, 179, 180; BGHZ 71, 162, 164.
457 BGH NJW 1986, 1807.
458 BGH NJW-RR 1995, 179, 180.
459 Palandt/*Grüneberg*, § 305 BGB Rn 23; umstritten – a.A. *Leuschner*, AcP 207 (2007), 491.
460 BAG NJW 2009, 316, 317 unter Bezugnahme auf BAG NZA 2007, 801.
461 BAG NJW 2009, 316, 318.
462 BGHZ 164, 133 = BGH NJW 2006, 138; BAG NZA 2007, 801; MüKo/*Basedow*, § 305b BGB Rn 1.

dividualabrede und Allgemeinen Geschäftsbedingungen nur zu einem Rücktritt der Allgemeinen Geschäftsbedingungen, ohne dass Letztere zwingend unwirksam wären.[463]

87 Individuellen Vertragsabreden gebührt gegenüber Allgemeinen Geschäftsbedingungen auch dann ein Vorrang, wenn durch eine **AGB-Schriftformklausel** bestimmt wird, dass mündliche Abreden unwirksam sind[464] – wobei es nicht darauf ankommt, ob die Vertragsparteien eine Änderung der Allgemeinen Geschäftsbedingungen beabsichtigt haben oder sich der Kollision mit den Allgemeinen Geschäftsbedingungen bewusst geworden sind.[465]

88 Allerdings kommt Individualabreden kein Vorrang gegenüber einer **betrieblichen Übung** zu, die keine Individualabrede darstellt.[466] Eine betriebliche Übung begründet zwar zugunsten bzw. zulasten der konkret betroffenen Arbeitnehmer einen vertraglichen Anspruch, der jedoch nicht aufgrund einer individuell ausgehandelten Abrede zwischen den Arbeitsvertragsparteien (sondern kollektivrechtlich) entsteht.[467] Nach § 305 Abs. 1 S. 3 BGB setzt eine Individualabrede ein „*Aushandeln*" voraus, wohingegen der Inhalt einer betrieblichen Übung nicht „*ausgehandelt*", sondern durch das arbeitgeberseitige Verhalten einseitig bestimmt und damit „*gestellt*" wird.[468]

III. Beweislast

89 Wer sich auf den Schutz der §§ 305 ff. BGB berufen will, muss darlegen und beweisen, dass die zum Vertragsbestandteil gemachten Klauseln Allgemeine Geschäftsbedingungen i.S.v. § 305 Abs. 1 BGB sind[469] – wobei hinsichtlich aller vorformulierter Klauseln[470] ein prima-facie-Beweis bei Verwendung gedruckter Texte des anderen Vertragsteils statthaft ist,[471] ebenso wenn sich schon aus der Klauselfassung die Absicht einer mehrfachen Verwendung ableiten lässt.[472] Zwar muss derjenige, der sich auf den Schutz der §§ 305 ff. BGB beruft, beweisen, dass die zum Vertragsinhalt gemachten Klauseln Allgemeine Geschäftsbedingungen i.S.v. § 305 Abs. 1 BGB sind. Dies ist prima facie aber anzunehmen, wenn ein gedruckter oder sonst vervielfältigter Text des anderen Vertrags-

---

463 BAG NJW 2009, 316, 318.
464 BGHZ 164, 133 = BGH NJW 2006, 138.
465 BAG NJW 2009, 316, 318 unter Bezugnahme auf BGHZ 164, 133 = BGH NJW 2006, 138.
466 BAG NJW 2009, 316, 318 - arg.: „*Durch das einseitige Verhalten gegenüber allen Arbeitnehmern entsteht zugunsten einer Vielzahl von Arbeitnehmern eine betriebliche Übung und damit keine individuell ausgehandelte Verpflichtung*", so BAGE 106, 345 = BAG NJW 2003, 3725.
467 BAG NJW 2009, 316, 318.
468 BAG NJW 2009, 316, 318 unter Bezugnahme auf *Ulrici*, BB 2005, 1902, 1903.
469 BGHZ 118, 229, 238; Palandt/*Grüneberg*, § 305 BGB Rn 23.
470 BGH NJW 2000, 1100.
471 Palandt/*Grüneberg*, § 305 BGB Rn 23.
472 BGH NJW 2004, 502.

G. Abgrenzung zur Individualvereinbarung § 3

teils verwendet worden ist oder wenn sich aus der Fassung der Klauseln die Absicht einer mehrfachen Verwendung ergibt[473] – bspw. dadurch, dass die Vertragsbestimmungen als Textbausteine im Computer vorhanden sind und je nach Bedarf der eine oder andere Textbaustein gestrichen oder ergänzt wird und damit die Vertragsbestimmungen unverändert jederzeit auch gegenüber anderen Kunden verwendet werden können.

Wendet der Verwender ein, seine Klauseln seien individuell ausgehandelt worden (§ 305 Abs. 1 S. 3 BGB), trifft ihn (selbst bei einem notariellen Vertrag)[474] hierfür die Darlegungs- und Beweislast.[475] An letztere sind strenge Anforderungen zu stellen (arg.: Schutzzweck des Gesetzes)[476] – unzureichend ist eine schriftliche Bestätigung des Kunden, die Bedingungen seien im Einzelnen ausgehandelt worden.[477] Ein Indiz für eine Individualvereinbarung kann jedoch sein, wenn in einem vorformulierten Text nachträglich Änderungen eingefügt worden sind.[478]

90

---

[473] OLG Sachsen-Anhalt RdE 2010, 258, zitiert nach juris Rn 40 unter Bezugnahme auf Palandt/*Grüneberg*, § 305 BGB Rn 23.
[474] *Heinrichs*, NJW 1977, 1509.
[475] BGH NJW 1998, 2600; BGHZ 83, 56, 58; Palandt/*Grüneberg*, § 305 BGB Rn 23.
[476] Palandt/*Grüneberg*, § 305 BGB Rn 23.
[477] BGH NJW 1977, 624.
[478] BGH NJW 1992, 2285; Palandt/*Grüneberg*, § 305 BGB Rn 22.

§ 4 Einbeziehung der Allgemeinen Geschäftsbedingungen

Literatur:

Bdeiwi, Die wirksame Einbeziehung von AGB im E-Commerce, K&R 2011, 22; *Berger*, Aushandeln von Vertragsbedingungen im kaufmännischen Geschäftsverkehr, NJW 2001, 2152; *Berger*, Die Einbeziehung von AGB in B2C-Verträge, ZGS 2004, 239; *Berger*, Einbeziehung von AGB in B2B-Verträge, ZGS 2004, 415; *v. Bernuth*, Die Bindung des AGB-Verwenders an unwirksame Klauseln – Grund und Grenzen, BB 1999, 1284; *Boemke/Schönfelder*, Arbeitsvertragsschluss mit sprachunkundigen Arbeitnehmern, NZA 2015, 1222; *Buchmann*, Wirksame Einbeziehung von AGB durch „Click Wrapping", K&R 2015, 474; *Derleder*, Individuelle Abreden bei Vertragsdurchführung zur Rettung unwirksamer Schönheitsreparaturklauseln, NZM 2009, 227; *Derleder/Pallas*, Vertragsschluss und AGB-Einbeziehung im kreditwirtschaftlichen Distanzgeschäft, ZIP 1999, 1285; *Ditscheid/Rudloff*, Das Verhältnis von § 305a Nr. 2 lit. b BGB zu den Informationspflichten im Fernabsatz- und E-Commerce-Recht, K&R 2005, 258; *Dörner/Hoffmann*, Der Abschluss von Versicherungsverträgen nach § 5a VVG, NJW 1996, 153; *Fell*, Hintereinander geschaltete Allgemeine Geschäftsbedingungen, ZIP 1987, 690; *Fischer*, Praktische Probleme der Einbeziehung von AGB unter Kaufleuten, insbesondere bei laufenden Geschäftsverbindungen, BB 1995, 2491; *Frankenberger*, AGB im B2B-Geschäft: Wenn die Wirklichkeit das Recht überholt, AnwBl 2012, 318; *Freise*, Die Einbeziehung allgemeiner Beförderungsbedingungen in den Beförderungsvertrag, VersR 2004, 974; *Freund*, Änderung von AGB in bestehenden Verträgen, 1998; *Führich*, Einbeziehung Allgemeiner Reisebedingungen in den Reisevertrag und Verkürzung der reisevertraglichen Verjährungsfrist in ARB, RRa 2009, 114; *Grams*, Geltung der VOB/B und VOB/C 2012 aufgrund dynamischer Verweisung in älterem Bauwerkvertrag, ZflR 2013, 321; *Häublein*, Einbeziehung der wohnungseigentumsrechtlichen Hausordnung in Wohnraummietverträge, WuM 2009, 435; *Hellwege*, Allgemeine Geschäftsbedingungen, einseitig gestellte Vertragsbedingungen und die allgemeine Rechtsgeschäftslehre, 2010; *Henkel*, Kann die Berufung des AGB-Verwenders auf die – wegen eines Verstoßes gegen § 307 Abs. 2 Nr. 2 BGB – nicht wirksame Einbeziehung der AGB treuwidrig sein?, ZGS 2003, 418; *Herber*, Zu den Anforderungen an die Einbeziehung einer Haftungsbeschränkungsklausel nach HGB § 449 Abs. 2 S. 2 Nr. 1, TranspR 2003, 120; *Hilpert*, Beförderungsbedingungen im Bereich des öffentlichen Personenverkehrs als Rechtsproblem, NVZ 2007, 288; *Hoffmann*, Aufklärungspflichten bei Formularverträgen mit Sprachunkundigen, IPRax 2015, 528; *Hohlbein*, Sprachkompetenz – ein übersehenes Risiko?, ZfV 2015, 671; *Kamanabrou*, Vorgaben der E-Commerce-RL für die Einbeziehung von AGB bei Online-Rechtsgeschäften, CR 2001, 421; *Kaufhold*, Internationale Webshops – anwendbares Vertrags- und AGB-Recht im Verbraucherverkehr, EuZW 2016, 247; *Kessel/Kuhlmann/Passauer/Schriek*, Informationspflichten und AGB-Einbeziehung auf mobilen Endgeräten, K&R 2004, 519; *Kieninger*, AGB in B2B-Verträgen: Rückbesinnung auf die Ziele des AGB-Rechts, AnwBl 2012, 301; *Koch*, Auswirkungen der Schuldrechtsreform auf die Gestaltung Allgemeiner Geschäftsbedingungen, WM 2002, 2173; *Kolmsee*, Die Anpassung von Allgemeinen Geschäftsbedingungen in Dauerschuldverhältnissen, 2011; *Kramer*, Nichtausgehandelter Individualvertrag, notariell beurkundeter Vertrag und AGB, ZHR 146 (1982), 105; *Lindacher*, Kenntnisnahmemöglichkeit und Kenntnisnahmeobliegenheit bei Allgemeinen Geschäftsbedingungen, JZ 1981, 131; *Löhnig*, Die Einbeziehung von AGB bei Internet-Geschäften, NJW 1997, 1688; *Loewenheim*, Irrtumsanfechtung bei Allgemeinen Geschäftsbedingungen, AcP 180 (1980), 433; *Matusche-Beckmann*, Die Bedingungsanpassungsklausel – zulässiges Instrument für den Fall der Unwirksamkeit allgemeiner Versicherungsbedingungen?, NJW 1998, 112; *Mehrings*, Verbraucherschutz im Cyberlaw: Zur Einbeziehung von AGB im Internet, BB 1998, 2373; *Michalski/Römermann*, Die Wirksamkeit der salvatorischen Klausel, NJW 1994, 886; *Niebling*, Zum AGB-Schutz bei Einbeziehung auf Vorschlag des Kunden, NJ 2010, 301; *Noll*, Die wirksame Vereinbarung Allgemeiner Geschäftsbedingungen des Pauschalreiseveranstalters im Lichte der neueren Rechtsprechung des Bundesgerichtshofes, RRa 2011, 2; *Oetker*, Dynamische Verweisungen in Allgemeinen Geschäftsbedingungen als Rechtsproblem, JZ 2002, 337; *Petersen*, Die Einbeziehung Allgemeiner Geschäftsbedingungen, Jura 2010, 667; *Pfeiffer*, Die stillschweigende Un-

§ 4 Einbeziehung der Allgemeinen Geschäftsbedingungen

terlegung von AGB durch Individualabreden, ZGS 2003, 378; *Preis*, Probleme der Bezugnahme auf Allgemeine Arbeitsbedingungen und Betriebsvereinbarungen, NZA 2010, 361; *Ranke*, E-Commerce-Einbeziehung von AGB und Erfüllung von Informationspflichten, MMR 2002, 509; *Römer*, Für eine gesetzliche Regelung zur Anpassung allgemeiner Versicherungsbedingungen, VersR 1994, 125; *Rott*, Einbeziehungs- und Bestätigungsklauseln in AGB, VuR 1998, 251; *Schäfer*, Vertragsschluss unter Einbeziehung von Allgemeinen Geschäftsbedingungen gegenüber Fremdmuttersprachlern, JZ 2003, 879; *H. Schmidt*, Einbeziehung von AGB im unternehmerischen Geschäftsverkehr, NJW 2011, 3329; *H. Schmidt*, Einbeziehung von AGB im Verbraucherverkehr, NJW 2011, 1633; *Schmidt-Kessel*, Einbeziehung von Allgemeinen Geschäftsbedingungen unter UN-Kaufrecht, NJW 2002, 3444; *Schroeder*, Die Einbeziehung Allgemeiner Geschäftsbedingungen nach dem AGB-Gesetz und die Rechtsgeschäftslehre, 1983; *Schulz*, AGB der Anbieter für Telekommunikationsdienstleistungen für die Öffentlichkeit, CR 2004, 203; *Schulz/Gaedtke*, Fahrgastrechte im Eisenbahnpersonenverkehr und die Kundencharta der Deutschen Bahn AG, RRa 2005, 104; *Schumacher*, Die Aufwertung des Transparenzgebots und die Konsequenzen für das Mietrecht, NZM 2003, 13; *Schwintowski*, Transparenz und Verständlichkeit von Allgemeinen Versicherungsbedingungen und Prämien, NVersZ 1998, 97; *Spindler*, Neues im Vertragsrecht der Internet-Provider, CR 2004, 203; *Temming*, Verstehen Sie Deutsch? Sprachenunkenntnis beim Vertragsschluss und bei der AGB-Kontrolle, GPR 2016, 38; *Tempel*, Die Einbeziehung der VOB/B und VOB/C in den Bauvertrag, NZBau 2003, 465; *Thamm/Detzer*, Druckgröße und sonstige formelle Gestaltung von Allgemeinen Geschäftsbedingungen, BB 1989, 1133; *Valder*, Stillschweigende Einbeziehung der ADSp, TranspR 2004, Sonderbeilage 42; *Vorderobermeier*, Die Einbeziehung Allgemeiner Geschäftsbedingungen im kaufmännischen Geschäftsverkehr, 1992; *Waldenberger*, Grenzen des Verbraucherschutzes beim Abschluss von Verträgen im Internet, BB 1996, 2365; *v. Westphalen*, Kollision von Einkaufs- und Verkaufs-AGB, in: FS für Kreft, 2004, S. 97.

A. Einleitung

1 Gemäß § 305 Abs. 2 BGB werden Allgemeine Geschäftsbedingungen **grundsätzlich** (da sie mangels einer Rechtsetzungskompetenz des Verwenders nicht als Rechtsnormen zu qualifizieren sind)[1] nur dann Bestandteil des Vertrags,[2] wenn (**kumulativ**) der Verwender bei Vertragsschluss

- die andere Vertragspartei ausdrücklich oder, wenn ein ausdrücklicher Hinweis wegen der Art des Vertragsschlusses nur unter unverhältnismäßigen Schwierigkeiten möglich ist, durch deutlich sichtbaren Aushang am Ort des Vertragsschlusses auf sie hinweist (Nr. 1), **und**

- der anderen Vertragspartei die Möglichkeit verschafft, in zumutbarer Weise, die auch eine für den Verwender erkennbare körperliche Behinderung der anderen Vertragspartei angemessen berücksichtigt, von ihrem Inhalt Kenntnis zu nehmen (Nr. 2),

und wenn die andere Vertragspartei mit ihrer Geltung einverstanden ist (2. Hs. – vertragliche Abrede über die AGB-Geltung[3] [**Geltungs- oder Einbeziehungsvereinbarung**][4]).[5]

---

1 BGHZ 17, 1, 2; Palandt/*Grüneberg*, § 305 BGB Rn 2.
2 Dazu näher NK-BGB/*Kollmann*, § 305 Rn 33 ff.
3 Damit fehlt ihnen die klassische Vertragsfunktion der Richtigkeitsgewähr: *Schmidt*, ZIP 1987, 1506.
4 Nicht bloße einseitige Unterwerfung.
5 Jauernig/*Stadler*, § 305 BGB Rn 12.

A. Einleitung § 4

Die **Einbeziehungsvereinbarung** ist Teil des jeweiligen Vertrags (und kein besonderes 2 Rechtsgeschäft).[6] In Abkehr von der alten „Wissenmüssen-Formel-Judikatur"[7] stellt § 305 Abs. 2 BGB sicher, dass die Einbeziehung von Allgemeinen Geschäftsbedingungen vom Vertragswillen beider Parteien getragen wird.[8]

Beachte

Der BGH[9] hat entschieden, dass auch Allgemeine Geschäftsbedingungen von Fernwärmeunternehmen nur aufgrund einer rechtsgeschäftlichen Einbeziehungsvereinbarung Inhalt eines Vertrags über die Versorgung mit Fernwärme werden. Ein Vertrag über die Versorgung mit Fernwärme kann zwar auch konkludent durch die bloße Entnahme von Fernwärme aus dem Netz zustande kommen.[10] Dabei werden jedoch die Allgemeinen Versorgungsbedingungen nicht Vertragsinhalt. Wenn der Vertragspartner als Unternehmer gehandelt hat, bedarf es zwar nicht der in § 305 Abs. 2 BGB genannten Einbeziehungsvoraussetzungen. Gleichwohl ist aber auch im kaufmännischen Verkehr eine rechtsgeschäftliche Vereinbarung über die Geltung der Allgemeinen Versorgungsbedingungen erforderlich.[11] Zwar verwenden Versorgungsunternehmen – wie auch andere Unternehmen, die Waren oder Dienstleistungen anbieten – typischerweise Allgemeine Geschäftsbedingungen. Branchenüblichkeit allein reicht aber nach der Rechtsprechung des BGH für die Beachtlichkeit Allgemeiner Geschäftsbedingungen nicht aus.[12] Denn allein aus diesem Umstand folgt noch nicht mit der erforderlichen Klarheit, dass das Versorgungsunternehmen ausschließlich auf der Basis seiner eigenen Allgemeinen Geschäftsbedingungen abschließen will. Zudem sind gerade im Bereich der Fernwärme Sonderverträge, die zu anderen als den Allgemeinen Versorgungsbedingungen abgeschlossen werden, nicht unüblich. Schon deshalb ist das in der bloßen Bereitstellung von Fernwärme liegende konkludente Angebot eines Anbieters zum Abschluss eines Vertrages über die Lieferung von Fernwärme vom Empfängerhorizont her betrachtet nicht zweifelsfrei dahin zu verstehen, dass für den Anbieter nur ein Vertragsabschluss zu seinen Ergänzenden Allgemeinen Versorgungsbedingungen in Betracht kommt.[13]

---

6 Palandt/*Grüneberg*, § 305 BGB Rn 24.
7 Vgl. dazu näher BGHZ 3, 200, 203; BGHZ 18, 98, 99.
8 Vgl. auch Palandt/*Grüneberg*, § 305 BGB Rn 25.
9 BGH BB 2014, 385 = NJW Spezial 2014, 130 – Ls. 1.
10 BGH NJW 2014, 1296 = WM 2014, 1246 = BB 2014, 785 (zur Frage einer stillschweigenden Einbeziehung bei „*Branchenüblichkeit*").
11 BGH NJW 2014, 1296, zitiert nach juris Rn 17 unter Bezugnahme auf BGHZ 117, 190, 194 ff.; BGH NJW-RR 2003, 754.
12 BGH NJW 2014, 1296, zitiert nach juris Rn 17 unter Bezugnahme auf BGH WM 1992, 916.
13 BGH NJW 2014, 1296, zitiert nach juris Rn 17.

§ 4 Einbeziehung der Allgemeinen Geschäftsbedingungen

Die Obliegenheit zur Verschaffung einer zumutbaren Kenntnisnahmemöglichkeit nach § 305 Abs. 2 BGB (im Verbraucherverkehr) erfüllt der Verwender dadurch, dass er auf die Geltung der AGB bei Vertragsschluss ausdrücklich hinweist und dem Kunden die Vertragsunterlagen aushändigt.[14]

3 Eine **Erleichterung der Einbeziehung** regelt § 305 lit. a BGB (Einbeziehung in besonderen Fällen – siehe Rdn 85 ff.).

Für den **unternehmerischen Rechtsverkehr** trifft § 310 Abs. 1 BGB (siehe § 6 Rdn 2 ff.) im Übrigen eine **Bereichsausnahme** hinsichtlich § 305 Abs. 2 BGB.

4 Fehlt eines der genannten Einbeziehungserfordernisse, gilt der Vertrag nach § 306 BGB ohne die Allgemeinen Geschäftsbedingungen.[15]

5 *Beachte*

§ 305 Abs. 2 BGB ist zum einen **zwingendes Recht**, Em anderen **lex specialis** gegenüber den §§ 133, 157 BGB. Der Vertragspartner kann allein auf die Einhaltung von § 305 Abs. 2 Nr. 2 BGB verzichten. Nur die Einhaltung der Förmlichkeiten vermag eine wirksame Einbeziehung Allgemeiner Geschäftsbedingungen zu begründen.[16]

6 Damit entspricht § 305 Abs. 2 BGB im Wesentlichen wörtlich § 2 Abs. 1 AGB-Gesetz (alt): Es besteht die Notwendigkeit einer rechtsgeschäftlichen Einbeziehung (Einbeziehungsvereinbarung als Teil des Vertrags).[17]

Eine **Besonderheit** beinhaltet allerdings aus sozialstaatlichen Gründen § 305 Abs. 2 Nr. 2 BGB durch eine klarstellende Ergänzung zur Frage der Einbeziehung von Allgemeinen Geschäftsbedingungen für den Fall, dass die andere Vertragspartei aufgrund einer körperlichen Behinderung in ihrer Wahrnehmungsfähigkeit („*eine für den Verwender erkennbare körperliche Behinderung*" – womit dem Verwender durch die Neuregelung nichts Unzumutbares abverlangt wird) beeinträchtigt ist – vor allem bei Menschen mit einer schweren Sehbehinderung.[18] Der Gesetzgeber erachtete für diesen Fall, der in Rechtsprechung und Literatur entweder gar nicht oder nur ganz am Rande behandelt wurde, **Klarstellungsbedarf**. Die allgemeinen Grundsätze hinsichtlich einer zumutbaren Möglichkeit der Kenntnisverschaffung in § 305 Abs. 2 Nr. 2 BGB (siehe Rdn 30 ff.) – Kenntnisnahmemöglichkeit allein nach objektiven Kriterien des „*durchschnittlichen Kunden*" – passen nämlich bei Vertragspartnern, die in ihrer Wahrneh-

---

14 BGH NZG 2016, 31, dazu näher *H. Schmidt*, LMK 2016, 375939.
15 Vgl. BGH NJW 2002, 3695: Errichtet ein Bankkunde ein Girokonto oder nimmt er einen Kredit auf, begründet dies einen allgemeinen bankvertrag unter Einbeziehung aller ihm zugänglichen Allgemeinen Geschäftsbedingungen der Bank.
16 BGH NJW 1987, 113; Palandt/*Grüneberg*, § 305 BGB Rn 25.
17 Palandt/*Grüneberg*, § 305 BGB Rn 24.
18 RegE, BT-Drucks 14/6040, S. 150 r. Sp.

A. Einleitung § 4

mungsfähigkeit eingeschränkt sind, regelmäßig nicht. *„Bei einer solchen Sachlage entspricht es dem Gebot der Fairness, der erkennbaren Behinderung des Kunden beim Vertragsschluss in zumutbarer Weise Rechnung zu tragen und ihr gegenüber nicht einfach die Augen zu verschließen."*[19]

§ 305 Abs. 2 BGB erfasst seinem Anwendungsbereich nach neben der Einbeziehung von Allgemeinen Geschäftsbedingungen in Verträge auch **Änderungsvereinbarungen** und die **Einbeziehung in einseitige Rechtsgeschäfte** sowie **gesetzliche Schuldverhältnisse**.[20]

§ 305 Abs. 2 BGB findet nach der Bereichsausnahme des § 310 Abs. 1 BGB (entsprechend § 24 lit. a AGB-Gesetz alt) **keine** Anwendung auf Allgemeine Geschäftsbedingungen, die **gegenüber Unternehmern** i.S.v. § 14 BGB (bzw. juristischen Personen des öffentlichen Rechts oder einem öffentlich-rechtlichen Sondervermögen) verwendet werden – wobei allerdings auch in diesen Fällen aufgrund des fehlenden **Rechtsnormcharakters** der Allgemeinen Geschäftsbedingungen (siehe Rdn 1) eine rechtsgeschäftliche Einbeziehung (und sei es im Rahmen einer konkludenten Einigung[21]) in den Vertrag erforderlich ist.

Beachte im Übrigen § 346 HGB

Allgemeine Geschäftsbedingungen (bspw. die ADS) oder Klauseln, die zu Handelsbräuchen erstarkt sind, werden im kaufmännischen Verkehr ohne Weiteres Vertragsinhalt.[22]

Beachte

Der BGH[23] wendet § 305 Abs. 2 BGB auf Formularverträge **nicht** an.[24]

Beachte zudem

Die **Darlegungs- und Beweislast** für die Einbeziehungsvoraussetzungen trifft denjenigen, der sich auf die Allgemeinen Geschäftsbedingungen beruft (mithin i.d.R. den Verwender).[25]

---

19 AnwK-Schuldrecht/*Hennrichs*, § 305 BGB Rn 8.
20 Palandt/*Grüneberg*, § 305 BGB Rn 26. Zur Einbeziehung von Allgemeinen Geschäftsbedingungen bei der Begebung von Wertpapieren, OLG Frankfurt/M. WM 1993, 2089.
21 BGHZ 117, 190, 194: Erkennbarer Hinweis des Verwenders auf seine Allgemeinen Geschäftsbedingungen mit korrespondierendem fehlenden Widerspruch des unternehmerischen Vertragspartners.
22 AnwK-Schuldrecht/*Hennrichs*, § 305 BGB Rn 13; Palandt/*Grüneberg*, § 305 BGB Rn 57.
23 BGH NJW 1995, 190.
24 Teilweise kritisch: Palandt/*Grüneberg* (§ 305 BGB Rn 30), der darauf hinweist, dass nach § 305 Abs. 2 Nr. 2 BGB mangelnde Transparenz Einbeziehungshindernis ist, das Transparenzgebot aber nach § 305 Abs. 2 BGB (ebenso wie bei § 307 BGB) in gleicher Weise für Allgemeine Geschäftsbedingungen (im technischen Sinne) und Formularverträge gelten müsse.
25 Palandt/*Grüneberg*, § 305 BGB Rn 23.

12 Beachte weiterhin

Anleihebedingungen von Inhaberschuldverschreibungen fallen – obgleich es sich um Allgemeine Geschäftsbedingungen handelt – nicht in den Anwendungsbereich des § 305 Abs. 2 BGB.[26]

B. Gesetzliche Voraussetzungen der Einbeziehung (§ 305 Abs. 2 BGB)

13 Die Einbeziehungsvereinbarung nach § 305 Abs. 2 BGB hat **kumulativ** folgendes zur Voraussetzung:

- einen ausdrücklichen Hinweis des Verwenders (siehe Rdn 18 ff.),
- die Möglichkeit einer Kenntnisnahme durch den Vertragspartner (siehe Rdn 30 ff.) sowie
- dessen Einverständnis (siehe Rdn 59 ff.).

Diese drei Voraussetzungen müssen im **Zeitpunkt des Vertragsschlusses** vorliegen mit der Folge, dass nachträgliche Hinweise (auch ausdrücklich und deutlich gefasst) **nicht** ausreichen.[27]

Im Hinblick auf eine Klausel, dass eine Teilnahme *„an HappyDigits aufgrund der Allgemeinen Geschäftsbedingungen erfolgt, die Sie mit Ihrer Karte erhalten und die Sie dann mit Hilfe Ihrer ersten Aktivität, z.B. Sammlung, anerkennen"*, hat der BGH[28] konstatiert, dass im konkreten Fall die Anerkennung der Allgemeinen Geschäftsbedingungen auf die Übersendung der Karte abstellt, obgleich der Teilnahmevertrag bereits früher abgeschlossen wurde – womit die Einbeziehung der Klausel zu spät erfolgt ist: Nach der Intention des § 305 Abs. 2 BGB muss der Kunde die Gelegenheit haben, sich bereits bei Vertragsschluss mit den Allgemeinen Geschäftsbedingungen vertraut zu machen. Nur dann kann er die Rechtsfolgen und Risiken eines Vertragsschlusses richtig einschätzen.[29]

14 § 305 Abs. 2 Nr. 1 und Nr. 2 BGB soll (wie bereits ausgeführt – siehe Rdn 10) auf **Formularverträge** nicht anwendbar sein.[30]

---

26 BGH NJW 2005, 2917 = BGH WM 2005, 1567 = BGH ZIP 2005, 1410 = BGH BB 2005, 1871 = BGH DB 2005, 2186 = BGH DStR 2005, 1500.
27 AnwK-Schuldrecht/*Hennrichs*, § 305 BGB Rn 7: bspw. Hinweise auf der Rückseite von Empfangsbescheinigungen oder Fahr- bzw. Flugscheinen. Eine **nachträgliche** AGB-Einbeziehung im Wege einer Vertragsänderung nach § 311 Abs. 1 BGB ist zwar möglich – allerdings nicht auf der Grundlage eines Schweigens des Kunden.
28 BGH NJW 2010, 864.
29 BGH NJW 2010, 864.
30 BGH NJW 1995, 190 – kritisch (einschränkend) dazu Palandt/*Grüneberg*, § 305 BGB Rn 30.

B. Gesetzliche Voraussetzungen der Einbeziehung (§ 305 Abs. 2 BGB) § 4

Vgl. aber im (zwischenzeitlich novellierten) Versicherungsrecht die Altregelung des § 5 lit. a Abs. 1 VVG (Privilegierung von Versicherungsbedingungen).[31] Nunmehr gilt § 5 VVG 2008 mit folgenden Konsequenzen:[32] Nach § 7 Abs. 1 VVG 2008 hat der Versicherer den Versicherungsnehmer rechtzeitig vor Abgabe von dessen Vertragserklärung seine Vertragsbedingungen einschließlich der Allgemeinen Versicherungsbedingungen (AVB) sowie die in einer Rechtsverordnung nach § 7 Abs. 2 VVG 2008 bestimmten Informationen in Textform (§ 126 lit. b BGB) in einer dem eingesetzten Kommunikationsmittel entsprechenden Weise klar und verständlich zuzuleiten. Wenn die Voraussetzungen für eine Einbeziehung der AVB deshalb nicht vorliegen, weil der Versicherer diese dem Vertragspartner entgegen § 7 VVG 2008 nicht mitgeteilt hat, werden die in den Versicherungsschein aufgenommenen AVB nachträglich Inhalt des Versicherungsvertrags, wenn der Versicherer seiner Hinweispflicht nach § 5 Abs. 2 VVG 2008 genügt hat, der Versicherungsnehmer aber von seinem Widerspruchsrecht nach § 5 Abs. 1 VVG 2008 keinen Gebrauch gemacht hat.

15

Vgl. zudem: Die AVBGasV als Rechtsnorm, die nur in allgemeinen Versorgungsverträgen gegenüber Tarifkunden kraft der Verordnung gilt (§ 1 AVBGasV), wird in **Sonderkundentarifverträgen** nicht kraft Gesetzes Vertragsbestandteil, sondern kann nur durch vertragliche Regelungen in den Vertrag einbezogen werden.[33] Die Einbeziehung richtet sich nach § 305 Abs. 2 BGB, weil diese Bestimmungen im Verhältnis zu Sonderkunden als Allgemeine Geschäftsbedingungen gelten.

Beachte

16

§ 6 Abs. 3 BGB-InfoVO (auf der Grundlage von Art. 238 EGBGB), wonach, sofern der Reiseveranstalter dem Vertrag Allgemeine Geschäftsbedingungen zugrunde legt, diese dem Reisenden vor Vertragsschluss vollständig übermittelt werden müssen, verdrängt § 305 Abs. 2 BGB nicht.[34]

Reise- und Zahlungsbedingungen sind Allgemeine Geschäftsbedingungen, die nach § 305 Abs. 2 BGB nur dann Vertragsbestandteil werden, wenn der Verwender die andere Vertragspartei nicht nur gemäß § 305 Abs. 2 Nr. 1 BGB auf diese Bedingungen hinweist, sondern ihr auch die Möglichkeit verschafft, in zumutbarer Weise von ihrem Inhalt Kenntnis zu nehmen.[35] Einem Reisenden, der im Reisebüro eine Reise bucht, ist es nicht zuzumuten, durch Einsicht in den Katalog Kenntnis von den Allgemeinen Geschäfts-

---

31 Das Privileg ist nur wegen der besonderen Widerrufsmöglichkeit im Versicherungsrecht zu rechtfertigen: AnwK-Schuldrecht/*Hennrichs*, § 305 BGB Rn 7.
32 Dazu Palandt/*Grüneberg*, § 305 BGB Rn 45.
33 OLG Zweibrücken NJW-RR 2013, 954, zitiert nach juris Rn 17 unter Bezugnahme auf BGH, Urt. v. 14.7.2010 – VIII ZR 246/08.
34 *Tempel*, NJW 1996, 1630.
35 BGH NJW 2009, 1486 mit Anmerkung *Führich*, S. 1487.

bedingungen zu nehmen, die der Reiseveranstalter dem Reisevertrag zugrunde legen will. Bei Reisebedingungen handelt es sich typischerweise um umfangreiche, im Kleindruck wiedergegebene Klauselwerke. Sie im Reisebüro wirklich zur Kenntnis zu nehmen, ist praktisch unmöglich und kann jedenfalls vom Reisenden nicht erwartet werden.[36] Denn das Gesetz verlangt von dem Reiseveranstalter, dass er seine Allgemeinen Geschäftsbedingungen dem Reisenden in die Hand gibt. Nach § 6 Abs. 3 BGB-InfoVO müssen Allgemeine Geschäftsbedingungen, die der Reiseveranstalter dem Vertrag zugrunde legt, dem Reisenden vor Vertragsschluss vollständig übermittelt werden. Diese Verpflichtung kann der Reiseveranstalter nach § 6 Abs. 4 S. 1 BGB-InfoVO zwar auch dadurch erfüllen, dass er auf die in einem von ihm herausgegebenen und dem Reisenden zur Verfügung gestellten Prospekt enthaltenen Angaben verweist, die den Anforderungen nach Abs. 3 entsprechen. Dies setzt indessen voraus, dass der Reiseveranstalter dem Reisenden den Prospekt zur Verfügung stellt.[37] Zumindest bei einer Buchung im Reisebüro muss der Katalog dem Reisenden ausgehändigt werden. Es genügt allerdings nicht, dass der Katalog nur im Reisebüro einsehbar ist.[38] Auch wenn § 6 Abs. 3 BGB-InfoVO nicht unmittelbar die Voraussetzungen für eine wirksame Einbeziehung von Reisebedingungen in den Reisevertrag bestimmt,[39] genügt angesichts dieser gesetzlichen Verpflichtung des Reiseveranstalters die bloße Gelegenheit, den Katalog im Reisebüro einzusehen, nicht dem Erfordernis des § 305 Abs. 2 Nr. 2 BGB, dem Reisenden die Möglichkeit zu verschaffen, in zumutbarer Weise vom Inhalt der Reisebedingungen Kenntnis zu nehmen.[40] Dementsprechend wird auch in der Begründung des Entwurfs eines Gesetzes zur Durchführung der Richtlinie des Rates vom 13.6.1990 über Pauschalreisen zu § 3 Abs. 3 InfoVO a.F. (§ 6 Abs. 3 BGB-InfoVO n.F.) ausgeführt, dass durch die besonderen Erfordernisse des § 3 dieser Verordnung die *„Möglichkeit der Kenntnisnahme"* i.S.d. § 2 Abs. 1 Nr. 2 AGB-Gesetz (nunmehr: § 305 Abs. 2 Nr. 2 BGB) verstärkt werde.[41] Auch der Gesichtspunkt, dem Reisenden, der sich mit der Lektüre der Geschäftsbedingungen im Reisebüro überfordert fühle, bleibe es unbenommen, den Katalog mit nach Hause zu nehmen, dort die Bedingungen in Ruhe zu studieren, um danach wieder im Reisebüro zur Buchung der Reise zu erscheinen, führt nicht weiter. Dies läuft nur darauf hinaus, dass der Kunde um die (vorübergehende) Aushändigung des Katalogs bitten müsste. Es ist jedoch nicht die andere Vertragspartei, sondern der Verwender, der die Möglichkeit schaffen muss, in zumutbarer Weise die Geschäftsbedingungen zur Kenntnis zu nehmen.[42]

---

36 So MüKo/*Tonner*, § 651a BGB Rn 67; Staudinger/*Schlosser*, (12. Aufl.) § 305 BGB Rn 145; *Tempel*, NJW 1996, 1625, 1630; OLG Frankfurt/M. RRa 2002, 185, 186 f.
37 BGH NJW 2009, 1486.
38 So BGH NJW 2007, 2549, 2551 f.
39 MüKo/*Tonner*, § 651a BGB Rn 69 ff.; Staudinger/*Eckert*, § 651a BGB Rn 85.
40 BGH NJW 2009, 1486.
41 RegE, BT-Drucks 12/5354, S. 18.
42 BGH NJW 2009, 1486 unter Bezugnahme auf BGHZ 109, 192, 196 = NJW 1990, 715.

B. Gesetzliche Voraussetzungen der Einbeziehung (§ 305 Abs. 2 BGB) § 4

§ 305 Abs. 2 BGB beansprucht auch für eine **nachträgliche AGB-Änderung** Geltung. 17
Voraussetzung ist, dass bei ausdrücklichem Hinweis mit korrespondierender Kenntnisnahmemöglichkeit durch den Kunden dieser das Vertragsverhältnis widerspruchslos fortsetzt (konkludentes Einverständnis, wenn der Kunde auf die Bedeutung seines Verhaltens besonders hingewiesen wurde – bspw. nach Nr. 1 Abs. 2 AGB-Banken) – wobei in den Grenzen des § 308 Nr. 5 BGB auch Einverständnisfiktionen statthaft sind.[43] Der Verwender hat für diesen Fall auf den Zugang des Einverständnisses verzichtet (§§ 151, 311 Abs. 1 BGB).

I. Die Hinweispflicht des Verwenders (§ 305 Abs. 2 Nr. 1 BGB)

Erforderlich ist zunächst, dass der Verwender die andere Vertragspartei ausdrücklich 18
oder (wenn ein ausdrücklicher Hinweis wegen der Art des Vertragsschlusses nur unter unverhältnismäßigen Schwierigkeiten möglich ist) durch deutlich sichtbaren Aushang am Ort des Vertragsschlusses auf die Geltung seiner Allgemeinen Geschäftsbedingungen hinweist, d.h. dass der Vertrag unter Verwendung seiner Allgemeinen Geschäftsbedingungen abgeschlossen werden soll.[44]

Der **ausdrückliche Hinweis** auf die Allgemeinen Geschäftsbedingungen muss **bei** (d.h. 19
im Zusammenhang mit dem)[45] Vertragsschluss erfolgen. Er kann schriftlich oder mündlich (und damit auch telefonisch) erfolgen,[46] ggf. auch in der vom Internet-Anbieter vorformulierten Annahmeerklärung der anderen Partei.[47] Der Hinweis ist auch erforderlich, wenn das Vertragsangebot vom Verwendungsgegner ausgeht.[48]

Meist findet sich der Hinweis auf dem Antragsformular des Verwenders.[49] Er muss – ge- 20
fordert ist ein „ausdrücklicher Hinweis" – aber so gestaltet und angeordnet sein, dass auch ein Durchschnittskunde bei nur flüchtiger Betrachtung ihn nicht übersehen kann,[50] womit versteckte oder missverständliche Hinweise unzureichend sind[51] (ebenso wie der bloße AGB-Abdruck auf der Rückseite des Vertrags oder in einem Katalog).[52] Der Durch-

---

43 AnwK-Schuldrecht/*Hennrichs*, § 305 BGB Rn 12 – regelmäßig **unzulässig** sind hingegen „*einseitige Änderungsklauseln*", mit denen sich der Verwender eine Änderung der Bedingungen ohne Einverständnis des Kunden vorbehält (so auch BGHZ 136, 394, 401 f.).
44 Dazu näher NK-BGB/*Kollmann*, § 305 Rn 48 ff.
45 BGH NJW-RR 1987, 114.
46 BGH NJW 1983, 817.
47 *Heinrichs*, NJW 1998, 1450.
48 So BGH NJW 1988, 2108. Zur Abgabe des Angebots durch den Kunden auch *Mehrings*, BB 1998, 2373.
49 Dazu Palandt/*Grüneberg*, § 305 BGB Rn 29.
50 BGH NJW-RR 1987, 113.
51 OLG Nürnberg BB 1990, 1999; OLG Düsseldorf VersR 1982, 872.
52 Umstritten: So LG Berlin MDR 1980, 404; LG Münster VersR 1980, 100; a.A. hingegen OLG München NJW-RR 1999, 1358, 1361.

Ring 113

schnittskunde muss wissen, welche Vertragsklauseln Vertragsinhalt werden sollen.[53] So erfasst eine Bezugnahme auf „umseitige Allgemeine Geschäftsbedingungen" nicht eine davon räumlich abgesetzte Vorbemerkung[54] bzw. AGB-Teile, die auf einem besonderen, nicht mit ausgehändigten Blatt abgedruckt sind.[55] Ein Hinweis in den Allgemeinen Geschäftsbedingungen selbst reicht dann aus, wenn er dem Durchschnittskunden ins Auge springt.[56]

21 Ein **bloßer Hinweis auf die VOB/B** (mithin verkehrs- oder branchenübliche Allgemeine Geschäftsbedingungen) soll nach Ansicht des BGH[57] unzureichend sein, es sei denn, der Vertragspartner ist im Baugewerbe tätig.[58]

22 Gegenüber **Ausländern** genügt ein Hinweis in Deutsch dann, wenn Deutsch die Verhandlungssprache ist.[59]

23 Problematisch kann auch eine **Klauselwirrnis** durch die **Einbeziehung mehrerer Klauselwerke** sein.[60] Ist ein entsprechender Verweis auf mehrere AGB-Werke unwirksam mit der Folge, dass dann gemäß § 306 Abs. 2 BGB das dispositive Gesetzesrecht gilt? Dazu hat der BGH[61] festgestellt, dass die Einbeziehung mehrerer Klauselwerke (im konkreten Fall der ADSp und „*Besonderer Bedingungen für Schwer- und Spezialtransporte*") in ein und denselben Vertrag zwar grundsätzlich zulässig ist. Führt die Verwendung mehrerer Klauselwerke jedoch dazu, dass unklar ist, welche der darin enthaltenen konkurrierenden Regelungen gelten soll (d.h., lässt sich zwischen den konkurrierenden Klauselwerken ein Rangverhältnis nicht eindeutig klären), kann angesichts der Unklarheit (sog. Klauselwirrnis) keine der Bestimmungen angewendet werden mit der Folge, dass nach § 306 Abs. 2 BGB die gesetzlichen Vorschriften zur Anwendung kommen. In einer weiteren Entscheidung hat der BGH[62] diese Vorgabe bestätigt: Ein Verweis auf weitere Allgemeine Geschäftsbedingungen ist nur statthaft, wenn der Zusammenhang der beiden (unterschiedlichen) Regelwerke hinreichend deutlich wird.[63]

---

53 OLG Nürnberg WM 1990, 1371.
54 BGH NJW 1987, 2432.
55 OLG Frankfurt/M. NJW 1989, 1096; Palandt/*Grüneberg*, § 305 BGB Rn 27.
56 Jauernig/*Stadler*, § 305 BGB Rn 13.
57 BGH NJW 1994, 1247.
58 BGHZ 86, 135, 138; *Bunte*, BB 1983, 733, 734 f.
59 Palandt/*Grüneberg*, § 305 BGB Rn 27.
60 Siehe *v. Westphalen*, NJW 2007, 2228, 2229.
61 BGH NJW-RR 2006, 1350.
62 BGH NJW 2007, 1054 – Flüssiggas II.
63 Was der BGH im konkreten Fall abgelehnt hat: BGH NJW 2007, 1054.

B. Gesetzliche Voraussetzungen der Einbeziehung (§ 305 Abs. 2 BGB) § 4

Unzureichend[64] ist auch ein Hinweis **nach** Vertragsschluss (bspw. in der Rechnung, ein Abdruck des Hinweises auf einer Eintrittskarte, auf einem Fahrschein oder auf einem Flugticket, die erst nach Vertragsschluss ausgehändigt werden).[65] **Unzulänglich** sind damit i.d.R. Hinweise auf der Auftragsbestätigung, auf dem Lieferschein, auf einer Empfangsbestätigung oder auf einer Quittung.[66] 24

Anders:[67] Wenn der Kunde (vor Zustandekommen des Vertrags) einen Parkschein (auf dem der Hinweis enthalten ist) zieht,[68] bzw. wenn ihm an der Kasse die Allgemeinen Geschäftsbedingungen mit der Rechnung übergeben werden.[69] Eine nachträgliche Einbeziehung bisheriger oder auch geänderter Allgemeiner Geschäftsbedingungen soll allerdings (i.S. eines Einverständnisses zur Vertragsänderung) statthaft sein.[70] 25

Unzureichend ist – auch bei laufender Geschäftsverbindung – ein Hinweis im Rahmen früherer Geschäftsabschlüsse.[71] 26

Ausnahmsweise kann der ausdrückliche Hinweis auf die Allgemeinen Geschäftsbedingungen durch einen **deutlich sichtbaren**, d.h. ins Auge springenden (unübersehbaren)[72] **Aushang am Ort des Vertragsschlusses**[73] ersetzt werden, wenn 27

- der Hinweis wegen der Art des Vertragsschlusses nur unter **unverhältnismäßigen Schwierigkeiten** möglich ist – bspw. im Kontext mit konkludent geschlossenen Massenverträgen (hier ist ein Hinweis oft schon wegen fehlendem persönlichen Kontakt unmöglich[74] – bspw.[75] bei Schließfächern,[76] Waren- und Billetautomaten, der Parkhausbenutzung[77] u.Ä., mithin Verträgen, die konkludent durch eine Inanspruchnahme der Leistung oder Ware zustande kommen – allerdings gilt die Ausnahmemöglichkeit auch für sonstige Geschäfte des Massenverkehrs [bei denen ein ausdrücklicher Hinweis an sich möglich, aber unverhältnismäßig ist und zu einer Erschwerung der Massenabfertigung führen würde],[78] wie bspw. bei Verträgen

---

64 Dazu Palandt/*Grüneberg*, § 305 BGB Rn 28.
65 Palandt/*Grüneberg*, § 305 BGB Rn 28: Meist fehle in den genannten Fällen auch das Einverständnis des Kunden – so BGH NJW 1984, 802.
66 So Palandt/*Grüneberg*, § 305 BGB Rn 28.
67 Palandt/*Grüneberg*, § 305 BGB Rn 28.
68 LG Frankfurt/M. NJW-RR 1988, 955; LG Köln VersR 1983, 69.
69 OLG Hamm NJW-RR 1998, 199.
70 BGH NJW-RR 1987, 114; Jauernig/*Stadler*, § 305 BGB Rn 12; a.A. *Bunte*, BB 1983, 733 f.
71 So BGH NJW-RR 1987, 113.
72 „*Dem Kunden ist nicht zuzumuten, die Wände nach aushängenden AGB abzusuchen*": Palandt/*Grüneberg*, § 305 BGB Rn 29.
73 Nicht der Erfüllungshandlung (z.B. im Hotelzimmer): Palandt/*Grüneberg*, § 305 BGB Rn 29.
74 Palandt/*Grüneberg*, § 305 BGB Rn 29.
75 Beispiele nach Palandt/*Grüneberg*, § 305 BGB Rn 29.
76 Ein Hinweis an zentraler Stelle (d.h. nicht an jedem Schließfach) reicht aus: LG Essen VersR 1995, 1198.
77 LG Frankfurt/M. NJW-RR 1988, 955.
78 Palandt/*Grüneberg*, § 305 BGB Rn 29.

mit Kfz-Waschanlagen, Kinos, Lottoannahmestellen, Sportveranstaltern, Theatern usw.)[79] **und**
- relativer Geringwertigkeit der Vertragsobjekte (z.b. Vertragsabschlüsse im Kaufhaus oder im Selbstbedienungsladen, sofern der Aushang deutlich sichtbar angebracht ist und einen leicht verständlichen Text enthält[80] bzw. in der Reinigung[81]) bzw.
- der besonderen Art des Zustandekommens von Verträgen (bspw. bei Versteigerungsverträgen).[82]

28   **Aber:** Unzureichend ist ein Aushang an einer Stelle, die der Kunde erst **nach** Vertragsschluss erreicht (bspw. am Kassenautomat im Parkhaus).[83]

29   Der Aushang kann sich darauf beschränken, ohne Mitteilung des Inhalts auf die Allgemeinen Geschäftsbedingungen zu verweisen, sofern der weiteren Vorgabe des § 305 Abs. 2 Nr. 2 BGB (siehe Rdn 30 ff.) genügt wird.[84]

II. Die Möglichkeit der Kenntnisnahme durch den Vertragspartner (§ 305 Abs. 2 Nr. 2 BGB)

30   Der Verwender muss der anderen Vertragspartei die Möglichkeit verschaffen, in zumutbarer Weise – die auch eine körperliche Behinderung der anderen Vertragspartei berücksichtigt – vom Inhalt der Allgemeinen Geschäftsbedingungen (selbst wenn diese gebräuchlich oder veröffentlicht sind)[85] Kenntnis zu nehmen[86] (wobei ein Hinweis, die Allgemeinen Geschäftsbedingungen könnten im Buchhandel erworben werden, unzureichend ist).[87]

Eine wirksame vertragliche Einbeziehung der **AVBGasV** in einen Gaslieferungsvertrag setzt – in Übereinstimmung mit § 305 Abs. 2 BGB – unter anderem voraus, dass der Ver-

---

79 Umstritten, so aber BGH NJW 1985, 850; Palandt/*Grüneberg*, § 305 BGB Rn 29.
80 Siehe v. *Westphalen*, NJW 1994, 367.
81 Dazu *Schmidt*, VersR 1978, 594.
82 BGH NJW 1985, 850.
83 Jauernig/*Stadler*, § 305 BGB Rn 13.
84 Palandt/*Grüneberg*, § 305 BGB Rn 29 – ausreichend soll daher folgender Aushang sein: „*Für alle Verträge gelten unsere AGB. Diese liegen für Sie an der Kasse bereit.*"
85 So zur Einbeziehung von VOB/B in einen Vertrag mit Privatpersonen: BGHZ 109, 192, 195; BGH NJW 1994, 2547. Anders, wenn der Vertragspartner beruflich (z.B. Bauhandwerker und VOB) mit Allgemeinen Geschäftsbedingungen zu tun hat bzw. für den Vertragspartner ein Vertrauter (bspw. ein Architekt) auftritt: BGHZ 105, 290, 292; BGHZ 86, 135, 138 – dann darf der Verwender davon ausgehen, dass sich der Vertragspartner selbst die notwendige Kenntnis verschaffen kann. Ausnahme: Der Architekt des Verwenders wird zugleich für den Vertragspartner tätig – OLG Hamm NJW-RR 1993, 27. Dazu Palandt/*Grüneberg*, § 305 BGB Rn 32. Vgl. zur zumutbaren Kenntnisnahme bei körperlich behinderten Kunden: Palandt/*Grüneberg*, § 305 BGB Rn 38.
86 Näher NK-BGB/*Kollmann*, § 305 Rn 67 ff.
87 Palandt/*Grüneberg*, § 305 BGB Rn 32.

B. Gesetzliche Voraussetzungen der Einbeziehung (§ 305 Abs. 2 BGB) § 4

wender der anderen Vertragspartei die Möglichkeit verschafft, in zumutbarer Weise von dem Inhalt der einzubeziehenden Bedingungen **Kenntnis zu nehmen**.[88] Dazu ist es erforderlich, dass der Text der AVBGasV mit den Vertragsunterlagen dem Kunden zugesandt wird.

Beachte 31
Über § 305 Abs. 2 Nr. 2 BGB hinausgehende Informationspflichten des Verwenders – bspw. nach § 312 lit. c Abs. 2 BGB, §§ 1 bis 3 BGB-InfoVO a.f. (§ 312d BGB i.V.m. Art. 246a EGBGB) – sind **nicht** Wirksamkeitsvoraussetzung für eine AGB-Einbeziehung[89] (vermögen ggf., sofern sie missachtet werden, aber einen Schadensersatzanspruch wegen vorvertraglicher Pflichtverletzung [§ 280 Abs. 1 i.V.m. §§ 311 Abs. 2, 241 Abs. 2 BGB – Verschulden bei Vertragsschluss] zu begründen).[90]

Das OLG Hamburg[91] hat noch unter dem Regime des alten Verbraucherrechts entschieden, dass wenn beim **Internetversandhandel** (bspw. im Rahmen einer eBay-Auktion) der Verbraucher über sein Widerrufsrecht (§§ 312 lit. d Abs. 1, 355 BGB, nunmehr § 312 lit. g Abs. 1 BGB) erst **nach** Vertragsschluss informiert wird, weil die betreffende AGB-Bestimmung zuvor nur zum Download (auf der sog. „Mich-Seite") bereitgehalten, aber die Widerrufsbelehrung nicht verkörpert übermittelt wird (i.S.d. Schriftformerfordernisses nach § 126 lit. b BGB), und fehlt in der Widerrufsbelehrung dann eine Angabe der maßgeblichen Widerrufsfrist von einem Monat (§ 355 Abs. 2 S. 2 BGB aF – nach Art. 1 Nr. 7b des Gesetzes zur Umsetzung der Verbraucherkreditrichtlinie, des zivilrechtlichen Teils der Zahlungsdiensterichtlinie sowie zur Neuordnung der Vorschriften über das Widerrufs- und Rückgaberecht [RegE, BT-Dr. 16/11643 – fortan: GUV] – § 355 Abs. 2 S. 1 BGB neu – beträgt die Widerrufsfrist 14 Tage, wenn dem Verbraucher spätestens bei Vertragsschluss eine den Anforderungen des § 360 Abs. 1 BGB a.F. entsprechende Widerrufsbelehrung in Textform mitgeteilt wird), so verstößt das gegen § 312 lit. c Abs. 1 BGB a.F., § 1 Abs. 1 Nr. 10 BGB-InfoVO a.F. (gemäß § 312 lit. c Abs. 1 BGB a.F. [infolge Art. 1 Nr. 4 GUV] hat der Unternehmer den Verbraucher bei Fernabsatzverträgen nach Maßgabe des Art. 246 §§ 1 und 2 EGBGB a.F. [infolge Art. 2 Nr. 6 GUV], wobei Art. 246 § 1 EGBGB a.F. Informationspflichten bei Fernabsatzverträgen [nunmehr Art. 246 lit. b § 1 EGBGB] und Art. 246 § 2 EGBGB a.F. weitere Informationspflichten bei Fernabsatzverträgen [nunmehr Art. 246 lit. b § 2 EGBGB] statuiert [wohingegen nach Art. 9 Nr. 1 GUV § 1 BGB-InfoVO aufgehoben wird] zu unterrichten), 32

---

88 BGH NJW-RR 2012, 690, zitiert nach juris Rn 22 unter Bezugnahme auf BGH RdE 2010, 384 – Rn 15; BGHZ 186, 180 – Rn 38.
89 *Führich*, NJW 1994, 2451.
90 Palandt/*Grüneberg*, § 305 BGB Rn 31.
91 GRUR-RR 2007, 174.

weil es an einer rechtzeitigen, vor Abgabe der Vertragserklärung des Verbrauchers zu erfolgenden Belehrung fehlt.[92]

33 Problematisch ist auch die AGB-mäßige Einführung von **Datenschutzerklärungen für Werbezwecke**.[93] Nach § 4 Abs. 1 BDSG ist die Erhebung und Nutzung personenbezogener Daten nur zulässig, soweit das BDSG oder eine andere Rechtsvorschrift dies erlaubt oder anordnet „oder der Betroffene eingewilligt hat". Die Einwilligung ist nach § 4 lit. a Abs. 1 BDSG nur wirksam, wenn sie auf der freien Entscheidung des Betroffenen beruht. Er ist auf den vorgesehenen Zweck der Erhebung, Verarbeitung oder Nutzung sowie, soweit nach den Umständen des Einzelfalles erforderlich oder auf Verlangen, auf die Folgen der Verweigerung der Einwilligung hinzuweisen. Die Einwilligung bedarf der Schriftform, soweit nicht wegen besonderer Umstände eine andere Form angemessen ist. Soll die Einwilligung zusammen mit anderen Erklärungen schriftlich erteilt werden, ist sie besonders hervorzuheben.

Das Datenschutzrecht steht einer „formularmäßigen Verortung" der Einwilligung in AGB nicht entgegen: *„Der Inhalt muss sich aber freilich an den §§ 307 ff. BGB messen lassen und die Klauseln müssen nach § 305 BGB wirksam einbezogen werden. Im elektronischen Bereich muss die Einwilligung dementsprechend visuell, und bei Verwendung der Papierform drucktechnisch hervorgehoben werden, damit der Betroffene die Einwilligungserklärung nicht übersieht".*[94]

In den Entscheidungen *Payback*[95] und *Happy-Digit*[96] hat der BGH die Ausgestaltung der Einwilligung in datenschutzrechtlicher zulässiger Weise auch in Allgemeinen Geschäftsbedingungen anerkannt (bei Ausgestaltung als opt-out-Variante), wenn und soweit die Einwilligung dergestalt hinreichend hervorgehoben wird.

34 Einwilligungsklauseln in die Verarbeitung und Nutzung personenbezogener Daten sind zulässig, wenn der „durchschnittlich verständige Nutzer" sich den Inhalt der Datenschutzerklärung vor Augen führen kann (d.h. ihm klar ist, dass er rechtsverbindlich einer Verarbeitung seiner persönlichen Daten zustimmt) und seine Einwilligung im Bewusstsein der Abgabe dieser rechtsverbindlichen Erklärung stattfindet.[97] Das wiederum ist stets dann anzunehmen, wenn die Einwilligungserklärung durch eine bestätigende Wiederholung des Übermittlungsbefehls bei gleichzeitiger zumindest auszugsweiser Darstellung der Einwilligungserklärung auf dem Bildschirm erteilt wird.[98] So war es etwa in

---

92 So OLG Hamburg GRUR-RR 2007, 174.
93 Siehe *v. Westphalen*, NJW 2007, 2228, 2229.
94 Spindler/*Schuster*, § 4a BDSG Rn 12. Zur wirksamen Einbeziehung vgl. näher BGH NJW 2010, 864, 867 – Happy Digits; OLG Brandenburg, MMR 2006, 405; LG Potsdam, DuD 2005, 302.
95 BGH MMR 2008, 731.
96 BGH NJW 2010, 864.
97 OLG Brandenburg MMR 2006, 405.
98 *Zscherpe*, MMR 2004, 723, 726.

B. Gesetzliche Voraussetzungen der Einbeziehung (§ 305 Abs. 2 BGB) § 4

einem vom OLG Brandenburg[99] entschiedenen Fall: Die Einwilligungserklärung wurde bestätigend wiederholt, indem der Nutzer zunächst ein Kontrollkästchen mit dem Text *„Ich willige in die Verarbeitung und Nutzung meiner personenbezogenen Daten gemäß der vorstehenden Datenschutzerklärung ein"* und sodann nochmals ein Schaltfeld mit dem Text *„Ich akzeptiere und willige ein"* aktivieren musste.[100] *Dreyer*[101] und *v. Westphalen*[102] hegen allerdings Zweifel daran, ob die Entscheidung des OLG Brandenburg[103] auch unter Berücksichtigung der restlichen Vorgaben der vormaligen §§ 5, 6 TDDSG (nunmehr BDSG, vorstehende Rn 33) i.V.m. § 307 Abs. 2 Nr. 1 BGB haltbar ist. Danach dürfen nämlich Daten der Nutzer von Telediensten nicht zu Werbezwecken verwendet werden. In diese Richtung geht auch eine Entscheidung des LG Bonn,[104] wonach eine formularmäßig eingeholte Einwilligung von Verbrauchern, die zu einer uneingeschränkten telefonischen Werbung berechtigen soll, gegen die §§ 4, 41 BDSG verstößt und damit unwirksam ist.

Die Möglichkeit der Kenntnisnahme setzt bei **Abwesenheit** der anderen Vertragspartei voraus, dass dieser regelmäßig die Allgemeinen Geschäftsbedingungen übersandt werden müssen,[105] wohingegen bei **Anwesenheit** eine Auslage (Vorlage bzw. Angebot der Vorlage)[106] mit der Möglichkeit der Einsichtnahme in aller Regel ausreicht[107] (zum Aushang vgl. Rdn 27). Bei besonders umfangreichen Allgemeinen Geschäftsbedingungen kann der Kunde unter Zumutbarkeitsgesichtspunkten auch deren Aushändigung verlangen.[108]   35

Bei **telefonischem Vertragsabschluss**, bei dem nach § 147 Abs. 1 S. 2 BGB nur eine sofortige Annahme des Antrags möglich ist, soll zunächst ein ausdrücklicher Hinweis auf die Allgemeinen Geschäftsbedingungen ausreichen, die der anderen Vertragspartei weitere Informationsmöglichkeiten eröffnet.[109] Dies kann durch das Verlesen kürzerer Allgemeiner Geschäftsbedingungen am Telefon geschehen oder aber auch durch die auf entsprechende Bitte hin erfolgte Zusendung der Allgemeinen Geschäftsbedingungen –   36

---

99 OLG Brandenburg MMR 2006, 405.
100 OLG Brandenburg MMR 2006, 405.
101 *Dreyer*, MMR 2006, 408.
102 Siehe *v. Westphalen*, NJW 2007, 2228, 2229.
103 OLG Brandenburg MMR 2006, 405.
104 LG Bonn MMR 2007, 124.
105 Palandt/*Grüneberg*, § 305 BGB Rn 35. Hier ist die Aufforderung, die Allgemeinen Geschäftsbedingungen im Geschäftslokal des Verwenders einzusehen, unzureichend: OLG Düsseldorf, BauR 1996, 712. Auch das Angebot einer kostenlosen Übersendung (allein) begründet noch nicht die *„Möglichkeit der Kenntnisnahme"*: BGH NJW-RR 1999, 1246 – ebenso wenig wie die Übergabe eines Auszugs aus den Allgemeinen Geschäftsbedingungen: BGH NJW-RR 1991, 727.
106 LG Ansbach NJW-RR 1990, 564.
107 BGH NJW-RR 2007, 37.
108 So OLG Hamburg VersR 1989, 202.
109 Jauernig/*Stadler*, § 305 BGB Rn 3.

§ 4 Einbeziehung der Allgemeinen Geschäftsbedingungen

wobei für letzteren Fall (wegen § 147 Abs. 1 S. 2 BGB) hinsichtlich der Frage der Annahmefrist die Regelung des § 148 BGB zu beachten ist. Der Vertragspartner kann durch Individualvereinbarung (nicht durch formularmäßige Erklärung) aber auch ganz auf eine Kenntnisnahme der Allgemeinen Geschäftsbedingungen vor Vertragsschluss (d.h. auf die Einhaltung von § 305 Abs. 2 Nr. 2 BGB) **verzichten**, womit der Vertrag bei telefonischem Antrag dann auch sofort zustande kommt.[110]

37 Auch im Zusammenhang mit **Internet- bzw. Bildschirmtextgeschäften** ist ein Hinweis des Verwenders, dass Allgemeine Geschäftsbedingungen in den Vertrag einbezogen werden sollen, erforderlich.[111] Zur Kenntnisverschaffung bei kurzen Texten genügt Abrufbarkeit am Bildschirm.[112] Der Hinweis auf einen kostenlosen Abruf der Allgemeinen Geschäftsbedingungen auf einer anderen BTX-Seite soll dann ausreichen, wenn es sich um einen kurzen Text handelt und hinreichend verständlich Informationen für die richtige Bedienung gegeben werden.[113] Ist der Text länger, muss die Möglichkeit bestehen, ihn kostenlos herunterzuladen.[114]

38 Bei **Vertragsabschlüssen im Internet** geht es um die Frage, ob und unter welchen Voraussetzungen Allgemeine Geschäftsbedingungen, auf die in einem Hyperlink hingewiesen wird, Vertragsbestandteil werden.[115] Der BGH hat dazu festgestellt, dass es für die *„Möglichkeit der Kenntnisverschaffung"* i.S.v. § 305 Abs. 2 Nr. 2 BGB genügen kann, wenn bei einer Bestellung über das Internet die Allgemeinen Geschäftsbedingungen des Anbieters über einen auf der Bestellseite gut sichtbaren Link aufgerufen und ausgedruckt werden können.[116] Für die Verschaffung der Möglichkeit, in zumutbarer Weise von dem Inhalt Allgemeiner Geschäftsbedingungen Kenntnis zu nehmen, reicht es aus, dass diese durch Anklicken des unterstrichenen Wortes *„AGBs"* auf der Bestellseite aufgerufen und ausgedruckt werden können. Die Verwendung von Links und deren Darstellung durch Unterstreichen gehören – so der BGH[117] – zu den in dem Medium Internet üblichen Gepflogenheiten. Verwender von Allgemeinen Geschäftsbedingungen können

---

110 Umstritten – so aber MüKo/*Basedow*, § 305 BGB Rn 67; Palandt/*Grüneberg*, § 305 BGB Rn 35: *„Der Kunde braucht die Möglichkeit, vom Inhalt der AGB Kenntnis zu nehmen, nicht auszunutzen. Die insoweit bestehende Entscheidungsfreiheit muss die Befugnis mit umfassen, den Verwender von der Obliegenheit des II Nr. 2 freizustellen. Es wäre widersinnig, die Obliegenheit zur Kenntnisverschaffung auch gegenüber einem Kunden zu bejahen, der erklärtermaßen keine Kenntnis nehmen will. "*; a.A. hingegen AG Krefeld NJW-RR 1997, 245.
111 OLG Hamburg WM 2003, 581.
112 So OLG Köln NJW-RR 1998, 1277: selbst bei sieben Seiten; LG Freiburg NJW-RR 1992, 1018.
113 LG Bielefeld NJW-RR 1992, 955.
114 Dazu *Löhning*, NJW 1997, 1688; Mehrings, BB 1998, 2373.
115 Siehe *v. Westphalen*, NJW 2007, 2228, 2229.
116 So BGH NJW 2006, 2976 – Paketschnelldienst.
117 So BGH NJW 2006, 2976 – Paketschnelldienst.

B. Gesetzliche Voraussetzungen der Einbeziehung (§ 305 Abs. 2 BGB) § 4

daher davon ausgehen, dass Verbraucher, die sich für ihre Bestellung des Internets bedienen, mit solchen Links ohne Weiteres umgehen können.[118]

Unabhängig von den Einbeziehungsvoraussetzungen nach § 305 Abs. 2 BGB sind gerade bei Vertragsabschlüssen im Internet ggf. weitergehende Anforderungen – z.B. nach § 312 lit. i Abs. 1 Nr. 2 BGB i.V.m. Art. 246 lit. c EGBGB und § 312j Abs. 2 BGB – zu beachten (siehe hierzu Rdn 31).[119] 39

Beachte 40

§ 305 Abs. 2 Nr. 2 BGB statuiert keine Verpflichtung des Verwenders, den Kunden die Allgemeinen Geschäftsbedingungen in Textform (§ 126 lit. b BGB) zur Verfügung zu stellen.

Wird dem Kunden anstelle der aktuellen Fassung der Allgemeinen Geschäftsbedingungen eine frühere Fassung vorgelegt, so wird diese Vertragsinhalt[120] – ggf. erfolgt allerdings eine Modifikation dahingehend, dass der Verwender sich nach den Grundsätzen einer vorvertraglichen Pflichtverletzung (Verschulden bei Vertragsschluss – § 280 Abs. 1 i.V.m. §§ 311 Abs. 2, 241 Abs. 2 BGB) so behandeln lassen muss, als wäre die für den Kunden günstigere aktuellere Fassung Vertragsbestandteil geworden.[121] 41

Auf **zwei Besonderheiten** ist hinzuweisen: Nach § 6 der Verordnung über Informationspflichten nach Bürgerlichem Recht (InformationspflichtenVO – respektive § 3 der Verordnung über Informationspflichten von Reiseveranstaltern alt) muss der Reiseveranstalter dem Reisenden die Allgemeinen Geschäftsbedingungen des Reisevertrags regelmäßig **vor** Vertragsschluss vollständig übermitteln.[122] Reise-AGB müssen – so der BGH[123] – dem Kunden vor Vertragsschluss „vollständig" übermittelt werden, da nur so seine Entscheidungsfreiheit gewahrt werden kann. Das LG Düsseldorf[124] hatte zuvor bereits festgestellt, dass es zur wirksamen Einbeziehung von **Allgemeinen Reisebedingungen** (ARB) nicht genüge, dass die ARB im Reisebüro verfügbar seien. Es sei auch nicht ausreichend, dass die Reiseanmeldung einen vorformulierten Verweis auf die ARB enthielte, wonach der Reisende die Reisebedingungen des Veranstalters anerkennt. Vielmehr seien die Voraussetzungen von § 6 Abs. 3 BGB-InfoVO im Einzelnen beim Abschluss des Reisevertrags zu beachten. Danach ist der Verwender verpflichtet, dem Kunden die ARB vor 42

---

118 So auch OLG Hamburg WM 2003, 581, 583; OLG Hamm NJW 2001, 1142; MüKo/*Basedow*, § 305 BGB Rn 69; Palandt/*Grüneberg*, § 305 BGB Rn 36; *Ernst*, VuR 1997, 259, 261; *Waldenberger*, BB 1996, 2365, 2368 f.
119 Dazu *Taupitz/Kritter*, JuS 1999, 1844; *Heinrichs*, NJW 1999, 1598.
120 So OLG Nürnberg NJW-RR 1993, 1245.
121 BGH NJW 1982, 926.
122 Dazu *Tempel*, NJW 1996, 1625.
123 NJW 2009, 1486 mit Anm. *Führich*.
124 LG Düsseldorf NJW 2003, 3062, 3063.

Vertragsabschluss vollständig zu übermitteln oder (wenn sie im Katalog des Veranstalters abgedruckt sind) einen entsprechenden Hinweis auf die dort abgedruckten ARB zu erteilen, sofern der Katalog dem Kunden auch tatsächlich vorlag. Dass die ARB im Reisebüro hätten eingesehen werden können, sei nicht ausreichend. Würden die ARB dem Kunden erst mit der Reisebestätigung übersandt, so liege darin ein Angebot, diese nunmehr einzubeziehen. Dieses neue Angebot i.s.v. § 150 Abs. 2 BGB müsse aber der Kunde ausdrücklich annehmen (was praktisch sehr selten der Fall sein wird).[125]

Beachte

Das OLG Dresden[126] verlangt im Hinblick auf eine wirksame Einbeziehung Allgemeiner Geschäftsbedingungen in Energielieferungsverträgen eine vorherige Übermittlung derselben an den Kunden.

43 Im Falle einer **Staffelverweisung** (Weiterverweis auf andere Klauselwerke) gilt die *„Möglichkeit der Kenntnisnahme"* nach § 305 Abs. 2 Nr. 2 BGB für die Allgemeinen Geschäftsbedingungen (auf die verwiesen wird).[127] Die Unwirksamkeit einzelner in Bezug genommener Regelungen steht der Wirksamkeit der Weiterverweisung nicht entgegen.[128] Ist bei unterschiedlichen Klauselwerken unklar, welche Regelungen zur Anwendung gelangen sollen, gilt das dispositive Gesetzesrecht.[129]

44 Es muss die Möglichkeit einer **zumutbaren Kenntnisnahme** geschaffen **werden** (**Transparenzgebot** – vgl. auch § 307 Abs. 1 S. 2 BGB).[130] Dies setzt voraus, dass die Allgemeinen Geschäftsbedingungen für die andere Vertragspartei in ihrer Eigenschaft als Durchschnittskunde

- ohne Anstrengung (mühelos) **lesbar**,[131]
- (unter Heranziehung eines Laienhorizonts)[132] **verständlich**[133] und zudem
- einigermaßen **übersichtlich** sowie
- der Bedeutung des Geschäfts **umfangmäßig angepasst** (d.h. in einem Verhältnis zur Bedeutung des Geschäfts vertretbaren Umfang) sind.[134]

Eine im Kernbereich unklare und damit für den Durchschnittskunden unverständliche Klausel scheitert dabei bereits schon am Transparenzgebot des § 305 Abs. 2 Nr. 2

---

125 Siehe *v. Westphalen*, NJW 2004, 1993, 1994.
126 OLG Dresden RdE 2010, 230.
127 BGH NJW 1990, 3198.
128 BGHZ 111, 388, 393.
129 BGH NJW-RR 2006, 1350.
130 Dazu näher NK-BGB/*Kollmann*, § 305 Rn 67 ff.
131 BGH NJW 1983, 2773; BGH NJW-RR 1986, 1311; OLG Saarbrücken NJW-RR 1988, 858. Dazu auch *Thamm/Betzer*, BB 1989, 1133; Palandt/*Grüneberg*, § 305 BGB Rn 37.
132 Mithin gelten Abschwächungen für den kaufmännischen Verkehr: so BGH NJW 1999, 944.
133 OLG Schleswig NJW 1995, 2858.
134 Jauernig/*Stadler*, § 305 BGB Rn 14; Palandt/*Grüneberg*, § 305 BGB Rn 37.

B. Gesetzliche Voraussetzungen der Einbeziehung (§ 305 Abs. 2 BGB) § 4

BGB – für § 305 lit. c Abs. 2 BGB bleibt nur dann Raum, wenn die Klausel grundsätzlich verständlich ist, aber sich im Einzelnen als mehrdeutig erweist.[135] Folglich ist das Transparenzgebot nicht erst im Zeitpunkt der Inhaltskontrolle (nach § 307 Abs. 1 S. 2 BGB), sondern schon bei der Einbeziehungskontrolle nach § 305 Abs. 2 Nr. 2 BGB zu berücksichtigen.[136] Bereits im Rahmen einer wirksamen Einbeziehung nach § 305 Abs. 2 BGB ist der Verwender verpflichtet, die Rechte und Pflichten seines Vertragspartners möglichst klar und durchschaubar darzustellen. Er hat ihm dabei auch die wirtschaftlichen Nachteile einer Regelung so deutlich zu machen, wie dies nach den Umständen gefordert werden kann.[137]

Salvatorische Klauseln berühren nicht bloß die Möglichkeit der Kenntnisnahme, sondern sind auch am Maßstab der §§ 307 ff. BGB zu messen.[138] Eine zweifelhafte Rechtslage geht hingegen zulasten des Verwenders, da diesen Unklarheiten bei Anwendung der §§ 305 ff. BGB treffen sollen.[139] 45

Ist die andere Vertragspartei **Ausländer**, muss nicht in jedem Falle, um dem Transparenzgebot zu genügen, eine Übersetzung in die Fremdsprache erfolgen (d.h., es muss nicht stets eine Übersetzung der Allgemeinen Geschäftsbedingungen bereitgehalten werden). Ein Ausländer muss nämlich, falls Deutsch die Verhandlungs- und Vertragssprache ist (der Vertrag also in Deutschland geschlossen wird und deutschem Recht unterfällt), auch einen von ihm nicht zur Kenntnis genommenen AGB-Text gegen sich gelten lassen[140] (siehe hierzu Rdn 47 f.). 46

Werden hingegen die Verhandlungen in einer **ausländischen Sprache** geführt, muss auf die Allgemeinen Geschäftsbedingungen in dieser Fremdsprache hingewiesen werden. Auch der AGB-Text muss in der entsprechenden Übersetzung vorliegen.[141] Bestehen inhaltlich abweichende Sprachfassungen, ist im kaufmännischen Verkehr jene der Verhandlungssprache maßgeblich.[142] 47

---

135 Palandt/*Grüneberg*, § 305 BGB Rn 39.
136 So zutreffend *Berger*, ZGR 2004, 329, 333: MüKo/*Basedow*, § 305 BGB Rn 73; Palandt/*Grüneberg*, § 305 BGB Rn 39.
137 BGHZ 153, 344 = BGH NJW 2003, 1447.
138 So BGH NJW-RR 1996, 789; a.A. Wolf/Horn/*Lindacher*, § 6 AGBG Rn 38; Jauernig/*Stadler*, § 305 BGB Rn 14.
139 BGH NJW 1996, 1218; a.A. Palandt/*Grüneberg*, vor § 307 BGB Rn 11.
140 BGHZ 87, 112, 114 f.; BGH NJW 1995, 190, 196; AG Langenfeld NJW-RR 1998, 1524. So grundsätzlich auch Palandt/*Grüneberg*, § 305 BGB Rn 40, jedoch einschränkend: *„Bei Verträgen mit erheblicher wirtschaftlicher Tragweite kann aber eine Verpflichtung zu erläuternden Hinweisen bestehen"*, ebenso: Palandt/*Grüneberg*, § 310 BGB Rn 26.
141 So OLG Frankfurt/M. NJW-RR 2003, 704.
142 BGH NJW 1996, 1819.

§ 4 Einbeziehung der Allgemeinen Geschäftsbedingungen

48 *Beachte*

Gleiches gilt für einen Internet-Vertragsabschluss, sofern Englisch die Vertragssprache ist.

49 § 305 Abs. 2 Nr. 2 BGB setzt voraus, dass der Verwender bei Möglichkeit einer zumutbaren Kenntnisnahme auch eine für ihn **erkennbare körperliche Behinderung** der anderen Vertragspartei angemessen zu berücksichtigen hat. Diese gegenüber § 2 Abs. 1 Nr. 2 AGB-Gesetz (alt) erfolgte Klarstellung soll vor allem Personen erfassen, die aufgrund einer körperlichen Behinderung in ihrer Wahrnehmungsfähigkeit beeinträchtigt sind – insbesondere Menschen mit einer Sehbehinderung (siehe hierzu Rdn 6). Die körperliche Behinderung muss für den Verwender erkennbar sein. Dann trifft ihn die Pflicht, die Behinderung angemessen zu berücksichtigen.

50 Hintergrund dieser Klarstellung ist die gesetzgeberische Überlegung, dass Menschen mit einer erheblichen Sehbehinderung – trotz eines ausdrücklichen Hinweises auf die Geltung Allgemeiner Geschäftsbedingungen und darauf, dass die Allgemeinen Geschäftsbedingungen aushängen oder in Papierform am Ort des Vertragsschlusses ausliegen – regelmäßig nicht die Möglichkeit haben, vom Inhalt der Allgemeinen Geschäftsbedingungen in zumutbarer Weise Kenntnis zu nehmen.[143] Sie bedürfen wegen ihrer Behinderung weiterer Hilfsmittel – bspw. der Übergabe der Allgemeinen Geschäftsbedingungen in einer Form (elektronische oder akustische Form bzw. in Braille-Schrift), die eine Kenntnisnahme vor Vertragsschluss ermöglicht. Mit diesem Zusatzerfordernis wird dem Rechtsanwender vor Augen gehalten und verdeutlicht, dass Orientierungsmaßstab für eine „zumutbare Kenntnisnahmemöglichkeit" nicht allein **objektiv** der Durchschnittskunde (siehe Rdn 51) ist. Vielmehr müssen auch körperlich bedingte Einschränkungen der Wahrnehmungsfähigkeit der anderen Vertragspartei angemessen berücksichtigt werden (Obliegenheit des Verwenders, dem Kunden die Möglichkeit einer AGB-Kenntnisnahme zu verschaffen – bspw. indem dem Kunden die Allgemeinen Geschäftsbedingungen in Blindenschrift oder in elektronischer bzw. akustischer Form [Tonbandkassetten] zugänglich gemacht werden oder Zurverfügungstellung einer Lupe bei Sehbehinderung, Zusendung der Allgemeinen Geschäftsbedingungen bei Hörbehinderung am Telefon).[144]

51 Die Klarstellung legt dem Verwender allerdings z.B. **nicht** auf, seine Allgemeinen Geschäftsbedingungen je nach Kunde und dessen Sehkraft in unterschiedlicher Schriftgröße bereitzuhalten. Vielmehr bleibt es insoweit auch nach § 305 Abs. 2 Nr. 2 BGB weiterhin bei einem verobjektivierten Maßstab: Zumutbarkeit ist dann anzunehmen, wenn die Allgemeinen Geschäftsbedingungen nach Art und Größe des Schriftbildes für einen **Durch-

---

143 RegE, BT-Drucks 14/6040, S. 150 r. Sp.
144 AnwK-Schuldrecht/*Hennrichs*, § 305 BGB Rn 11.

B. Gesetzliche Voraussetzungen der Einbeziehung (§ 305 Abs. 2 BGB) § 4

schnittskunden nicht nur mit Mühe lesbar sind. Von diesem verobjektivierten Maßstab ist dann abzuweichen, wenn die andere Vertragspartei
- für den Verwender erkennbar
- aufgrund einer körperlichen Behinderung an der Wahrnehmung gehindert ist und
- eine entsprechende Berücksichtigung angemessen ist.

Ob eine „*erkennbare Behinderung*" vorliegt, beurteilt sich nach den Umständen des konkret in Rede stehenden Einzelfalles, wenn der Kunde den Verwender nicht selbst auf seine Behinderung ausdrücklich hinweist. Eine positive Kenntnis des Verwenders ist nicht erforderlich – eine bloße Erkennbarkeit reicht aus.[145]   52

Die erkennbare körperliche Behinderung will primär **schwere Sehbehinderungen**[146] erfassen – offensichtlich jedoch **nicht geistige Behinderungen**, da „*AGB wie bisher nicht auf die konkreten mentalen Erkenntnismöglichkeiten des Einzelnen zugeschnitten sein*" müssen.[147] „*Dies ist folgerichtig, weil es bei (§ 305) Abs. 2 (BGB) nur um die Möglichkeit der Kenntniserlangung der AGB geht, nicht dagegen um die verstandesmäßige Bewältigung des Geschriebenen. Ob der Kunde das Klauselwerk versteht, spielt deshalb für die Einbeziehung der AGB keine Rolle.*"[148]   53

Die **Beweislast** dafür, ob die Einbeziehungsvoraussetzungen erfüllt sind, trifft denjenigen, der sich darauf beruft, dass die Allgemeinen Geschäftsbedingungen Vertragsbestandteil geworden sind (mithin i.d.R. den Verwender).[149]   54

Zusammengefasst bleibt festzuhalten, dass Allgemeine Geschäftsbedingungen nur ggf. auf eine erkennbare körperliche Behinderung, nicht jedoch (wie auch früher schon) auf die konkreten mentalen Erkenntnismöglichkeiten des einzelnen Vertragspartners zugeschnitten sein müssen.[150]   55

Hennrichs[151] dürfte darüber hinaus zu widersprechen sein,[152] wenn er meint, „*ebenfalls hier einzuordnen sein dürfte ... auch Analphabetismus*".   56

---

145 AnwK-Schuldrecht/*Hennrichs*, § 305 BGB Rn 9.
146 Nicht **jede** Sehbeeinträchtigung, da der Gesetzgeber dem Verwender schwerlich das Vorhalten von Allgemeinen Geschäftsbedingungen mit den unterschiedlichsten Schriftgrößen aufgeben wollte: So zutreffend AnwK-Schuldrecht/*Hennrichs*, § 305 BGB Rn 9: „*Andererseits sollte bei der textlichen Gestaltung der AGB schon auf die Lesebedürfnisse auch älterer oder eben gar (seh)behinderter Menschen Rücksicht genommen werden, wenn diese zum Kreis der potentiellen Kunden zählen.*"
147 BT-Drucks 14/6040, S. 151.
148 AnwK-Schuldrecht/*Hennrichs*, § 305 BGB Rn 10 – die inhaltliche Verständlichkeit von Allgemeinen Geschäftsbedingungen stellt nicht § 305 Abs. 2 Nr. 2 BGB, sondern das Transparenzgebot des § 307 Abs. 1 S. 2 BGB sicher.
149 AnwK-Schuldrecht/*Hennrichs*, § 305 BGB Rn 11.
150 RegE, BT-Drucks 14/6040, S. 151 l. Sp.
151 AnwK-Schuldrecht/*Hennrichs*, § 305 BGB Rn 10.
152 Wie hier *Heinrichs*, NZM 2003, 8; Palandt/*Grüneberg*, § 305 BGB Rn 38.

57 **Analphabetismus** kann nämlich schwerlich als eine „*für den Verwender erkennbare körperliche Behinderung der anderen Vertragspartei*" i.S.v. § 305 Abs. 2 Nr. 2 BGB qualifiziert werden.

58 Ebenso wenig unterfallen der Sonderregelung **Ausländer**, die die deutsche Sprache nicht beherrschen[153] (siehe hierzu Rdn 46 f.).

C. Das Einverständnis des Vertragspartners (§ 305 Abs. 2 letzter Hs. BGB)

59 Die andere Vertragspartei muss – als notwendige Einbeziehungsvoraussetzung[154] – mit der Geltung der Allgemeinen Geschäftsbedingung einverstanden sein.[155] Das Einverständnis kann sowohl ausdrücklich als auch (sofern keine Formvorschriften bestehen) konkludent (schlüssig) erfolgen.[156] Eine formularmäßige Einverständniserklärung (bspw. in einem Kaufvertrag, dass der Kunde von den auf der Rückseite des Formulars abgedruckten Allgemeinen Geschäftsbedingungen Kenntnis genommen habe und mit deren Geltung einverstanden sei) unterliegt nicht der Inhaltskontrolle (nach den §§ 307 ff. BGB),[157] da es sich um eine abschlussregelnde und damit kontrollfreie Klausel handelt.[158]

60 Das Einverständnis wird regelmäßig dann zu bejahen sein, wenn es – nach Erfüllung der Voraussetzungen des § 305 Abs. 2 Nr. 1 und 2 BGB – letztlich zum Vertragsschluss kommt.[159]

61 *Beachte*

Das Schweigen eines Kunden bedeutet i.d.R. dann **keine Zustimmung**, wenn der Verwender erstmals in der Rechnung oder in der Auftragsbestätigung auf beigefügte Allgemeine Geschäftsbedingungen Bezug nimmt[160] – gleichermaßen wie bei einem in derselben Situation erstmals erwähnten verlängerten (nicht jedoch einfachen) Eigentumsvorbehalt.[161] Im nichtkaufmännischen Verkehr (anders ggf. im unternehmerischen Verkehr) liegt auch in der Entgegennahme der Leistung **kein** rechtsgeschäftliches Einverständnis mit nach Vertragsschluss mitgeteilten Allgemeinen Geschäftsbedingungen.[162]

---

153 *Schäfer*, JZ 2003, 879.
154 Palandt/*Grüneberg*, § 305 BGB Rn 41.
155 Dazu näher NK-BGB/*Kollmann*, § 305 Rn 83 ff.
156 Palandt/*Grüneberg*, § 305 BGB Rn 41.
157 BGH NJW 1982, 1388; Jauernig/*Stadler*, § 305 BGB Rn 15; a.A. hingegen *Hensen*, ZIP 1984, 146.
158 So BGH NJW 1982, 1388; Jauernig/*Stadler*, § 305 BGB Rn 15.
159 Palandt/*Grüneberg*, § 305 BGB Rn 41. Vgl. OLG Frankfurt/M. NJW-RR 1993, 790: Einverständnis zur Taschenkontrolle in den Allgemeinen Geschäftsbedingungen eines Einkaufszentrums.
160 BGHZ 61, 282, 287; BGHZ 18, 212; BGH NJW 1988, 2106; Palandt/*Grüneberg*, § 305 BGB Rn 41.
161 OLG Köln BB 1994, 741.
162 Palandt/*Grüneberg*, § 305 BGB Rn 41.

Beachte zudem **62**
Haftungsausschlussklauseln auf Schildern – oder an einem Kinderspielplatz,[163] in einer Reithalle[164] bzw. an einem Trimm-Dich-Pfad[165] – sind im Falle von Schweigen als **Ablehnung** zu qualifizieren.[166]

Im Hinblick auf das Zustandekommen eines **Beförderungsvertrags** mit der Deutschen Post AG trotz Ausschlusses einer Sendung mit bestimmtem Inhalt durch die Allgemeinen Geschäftsbedingungen hat der BGH[167] Folgendes festgestellt: Ungeachtet der Bestimmung in den Allgemeinen Geschäftsbedingungen der Deutschen Post AG (Abschnitt 2 II Nr. 7, 6 II 4), wonach sie keinen Vertrag über die Beförderung von Sendungen mit bestimmtem Inhalt (im konkreten Fall: ungefasste Edelsteine in einem Wert von mehr als 1.000 DM) schließe, kommt ein Beförderungsvertrag über eine an sich ausgeschlossene Sendung dann zustande, wenn die fragliche Sendung von Mitarbeitern der Post in Unkenntnis des Inhalts am Schalter entgegen genommen wird. **63**

Eröffnet ein Bankkunde bei einem Kreditinstitut ein **Girokonto** (bzw. nimmt er einen Kredit auf), kommt dadurch nicht ein allgemeiner Bankvertrag unter Einbeziehung **aller** dem Bankkunden zugänglich gemachter Allgemeiner Geschäftsbedingungen des Kreditinstituts zustande.[168]

D. Rahmenvereinbarungen und andere Sonderformen der Einbeziehung

Eine **nachträgliche Einbeziehung von Allgemeinen Geschäftsbedingungen** kann nur im Wege der Vertragsänderung erfolgen, für die die Anforderungen des § 305 Abs. 2 BGB sinngemäß gelten.[169] Dazu muss der Verwender seinen Vertragspartner ausdrücklich darauf hinweisen, dass er eine Vertragsänderung anstrebt, und der Kunde muss sich mit dieser Vertragsänderung in eindeutiger Weise einverstanden erklären. Ein bloßer Hinweis des Verwenders auf bestimmte Allgemeine Geschäftsbedingungen in einer nach Vertragsabschluss übersandten Erklärung genügt dem ebenso wenig wie die fortdauernde Entgegennahme der Leistung und deren Bezahlung durch den Kunden.[170] **64**

---

163 OLG Köln VersR 1970, 577.
164 BGH NJW-RR 1988, 657.
165 OLG Karlsruhe VersR 1975, 381.
166 Palandt/*Grüneberg*, § 305 BGB Rn 41.
167 NJW-RR 2006, 1210; BGH NJW 2007, 179 und 1282.
168 So BGH NJW 2002, 3695; Palandt/*Grüneberg*, § 305 BGB Rn 41.
169 BGH NJW-RR 2012, 690, zitiert nach juris Rn 23 unter Bezugnahme auf BGH WM 2010, 233 – Rn 39.
170 BGH NJW-RR 2012, 690, zitiert nach juris Rn 23 unter Bezugnahme auf Erman/*Roloff*, § 305 BGB Rn 42; *Ulmer/Habersack* in Ulmer/Brandner/Hensen, § 305 BGB Rn 127 und 157.

§ 4 Einbeziehung der Allgemeinen Geschäftsbedingungen

I. Rahmenvereinbarungen

65 Die Vertragsparteien (in der Praxis vor allem in der Kreditwirtschaft) können nach § 305 Abs. 3 BGB für eine bestimmte Art von betroffenen Rechtsgeschäften die Geltung bestimmter Allgemeiner Geschäftsbedingungen (nach allgemeiner Ansicht aber **nicht** in der jeweils gültigen Fassung) unter Beachtung der in § 305 Abs. 2 BGB bezeichneten Erfordernisse (d.h. der gesetzlichen Voraussetzungen einer Einbeziehung – siehe Rdn 13 ff.) im Voraus vereinbaren (**Vorwegnahme einer Einbeziehung von Allgemeinen Geschäftsbedingungen** – im Voraus getroffene Einbeziehungsabreden).[171] § 305 Abs. 3 BGB entspricht wortgleich § 2 Abs. 2 AGB-Gesetz (alt).

66 Rahmenvereinbarungen können also bereits vorweg nach Maßgabe von § 305 Abs. 2 BGB einbezogen werden, aber **nur**

- beschränkt auf eine bestimmte Art von Rechtsgeschäften (womit die wiederholte Einbeziehung im Rahmen einer ständigen Geschäftsverbindung **nicht** genügt)[172] und
- beschränkt auf bestimmte (d.h. nicht die jeweils gültigen) Allgemeinen Geschäftsbedingungen.[173]

67 Notwendig ist ein über die Einbeziehungen im Einzelfall hinausgehender Wille.[174]

68 *Beachte*

§ 5 VVG (alt) normierte für den **Versicherungsvertrag** eine Sonderregelung[175] dahingehend, dass – sofern die Einbeziehungsvoraussetzungen deshalb nicht vorlagen, weil dem Versicherungsnehmer bei Antragstellung weder die Vertragsbedingungen (AVB) noch die Verbraucherinformationen nach § 7 VVG (alt) weiter geleitet worden waren – die Allgemeinen Versicherungsbedingungen (AVB) nachträglich Vertragsbestandteil wurden, wenn der Versicherungsnehmer nicht innerhalb von zwei Wochen (bei Lebensversicherungen nicht innerhalb von dreißig Tagen nach Übersendung der Unterlagen) widersprach. In der Zwischenzeit (bis zur Genehmigung durch Nichterklärung eines Widerspruchs durch den Versicherungsnehmer) lag ein schwebend unwirksamer Vertrag[176] bzw. eine vertragsähnliche Sonderbeziehung[177] vor (allerdings wohl kaum ein Rumpfvertrag)[178] – vgl. zur Neuregelung nunmehr § 7 i.V.m. § 8 VVG 2008 (siehe hierzu Rdn 15).

---

171 Dazu näher NK-BGB/*Kollmann*, § 305 Rn 105 ff.
172 Palandt/*Grüneberg*, § 305 BGB Rn 44.
173 Jauernig/*Stadler*, § 305 BGB Rn 16.
174 BGH NJW-RR 1987, 112.
175 Dazu näher Dörner/*Hoffmann*, NJW 1996, 153; *Lorenz*, VersR 1997, 773; *Reiff*, VersR 1997, 264; *Schirmer*, VersR 1996, 1045.
176 *Lorenz*, VersR 1994, 773.
177 *Schirmer*, VersR 1996, 1045.
178 So aber LG Essen VersR 1997, 993; ebenso Dörner/*Hoffmann*, NJW 1996, 153.

II. Die Einbeziehung von Allgemeinen Geschäftsbedingungen im unternehmerischen Bereich

Zwar finden gemäß § 310 Abs. 1 BGB die Vorgaben der Abs. 2 und 3 des § 305 BGB auf Unternehmer (§ 14 BGB) **keine Anwendung**. Gleichwohl gelten auch in den vertraglichen Beziehungen zwischen zwei Unternehmern Allgemeine Geschäftsbedingungen nur dann, wenn sie im Rahmen einer rechtsgeschäftlichen Einbeziehung Vertragsbestandteil geworden sind.[179] Dabei verlangt die Judikatur gegenüber § 305 Abs. 2 und 3 BGB aber nur eine erleichterte (ausdrückliche oder stillschweigende) Einbeziehungsvereinbarung.[180] Voraussetzung dafür ist, dass die vertragliche Einigung der Parteien (§§ 145 ff. BGB) sich auch auf die Einbeziehung der Allgemeinen Geschäftsbedingungen erstreckt, was ggf. im Auslegungswege (§§ 133, 157 BGB, § 346 HGB) festgestellt werden muss.[181]

69

Eine **ausdrückliche AGB-Einbeziehung** ist selbst dann wirksam, wenn dem Unternehmer die Allgemeinen Geschäftsbedingungen der anderen Vertragspartei bei Vertragsschluss nicht zugänglich gemacht worden sind, er ihren Inhalt also nicht kennt.[182] Bei Rahmenvereinbarungen (§ 305 Abs. 3 BGB – siehe Rdn 65 ff.) reicht ein Abstellen auf die jeweils geltende Fassung aus (sofern der Verwender seinen Vertragspartner nur jeweils unverzüglich über die aktuelle Fassung informiert).[183]

70

Eine **schlüssige AGB-Einbeziehung** im unternehmerischen Bereich ist dadurch möglich, dass durch den Verwender im Rahmen der Verhandlungen über den konkreten Vertrag (**nicht** bei früheren Verträgen oder auch früheren Rechnungen)[184] – nicht jedoch im Nachgang (d.h. nach Vertragsschluss, wobei bei Auftragsbestätigungen etwas anderes gelten kann – siehe Rdn 75) – ein ausdrücklicher, unzweideutiger und erkennbarer Verweis auf seine Allgemeinen Geschäftsbedingungen erfolgt (womit dem Vertragspartner die Möglichkeit eröffnet werden soll, sich vom AGB-Inhalt Kenntnis zu verschaffen)[185] **und** der Vertragspartner deren Geltung nicht (ggf. auch konkludent durch eine Bezugnahme auf seine eigenen Allgemeinen Geschäftsbedingungen) widerspricht.[186]

71

---

179 BGHZ 117, 190, 194; OLG Dresden NJW-RR 1999, 846; Palandt/*Grüneberg*, § 305 BGB Rn 49.
180 BGH NJW 1992, 1232.
181 Palandt/*Grüneberg*, § 305 BGB Rn 49.
182 BGHZ 1, 83, 86; BGH NJW 1976, 1887; Palandt/*Grüneberg*, § 305 Rn 50.
183 Palandt/*Grüneberg*, § 305 BGB Rn 50.
184 BGHZ 117, 190: Selbst dann nicht, wenn die im Rahmen der früheren Vertragsbeziehung in Bezug genommenen Allgemeinen Geschäftsbedingungen formularmäßig auch für künftige Verträge Geltung beanspruchen sollen.
185 BGHZ 102, 293, 304.
186 BGHZ 117, 190, 194; BGH NJW-RR 2003, 754; Palandt/*Grüneberg*, § 305 BGB Rn 51.

§ 4 Einbeziehung der Allgemeinen Geschäftsbedingungen

72 Eine Einbeziehung ist also dann zu bejahen, wenn der Vertragspartner durch **ausdrücklichen oder konkludenten Hinweis** des Verwenders auf dessen klar bezeichneten Allgemeinen Geschäftsbedingungen weiß, dass der Verwender nur zu diesen Konditionen kontrahieren wird und er sich darauf einlässt (§§ 133, 157 BGB, § 346 HGB).[187] Bei einem Verzicht auf Kenntnisnahme durch den Vertragspartner ist eine Einzelkenntnis der Allgemeinen Geschäftsbedingungen unnötig.[188]

73 *Beachte*

Im Rahmen **ständiger Geschäftsbeziehungen**[189] *(mit einer Vielzahl wiederholter Vertragsabschlüsse)*[190] *können (auch ausländische)*[191] *Allgemeine Geschäftsbedingungen durch wiederholten (auch für den flüchtigen Leser ohne Weiteres erkennbaren und unbeanstandeten) Hinweis*[192] *in Rechnungen (i.d.R. unter Berücksichtigung der Gesamtumstände) Vertragsbestandteil werden.*[193] *Hier steht ein Wissenmüssen des Vertragspartners dem Wissen gleich.*[194] *Dies soll im Rahmen entsprechender Geschäftsbeziehungen aber dann* **nicht** *gelten,*[195] *wenn der Hinweis sich auf Lieferscheinen*[196] *oder auf der Rückseite einer Rechnung befindet.*[197]

74 (Kaufmännische) **Bestätigungsschreiben** begründen (als Handelsbrauch nach § 346 HGB) aufgrund ihrer rechtserzeugenden Wirkung einen AGB-Einbeziehungstatbestand[198] mit der Folge, dass im Falle eines Verweises auf Allgemeine Geschäftsbedingungen in einem solchen Schreiben diese – sofern ein Widerspruch ausbleibt – selbst dann Vertragsbestandteil werden, wenn sie nicht Gegenstand der Vertragsverhandlungen waren[199] bzw. dem Bestätigungsschreiben nicht beigefügt worden sind.[200] Etwas anderes gilt nur dann, wenn es sich um eine „*wesentliche Abweichung*" vom mündlich Vereinbarten handelt.[201]

---

187 BGH NJW 2000, 1155; BGH NJW 1995, 666.
188 BGH NJW 1976, 188.
189 Dazu BGH DB 1973, 1393.
190 Daran fehlte es in BGHZ 117, 190, 195 f.
191 OLG Köln VersR 1994, 1496.
192 BGH NJW 2000, 3778.
193 BGHZ 42, 53, 55; BGH NJW-RR 1991, 571; Palandt/*Grüneberg*, § 305 BGB Rn 51; a.A. hingegen OLG Karlsruhe NJW-RR 1993, 568.
194 Jauernig/*Stadler*, § 305 BGB Rn 19.
195 Palandt/*Grüneberg*, § 305 BGB Rn 51.
196 BGH NJW 1978, 2243, 2244; OLG Hamburg WM 2003, 571.
197 OLG Köln VersR 1998, 464; OLG Hamburg ZIP 1984, 1241.
198 Palandt/*Grüneberg*, § 305 BGB Rn 52; Staudinger/*Schlosser*, § 305 BGB Rn 197.
199 BGH NJW 1978, 2244.
200 BGHZ 18, 212, 216.
201 Palandt/*Grüneberg*, § 305 BGB Rn 51.

D. Rahmenvereinbarungen und andere Sonderformen der Einbeziehung § 4

Beachte 75
Bei einer erstmaligen Bezugnahme des Verwenders auf seine Allgemeinen Geschäftsbedingungen in einer **Auftragsbestätigung** können diese im kaufmännischen Verkehr durch widerspruchslose Leistungsannahme seitens des Vertragspartners Vertragsinhalt werden[202] – es sei denn, der Vertragspartner verwendet selbst eine **Abwehrklausel**.[203]

Auch bei einer **branchenüblichen Verwendung** von Allgemeinen Geschäftsbedingungen können diese – ohne entsprechenden Hinweis des Verwenders (siehe Rdn 72) bzw. eine ständige Geschäftsverbindung (siehe Rdn 73) – Vertragsinhalt werden, da hier (und nur) für einen branchentypisch tätigen Unternehmer[204] Wissenmüssen unterstellt werden kann.[205] Voraussetzung ist eine **starke Verkehrsgeltung** der in Rede stehenden Allgemeinen Geschäftsbedingungen.[206] Dies hat die Judikatur bspw. in folgenden Fällen angenommen: 76

- ADSp,[207]
- Allgemeine Geschäftsbedingungen der Banken,[208]
- Allgemeine Geschäftsbedingungen von Flughafenunternehmen,[209]
- Allgemeine Geschäftsbedingungen kommunaler Hafenbetriebe[210] bzw.
- Konnossementsbedingungen.[211]

Die Allgemeinen Geschäftsbedingungen sind einbezogen, wenn ihnen nicht widersprochen wird (**fehlender Widerspruch** der Gegenpartei gegen die Geltung der Allgemeinen Geschäftsbedingungen).[212] 77

Zu einem **Handelsbrauch** (§ 346 HGB) erstarkte Allgemeine Geschäftsbedingungen werden auch ohne Einverständnis und Kenntnis des Betroffenen im kaufmännischen Verkehr Vertragsbestandteil.[213] Dann bedarf es keiner Einbeziehung. Als einen entsprechenden Handelsbrauch hat die Judikatur folgende Allgemeinen Geschäftsbedingungen anerkannt: 78

---

202 BGHZ 61, 282, 287; BGH NJW 2000, 1154.
203 Palandt/*Grüneberg*, § 305 BGB Rn 52: konkludenter Widerspruch.
204 BGH NJW 2002, 370; BGH NJW 1998, 1141.
205 Jauernig/*Stadler*, § 305 BGB Rn 19.
206 Palandt/*Grüneberg*, § 305 BGB Rn 56 – weshalb der BGH (NJW 1992, 626) dies für Bindungen der Textilveredelungsindustrie bzw. das OLG Hamburg (EWiR 1997, 895) für Hamburger Lagerungsbedingungen **abgelehnt** hat.
207 BGHZ 96, 136, 138; BGH NJW-RR 1996, 1313; BGH NJW 1985, 2412.
208 BGH WM 2004, 1177; BGH WM 1973, 636; BGH NJW 1971, 2127.
209 OLG Karlsruhe VersR 1971, 159.
210 BGH LM AGB Nr. 21a.
211 Dazu *Rabe*, TransportR 1985, 87.
212 BGH NJW-RR 1991, 571.
213 Jauernig/*Stadler*, § 305 BGB Rn 24.

- ADS,[214]
- ERA[215] sowie die
- Tegernseer Gebräuche (im Holzhandel),[216]

nicht jedoch die ADSp.[217]

79   *Beachte*
     Der Handelsbrauch selbst ist allerdings keine Allgemeine Geschäftsbedingung.[218]

80   Möglich ist auch, dass **eine einzelne Klausel** in einer bestimmten Branche zu einem Handelsbrauch (§ 346 HGB) erstarkt ist – bspw. eine Schiedsabrede[219] oder in Branchen, in denen eine Lieferung unter Eigentumsvorbehalt die Regel ist, der einfache Eigentumsvorbehalt[220] bzw. der verlängerte Eigentumsvorbehalt.[221]

81   Auch im unternehmerischen Bereich muss dem Vertragspartner durch den Verwender mittels klarer Bezeichnung seiner Allgemeinen Geschäftsbedingungen die Möglichkeit eröffnet werden, von diesen **in zumutbarer Weise Kenntnis zu nehmen**[222] – ohne aber die Notwendigkeit, dass die Voraussetzungen des § 305 Abs. 2 Nr. 2 BGB (siehe hierzu Rdn 30 ff.) erfüllt sein müssten. Deshalb besteht – sofern es sich nicht um übliche, leicht beschaffbare Allgemeine Geschäftsbedingungen handelt – grundsätzlich[223] nur ein Anspruch auf Einsicht oder Überlassung der Allgemeinen Geschäftsbedingungen[224] (wenn der Vertragspartner dies verlangt).[225] Kommt der Verwender einer Aufforderung seines Vertragspartners auf Zusendung[226] seiner Allgemeinen Geschäftsbedingungen nicht nach, kann er sich auf diese nicht berufen (§ 242 BGB).[227]

---

214 *Ulmer/Habersack* in Ulmer/Brandner/Hensen, § 305 BGB Rn 181.
215 LG Frankfurt/M. WM 1996, 153.
216 BGH NJW-RR 1987, 94; OLG Koblenz BB 1988, 1138.
217 Palandt/*Grüneberg*, § 305 BGB Rn 57 unter Bezugnahme auf *Ulmer/Habersack* in Ulmer/Brandner/Hensen, § 305 BGB Rn 181.
218 BGH NJW 1987, 95.
219 Vgl. BGH NJW 1993, 1798.
220 Palandt/*Grüneberg*, § 305 BGB Rn 57; *Ulmer/Habersack* in Ulmer/Brandner/Hensen, § 305 BGB Rn 195 – bspw. in der Textilbranche (LG Marburg, NJW-RR 1993, 1505), (noch) nicht jedoch in der Lebensmittelbranche (OLG Hamm, NJW-RR 1993, 1445), so Palandt/*Grüneberg*, § 305 BGB Rn 57.
221 Vgl. BGH NJW-RR 2004, 555 – Windkraftanlagen.
222 BGHZ 102, 293, 304.
223 Näher Palandt/*Grüneberg*, § 305 BGB Rn 53.
224 Palandt/*Grüneberg*, § 305 BGB Rn 57.
225 BGH NJW 1982, 1750; OLG Düsseldorf VersR 1996, 1394: Ein Hinweis, dass auf Wunsch die Allgemeinen Geschäftsbedingungen übersandt werden, genüge. Die Allgemeinen Geschäftsbedingungen müssen also im unternehmerischen Verkehr nicht dem Vertragsschreiben beigefügt werden: so BGH NJW 1982, 1750.
226 Eine Zusendung ist bspw. bei Kaufverträgen unter Anwendbarkeit des CISG zwingend erforderlich: BGH NJW 2002, 370.
227 OLG Hamm DB 1983, 2619.

Im Übrigen müssen auch im unternehmerischen Bereich die Allgemeinen Geschäftsbedingungen für einen „*Durchschnittsunternehmer*" verständlich sein,[228] weshalb schwer lesbare und den Vertragspartner wegen der drucktechnischen Anordnung verwirrende Allgemeine Geschäftsbedingungen nicht Vertragsbestandteil werden.[229]

82

III. Einbeziehung von Allgemeinen Geschäftsbedingungen bei Vertragsabschlüssen im Internet

Die Möglichkeit, bei einem Online-Angebot die Allgemeinen Geschäftsbedingungen kostenlos herunterzuladen, betrifft nur die Möglichkeit der Kenntnisnahme nach § 305 Abs. 2 BGB. Dies reicht jedoch nicht aus, weil der Verwender auch gehalten ist, auf die Allgemeinen Geschäftsbedingungen erkennbar hinzuweisen und so seinen **Einbeziehungswillen** zu dokumentieren.[230] Ein entsprechender Hinweis resultiert nicht aus der Vorlage von Lieferscheinen und Rechnungen. Der Hinweis auf die Geltung von Allgemeinen Geschäftsbedingungen hat nämlich grundsätzlich nur Bedeutung im Zusammenhang mit einem einzelnen Vertragsabschluss, und Rechnungen sowie Lieferscheine werden regelmäßig erst danach übergeben.

83

Dies dürfte gemäß §§ 145 ff. BGB gleichermaßen im unternehmerischen Verkehr gelten: Allein die Möglichkeit, Allgemeine Geschäftsbedingungen kostenlos herunterzuladen, wird für die Begründung des erforderlichen Einbeziehungswillens i.d.R. nicht ausreichen – insbesondere dann nicht, wenn die Allgemeinen Geschäftsbedingungen auf der unteren Ebene eines Internet-Auftritts wiedergegeben werden. Dann werden sie nämlich zwangsläufig nicht von jedem Kunden wahrgenommen. Vor diesem Hintergrund wird man auch für Internet-AGB einen **klaren und ausdrücklichen Hinweis** verlangen müssen, der praktisch nicht übersehbar ist.

84

E. Einbeziehung in besonderen Fällen (§ 305 lit. a BGB)

Literatur:

Berger, Die Einbeziehung von AGB in B2C-Verträge, ZGS 2004, 329; *Ditscheid/Rudloff*, Das Verhältnis von § 305a Nr. 2b BGB zu den Informationspflichten im Fernabsatz- und E-Commerce-Recht, K & R 2005, 258; *Dörner/Hoffmann*, Der Abschluss von Versicherungsverträgen nach § 5a VVG, NJW 1996, 153; *Freise*, Die Einbeziehung allgemeiner Beförderungsbedingungen in den Beförderungsvertrag, VersR 2004, 974; *Hilpert*, Beförderungsbedingungen im Bereich des öffentlichen Personenverkehrs als Rechtsproblem, NZV 2007, 288; *Schulz/Gaedtke*, Fahrgastrechte im Eisenbahnpersonenverkehr und die „Kundencharta" der Deutschen Bahn AG, RRa 2005, 104; *Kessel/Kuhlmann/Passauer/Schriek*, Informationspflichten und AGB-Einbeziehung auf mobilen End-

---

228 Palandt/*Grüneberg*, § 305 BGB Rn 53.
229 So BGH WM 1978, 978, 979.
230 Vgl. OLG Hamburg WM 2003, 581 = OLG Hamburg NMR 2002, 677 = OLG Hamburg CR 2002, 915.

geräten, K&R 2004, 519; *Schulz*, AGB der Anbieter für Telekommunikationsdienstleistungen für die Öffentlichkeit, CR 1998, 213; *Späth*, Zustellung durch die Post – AGB Briefdienst Inland der Deutschen Post AG, NJW 1998, 1620; *Spindler*, Neues im Vertragsrecht der Internet-Provider, CR 2004, 203; *Staudinger*, Verspätungsschaden und Eisenbahnverkehrsordnung, ein europarechtswidriger Anachronismus?, NJW 1999, 3664; *v. Münch*, Die Einbeziehung von AGB im Fernsehmarketing, MMR 2006, 202.

85 § 305 lit. a BGB regelt – in teilweiser Übernahme der Regelungen des § 23 Abs. 2 Nr. 1, Nr. 1 lit. a, Nr. 1 lit. b sowie Abs. 3 AGB-Gesetz (alt) – **Ausnahmen** vom Grundsatz, dass Allgemeine Geschäftsbedingungen nur in einen Vertrag einbezogen werden können, wenn der Verwender den anderen Teil auf sie hinweist und ihm eine zumutbare Möglichkeit der Kenntnisnahme verschafft. Damit werden die Einbeziehungsregeln des § 305 Abs. 2 Nr. 1 (Hinweispflichten des Verwenders – siehe Rdn 18 ff.) und Nr. 2 BGB (Möglichkeiten der Kenntnisnahme durch den Vertragspartner – siehe Rdn 30 ff.) ergänzt und zum Teil auch erleichtert. Gegenüber den Altregelungen im AGB-Gesetz wird jedoch der Katalog der privilegierten Bereiche ausgedünnt und damit parallel der Grundsatz des § 305 Abs. 2 letzter Hs. BGB (mithin das **Konsensualprinzip**) gestärkt:[231]

- Eingeschränkte Privilegierung von Beförderungsverträgen über Postsendungen und Telekommunikationsdienstleistungen (nämlich nur noch bei einer bestimmten Art des Vertragsschlusses).
- Wegfall der Privilegierung des § 23 Abs. 3 AGB-Gesetz (alt) für
- Versicherungs-,
- Bauspar- und
- Vertragsbedingungen der Kapitalanlagegesellschaften, wonach die entsprechenden Allgemeinen Geschäftsbedingungen früher auch ohne die Einbeziehungsvoraussetzungen des § 2 Abs. 1 AGB-Gesetz (alt) (jetzt: § 305 Abs. 2 BGB) Vertragsbestandteil wurden.

86 Auch ohne die Einhaltung der in § 305 Abs. 2 Nr. 1 und Nr. 2 BGB bezeichneten Erfordernisse (d.h. ohne besonderen Hinweis auf die Allgemeinen Geschäftsbedingungen und ohne eine Möglichkeit, von diesen in zumutbarer Weise vor Vertragsschluss Kenntnis zu nehmen), werden nach § 305 lit. a BGB folgende Allgemeine Geschäftsbedingungen in einen Vertrag einbezogen, wenn die andere Vertragspartei mit ihrer Geltung **einverstanden** ist[232] (d.h. bei **Weitergeltung des Konsensualprinzips** des § 305 Abs. 2 2. Hs. BGB):[233]

---

231 AnwK-Schuldrecht/*Hennrichs*, § 305a BGB Rn 1; Palandt/*Grüneberg*, § 305a BGB Rn 1.
232 Mit dieser Formulierung im Einleitungssatz des § 305 lit. a Abs. 1 BGB – „*wenn die andere Vertragspartei mit ihrer Geltung einverstanden ist*" – soll das **Konsensualprinzip** bei der Frage der Einbeziehung von Allgemeinen Geschäftsbedingungen (durch die Wiederholung des Wortlauts des § 305 Abs. 2 letzter Hs. BGB) noch deutlicher herausgestellt werden: Rechtsausschuss, BT-Drucks 14/7052, S. 188 l. Sp. Die Geltung des Konsensualprinzips ist auch zwingend, da die AGB-Geltung (wegen des fehlenden Rechtsnormcharakters der Allgemeinen Geschäftsbedingungen – dazu bereits vorstehende Rn 1) stets auf einer rechtsgeschäftlichen Einbeziehung in den Vertrag beruht: AnwK-Schuldrecht/*Hennrichs*, § 305a BGB Rn 2.
233 Dazu näher NK-BGB/*Kollmann*, § 305a Rn 1.

E. Einbeziehung in besonderen Fällen (§ 305 lit. a BGB) § 4

- Die mit Genehmigung der zuständigen Verkehrsbehörde oder aufgrund von internationalen Übereinkommen erlassenen Tarife und Ausführungsbestimmungen der Eisenbahnen und die nach Maßgabe des Personenbeförderungsgesetzes genehmigten Beförderungsbedingungen der Straßenbahnen, O-Busse und Kraftfahrzeuge im Linienverkehr in den Beförderungsvertrag (Nr. 1) sowie
- die im Amtsblatt der Bundesnetzagentur für Elektrizität, Gas, Telekommunikation, Post und Eisenbahnen veröffentlichten und in den Geschäftsstellen des Verwenders bereitgehaltenen Allgemeinen Geschäftsbedingungen (Nr. 2)
- in Beförderungsverträgen, die außerhalb von Geschäftsräumen durch den Einwurf von Postsendungen in Briefkästen abgeschlossen werden (lit. a),
- in Verträge über Telekommunikations-, Informations- und andere Dienstleistungen, die unmittelbar durch Einsatz von Fernkommunikationsmitteln und während der Erbringung einer Telekommunikationsdienstleistung in einem Mal erbracht werden, wenn die Allgemeinen Geschäftsbedingungen der anderen Vertragspartei nur unter unverhältnismäßigen Schwierigkeiten vor dem Vertragsschluss zugänglich gemacht werden können (lit. b).

§ 305 lit. a BGB zielt nach der Intention des Gesetzgebers darauf ab, den Grundsatz des 87
§ 305 Abs. 2 BGB, nach dem Allgemeine Geschäftsbedingungen nur dann in einen Vertrag einbezogen werden, wenn der andere Vertragspartner auf diese Allgemeinen Geschäftsbedingungen hingewiesen und ihm eine zumutbare Möglichkeit der Kenntnisnahme von den Allgemeinen Geschäftsbedingungen verschafft worden ist, gegenüber dem früheren Recht zu **stärken**.[234]

Das alte Recht ließ in 88

- § 23 Abs. 2 Nr. 1 AGB-Gesetz alt (entsprechend § 305 lit. a Nr. 1 BGB) und
- § 23 Abs. 2 Nr. 1 lit. a und Nr. 1 lit. b AGB-Gesetz (alt) (zusammengefasst in § 305 lit. a Nr. 2 BGB)

Ausnahmen von diesem Grundsatz zu, was dazu führte, dass in den dort geregelten Fallgruppen eine Einbeziehung von Allgemeinen Geschäftsbedingungen auch möglich war, wenn der andere Teil nicht auf die Allgemeinen Geschäftsbedingungen hingewiesen und ihm auch keine zumutbare Möglichkeit der Kenntnisnahme eröffnet worden war. Der Gesetzgeber war der Auffassung, dass in einem Teil der Fälle die früher bestehenden Ausnahmen auch weiterhin gerechtfertigt erscheinen, in einem anderen Teil allerdings nicht. Deshalb sind folgende Privilegierungen des alten Rechts gänzlich **entfallen**:

- Vertragsbedingungen einer Kapitalanlagegesellschaft betreffend ihr Rechtsverhältnis mit dem Anteilsinhaber (§ 23 Abs. 3 AGB-Gesetz alt, da diese – nach Ansicht des Gesetzgebers – ohnehin nach § 19 Abs. 1 S. 1 und 2 KAGG alt [da das

---

234 RegE, BT-Drucks 14/6040, S. 171 l. Sp.

KAAG in das zwischenzeitlich gleichermaßen aufgehobene Investmentgesetz vom 15.12.2003 übergeführt, das durch das KAGB ersetzt worden ist]) in den Verkaufsprospekt einzufügen und dem Anteilsscheinerwerber vor Vertragsabschluss kostenlos zur Verfügung zu stellen sind, womit die Voraussetzungen des § 305 Abs. 2 BGB erfüllt sind.[235]
- Bausparbedingungen (siehe hierzu Rdn 89 ff.).

I. Wegfall von § 305 lit. a Nr. 1 BGB-RegE

89 § 305 lit. a Nr. 1 BGB-RegE ist im Laufe des Gesetzgebungsverfahrens zur Schuldrechtsreform 2002 entfallen. Danach sollten (entsprechend § 23 Abs. 3 AGB-Gesetz (alt)) auch ohne Einhaltung der Erfordernisse des § 305 Abs. 2 BGB die von der zuständigen Behörde genehmigten **Allgemeinen Geschäftsbedingungen einer Bausparkasse** (genehmigte Versicherungsbedingungen – AVB) in das Rechtsverhältnis zwischen der Bausparkasse und dem Anteilsinhaber als einbezogen gelten.

90 Der Gesetzgeber[236] war jedoch der Auffassung, dass eine Ausnahme für Bausparkassen nicht zu rechtfertigen sei: Bausparverträge und Bauspardarlehen unterscheiden sich zwar inhaltlich von anderen Darlehensverträgen – doch ist in der Frage der Einbeziehung von Allgemeinen Geschäftsbedingungen kein Unterschied erkennbar. Vor allem stelle der Umstand, dass Bausparbedingungen (anders als andere Darlehensbedingungen) einer staatlichen Genehmigung nach § 9 BausparkassenG bedürfen, keinen Grund dar, den Kunden nicht auf Allgemeine Geschäftsbedingungen hinzuweisen und ihm keine zumutbare Möglichkeit der Kenntnisnahme zu verschaffen. Bausparkassen könnten vielmehr genauso verfahren wie alle anderen Kreditinstitute, wenn sie Allgemeine Bedingungen in den Bausparvertrag einbeziehen oder solche Bedingungen für bestehende Verträge ändern wollten. *„Bei dem Abschluss von Bausparverträgen ist die Frage weitgehend theoretisch, weil die Bausparbedingungen dem Bausparer ohnehin überlassen werden müssen. In der Praxis wird es im Wesentlichen um die (späteren) Änderungen bestehender Allgemeiner Geschäftsbedingungen gehen. Und gerade hier gebietet der Grundsatz pacta sunt servanda, nach § 305 BGB vorzugehen."*[237]

---

235 AnwK-Schuldrecht/*Hennrichs*, § 305b BGB Rn 10: *„Änderungen der Bedingungen sind im Rechenschaftsbericht oder Halbjahresbericht (§ 24a KAGG) bekannt zu machen und dürfen erst drei Monate nach der Bekanntmachung in Kraft treten (§ 15 Abs. 3a KAGG). Die Berichte sind den Anteilsinhabern auf Verlangen ebenfalls kostenlos zur Verfügung zu stellen (§ 24a Abs. 3 S. 2 KAGG)."*
236 BT-Drucks 14/7052, S. 188 l. Sp.
237 BT-Drucks 14/7052, S. 188 l. Sp.

E. Einbeziehung in besonderen Fällen (§ 305 lit. a BGB) § 4

Beachte aber 91
Weiterhin sind bei der Einbeziehung von AVB die Regelungen der §§ 5 und 7 VVG 2008 (vgl. auch § 5 lit. a VVG alt) zu berücksichtigen (siehe hierzu Rdn 15). § 5 lit. a VVG (alt) ermöglichte eine nachträgliche Einbeziehung von AVB, wenn der Versicherungsnehmer nicht innerhalb von zwei Wochen nach Zugang der Unterlagen widersprach.[238]

II. Beförderungstarife (§ 305 lit. a Nr. 1 BGB)

§ 2 AGB-Gesetz (alt) war nach § 23 Abs. 1 Nr. 1 AGB-Gesetz (alt) in den dort genannten 92
Fällen bei Vorliegen der entsprechenden Voraussetzungen nicht anwendbar. Diese Ausnahme ist wegen der fortbestehenden Sonderbedingungen in diesem Bereich auch weiterhin gerechtfertigt, weswegen sie in § 305 lit. a Nr. 1 BGB voll inhaltlich übernommen wurde.[239] Allerdings schied eine wörtliche Übernahme wegen der anderen Regelungsstruktur aus.

Nach § 305 lit. a Nr. 1 BGB gelten auch ohne Einhaltung der Erfordernisse des § 305 93
Abs. 2 BGB die mit Genehmigung der zuständigen Verkehrsbehörde oder aufgrund von internationalen Übereinkommen erlassenen **Tarife** und **Ausführungsbestimmungen** der Eisenbahnen und die nach Maßgabe des Personenbeförderungsgesetzes genehmigten **Beförderungsbedingungen** der Straßenbahnen, Omnibusse und Kraftfahrzeuge im Linienverkehr (die keine Rechtsnormen sind)[240] in den Beförderungsvertrag als einbezogen.[241] D.h., die Regelung privilegiert nur solche Vertragsbedingungen, die mit Genehmigung der zuständigen Verkehrsbehörde oder aufgrund internationaler Übereinkommen für die privatrechtlichen Beförderungsverträge festgelegt wurden,[242] weil bei einer strengen Anwendung des § 305 BGB in diesen Fällen praktische Schwierigkeiten auftreten würden und die Allgemeinen Geschäftsbedingungen in amtlichen Blättern veröffentlicht werden.[243]

Wegen der öffentlichen Kundgabe der Tarife (Beförderungsbedingungen gemäß § 12 94
Abs. 6 Allgemeines Eisenbahngesetz bzw. § 39 Abs. 2 Personenbeförderungsgesetz) ist eine förmliche Einbeziehung nach § 305 Abs. 2 BGB überflüssig.[244] Eine Inanspruchnahme entsprechender Beförderungsleistungen bedeutet gemäß § 157 BGB Ein-

---

238 AnwK-Schuldrecht/*Hennrichs*, § 305a BGB Rn 8.
239 RegE, BT-Drucks 14/6040, S. 151 r. Sp.
240 Palandt/*Grüneberg*, § 305a BGB Rn 2.
241 Dazu näher NK-BGB/*Kollmann*, § 305a Rn 3.
242 AnwK-Schuldrecht/*Hennrichs*, § 305a BGB Rn 3.
243 AnwK-Schuldrecht/*Hennrichs*, § 305a BGB Rn 3.
244 BGH NJW 1981, 2569.

Ring 137

verständnis mit den maßgebenden Bedingungen.[245] Sollte es sich bei den Tarifen um Rechtsnormen handeln (vgl. Art. 243 EGBGB) – bspw. im Falle der nur noch für den Personenverkehr geltenden EVO[246] und der Verordnung vom 27.2.1970 – ist eine Einbeziehung nicht erforderlich, da die §§ 305 ff. BGB sowieso nicht zur Anwendung gelangen.[247]

III. Postbeförderungsverträge und solche über Telekommunikations-, Informations- und andere Dienstleistungen (§ 305 lit. a Nr. 2 BGB)

95 § 2 AGB-Gesetz (alt) war gleichermaßen nicht anwendbar für eine AGB-Einbeziehung der Anbieter von Telekommunikationsleistungen sowie der Deutschen Post AG für Leistungen im Rahmen des Beförderungsvorbehalts nach dem Postgesetz, sofern sie in ihrem Wortlaut im Amtsblatt der Regulierungsbehörde veröffentlicht worden waren und bei den Geschäftsstellen der Anbieter zur Einsichtnahme bereit gehalten wurden (§ 23 Abs. 2 Nr. 1 lit. a AGB-Gesetz (alt)). Diese Ausnahmeregelung war allerdings vom Gesetzgeber auch nicht als Dauerregelung angesehen worden, sondern sollte den betroffenen Unternehmen lediglich den Einstieg in die Selbstständigkeit (privatwirtschaftliches Wirtschaften) erlauben, weshalb sie nach § 30 S. 3 AGB-Gesetz (alt) bis zum Ablauf des 31.12.2002 befristet worden war.

96 Im Hinblick auf diese ohnehin vorgesehene Befristung hat sich der Gesetzgeber im Rahmen der Schuldrechtsmodernisierung 2002 dazu entschlossen, die beiden Ausnahmen (für Telekommunikationsleistungsanbieter sowie die Deutsche Post AG) in § 23 Abs. 2 Nr. 1 lit. a AGB-Gesetz alt aufzugeben und an deren Stelle zwei engere Ausnahmen, die an die Art des jeweiligen Vertragsabschlusses anknüpfen, nämlich

- „*Einwurf in den Briefkasten*" (§ 305a Nr. 2 lit. a BGB) bzw.
- Call-by-Call-Verfahren (§ 305a Nr. 2 lit. b BGB),

zu regeln,[248] bei denen die Einhaltung der Erfordernisse des § 305 Abs. 2 BGB aus **praktischen Gründen** nicht gefordert werden kann.[249]

97 § 23 Abs. 2 Nr. 1 lit. a und Nr. 1 lit. b AGB-Gesetz alt erfuhren ihre Rechtfertigung als Ausnahmeregelungen durch die Art der Verträge, nämlich Massengeschäfte, sowie deren

---

245 Palandt/*Grüneberg*, § 305a BGB Rn 2.
246 § 17 EVO, der ursprünglich Schadensersatz für Zugverspätungen ausschloss, unterlag als Gesetz im materiellen Sinne keiner Inhaltskontrolle: Palandt/*Grüneberg*, § 307 BGB Rn 3. In der Neufassung des § 17 Abs. 1 EVO haftet die Eisenbahn (vorbehaltlich § 17 Abs. 2 EVO) dem Reisenden für den Schaden, der dadurch entsteht, dass die Reise wegen Ausfalls, Verspätung oder Versäumnis des Anschlusses nicht am selben Tag fortgesetzt werden kann oder dass unter den gegebenen Umständen eine Fortsetzung am selben Tag nicht möglich ist.
247 Palandt/*Grüneberg*, § 305a BGB Rn 2.
248 Dazu näher NK-BGB/*Kollmann*, § 305a Rn 4 ff.
249 RegE, BT-Drucks 14/6040, S. 151 r. Sp.

E. Einbeziehung in besonderen Fällen (§ 305 lit. a BGB) § 4

starke öffentliche Kontrolle durch die Regulierungsbehörde nach § 23 TKG, die unverhältnismäßige Nachteile zulasten der Kunden ausschloss. Nunmehr zwingen die Grenzen entsprechender Kontrollen und der Gleichbehandlungsgrundsatz gegenüber anderen Branchen, die fernmündlich Massengeschäfte unter Berücksichtigung von § 305 Abs. 2 BGB abschließen, zu einer **Aufgabe der Privilegien** für die Nachfolgeunternehmen der früheren Teilunternehmen der Deutschen Bundespost.[250]

Ansonsten bestünde ein nicht zu rechtfertigendes Ungleichgewicht dergestalt, dass alle anderen Unternehmen beim Vertragsabschluss per Telefon oder Internet die Vorgaben des § 305 Abs. 2 BGB einzuhalten haben, Unternehmen der Telekommunikationsbranche davon aber dispensiert wären. Dies ließe sich auch nicht mehr mit dem Hinweis rechtfertigen, dass entsprechende Allgemeine Geschäftsbedingungen im Amtsblatt der Regulierungsbehörde (nunmehr: Bundesnetzagentur) veröffentlicht werden müssen, weil für den Kunden (der regelmäßig vom Inhalt des Amtsblatts ohnehin keine Kenntnis nehmen konnte)[251] damit ein erheblicher Transparenzverlust einherginge, der nur für eine Übergangszeit akzeptabel war. 98

Weiterhin ist wichtig, dass bei Vertragsabschlüssen im elektronischen Geschäftsverkehr nach § 312 lit. i und lit. j BGB i.V.m. Art. 246 lit. c EGBGB alle Unternehmen verpflichtet sind, ihren Kunden sämtliche Vertragsbedingungen zur Verfügung zu stellen – ebenso wie bei Fernabsatzverträgen nach Maßgabe von § 312 lit. c und lit. d BGB i.V.m. Art. 246 lit. a §§ 1–4 und Art. 246 lit. b §§ 1–2 EGBGB. 99

„Schwierigkeiten für die Unternehmen sind nicht zu befürchten, ihnen wird nur zugemutet, was alle anderen Unternehmen seit Jahrzehnten problemlos praktizieren."[252] 100

Nach dem infolge § 305 lit. a Nr. 2 BGB erfolgten Wegfall der Privilegierung unterliegen Telekommunikationsunternehmen (wie alle anderen Unternehmen auch) hinsichtlich der gesetzlichen Voraussetzungen für eine Einbeziehung von Allgemeinen Geschäftsbedingungen in Verträgen den Vorgaben des § 305 Abs. 2 BGB. Dies gilt auch für Änderungen der entsprechenden (schon geltenden) Allgemeinen Geschäfts- 101

---

250 Allerdings äußert Grüneberg (in einer Voraufl. Palandt/*Grüneberg*, § 305a BGB Rn 3) Zweifel daran, *„ob es wirklich ein Gewinn an Verbraucherschutz ist, wenn der Kunde bei Aufgabe eines Pakets auf der Post oder während der telefonischen Aufgabe eines Telegramms auf die maßgebenden AGB hingewiesen und darauf hingewiesen werden muss, wie er von deren Inhalt Kenntnis erlangen kann".*

251 *„Die Geschäftsstelle seines Unternehmens wird er normalerweise nicht aufsuchen, da er mit seinem Telekommunikationsunternehmen zumeist telefonisch, brieflich oder auf elektronischem Wege kommunizieren wird. Für ihn besteht also ein dringendes Interesse daran, dass ihm – wie beim Vertragsabschluss mit anderen Unternehmen mittels Fernkommunikationsmittel auch – die Änderungen der Allgemeinen Geschäftsbedingungen mit etwaigen Änderungen bekannt werden":* RegE, BT-Drucks 14/6040, S. 152 l. Sp. Allein im Falle des ausdrücklichen Verzichts auf die Möglichkeit einer Kenntnisnahme vor Vertragsschluss kann von einer Zurverfügungstellung der Allgemeinen Geschäftsbedingungen abgesehen werden.

252 RegE, BT-Drucks 14/6040, S. 152 l. Sp.

§ 4 Einbeziehung der Allgemeinen Geschäftsbedingungen

bedingungen im Rahmen laufender Vertragsverhältnisse[253] – wobei jedoch zu berücksichtigen ist, dass sog. **Änderungsklauseln** statthaft sind, wenn der Verwender sich in der Änderungsklausel verpflichtet, den Kunden bei Beginn der Frist auf die Bedeutung seines Verhaltens hinzuweisen **und** der Verwender ihn über die Änderungen in hervorgehobener Form (bspw. durch eine synoptische Gegenüberstellung oder durch Hervorhebung der Änderung in Fettdruck bzw. durch ein Ergänzungsblatt der Allgemeinen Geschäftsbedingung) besonders informiert.[254] Es besteht also die Möglichkeit, dem Kunden Änderungen von Allgemeinen Geschäftsbedingungen schriftlich bekannt zu geben, die dann als vom Kunden genehmigt **gelten**, wenn der Kunde nicht innerhalb einer angemessenen Frist widerspricht (vgl. etwa Nr. 1 Abs. 2 AGB-Banken). Etwas anderes (**Unzulässigkeit der Änderungsklausel**) gilt nur für den Fall, dass sich der Verwender ein einseitiges Anpassungsrecht vorbehält.[255]

102 In der Konsequenz ist es Telekommunikationsunternehmen auch nach **Wegfall des Einbeziehungsprivilegs** möglich, durch zulässige Änderungsklauseln in ihren Allgemeinen Geschäftsbedingungen den praktischen Schwierigkeiten einer Änderung von Allgemeinen Geschäftsbedingungen im Massengeschäft zu begegnen.[256]

103 Vor diesem Hintergrund gestattet allerdings § 305 lit. a Nr. 2 BGB **dauerhaft** zwei eng begrenzte **Ausnahmen** von den Einbeziehungsvoraussetzungen des § 305 Abs. 2 BGB für Allgemeine Geschäftsbedingungen (die im Amtsblatt der Bundesnetzagentur für Elektrizität, Gas, Telekommunikation, Post und Eisenbahn veröffentlicht sind und in den Geschäftsstellen des Verwenders bereitgehalten werden) in folgenden Fällen:

- Beförderungsverträge, die außerhalb von Geschäftsräumen (derzeit relevant vor allem – aber nicht nur – für die Deutsche Post AG) durch den Einwurf von Postsendungen in Briefkästen geschlossen werden (siehe Rdn 104 ff.) und
- Vertragsabschlüsse in Call-by-Call-Verfahren sowie Verträge über Mehrwert- und Informationsdienste, die während der Dauer einer Telefonverbindung „*in einem Mal*" erbracht werden (siehe Rdn 110 ff.)

---

253 Wohingegen § 28 Abs. 3 der Telekommunikationskundenschutzverordnung Telekommunikationsunternehmen noch die Möglichkeit einräumte, die Kunden über Änderungen der Allgemeinen Geschäftsbedingungen „*in geeigneter Weise*" zu informieren. Dabei war es nicht erforderlich, den Kunden die gesamten (geänderten) Allgemeinen Geschäftsbedingungen zur Verfügung zu stellen, wenn der Kunde bei einer Änderung zu seinen Ungunsten auf ein bestehendes Kündigungsrecht hingewiesen wurde – RegE, BT-Drucks 14/6040, S. 152 l. Sp. Die Regelung des § 28 Abs. 3 Telekommunikationsschutzverordnung ist jedoch in die §§ 305 ff. BGB nicht mit übernommen worden: AnwK-Schuldrecht/*Hennrichs*, § 305a BGB Rn 7.
254 So *Ulmer* in Ulmer/Brandner/Hensen, § 2 AGBG Rn 64.
255 BGH NJW 1999, 1865, 1866.
256 RegE, BT-Drucks 14/6040, S. 152 r. Sp.

E. Einbeziehung in besonderen Fällen (§ 305 lit. a BGB) § 4

1. Beförderungsverträge, die außerhalb von Geschäftsräumen durch den Einwurf von Postsendungen in Briefkästen abgeschlossen werden

Diese Ausnahme nach § 305 lit. a Nr. 2 lit. a BGB vom Grundsatz der Einhaltung des Einbeziehungserfordernisses des § 305 Abs. 2 BGB erfasst Fälle, in denen der Abschluss eines Beförderungsvertrags durch den Einwurf einer Postsendung (außerhalb von Geschäftsräumen) in den Briefkasten erfolgt.[257] 104

Sofern der Vertragsabschluss durch Briefeinwurf dabei jedoch durch Geschäftsunfähige oder Minderjährige (§ 106 BGB) erfolgt, gewinnt in diesem Zusammenhang die tradierte Idee eines *„Vertragsschlusses durch sozialtypisches Verhalten"* nochmals an rechtlicher Bedeutung.[258] 105

Der Gesetzgeber will mit § 305 lit. a Nr. 2 lit. a BGB dem Umstand Rechnung tragen, dass ein Großteil der Verträge über die Beförderung von Postsendungen im postalischen Massenverkehr nicht durch Abgabe einer Postsendung am Schalter einer Postfiliale, sondern durch Einwurf in einen Briefkasten geschlossen wird, den (bspw.) die Deutsche Post AG bundesweit aufgestellt hat, wobei der Beförderungsvertrag unmittelbar durch den Einwurf der Postsendung in den Briefkasten zustande kommt, der zugleich die Übergabe der Sendung (z.B. an die Deutsche Post AG) darstellt.[259] 106

Damit erfasst die Norm – wortlautgetreu – **nicht** den Einwurf von Postsendungen in einen Briefkasten **innerhalb des Postamts**.[260] Auch wenn ein Brief am Schalter abgegeben wird, müssen die Erfordernisse des § 305 Abs. 2 BGB eingehalten werden mit der Folge, dass an Briefkästen innerhalb der Postdienststelle Aushänge angebracht sein müssen.[261] 107

Bei dieser Konstellation eines Vertragsabschlusses (außerhalb des Geschäftsraums durch Einwurf der Postsendung in einen Briefkasten) können dem Kunden naturgemäß – aus praktischen Gründen – die einschlägigen Geschäftsbedingungen (etwa der Deutschen Post AG) nicht zur Kenntnis gebracht werden. Vor allem deshalb nicht, weil eine grundsätzlich alternativ mögliche Anbringung der Allgemeinen Geschäftsbedingungen am Briefkasten (in tatsächlicher Hinsicht) leicht die Gefahr eines missbräuchlichen Überschreibens oder einer Beschädigung des Hinweises durch unbefugte Dritte mit sich brächte. Eine entsprechende Verfahrensweise (Fixierung der Allgemeinen Geschäftsbedingungen am Briefkasten) ist auch wegen des Umfangs der einschlägigen Allgemeinen Geschäftsbedingungen kaum praktikabel. Insoweit ist eine entsprechende Privilegierung (die nicht nur die Deutsche Post AG, sondern – im Zuge der Liberalisierung der Post- 108

---

257 Dazu näher NK-BGB/*Kollmann*, § 305a Rn 5.
258 So *Jauernig*, NJW 1972, 2; *Jauernig*, FamRZ 1974, 632; Jauernig/*Stadler*, § 305a BGB Rn 4.
259 RegE, BT-Drucks 14/6040, S. 152 r. Sp.
260 Jauernig/*Stadler*, § 305a BGB Rn 4.
261 Palandt/*Grüneberg*, § 305a BGB Rn 4.

märkte – zwischenzeitlich auch alle sonstigen [privaten] Postdienstleister [sofern auch diese Briefkästen aufstellen] erfasst) als unverzichtbar angesehen worden.[262]

109 Im Kontext mit § 305 lit. a Nr. 2 lit. a BGB bleibt somit **zusammengefasst** Folgendes festzuhalten: Nicht alle Beförderungsleistungen über Postsendungen, sondern **nur** bestimmte Beförderungsverträge – nämlich solche, die durch den Einwurf in den Briefkasten abgeschlossen werden – erfahren eine Privilegierung. Beförderungsverträge über Postsendungen, die hingegen in den Geschäftsstellen abgeschlossen werden, unterfallen uneingeschränkt § 305 Abs. 2 BGB. Damit differieren die Obliegenheiten des Verwenders nach der Art des Vertragsschlusses.[263]

2. Vertragsabschlüsse in Call-by-Call-Verfahren sowie Verträge über Mehrwert- und Informationsdienste, die während der Dauer einer Telefonverbindung „in einem Mal" erbracht werden

110 Nach § 305 lit. a Nr. 2 lit. b BGB gelten auch ohne Einhaltung der Erfordernisse des § 305 Abs. 2 BGB Allgemeine Geschäftsbedingungen in Verträgen über Telekommunikations-, Informations- und andere Dienstleistungen, die **unmittelbar** durch den Einsatz von Fernkommunikationsmitteln (i.S.v. § 312 lit. c Abs. 2 BGB, mithin Kommunikationsmittel, die zur Anbahnung oder zum Abschluss eines Vertrags zwischen einem Verbraucher i.S.v. § 13 BGB und einem Unternehmer i.S.v. § 14 BGB ohne gleichzeitige körperliche Anwesenheit der Vertragsparteien eingesetzt werden können) und während der Erbringung einer Telekommunikationsdienstleistung in einem Mal erbracht werden, als **einbezogen**, wenn die Allgemeinen Geschäftsbedingungen der anderen Vertragspartei nur unter unverhältnismäßigen Schwierigkeiten vor Vertragsschluss zugänglich gemacht werden können.[264] Im Unterschied zur Vorläuferregelung des § 23 Abs. 1 Nr. 1 lit. a AGB-Gesetz (alt) werden nicht mehr bestimmte Telekommunikationsdienstleistungen schlechthin, sondern nur noch solche Verträge privilegiert, bei denen wegen der **Art des Vertragsschlusses** die Anforderungen des § 305 Abs. 2 BGB nur unter unverhältnismäßigen Schwierigkeiten eingehalten werden könnten.[265]

111 § 305 lit. a Nr. 2 lit. b BGB knüpft an den Wortlaut der vormaligen Ausnahmeregelung des § 312 lit. c Abs. 2 S. 2 BGB a.F. (respektive § 2 Abs. 3 S. 3 FernAbsG (alt)) an: Danach war eine **Mitteilung** nach § 312 lit. c Abs. 2 S. 1 Nr. 2 BGB a.F. (wonach der Unternehmer dem Verbraucher bei sonstigen [d.h. anderen als Finanz-]Dienstleistungen die in der Rechts-

---

262 So RegE, BT-Drucks 14/6040, S. 153 l. Sp.: *„Die bisherige Begrenzung der Privilegierung auf die Deutsche Post AG ist daher (auch) zugunsten sonstiger Postdienstleister aufgehoben worden."*
263 AnwK-Schuldrecht/*Hennrichs*, § 305a BGB Rn 4.
264 Dazu näher NK-BGB/*Kollmann*, § 305a BGB Rn 6.
265 AnwK-Schuldrecht/*Hennrichs*, § 305a BGB Rn 6.

E. Einbeziehung in besonderen Fällen (§ 305 lit. a BGB) § 4

verordnung nach Art. 240 EGBGB a.f. [BGB-InformationspflichtenVO] bestimmten Informationen in dem dort bestimmten Umfang und der dort bestimmten Art und Weise alsbald, spätestens bis zur vollständigen Erfüllung des Vertrags, bei Waren spätestens bei Lieferung an den Verbraucher, in Textform [§ 126 lit. b BGB] mitzuteilen hatte) bei Dienstleistungen **entbehrlich**, die unmittelbar durch den Einsatz von Fernkommunikationsmitteln i.S.v. § 312 lit. c Abs. 2 BGB erbracht wurden, sofern diese Leistungen in einem Mal erfolgen und über den Betreiber des Fernkommunikationsmittels abgerechnet wurden.

Beachte
Art. 246 § 2 Abs. 2 S. 1 EGBGB a.f. entsprach § 312 lit. c Abs. 2 S. 2 BGB (alt): Danach war eine Mitteilung nach Art. 246 Abs. 1 S. 1 Nr. 2 i.V.m. Abs. 1 S. 2 EGBGB a.F. entbehrlich bei Dienstleistungen, die unmittelbar durch Einsatz von Fernkommunikationsmitteln erbracht wurden, sofern auch Leistungen in einem Mal erfolgen und über den Betreiber der Fernkommunikationsmittel abgerechnet wurden.

§ 305 lit. a Nr. 2 lit. b BGB soll dem Umstand Rechnung tragen, dass der Telekommunikationsanbieter in folgenden Fällen während eines Telefonats, nämlich 112

- im offenen Call-by-Call-Verfahren (das lediglich in der Herstellung einer Telefonverbindung besteht) und
- bei der Erbringung von
- Mehrwertdiensten (bspw. 0190-Verbindungen) bzw.
- Informationsdiensten (z.B. Telefonauskünften)

keine Möglichkeit hat, dem Anrufer den AGB-Inhalt ohne erheblichen Zeitaufwand für den anrufenden Kunden bekannt zu machen.[266] Entsprechende Vertragsabschlüsse werden während der Dauer einer Telefonverbindung **in einem Mal** (d.h. abschließend wie bspw. eine Telefonauskunft – **nicht** hingegen z.B. bei Fällen einer telefonischen Warenbestellung, die noch eine Vertragsabwicklung in Gang setzt)[267] erbracht. Der Kunde hat in den genannten Fällen des telefonischen und nur einmaligen Kontakts ein großes Interesse daran, dass die von ihm gewünschte Verbindung möglichst schnell zustande kommt bzw. die Dienstleistung so schnell wie möglich erbracht wird. Vor diesem Hintergrund ist der durch die Erleichterung der Einbeziehungsvoraussetzungen verbundene Transparenzverlust hinnehmbar – ja vom Kunden sogar gewollt. Dem Kunden ist in diesen Fällen (aus Kostengründen) regelmäßig die schnelle Abwicklung des einmaligen geschäftlichen Kontakts (bspw. der Telefonauskunft) wichtiger als die vorherige Kenntnis der Allgemeinen Geschäftsbedingungen.[268] Die Dienstleistung wird sofort abgewickelt, womit eine

---

266 RegE, BT-Drucks 14/6040, S. 153 l. Sp.
267 Jauernig/*Stadler*, § 305a BGB Rn 5.
268 So Jauernig/*Stadler*, § 305a BGB Rn 5.

vorherige Kenntnisverschaffung von den Allgemeinen Geschäftsbedingungen aus praktischen Gründen kaum sinnvoll ist.[269]

113 Hingegen werden Verträge über Dienstleistungen, die erst **nach Beendigung des Telefonats** zu erbringen sind (z.b. die Übermittlung eines Telegramms nach telefonischer Bestellung) **nicht** von § 305 lit. a Nr. 2 lit. b BGB erfasst.[270]

114 Voraussetzung für die Privilegierung nach § 305 lit. a Nr. 2 lit. b BGB ist, dass die Dienstleistung unmittelbar durch den Einsatz von Fernkommunikationsmitteln (i.S.v. § 312 lit. c Abs. 2 BGB) und vollständig während der Erbringung einer Telekommunikationsdienstleistung (die i.d.R. im Aufrechterhalten einer Telefonverbindung besteht) erfolgt.

115 **Fernkommunikationsmittel** definiert § 312 lit. c Abs. 2 BGB als Kommunikationsmittel, die zur Anbahnung oder zum Abschluss eines Vertrags zwischen einem Verbraucher und einem Unternehmer ohne gleichzeitige körperliche Anwesenheit der Vertragsparteien eingesetzt werden können – insbesondere Briefe, Kataloge, Telefonanrufe, Telekopien, E-Mails sowie Rundfunk, Tele- und Mediendienste.

116 In der entsprechenden Konstellation (des Call-by-Call-Verfahrens bzw. der Inanspruchnahme eines Mehrwert- oder Informationsdienstes) ist es dem Telekommunikationsunternehmen nämlich in aller Regel nur unter unverhältnismäßigen Schwierigkeiten möglich, dem Kunden vor Vertragsabschluss seine Allgemeinen Geschäftsbedingungen zugänglich zu machen[271] (vgl. § 305 lit. a Nr. 2 lit. b 2. Hs. BGB: „wenn die Allgemeinen Geschäftsbedingungen der anderen Vertragspartei nur unter unverhältnismäßigen Schwierigkeiten vor dem Vertragsschluss zugänglich gemacht werden können", was i.d.R. der Fall ist).

117 Anders gestaltet sich die Situation bei **telefonischen Dienstleistungsverträgen**, die erst **nach** Beendigung der Telefonverbindung – d.h. solche, die nicht „*in einem Mal*" (bspw. telefonische Warenbestellungen) – erfüllt werden. Für diese ist eine Privilegierung nach § 305 lit. a Nr. 2 lit. b BGB **nicht** erforderlich.[272]

F. Umgehungsverbot (§ 306 lit. a BGB)

Literatur:

Freitag, Vom Missbrauch der AGB-Kontrolle zur Umgehung des Wettbewerbsrechts, ZIP 2005, 2052; *Kondring*, § 1051 Abs. 1 ZPO und die Abwahl einfach zwingenden Rechts bei Binnensachverhalten, ZIP 2017, 706; *Magel*, Verdeckte Bauherrenmodelle – Fragen zum Anwendungsbereich der MaBV und Rechtsfolgen vermeintlicher „Umgehungsgeschäfte", ZNotP 2011, 202; *Müller*, Die Umgehung des Rechts des Verbrauchsgüterkaufs im Ge-

---

269 AnwK-Schuldrecht/*Hennrichs*, § 305a BGB Rn 6; *Pfeiffer* in Ernst/Zimmermann, S. 481, 509.
270 Palandt/*Grüneberg*, § 305a BGB Rn 5.
271 RegE, BT-Drucks 14/6040, S. 153 l. Sp.
272 AnwK-Schuldrecht/*Hennrichs*, § 305a BGB Rn 6.

F. Umgehungsverbot (§ 306 lit. a BGB) § 4

brauchtwagenhandel, NJW 2003, 1975; *Schinkels*, Die Abgrenzung von zulässiger Beschaffenheitsvereinbarung und Umgehung der Gewährleistung beim Verbrauchsgüterkauf, ZGS 2003, 310; *Schulte-Nölke*, Anforderungen an haftungseinschränkende Beschaffenheitsvereinbarungen beim Verbrauchsgüterkauf, ZGS 2003, 184; *Stölting*, Beschaffenheitsvereinbarungen in Allgemeinen Geschäftsbedingungen, ZGS 2003, 462.

§ 306 lit. a BGB normiert das Umgehungsverbot: Die Vorschriften des Abschnitts 2 (Gestaltung rechtsgeschäftlicher Schuldverhältnisse durch Allgemeine Geschäftsbedingungen – §§ 305 ff. BGB) finden auch Anwendung, wenn sie durch *„anderweitige Gestaltungen"* umgangen werden. Ein **Umgehungsgeschäft** i.S. des § 306 lit. a BGB liegt vor, wenn eine als Allgemeine Geschäftsbedingung unwirksame Regelung bei gleicher Interessenlage durch eine andere rechtliche Gestaltung erreicht werden soll, die nur den Sinn haben kann, dem gesetzlichen Verbot zu entgehen.[273] Eine entsprechende Konstellation kann vor allem dann vorliegen, wenn der Verwender missbräuchlich eine Rechtsbeziehung in der Form des Gesellschafts- oder Vereinsrechts gestaltet, um durch die in § 310 Abs. 4 BGB geregelten Bereichsausnahmen einer AGB-rechtlichen Inhaltskontrolle zu entgehen.[274] Im Falle eines Verstoßes gegen das Umgehungsverbot nach § 306 lit. a BGB eröffnet die Norm die Anwendbarkeit der für die Wirksamkeitskontrolle von Allgemeinen Geschäftsbedingungen maßgeblichen Vorschriften.[275] Für den Fall, dass die dann vorzunehmende Inhaltskontrolle der außerhalb von Allgemeinen Geschäftsbedingungen getroffenen Regelung allerdings zum Ergebnis führt, dass diese den Geschäftspartner des Verwenders nicht gemäß § 307 BGB *„unangemessen"* benachteiligt, liegt auch kein Verstoß gegen das Umgehungsverbot vor, der die Unwirksamkeit der Regelung nach sich führen würde.[276]

118

Die Regelung des § 306 lit. a BGB entspricht damit inhaltlich § 7 AGB-Gesetz (alt), wobei durch die Integration des AGB-Gesetzes in das BGB lediglich die Altformulierung *„Dieses Gesetz"* durch die Formulierung *„Die Vorschriften dieses Absatzes"* zu ersetzen war. Damit ist jedoch keine inhaltliche Änderung verbunden.[277]

119

§ 306 lit. a BGB soll Ansätzen entgegenwirken, dass Schutzvorschriften zugunsten des wirtschaftlich Schwächeren Umgehungsversuchen ausgesetzt werden.[278] Daher werden die Regelungen der §§ 305 ff. BGB über die Gestaltung rechtsgeschäftlicher Schuldverhältnisse durch Allgemeine Geschäftsbedingungen als **zwingendes Recht** ausgestaltet.

120

---

273 BGH NJW 2016, 2489 = NZW 2016, 520, zitiert nach juris Rn 21 unter Bezugnahme auf BGHZ 162, 294 = NJW 2005, 1645, 1646; BGHZ 179, 319 = NJW 2009, 1337 Rn 20.
274 BGH NJW 2016, 2489, zitiert nach juris Rn 21 unter Bezugnahme auf MüKo/*Basedow*, § 306a Rn 3.
275 BGH NJW 2016, 2489, zitiert nach juris Rn 21 unter Bezugnahme auf BGHZ 162, 294 = NJW 2005, 1645, 1647; BGH NJW 2009, 1199 Rn 20.
276 BGH NJW 2016, 2489, zitiert nach juris Rn 21 unter Bezugnahme auf *H. Schmidt* in Ulmer/Brandner/Hensen, § 306a BGB Rn 7.
277 RegE, BT-Drucks 14/6040, S. 153 r. Sp.
278 Palandt/*Grüneberg*, § 306a BGB Rn 1.

§ 4 Einbeziehung der Allgemeinen Geschäftsbedingungen

121 *Stadler*[279] qualifiziert die Regelung des § 306 lit. a BGB wegen § 134 BGB als „*überflüssig*", da die zuletzt genannte Regelung auch „*Umgehungsversuche bezüglich der §§ 308, 309 und 307 BGB erfasst*".[280] *Grüneberg*[281] hält dem entgegen, dass es im Bürgerlichen Recht – obgleich Schutzvorschriften zugunsten des wirtschaftlich Schwächeren oftmals Umgehungsversuchen ausgesetzt sind – **keinen geschriebenen allgemeinen Grundsatz** gibt, entsprechenden Versuchen entgegenzuwirken, was letztlich den Gesetzgeber dazu bewogen habe, in § 306 lit. a BGB (wie bspw. auch in § 312 lit. k Abs. 1 bzw. in § 651 lit. m BGB) ein ausdrückliches Umgehungsverbot aufzunehmen.

122 Umgehungsversuchen ist – wegen der weiten Fassung der §§ 305 ff. BGB (insbesondere der §§ 305 Abs. 1 und 307 BGB) und dem Schutzzweck des AGB-Rechts – zunächst durch **Auslegung** (vgl. §§ 133, 157 BGB) zu begegnen, bevor eine Heranziehung des § 306 lit. a BGB in Betracht zu ziehen ist.[282]

Der Inhalt einer Allgemeinen Geschäftsbedingung ist durch Auslegung zu ermitteln, die der Senat – so der BGH – auch selbst vornehmen kann.[283] Die Auslegung Allgemeiner Geschäftsbedingungen durch das Berufungsgericht unterliegt der vollen revisionsrechtlichen Nachprüfung.[284] Allgemeine Geschäftsbedingungen sind bei der Auslegung wie revisible Rechtsnormen zu behandeln und infolgedessen vom Revisionsgericht frei auszulegen, da bei ihnen ungeachtet der Frage, ob sie über den räumlichen Bezirk des Berufungsgerichts hinaus verwendet werden, ein Bedürfnis nach einer einheitlichen Handhabung besteht.[285]

Dabei ist – ausgehend von den Verständnismöglichkeiten eines rechtlich nicht vorgebildeten Durchschnittskunden – nach dem objektiven Inhalt und typischen Sinn der in Rede stehenden Klausel zu fragen. Sie ist so auszulegen, wie ihr Wortlaut von verständigen und redlichen Vertragspartnern unter Abwägung der Interessen der regelmäßig beteiligten Verkehrskreise verstanden wird.[286] Verbleiben nach Ausschöpfung aller danach in Betracht kommenden Auslegungsmöglichkeiten Zweifel und sind zumindest zwei Auslegungsergebnisse rechtlich vertretbar, kommt die Unklarheitenregel des § 305 lit. c

---

279 Jauernig/*Stadler*, § 306a BGB Rn 1.
280 Vgl. auch BGHZ 112, 204, 217; BGHZ 110, 156, 161; *Teichmann*, JZ 1987, 751.
281 Palandt/*Grüneberg*, § 306a BGB Rn 1.
282 Palandt/*Grüneberg*, § 306a BGB Rn 2.
283 BGHZ 208, 290 = NJW 2016, 1382 = WM 2016, 457 = ZIP 2016, 515, zitiert nach juris Rn 21; BGHZ 207, 176 = NJW 2016, 560 = WM 2016, 35 = ZIP 2016, 11, zitiert nach juris Rn 19; BGH WM 2015, 519 Rn 12; BGHZ 201, 168 Rn 26; BGHZ 195, 298 Rn 15.
284 BAG NZA 2014, 1333 = ZIP 2015, 49, zitiert nach juris Rn 25 unter Bezugnahme auf die ständige Judikatur, vgl. etwa BAGE 136, 294.
285 BGH NJW-RR 2015, 264 = NZM 2015, 79, zitiert nach juris Rn 16 unter Bezugnahme auf die ständige Judikatur, vgl. etwa BGHZ 200, 362 Rn 25.
286 BGH WM 2015, 519 Rn 12; BGHZ 195, 298 Rn 16; BGHZ 190, 66 Rn 21; BGHZ 187, 360 Rn 29. BAGE 154, 178, zitiert nach juris Rn 33.

Abs. 2 BGB zur Anwendung.[287] Danach ist die scheinbar „*kundenfeindlichste*" Auslegung im Ergebnis regelmäßig die dem Kunden günstigste, da sie häufig erst die Inhaltskontrolle eröffnet bzw. zu einer unangemessenen Benachteiligung und damit der Unwirksamkeit der beanstandeten Klausel führt.[288] Außer Betracht zu bleiben haben Verständnismöglichkeiten, die zwar theoretisch denkbar, praktisch aber fernliegend und nicht ernstlich in Erwägung zu ziehen sind.[289] Damit gehen Zweifel bei der Auslegung von Allgemeinen Geschäftsbedingungen zulasten des Verwenders.

Allgemeine Geschäftsbedingungen sind somit nach ihrem objektiven Inhalt und typischen Sinn einheitlich so auszulegen, wie sie von verständigen und redlichen Vertragspartnern unter Abwägung der Interessen der normalerweise beteiligten Kreise verstanden werden.[290] Zugrunde zu legen sind die Verständnismöglichkeiten eines durchschnittlichen, rechtlich nicht vorgebildeten Vertragspartners des Verwenders.[291] Ansatzpunkt für die bei einer Formularklausel gebotene objektive, nicht am Willen der konkreten Vertragspartner zu orientierende Auslegung ist in erster Linie ihr Wortlaut.[292] Legen die Parteien allerdings der Klausel übereinstimmend eine von ihrem objektiven Sinn abweichende Bedeutung bei, so ist diese maßgeblich.[293]

Die Unklarheitenregel des § 305 lit. c Abs. 2 BGB kommt daher nur zur Anwendung, sofern nach Ausschöpfung aller in Betracht kommenden Auslegungsmöglichkeiten Zweifel verbleiben und zumindest zwei Auslegungsergebnisse rechtlich vertretbar sind.[294] Hierbei bleiben solche Verständnismöglichkeiten unberücksichtigt, die zwar theoretisch denkbar, praktisch aber fernliegend sind und für die an solchen Geschäften typischerweise Beteiligten nicht ernsthaft in Betracht kommen.[295]

---

287 BGHZ 208, 290, zitiert nach juris Rn 21; BGHZ 207, 176, zitiert nach juris Rn 19 unter Bezugnahme auf BGHZ 180, 257 Rn 11; BGHZ 186, 96 Rn 31; BGH WM 2012, 1344 Rn 34. Vgl. auch BGH NJW-RR 2015, 264, zitiert nach juris Rn 16; BGHZ 185, 310 Rn 14; BGH NJW 2012, 2270 Rn 28.
288 BGHZ 208, 290, zitiert nach juris Rn 21; BGHZ 207, 176, zitiert nach juris Rn 19 unter Bezugnahme auf BGHZ 158, 149, 155; BGHZ 187, 360 Rn 35; BGH WM 2012, 1344 Rn 34.
289 BGHZ 208, 290, zitiert nach juris Rn 21 unter Bezugnahme auf BGHZ 180, 257 Rn 11; BGHZ 195, 298 Rn 16; BGHZ 198, 250 Rn 22; BGHZ 201, 168 Rn 25; BGH WM 2015, 519 Rn 12.
290 BGH NJW-RR 2016, 526 = NZM 2016, 307, zitiert nach juris Rn 17 unter Bezugnahme auf die ständige Judikatur, vgl. etwa BGH WuM 2015, 80 Rn 16; BGHZ 200, 362 Rn 57.
291 BGH NJW-RR 2016, 526, zitiert nach juris Rn 17 unter Bezugnahme auf BGHZ 194, 121 Rn 16; BGH NJW 2013, 1805 Rn 9.
292 BGH NJW-RR 2016, 526, zitiert nach juris Rn 18 unter Bezugnahme auf BGH NJW-RR 2007, 1697 Rn 23; BGH NJW-RR 2009, 1021 Rn 19.
293 BGH NJW-RR 2016, 526, zitiert nach juris Rn 18 unter Bezugnahme auf BGHZ 181, 278 Rn 16; BGH NJW-RR 2010, 63 Rn 10.
294 BGH NJW-RR 2016, 526 – Ls. – unter Bezugnahme auf BGHZ 185, 310 Rn 14; BGH NJW 2012, 2270 Rn 28; BGH WuM 2015, 80 Rn 16.
295 BGH NJW-RR 2016, 526 – Ls. – in Bestätigung von BGHZ 194, 121 Rn 16. BGH NJW-RR 2016, 526 – Ls.; BGH NJW-RR 2016, 526 – Ls.

§ 4 Einbeziehung der Allgemeinen Geschäftsbedingungen

Unter einer **Umgehung** versteht man ein Verhalten, eine vom Gesetz verbotene Regelung (d.h. ein Gesetz im Ganzen oder auch nur ein Einzelverbot) bei gleicher Interessenlage durch eine andere rechtliche Gestaltung zu erreichen, die objektiv nur den Sinn haben kann, dem gesetzlichen Verbot zu entgehen.[296] Ausreichend ist das Vorliegen der objektiven Voraussetzungen, mithin wird eine Umgehungsabsicht von § 306 lit. a BGB nicht vorausgesetzt.[297] Eine Umgehung des § 305 BGB i.S.v. § 306 lit. a BGB läge vor, wenn ein Verwender Hinweise im Katalog bewusst nicht als Allgemeine Geschäftsbedingungen ausgestaltet hat, um einer Anwendung der Regelungen über Allgemeine Geschäftsbedingungen etwa einen AGB-rechtlich unzulässigen Änderungsvorbehalt (§ 308 Nr. 4 BGB) einzuräumen.[298] Der Verstoß gegen das Umgehungsverbot läge darin, dass sich der Verwender auf Hinweise im Katalog, die keine Allgemeinen Geschäftsbedingungen darstellen, gegenüber Verbrauchern stets wie auf Allgemeine Geschäftsbedingungen berufen würde, um – ohne Rücksicht auf die von ihm eingegangenen vertraglichen Verpflichtungen – eine nachträgliche Änderung oder Abweichung von der versprochenen Leistung einseitig durchzusetzen. Im Umgehungsfall wären die Hinweise gemäß § 306 lit. a BGB als Allgemeine Geschäftsbedingungen zu behandeln und damit die Inhaltskontrolle nach den §§ 307–309 BGB eröffnet.[299]

Eine mietvertragliche Regelung, durch die ein Mieter verpflichtet wird, einer Werbegemeinschaft für ein Einkaufszentrum beizutreten, die auch in der Rechtsform einer Gesellschaft bürgerlichen Rechts gegründet werden konnte, ist unwirksam, weil der Mieter dadurch wegen der hiermit verbundenen Haftungsrisiken unangemessen benachteiligt wird.[300] Ob dies auch dann gilt, wenn der Mietvertrag keine entsprechende Beitrittsverpflichtung für den Mieter vorsieht, und ob eine gleichwohl erfolgte Beitrittserklärung als Umgehungsgeschäft nach § 306 lit. a BGB unwirksam ist, hat der BGH[301] 2016 dahinstehen lassen: Denn sollte der Beitritt der Beklagten zur Werbegemeinschaft unwirksam sein, würde die Beklagte die streitgegenständlichen Werbebeiträge nach den Grundsätzen der fehlerhaften Gesellschaft schulden.[302]

123 Es spielt keine Rolle, ob der Umgehungsversuch das Gesetz im Ganzen oder ein einzelnes Verbot erfasst.[303] *Grüneberg*[304] hält eine „*Umgehung*" auch durch die Benutzung von Ge-

---

296 BGH NJW 2005, 1645; Palandt/*Grüneberg*, § 306a BGB Rn 2.
297 *Schmidt* in Ulmer/Brandner/Hensen, § 306a BGB Rn 4; Palandt/*Grüneberg*, § 306a BGB Rn 2.
298 BGHZ 179, 319, zitiert nach juris Rn 20 unter Bezugnahme auf BGHZ 162, 294, 299 ff. und Ls.
299 BGHZ 179, 319, zitiert nach juris Rn 20 unter Bezugnahme auf BGHZ 162, 294, 301.
300 BGH NJW 2006, 3057 f.
301 BGH NJW 2016, 2492 = ZIP 2016, 1432.
302 BGH NJW 2016, 2492, zitiert nach juris Rn 21.
303 Palandt/*Grüneberg*, § 306a BGB Rn 2: Eine „*Umgehung*" sei anzunehmen, wenn ein Großbetrieb seine Abnehmer dazu bewege, von ihm selbst entworfene Allgemeine Geschäftsbedingungen (ihm) zu stellen.
304 Palandt/*Grüneberg*, § 306a BGB Rn 2.

staltungsmöglichkeiten des Vereins- oder Gesellschaftsrechts (vgl. § 310 Abs. 4 BGB), bspw. im Zusammenhang mit dem Warenabsatz auf gesellschaftsrechtlicher Grundlage, für denkbar.

Zwar stellt eine **bankinterne Anweisung an nachgeordnete Geschäftsstellen** keine „*vorformulierte Vertragsbedingung*" dar, die die Bank als Verwender ihren Kunden stellt. Doch finden die AGB-Vorschriften nach § 306 lit. a BGB auf bankinterne Anweisungen jedenfalls dann Anwendung, wenn damit die Absicht verfolgt wird, Allgemeine Geschäftsbedingungen zu vermeiden, diese einer Inhaltskontrolle nach § 307 BGB zu entziehen und ebenso effizient wie bei der Stellung von Allgemeinen Geschäftsbedingungen eine AGB-rechtlich unzulässige Gebühr zu erheben.[305] 124

Die Judikatur hat vor allem im Zusammenhang mit den Klauselverboten der §§ 10 und 11 AGB-Gesetz (alt) (respektive §§ 308 und 309 BGB – bspw. § 309 Nr. 2a BGB[306]) Versuche einer Umgehung einzelner Vorschriften konstatiert[307] – wohingegen der BGH im Zusammenhang mit den §§ 1–6 AGB-Gesetz (alt) (§§ 305–307 BGB) einen eigenen Anwendungsbereich der Norm regelmäßig verneint hat.[308] 125

G. Widersprechende Allgemeine Geschäftsbedingungen

Probleme entstehen, wenn beide Vertragsparteien auf ihre eigenen, sich aber widersprechenden Allgemeinen Geschäftsbedingungen verweisen (**Kollision von Allgemeinen Geschäftsbedingungen**). 126

I. „Theorie des letzten Wortes"

Nach der früher von der Rechtsprechung vertretenen sog. „*Theorie des letzten Wortes*" sollte i.d.R. die zeitlich letzte Verweisung auf eigene Allgemeine Geschäftsbedingungen maßgeblich sein, da der andere Teil – wenn er infolgedessen seine Leistung erbrachte bzw. eine Gegenleistung entgegennahm – diese Allgemeinen Geschäftsbedingungen stillschweigend gebilligt habe,[309] mithin schlüssig den „*letzten Allgemeinen Geschäftsbedingungen*" zugestimmt habe. 127

---

305 BGHZ 162, 294 = BGH NJW 2005, 1645 = BGH ZIP 2005, 798 = BGH WM 2005, 874 = BGH DB 2005, 1106 = BGH BB 2005, 1182 = BGH MDR 2005, 939.
306 BGH NJW 1985, 852; BGH ZIP 1986, 831.
307 BGH NJW 1985, 852 hinsichtlich § 11 Nr. 2 lit. a AGB-Gesetz alt; a.A. *Ulmer* in Ulmer/Brandner/Hensen, § 7 AGBG Rn 7 – arg.: Auffangfunktion des § 9 AGB-Gesetz alt.
308 BGH NJW 1991, 39.
309 Vgl. etwa BGH LM § 150 BGB Nr. 3 und 6; Palandt/*Grüneberg*, § 305 BGB Rn 54.

II. Prinzip der Kongruenzgeltung

128 Die „*Theorie des letzten Wortes*" ist auf Kritik gestoßen, da dem Vertragspartner (auch nach erfolgter Vertragserfüllung) nicht i.s. einer stillschweigenden Billigung unterstellt werden kann, dass er sich mit den Allgemeinen Geschäftsbedingungen des anderen Teils (konkludent) einverstanden erklärt[310] (vielmehr läuft die „*Theorie des letzten Wortes*" auf eine unzulässige Willensfiktion hinaus)[311] – vor allem dann nicht, wenn beide Parteien **Abwehrklauseln** verwenden.[312] Vielmehr liegt in entsprechenden Konstellationen ein **Dissens** zwischen den Vertragsparteien (§§ 154, 155 BGB) vor.[313]

129 Vor diesem Hintergrund geht die heute h.A.[314] davon aus, dass die Allgemeinen Geschäftsbedingungen beider Teile regelmäßig nur insoweit Vertragsbestandteil werden, als sie miteinander ausdrücklich übereinstimmen, wozu Schweigen oder die bloße Leistungserbringung unzureichend ist (sog. **Prinzip der Kongruenzgeltung**:[315] Soweit die Allgemeinen Geschäftsbedingungen sich widersprechen, gelten sie **nicht**, soweit sie übereinstimmen, gelten sie).[316] In der letzten Verweisung auf die eigenen Allgemeinen Geschäftsbedingungen liegt also kein neuer Antrag i.S.v. § 150 Abs. 2 BGB, der durch vorbehaltlose Leistungsentgegennahme angenommen werden könnte. *Stadler*[317] kritisiert dies mit dem Hinweis, dass damit in bedenklicher Weise der anbietende Vertragsteil bevorzugt werde („*Theorie des ersten Wortes*"). Bei fehlender Kongruenz tritt an die Stelle sich widersprechender Regelungen nach § 306 Abs. 2 BGB das dispositive Gesetzesrecht.[318]

130 Bei einer strikten Abwehrklausel des Bestellers in seinen Allgemeinen Geschäftsbedingungen wird nicht nur inhaltlich widersprechenden Allgemeinen Geschäftsbedingungen die Geltung versagt. Vielmehr gelten auch ergänzende Allgemeine Geschäftsbedingungen des Verwenders nicht.[319]

---

310 Palandt/*Grüneberg*, § 305 BGB Rn 54.
311 AnwK-Schuldrecht/*Hennrichs*, § 305 BGB Rn 14.
312 BGH NJW 1991, 1606; BGH NJW 1985, 1839; Palandt/*Grüneberg*, § 305 BGB Rn 54.
313 Der nach Ansicht des BGH (NJW 1985, 1838, 1839; BGHZ 61, 282) allerdings die Wirksamkeit des Vertrags dann nicht beeinträchtigen soll, wenn beide Vertragsparteien einverständlich mit der Vertragsdurchführung beginnen – arg. Rechtsgedanke des § 306 BGB (ebenso Palandt/*Grüneberg*, § 305 BGB Rn 54 unter Bezugnahme auf *Stoffels*, AGB-Recht, Rn 320). Anders, wenn das CISG anwendbar ist: so *Koch*, NJW 2000, 910. Ein dem CISG unterfallender Vertrag soll trotz widersprechender Allgemeiner Geschäftsbedingungen zustande kommen, wenn die Vertragsparteien durch Vertragsdurchführung erkennen lassen, dass sie den fehlenden Konsens nicht als wesentlich ansehen: so BGH NJW 2002, 1651; Palandt/*Grüneberg*, § 305 BGB Rn 54).
314 BGH NJW 1991, 2633, 2634 f.; AnwK-Schuldrecht/*Hennrichs*, § 305 BGB Rn 14; *Medicus*, Bürgerliches Recht, Rn 75.
315 Palandt/*Grüneberg*, § 305 BGB Rn 54.
316 Kongruenzlehre, vgl. BGH NJW 1991, 1606.
317 Jauernig/*Stadler*, § 305 BGB Rn 23 unter Bezugnahme auf *v. Westphalen*, NJW 2002, 1689.
318 AnwK-Schuldrecht/*Hennrichs*, § 305 BGB Rn 14.
319 BGH NJW-RR 2001, 485; Palandt/*Grüneberg*, § 305 BGB Rn 54.

III. Sonderproblem: Eigentumsvorbehalt

Ein Sonderproblem im Kontext mit sich widersprechenden Allgemeinen Geschäftsbedingungen (**Kollision**) besteht beim **einfachen Eigentumsvorbehalt**, da der Eigentumsübergang auch durch einseitige Erklärung einer der Vertragsparteien ausgeschlossen werden kann, weshalb im Rahmen der Auslegung der Erklärung des Verkäufers (nach den §§ 133, 157 BGB) der Gesamtinhalt seiner Allgemeinen Geschäftsbedingungen berücksichtigt werden muss.[320] Folge ist, dass sich der Eigentumsvorbehalt des Verkäufers (trotz einer Abwehrklausel des Käufers) grundsätzlich auch dann durchsetzt, wenn seine Allgemeinen Geschäftsbedingungen wegen Kollision mit den Allgemeinen Geschäftsbedingungen des Käufers nicht Bestandteil des schuldrechtlichen Vertrags werden,[321] sofern der Käufer die Sache in Kenntnis des Vorbehalts widerspruchslos annimmt. Für diesen Fall erfolgt nur die (vom schuldrechtlichen Verpflichtungsgeschäft abstrakte) Eigentumsübertragung gemäß §§ 929 S. 1, 158 Abs. 1 BGB unter der aufschiebenden Bedingung vollständiger Kaufpreiszahlung,[322] worin zugleich allerdings auch eine stillschweigende Kaufvertragsänderung (vgl. § 311 Abs. 1 BGB) liegen kann.[323]

131

Anders ist die Situation beim **erweiterten bzw. verlängerten Eigentumsvorbehalt**. Im Falle einer Abwehrklausel in den Allgemeinen Geschäftsbedingungen des Käufers wird der Eigentumsvorbehalt nicht Vertragsinhalt.[324] Etwas anderes gilt nur dann, wenn die Allgemeinen Geschäftsbedingungen des Käufers den Eigentumsvorbehalt erkennbar akzeptieren.[325]

132

Ein Eigentumsvorbehalt kann im unternehmerischen Bereich auch im Rahmen eines kaufmännischen Bestätigungsschreibens[326] (siehe Rdn 73) bzw. als Handelsbrauch[327] (siehe Rdn 78 ff.) Vertragsinhalt werden.

133

Kommt es nicht zu einer Einbeziehung (des erweiterten oder verlängerten Eigentumsvorbehalts), ist auch die Ermächtigung des Käufers zur Weiterveräußerung der Ware (§ 183 S. 1 BGB) unwirksam.[328]

134

---

320 Palandt/*Grüneberg*, § 305 BGB Rn 55.
321 BGHZ 104, 137; MüKo/*Basedow*, § 305 BGB Rn 108; Palandt/*Grüneberg*, § 305 BGB Rn 55. Vgl. zudem *de Lousanoff*, NJW 1982, 1727; *de Lousanoff*, NJW 1985, 2921.
322 AnwK-Schuldrecht/*Hennrichs*, § 305 BGB Rn 14.
323 So *Jauernig*, § 929 BGB Rn 34.
324 BGH NJW 1985, 1839; BGH NJW-RR 1991, 357.
325 OLG Düsseldorf NJW-RR 1997, 946; *Köster*, JuS 2000, 23; Palandt/*Grüneberg*, § 305 BGB Rn 55.
326 Palandt/*Grüneberg*, § 305 BGB Rn 52 und Rn 55.
327 BGH NJW-RR 2004, 555 – Windkraftanlagen; Palandt/*Grüneberg*, § 305 BGB Rn 55.
328 BGH NJW-RR 1986, 1379; *v. Lambsdorff*, ZIP 1987, 1370; Palandt/*Grüneberg*, § 305 BGB Rn 55.

§ 4 Einbeziehung der Allgemeinen Geschäftsbedingungen

H. Überraschende und mehrdeutige Klauseln (§ 305 lit. c BGB)

Literatur:

Berger, Die Einbeziehung von AGB in B2C-Verträge, ZGS 2004, 329; *Bernreuther*, Zum Maßstab der Auslegung von AGB und dem Transparenzgebot, BB 1993, 1823; *Drasdo*, AGB-Probleme beim Beitritt zur Mieter-Werbegemeinschaft, NJW-Spezial 2017, 97; *Dreher*, Die Auslegung von Rechtsbegriffen in Allgemeinen Geschäftsbedingungen, AcP 189 (1989), 342; *Grams*, Geltung der VOB/B und VOB/C 2012 aufgrund dynamischer Verweisung in älterem Bauwerkvertrag?, ZfIR 2013, 321; *Günther/Nolde*, Vertragsstrafklauseln bei Vertragsbruch – Angemessene und abschreckende Strafhöhe, NZA 2012, 62; *Hasenkamp*, Die formularvertragliche Haftungsbeschränkung bei der Gesellschaft bürgerlichen Rechts, BB 2004, 230; *Hunold*, Probezeitbefristung überraschend i.S.v. § 305c I BGB, NZA-RR 2013, 463; *Kania/Seitz*, Die Entdynamisierung von Bezugnahmeklauseln, RdA 2015, 228 *Knops*, Die „weite" Sicherungszweckerklärung des persönlich schuldenden Eigentümers in der AGB-Kontrolle, ZIP 2006, 1965; *Knütel*, Zur duplex interpretatio von Allgemeinen Geschäftsbedingungen, JR 1981, 221; *Koch*, Die Auslegung von AVB, VersR 2015, 133; *Laskawy*, Die Tücken des nachvertraglichen Wettbewerbsverbots im Arbeitsrecht, NZA 2012, 1011; *Meyer*, Contra Proferentem? Klares und weniger Klares zur Unklarheitenregel, ZHR 174 (2010), 108; *Preis*, Probleme der Bezugnahme auf Allgemeine Arbeitsbedingungen und Betriebsvereinbarungen, NZA 2010, 361; *Reichelt/Keinert*, Die unendliche Geschichte von Vertragsstrafen in Bauverträgen, ZfIR 2013, 231; *Rüßmann*, Die „ergänzende Auslegung" Allgemeiner Geschäftsbedingungen, BB 1987, 843; *Ruth*, Funktion und Anwendungsbereich der Unklarheitenregel des § 5 AGBG, WM 1991, 2085 und 2125; *Sambuc*, Unklarheitenregel und enge Auslegung von AGB, NJW 1981, 313; *Schach*, Schönheitsreparaturklauseln, ZMR 2014, 944; *Schäfer*, Das Transparenzgebot im Recht der Allgemeinen Geschäftsbedingungen, 1992; *Schlechtriem*, Die sogenannte Unklarheitenregel des § 5 AGBG, FS für Heinrichs, 1998, S. 503; *Schliemann*, Zur Inbezugnahme des Minderheitstarifvertrags, NZA 2015, 1298; *Schmidt-Salzer*, Recht der AGB und der missbräuchlichen Klauseln: Grundfragen, JZ 1995, 223; *Schorn*, Die Unklarheitenregel des § 305c Abs. 2 BGB – insbesondere im Arbeitsrecht, 2011; *Schwab*, Überraschende Entgeltklausel bei Branchenverzeichnis im Internet, JuS 2013, 353; *v. der Seipen*, Auslegung und Reichweite ausländischer allgemeiner Geschäftsbedingungen, WiB 1994, 485; *Servatius*, Kontrollfähigkeit und Angemessenheit AGB-mäßig vereinbarter Teil- und Zusatzentgelte im Massenverkehr, ZIP 2017, 745; *Straube*, AGB-Kontrolle von nachvertraglichen Wettbewerbsverboten, BB 2013, 117; *Tiedemann/Triebel*, Warum dürfen sich Arbeitgeber nicht auf die Unwirksamkeit ihrer AGB-Vertragsklauseln berufen?, NZA 2011, 1723; *Tödtmann*, Tätigkeitsregelungen: Transparent, angemessen und doch flexibel, in: Rigidität und Flexibilität im Arbeitsrecht, 2012, S. 31; *Ulber/Lukes*, AGB- und Mietrecht: Vorliegen von AGB bei „Dritt"-Klauseln – Objektive Auslegung von AGB-Schönheitsreparaturklauseln und Kompensation – Quotenabgeltungsklauseln, Jura 2016, 1188; *Wille*, Einräumung von Rechten an unbekannten Nutzungsarten als überraschende Klausel i.S.d. § 305c I BGB, GRUR 2009, 470.

135 Die Regelung des § 305 lit. c BGB (die gemäß § 310 Abs. 1 BGB auch im unternehmerischen Geschäftsverkehr gilt) entspricht in ihrem Abs. 1 wörtlich § 3 AGB-Gesetz (alt) (Überraschende Klauseln), in ihrem Abs. 2 wörtlich § 5 AGB-Gesetz (alt) (Unklarheitenregel als Sonderregelung hinsichtlich der generell für die Auslegung von Allgemeinen Geschäftsbedingungen zur Anwendung gelangenden Grundsätze).[329]

136 Bestimmungen in Allgemeinen Geschäftsbedingungen, die nach den Umständen, insbesondere nach dem äußeren Erscheinungsbild des Vertrags, so ungewöhnlich sind, dass der Vertragspartner des Verwenders mit ihnen nicht zu rechnen braucht, werden

---

[329] Palandt/*Grüneberg*, § 305c BGB Rn 1.

H. Überraschende und mehrdeutige Klauseln (§ 305 lit. c BGB) § 4

nach § 305 lit. c Abs. 1 BGB nicht Vertragsbestandteil (**negative Einbeziehungsvoraussetzung**). Dies liegt darin begründet, dass der Vertragspartner bei der Verwendung Allgemeiner Geschäftsbedingungen darauf vertrauen darf, dass letztere sich auch in dem Rahmen halten, womit er (bei Würdigung aller Umstände des konkret in Rede stehenden Vertragstypus) rechnen muss.[330]

Beachte
Die allgemeine Überraschungsregelung des § 305 lit. c BGB hat in den letzten Jahren durch die Judikatur zugunsten der Inhaltskontrolle nach den §§ 307 ff. BGB an praktischer Bedeutung verloren.[331]

Voraussetzung ist, dass die Klausel von den Erwartungen abweicht, die der redliche Verkehr typischerweise an den Vertragsinhalt knüpft, so dass mit einer solchen Klausel nach den Umständen vernünftigerweise nicht zu rechnen ist.[332] Eine Bestimmung in Allgemeinen Geschäftsbedingungen, die nach den Umständen, insbesondere nach dem äußeren Erscheinungsbild, so ungewöhnlich ist, dass der Vertragspartner mit ihr nicht zu rechnen braucht (§ 305 lit. c Abs. 1 BGB), liegt dann vor, wenn ihr ein **Überrumpelungseffekt** innewohnt. Sie muss eine Regelung enthalten, die von den Erwartungen des Vertragspartners deutlich abweicht und mit der dieser den Umständen nach vernünftigerweise nicht zu rechnen braucht. Die Erwartungen des Vertragspartners werden von den allgemeinen und individuellen Begleitumständen des Vertragsschlusses bestimmt. Zu ersteren zählen etwa der Grad der Abweichung vom dispositiven Gesetzesrecht und die für den Geschäftskreis übliche Gestaltung, zu letzteren bspw. der Gang und der Inhalt der Vertragsverhandlungen und der äußere Zuschnitt des Vertrages. Auch der ungewöhnliche äußere Zuschnitt einer Klausel (bspw. die Unterbringung einer Klausel an unerwarteter Stelle) kann deshalb die Bestimmung zu einer ungewöhnlichen und damit „*überraschenden Klausel*" machen. Generell kommt es dabei nicht auf den Kenntnisstand des einzelnen Vertragspartners, sondern auf die Erkenntnismöglichkeit des für derartige Verträge zu erwartenden Personenkreises an.[333] Anderes gilt aber, wenn sich die enttäuschte Erwartung des Vertragspartners gerade auf individuelle Umstände bei Vertragsschluss stützt.[334]

137

Wer sich auf § 305 lit. c Abs. 1 BGB beruft (d.h. i.d.R. der Kunde), trägt die **Darlegungs- und Beweislast**.[335] Andererseits ist der Verwender für die Behauptung beweispflichtig, er

138

---

330 OLG Köln NJW 2006, 3358.
331 v. *Westphalen*, NJW 2012, 2243.
332 BGHZ 84, 109, 113; BGH NJW 2000, 1179, 1181; BGH NJW 2002, 1312; BGH NJW-RR 2004, 780 – unter II.2.d.aa.; BGH NJW 2010, 671 – Rn 12.
333 BGH NJW-RR 2012, 1261, zitiert nach juris Rn 10 unter Bezugnahme auf BGHZ 102, 152, 159; BGH NJW-RR 2001, 1420 – unter II.2.a.aa.; BGH NJW 2002, 3627 – unter II.
334 BGHZ 102, 152; BGHZ 84, 109; BAG AP AGB-Gesetz § 3 Nr. 1; BAG AP BGB § 765 Nr. 1.
335 Palandt/*Grüneberg*, § 305c BGB Rn 14.

habe auf eine Klausel besonders hingewiesen.[336] Zweifel bei der Auslegung von Allgemeinen Geschäftsbedingungen gehen gemäß § 305 lit. c Abs. 2 BGB zulasten des Verwenders, womit der für die Auslegung von Allgemeinen Geschäftsbedingungen geltende allgemeine Grundsatz als Sondervorschrift der Unklarheitenregelung hinzugefügt wird.[337]

139 Bei Vereinbarung einer als **Zeitbürgschaft** zu verstehenden Befristung der Bürgschaft (§ 765 BGB) ist eine solche Klausel „*überraschend*", mit der sich der Gläubiger formularmäßig von der Obliegenheit nach § 781 Abs. 1 S. 2 BGB freizeichnet, den Bürgen vor Ablauf der Zeit in Anspruch zu nehmen (arg.: Wenn der Bürge nur eine Zeitbürgschaft übernehmen will, stellt eine entsprechende Klausel eine „*typengehaltsändernde Klausel*" dar, mit der der Kunde als Bürge nicht zu rechnen braucht).[338]

140 Problematisch ist, ob eine **verjährungsbegrenzende Vereinbarung** (mit deren Hilfe Immobilienfonds und Vertriebsgesellschaften ihre Haftung zu beschränken suchen) zugunsten der Vertriebsgesellschaft wirksam Vertragsbestandteil werden kann oder als „*überraschende Klausel*" i.S.v. § 305 lit. c Abs. 1 BGB zu qualifizieren ist (da diese Prospektklausel ja einem Drittunternehmer sowie der Vertriebsgesellschaft und nicht nur der Emittentin zugute kommen soll). Der BGH[339] hat es offen gelassen, ob das Transparenzgebot im Rahmen von § 305 Abs. 2 BGB eingreift. Im zu entscheidenden Fall war nämlich die Überraschungswirkung gegeben. Der durchschnittliche Anleger braucht nicht damit zu rechnen, dass sein mit einem Anlageprospekt operierender Vertragspartner (d.h. die Emittentin als Objektgesellschaft) den Prospekt zusammen mit den Allgemeinen Geschäftsbedingungen dazu benutzt, um gleichzeitig auch auf den Inhalt anderer selbstständiger Vertragsverhältnisse des Anlegers zu Dritten (d.h. der Vertriebsgesellschaft) gestaltend Einfluss zu nehmen. Diese Fallkonstellation ist von der typischen Vertragsgestaltung abzugrenzen, in der Haftungsfreizeichnungsklauseln auf typische Weise Dritte wie Erfüllungsgehilfen erfassen sollen, sofern diese in den Schutz des Vertrags mit einbezogen werden. Damit rechnet auch der Vertragspartner, so dass in diesen Fällen eine „*überraschende Klausel*" i.S.v. § 305 lit. c Abs. 1 BGB nicht vorliegt. Dann hält die Klausel auch den allgemeinen Grenzen einer Inhaltskontrolle nach § 307 Abs. 2 BGB stand. Der Überraschungscharakter einer ungewöhnlichen, weil nicht vertragstypkonformen Klausel kann aber durch drucktechnische Hervorhebung beseitigt werden.

141 Die Übernahme einer abstrakten, auf erstes Anfordern fällig gestellten Bürgschaft (**Bürgschaft auf erstes Anfordern**) kann „*überraschend*" i.S.v. § 305 lit. c Abs. 1 BGB sein.[340]

---

336 BGHZ 109, 192, 203; BGHZ 83, 56, 60; BGH NJW 1992, 1823.
337 Palandt/*Grüneberg*, § 305c BGB Rn 2.
338 BGH NJW 2004, 2232.
339 BGH NJW-RR 2004, 780 = BGH WM 2004, 278 = BGH NZM 2004, 471.
340 BGH NJW 2002, 3627.

Entscheidend ist, dass abstrakt formularmäßige Garantien regelmäßig für solche Personen überraschend sind, die weder über Erfahrungen im Bankgeschäft verfügen noch aufgrund ihrer gewerblichen oder beruflichen Tätigkeit mit diesem Rechtsinstitut vertraut sind.

Inhalt und Umfang der schuldrechtlichen Zweckbindung einer **Grundschuld** sind nicht gesetzlich festgelegt, sondern unterliegen der freien Vereinbarung durch die Parteien (anders als die Bürgschaft nach § 767 Abs. 1 S. 3 BGB).[341] Keine überraschende Klausel i.S.v. § 305 lit. c Abs. 1 BGB liegt daher dann vor, wenn sich die Zweckbestimmungserklärung der Grundschuld auch formularmäßig auf die dingliche Haftung für alle bestehenden und künftigen Verbindlichkeiten des Sicherungsgebers erstreckt. Etwas anderes gilt allerdings dann, wenn diese Ausdehnung der Haftung sich auch auf alle bestehenden und künftigen Verbindlichkeiten eines Dritten erstreckt (bspw. eine formularmäßige Sicherungsabrede, wonach die Grundschuld am eigenen Miteigentumsanteil auch alle bestehenden und künftigen Verbindlichkeiten anderer Miteigentümer sichern soll).[342]

142

Da es sich bei Allgemeinen Geschäftsbedingungen trotz ihres abstrakt-generellen Charakters nicht um Rechtsnormen, sondern um Vertragsbedingungen handelt (siehe hierzu Rdn 1), gelangen für ihre **Auslegung** grundsätzlich die §§ 133, 157 BGB zur Anwendung.[343]

143

Die ständige Judikatur geht, da beim Vertragsschluss unter AGB-Einbeziehung regelmäßig einzelfallbezogene, auslegungsrelevante Umstände fehlen, vom **Grundsatz der objektiven Auslegung** aus[344] (der zwar gegenüber der Auslegung unter Berücksichtigung individueller Vertragsschließungsumstände dogmatisch nachrangig, aber in der Praxis die Regel ist)[345] mit der Folge, dass – sofern beide Vertragspartner einer Klausel übereinstimmend eine von ihrem objektivem Sinn abweichende Bedeutung beimessen – diese Bedeutung maßgeblich ist.[346] Durfte der Vertragsgegner allerdings eine Klausel aufgrund der besonderen Umstände des in Rede stehenden Einzelfalles abweichend von ihrem objektiven Erklärungswert verstehen, soll sein Verständnis maßgeblich sein.[347]

144

Ansatzpunkt für die Auslegung Allgemeiner Geschäftsbedingungen ist in erster Linie der **Vertragswortlaut**.[348] Ist dieser nicht eindeutig, kommt es für die Auslegung entscheidend darauf an, wie der Vertragstext aus Sicht der typischerweise an Geschäften dieser Art beteiligten Verkehrskreise zu verstehen ist, wobei der Vertragswille verständiger

---

341 BGH NJW 2002, 2710.
342 BGH NJW 2001, 1416 und 1417.
343 BeckOK-BGB, Bamberger/Roth/*Becker*, § 305 BGB Rn 7; Palandt/*Grüneberg*, § 305 BGB Rn 2.
344 BGH NJW 1992, 2629.
345 Palandt/*Grüneberg*, § 305c BGB Rn 16.
346 BGHZ 113, 251, 259; BGH NJW 1995, 1491.
347 So Palandt/*Grüneberg*, § 305c BGB Rn 15.
348 BAG NZA 2011, 1234, zitiert nach juris Rn 24 unter Bezugnahme auf BAG AP BGB § 307 Nr. 46.

und redlicher Vertragspartner beachtet werden muss. Soweit auch der mit dem Vertrag verfolgte Zweck einzubeziehen ist, kann das nur in Bezug auf typische und von redlichen Geschäftspartnern verfolgte Ziele gelten.[349]

145 Der **Grundsatz objektiver Auslegung** stellt auf die Verständnismöglichkeit eines rechtlich nicht vorgebildeten Durchschnittskunden (Verständnismöglichkeiten des durchschnittlichen Vertragspartners)[350] ab (mit der Folge, dass Auslegungsmittel, die sich den typischerweise an Geschäften dieser Art beteiligten Durchschnittskunden verschließen, **nicht** [selbst wenn sie sich zugunsten des Kunden auswirken würden][351] herangezogen werden dürfen).[352] Es ist auf die Verständnismöglichkeiten der an den geregelten Geschäften typischerweise Beteiligten abzustellen.[353] Auf dieser Grundlage erfolgt eine einheitliche Auslegung der Klausel, wie diese von einem verständigen und redlichen Vertragspartner unter Abwägung der Interessen der regelmäßig beteiligten Verkehrskreise verstanden wird.[354] Außer Betracht bleiben dabei nur solche Verständnismöglichkeiten, die zwar theoretisch denkbar, praktisch aber fernliegend und nicht ernstlich in Betracht zu ziehen sind.[355]

Beachte

Bestimmungen in einem **Formulararbeitsvertrag** sind nach ihrem objektiven Inhalt und typischen Sinn einheitlich so auszulegen, wie sie von verständigen und redlichen Vertragspartnern unter Abwägung der Interessen der normalerweise beteiligten Verkehrskreise verstanden werden. Dabei sind die Verständnismöglichkeiten des durchschnittlichen Vertragspartners des Verwenders zugrunde zu legen.[356]

Von Bedeutung für das Auslegungsergebnis sind ferner der von den Vertragsparteien verfolgte Regelungszweck sowie die der jeweils anderen Seite erkennbare Interessenlage der Beteiligten.[357]

Die Auslegung Allgemeiner Geschäftsbedingungen kann durch das Revisionsgericht uneingeschränkt überprüft werden.[358]

---

349 BAG NZA 2011, 1234, zitiert nach juris Rn 24 unter Bezugnahme auf BAG NZA 2011, 628 – Rn 15.
350 BGH WM 2011, 1465 = NJW-RR 2011, 1350 – Rn 23; BGHZ 176, 244 – Rn 19; BGHZ 180, 217 – Rn 11; BGH WM 2009, 1180 – Rn 21; BGH WM 2011, 650 – Rn 27.
351 BGH VersR 2000, 1091.
352 BGH NJW-RR 1996, 857; BGHZ 60, 174, 177.
353 Palandt/*Grüneberg*, § 305c BGB Rn 16.
354 BGH NJW 2001, 2165; BGHZ 79, 117, 119; BGHZ 77, 116, 118.
355 BGHZ 152, 262, 265; BGHZ 180, 257 – Rn 11.
356 BAG NJW 2012, 103 = NZA 2011, 1338, zitiert nach juris Rn 21 unter Bezugnahme auf die ständige Judikatur, vgl. etwa BAG AP BGB § 242 Betriebliche Übung Nr. 88.
357 BAG NZA 2012, 396, zitiert nach juris Rn 14 unter Bezugnahme auf BAG NZA 2011, 109 – Rn 14; BAG AP TVG § 1 Bezugnahme auf Tarifvertrag Nr. 73 – Rn 12 und Nr. 76 – Rn 15.
358 BAG NZA 2012, 396, zitiert nach juris Rn 14 unter Bezugnahme auf BAG AP BGB § 305c Nr. 12 – Rn; BAG AP TVG § 1 Bezugnahme auf Tarifvertrag Nr. 73 – Rn 12.

H. Überraschende und mehrdeutige Klauseln (§ 305 lit. c BGB) § 4

Beachte 146

Technische Vertragsbedingungen sind – dementgegen – vor allem nach Maßgabe der Verkehrssitte auszulegen, sofern Wortlaut und Sinn nicht zu einem eindeutigen Ergebnis führen.[359]

Beachte weiterhin 147

Im Hinblick auf die Auslegung von Allgemeinen Versicherungsbedingungen (AVB) ist auf einen durchschnittlichen Versicherungsnehmer ohne versicherungsrechtliche Spezialkenntnisse abzustellen. Wie muss dieser die Klausel unter verständiger Würdigung bei aufmerksamer Durchsicht und Berücksichtigung des erkennbaren Sinnzusammenhangs verstehen?[360]

Der BGH hat 2016 entschieden, dass AVB so auszulegen sind, wie ein durchschnittlicher, um Verständnis bemühter Versicherungsnehmer sie bei verständiger Würdigung, aufmerksamer Durchsicht und unter Berücksichtigung des erkennbaren Sinnzusammenhangs versteht:[361] Dabei komme es auf die Verständnismöglichkeiten eines Versicherungsnehmers ohne versicherungsrechtliche Spezialkenntnisse und damit – auch – auf seine Interessen an. Dieser Grundsatz erfahre jedoch eine Ausnahme, wenn die Rechtssprache mit dem verwendeten Ausdruck einen fest umrissenen Begriff verbindet. In diesen Fällen sei anzunehmen, dass auch AVB darunter nichts anderes verstehen wollen. Ein von der Rechtssprache abweichendes Verständnis könne allerdings dann in Betracht kommen, wenn das allgemeine Sprachverständnis von der Rechtssprache in einem Randbereich deutlich abweicht oder wenn der Sinnzusammenhang der Versicherungsbedingungen etwas anderes ergibt.[362] Ausgangspunkt der Auslegung sei der Klauselwortlaut.[363] Wird z.B. der Begriff „*Enteignung*" verwendet, verweist dieser zwar auf rechtliche Kategorien. Der zusätzliche, in hohem Maße interpretationsbedürftige und interpretationsfähige Ausdruck „*Angelegenheiten*" führe aber dazu, dass ein festumrissener Begriff der Rechtssprache nicht anzunehmen sei.[364] Demgemäß komme es für die Auslegung auf die Verständnismöglichkeiten und auch auf die Interessen des durchschnittlichen Versicherungsnehmers an. Bei Risikoausschlüssen gehe das Interesse des Versicherungsnehmers regelmäßig dahin, dass der Versicherungsschutz nicht weiter verkürzt wird, als der erkennbare Zweck der Klausel dies gebietet. Der durchschnittliche Versicherungsnehmer

---

359 BGH NJW-RR 2004, 1248.
360 BGHZ 123, 83; BGH NJW-RR 1999, 1473.
361 BGH NJW-RR 2016, 1380 = VersR 2016, 1184, zitiert nach juris Rn 22 unter Bezugnahme auf BGHZ 123, 83, 85.
362 BGH NJW-RR 2016, 1380, zitiert nach juris Rn 22 unter Bezugnahme auf BGH r+s 2003, 362; BGH VersR 2000, 311.
363 BGH NJW-RR 2016, 1380, zitiert nach juris Rn 23 unter Bezugnahme auf BGHZ 153, 182, 186.
364 BGH NJW-RR 2016, 1380, zitiert nach juris Rn 23 unter Bezugnahme auf BGH r+s 2003, 362.

brauche nicht mit Lücken im Versicherungsschutz zu rechnen, ohne dass eine Klausel ihm dies hinreichend verdeutlicht.[365]

148 Das Ergebnis der Auslegung im Einzelfall ist unmaßgeblich – wichtig ist vielmehr, dass das gewonnene Auslegungsergebnis als **allgemeine Lösung des** stets bei der Verwendung dieser Allgemeinen Geschäftsbedingungen **wiederkehrenden Interessengegensatzes „angemessen"** ist.[366]

149 Sofern in Klauseln auf Rechtsbegriffe Bezug genommen wird, die erkennbar auf eine gesetzliche Regelung Bezug nehmen, sind diese Begriffe entsprechend ihrer **juristischen Fachbedeutung** zu verstehen.[367]

150 Ansonsten erfolgt eine Interpretation von Begrifflichkeiten nach dem **allgemeinen Sprachgebrauch**, bei Fachbegriffen ist ggf. auch auf ihre **fachwissenschaftliche Bedeutung** abzustellen.[368]

151 Eine **ergänzende Auslegung Allgemeiner Geschäftsbedingungen** ist grundsätzlich (bspw. aber nicht im Falle von Lücken, die sich aufgrund der Unwirksamkeit von Klauseln ergeben, die dann vorrangig die Spezialregelung des § 306 BGB zur Anwendung gelangen lässt)[369] **statthaft**[370] – allerdings regelmäßig nur zugunsten des Kunden (und nicht des Verwenders, der die Formulierungsverantwortung zu tragen hat).[371] Sie kommt – selbst bei Anwendung der Unklarheitenregel – jedenfalls dann in Betracht, wenn Regelungslücken gerade aufgrund veränderter Verhältnisse entstanden sind.[372] Eine **ergänzende AGB-Auslegung** kommt somit i.d.R. nur zugunsten des Vertragsgegners in Betracht[373] (und nur ganz ausnahmsweise auch einmal – wegen dessen Formulierungsverantwortlichkeit – zugunsten des Verwenders).[374] Eine ergänzende Vertragsauslegung zur Schließung einer Lücke, die durch die Unwirksamkeit einer der Inhaltskontrolle nach den §§ 307 ff. BGB unterliegenden Klausel entstanden ist, setzt voraus, dass der Regelungsplan der Parteien infolge der Lücke einer Vervollständigung bedarf.[375] Das ist nur dann

---

365 BGH NJW-RR 2016, 1380, zitiert nach juris Rn 24 unter Bezugnahme auf BGH VersR 2016, 41 Rn 38; BGH VersR 2013, 853 Rn 41; BGH VersR 2013, 1395 Rn 12.
366 BGH NJW 1999, 1711, 1714; BGHZ 70, 377, 380.
367 BGH ZIP 2003, 1095; BGHZ 5, 367. Dies soll auch gelten, wenn in einem Formularvertrag auf eine EU-Freistellungsregelung Bezug genommen wird, so *Ulmer/Schäfer*, ZIP 1994, 756. A.A. hingegen *Roth*, WM 1991, 2130.
368 MüKo/*Basedow*, § 305c BGB Rn 25; Palandt/*Grüneberg*, § 305c BGB Rn 16.
369 Palandt/*Grüneberg*, § 305c BGB Rn 17.
370 BGH NJW-RR 2007, 1697; BGHZ 119, 325; 103, 134; Palandt/*Grüneberg*, § 305c BGB Rn 17.
371 Palandt/*Grüneberg*, § 305c BGB Rn 17.
372 BGH NJW-RR 2004, 262, 262 f.
373 BGH WM 2004, 748; BGHZ 119, 305, 325; BGHZ 103, 219, 234.
374 Palandt/*Grüneberg*, § 305c BGB Rn 17.
375 BGH NJW 2000, 1110, 1114; BGHZ 90, 69, 74 = BGH NJW 1984, 1177; BGHZ 96, 18, 26 = BGH NJW 1986, 1610.

H. Überraschende und mehrdeutige Klauseln (§ 305 lit. c BGB) § 4

anzunehmen, wenn dispositives Gesetzesrecht zur Füllung der Lücke nicht zur Verfügung steht und die ersatzlose Streichung der unwirksamen Klausel keine angemessene, den typischen Interessen des AGB-Verwenders und seines Vertragspartners Rechnung tragende Lösung bietet.[376] Überdies muss eine ergänzende Vertragsauslegung nach gefestigter Judikatur des BGH dann ausscheiden, wenn zur Ausfüllung einer vertraglichen Regelungslücke verschiedene Gestaltungsmöglichkeiten in Betracht kommen und kein Anhaltspunkt dafür besteht, welche Regelung die Parteien getroffen hätten.[377]

Beachte 152

§ 306 BGB, der die Konsequenzen einer auftretenden Lücke aufgrund der Nichteinbeziehung bzw. der Unwirksamkeit von Allgemeinen Geschäftsbedingungen regelt, lässt allein in Ausnahmefällen Raum für eine ergänzende AGB-Auslegung.[378] Zudem scheidet eine ergänzende Vertragsauslegung aus, wenn mehrere gleichwertige Anpassungsmöglichkeiten in Betracht kommen und keine hinreichenden Anhaltspunkte für den hypothetischen Parteiwillen vorhanden sind (bspw. im Falle zweier möglicher Varianten zur wechselseitigen Abstimmung von zwei wirtschaftlich zusammenhängenden Verträgen).[379]

Beachte zudem

Unzulässig ist eine analoge Anwendung von Allgemeinen Geschäftsbedingungen zugunsten des Verwenders.[380]

Zusammenfassung: Allgemeine Vertragsbedingungen sind nach Maßgabe der ständigen 153 Judikatur[381] nach ihrem objektiven Inhalt und typischen Sinn einheitlich so auszulegen, wie sie von verständigen und redlichen Verkehrspartnern unter Abwägung der Interessen der normalerweise beteiligten Verkehrskreise verstanden werden, wobei nicht die Verständnismöglichkeiten des konkreten, sondern die des durchschnittlichen Vertragspartners des Verwenders zugrunde zu legen sind. Ansatzpunkt für die nicht am Willen der jeweiligen Vertragspartner zu orientierende Auslegung Allgemeiner Geschäftsbedingun-

---

376 BGHZ 137, 153, 157 = BGH NJW 1998, 450; BGHZ 117, 92, 98 f. = BGH NJW 1992, 1164; BGHZ 107, 273, 276 = BGH NJW 1989, 3010; BGHZ 96, 18, 26 = BGH NJW 1986, 1610; BGHZ 90, 69, 75 = BGH NJW 1984, 1177.
377 BGH NJW 2000, 1110, 1114; BGH NJW 1990, 115; BGHZ 107, 273, 276 = BGH NJW 1989, 3010; BGHZ 93, 358, 370 = BGH NJW 1985, 3013; BGHZ 90, 69, 80 = BGH NJW 1984, 1177; BGHZ 62, 323, 326 f. = BGH NJW 1974, 1322; BGHZ 62, 83, 89 f. = BGH NJW 1974, 551; OLG Schleswig-Holstein SchlHA 2012, 69.
378 Palandt/*Grüneberg*, § 305c BGB Rn 17.
379 BGH ZIP 2005, 1824 = BGH BB 2005, 2206 = BGH WM 2005, 1963 = BGH GmbHR 2005, 1494 = BGH NZG 2005, 927 = BGH DStR 2005, 2047.
380 BGH NJW-RR 1998, 235 – bspw. von VOB/B.
381 Vgl. zuletzt nur BAGE 139, 156 = NZA 2012, 81, zitiert nach juris Rn 19.

gen ist in erster Linie der Vertragswortlaut. Ist dieser nicht eindeutig, kommt es für die Auslegung entscheidend darauf an, wie der Vertragstext aus Sicht der typischerweise an Geschäften dieser Art beteiligten Verkehrskreise zu verstehen ist, wobei der Vertragswille verständiger und redlicher Vertragspartner beachtet werden muss. Soweit auch der mit dem Vertrag verfolgte Zweck einzubeziehen ist, kann das nur in Bezug auf typische und von redlichen Geschäftspartnern verfolgte Ziele gelten.[382]

I. Vorrang vor Inhaltskontrolle

154 Da eine richterliche Inhaltskontrolle nach den §§ 307 ff. BGB schon begrifflich zur Voraussetzung hat, dass Allgemeine Geschäftsbedingungen zum Vertragsbestandteil geworden sind, geht der Regelungsgehalt des § 305 lit. c BGB (einschließlich der Auslegung nach Abs. 2) einer Inhaltskontrolle vor.

II. Überraschende Vertragsbedingungen

155 Der Grund für eine Nichteinbeziehung überraschender Klauseln liegt darin begründet, dass aufgrund des fehlenden Rechtsnormcharakters von Allgemeinen Geschäftsbedingungen (siehe hierzu Rdn 1) diese zwar nur durch eine rechtsgeschäftliche Einbeziehung (vgl. § 305 Abs. 2 BGB – Einbeziehungsabrede – siehe Rdn 13 ff.) Vertragsbestandteil werden, das hierfür notwendige Einverständnis der anderen Vertragspartei überraschende Klauseln (die ohne Aushandeln global Vertragsbestandteil geworden sind) aber nicht erfassen kann und ein solches redlicherweise vom Verwender auch nicht unterstellt werden kann:[383] *„Der Kunde muss darauf vertrauen dürfen, dass sich die AGB im Rahmen dessen halten, was bei Würdigung aller Umstände bei Verträgen dieser Art zu erwarten ist."*[384]

156 *Beachte*

§ 305 lit. c Abs. 1 BGB erfasst auch die Verwendung von Allgemeinen Geschäftsbedingungen gegenüber Unternehmern[385] (i.S.v. § 14 BGB) und solcher Allgemeiner Geschäftsbedingungen, die nach § 307 Abs. 3 BGB einer Inhaltskontrolle entzogen sind.[386]

Nach § 305 lit. c Abs. 1 BGB werden solche Bestimmungen in Allgemeinen Geschäftsbedingungen, die nach den Umständen (insbesondere nach dem äußeren Erscheinungsbild des Vertrags) so *„ungewöhnlich"* sind, dass der Vertragspartner des Verwenders mit ihnen

---

382 BAGE 139, 156 = NZA 2012, 81, zitiert nach juris Rn 19.
383 AnwK-Schuldrecht/*Hennrichs*, § 305c BGB Rn 1.
384 Palandt/*Grüneberg*, § 305c BGB Rn 2.
385 Palandt/*Grüneberg*, § 305c BGB Rn 2; Staudinger/*Schlosser*, § 305c BGB Rn 4.
386 So BGH NJW 1990, 577; Palandt/*Grüneberg*, § 305c BGB Rn 2.

H. Überraschende und mehrdeutige Klauseln (§ 305 lit. c BGB) § 4

nicht zu rechnen braucht, nicht Vertragsbestandteil.[387] Besteht insoweit zwischen dem Inhalt einer Klausel und den Erwartungen des Vertragspartners eine deutliche Diskrepanz und wohnt ihr deshalb ein **Überrumpelungs- oder Übertölpelungseffekt** inne, ist eine Klausel „*überraschend*" – was insbesondere für entsprechende Klauseln gilt, die nach dem äußeren Erscheinungsbild des Vertrags an der vom Verwender gestellten Stelle nicht zu vermuten sind.[388] Da sich das Überraschungsmoment auch aus dem Erscheinungsbild des Vertrags ergeben kann, ist es möglich, dass das Unterbringen einer Klausel an einer unerwarteten Stelle im Text sie als Überraschungsklausel erscheinen lässt. Das Überraschungsmoment ist umso eher gegeben, je belastender die Bestimmung ist. Im Einzelfall muss der Verwender besonders darauf achten, die Klausel drucktechnisch hervorzuheben.[389]

Damit können diese Voraussetzungen im Hinblick auf eine Entgeltregelung in Allgemeinen Vertragsbedingungen dann vorliegen, wenn nach der drucktechnischen Gestaltung des Formulars sowohl die Kostenpflichtigkeit als auch die genaue Kostenhöhe besonders unauffällig in das Gesamtbild des verwendeten Formulars eingefügt werden.[390]

Ein Überraschungseffekt i.S.v. § 305 lit. c BGB kann sich aber auch aus der Stellung der Klausel im Gesamtwerk der Allgemeinen Geschäftsbedingungen ergeben:[391] Dabei kommt es allerdings nicht darauf an, an welcher Stelle des Klauselwerks die entsprechende Klausel steht, weil alle Bestimmungen grundsätzlich gleich bedeutsam sind und nicht durch die Platzierung einer Vorschrift im Klauselwerk auf deren Bedeutung geschlossen werden kann. Aus der Stellung der Klausel kann sich ein Überraschungseffekt vielmehr dann ergeben, wenn diese in einem systematischen Zusammenhang steht, in dem der Vertragspartner sie nicht zu erwarten braucht.[392]

Wird bspw. eine Leistung (im konkreten Fall: Grundeintrag in ein Branchenverzeichnis im Internet) in einer Vielzahl von Fällen unentgeltlich angeboten, so wird eine Entgeltklausel, die nach der drucktechnischen Gestaltung des Antragsformulars so unauffällig in das Gesamtbild eingefügt ist, dass sie von dem Vertragspartner des Klauselverwenders dort nicht vermutet wird, gemäß § 305 lit. c Abs. 1 BGB nicht Vertragsbestandteil.[393] Da Eintragungen in Branchenverzeichnisse oftmals unentgeltlich sind, weicht eine Entgelt- als Hauptpflicht

---

387 BAGE 141, 324.
388 BGH NJW 1986, 1805, 1806; KG NJW-RR 2002, 490, 491; *Ulmer/Schäfer* in Ulmer/Brandner/Hensen, § 305c BGB Rn 12 f.; Palandt/*Grüneberg*, § 305c BGB Rn 3 f.
389 BAG DB 2014, 1143, zitiert nach juris Rn 17 unter Bezugnahme auf BAGE 114, 33; 138, 136 Rn 34.
390 Vgl. etwa LG Rostock NJW-RR 2008, 1450.
391 BGH NJW 2010, 3152 = NZM 2010, 668, zitiert nach juris Rn 27.
392 BGH NJW 2010, 3152, zitiert nach juris Rn 27 unter Bezugnahme auf BGH NJW 2010, 671 – Rn 16 f.
393 BGH NJW-RR 2012, 1261 = WM 2012, 2171 – Ls. Ebenso LG Flensburg NJOZ 2011, 1173. Zur „*versteckten Entgeltklausel*" auch LG Saarbrücken NJW-RR 2002, 915; LG Düsseldorf NJOZ 2009, 391; LG Berlin NJW-RR 2012, 424.

(die in einem Begleitschreiben an unauffälliger Stelle vermerkt wird) – auch aus unternehmerischer Perspektive – von der gewöhnlichen Kundenerwartung ab.[394] Auch der ungewöhnliche äußere Zuschnitt einer Klausel und ihre Unterbringung an unerwarteter Stelle können zu einer Qualifikation als ungewöhnliche und damit überraschende Klausel führen.[395]

157 § 305 lit. c Abs. 1 BGB erfasst nur (nach den Gesamtumständen zu beurteilende)[396] **objektiv ungewöhnliche Klauseln** („*ungewöhnlich*" als empirisches Tatbestandsmerkmal),[397] nicht jedoch unangemessene oder unbillige[398] Klauseln, wenngleich erstere oftmals auch „*unangemessen*" sind.[399] Andererseits kann eine Klausel, die noch mit § 307 BGB vereinbar ist, gegen § 305 lit. c Abs. 1 BGB verstoßen.[400] Entsprechende Bestimmungen in Allgemeinen Geschäftsbedingungen, die nach den Umständen, insbesondere nach dem äußeren Erscheinungsbild des Vertrags,[401] so ungewöhnlich sind, dass der Vertragspartner des Verwenders mit ihnen nicht zu rechnen braucht, werden nicht Vertragsbestandteil.

158 **Ungewöhnlichkeit**[402] kann sich aus einer erheblichen Abweichung der Klausel vom dispositiven Gesetzesrecht[403] bzw. von den üblichen Vertragsbedingungen (aber auch aus dessen Unvereinbarkeit mit dem äußeren Erscheinungsbild des Vertrags) ergeben,[404] weiterhin aus der Unvereinbarkeit der Klausel mit dem Leitbild des Vertrags,[405] der Entgelthöhe,[406] der Werbung des Verwenders[407] bzw. einem Widerspruch zum Verlauf der Vertragsverhandlungen.[408]

159 Eine Klausel ist dann **überraschend** (als normatives Tatbestandsmerkmal),[409] wenn der Vertragspartner mit ihr vernünftigerweise nicht zu rechnen braucht[410] (**Diskrepanz zwischen**

---

394 BGH NJW-RR 2012, 1261 unter Bezugnahme auf BGHZ 183, 299 = NJW 2010, 671, 672. Vgl. auch BGH NJW-RR 2004, 780, 781.
395 BGH NJW-RR 2006, 490 – Rn 14; BGH NJW 2010, 3152 – Rn 27; Palandt/*Grüneberg*, § 305c BGB Rn 4; Erman/*Roloff*, § 305c BGB Rn 12 f.; Bamberger/Roth/*Schmidt*, § 305c BGB Rn 17.
396 BAG NJW 2000, 3299.
397 Palandt/*Grüneberg*, § 305c BGB Rn 4.
398 OLG Karlsruhe VersR 1980, 432.
399 BGH NJW 1985, 55; zudem Jauernig/*Stadler*, § 305c BGB Rn 1; *Schlosser*, ZIP 1985, 465.
400 Palandt/*Grüneberg*, § 305c BGB Rn 3.
401 BGHZ 101, 27, 33.
402 Dazu Palandt/*Grüneberg*, § 305c BGB Rn 3.
403 BGH NJW 1992, 1236.
404 BGHZ 101, 27, 33.
405 BGHZ 121, 107, 113.
406 OLG Hamburg VersR 1979, 134.
407 BGHZ 61, 275.
408 BGH NJW 1992, 1236.
409 Palandt/*Grüneberg*, § 305c BGB Rn 4.
410 Palandt/*Grüneberg*, § 305c BGB Rn 4; Staudinger/*Schlosser*, § 305c BGB Rn 13.

H. Überraschende und mehrdeutige Klauseln (§ 305 lit. c BGB) § 4

dem Klauselinhalt und den Erwartungen des Kunden),[411] wobei auf die Gesamtumstände[412] (d.h. auf den Grad des Abweichens vom dispositiven Gesetz),[413] darüber hinaus aber auch auf das äußere Bild des Vertrags, abzustellen ist.[414] Eine Klausel scheitert also dann an § 305 lit. c Abs. 1 BGB und wird nicht Vertragsbestandteil, wenn sie von den Erwartungen abweicht, die der redliche Verkehr typischerweise an den Vertragsinhalt knüpft, so dass mit einer solchen Klausel nach den Umständen vernünftigerweise nicht zu rechnen ist.[415] Maßgeblich ist also ein **Überrumpelungsversuch**[416] (Überrumpelungs- oder Übertölpelungseffekt der Klausel).[417] Zugrunde zu legen ist (wie bei der Auslegung von Allgemeinen Geschäftsbedingungen – siehe hierzu Rdn 143 ff.) ein genereller Maßstab, der subjektive Maßstäbe überlagert.[418]

Der **Überrumpelungsversuch** orientiert sich generell am zu erwartenden Kreis der Vertragspartner[419] (d.h. den Erkenntnismöglichkeiten eines typischerweise zu erwartenden Durchschnittskunden)[420] – wenngleich auch Umstände des konkreten Einzelfalles die Überraschung erst zu begründen (bzw. zu verhindern)[421] vermögen.[422] Ein Überraschungseffekt dürfte bei notariellen Urkunden, die nach Maßgabe der §§ 13 und 17 BeurkG erstellt werden, ausgeschlossen sein.[423] 160

Ein Überraschungsmoment **fehlt** allerdings dann, wenn eine Klausel, die ohne Weiteres verständlich ist, kryptisch, d.h. nicht so angeordnet ist,[424] dass eine Kenntnisnahme durch den Kunden zu erwarten steht.[425] 161

---

411 BGH NJW-RR 2004, 780; BGHZ 130, 19, 25; BGHZ 84, 109, 113.
412 BAG NJW 2000, 3299.
413 BGH NJW-RR 2001, 196.
414 BGH NJW 1992, 1235; Jauernig/*Stadler*, § 305c BGB Rn 2.
415 BGH NJW 2000, 1179, 1181; BGH NJW-RR 2001, 439, 440; BGH NJW-RR 2002, 1312.
416 BGH NJW 1990, 576, 577 – Übertölpelungseffekt.
417 BGH NJW-RR 2004, 780; BGHZ 100, 82, 85; BGH NJW 1990, 577.
418 So Palandt/*Grüneberg*, § 305c BGB Rn 4.
419 So BGHZ 130, 150, 154.
420 BGHZ 101, 27, 33; BGH NJW 1995, 2638; Palandt/*Grüneberg*, § 305c BGB Rn 4.
421 BGHZ 126, 174, 177; BGHZ 131, 55, 59: Ausdrücklicher Hinweis auf eine an sich ungewöhnliche Klausel. Vgl. auch BGH BB 2001, 2020; BGHZ 47, 210: drucktechnische Hervorhebung. Andererseits soll nach BGHZ 131, 55 ein Fettdruck (bzw. ein gesondert unterschriebenes Formular) ein starkes Überraschungsmoment nicht ausschließen können, allenfalls ein individueller Hinweis könne dies bewirken. Zu einer erheblichen „*Einreisestrafe*" wegen fehlendem Visum, auferlegt durch eine Fluggesellschaft, vgl. LG Aschaffenburg NJW-RR 2007, 1128.
422 Eine an sich nicht ungewöhnliche Klausel war nach dem Verlauf der Vorverhandlungen nicht zu erwarten: BGH NJW 1994, 1657; BGHZ 132, 8; BGH BB 2001, 2019.
423 So BGH NJW-RR 2007, 1701; BGH NJW-RR 2001, 1422; BGHZ 114, 338, 340. Anders allerdings bei bloßer formularmäßiger Bezugnahme auf eine nicht verlesene Urkunde: BGHZ 75, 15, 20; bzw. wenn eine spezielle Erläuterung erforderlich ist, die aber fehlt: BGH NJW-RR 2001, 1420. Dazu Palandt/*Grüneberg*, § 305c BGB Rn 4.
424 Allerdings können sowohl Fettdruck als auch gesonderte Unterschrift unter eine Klausel ein „*starkes Überraschungsmoment*" ausschließen (Palandt/*Grüneberg*, § 305c BGB Rn 4) – notwendig ist dann grundsätzlich ein individueller Hinweis: so BGHZ 131, 55; BGH NJW-RR 2002, 485.
425 BGHZ 47, 208, 210; BGH NJW 1981, 118.

§ 4 Einbeziehung der Allgemeinen Geschäftsbedingungen

162 Beachte aber

Einerseits kann eine grundsätzlich nicht „überraschende Klausel" der Regelung des § 305 lit. c Abs. 1 BGB dann unterfallen, wenn sie nach dem Gang der Vertragsverhandlungen nicht zu erwarten stand,[426] bzw. wenn sie im Vertragstext durch eine Falschanordnung „versteckt" wurde[427] (z.B. bei schwerer Auffindbarkeit der Klausel).[428] § 305 lit. c Abs. 1 BGB scheidet aber dann aus, wenn der Kunde die „überraschende Klausel" kennt (wozu – aufgrund seines geringen rechtlichen Wissensstandes – bloße Durchsicht nicht ausreichen soll)[429] oder mit ihr rechnen muss[430] bzw. wenn die Vertragsparteien die Klausel einheitlich interpretieren.[431]

163 Aufgrund des Umstandes, dass Allgemeine Geschäftsbedingungen für eine Vielzahl von Verträgen vorformuliert sind (§ 305 Abs. 1 S. 1 BGB), sind sie nach ihrem typischen Sinn einheitlich so auszulegen, wie ihr Wortlaut von einem verständigen, redlichen, rechtsunkundigen, durchschnittlichen Vertragspartner[432] (Verständnismöglichkeiten des durchschnittlichen Vertragspartners des Verwenders[433]) unter Abwägung der Interessen der normalerweise beteiligten Kreise verstanden wird (**objektive Auslegung**;[434] vgl. Rdn 144 f.) – es erfolgt also keine individuelle oder einzelfallbezogene Auslegung anhand der konkreten Umstände des Vertragsschlusses.[435] Auch die Entstehungsgeschichte der Allgemeinen Geschäftsbedingung ist irrelevant.[436] Es sind methodisch folgende Verfahrensschritte einzuhalten:[437]

- Feststellung des Klauselinhalts durch (objektive) Auslegung,
- Inhaltskontrolle, wobei im Zusammenhang mit der Überprüfung auch objektive Grundentscheidungen des Grundgesetzes zu berücksichtigen sind.[438]

---

426 BGH NJW 1987, 2011.
427 KG NJW-RR 2002, 490; OLG Hamm NJW-RR 1997, 370.
428 LG Saarbrücken NJW-RR 2002, 915; Palandt/*Grüneberg*, § 305c BGB Rn 4.
429 BGH NJW 1978, 1520.
430 Palandt/*Grüneberg*, § 305c BGB Rn 4.
431 BGH NJW 2002, 2102.
432 Auslegungsmittel, die sich diesem verschließen, dürfen nicht herangezogen werden (BGH NJW 1996, 857) – selbst dann nicht, wenn sie sich zugunsten eines Durchschnittskunden auswirken (so BGH VersR 2000, 1091).
433 BAGE 115, 372.
434 BGH WM 2008, 337; BAG NJW 2007, 3228; BGH NJW-RR 2007, 1697; Erman/*Roloff*, § 305c BGB Rn 20; Palandt/*Grüneberg*, § 305c BGB Rn 16; a.A. hingegen Bamberger/Roth/*Schmidt*, § 305c BGB Rn 14; Staudinger/*Schlosser*, § 305c BGB Rn 26 ff.
435 BGHZ 108, 52, 60; BGH NJW 2001, 2166; BGH NJW 2000, 1196; Palandt/*Grüneberg*, § 305c BGB Rn 16.
436 BGH NJW-RR 2000, 1347.
437 BGH NJW 1999, 1634.
438 BVerfG NJW 2000, 3342; Jauernig/*Stadler*, § 305b BGB Rn 1.

H. Überraschende und mehrdeutige Klauseln (§ 305 lit. c BGB) § 4

Beachte
Sofern beide Parteien einer Klausel allerdings übereinstimmend eine ihr nach objektiver Auslegung nicht zukommende Bedeutung beimessen, ist diese maßgeblich.[439]

Eine **AVB-Auslegung** (siehe hierzu Rdn 147) hat sich am Leitbild eines durchschnittlichen Versicherungsnehmers ohne versicherungsrechtliche Spezialkenntnisse bei verständiger Würdigung, aufmerksamer Durchsicht und unter Berücksichtigung des erkennbaren Sinnzusammenhangs zu orientieren.[440]

164

Rechtsbegriffe in Allgemeinen Geschäftsbedingungen sind grundsätzlich nach ihrer juristischen Fachbedeutung zu verstehen (vor allem, wenn sie auf eine gesetzliche Regelung Bezug nehmen),[441] ansonsten kommt es auf den allgemeinen Sprachgebrauch an[442] – bei Fachtermini wird auf die fachwissenschaftliche Bedeutung abgestellt.[443]

165

Der BGH[444] vertritt im übrigen ein **Verbot geltungserhaltender Reduktion durch Auslegung** (regelmäßig auch im kaufmännischen Verkehr)[445] – da ansonsten der Verwender gefahrlos Übermaßklauseln verwenden könnte, weil das Gericht sie alsdann auf das gemäß §§ 307 ff. BGB zulässige Maß beschränken würde:[446] Eine geltungserhaltende Reduktion einer unwirksamen Klausel ist im Geltungsbereich des § 306 Abs. 2 BGB grundsätzlich ausgeschlossen.[447] D.h. eine klare, ungewöhnliche (i.S. einer unangemessenen) Klausel kann wegen des Schutzzwecks der AGB-Vorschriften nicht durch eine einengende Auslegung zu einer gewöhnlichen Klausel (mit gerade noch zulässigem Inhalt) reduziert werden. *„Müsste der Verwender äußerstenfalls befürchten, dass die von ihm verwendeten Allgemeinen Geschäftsbedingungen auf den gerade noch zulässigen Inhalt zurückgeführt werden, bestünde kein Risiko und entsprechend auch kein Anreiz, sich möglichst um inhaltlich angemessene AGB zu bemühen."*[448]

166

Etwas anderes gilt ausnahmsweise nur dann, wenn eine (unwirksame) Klausel aus sich heraus verständlich und sinnvoll in einen teilweise wirksamen und einen teilweise unwirksamen Re-

167

---

439 BGH NJW 2002, 2103; BGHZ 113, 259. Dann sollen auch individuelle Umstände des konkret in Rede stehenden Vertragsschlusses mit Berücksichtigung finden: BGH WM 2008, 1350; Palandt/*Grüneberg*, § 305c BGB Rn 16.
440 BGH NJW-RR 1993, 1473; BGHZ 123, 83; Palandt/*Grüneberg*, § 305c BGB Rn 16.
441 BGH ZIP 2003, 1095; Palandt/*Grüneberg*, § 305c BGB Rn 16.
442 Palandt/*Grüneberg*, § 305c BGB Rn 16.
443 MüKo/*Basedow*, § 305c BGB Rn 25; Palandt/*Grüneberg*, § 305c BGB Rn 16.
444 BGHZ 107, 273, 277; BGHZ 127, 35, 47; BGH NJW 1985, 971; BGH NJW 1998, 2286. Abweichend hingegen BGHZ 103, 80 – dazu *Roth*, JZ 1989, 414.
445 BGH NJW 1996, 1407.
446 BGHZ 143, 103, 119; Jauernig/*Stadler*, § 306 BGB Rn 3.
447 BGH NJW 2006, 1059; BGH NJW-RR 2006, 1236.
448 AnwK-Schuldrecht/*Hennrichs*, § 306 BGB Rn 3.

gelungsteil getrennt werden kann[449] (**Teil- bzw. Trennbarkeit einer Klausel**).[450] Die Teilbarkeit einer einheitlichen Klausel ist dann möglich, wenn sie sich entsprechend ihres Wortlauts in verständlicher Weise in einen inhaltlich wirksamen Bestandteil (der auch nach dem Trennungsvorgang, betrachtet man den Gesamtkontext des Vertrags, sinnhafterweise aufrechterhaltbar ist) und in einen inhaltlich unwirksamen Regelungsbestandteil trennen lässt.[451] **Teilbarkeit** hat der BGH[452] bspw. für den Fall angenommen, dass ein vernachlässigenswerter Klauselteil als intransparent i.S.v. § 307 Abs. 1 S. 2 BGB qualifiziert worden ist.

> *Beachte*
>
> Jedoch gilt auch bei Teil- bzw. Trennbarkeit einer Klausel die Regelung des § 306 Abs. 3 BGB. Die Teilunwirksamkeit einer Klausel kann nämlich dazu führen, dass die ganze Klausel unwirksam ist, wenn der verbleibende (zulässige) Teil für den Gesamtkontext des Vertrags keinen Sinn mehr ergibt.[453]

168 Unzulässig ist auch eine **ergänzende Auslegung** (zur grundsätzlichen Zulässigkeit einer ergänzenden Auslegung Allgemeiner Geschäftsbedingungen hingegen vgl. Rdn 151), wenn dadurch eine unbillige Klausel so *„entschärft"* wird, dass sie einer Inhaltskontrolle gerade noch standhält.[454]

169 Der BGH[455] vertritt nach im Übrigen nicht klarer Judikatur auch die Auffassung, dass die Unwirksamkeit einer Klausel nicht dadurch vermeidbar ist, dass inhaltlich und sprachlich ein **zulässiger Regelungsteil abspaltbar** ist, der eine eigenständige und sinnvolle Regelung enthält (sog. **geltungserhaltende Klauselabgrenzung**).

170 Ganz **ausnahmsweise** lässt der BGH allerdings Ausnahmen vom Verbot der geltungserhaltenden Reduktion für die Bereiche ADSp und Allgemeine Beförderungsbedingungen für den gewerblichen Güternahverkehr mit Kraftfahrzeugen (AGNB) aufgrund des Zustandekommens dieser Allgemeinen Geschäftsbedingungen zu.[456] *Stadler*[457] plädiert

---

449 Siehe *v. Westphalen*, NJW 2007, 2228, 2230; was der BGH (in NJW 2006, 1059 und 1792) jedoch verneint hat.
450 Dazu *v. Westphalen*, NJW 2008, 2234, 2235.
451 BGH NJW-RR 2008, 134, 136.
452 BGH NJW-RR 2007, 1286, 1290.
453 So *v. Westphalen*, NJW 2008, 2234, 2235 unter Bezugnahme auf BGH NJW 2008, 134.
454 BGHZ 72, 206, 208; BGHZ 62, 83, 89; Palandt/*Grüneberg*, § 306 BGB Rn 17.
455 BGHZ 130, 19, 35: Umformulierung sei geltungserhaltende Reduktion; a.A. BGH NJW 1997, 3439; BGH NJW 1998, 2286: Umformulierung sei Ausnahme vom Verbot der geltungserhaltenden Reduktion. Dazu auch *Reich/Schmitz*, NJW 1995, 2534. *„Diese geltungserhaltende Klauselabgrenzung ist oft die Sache nach eine geltungserhaltende Reduktion"*, so Jauernig/*Stadler*, § 306 BGB Rn 3. Vgl. auch BGH NJW 1998, 451 (zur *„richterlichen Umgestaltung"* einer unzulässigen unbegrenzten in eine zulässige begrenzte Bürgschaft).
456 Umstritten – so aber BGHZ 129, 323, 327; a.A. hingegen BGH NJW-RR 2000, 1342, wonach die Entstehungsgeschichte von Allgemeinen Geschäftsbedingungen für deren Auslegung ohne Bedeutung sei.
457 Jauernig/*Stadler*, § 306 BGB Rn 3 unter Bezugnahme auf *Roth*, Vertragsänderung bei fehlgeschlagener Verwendung von AGB, 1994, S. 27 ff. (insbesondere S. 33).

H. Überraschende und mehrdeutige Klauseln (§ 305 lit. c BGB) § 4

hingegen für eine generelle Zulässigkeit der geltungserhaltenden Reduktion, wenn die Unwirksamkeit von Klausel (oder Vertrag) den Interessenausgleich verbieten würde – insbesondere dem anderen Vertragspartner unberechtigte Vorteile verschaffen würde.

Die Judikatur hat bspw. in folgenden Fällen das Vorliegen einer *„überraschenden Klausel"* bejaht: **171**

- Bei einer formularmäßigen Erstreckung der dinglichen **Haftung bei Sicherungsgrundschulden** auf bestehende und künftige Ansprüche *„aus Anlass"* der Grundschuldbestellung für eine bestimmte Darlehensforderung gegen einen in Kreditgeschäften unerfahrenen bzw. unberatenen[458] und vom Sicherungsgeber verschiedenen Darlehensnehmer[459] sowie bei Identität von Sicherungsgeber und Darlehensnehmer.[460]
- Das Vorliegen einer *„überraschenden Klausel"* wurde gleichermaßen für eine entsprechende **Haftungserstreckung** aus Anlass der **Eingehung einer Bürgschaft** angenommen.[461]
- Die in den beiden vorgenannten Fällen gegebene Begründung gilt auch für eine entsprechende **Haftungserstreckung im Falle eines Schuldbeitritts**.[462]
- **Garantie und Bürgschaft auf erstes Anfordern**:[463] Die Verpflichtung, einen Bürgschaftsvertrag *„auf erste schriftliche Anforderung ... ohne weitere Prüfung der Berechtigung der durch diese Bürgschaft gesicherten Ansprüche"* zu bezahlen, ist nach § 305 lit. c Abs. 1 BGB jedenfalls gegenüber einer Privatperson unwirksam, weil sie für diese *„überraschend"* ist und sie mit einer solch einschneidenden Verpflichtung nicht zu rechnen brauchte.[464] Die Bürgschaft auf erstes Anfordern dehnt die Sicherungsrechte des Gläubigers weit aus. Sie räumt ihm die Möglichkeit ein, sich liquide Mittel zu beschaffen. Eine schlüssige Darlegung des Sicherungsfalles ist nicht erforderlich. Der Bürge kann seiner Inanspruchnahme Einwendungen aus dem Verhältnis des Gläubigers zum Hauptschuldner nur entgegensetzen, wenn der Gläubiger seine formelle Rechtsstellung offensichtlich missbraucht. Die Sicherungsrechte des Gläubigers werden dadurch unangemessen ausgedehnt.[465]

---

458 BGH NJW 1991, 3142.
459 BGH NJW 1992, 1822; BGHZ 130, 19, 27. Anders hingegen bei einem individuellen Hinweis auf die Erweiterung: so BGH NJW 1997, 2677.
460 BGH NJW 1997, 2321.
461 BGHZ 130, 19, 26; BGH NJW 1997, 3232 – arg.: § 767 Abs. 1 S. 3 BGB fordere eine summenmäßige Beschränkung der Bürgschaft; a.A. hingegen *Reinicke/Tiedtke*, DB 1995, 2301. Haftung des Bürgen für alle gegenwärtigen und künftigen Forderungen des Kreditgebers ohne nähere Bezeichnung: BGHZ 126, 174, 176; BGH NJW 2000, 658.
462 BGH NJW 1996, 249; BGHZ 131, 55.
463 BGH NJW 2002, 3627.
464 BGH NJW 2002, 3627; OLG Hamm BauR 1998, 135.
465 BGH NJW 2002, 2388; OLG Rostock BauR 2003, 928.

- Als „*überraschende Klausel*" wurde auch eine vergleichbare formularmäßige Verpflichtung des Geschäftsführers einer Factoringgeberin qualifiziert.[466]
- Verpflichtung der Miteigentümer, die für eine gemeinsame Verbindlichkeit an ihren Anteilen je eine Grundschuld bestellen, die auch alle künftigen und bestehenden Verbindlichkeiten des anderen Miteigentümers sichern soll.[467]
- Klausel, die den Generalunternehmer für schlüsselfertige Errichtung dazu bevollmächtigt, Unterverträge im Namen des Auftraggebers zu vergeben.[468]
- Auch die in einer vom Arbeitgeber vorformulierten **Ausgleichsquittung** enthaltene Erklärung des Arbeitnehmers, auf alle Ansprüche aus dem Arbeitsverhältnis und seiner Beendigung zu verzichten, kann einen Verstoß gegen § 305 lit. c Abs. 1 BGB begründen.[469] Dies kann schon daher rühren, dass der Klageverzicht in einer Ausgleichsquittung nach dem äußeren Erscheinungsbild eines Schreibens so ungewöhnlich ist, dass der Arbeitnehmer nicht mit ihr zu rechnen braucht.[470] So lässt etwa nach Ansicht des BAG[471] die Überschrift „*Arbeitspapiere*" nicht erkennen, dass der Arbeitnehmer mit der Unterzeichnung des Schreibens auf sein Recht verzichten soll, Kündigungsschutzklage zu erheben. Der Passus zum Klageverzicht war im konkreten Fall weder in einem eigenen Abschnitt enthalten, noch sonst vom übrigen Text deutlich abgesetzt. Er war weder durch Schriftart, Schriftgröße oder Fettdruck noch durch Unterstreichung hervorgehoben. Vielmehr waren allein die Überschrift und die Liste der ausgehändigten Arbeitspapiere fettgedruckt. Das verstärkte den Eindruck, der Mitarbeiter solle mit seiner Unterschrift lediglich deren Empfang bestätigen. Auch unmittelbar vor der Unterschriftszeile wurde nur der Ausdruck „*Ausgleichsquittung*" verwendet und nur deren sorgfältige Kenntnisnahme sollte der Arbeitnehmer bestätigen.
- Eine **allgemeine Ausgleichsquittung**, nach welcher sämtliche Ansprüche („*gleich nach welchem Rechtsgrund sie entstanden sein mögen*") abgegolten und erledigt sein sollen, wird nicht Vertragsinhalt, wenn der Verwender sie in eine Erklärung mit falscher oder missverständlicher Überschrift ohne besonderen Hinweis oder drucktechnische Hervorhebung einfügt.[472]
- **Stornoklausel** (in Autoreisezugbedingungen) auf dem „*Screenshot*" des Verwenders mit einer Frist von drei Tagen („*bis drei Tage vor Abfahrt*"), sofern in den auf späteren

---

466 BGH NJW 2002, 3628.
467 BGH NJW 2002, 2710.
468 BGH NJW-RR 2002, 1312.
469 BAG AuA 2005, 559 = BAG DB 2005, 1463.
470 Vgl. etwa BAGE 124, 59 Rn 23; BAGE 121, 257 Rn 22; BAGE 115, 372; BAGE 114, 33.
471 BAG NJW 2015, 1038 = NZA 2015, 350, zitiert nach juris Rn 17.
472 BAG BB 2005, 1795 = BAG DB 2005, 2025 = BAG NZA 2005, 1193 = BAG MDR 2005, 1300.

H. Überraschende und mehrdeutige Klauseln (§ 305 lit. c BGB) § 4

Seiten des Verwenders formulierten Allgemeinen Geschäftsbedingungen eine andere Regelung erfolgt.[473]

- Eine **Befristung zum Ablauf der Probezeit** – *„Das Arbeitsverhältnis endet mit Ablauf dieser Probezeit, ohne dass es einer Kündigung bedarf"* – stellt eine *„überraschende Klausel"* i.S.v. § 305 lit. c Abs. 1 BGB dar.[474] Eine Bestimmung in Allgemeinen Geschäftsbedingungen hat nämlich überraschenden Charakter i.S.d. Regelung, wenn sie von den Erwartungen des Vertragspartners deutlich abweicht und dieser mit ihr den Umständen nach vernünftigerweise nicht zu rechnen braucht (Überrumpelungs- und Übertölpelungseffekt). Zwischen den durch die Umstände bei Vertragsschluss begründeten Erwartungen und dem tatsächlichen Vertragsinhalt muss ein deutlicher Widerspruch bestehen. Die berechtigten Erwartungen des Vertragspartners bestimmen sich nach den konkreten Umständen bei Vertragsschluss ebenso wie nach der Gestaltung des Arbeitsvertrags, insbesondere dessen äußerem Erscheinungsbild.[475] So kann der ungewöhnliche äußere Zuschnitt einer Klausel oder ihrer Unterbringung an unerwarteter Stelle die Bestimmung zu einer ungewöhnlichen und damit überraschenden Klausel machen.[476] Somit kann im Einzelfall der Verwender gehalten sein, auf eine Klausel besonders hinzuweisen oder die Klausel drucktechnisch hervorzuheben.[477]

- Eine Internetseite, auf der mehrfach die Worte *„gratis"*, *„free"* bzw. *„umsonst"* verwendet werden, erweckt den Eindruck, dass von dieser Seite aus **unentgeltlich SMS** versendet werden können. Wird gleichwohl geltend gemacht, dass eine Vergütung für eine SMS-Verwendung vereinbart worden sei, stellt eine entsprechende Klausel nach Ansicht des AG Hamm[478] gemäß § 305 lit. c Abs. 1 BGB eine *„überraschende Klausel"* dar. Besucher der Internetseite werden in den Glauben versetzt, ein kostenloser SMS-Versand sei möglich.[479]

---

473 AG Dortmund NJW-RR 2007, 60.
474 BAG NJW 2008, 2279, 2280.
475 BAG NJW 2008, 2279, 2280.
476 So die ständige Judikatur, vgl. BAGE 114, 33 = BAG NZA 2005, 1193; BAGE 115, 372 = BAG NZA 2006, 324; BAG NZA 2007, 614 – Aufhebungsvertrag; BAG NJW 2008, 458.
477 BAG NJW 2008, 2279, 2280 unter Bezugnahme auf BAGE 114, 33 = BAG NZA 2005, 1193; BAG NJW 2008, 458.
478 AG Hamm NJW-RR 2008, 1078.
479 AG Hamm NJW-RR 2008, 1078: *„Dieser Eindruck wird durch die zahlreiche Verwendung der Begriffe ‚free', ‚gratis' und ‚umsonst' erweckt. Aus diesem Grunde braucht der Verwender nicht damit zu rechnen, dass in den Allgemeinen Geschäftsbedingungen nun entgegen des Eindrucks der Unentgeltlichkeit der Leistungen ... die Entgeltlichkeit der Leistungen festgelegt wird. Nur bei einem deutlichen Hinweis auf die Entgeltlichkeit der Leistungen auf der Internetseite wäre eine entsprechende Klausel in den ‚Allgemeinen Geschäftsbedingungen' nicht überraschend."*

§ 4 Einbeziehung der Allgemeinen Geschäftsbedingungen

- Klausel in einem gewerblichen Mietvertrag, in der sich ein Ausschluss der Garantiehaftung für anfängliche Mängel der Mietsache unter „*Aufrechnung und Zurückbehaltung*" befindet[480] (Klauselstandort an systematisch sinnwidriger Stelle).[481]
- Bestimmungen in Formulararbeitsverträgen, die nach den Umständen, insbesondere nach dem äußeren Erscheinungsbild des Vertrags, so ungewöhnlich sind, dass der Arbeitnehmer mit ihnen nicht zu rechnen braucht, werden nach § 305 lit. c Abs. 1 BGB nicht Vertragsbestandteil.[482]
- Die Regelung einer Zahlungsverpflichtung von Beteiligten in einer Durchführungsvorschrift zu einer Satzungsbestimmung (im konkreten Fall: sog. „*Beitragszuschuss Ost*") ist nach § 305 lit. c Abs. 1 BGB eine überraschende Klausel.[483]
- Die Nachentrichtungspflicht aller ausgesetzten Tilgungsraten nach einer Ziffer 3 der „*Zusatzvereinbarung Lebensversicherungsvertrag*" bei der Vereinbarung einer Tilgungsaussetzung zwischen der Bank und dem Darlehensnehmer für den Fall des Widerrufs der Tilgungsaussetzung aufgrund von Rückständen mit den Lebensversicherungsraten stellt eine überraschende Klausel nach § 305 lit. c BGB dar.[484]
- Kann der Verbraucher die in § 357 Abs. 2 S. 2 BGB alt geregelte Abwälzung der Rücksendekosten auf den Verbraucher, die im Rahmen Allgemeiner Geschäftsbedingungen vorgenommen werden kann,[485] aufgrund der Gesamtumstände nicht ausreichend deutlich erkennen, ist der Vertragsbestandteil entweder als überraschende bzw. unklare Klausel i.S.v. § 305 lit. c BGB nicht Vertragsbestandteil geworden oder hält wegen Verstoßes gegen das Transparenzgebot nach § 307 Abs. 1 S. 2 BGB einer Inhaltskontrolle nicht stand.[486]
- Eine in einer Beitrittserklärung zu einem Medienfonds enthaltene Klausel, wonach die Haftung auch des Anlageberaters (im konkreten Fall: der beratenden Bank) für Beratungsfehler auf Vorsatz und grobe Fahrlässigkeit beschränkt ist und Ansprüche gegen den Anlageberater kenntnisunabhängig spätestens innerhalb von drei Jahren ab dem Beitritt zur Fondsgesellschaft verjähren, ist gemäß § 305 lit. c Abs. 1 BGB als überraschende Klausel unwirksam.[487]

---

480 BGH NJW 2010, 3152.
481 v. Westphalen, NJW 2011, 2098, 2099.
482 BAG NJW 2012, 103, zitiert nach juris Rn 34 unter Bezugnahme auf BAG NZA 2011, 509 – Rn 50.
483 BGH VersR 2013, 219 = NZA-RR 2013, 327 – Ls.
484 Thüringisches OLG WM 2009, 1134 – Ls. 1.
485 Die Wirksamkeit einer solchen Vereinbarung setzt allerdings voraus, dass der Verbraucher nach den Gesamtumständen mit der erforderlichen Gewissheit erkennen kann, dass hierüber mit ihm eine vom gesetzlichen Regelfall abweichende vertragliche Vereinbarung getroffen und er nicht lediglich entsprechend den Informationspflichten des Unternehmers über die objektive Rechtslage belehrt werden soll.
486 OLG Hamburg MMR 2010, 320 – Ls. 1 und 2.
487 OLG Saarbrücken BB 2011, 2626 – Ls. im Anschluss an BGH, Urt. v. 11.12.2003 – III ZR 118/03.

H. Überraschende und mehrdeutige Klauseln (§ 305 lit. c BGB) § 4

- Im unternehmerischen Bereich ist nach Ansicht des LG Kiel[488] eine Flatrate-Klausel für SMS, in der 5 EUR/Monat festgelegt, im weiteren Text des Vertrags sodann aber erhebliche Einschränkungen vorgenommen werden, nicht bloß überraschend i.S.v. § 305 lit. c Abs. 1 BGB, sondern auch intransparent nach § 307 Abs. 1 S. 2 BGB.
- Sind für ein „*Centermanagement*" in einem Gewerbemietvertrag Kosten als Nebenkosten ausgewiesen, die nicht weiter spezifiziert – aber neben dem Block „*Kosten der Verwaltung*" aufgeführt – werden, zählt eine solche intransparente Vertragsgestaltung nicht zu den im Handelsverkehr nach § 310 Abs. 1 BGB geltenden und zu berücksichtigenden Gewohnheiten und Gebräuchen.[489]
- Eine **Stoffpreisgleitklausel** des öffentlichen Auftraggebers von Bauleistungen ist nach § 305 lit. c Abs. 1 BGB „*überraschend*" und wird nicht Vertragsbestandteil, wenn sie ohne ausreichenden Hinweis den Auftragnehmer zur Vermeidung erheblicher Nachteile bei Stoffpreissenkungen dazu anhält, bereits bei seiner Kalkulation von üblichen Grundsätzen abzuweichen.[490]
- Eine formularmäßig in einem Vertrag über die Erstellung eines Schadensgutachtens nach einem Verkehrsunfall vereinbarte Abtretungsklausel (**Abtretungsklausel bei Schadensbegutachtung nach Verkehrsunfall**), wonach der Geschädigte zur Sicherung des Sachverständigenhonorars von seinen Schadensersatzansprüchen aus einem Verkehrsunfall gegen den Fahrer, den Halter und den Haftpflichtversicherer die Ansprüche auf Ersatz der Positionen Sachverständigenkosten, Wertminderung, Nutzungsausfall, Nebenkosten und Reparaturkosten in dieser Reihenfolge und in Höhe des Honoraranspruchs an den Sachverständigen abtritt, wobei der Anspruch auf Ersatz einer nachfolgenden Position nur abgetreten wird, wenn der Anspruch auf Ersatz der zuvor genannten Position nicht ausreicht, um den gesamten Honoraranspruch des Sachverständigen zu decken, ist i.S.v. § 305 lit. c Abs. 1 BGB „*überraschend*".[491]

Beachte 172

Das Überraschungsmoment entfällt nicht durch eine drucktechnische Gestaltung, wenn sich der Hinweis nicht nur auf eine ungewöhnliche Erweiterung bezieht.[492]

---

488 NJW-RR 2013, 301.
489 BGH NJW 2013, 41. So auch schon BGH NJW 2012, 54.
490 BGHZ 202, 309 = NJW 2015, 49 – Ls.
491 BGH VersR 2016, 1330 = MDR 2016, 1261 – Ls.
492 BGH NJW 2002, 2710.

§ 4 Einbeziehung der Allgemeinen Geschäftsbedingungen

173 Hingegen hat die Rechtsprechung bspw. in folgenden Fällen das Vorliegen „*überraschender Klauseln*" **verneint**:

- Bei **einfachem Eigentumsvorbehalt**.
- Bei **erweitertem** oder **verlängertem Eigentumsvorbehalt**.[493]
- Bei der Frage, ob die Grundschuld nach dem Inhalt der vorformulierten Bankbedingungen auch künftige Forderungen gegen den Darlehensnehmer sichert, darf eine Unklarheit i.S.v. § 305 lit. c Abs. 2 BGB nicht zulasten des finanziell krass überforderten Bürgen oder Mithaftenden gehen.[494]
- Bei einer formularmäßigen Bevollmächtigung gegenüber Notariatsangestellten, die die Zwangsvollstreckungsunterwerfung bei der Grundschuldbestellung mit umfasst.[495]
- Bei einer formularmäßig vereinbarten, im Vertragstext nicht besonders hervorgehobenen **Vertragsstrafenregelung** ist jedenfalls dann keine „*überraschende Klausel*" i.S.v. § 305 lit. c Abs. 1 BGB gegeben, wenn der gesamte Vertragstext ein einheitliches Schriftbild hat, keinerlei drucktechnische Hervorhebungen enthält, keine der im Einzelnen durchnummerierten Vertragsregelungen mit einer Überschrift versehen ist und die Vertragsstrafe auch nicht versteckt bei einer anderen Thematik eingeordnet ist.[496]
- Eine **aufschiebende Bedingung für ein nachvertragliches Wettbewerbsverbot** mit der Folge, dass mangels Bedingungseintritts ein nachvertragliches Wettbewerbsverbot nicht entstanden ist und deshalb kein Anspruch auf eine Karenzentschädigung besteht, stellt keine „*überraschende Klausel*" i.S.v. § 305 lit. c Abs. 1 BGB dar. Dies wäre nur dann der Fall, wenn sie objektiv ungewöhnlich und auch für den Verwendungsgegner überraschend ist. Objektiv ungewöhnlich ist eine Klausel aber nur, wenn sie von der Normalität abweicht, die sich insbesondere am dispositiven Recht orientiert, das das gesetzliche Leitbild definiert. Je weiter sie sich vom üblichen oder dem dispositiven Recht entfernt, desto ausgeprägter ist die Ungewöhnlichkeit. Die Vereinbarung einer aufschiebenden Bedingung bei einem nachvertraglichen Wettbewerbsverbot ist aber nicht unüblich. Überraschenden Charakter hat eine Regelung dann, wenn sie von den Erwartungen des Vertragspartners deutlich abweicht und dieser nach den Umständen mit ihr vernünftigerweise nicht zu rechnen braucht. Im Arbeitsvertrag findet sich unter der Überschrift „*Wettbewerbsverbot*" aber das gesamte Paket von Einzelregelungen, die das Wettbewerbsverbot der Parteien ausgestalten. Alle Absätze beziehen

---
493 *Ulmer*, § 3 AGBG Rn 33.
494 BGH NJW 2009, 2671 = WM 2009, 1460 = ZIP 2009, 1462 – Ls. 2.
495 BGH WM 2003, 65.
496 BAG NZA-RR 2005, 351 = BAG BB 2005, 896 (LS) = BAG AuA 2005, 370.

sich regelmäßig direkt oder indirekt auf das in dieser Überschrift genannte Wettbewerbsverbot.[497]
- Die **Ausschlussfrist** in einem Arbeitsvertrag stellt gleichermaßen keine „*überraschende Klausel*" i.S.v. § 305 lit. c Abs. 1 BGB dar.[498] Sie ist im Arbeitsleben weit verbreitet. Deshalb hat jeder Arbeitnehmer grundsätzlich damit zu rechnen, dass ein vom Arbeitgeber vorgefertigtes Regelwerk, welches Bestandteil seines Arbeitsvertrags werden soll, entsprechende Verfallklauseln enthält.[499] Die Ausschlussfrist steht auch nicht mit dem äußeren Zuschnitt des Vertrags in Widerspruch, sofern sie – anders als in einem vom BAG 1995 entschiedenen Fall[500] – unmittelbar im Vertrag selbst enthalten ist, auch wenn sie nicht (wie vielfach üblich) am Ende des Vertrags in einer gesonderten Klausel mit der Überschrift „*Ausschlussfrist*" oder „*Verfallklausel*" steht. Es reicht aus, wenn sie als eigener Untergliederungspunkt mit derselben Schriftgröße wie der Rest des Vertrags bspw. unter einem § 5 „*Vergütung/Zahlungsweise*" aufgeführt wird. Da die möglichen Ansprüche des Arbeitnehmers gegen den Arbeitgeber weit überwiegend aus dem Bereich des Entgelts herrühren, gehört die Ausschlussfrist für den durchschnittlichen Arbeitnehmer in diesen Regelungszusammenhang und ist nicht unter einer falschen oder irreführenden Überschrift „*versteckt*". Dass die konkrete Ausgestaltung der Ausschlussfrist jedenfalls für Arbeitsverhältnisse mit Leiharbeitnehmern üblich ist, kann sich schon daraus ergeben, dass der Verwender die Ausschlussfrist (wie auch den gesamten Vertrag) nicht selbst formuliert, sondern einen über den Fachhandel vertriebenen, urheberrechtlich geschützten Musterarbeitsvertrag für diesen Personenkreis verwendet, der zudem von der Bundesagentur für Arbeit als Vertragsgrundlage empfohlen worden ist. Eine mühelos lesbare Ausschlussfrist, die auch drucktechnisch so angebracht ist, dass eine Kenntnisnahme durch den durchschnittlich aufmerksamen Leiharbeitnehmer zu verlangen ist, wenn dieser (was von ihm zu erwarten ist) alles, was unter der Überschrift „*Vergütung*" im Arbeitsvertrag steht, zumindest überflogen hat, bevor er ihn unterschreibt, genügt den Anforderungen. Dann muss dem Arbeitnehmer dabei auch die Ausschlussfrist auffallen.[501]
- Eine Klausel, nach der die Gewerbegemeinschaft in einem Einkaufszentrum von einer neuen Mieterin verlangt, ihr beizutreten (**Beitrittsklausel**).[502]

---

497 BAG ZIP 2005, 1983 = BAG DB 2005, 2415.
498 BAG NZA-RR 2005, 401.
499 Vgl. BAG AP BGB § 241 Nr. 2.
500 BAG AP AGB-Gesetz § 3 Nr. 1.
501 Dazu auch BGH NJW 1992, 1234.
502 BGH NJW 2006, 3057 – arg.: Es sei nicht ungewöhnlich, von allen Mietern und Betreibern eines Einkaufszentrums die Begründung einer entsprechenden Verpflichtung zu verlangen. Wobei der BGH im Ergebnis im Rahmen der Klauselkontrolle § 307 Abs. 1 S. 1 BGB anwandte. Dazu *v. Westphalen*, NJW 2007, 2228, 2229.

§ 4 Einbeziehung der Allgemeinen Geschäftsbedingungen

- Die **Erweiterung der Haftung aus einer Grundschuld** durch eine formularmäßige Zweckbestimmungserklärung auf alle bestehenden und künftigen Verbindlichkeiten aus Oder-Konten ist jedenfalls insoweit nicht überraschend, als die Verbindlichkeiten aus Verfügungen des Sicherungsgebers resultieren.[503]
- Bei der Grundschuld ist die **formularmäßige Erstreckung der dinglichen Haftung** sowie einer zusätzlichen persönlichen Haftungsübernahme auf alle bestehenden und künftigen Verbindlichkeiten des jeweiligen Sicherungsgebers nicht überraschend i.S.d. § 3 AGB-Gesetz (alt) (§ 305 lit. c Abs. 1 BGB).[504]
- Eine **weite Zweckerklärung im Rahmen einer Grundschuld** ist dann „*überraschende Klausel*" (§ 305 lit. c Abs. 1 BGB) und damit nicht Vertragsbestandteil, wenn sie sich sowohl auf bestehende als auch auf künftige Verbindlichkeiten eines Dritten (bspw. auch eines Ehegatten) erstreckt. Sie ist hingegen dann **wirksam**, wenn sie in den Zweck der Grundschuld, lastend auf dem Miteigentumsanteil des Ehegatten, dessen eigene (bestehenden und künftigen) Verbindlichkeiten aus der Geschäftsbeziehung zur Bank einbezieht.[505]
- **Abgeltungsklauseln in Aufhebungsverträgen oder Abwicklungsvereinbarungen** sind nicht nur nicht ungewöhnlich, sondern im Gegenteil die Regel.[506] Ein Abwicklungs- bzw. Aufhebungsvertrag soll nämlich die Rechtsbeziehung der Parteien beenden und drückt dies normalerweise in einer generellen Erledigungsklausel aus. Regelmäßig werden entsprechende Punkte, die nicht erledigt sein sollen, auch ausdrücklich angeführt.[507]
- Eine klauselmäßig vorgesehene **Unkündbarkeit einer Rentenversicherung während der Rentenbezugszeit**, worauf der Antragsteller bei Policierung durch die Übersendung der Versicherungsbedingungen deutlich hingewiesen wurde, stellt keine überraschende Klausel i.S.v. § 305 lit. c Abs. 1 BGB dar,[508] da dies nach dem gesetzlichen Leitbild nicht so ungewöhnlich ist, dass ein durchschnittlicher Versicherungsnehmer damit nicht zu rechnen braucht. § 165 VVG sieht nämlich die Kündbarkeit einer Lebensversicherung gegen Einmalbeitrag nur in Ausnahmefällen vor, nämlich dann, wenn die Versicherung auf den Todesfall genommen ist.[509]

---

503 So BGH NJW 1997, 2320.
504 BGH NJW 2000, 2675.
505 OLG Saarbrücken NJOZ 2006, 2598: Die formularmäßige Zweckausdehnung der am eigenen Grundstück oder Miteigentumsanteil bestellten Grundschuld auf alle bestehenden oder künftigen Forderungen gegen den Sicherungsgeber selbst sei weder unbillig noch überraschend, weil dieser es selbst in der Hand habe zu entscheiden, in welchem Umfange er Finanzierungen in Anspruch nimmt: BGHZ 106, 19 = BGH NJW 1989, 831; BGH NJW 2002, 2710.
506 BGH NJW 2009, 1019, 1022.
507 BAG NJW 2009, 1019, 1022.
508 OLG Koblenz NJW-RR 2008, 628, 629.
509 OLG Koblenz NJW-RR 2008, 628, 629.

H. Überraschende und mehrdeutige Klauseln (§ 305 lit. c BGB) § 4

- Eine Klausel in **Betriebskosten-AGB**, wonach die Kosten für die *„kaufmännische und technische Hausverwaltung"* als sonstige Betriebskosten auf den Mieter umgelegt werden (ohne nähere Angaben zur Umlegung oder Anhaltspunkte zur Höhe) hat das OLG Köln[510] als *„nicht überraschend"* i.S.v. § 305 lit. c BGB qualifiziert, und zwar unabhängig davon, wie hoch die tatsächlichen Verwalterkosten letztlich sind und wie hoch die vereinbarten Nebenkostenvorauszahlungen sind. Dies wurde damit begründet, dass eine Klausel nur dann „überraschend" sei, wenn sie für den Mieter nach den Umständen ungewöhnlich ist und er auch wegen fehlender Aufklärung nicht mit ihr rechnen musste – wobei die Ungewöhnlichkeit einer Klausel allein nach objektiven Kriterien zu bestimmen sei, wobei das Gesamtbild des konkreten Vertrags an die Erwartungen, die der rechtliche Verkehr typischerweise aufgrund des Verhaltens des Verwenders bei Vertragsschluss an den Vertragsinhalt stellt, zu beachten sei.[511] Unter Zugrundelegung rein objektiver Kriterien müsse die Umlage von Verwalterkosten als solche aber als verkehrsüblich qualifiziert werden, weshalb der Vertragspartner des Verwenders mit ihr grundsätzlich auch rechnen müsse.[512]
- Die Klausel in einem **Klinikaufnahmevertrag**, wonach der **Patient als Selbstzahler** verpflichtet ist, wenn keine Kostenübernahmeerklärung einer Krankenkasse oder eines anderen Sozialleistungsträgers oder einer privaten Krankenversicherung vorgelegt wird, ist als eine für eine Vielzahl von Behandlungsverträgen vorformulierte Allgemeine Geschäftsbedingung i.s.v. § 305 BGB in den Behandlungsvertrag einbezogene Vertragsbedingung wirksam, da sie nach den Umständen gemäß § 305 lit. c Abs. 1 BGB nicht so ungewöhnlich sei, dass Vertragspartner des Verwenders mit ihr nicht zu rechnen brauchen.[513]
- Der Terminus *„Übernahmebestätigung"* in einem gewerblichen Mietkaufvertrag ist nicht ungewöhnlich, da der Kunde die Auswirkungen einer von ihm ausgestellten Übernahmebestätigung für eine Zahlungspflicht kennt.[514]
- Ein **negatives Schuldanerkenntnis in einem Altersteilzeitarbeitsvertrag**: Es sei durchaus üblich und weder ungewöhnlich noch überraschend, in Beendigungsvereinbarungen Ausgleichs- oder Abgeltungsklauseln aufzunehmen.[515]

---

510 OLG Köln NJW-RR 2008, 752, 753.
511 OLG Köln NJW-RR 2008, 752, 753 unter Bezugnahme auf *Ulmer/Schäfer* in Ulmer/Brandner/Hensen, § 305c BGB Rn 11 f.
512 OLG Köln NJW-RR 2008, 752, 753 unter Bezugnahme auf OLG Hamburg ZMR 2003, 180.
513 LG Berlin NJW-RR 2008, 1375, 1375: *„Denn einer solchen Ungewöhnlichkeit der Bestimmung steht auch bei gesetzlich krankenversicherten Patienten die vorerwähnte Risikosphäre entgegen, wonach es Sache des Patienten und nicht des Krankenhausträgers ist, vor der Behandlung für einen Krankenversicherungsschutz Sorge zu tragen."*
514 So BGH NJW-RR 2010, 1436.
515 BAG NJW 2012, 103, zitiert nach juris Rn 37 unter Bezugnahme auf BAG AP BGB § 242 Betriebliche Übung Nr. 88 – Rn 49.

- Die Umlage von „*Kosten der kaufmännischen und technischen Hausverwaltung*" in Allgemeinen Geschäftsbedingungen eines Mietvertrags über Geschäftsräume ist weder überraschend i.S.v. § 305 lit. c BGB, noch verstößt sie gegen das Transparenzgebot gemäß § 307 Abs. 1 S. 2 BGB.[516] Daran ändere sich auch dadurch nichts, dass die Vorauszahlungen im Einzelfall deutlich niedriger festgelegt wurden als die später abgerechneten Kosten und die Klausel keine Bezifferung oder höhenmäßige Begrenzung der Verwaltungskosten enthält.
- Bei der **dynamischen Bezugnahme auf die Versorgungsrichtlinien einer Unterstützungskasse** handelt es sich nicht um eine überraschende Klausel i.s.d. § 305 lit. c Abs. 1 BGB.[517]
- Ein ausdrücklich vereinbarter **Rangrücktritt** stellt keine überraschende Klausel i.S.v. § 305 lit. c BGB dar, wenn der Gesellschafter aufgrund eines Werbeprospektes bereits zum Zeitpunkt des Vertragsschlusses wusste, dass es sich bei seinem – eigenkapitalersetzenden – Darlehen um ein echtes unternehmerisches Engagement mit entsprechendem unternehmerischen Risiko handelte.[518]
- Das OLG München[519] hat die Klauseln zur Geltung des sog. **claims-made-Prinzips in den AVB eines Versicherers über eine D&O-Versicherung** im streitgegenständlichen Fall als nicht überraschend i.S.v. § 305 lit. c Abs. 1 BGB qualifiziert: Es komme grundsätzlich auf die Vorstellungen und Erwartungen an, die ein redlicher Kunde von durchschnittlicher Geschäftserfahrung, Aufmerksamkeit und Umsicht sich vom Inhalt des Vertrags aufgrund der Umstände gebildet hat. Ungewöhnliche Erwartungen, die gerade nur der in Rede stehende Kunde aufgrund besonderer persönlicher Erfahrungen oder Vorstellungen mit dem Vertragsinhalt verknüpft, verdienten nicht den Vertrauensschutz, der durch § 305 lit. c Abs. 1 BGB gewährleistet werden soll. Dies schließe jedoch nicht aus, dass auf den Erwartungshorizont typischer Kundengruppen abgestellt wird, mit denen Verträge der fraglichen Art regelmäßig geschlossen zu werden pflegen.[520] Daran gemessen liege keine überraschende Klausel vor. Bei der D&O-Versicherung handele es sich – wie das LG bereits festgestellt habe – um ein besonderes Produkt aus dem Bereich der Haftpflichtversicherungen, das für ganz bestimmte Risiken und auf dem deutschen Markt und nur auf Grundlage des Claims-made-Prinzips angeboten wird. Daher könne im streitgegenständlichen Fall nicht auf den Erwartungshorizont eines durchschnittlichen Versicherungsnehmers abgestellt werden, der eine Berufshaftpflichtversicherung abschließen will. Vielmehr sei auf den Erwartungshorizont eines typischen Versicherungsnehmers abzustellen, der im speziellen Segment der

---

516 BGHZ 183, 299 = NJW 2010, 671 – Leits.
517 BAGE 133, 181 = NZA 2011, 42 – Leits. 2.
518 OLG Schleswig-Holstein GmbHR 2009, 374 – Leits. 1.
519 NZG 2009, 714, zitiert nach juris Rn 22.
520 NZG 2009, 714, zitiert nach juris Rn 22 unter Bezugnahme auf MüKo/*Basedow*, § 305c BGB Rn 5 und 6.

H. Überraschende und mehrdeutige Klauseln (§ 305 lit. c BGB)   § 4

Berufshaftpflichtversicherung für Unternehmensleiter Versicherungsschutz erlangen will. Dieser werde selbst bei oberflächlicher Recherche feststellen, dass in diesem speziellen Segment von der Versicherungswirtschaft Versicherungsschutz nur bei Geltung des sog. claims-made-Prinzips überhaupt angeboten wird.[521]

- Eine **Verfallklausel** ist weder überraschend noch ungewöhnlich i.s.d. § 305 lit. c Abs. 1 BGB – wenn, wie im konkreten Fall, der Arbeitsvertrag sie als eigenständige „*Ziff. 17*" mit der Überschrift „*Verfallklausel*" besonders hervorhebt, da Ausschlussfristen im Arbeitsleben durchaus üblich sind.[522]
- § 15 Nr. 1 und 2 AVB (= § 13 Nr. 1 und 2 VHB 2008) sind weder überraschend i.s.v. § 305 lit. c Abs. 1 BGB noch benachteiligen sie den Versicherungsnehmer in unangemessener Weise i.s.v. § 307 Abs. 1 BGB.[523]
- Eine Verzichtsklausel in einem Aufhebungsvertrag ist nicht überraschend:[524] Die Vereinbarung derartiger Klauseln in Aufhebungsverträgen entspricht einer weit verbreiteten Übung im Arbeitsleben[525] und trägt dem Bedürfnis der Parteien Rechnung, mit dem Aufhebungsvertrag – ähnlich wie bei außergerichtlichen und gerichtlichen Vergleichen[526] – ihre Rechtsbeziehungen abschließend zu regeln und umfassend zu bereinigen.[527]
- Nr. 1.1 AHB 2008 ist weder wegen Intransparenz gemäß § 307 Abs. 1 S. 2 BGB unwirksam noch „*unklar*" i.s.v. § 305 lit. c Abs. 2 BGB.[528]

---

521 NZG 2009, 714, zitiert nach juris Rn 22.
522 BAG NZA 2008, 699, zitiert nach juris Rn 19 unter Bezugnahme auf BAG v. 28.9.2005 – 5 AZR 52/05.
523 OLG Hamm NJW-RR 2012, 995 = VersR 2012, 1173 – Ls. 2.
524 BAGE 154, 178 = NZA 2016, 672, zitiert nach juris Rn 33.
525 BAGE 154, 178, zitiert nach juris Rn 33 unter Bezugnahme auf HWK/*Gotthardt*, § 305c BGB Rn 5; *Hoefs* in Clemens/Kreft/Krause, § 305c BGB Rn 32.
526 Zu diesen BAG v. 27.5.2015 – 5 AZR 137/14, Rn 21.
527 BAGE 154, 178, zitiert nach juris Rn 33 unter Bezugnahme auf BAG v. 22.10.2008 – 10 AZR 617/07, Rn 30.
528 BGH NJW 2014, 2038 = WM 2014, 851, zitiert nach juris Rn 32: Zuvor war die Auslegung und die Wirksamkeit dieser mit Ziffer 1 AHB 2008 (Musterbedingungen des Gesamtverbandes der deutschen Versicherungswirtschaft) übereinstimmenden Klausel allerdings umstritten. Ein Teil des Schrifttums hielt die Klausel wegen Intransparenz nach § 307 BGB für unwirksam (*Lüke* in Prölss/Martin, § 100 VVG Rn 31; HK-VVG/*Schimikowski*, Ziffer 1 AHB Rn 13 – jedoch mit der Einschränkung, dass die Klausel entweder intransparent i.s.v. § 307 Abs. 1 S. 2 BGB oder mehrdeutig und damit unklar im Sinne von § 305 lit. c Abs. 2 BGB sei). Ein anderer Teil der Literatur hält die Regelung für nicht mehrdeutig und damit wirksam (MüKo-VVG/*Littbarski*, § 100 Rn 117 ff.). Der BGH hat die Frage, was nach den AHB im Allgemeinen unter dem Schadensereignis zu verstehen ist, 2002 ausdrücklich offengelassen (BGH VersR 2003, 187). Er musste die Frage auch im konkreten Fall nicht entscheiden.

§ 4 Einbeziehung der Allgemeinen Geschäftsbedingungen

- Der BGH[529] hat 2014 für eine **Restwertgarantieklausel**[530] entschieden, dass eine solche Klausel mit Rücksicht darauf, dass ein Anspruch des Leasinggebers auf Zahlung des (um den Veräußerungserlös verminderten) kalkulierten Restwerts des Leasingfahrzeugs bei Leasingverträgen mit Restwertausgleich leasingtypisch ist[531] und in Leasingverträgen jedenfalls dann, wenn sie sich bereits unübersehbar im Bestellformular selbst findet, nicht derart „*ungewöhnlich*" ist, dass ein Leasingnehmer mit ihr nicht zu rechnen braucht und § 305 lit. c Abs. 1 BGB einer wirksamen Einbeziehung der Klausel daher nicht entgegensteht.[532] Zwar könne eine Formularklausel auch dann „*überraschend*" sein, wenn sie an unerwarteter Stelle des Textes steht oder ihr äußerer Zuschnitt ungewöhnlich ist,[533] was im entschiedenen Fall jedoch nicht vorlag.[534] Für § 305 lit. c Abs. 1 BGB komme es nicht auf den Kenntnisstand des einzelnen Kunden an, entscheidend sei vielmehr die an den typischen vertraglichen Gestaltungsformen orientierte Erkenntnismöglichkeit des für derartige Verträge zu erwartenden Kundenkreises, sofern der Leasinggeber dem Leasinginteressenten nicht besonderen Anlass gegeben hat, mit der verwendeten Klausel nicht rechnen zu müssen.[535]
- Die in einem zur Finanzierung des Schulbetriebs zwischen den Eltern der Schüler und dem Schulträger abgeschlossenen Darlehensvertrag enthaltene **Rangrücktrittserklärung** ist **nicht** „*überraschend*", wenn sie eingangs des Vertrages zugleich mit der Darlehenssumme vereinbart wird und die Eltern in einem Begleitschreiben auf die mit dem Schulbesuch verbundenen finanziellen Belastungen hingewiesen und dabei, drucktechnisch besonders hervorgehoben, auch um die Ausreichung eines nachrangigen Darlehens gebeten werden.[536]
- Die in ein Antragsformular auf Abschluss eines **Verbraucherleasingvertrags** über ein Kfz vom Leasinggeber deutlich sichtbar eingesetzte Formularklausel – „*Nach Zahlung sämtlicher Leasing-Raten und einer eventuellen Sonderzahlung verbleibt*

---

529 BGHZ 201, 171 = ZMR 2014, 966 Rn 18 f.
530 Restwertabrechnung unter der Überschrift „*Abrechnung nach Vertragsende*", wonach der Leasinggeber nach Ablauf der vereinbarten Leasingzeit und erfolgter Rückgabe das Fahrzeug zum Händlereinkaufspreis und der Verkaufserlös dem vereinbarten kalkulierten Gebrauchtwagenerlös gegenübergestellt wird, wobei in der Weise abgerechnet wird, dass von einem Mehrerlös der Leasingnehmer 75 % erhält und einen Mindererlös von ihm zu erstatten ist. Diese Amortisationszweck ist – ungeachtet der Ausgestaltung des jeweiligen Geschäftsmodells – allen Finanzierungsleasingverträgen eigen (BGHZ 107, 123, 127; BGH WM 2013, 2235 Rn 17). Dementsprechend hat die Vereinbarung eines in Form einer Restwertgarantie ausgestalteten Restwertausgleichs eine im Vertragstyp angelegte Hauptleistungspflicht des Leasingnehmers zum Inhalt (BGH WM 1996, 1690).
531 Vgl. dazu auch BGH WM 1997, 1904.
532 Ebenso nunmehr BGH Schadens-Praxis 2015, 98.
533 Vgl. BGH NJW-RR 2006, 490 Rn 14; BGH NJW 2010, 3152 Rn 27; BGH NJW-RR 2012, 1261 Rn 10; BGH NJW 2013, 1818 Rn 15.
534 BGH Schadens-Praxis 2015, 98, zitiert nach juris Rn 22.
535 BGH Schadens-Praxis 2015, 98, zitiert nach juris Rn 23 unter Bezugnahme auf BGH WM 1980, 1346; BGH WM 2001, 1520.
536 BGH NJW-RR 2014, 937 = ZIP 2014, 1087 = WM 2014, 897 – Ls.

zum Vertragsende ein Betrag von EUR (konkreter Restwertbetrag einschließlich USt), der durch die Fahrzeugverwertung zu tilgen ist (Restwert). Reicht dazu der vom Leasing-Geber beim Kfz-Handel tatsächlich erzielte Gebrauchtwagenerlös nicht aus, garantiert der Leasing-Nehmer dem Leasing-Geber den Ausgleich des Differenzbetrages (einschließlich USt). Ein Mehrerlös wird dem Leasing-Nehmer zu 75 % (einschließlich USt) erstattet. 25 % (einschließlich USt) werden auf die Leasing-Raten eines bis zu drei Monaten nach Vertragsende neu zugelassenen Fahrzeugs angerechnet. Bei Umsatzsteueränderungen erfolgt eine entsprechende Anpassung des Gebrauchtwagenswertes. Die Kalkulation erfolgte auf Basis einer jährlichen Fahrleistung von 15.000 km. Die Gebrauchtwagenabrechnung erfolgt unabhängig von den gefahrenen Kilometern ..." – ist weder überraschend i.S.v. § 305 lit. c Abs. 1 BGB noch verletzt sie das Transparenzgebot des § 307 Abs. 1 S. 2 BGB.[537]

- Die Bestimmung des Geltungsbereichs einer **Gesamtzusage** unter der Überschrift „*Scope*" ist weder inhaltlich noch nach der äußeren Vertragsgestaltung gemäß § 305 lit. c Abs. 1 BGB „*überraschend*":[538] In der Veröffentlichung im Intranet sei – auch anzeige- bzw. drucktechnisch deutlich hervorgehoben – dargestellt, auf welche Mitarbeiter sich die im folgenden wiedergegebene Policy beziehen soll. Auch der Sache nach sei es nicht „*ungewöhnlich*", dem Inhalt einer Regelung ihren Geltungsbereich voranzustellen. Vielmehr handele es sich – so das BAG[539] – um eine auch in Betriebsvereinbarungen und Tarifverträgen übliche Regelungstechnik: Es sei unbedenklich, dies bei einer kollektiv an alle Mitarbeiter gerichteten Zusage ebenso zu handhaben, ein „*Überrumpelungseffekt*" sei darin nicht zu erkennen. Etwas anderes ergebe sich jedenfalls in einem IT-Unternehmen, in dem üblicherweise eine Vielzahl englischer Begrifflichkeiten verwendet wird, auch nicht aus der Verwendung englischer Begriffe (wie z.B. „*Scope*").[540]

- **Dynamische Verweisungen auf einschlägige Tarifverträge** sind nach Ansicht des BAG[541] im Arbeitsleben als Gestaltungsinstrument so verbreitet, dass ihre Aufnahme in Formularverträge nicht i.s. des § 305 lit. c Abs. 1 BGB „*überraschend*" ist: Sie würden von Arbeitnehmern des öffentlichen Dienstes erwartet – Bezugnahmeklauseln auf das jeweils gültigen Tarifrecht entsprächen einer üblichen Regelungstechnik und dienten den Interessen beider Parteien. Dies ergebe sich aus der Zukunftsgerichtetheit des Arbeitsverhältnisses.

---

[537] BGH NJW 2014, 2940 = ZIP 2014, 1738 = WM 2014, 1738 – Ls.
[538] BAG NZA 2014, 1333 = ZIP 2015, 49, zitiert nach juris Rn 23.
[539] BAG NZA 2014, 1333, zitiert nach juris Rn 23.
[540] BAG NZA 2014, 1333, zitiert nach juris Rn 23.
[541] BAGE 148, 357 = NZA 2014, 1341, zitiert nach juris Rn 24 unter Bezugnahme auf BAGE 128, 73 Rn 20.

§ 4 Einbeziehung der Allgemeinen Geschäftsbedingungen

- Die Umlage von *„Verwaltungskosten"* in **Allgemeinen Geschäftsbedingungen** eines Mietvertrages über Geschäftsräume ist nicht *„überraschend"* i.S.v. § 305 lit. c BGB[542] – auch wenn die Klausel keine Bezifferung oder höhenmäßige Begrenzung der Verwaltungskosten enthält:[543] Die Umlage von Verwaltungskosten auf den gewerblichen Mieter sei nämlich nicht so *„ungewöhnlich"*, dass dieser als Vertragspartner damit nicht zu rechnen brauchte. Etwas anderes könne sich ggf. aus der Art der Kosten oder aus den sonstigen Umständen ergeben, was im konkret zu entscheidenden Fall aber nicht gegeben war.[544] Kosten dürfen zwar nicht zu einem Überraschungseffekt führen: Wenn sie sich jedoch im Rahmen des Ortsüblichen halten, können sie von dem gewerblichen Mieter wenigstens im Groben auch abgeschätzt werden.[545]
- Bei einer Vertragsklausel in Allgemeinen Geschäftsbedingungen, die nicht näher benannte **Provisions- und Stornohaftungsbedingungen** in Bezug nimmt und den Provisionsanspruch daran knüpft, dass der Abnehmer diese Bedingungen *„anerkennt und als vertragsgemäß akzeptiert"*, handelt es sich weder dem Inhalt noch (im konkreten Fall) dem äußeren Erscheinungsbild nach um eine *„überraschende Klausel"* i.S.v. § 305 lit. c Abs. 1 BGB – doch hält sie einer Transparenzkontrolle nach § 307 Abs. 3 S. 2 i.V.m. Abs. 1 S. 2 BGB nicht stand.[546]
- Die formularmäßige Regelung, wonach ein Erbenermittler seinem Kunden gegenüber erst dann zu (weiteren) Tätigkeiten verpflichtet ist, wenn er von allen ermittelten Erben Vollmacht und Honorarvertrag erhalten hat, ist nicht *„überraschend"* i.S.v. § 305 lit. c Abs. 1 BGB und damit wirksam:[547] Die Klausel habe nämlich keinen überraschenden Charakter, da sie nicht von den Erwartungen eines vertragstypischen Durchschnittskunden deutlich abweicht, so dass dieser mit ihr den Umständen nach vernünftigerweise nicht zu rechnen braucht.[548]
- Bei der formularvertraglichen Verpflichtung eines Mieters in einem Einkaufszentrum, einer Werbegemeinschaft beizutreten, die von allen Mietern und vom Betreiber des Einkaufszentrums gebildet wird, handelt es sich **nicht** um eine *„überraschende"* Klausel i.S.v. § 305 lit. c Abs. 1 BGB.[549]

---

542 So BGH NJW 2014, 3722 = NZM 2014, 830.
543 BGH NJW 2014, 3722 – Ls. – im Anschluss an BGHZ 183, 299 = NJW 2010, 671; BGH NJW 2013, 41.
544 BGH NJW 2014, 3722, zitiert nach juris Rn 12.
545 So BGHZ 183, 299 = NJW 2010, 671 Rn 12; BGH NZM 2012, 83 Rn 11.
546 BAGE 150, 286 = NJW 2015, 2364 = NZA 2015, 871 – Ls.
547 BGH NJW-RR 2016, 842 = FamRZ 2016, 1265 – Ls.
548 So die ständige Judikatur, vgl. etwa BGH NJW-RR 2004, 780, 781; BGHZ 130, 150, 154; BGHZ 202, 309, 313 f. Rn 14.
549 BGH NJW 2016, 2489 = NZM 2016, 520, zitiert nach juris Rn 23 unter Bezugnahme auf BGH NJW 2006, 3057 Rn 10.

H. Überraschende und mehrdeutige Klauseln (§ 305 lit. c BGB)　§ 4

III. Mehrdeutige Vertragsbedingungen

Zweifel bei der Auslegung von (auch kollektiv ausgehandelten bzw. behördlich empfohlenen oder genehmigten)[550] Allgemeinen Geschäftsbedingungen (d.h. tatsächliche, auch nach Ausschöpfung der Auslegungsmethoden fortbestehende Unklarheiten [nicht behebbare Mehrdeutigkeiten] einer Klausel)[551] unter Zugrundelegung eines objektivierten Beurteilungsmaßstabs (einheitliche Auslegung einer Klausel nach ihrem objektiv-typischen Sinn[552] – nach dem Verständnishorizont eines redlichen und durchschnittlichen Vertragspartners[553] [Kunden], d.h. eines durchschnittlichen Kunden des betreffenden Geschäftszweiges) gehen nach § 305 lit. c Abs. 2 BGB (in Umsetzung von Art. 5 S. 2 der Klausel-Richtlinie[554]) zulasten des Verwenders (**Unklarheitenregel**[555]). Es ist Sache des Verwenders, sich zweifelsfrei (klar und unmissverständlich) auszudrücken, da er für sich die Vorteile der Vertragsgestaltung in Anspruch nimmt.[556] § 305 lit. c Abs. 2 BGB gebietet also eine generell-abstrakte Auslegung – wobei jedoch zuvor festgestellt werden muss, ob eine in Rede stehende Klausel auch von beiden Parteien in einem bestimmten Sinne verstanden wird, da nur dann *„der so ermittelte – übereinstimmende – konkrete Parteiwille der generell abstrakten Auslegung vorgeht".*[557]

174

Vgl. auch zur Auslegung einer Allgemeinen Geschäftsbedingung in einem Stromlieferungsvertrag über die Gewährung eines sog. *„Aktionsbonus für Neukunden".*[558]

Bei der Auslegung von Genussscheinbedingungen findet nach Ansicht des OLG München[559] die Unklarheitenregel des § 305 lit. c Abs. 2 BGB auch dann – jedenfalls entsprechende – Anwendung, wenn die Genussscheine im Wege einer sog. Fremdemission ausgegeben werden.

Führt die objektive Auslegung der Genussscheinbedingungen auch unter Berücksichtigung der Interessen der normalerweise beteiligten Verkehrskreise nicht zu einem eindeutigen Ergebnis, ist die Unklarheitenregelung des § 305 lit. c Abs. 2 BGB anzuwenden.[560]

§ 305c Abs. 2 BGB gilt auch im Verkehr zwischen Unternehmern (vgl. § 310 Abs. 1 BGB).[561]

---

550 Palandt/*Grüneberg*, § 305c BGB Rn 18.
551 Mindestens zwei vertretbare Auslegungen: Jauernig/*Stadler*, § 305c BGB Rn 6. Dazu näher BGH NJW 2002, 3232; BGH NJW 1997, 3434; BGHZ 112, 65, 68.
552 BGHZ 180, 257 = NJW 2009, 2051.
553 BGH NJW 2007, 504.
554 Richtlinie 93/13/EWG für Verbraucherverträge.
555 Allerdings funktionell eingeschränkt: Jauernig/*Stadler*, § 305c BGB Rn 1 und 6.
556 AnwK-Schuldrecht/*Hennrichs*, § 305c BGB Rn 3.
557 *v. Westphalen*, NJW 2010, 2254, 2255 unter Bezugnahme auf BGH NJW-RR 2010, 63 (Fall eines notariell beurkundeten Vertrags) und BGH NJW 2002, 2102.
558 BGH NJW 2013, 1805 = NZM 2013, 435.
559 NZG 2014, 146 = AG 2014, 164 – Ls.
560 OLG München WM 2012, 603 = ZIP 2012, 576 – Ls. 2.
561 BGH NJW-RR 1988, 114.

§ 4 Einbeziehung der Allgemeinen Geschäftsbedingungen

Das BAG[562] hat festgestellt, dass ausgehend davon, eine Betriebsvereinbarung wäre ihrerseits auslegungsbedürftig und bei ihrer Auslegung würden letztlich Unklarheiten verbleiben, dies nicht dazu führt, dass eine **Bezugnahmeklausel im Arbeitsvertrag** ihrerseits unklar wäre und deshalb Zweifel bei ihrer Auslegung nach § 305 lit. c Abs. 2 BGB zulasten des Verwenders gingen. Eine eventuelle Unklarheit des in Bezug genommenen Regelwerks wirke sich nicht auf die Bezugnahmeklausel selbst aus.[563]
Die AGB-Freiwilligkeitsvorbehaltsklausel – *„Die Zahlung des Bonus bzw. Zuteilung eines Deferal Awards erfolgt freiwillig und kann auch nach wiederholter Gewährung nicht zu einer Verpflichtung der Gesellschaft zur Fortsetzung derartiger Zahlungen bzw. Zuteilungen führen"* – ist *„unklar"* i.S.v. § 305 lit. c Abs. 2 BGB.[564] Sie könne zum einen nämlich so verstanden werden, dass hierdurch generell ein Anspruch für die Zukunft ausgeschlossen werden soll, denkbar sei aber auch, sie so zu verstehen, dass sie den Rechtsgedanken des § 315 BGB wiedergibt und damit auch eine wiederholte Leistungsgewährung nicht ohne Weiteres zur Fortsetzung *„derartiger"*, d.h. nach Höhe und Art gleichartiger Leistungen wie in der Vergangenheit, führen soll. Ein solches Klauselverständnis stünde der Annahme eines dem Grunde nach bestehenden dauerhaften Anspruchs nicht entgegen. Da gemäß § 305 lit. c Abs. 2 BGB Zweifel bei der Auslegung zulasten des Verwenders gehen, sei die letztgenannte Auslegung maßgeblich.[565]

175 Die Regelung kann **analog** angewendet werden auf **Einzelvertragsbedingungen**, die von einem wirtschaftlich Überlegenen konzipiert worden sind.[566]

Ausgangspunkt für eine am objektiven Willen im Rahmen einer **generell-typisierenden Auslegung**[567] (überindividuelle Bezugnahme, die fernliegende Auslegungsmöglichkeiten außer Betracht lässt)[568] festzumachende Auslegung ist

- immer erst der Wortlaut des Vertragstextes aus der Sicht typischerweise an Geschäften dieser Art beteiligter Verkehrskreise (i.S.d. Vertragswillens verständiger und redlicher Vertragspartner unter Berücksichtigung des von ihnen verfolgten Vertragszwecks).[569]
- Alsdann orientiert sich die Auslegung an dem von der Klausel redlicherweise verfolgten Sinn und Zweck,[570] wobei es nicht auf das individuelle Auslegungsergebnis als

---

562 BAG NZA-RR 2016, 374.
563 BAG NZA-RR 2016, 374, zitiert nach juris Rn 35.
564 BAG NZA 2016, 1334 = WM 2016, 2119 = ZIP 2016, 2286, zitiert nach juris Rn 19.
565 BAG NZA 2016, 1334, zitiert nach juris Rn 19.
566 Palandt/*Grüneberg*, § 305c BGB Rn 18.
567 Dazu Erman/*Roloff*, § 305c BGB Rn 20.
568 BGH NJW 2006, 1056.
569 BGH NJW-RR 2010, 1436, 1438. Siehe auch *v. Westphalen*, NJW 2008, 2234.
570 BGHZ 102, 384, 389 = BGH NJW 1988, 1261.

H. Überraschende und mehrdeutige Klauseln (§ 305 lit. c BGB) § 4

solches im Einzelfall ankommt,[571] sondern auf das Auslegungsergebnis, das sich als allgemeine Lösung eines immer wiederholenden Interessengegensatzes zwischen Verwender und Kunde darstellen muss.[572]

- Erst wenn auch dann noch Zweifel verbleiben, gelangt § 305 lit. c Abs. 2 BGB zur Anwendung, mit der Folge, dass Zweifel zulasten des Verwenders gehen.

Voraussetzung für die Anwendbarkeit der Norm ist also zweierlei:[573] Die Einbeziehung darf zum einen nicht schon an § 305 Abs. 2 Nr. 1 BGB (Unverständlichkeit) scheitern.[574] Zum anderen muss die durch eine objektive Auslegung der Klausel (nicht ihrer Begleitumstände)[575] nicht behebbare Mehrdeutigkeit[576] Zweifel begründen,[577] wobei Auslegungsmaßstab der objektive Inhalt und der typische Sinn der in Rede stehenden Klausel ist. Wie werden Inhalt und Sinn – ohne dass es auf die Interessenlage im Einzelfall ankommt (maßgeblich sind vielmehr die typisierten Interessen) – von verständigen und redlichen, durchschnittlichen Vertragspartnern (Erklärungsempfängern)[578] unter Abwägung der Interessen der normalerweise beteiligten Verkehrskreise verstanden?[579] D.h., ein bloßer Streit über die Auslegung einer Klausel führt noch nicht zur Anwendbarkeit von § 305 lit. c Abs. 2 BGB. Vielmehr müssen (nach Ausschöpfung aller zur Verfügung stehenden Auslegungsmethoden) unbehebbare Zweifel verbleiben i.S.v. **mindestens zwei rechtlich vertretbaren Auslegungsmöglichkeiten**.[580] Keine von diesen darf einen klaren Vorzug verdienen. Es müssen „*erhebliche Zweifel*" an der richtigen Auslegung bestehen. Die nur entfernte Möglichkeit, zu einem anderen Ergebnis zu kommen, genügt für die Anwendung der Bestimmung nicht.[581]

176

Nur wenn mindestens zwei Auslegungen in Betracht kommen, gilt die **kundenfeindlichste** – da sie dann diejenige ist, die dem Kunden die günstigste Rechtsposition verschafft.[582] Erst wenn dies der Fall ist, gehen Zweifel in der Auslegung zulasten des Verwenders.[583] Beispiele:

---

571 Vgl. *v. Westphalen*, NJW 2008, 2234.
572 Siehe *v. Westphalen*, NJW 2008, 2234, 2235 unter Bezugnahme auf BGH NJW 1999, 1711, 1714.
573 Jauernig/*Stadler*, § 305c BGB Rn 5 und 6.
574 BGH NJW 1985, 56 – weil die Zahl der Auslegungsmöglichkeiten sich nicht in vernünftigem Rahmen hält.
575 Palandt/*Grüneberg*, § 305c BGB Rn 18.
576 Jauernig/*Stadler*, § 306 BGB Rn 6: mindestens zwei vertretbare Auslegungsmöglichkeiten.
577 BGH NJW 1990, 3017.
578 BAG NZA 2008, 179; BGH WM 2003, 1242; BGH NJW 2001, 2166; 1999, 1714. Zudem *Schlechtriem* in: FS für Heinrichs, 1998, S. 506.
579 BGH NJW 2001, 2166.
580 BGH NJW-RR 2010, 63; BAG BB 2006, 2532; BGH NJW 2007, 504; BGHZ 112, 65, 68; Palandt/*Grüneberg*, § 305c BGB Rn 18.
581 BAG NJW 2012, 103, zitiert nach juris Rn 29 unter Bezugnahme auf BAG AP BGB § 611 Arbeitgeberdarlehen Nr. 4 – Rn 24; BAG NZA 2011, 509 – Rn 47.
582 BGHZ 180, 257 = NJW 2009, 2051.
583 Näher *v. Westphalen*, NJW 2010, 2254, 2255.

§ 4 Einbeziehung der Allgemeinen Geschäftsbedingungen

- Die Verpflichtung, auch während der Dauer der Mietzeit Decken und Oberwände zu „weißen", führt nach der zugrunde zu legenden Auslegungsmethode dazu, die Arbeiten in „weißer Farbe" auszuführen („weißen" entspreche nicht lediglich „streichen").[584]
- „Schönheitsreparatur" sei – auch bei preisfreiem Wohnraum – nach der Definition in § 28 Abs. 4 S. 3 der Zweiten BerechnungsVO zu verstehen.[585]
- Als „Mietraumfläche" ist nicht die „Grundfläche", sondern die reine „Wohnfläche" zu verstehen.[586]

> **Beachte**
> Zu der oft verwendeten Formulierung, dass eine Klausel nur dann gilt, „sofern nichts anderes vereinbart ist" (d.h. Vorbehalt der Individualabrede, § 305 lit. b BGB),[587] hat der BGH[588] konstatiert, dass dieser Satz beim Kunden nicht den Eindruck erweckt, dass der vorformulierte Klauseltext praktisch nicht gelten soll, da i.d.R. immer etwas anderes vereinbart werden kann. Dies zähle für die Auslegung oder die Wirksamkeitskontrolle der in Rede stehenden Klausel nicht – umgekehrt: der individualvertragliche Vorbehalt sei zu ignorieren, da dies der „kundenfeindlichsten Auslegung" entspreche.

177 § 305 lit. c Abs. 2 BGB gelangt **nicht** zur Anwendung,[589] wenn die Vertragspartner die Allgemeine Geschäftsbedingung gleich verstehen[590] bzw. die Klausel (bei objektiver Auslegung) einen einheitlichen Inhalt aufweist.[591]

178 Im Hinblick auf eine **mehrdeutige Informationspflichtenklausel im Kfz-Handel** – „Ansprüche auf Mängelbeseitigung kann der Käufer beim Verkäufer oder bei anderen vom Hersteller/Importeur für die Betreuung des Kaufgegenstands anerkannten Betrieben geltend machen; im letzteren Fall hat der Käufer den Verkäufer hiervon zu unterrichten" (Nr. VII 2a der Allgemeinen Geschäftsbedingungen für den Verkauf von fabrikneuen Kraftfahrzeugen und Anhängern – NWVB) – hat der BGH[592] festgestellt, dass diese Klausel mehrdeutig sei. Allgemeine Geschäftsbedingungen sind nach der ständigen Judikatur

---

[584] BGH NJW 2009, 3716.
[585] BGH NJW 2009, 1408.
[586] BGH NJW 2010, 293.
[587] Die Parteien können einer AGB-Klausel – auch stillschweigend oder durch schlüssige Handlungen – nämlich einen von der objektiven Auslegung abweichenden Sinn geben, der dann gemäß § 305 lit. b BGB vorgeht, so BGH NJW-RR 2015, 264 = NZM 2015, 79, zitiert nach juris Rn 31 unter Bezugnahme auf BGHZ 113, 251, 259; BGH NJW 2002, 2102 unter I.2.a.; BGH WM 2008, 1350 Rn 15; BGH NJW-RR 2010, 63 Rn 10; MüKo/Basedow, § 305c Rn 26.
[588] BGHZ 180, 257 = NJW 2009, 2051.
[589] So Palandt/*Grüneberg*, § 305c BGB Rn 18.
[590] BGH ZIP 2002, 1534.
[591] BGH NJW-RR 2003, 1247; BGH NJW 1993, 657.
[592] BGH NJW 2007, 504.

H. Überraschende und mehrdeutige Klauseln (§ 305 lit. c BGB) § 4

des BGH gemäß ihrem objektiven Inhalt und typischen Sinn einheitlich so auszulegen, wie sie von verständigen und redlichen Vertragspartnern unter Abwägung der Interessen der normalerweise beteiligten Kreise verstanden werden.[593] Die in Nr. VII 2a NWVB geregelte Informationspflicht soll den Verkäufer in die Lage versetzen, die mit der Mängelabwicklung befasste Drittwerkstatt im Interesse einer erfolgreichen Mängelbeseitigung zu unterstützen bzw. zu kontrollieren oder die erforderliche Reparatur notfalls selbst durchzuführen.[594] Um einer solchen Funktion gerecht zu werden, müsste die Information möglichst frühzeitig, spätestens vor dem zweiten Nachbesserungsversuch erfolgen. Aus der Sicht eines verständigen Verbrauchers ist ein so verstandener Zweck der ihm auferlegten Informationspflicht jedoch keineswegs eindeutig. Offensichtlich bietet die in der genannten Klausel geregelte Abwicklung einer Mängelbeseitigung beiden Vertragspartnern aber Vorteile. Dem Käufer steht das gesamte Kfz-Vertriebsnetz zur Verfügung, der Verkäufer spart im Rahmen der Mängelbeseitigung beim Drittbetrieb ggf. Transportkosten. Die dem Verkäufer in der Klausel auferlegte Information des Verkäufers ist nicht sinnlos, wenn sie erst nach dem Fehlschlagen der Nacherfüllung durch mehrere erfolglose Mängelbeseitigungsversuche anderer Betriebe erteilt wird. Aus der maßgeblichen Sicht des verständigen Neuwagenkäufers kann der Zweck der Informationspflicht auch darin bestehen, dem Verkäufer, der sich mit einem Rücktritt oder mit Schadensersatzansprüchen des Käufers konfrontiert sieht, die Nachprüfung zu ermöglichen, ob die Voraussetzungen sekundärer Mängelrechte des Käufers erfüllt sind. Die Klausel ist deshalb hinsichtlich des zeitlichen Rahmens, der dem Kunden für die Erfüllung der ihm auferlegten Informationspflicht zur Verfügung steht, objektiv mehrdeutig. Verbleiben nach Ausschöpfung aller in Betracht kommenden Auslegungsmethoden aber **Zweifel** und sind **mindestens zwei Auslegungsmöglichkeiten** rechtlich vertretbar, so kommt die Unklarheitenregelung des § 305 lit. c Abs. 2 BGB zur Anwendung.[595] Danach gehen die dargelegten Zweifel hinsichtlich des Zeitpunktes der vom Käufer geschuldeten Information zulasten des Verkäufers.

Die Beförderungsausschlussklausel in den Beförderungsbedingungen eines Paketdienstunternehmens, wonach der Wert eines Pakets den Gegenwert von 50.000 US-Dollar in der jeweiligen Landeswährung nicht überschreiten darf, ist – so der BGH[596] – (wenn die Landeswährung der EUR ist) dahin auszulegen, dass die Wertgrenze auf der Basis des EUR-Referenzkurses (Mittelkurses) der Europäischen Zentralbank zu ermitteln ist.

---

593 BGH WM 2001, 2008; BGHZ 102, 384, 389 f. = BGH NJW 1988, 1261; BGHZ 77, 116, 118 = BGH NJW 1980, 1947.
594 LG Schwerin DAR 2004, 590, 592; *Reinking/Eggert*, Der Autokauf, Rn 410; Seel, DAR 2004, 563, 564.
595 BGH NJW 2007, 504, 506 unter Bezugnahme auf BGH NJW-RR 2003, 1247; BGHZ 112, 65, 68 = BGH NJW 1990, 3016.
596 NJW-RR 2014, 215 – Ls.

§ 4 Einbeziehung der Allgemeinen Geschäftsbedingungen

179 Im Falle einer **Minderungsrechtsausschlussklausel in einem Gewerberaummietvertrag** führen Unklarheiten zur Anwendung von § 305 lit. c Abs. 2 BGB, wonach Zweifel bei der Auslegung zulasten des Verwenders gehen.[597] Eine Klausel ist dann dahin zu verstehen, dass sie eine Minderung vollständig ausschließt und dem Mieter auch nicht die Möglichkeit der Rückforderung nach § 812 BGB verbleibt, wobei zu prüfen ist, ob diese (scheinbar) kundenfeindlichste Auslegung einer Inhaltskontrolle standhält.[598]

180 Eine Klausel, nach der eine Minderung der Miete ausgeschlossen ist (**Mietminderungsklausel im Gewerberaummietvertrag**), wenn die Nutzung der Mietsache durch Umstände beeinträchtigt wird, die der Vermieter nicht zu vertreten hat, ist mehrdeutig, ohne dass die Möglichkeit besteht, die Mehrdeutigkeit im Rahmen der objektiven Auslegung zu beseitigen.[599] In diesem Fall greift die Auslegungsregel des § 305 lit. c Abs. 2 BGB ein, wonach Zweifel bei der Auslegung Allgemeiner Geschäftsbedingungen zulasten des Verwenders gehen, was jedenfalls dann, wenn eine Auslegungsvariante gegen § 307 BGB verstößt, dazu führt, dass die kundenfeindlichste Variante sich durchsetzt.[600] Der BGH hat in seiner bisherigen Judikatur zwar eine eine Mietminderung ausschließende Klausel ab und an dahin verstanden, dass sie nicht das Minderungsrecht schlechthin, sondern nur dessen Verwirklichung durch Abzug vom geschuldeten Mietzins ausschließen und den Mieter insoweit auf Bereicherungsansprüche verweisen soll.[601] Diese Klauseln enthielten allerdings im Unterschied zum konkret entschiedenen Fall[602] weitere, den Ausschluss der Minderung einschränkende Konkretisierungen.[603]

Die Formularklausel „*Verzugszinsen ab Rechnungsstellung*" ist unklar i.S.v. § 305 lit. c Abs. 2 BGB,[604] da dem Begriff „*Rechnungsstellung*" nicht zu entnehmen ist, ob die Erstellung der Rechnung oder deren Zugang gemeint sein soll.

Auf **arbeitsvertragliche Klauseln**, die auf ein **Tarifwerk Bezug nehmen**, ist die Unklarheitenregelung des § 305 lit. c Abs. 2 BGB i.d.R. deshalb nicht anwendbar, weil sich die Frage der Günstigkeit für den Arbeitnehmer nicht eindeutig beantworten lässt:[605] Die Frage

---

597 BGH NJW 2008, 2254, 2255.
598 BGH NJW 2008, 2254, 2255 unter Bezugnahme auf Palandt/*Grüneberg*, § 305c BGB Rn 19.
599 BGH NJW 2008, 2497, 2498.
600 BGH NJW 2008, 2497, 2498 unter Bezugnahme auf Staudinger/*Schlosser*, § 305c BGB Rn 108; *Ulmer/Schäfer* in Ulmer/Brandner/Hensen, § 305c BGB Rn 91.
601 BGHZ 91, 375, 382 f. = BGH NJW 1984, 2404; BGH NJW-RR 1993, 519, 520.
602 BGH NJW 2008, 2497.
603 BGHZ 91, 375 = BGH NJW 1984, 2405, wonach der Mieter gegenüber dem Mietzins kein Minderungsrecht geltend machen konnte; bzw. BGH NJW-RR 1993, 519, wonach der Pächter auf ein Recht zur Herabsetzung des Pachtzinses verzichtete, soweit nicht mit rechtskräftig festgestellten Forderungen die entsprechenden Rechte geltend gemacht werden.
604 OLG Düsseldorf MDR 2008, 1265, zitiert nach juris Rn 23.
605 BAGE 128, 73 = NZA 2009, 154 – Ls. 1.

H. Überraschende und mehrdeutige Klauseln (§ 305 lit. c BGB) § 4

der Günstigkeit könne für den Arbeitnehmer nicht abstrakt und unabhängig von der jeweiligen Fallkonstellation beantwortet werden.[606] Schon bei einer hinsichtlich der erfassten Tarifverträge unklaren statischen Verweisung könne die Anwendbarkeit oder Unanwendbarkeit eines Tarifvertrags je nach der vom Arbeitnehmer erstrebten Rechtsfolge für ihn günstig oder ungünstig sein, weil die Tarifverträge als von den Tarifvertragsparteien gefundene Kompromisse zumeist nicht nur für den Arbeitnehmer günstige, sondern auch ungünstige Regelungen enthalten. Sei unklar, ob die vertragliche Verweisung auf einen Vergütungstarifvertrag statisch oder dynamisch ist, werde man zwar bezogen auf den Zeitpunkt des Vertragsschlusses[607] davon ausgehen können, dass eine dynamische Bezugnahme für den Arbeitnehmer stets günstiger sei, weil die Vergütungserhöhung durch spätere Tarifverträge die Regel sei und eine Vergütungsabsenkung kaum jemals vorkommen wird.[608] Ob dies auch für die vertragliche Verweisung auf einen Manteltarifvertrag oder auf ein ganzes Tarifwerk angenommen werden kann, erscheine – so das BAG[609] – jedoch zweifelhaft: Jedenfalls könne man die Frage der Günstigkeit nicht je nach der Art des streitigen Anspruchs und des Zeitpunkts der Geltendmachung von Fall zu Fall unterschiedlich beantworten und damit von Fall zu Fall zu unterschiedlichen Auslegungsergebnissen hinsichtlich ein und derselben vertraglichen Bezugnahmeregelung kommen.[610] Nach dieser Auffassung, wäre, wenn es um die Anwendung eines Sanierungstarifvertrags mit Bestandsschutzregelungen und für Arbeitnehmer nachteiligen Eingriffen in das Entgeltgefüge geht, in einem Kündigungsschutzprozess die Anwendung für den Arbeitnehmer günstiger, so dass die Bezugnahmeklausel anzuwenden wäre. Bei einer auf Vergütung gerichteten Leistungsklage wäre der Sanierungstarifvertrag dagegen ungünstiger und fände deshalb wegen der Unklarheitenregelung keine Anwendung. Bei einer verschlechternden Regelung wäre die Auslegung der Bezugnahmeklausel als statische Verweisung, bei einer verbessernden Bestimmung dagegen deren Auslegung als dynamische Bezugnahme für den Arbeitnehmer günstiger. Einer derart gespaltenen Auslegung der Vertragsklausel – so das BAG – stehe jedoch entgegen, dass die Reichweite der Bezugnahme und die Anwendbarkeit eines Tarifvertrags

---

606 BAGE 128, 73, zitiert nach juris Rn 22.
607 BAGE 128, 73, zitiert nach juris Rn 22 unter Bezugnahme auf *Thüsing*, AGB-Kontrolle im Arbeitsrecht, Rn 198.
608 BAGE 128, 73, zitiert nach juris Rn 22 unter Bezugnahme auf BAGE 116, 185 – Rn 22. Vgl. auch Staudinger/*Schlosser*, § 305c BGB Rn 110 zur Maßgeblichkeit der Auslegung, die für den Arbeitnehmer normalerweise günstig ist.
609 BAGE 128, 73, zitiert nach juris Rn 22.
610 BAGE 128, 73, zitiert nach juris Rn 22; a.A. hingegen Däubler/Dorndorf/Bonin/Deinert/*Däubler*, AGB-Kontrolle im Arbeitsrecht, § 305c BGB Rn 43. Vgl. auch Staudinger/*Schlosser*, § 305c BGB Rn 110 hinsichtlich Fällen, in denen sich eine normalerweise für den Arbeitnehmer günstigere Auslegung nicht ermitteln lässt.

gemäß § 256 ZPO zum Gegenstand einer (Zwischen-)Feststellungsklage gemacht werden und die entsprechende Feststellung dann in Rechtskraft erwachsen könne.[611]

181 *Beachte*
Stehen sich gleichrangig widersprechende Klauseln gegenüber, so ist die für den Vertragsgegner ungünstigere unbeachtlich.[612]

182 Bei **Unklarheiten** einer Klausel im **Kernbereich** (und nicht bloß in Randbereichen) ist die Klausel hingegen sowohl nach § 305 Abs. 2 Nr. 2 BGB als auch nach § 307 BGB unwirksam.[613]

183 § 305 lit. c Abs. 2 BGB greift als **allgemeine Auslegungsregel** zum Nachteil des Verwenders nur dann ein, wenn nach Ausschöpfung der in Betracht kommenden Auslegungsmöglichkeiten **ein nicht behebbarer Zweifel** bleibt, so dass **mindestens zwei Auslegungsergebnisse** rechtlich vertretbar sind.[614] Diese alternativen, nebeneinander in Betracht kommenden Auslegungen sind dann nach dem typischen Verständnis redlicher Vertragspartner unter Abwägung der Interessen der an Geschäften dieser Art normalerweise beteiligten Kreise vorzunehmen. So gesehen handelt es sich auch im Rahmen von § 305 lit. c Abs. 2 BGB immer um eine objektive Auslegung. Diese ist ohne Berücksichtigung der besonderen Umstände des Einzelfalles durchzuführen. Eine Anwendung von § 305 lit. c Abs. 2 BGB setzt voraus, dass bei der Auslegung von Allgemeinen Geschäftsbedingungen Zweifel i.S. einer **Mehrdeutigkeit** verbleiben. Gelangt man hingegen mittels Auslegung zum Ziel, weil eine Auslegung näher liegt als eine andere (ggf. sogar eine entgegengesetzte), dann ist die Auslegung der Inhaltskontrolle zugrunde zu legen.[615] Einer Auslegung bleibt aber immer die Prüfung der Frage vorgeschaltet, ob die in Rede stehende Klausel von den Parteien übereinstimmend in einem bestimmten Sinn verstanden worden ist. Sollte dies nicht der Fall sein, gilt der (individuelle) Wille der vertragsschließenden Parteien. Eine objektive Auslegung, wie sie für AGB-Klauseln in Betracht zu ziehen ist (siehe hierzu Rdn 144 f.), scheidet dann aus.[616]

184 Ein typischer Anwendungsfall der Unklarheitenregel des § 305 lit. c Abs. 2 BGB liegt vor, wenn AGB-Klauselwerke **gleichrangige, sich widersprechende Klauseln** enthalten.[617]

---

611 BAGE 128, 73, zitiert nach juris Rn 22 unter Bezugnahme auf BAGE 89, 202, 205; BAG AP TVG § 1 unter Bezugnahme auf Tarifvertrag Nr. 6 – unter I.1.
612 So BGHZ 150, 226, 230.
613 Palandt/*Grüneberg*, § 305 BGB Rn 39; Palandt/*Grüneberg*, § 305c BGB Rn 18; Palandt/*Grüneberg*, § 307 BGB Rn 20 ff.
614 BGH NJW 2002, 3434, 3435.
615 BGH NJW 2002, 3232, 3233.
616 BGHZ 129, 90 = BGH NJW 1995, 1494, 1496; BGH NJW 2002, 3232.
617 BGH NJW 2002, 2470, 2471.

H. Überraschende und mehrdeutige Klauseln (§ 305 lit. c BGB) § 4

In einem entsprechenden Fall ist jene Klausel unbeachtlich, die sich für den Kunden des Verwenders typischerweise ungünstiger auswirkt. Eine Ausnahme gilt dann, wenn Anhaltspunkte dafür bestehen, dass eine der beiden Klauseln eine speziellere Regelung enthält, der dann auch ein Vorrang vor der anderen Klausel einzuräumen ist. Widersprechen sich aber bspw. zwei Gewährleistungsregeln eines Bauträgervertrags dadurch, dass die eine Klausel Gewährleistungsansprüche des Erwerbers gegenüber dem Bauträger dem Grunde und der Höhe nach nur insoweit begründet, als Verträge des Bauträgers mit seinen Subunternehmern den entsprechenden Regress sichern, dann ist eine entsprechende Klausel im Vergleich zu einer Gewährleistungsklausel, die eine werkvertragliche Haftung nach BGB vorschreibt, ungünstiger.

Fraglich ist, ob die Auslegung einer Klausel in einem Kontrollverfahren am Verständnis eines durchschnittlichen Kunden zu orientieren ist mit der Folge, dass auch das **Prinzip der kundenfeindlichsten Auslegung** Anwendung findet, oder aber ob unter Beachtung der Missbräuchliche-Klauseln-Richtlinie das Leitbild des durchschnittlichen, informierten, aufmerksamen und verständigen Bürgers bzw. Verbrauchers gilt (analog der Judikatur des EuGH im Wettbewerbsrecht).[618] Allgemeine Geschäftsbedingungen sind gemäß ihrem objektiven Inhalt und typischen Sinn einheitlich so auszulegen, wie sie von verständigen und redlichen Vertragspartnern unter Abwägung der Interessen der normalerweise beteiligten Kreise verstanden werden.[619] Im Rahmen eines Verbandsprozesses nach § 1 UKlaG (aber im Ergebnis auch im Individualverfahren)[620] ist bei mehreren Auslegungsmöglichkeiten von der **kundenfeindlichsten Auslegung** auszugehen.[621] Auszuschalten sind nur Auslegungsmöglichkeiten, die für an solchen Geschäften typischerweise Beteiligte ernsthaft nicht in Betracht kommen[622] und daher auch nicht zum Nachteil des Verwenders in Betracht kommen dürfen.[623]

185

Nach Art. 8 der Klausel-Richtlinie kann ein höheres Schutzniveau für den deutschen Verbraucher eingreifen. Mithin lässt die Rechtsprechung auch im Rahmen von §§ 1 ff. UKlaG das aus der BGH-Rechtsprechung tradierte Leitbild des Verbrauchers Anwendung finden als eines sozial Hilflosen, wirtschaftlich Unterlegenen und rechtlich Unerfahrenen. Der Verbraucher wird auch im Zusammenhang mit dem Transparenzgebot als besonders schutzwürdig und schutzbedürftig anerkannt.[624]

Die Formularklausel in einem Wohnungsmietvertrag – *„jedoch sind bei Beendigung des Mietverhältnisses die* **Schönheitsreparaturen** *auszuführen, die nach dem tatsächlichen*

186

---

618 Dazu EuGH NJW 1993, 3187 – Yves Rocher.
619 BGH NJW 2008, 360, 363; BGH NJW 2007, 504, 505; BGH NJW 2001, 2165, 2166.
620 So v. Westphalen, NJW 2008, 2234, 2238.
621 BGHZ 158, 149, 155 = BGH NJW 2004, 1588.
622 BGHZ 91, 56 = BGH NJW 1984, 2161, 2162.
623 BGH NJW 2008, 360, 363.
624 BGHZ 147, 354 = BGH NJW 2001, 2014, 2016.

Zustand tatsächlich fällig sind" – ist nicht als Einschränkung der starren Fristenregelung auszulegen. Ebenso gut kann sie als Erweiterung der Fristenregelung des Inhalts aufgefasst werden, dass der Mieter nicht nur eine Renovierung nach Ablauf der starren Fristen schuldet, sondern, wenn bei Beendigung des Mietverhältnisses diese Fristen noch nicht abgelaufen sind, jedenfalls die dann erforderlichen Schönheitsreparaturen. Diese Unklarheit geht nach § 305 lit. c Abs. 2 BGB zulasten des Vermieters als AGB-Verwender.[625]

Die formularmäßige Verpflichtung des Mieters, Decken und Oberwände auch während der Mietzeit zu „weißen", ist wegen unangemessener Benachteiligung des Mieters nach § 307 BGB unwirksam, da der Begriff „weißen" bei der nach § 305 lit. c Abs. 2 BGB gebotenen kundenfeindlichsten Auslegung jedenfalls auch dahin verstanden werden kann, dass der Mieter die Schönheitsreparaturen in weißer Farbe vorzunehmen hat.[626]

Die in einem Formularmietvertrag über eine vormals preisgebundene Wohnung, bei dem der Vermieter die Kosten der Schönheitsreparaturen zu tragen hat und hierfür ein Zuschlag zur Kostenmiete gemäß § 28 Abs. 2 der Zweiten Berechnungsverordnung vorgesehen ist, enthaltene Klausel – *„Sofern der Mieter Schönheitsreparaturen selbst ausführt oder durch entsprechende Fachfirmen ausführen lässt, werden ihm auf Antrag die anteiligen Beträge, wie sie sich nach der obigen Verordnung errechnen, ausgezahlt, sofern die Ausführung sach- und fachgerecht erfolgt ist"* – berechtigt den Mieter, die Schönheitsreparaturen selbst auszuführen und anschließend die Auszahlung der *„angesparten Beträge"* zu verlangen.[627] Für diese – den Mietern als Gegnern der Klauselverwenderin günstigste – Auslegung der Klausel nach § 305 lit. c Abs. 2 BGB sprechen nach Ansicht des BGH[628] sowohl der Wortlaut der Klausel als auch eine Abwägung der berechtigten beiderseitigen Interessen.

Aus der Klausel – *„Hat der Mieter die Schönheitsreparaturen übernommen, so hat er spätestens bei Ende des Mietverhältnisses alle bis dahin je nach Grad der Abnutzung oder Beschädigung erforderlichen Arbeiten auszuführen, soweit nicht der neue Mieter sie auf seine Kosten – ohne Berücksichtigung im Mietpreis – übernimmt oder dem Vermieter diese Kosten erstattet ..."* – ergibt sich – zumindest bei der zugunsten der Mieter eingreifenden Unklarheitenregel des § 305 lit. c Abs. 2 BGB, dass der Mieter während der Dauer des Mietverhältnisses fällige Schönheitsreparaturen nur dann ausführen muss, wenn sie erforderlich sind, um nachhaltige Schäden an der Substanz der Mieträume zu vermeiden oder zu beseitigen.[629]

---

625 BGH WM 2005, 146.
626 BGH NJW 2009, 3716 = NZM 2009, 903 – Ls. in Fortführung von BGH NJW 2008, 2499 – Rn 15 ff.
627 So BGH NJW-RR 2015, 264 = NZM 2015, 79 – Ls.
628 BGH NJW-RR 2015, 264, zitiert nach juris Rn. 18 unter Bezugnahme auf BGHZ 176, 244 Rn 19; BGH NJW 2010, 293 Rn 13; BGHZ 185, 133 Rn 26.
629 BGH WuM 2015, 338, zitiert nach juris Rn 3.

H. Überraschende und mehrdeutige Klauseln (§ 305 lit. c BGB) § 4

Die in einem Mietvertrag über Gewerberäume enthaltene AGB-Klausel – *„Die Grundsteuer zahlt die Vermieterin. Erhöhungen gegenüber der bei Übergabe des Objekts erhobenen Grundsteuer tragen die Mieter"* – ist hinsichtlich der durch die Vermietbarkeit des bebauten Grundstücks bedingten Grundsteuererhöhung nicht eindeutig und daher nach § 305 lit. c Abs. 2 BGB zulasten des Verwenders auszulegen.[630]

§ 305 lit. c BGB ist in systematischer Hinsicht Auslegungsregel und **nicht** Mittel der Inhaltskontrolle.[631] Auslegung geht der Inhaltskontrolle stets vor[632] (wobei jedoch völlig fernliegende Auslegungsmöglichkeiten außer Betracht bleiben müssen).[633] Fehlt eine Klausel und ist der Vertrag lückenhaft, kommt auch eine **ergänzende Vertragsauslegung** (siehe hierzu Rdn 151) in Betracht.[634] 187

Die **Bedeutung** des § 305 lit. c Abs. 2 BGB liegt darin begründet, dass ein Individualvertrag wegen unbehebbarer Zweifel eigentlich aufgrund fehlender Einigung nach § 155 BGB (Dissens) als nicht geschlossen anzusehen ist – wohingegen für Allgemeine Geschäftsbedingungen die Norm eine entsprechende Rechtsfolge vermeidet. Dabei geht der BGH davon aus, dass im Individualprozess eine Unklarheit dazu führt, dass die kundenfreundlichste Auslegungsvariante maßgeblich ist.[635] Keine Berücksichtigung sollen völlig fernliegende Auslegungsmöglichkeiten finden.[636] 188

---

630 BGH NJW-RR 2016, 572 = NZM 2016, 315.
631 Palandt/*Grüneberg*, § 305c BGB Rn 17; AnwK-Schuldrecht/*Hennrichs*, § 305c BGB Rn 3: *„Allerdings ergänzen sich beide Vorschriften"* (§ 305 lit. c BGB und die materielle Transparenzkontrolle nach § 307 Abs. 1 S. 2 BGB): *„Zunächst ist die Klausel auszulegen ... verbleiben danach mindestens zwei Verständnisalternativen, kommt Abs. 2 zum Zuge ... Dabei ist die Unklarheitenregel sodann zunächst umgekehrt anzuwenden, d.h. in einem ersten Prüfungsschritt ist von der (scheinbar) kundenfeindlichsten Auslegung auszugehen und die so verstandene Klausel der Inhaltskontrolle einschließlich der Transparenzkontrolle gemäß §§ 307–309 zu unterziehen. Ergibt sich hierbei, dass die Klausel unwirksam ist, hat es damit sein Bewenden ... Erweist sich die Klausel dagegen in diesem ersten Prüfungsschritt als inhaltlich wirksam, ist die Unklarheitenregel direkt anzuwenden, d.h. es gilt die für den Verwender ungünstigere Auslegungsalternative."*
632 Jauernig/*Stadler*, § 305c BGB Rn 7.
633 BGH NJW 1994, 1779.
634 AnwK-Schuldrecht/*Hennrichs*, § 305c BGB Rn 6.
635 BGH NJW 1995, 56, 57; a.A. die h.M. in der Literatur (vgl. etwa *Heinrichs*, NJW 1995, 1397): Im Individualprozess sei von der scheinbar kundenfeindlichsten Auslegung auszugehen. Halte eine Klausel stand, folge die kundenfreundliche Auslegung nach (wie sie § 305 lit. c Abs. 2 BGB anordnet). Da eine nachgelagerte Inhaltskontrolle (§§ 307 ff. BGB) einer entsprechend kundenfeindlich ausgelegten Klausel deren Unklarheit zur Folge haben könne, sei die Auslegung nur scheinbar kundenfeindlich (BGHZ 133, 189 – für den Verbandsprozess). Damit werde dem Verwender die Möglichkeit abgeschnitten, sich bedarfsweise auf eine der möglichen Auslegungsalternativen zu berufen: Jauernig/*Stadler*, § 305c BGB Rn 7. Aufgrund der nur *„scheinbar"* kundenfeindlichsten Auslegung bestehe auch kein Widerspruch zu Art. 8 S. 2 der Klausel-Richtlinie 93/13/EWG.
636 BGH NJW 1994, 1779.

§ 4 Einbeziehung der Allgemeinen Geschäftsbedingungen

189 Eine neuere Tendenz in der Judikatur[637] vertritt aber die Auffassung, dass, soweit die Unwirksamkeit der Klausel die Rechtsstellung des Kunden verbessern würde, die Unklarheitenregel auch im **Individualprozess** (ebenso wie im Verbandsprozess – siehe Rdn 190) zunächst **umgekehrt** anzuwenden sei. Es sei zu prüfen, ob die Klausel bei scheinbar kundenfeindlichster Auslegung wegen Verstoßes gegen ein Klauselverbot unwirksam ist.[638] *Grüneberg*[639] begründet diesen Ansatz damit, dass kein Anlass bestehe, das Abstellen auf die kundenfeindlichste Auslegung auf den Verbandsprozess zu beschränken. Eine gleichmäßige Anwendung auf Individual- wie Verbandsprozess vermeide (entsprechend dem Schutzzweck von § 305 lit. c Abs. 2 BGB) unterschiedliche Auslegungsergebnisse. Dies hat Folgendes zur Konsequenz: Erst wenn eine Klausel im ersten Auslegungsschritt (d.h. kundenfeindlichste Auslegung) sich als wirksam erweist, findet die Unklarheitenregel unmittelbare Anwendung innerhalb der Grenzen der *„kundenfreundlichsten Auslegung"*.[640]

190 *Beachte*

Im **Verbandsprozess** *nach § 1 UKlaG ist, falls mehrere Auslegungsalternativen bestehen, jene zu wählen, die zur Unwirksamkeit der Klausel führt. Maßgeblich ist hier somit – in Umkehrung von § 305 lit. c Abs. 2 BGB – die scheinbar „kundenfeindlichste Auslegung"* einer unklaren Klausel[641] *(die in Wahrheit – vom Ergebnis her betrachtet – für den Kunden dann die günstigste Auslegung ist). Dabei bleiben völlig fernliegende Auslegungsmöglichkeiten außer Betracht – sie begründen nicht die Unwirksamkeit der Klausel.*[642]

Allgemeine Geschäftsbedingungen sind somit nach ihrem objektiven Inhalt und typischen Sinn einheitlich so auszulegen, wie sie von verständigen und redlichen Vertragspartnern unter Abwägung der Interessen der normalerweise beteiligten Verkehrskreise verstanden werden, wobei die Verständnismöglichkeiten eines durchschnittlichen Vertragspartners des Verwenders zugrunde zu legen sind.[643] Zweifel bei der Auslegung gehen nach § 305 lit. c Abs. 2 BGB zulasten des Verwenders.

---

637 Vgl. OLG München NJW-RR 1998, 393; OLG Schleswig ZIP 1995, 762 – tendenziell wohl aber auch BGH NJW 1994, 1799; BGH NJW 1992, 1099.
638 Zuletzt: BGH NJW 2008, 2172.
639 Palandt/*Grüneberg*, § 305c BGB Rn 18; MüKo/*Basedow*, § 305c BGB Rn 20.
640 BGH NJW 2008, 2173; Palandt/*Grüneberg*, § 305c BGB Rn 18.
641 Dazu BGH NJW 2003, 1238; BGH NJW 1999, 276; BGHZ 119, 152, 172; BGHZ 108, 52, 56; BGHZ 95, 350, 353.
642 BGH NJW 1994, 1799; BGH NJW 1993, 1135 – arg.: Von solchen Auslegungsmöglichkeiten sind Störungen der Rechtsverhältnisse nicht ernsthaft zu erwarten.
643 Ständige Judikatur, vgl. BGHZ 102, 384, 389 f. = BGH NJW 1988, 1261.

H. Überraschende und mehrdeutige Klauseln (§ 305 lit. c BGB) § 4

Nach ständiger Judikatur führt diese Auslegungsregel im **Verbandsprozess** dazu, dass bei einer mehrdeutigen Klausel von den möglichen Auslegungen diejenige zugrunde zu legen ist, die zur Unwirksamkeit der Klausel führt.[644] Dies liegt darin begründet, dass die damit scheinbar „*kundenfeindlichste*" Auslegung im Ergebnis i.d.R. die dem Kunden günstigste ist.

191

Diese Auslegungsregel gelangt – wie ausgeführt (siehe Rdn 189) – jedoch nicht nur im Verbandsprozess zur Anwendung. Sie soll gleichermaßen auch im **Individualprozess** anwendbar sein.[645] D.h., auch im Individualprozess sollten somit mehrdeutige Allgemeine Geschäftsbedingungen im „*kundenfeindlichsten Sinne*" auszulegen sein, wenn diese Auslegung zur Unwirksamkeit der Klausel führt und dies dem Kunden günstiger ist.[646] Führt die kundenfeindlichste Auslegung zur Unwirksamkeit der Klausel und wird dadurch der Kunde begünstigt, ist diese Auslegung zugrunde zu legen. Erst, wenn sich die Klausel nach jeder in Betracht kommenden Auslegung als wirksam erweist, ist bei Anwendung der Klausel die dem Kunden günstigste Auslegung maßgeblich, wodurch vermieden wird, dass die Entscheidung im Individualprozess auf eine Klausel gegründet wird, die im Verbandsprozess für unwirksam zu erklären wäre.[647]

192

Beachte im Übrigen das Restriktionsprinzip

193

Danach[648] sollen Klauseln (sofern – wie nach § 305 lit. c Abs. 2 BGB – unklare Auslegungsmöglichkeiten bestehen), die den Verwender abweichend vom dispositiven Recht begünstigen (bspw. hinsichtlich Gewährleistung oder Haftung), zugunsten des Kunden **eng auszulegen** sein.[649] Das Restriktionsprinzip ist nicht ganz unproblematisch, da es die Möglichkeit eröffnet, in einer Auslegung eine verdeckte Inhaltskontrolle vorzunehmen, obgleich die §§ 305 ff. BGB Auslegung und Inhaltskontrolle systematisch strikt voneinander trennen.[650]

---

644 BGHZ 139, 190, 199 = BGH NJW 1998, 3119; BGHZ 158, 149, 155 = BGH NJW 2004, 1588.
645 MüKo/*Basedow*, § 305c BGB Rn 20 und 35; Palandt/*Grüneberg*, § 305c BGB Rn 18. Ebenso bereits ansatzweise BGH NJW 1992, 1097, 1099; BGH NJW 1994, 1798, 1799. Vgl. BGH NJW 2008, 987 ohne nähere Begründung.
646 BGH NJW 2008, 2172 – Preiserhöhungsklausel im Erdgassondervertrag.
647 BGH NJW 2008, 2172, 2173.
648 Kritisch dazu MüKo/*Basedow*, § 305c BGB Rn 27: „*Damit kommt dem Restriktionsprinzip eine eigenständige Funktion neben der Unklarheitenregel nicht zu.*"
649 So BGH WM 2002, 2081; BGHZ 93, 71, 75 f.; BGHZ 97, 212, 217.
650 Jauernig/*Stadler*, § 305c BGB Rn 8: „*Weder durch Restriktion noch durch Anwendung von § 305c Abs. 2 BGB darf einer an sich nach §§ 307 ff. BGB unwirksamen Klausel zu einem gesetzlich noch zulässigen Inhalt verholfen werden.*"

194

> *Beachte zudem*
> Die Auslegung von deutschen (nicht hingegen von ausländischen)[651] Allgemeinen Geschäftsbedingungen (die in der Berufungsinstanz eine unterschiedliche Auslegung durch diverse Gerichte erfahren haben) ist **voll revisibel**.[652]

I. Rechtsfolgen bei Nichteinbeziehung und Unwirksamkeit (§ 306 BGB)

Literatur:

Altvater, Zur Zulässigkeit der geltungserhaltenden Reduktion formularmäßiger Sicherungsabreden, WiB 1996, 374; *Artz*, Die angemessene Ausgleichszahlung, WuM 2017, 120; *Baur*, Salvatorische Klauseln, FS für Vieregge, 1995, S. 31; *Bayreuther*, Die Formulierung von Ausschlussklauseln nach der neuen Rechtsprechung des BAG, DB 2017, 487; *v. Bernuth*, Die Bindung des AGB-Verwenders an unwirksame Klauseln – Grund und Grenzen, BB 1999, 1284; *Bieder*, Richterliche Vertragshilfe durch ergänzende Auslegung vorformulierter Arbeitsvertragsbestimmungen, NZA 2011, Beilage 3, 142; *Boemke-Albrecht*, Rechtsfolgen unangemessener Bestimmungen in Allgemeinen Geschäftsbedingungen, 1989; *Canaris*, Gesamtunwirksamkeit und Teilungültigkeit rechtsgeschäftlicher Regelungen, in: FS für Steindorff, 1990, S. 519; *Coester-Waltjen*, Inhaltskontrolle von AGB – geltungserhaltende Reduktion – ergänzende Vertragsauslegung, Jura 1988, 113; *Derleder*, Individuelle Abreden bei Vertragsdurchführung zur Rettung unwirksamer Schönheitsreparaturklauseln, NZM 2009, 227; *Diederichsen*, Die Aufstellung Allgemeiner Geschäftsbedingungen und ihre Aufrechterhaltung bei Nichtigkeit einzelner Klauseln, ZHR 132 (1969), 232; *Elfring*, Die Ersetzung intransparenter Klauseln in Allgemeinen Geschäftsbedingungen der kapitalbildenden Lebensversicherung im Rahmen des Treuhänderverfahrens nach § 172 II VVG, NJW 2005, 3677; *Haas/Fabritius*, Auslegung von unwirksamen Formularklauseln, FA 2009, 130; *Häublein*, Kein Mietzuschlag wegen Unwirksamkeit von Schönheitsreparaturen in Formularverträgen, ZMR 2009, 1; *Hager*, Der lange Abschied vom Verbot der geltungserhaltenden Reduktion, JZ 1996, 175; *Heinrichs*, Das neue AGB-Recht und seine Bedeutung für das Mietverhältnis, NZM 2003, 6; *Klocke*, Die systematische Interpretation von Allgemeinen Geschäftsbedingungen im Lichte unwirksamer Vertragsklauseln, Jura 2015, 227; *Köhler*, Die Verwendung unwirksamer Vertragsklauseln: ein Fall für das UWG – Zugleich eine Besprechung der BGH-Entscheidungen „Gewährleistungsausschluss im Internet" und „Vollmachtsnachweis", GRUR 2010, 1047; *Kühne*, Rechtsfolgen unwirksamer Preisanpassungsklauseln in Energielieferungsverträgen, NJW 2015, 2546; *Lange*, Energieversorgung mit Sonderkunden: ergänzende Vertragsauslegung bei unwirksamer Preisänderungsklausel nach BGH und EuGH, RdE 2013, 249; *Leo/Ghassemi-Tabar*, Rechtsfolgen unwirksamer Schönheitsreparaturklauseln in der Gewerberaummiete, NZM 2008, 105; *Medicus*, Rechtsfolgen für den Vertrag bei Unwirksamkeit von Allgemeinen Geschäftsbedingungen, in: Zehn Jahre AGB-Gesetz, 1987, S. 83; *Michalski*, Funktion, Arten und Rechtswirkungen salvatorischer Klauseln, NZG 1998, 7; *Michalski/Römermann*, Die Wirksamkeit der salvatorischen Klausel, NJW 1994, 886; *Naendrup*, Die Teilnichtigkeit im Recht der AGB, 1966; *Neumann*, Geltungserhaltende Reduktion und ergänzende Auslegung von Allgemeinen Geschäftsbedingungen, 1988; *Pauly*, Die geltungserhaltende Reduktion – Dogmatische Bedenken und vorhandene Wertungswidersprüche, JZ 1997, 357; *Prasse*, Salvatorische Klauseln im Wandel der Rechtsprechung des BGH, ZGS 2004, 141; *Roth*, Geltungserhaltende Reduktion im Privatrecht, JZ 1989, 411; *Roth*, Vertragsänderungen bei fehlgeschlagener Verwendung von Allgemeinen Geschäftsbedingungen, 1986; *Säcker/Mengering*, Rechtsfolgen unwirksamer Preisanpassungsklau-

---

651 BGH NJW 1993, 1334; BGHZ 112, 210.
652 BGH NJW 2005, 2919; Palandt/*Grüneberg*, § 305c BGB Rn 20.

I. Rechtsfolgen bei Nichteinbeziehung und Unwirksamkeit (§ 306 BGB) § 4

seln in Endkundenverträgen über Strom und Gas, BB 2013, 1859; *Schlewing*, Geltungserhaltende Reduktion und/ oder ergänzende Vertragsauslegung im Rahmen der AGB-Kontrolle arbeitsvertraglicher Abreden?, RdA 2011, 92; *Schlewing*, Die AGB-Kontrolle arbeitsvertraglicher Abreden und das Rechtsfolgenkonzept des § 306 BGB in der Rechtsprechung des Bundesarbeitsgerichts, JbArbR 47 (2010), 47; *Schmidt*, Vertragsfolgen der Nichteinbeziehung und Unwirksamkeit von Allgemeinen Geschäftsbedingungen, 1986; *Schulze-Hagen*, Übermäßige AGB-Klauseln: Kassation oder Reduktion?, BauR 2003, 785; *Thüsing*, Unwirksamkeit und Teilbarkeit unangemessener AGB – Kritisches zum sog. „blue-pencil-test", BB 2006, 661; *Thüsing*, Rechtsfolgen unwirksamer AGB, VersR 2015, 927; *Thomale*, Preisanpassung durch ergänzende Vertragsauslegung, CuR 2012, 4; *Uffmann*, Die Unzumutbarkeitsschwelle als neue Voraussetzung einer ergänzenden Vertragsauslegung im Arbeitsrecht?, RdA 2011, 154; *Uffmann*, Richtungswechsel des BGH bei der ergänzenden Vertragsauslegung, NJW 2011, 1313; *Uffmann*, Das Verbot der geltungserhaltenden Reduktion, 2010; *Willensen/Grau*, Geltungserhaltende Reduktion und „Besonderheiten des Arbeitsrechts", RdA 2003, 321; *Zimmermann*, Rechtsfolgen unwirksamer Allgemeiner Geschäftsbedingungen in Arbeitsverträgen, ArbR 2012, 105.

Die Rechtsfolgen bei Nichteinbeziehung und Unklarheit von Allgemeinen Geschäftsbedingungen regelt § 306 BGB,[653] der wörtlich der Altregelung des § 6 AGB-Gesetz entspricht. Danach gilt Folgendes: Sind Allgemeine Geschäftsbedingungen ganz oder teilweise nicht Vertragsbestandteil geworden oder unwirksam, so bleibt der Vertrag nach § 306 Abs. 1 BGB im Übrigen wirksam (siehe Rdn 199 ff.). Damit wird der Grundsatz des § 139 BGB (wonach im Falle der Nichtigkeit eines Teils des Rechtsgeschäfts [Teilnichtigkeit] das ganze Rechtsgeschäft nichtig ist, wenn nicht anzunehmen ist, dass es auch ohne den nichtigen Teil vorgenommen sein würde) für Allgemeine Geschäftsbedingungen ausgeschlossen (§ 306 BGB als lex specialis gegenüber § 139 BGB).[654] § 306 Abs. 1 BGB enthält eine *„kodifizierte Abweichung von der Auslegungsregel des § 139 BGB"*.[655] Die Anwendung dieses Grundsatzes entspricht der Interessenlage beider (Arbeits-)Vertragsparteien.[656] Er gilt im Übrigen im Arbeitsrecht ohnehin allgemein.[657] § 139 BGB kann nur noch ganz ausnahmsweise dann zum Tragen kommen, wenn dies zum Schutz des Kunden und damit auch dem Zweck von § 306 Abs. 1 BGB entspricht.[658] § 306 Abs. 1 BGB bezweckt den Schutz der anderen Vertragspartei,[659] die regelmäßig an der Aufrechterhaltung des Vertrags ein Interesse hat.[660] Daher gelangt § 306 Abs. 1 BGB bei offenem Dissens (§ 154 BGB) über eine AGB-Einbeziehung nicht zur Anwendung.[661]

195

---

653 Dazu *Roth*, Vertragsänderung bei fehlgeschlagener Verwendung von AGB, 1994.
654 BGH NJW 2007, 3568; Palandt/*Grüneberg*, § 306 BGB Rn 1.
655 BAG NZA 2011, 1274 = BB 2011, 3133, zitiert nach juris Rn 46 unter Bezugnahme auf BAG AP BGB § 305 Nr. 10 – Rn 27.
656 BAG BB 2011, 2868 = NZA 2012, 527, zitiert nach juris Rn 30 unter Bezugnahme auf BAG AP BGB § 307 Nr. 45 – Rn 22.
657 Erfurter Kommentar/*Preis*, § 611 BGB Rn 342.
658 Jauernig/*Stadler*, § 306 BGB Rn 1; offengelassen von BGHZ 128, 156, 166.
659 BGH NJW 1992, 879.
660 Palandt/*Grüneberg*, § 306 BGB Rn 1: „… nach § 139 BGB aber bei Unwirksamkeit einer einzelnen Klausel die Rückgängigmachung des Vertrags befürchten müsste".
661 AnwK-Schuldrecht/*Hennrichs*, § 306 BGB Rn 1; a.A. MüKo/*Basedow*, § 306 BGB Rn 7.

§ 4 Einbeziehung der Allgemeinen Geschäftsbedingungen

Soweit die Allgemeinen Geschäftsbedingungen nicht Vertragsbestandteil geworden oder unwirksam sind, richtet sich der Inhalt des Vertrags dann gemäß § 306 Abs. 2 BGB nach den (dispositiven) gesetzlichen Vorschriften[662] (siehe Rdn 205 ff.). Der Vertrag ist nach § 306 Abs. 3 BGB (ausnahmsweise) unwirksam, wenn das Festhalten an ihm auch unter Berücksichtigung der gemäß § 306 Abs. 2 BGB vorgesehenen Änderung eine unzumutbare Härte für eine Vertragspartei darstellen würde (siehe Rdn 220 ff.). In diesem Falle würde der Schutzzweck von § 306 Abs. 1 BGB wegen der Kundenfeindlichkeit des Vertrags verfehlt.

Zusammenfassung

Nach § 306 Abs. 1 BGB, der auch dann zur Anwendung gelangt, wenn die Unwirksamkeit sich nicht aus den §§ 307–309 BGB, sondern aus anderen gesetzlichen Vorschriften ergibt, bleibt, sofern Allgemeine Geschäftsbedingungen ganz oder teilweise nicht Vertragsbestandteil geworden oder unwirksam sind, der Vertrag im Übrigen (und unabhängig vom Parteiwillen) wirksam – womit die Norm von der Auslegungsregel des §§ 139 BGB abweicht, und bestimmt, dass der Vertrag bei Teilnichtigkeit grundsätzlich aufrechterhalten bleibt.[663] Der Vertrag soll zum Schutz des Vertragspartners des Verwenders soweit als möglich aufrechterhalten werden.[664]

Dies bedarf einer genauen Prüfung, welche „*Bestimmung*" i.S. des § 306 Abs. 2 BGB – mithin welche Allgemeine Geschäftsbedingung – tatsächlich unwirksam ist. Es ist – so das BAG[665] – zu überprüfen, ob sich die Klausel in verschiedener, jeweils einer gesonderten Wirksamkeitsprüfung unterliegende Bestimmungen aufteilen lässt – weshalb, wenn der Verwender mehrere Bestimmungen (u.U. sogar in einem Satz) zusammengefasst hat, ungeachtet dieser Zusammenfassung materiell mehrere selbstständige Regelungen vorliegen können, die nur formal verbunden sind (sog. **materielle Klauselmehrheit**) und die insoweit gesondert einer AGB-Kontrolle unterzogen werden können und auch müssen.[666] Vor diesem Hintergrund können scheinbar einheitliche Klauseln einen inhaltlich zulässigen und einen inhaltlich unzulässigen Teil enthalten. Wenn nach dem Wegstreichen der unwirksamen Bestimmung eine verständliche Regelung verbleibt, so hat diese Bestand.[667]

---

662 BGH NJW 2016, 401; BGHZ 204, 346 = NJW 2015, 1952.
663 BAG NZA 2016, 1409, zitiert nach juris Rn 42.
664 *Schlewing*, NZA-Beilage 2/2012, 33, 36, 38; *H. Schmidt* in Ulmer/Brandner/Hensen, AGB-Recht, § 306 BGB Rn 5.
665 BAG ArbR 2017, 198 = EzA-SD 2017, Nr. 8, 9, zitiert nach juris Rn 33.
666 BAG ArbR 2017, 198, zitiert nach juris Rn 33 unter Bezugnahme auf *H. Schmidt* in Ulmer/Brandner/Hensen, AGB-Recht, § 306 BGB Rn 13; *Uffmann*, RdA 2012, 113, 118; WLP/*Lindacher*/*Hau*, § 306 BGB Rn 40 f.
667 BAG ArbR 2017, 198, zitiert nach juris Rn 33 unter Bezugnahme auf BAG NZA 2016, 1409 Rn 43; BAG NZA 2008, 699 Rn 28; BGH NJW 2014, 141 Rn 14; Däubler/Bonin/Deinert/*Bonin*, § 306 BGB Rn 12a; *H. Schmidt* in Ulmer/Brandner/Hensen, AGB-Recht, § 306 BGB Rn 13; *Uffmann*, RdA 2012, 113, 119.

I. Rechtsfolgen bei Nichteinbeziehung und Unwirksamkeit (§ 306 BGB) § 4

Dem Verwender Allgemeiner Geschäftsbedingungen, die sich aufgrund einer Änderung der höchstrichterlichen Rechtsprechung als **unwirksam** erweisen, ist im Allgemeinen **kein Vertrauensschutz** zuzubilligen.[668] Höchstrichterliche Urteile sind nämlich kein Gesetzesrecht. Damit erzeugen sie auch keine vergleichbare Rechtsbindung. Eine gerichtliche Entscheidung, die die Wirksamkeit eines Rechtsgeschäfts betrifft, wirkt ihrer Natur schon nach auf einen in der Vergangenheit liegenden und damit in seiner rechtlichen Bewertung noch nicht abgeschlossenen Sachverhalt ein. Im Hinblick auf diese grundsätzlich zulässige sog. **unechte Rückwirkung** können sich zwar im Einzelfall unter dem Gesichtspunkt des Vertrauensschutzes Schranken aus dem Prinzip der Rechtssicherheit ergeben, wobei jedoch das Risiko, dass eine zunächst unbeanstandet gebliebene Klausel im Nachgang als unwirksam beurteilt wird, grundsätzlich der Verwender Allgemeiner Geschäftsbedingungen zu tragen hat.[669]

196

Soweit der BGH in Einzelfällen,[670] gleichwohl in besonders gelagerten Einzelfällen, auch dem Verwender Allgemeiner Geschäftsbedingungen partiell einen Vertrauensschutz zugebilligt hat, kommt (mangels Vergleichbarkeit) eine Übertragung dieser Judikatur auf die Fallkonstellation **unwirksamer Schönheitsreparaturklauseln** nicht in Betracht.[671] In entsprechenden Fällen tritt vielmehr nach § 306 Abs. 2 BGB die dispositive gesetzliche Bestimmung des § 535 Abs. 1 S. 2 BGB an die Stelle der unzulässigen Klausel.[672]

197

Sind Allgemeine Geschäftsbedingungen nicht Vertragsbestandteil geworden oder unwirksam, so bleibt der Vertrag also grundsätzlich nach § 306 Abs. 1 BGB im Übrigen wirksam, wobei sich sein Inhalt gemäß § 306 Abs. 2 BGB nach den gesetzlichen Vorschriften richtet. Allerdings reicht es zur Lückenausfüllung nach § 306 Abs. 2 BGB nicht aus, dass dispositives Recht als Ersatzrecht nicht zur Verfügung steht.[673] Zu Letzteren zählen zwar auch die Bestimmungen der §§ §§ 157, 133 BGB über die ergänzende Vertragsauslegung.[674] Eine ergänzende Vertragsauslegung (siehe hierzu Rdn 151) kommt aber nur dann in Betracht, wenn sich die mit dem Wegfall einer unwirksamen Klausel entstehende Lücke nicht durch dispositives Gesetzesrecht füllen lässt und dies zu einem Ergebnis führt, das den beiderseitigen Interessen nicht mehr in vertretbarer Weise Rechnung

198

---

668 BGH NJW 2008, 1438, 1439 = ZIP 2008, 1121 unter Bezugnahme auf BGHZ 132, 6, 12 = BGH NJW 1996, 924.
669 BGHZ 132, 6 = BGH NJW 1996, 924.
670 Vgl. BGHZ 130, 19, 35 = BGH NJW 1995, 2553; BGHZ 137, 153, 156 f. = BGH NJW 1998, 450; BGHZ 153, 311, 312 = BGH NJW 2003, 1805.
671 BGH NJW 2008, 1438, 1439.
672 BGH NJW 2008, 2499 – Farbwahlklausel – unter Bezugnahme auf BGH NJW 2006, 2915 – Rn 21 und BGH NJW 2006, 3778 – Rn 27.
673 BGH NJW 2009, 1738, wobei bei Haftungsklauseln dies stets anders sein soll: so v. *Westphalen*, NJW 2010, 2254, 2256 unter Bezugnahme auf BGH NJW-RR 2010, 200.
674 BGH NJW 2009, 578, 580 unter Bezugnahme auf BGHZ 90, 69, 75 = BGH NJW 1984, 1177.

§ 4 Einbeziehung der Allgemeinen Geschäftsbedingungen

trägt, sondern das Vertragsgefüge einseitig zugunsten des Kunden verschiebt.[675] Dies wird in jedem Fall bei unwirksamen Preisanpassungsklauseln virulent: Je länger die Fristen einer ordentlichen Vertragskündigung ausgestaltet sind, umso stärker dürfte das Merkmal der fehlenden Zumutbarkeit mit der Möglichkeit einer ergänzenden Vertragsauslegung in Betracht kommen.[676]

Eine ergänzende Vertragsauslegung scheidet im Rahmen des § 306 Abs. 2 BGB dann aus, wenn die entstandene Regelungslücke in unterschiedlicher Weise geschlossen werden kann und es nicht in ausreichendem Maße klar ist, nach Maßgabe welcher Alternativen die Parteien – als redliche Vertragspartner – die Lücke geschlossen hätten.[677]

Eine seitens eines Oberlandesgerichts durchgeführte ergänzende Vertragsauslegung ist in vollem Umfang einer revisionsgerichtlichen Überprüfung zugänglich, da es im Interesse der Rechtssicherheit geboten ist, eine von den Individualinteressen der Parteien losgelöste, d.h. eine allgemein verbindliche hypothetische Auslegung vorzunehmen.[678]

Eine ergänzende Vertragsauslegung[679] ist – so der BGH[680] – auf einen beiderseitigen Interessenausgleich gerichtet, der aus einer objektiv-generalisierenden Sicht dem hypothetischen Vertragswillen typischer Parteien Rechnung trägt: Sie ziele nicht darauf ab, eine unwirksame Klausel durch eine der Altregelung im Kern gleichende Gestaltung zu ersetzen.[681] Eine inhaltsgleiche Ersetzung der unwirksamen Klauseln unterliefe nämlich schon die gesetzliche Sanktion der Unwirksamkeit nach § 307 Abs. 1 BGB und sei schon aus diesem Grund mit den Grundsätzen der ergänzenden Vertragsauslegung nicht zu vereinbaren. Dies gelte auch, wenn die Unwirksamkeit (allein) auf einem Verstoß gegen das Transparenzgebot beruht, da die in einer nicht klaren und verständlichen Regelung der Rechte und Pflichten des Vertragspartners liegende „*unangemessene Benachteiligung*" gemäß § 307 Abs. 1 BGB nicht dadurch beseitigt werden könne, dass die unwirksame intransparente Klausel durch eine materielle inhaltsgleiche (transparente) Klausel ersetzt wird.[682]

---

675 BGH NJW 2010, 298; BGHZ 182, 59 = NJW 2009, 2662; BGH NJW 2009, 578, 580 unter Bezugnahme auf BGHZ 137, 153, 157 = BGH NJW 1998, 450; BGHZ 90, 69, 77 f. = BGH NJW 1984, 1177. Kritisch dazu *v. Westphalen*, NJW 2010, 2254, 2256: Dieser Ansatz des BGH entferne sich „*in nicht unbedenklicher Weise vom Grundschema der §§ 133, 157 BGB, welches die Lückenfüllung nicht an Zumutbarkeit bindet*".
676 *v. Westphalen*, NJW 2010, 2254, 2257.
677 BGH NJW 2010, 298; BGH NJW-RR 2005, 1619; BGHZ 143, 103 = NJW 2000, 1110.
678 BGH NJW 2010, 1742.
679 BGH NJW 2014, 3234 Rn 13 f.: Wenn eine Vertragslücke bei fehlendem dispositiven Recht nicht gefüllt werden kann, kommt eine ergänzende Vertragsauslegung (§§ 133, 157 BGB) in Betracht, wenn der ersatzlose Klauselfortfall mit korrespondierendem Fortbestehen der Lücke keine sachgerechte Lösung darstellt.
680 BGH GRUR 2016, 606 = WRP 2016, 721 – Allgemeine Marktnachfrage, zitiert nach juris Rn 56.
681 BGH GRUR 2016, 606, zitiert nach juris Rn 56 unter Bezugnahme auf BGH NJW-RR 2011, 625 Rn 16.
682 So BGH GRUR 2016, 606 zitiert nach juris Rn 56 unter Bezugnahme auf BGHZ 90, 69, 78.

I. Rechtsfolgen bei Nichteinbeziehung und Unwirksamkeit (§ 306 BGB) § 4

Beachte
Die **Teilung einer Vertragsklausel** in einen zulässigen und einen unzulässigen Teil kommt nur in Betracht, wenn der unzulässige Teil sprachlich eindeutig abtrennbar ist. In einem solchen Fall wird nicht im Wege der Auslegung eine zu weitgehende Klausel so neu gefasst, dass sie für den Verwender möglichst günstig, aber rechtlich gerade noch zulässig ist. Vielmehr wird eine sprachlich und inhaltlich teilbare Klauselfassung vorausgesetzt, die ohne ihren unzulässigen Bestandteil mit ihrem zulässigem Inhalt aufrechterhalten werden kann.[683] Gegenstand der Inhaltskontrolle sind dann für sich jeweils verschiedene, nur formal verbundene AGB-Bestimmungen. Die Zerlegung einer ihrem Inhalt nach eindeutig einheitlichen Regelung in mehrere selbstständige Regelungen ist hingegen nicht zulässig.[684]

Eine Klausel ist – so der BGH – trennbar, in der ein Zahnarzt formularmäßig das Einverständnis des Patienten zur Abtretung einer Honorarforderung *„an eine gewerbliche Abrechnungsstelle"* erbittet und „gegebenenfalls" auch eine weitere Abtretung an ein refinanzierendes Kreditinstitut.[685]

Sofern eine **Gesamtklausel** in einen inhaltlich zulässigen und einen inhaltlich unzulässigen Teil zerlegt werden kann, besteht nach der Rechtsprechung die Möglichkeit, inhaltlich voneinander trennbare, einzeln aus sich heraus verständliche Regelungen in Allgemeinen Geschäftsbedingungen zum Gegenstand einer gesonderten Wirksamkeitsprüfung zu machen.[686] Nur dann, wenn der als wirksam anzusehende Rest im Gesamtgefüge des Vertrages nicht mehr sinnvoll, insbesondere der als unwirksam beanstandete Klauselteil von so einschneidender Bedeutung ist, dass von einer gänzlich neuen, von der bisherigen völlig abweichenden Vertragsgestaltung gesprochen werden muss, ergreift die Unwirksamkeit der Teilklausel die Gesamtklausel.[687]

Wie das BAG[688] entschieden hat, führt die **Unwirksamkeit einer Rückwirkungsklausel** zu ihrem ersatzlosen Wegfall bei Aufrechterhaltung des Arbeitsvertrags im Übrigen nach § 306 Abs. 1 und Abs. 2 BGB. Eine geltungserhaltende Reduktion komme nicht in Betracht, da § 306 BGB eine solche Rechtsfolge nicht vorsieht. Der Zweck der Inhaltskontrolle, den Rechtsverkehr von unwirksamen Klauseln freizuhalten, würde nicht erreicht,

---

683 BAG AP BGB § 781 Nr. 7.
684 BAGE 118, 36.
685 BGH NJW 2014, 456. Dazu v. *Westphalen*, NJW 2014, 2242, 2244 (Trennbarkeit einer Klausel).
686 Zur Beurteilung einer Klausel in einem gewerblichen Kraftfahrzeugmietvertrag, die bei grundsätzlich vereinbarter Haftungsbegrenzung nach Art der Vollkaskoversicherung sowohl (unwirksame) Regelungen zur Herbeiführung des Versicherungsfalls als auch (für sich genommen wirksame) Regelungen über die versicherungsähnlich erfassten Schadensereignisse enthält: BGH NJW 2015, 928 = WM 2015,11 161, zitiert nach juris Rn 23.
687 BGH NJW 2014, 141 Rn 14; BGHZ 179, 374 = NJW 2009,1664 Rn 15.
688 BAG DB 2014, 1143, zitiert nach juris Rn 26.

blieben unwirksame Klauseln mit verändertem Inhalt aufrechterhalten. Überzogene Klauseln könnten weitgehend ohne Risiko verwendet werden – und erst in einem Prozess würde der Vertragspartner die zutreffenden Vertragsbedingungen erfahren. Wer die Möglichkeiten nutzen könne, die ihm der Grundsatz der Vertragsfreiheit für die Aufstellung von Allgemeinen Geschäftsbedingungen eröffnet, müsse auch das vollständige Risiko einer Unwirksamkeit der Klausel tragen,[689] da anderenfalls die Inhaltskontrolle nach § 307 Abs. 1 S. 1 BGB weitgehend leerliefe.[690] Auch eine **ergänzende Vertragsauslegung** scheidet nach Ansicht des BAG[691] aus, da diese voraussetzt, dass die Anwendung der gesetzlichen Vorschriften und das Unterbleiben der Ergänzung des Vertrags keine angemessene, den typischen Interessen der Vertragsparteien Rechnung tragende Lösung bietet,[692] was im konkret zu entscheidenden Fall nicht gegeben war. Vielmehr lässt die Unwirksamkeit der Rückwirkungsklausel den Regelungsplan der Parteien nicht als vervollständigungsbedürftig erscheinen.[693]

Ist eine Klausel nicht teilbar, tritt an ihre Stelle nach § 306 Abs. 2 BGB das Gesetz. Handelt es sich dagegen um eine teilbare Klausel, ist die Inhaltskontrolle jeweils für die verschiedenen, nur formal verbundenen Bestimmungen vorzunehmen.[694]

Die Teilbarkeit einer Klausel ist mittels des sog. **Blue-pencil-Tests** durch Streichung des unwirksamen Teils zu ermitteln:[695] Ist die verbleibende Regelung weiterhin verständlich, bleibt sie bestehen.[696] Maßgeblich ist, ob die Klausel mehrere sachliche Regelungen enthält und der unzulässige Teil sprachlich eindeutig abtrennbar ist.[697]

Für eine **zweistufige Ausschlussklausel** hat das BAG entschieden, dass diese geteilt werden kann.[698]

---

689 BAG DB 2014, 1143, zitiert nach juris Rn 26 unter Bezugnahme auf BAGE 115, 19 unter IV.8.a.
690 So BAG DB 2014, 1143, zitiert nach juris Rn 26 unter Bezugnahme auf BAGE 116, 66 Rn 39.
691 BAG DB 2014, 1143, zitiert nach juris Rn 27.
692 BAGE 113, 140.
693 BAG DB 2014, 1143, zitiert nach juris Rn 27.
694 BAGE 118, 36 – Rn 32.
695 BAG NZA 2012, 527 = BB 2011, 2868, zitiert nach juris Rn 31; BAG NZA 2011, 1274 = BB 2011, 3133 – zitiert nach juris Rn 47 unter Bezugnahme auf BAG AP BGB § 307 Nr. 43 – Rn 11.
696 BAG NZA 2008, 699, zitiert nach juris Rn 29.
697 BAG AP § 305 Nr. 10 – Rn 28.
698 BAG NZA 2008, 699, zitiert nach juris Rn 26 unter Bezugnahme auf BAGE 115, 19. Vgl. auch *Preis/Roloff*, RdA 2005, 144, 158.

I. Rechtsfolgen bei Nichteinbeziehung und Unwirksamkeit (§ 306 BGB)   § 4

I. Aufrechterhaltung des übrigen Vertrags

Sind Allgemeine Geschäftsbedingungen ganz oder teilweise nicht Vertragsbestandteil geworden oder unwirksam, so bleibt der Vertrag nach § 306 Abs. 1 BGB im Übrigen wirksam.[699] § 306 Abs. 1 BGB regelt zwei Fallkonstellationen: 199

- zum einen die **Nichteinbeziehung** Allgemeiner Geschäftsbedingungen in einen Vertrag,
- zum anderen die **Unwirksamkeit** der Allgemeinen Geschäftsbedingungen.

(Vollständige oder teilweise) **Nichteinbeziehung** (Fälle der §§ 305 Abs. 2 und 3, 305 lit. a [Nichtzustandekommen einer Einbeziehungsvereinbarung] und 305 lit. c Abs. 1 BGB [Scheitern der Einbeziehung] – wobei ein Vertragsschluss wegen Nichteinbeziehung nur ganz ausnahmsweise scheitert)[700] und **Unwirksamkeit**[701] (nach §§ 307–309, §§ 134,[702] 138 BGB, bzw. aufgrund einer Anfechtung [§ 142 BGB][703]) von Allgemeinen Geschäftsbedingungen haben nach § 306 Abs. 1 BGB grundsätzlich – vorbehaltlich § 306 Abs. 3 BGB (siehe Rdn 220 ff.) – im Interesse eines Schutzes des Vertragsgegners (der i.d.R. am Bestand des Vertrags interessiert ist – siehe Rdn 195)[704] die Aufrechterhaltung des Vertrags im Übrigen zur Folge (und zwar selbst dann, wenn sich die Unwirksamkeit, d.h. die Nichteinbeziehung, auf alle Klauseln erstreckt).[705] 200

§ 306 Abs. 1 BGB ist auch bei einer **formnichtigen Einbeziehungsvereinbarung** anwendbar,[706] **nicht** aber, wenn eine AGB-Klausel wegen des Vorrangs der Individualvereinbarung ohne Wirkung ist (vgl. § 305 lit. b BGB): Hier gilt die Individualvereinbarung mit dem sie ergänzenden dispositiven Recht.[707] 201

Zudem gelangt § 306 Abs. 1 BGB dann zur Anwendung, wenn die nicht einbezogenen Allgemeinen Geschäftsbedingungen Regelungen über die Hauptleistungspflichten enthalten (bspw. das Entgelt oder die Leistungsbeschreibung):[708] Die entsprechende Lücke 202

---

699 So hat das OLG Karlsruhe (BB 2011, 2189 – Ls.) entschieden, dass in einem Vertrag, der die Überlassung einer client-server-basierten Unternehmenssoftware regelt, eine Klausel, nach der es unzulässig ist, ein als Gesamtheit erworbenes Nutzungsvolumen aufzuspalten (Aufspaltungsverbot), der Inhaltskontrolle nach den §§ 305 ff. BGB standhält, da in solchen Fällen eine Teilunwirksamkeit der abtrennbaren Klauselteile in Betracht komme (OLG Karlsruhe BB 2011, 2189, zitiert nach juris Rn 39 unter Bezugnahme auf *Schmidt* in Ulmer/Brandner/Hensen, § 306 BGB Rn 12; Palandt/*Grüneberg*, § 306 BGB Rn 7).
700 § 305 lit. b BGB zählt **nicht** als Nichteinbeziehung: so Jauernig/*Stadler*, § 306 BGB Rn 2.
701 I.d.R. der Klausel im Ganzen und nicht nur des gegen das Klauselverbot verstoßenden Teils: Palandt/*Grüneberg*, vor § 305 BGB Rn 14; ders., § 306 BGB Rn 5.
702 BGHZ 129, 297, 306.
703 Palandt/*Grüneberg*, § 306 BGB Rn 5; Palandt/*Grüneberg*, vor § 305 BGB Rn 18.
704 BGH NJW 1992, 879.
705 Palandt/*Grüneberg*, § 306 BGB Rn 5.
706 Palandt/*Grüneberg*, § 306 BGB Rn 2.
707 Palandt/*Grüneberg*, § 306 BGB Rn 2.
708 Umstritten, so aber Palandt/*Grüneberg*, § 306 BGB Rn 3; Staudinger/*Schlosser*, § 306 BGB Rn 2.

§ 4 Einbeziehung der Allgemeinen Geschäftsbedingungen

soll über die §§ 157, 315, 316 BGB geschlossen werden („*übliches oder angemessenes Entgelt*" bzw. Leistungsumfang).[709] Kommt eine entsprechende Lückenfüllung nicht in Betracht, ist Gesamtnichtigkeit (§ 306 Abs. 3 BGB – siehe Rdn 220 ff.) gegeben.[710]

203 Dementgegen ist der Vertrag im Falle eines **offenen Dissenses** (über die AGB-Einbeziehung) unwirksam – selbst wenn die Parteien sich über den individuellen Vertragskern vollumfänglich geeinigt haben sollten.[711] Ein solcher offener Dissens soll aber nach Ansicht von *Grüneberg*[712] einer Nichteinbeziehung (siehe Rdn 200) dann gleichstehen, wenn die Parteien des Vertrags diesen dennoch durchführen.[713]

204 Ggf. kann die Unwirksamkeit einer Klausel vermieden werden, „*wenn inhaltlich und sprachlich ein zulässiger Regelungsteil abspaltbar ist (Trennbarkeit), der eine eigenständige sinnvolle Regelung enthält*".[714] Ein entsprechendes Vorgehen ist meist nicht unproblematisch, da eine solche geltungserhaltende **Klauselabgrenzung** sich oftmals als **geltungserhaltende Reduktion** darstellt,[715] die von der Judikatur[716] (regelmäßig auch im kaufmännischen Verkehr)[717] grundsätzlich deshalb abgelehnt wird (siehe hierzu Rdn 166), weil ansonsten „*der Verwender gefahrlos Übermaßklauseln verwenden könne, denn das Gericht führe sie auf das gemäß §§ 9 bis 11 (AGB-Gesetz alt) zulässige Maß zurück*".[718] Ausnahmen macht der BGH nur bei ADSp und AGNB.[719]

Auch wenn es sich um eine kurze Regelung (z.B. eine Freizeichnungsklausel) handelt, scheidet eine entsprechende geltungserhaltende Klauselabgrenzung aus, da „*diese nur um den Preis einer inhaltlichen Ergänzung aufrechterhalten werden kann*".[720]

---

709 So OLG Düsseldorf NJW-RR 1987, 49; OLG Hamm BB 1986, 1465.
710 Palandt/*Grüneberg*, § 306 BGB Rn 3 und Rn 16.
711 Palandt/*Grüneberg*, § 306 BGB Rn 4 – arg.: § 306 Abs. 1 BGB ist hier zwar seinem Wortlaut, **nicht** aber seinem Sinn nach erfüllt.
712 Palandt/*Grüneberg*, § 306 BGB Rn 4.
713 Palandt/*Ellenberger*, § 154 BGB Rn 3.
714 Jauernig/*Stadler*, § 306 BGB Rn 3 unter Bezugnahme auf BGH NJW 1996, 2100.
715 *Roth*, Vertragsänderung bei fehlgeschlagener Verwendung von AGB, 1994, S. 41 ff.
716 Vgl. etwa BGHZ 115, 324, 326; BGHZ 124, 254, 262.
717 BGH NJW 1996, 1407.
718 Jauernig/*Stadler*, § 306 BGB Rn 3, der aber (unter Bezugnahme auf *Roth*, Vertragsänderung bei fehlgeschlagener Verwendung von AGB, 1994, S. 33) dafür plädiert, eine geltungserhaltende Reduktion generell zu erlauben, wenn eine Unwirksamkeit von Klausel (oder Vertrag) den Interessenausgleich verfehlen, insbesondere der anderen Vertragspartei unberechtigte Vorteile verschaffen würde, da in diesem Fall (insbesondere bei überzogenen Haftungsbeschränkungen) kein Raum mehr für § 6 Abs. 1 AGB-Gesetz (alt) (§ 306 Abs. 1 BGB) bleibe.
719 BGHZ 129, 323, 327; a.A. Palandt/*Grüneberg*, § 305 BGB Rn 2 (unter Bezugnahme auf BGH NJW 1995, 3117 und 2224 – ADSp und AGNB als „*fertig bereitliegende Rechtsordnungen*"): „*Dabei ist es bei Regelungen der kollektiv ausgehandelten ADSp und der AGNB, die teilweise gegen die §§ 307 ff. BGB verstoßen, aus Gründen des Verbraucherschutzes vertretbar, sie im übrigen aufrechtzuerhalten.*"
720 So *v. Westphalen*, NJW 2010, 2254, 2257.

II. Ersatzweises Eingreifen des dispositiven Rechts

Soweit die Bestimmungen nach § 306 Abs. 1 BGB nicht Vertragsbestandteil geworden 205
oder unwirksam sind (siehe Rdn 199 ff.), richtet sich der Inhalt des Vertrags nach
§ 306 Abs. 2 BGB nach den (dispositiven) gesetzlichen Vorschriften. Nach § 306
Abs. 2 BGB gelangt anstelle der nicht geltenden Allgemeinen Geschäftsbedingungen
zur Lückenfüllung das dispositive Recht[721] (d.h. die gesetzlichen Vorschriften – einschließlich ungeschriebener Rechtsgrundsätze,[722] ggf. entfällt auch einfach die Klausel[723]) zur Anwendung.[724] Eine **geltungserhaltende Reduktion der unwirksamen Klausel**, mithin deren Reduktion auf einen mit den §§ 305 ff. BGB gerade noch vereinbaren Regelungsgehalt (i.s. einer Suche nach der Grenze des am Maßstab der §§ 307 ff. BGB zu beurteilenden „*gerade noch Zulässigen*";[725] siehe hierzu Rdn 204, 166) ist (im Rahmen des § 306 BGB) **ausgeschlossen.**[726] Damit bleibt im Zusammenhang mit § 306 Abs. 2 BGB bei Unwirksamkeit einer Klausel grundsätzlich kein Raum mehr für eine hypothetische Vertragsauslegung nach den §§ 133, 157 BGB[727] (zu den Ausnahmen siehe Rdn 207).

Bei der Unwirksamkeit Allgemeiner Geschäftsbedingungen weist § 306 BGB grundsätzlich dem Verwender das Risiko der Unwirksamkeit und der daraus resultierenden Folgen zu, weshalb § 306 Abs. 2 BGB für diesen Fall bestimmt, dass sich der Inhalt des Vertrags in einem solchen Falle nach den sonst zur Anwendung kommenden gesetzlichen Regelungen richtet. Dies bedeutet in einem vom BGH entschiedenen Fall[728] (in dem es um die Kompensation unwirksamer **Dekorations-AGB über einen Mietzuschlag** ging), dass der Vermieter mangels wirksamer Abwälzung der Schönheitsreparaturen gemäß § 535 Abs. 1 S. 2 BGB die Instandhaltungslast in vollem Umfang zu tragen hatte.[729] Die durch die Unwirksamkeit der Klausel eines Autovermietungsunternehmens, wonach die gegen Zahlung eines zusätzlichen Entgelts gewährte Haftungsfreistellung un-

---

721 Zum Begriff des „dispositiven Rechts": BGH NJW 1983, 1672.
722 BGH NJW 1996, 2092, 2093; 2788.
723 BGH NJW 2008, 1438; BGH NJW 1996, 1408; BGH NJW 1985, 852.
724 Vgl. (Beispiele nach Palandt/*Grüneberg*, § 306 BGB Rn 12) OLG Celle NJW-RR 1995, 1133: Der gesetzliche Zinssatz tritt im Falle eines Kredits an die Stelle einer unwirksamen, weil intransparenten Zinsregelung. BGHZ 137, 212: Eine ermessensunabhängige Freigabeerklärung in einem Sicherungsvertrag (als unwirksame Klausel) wird zum ermessensunabhängigen Freigabeanspruch. BGH NJW 2008, 187, 192: Klauseln in einem Lebensversicherungsvertrag (die gegen das Transparenzgebot verstoßen) sind nach § 164 VVG zu ersetzen – widrigenfalls (sofern auch die Ersatzregelung unangemessen ist) ist die Lücke nach § 306 BGB zu schließen.
725 BAG NZA 2011, 1274, zitiert nach juris Rn 50.
726 BAG NJW 2007, 3018; Palandt/*Grüneberg*, § 306 BGB Rn 13 und 6.
727 Palandt/*Grüneberg*, § 306 BGB Rn 6 und 13.
728 BGH NJW 2008, 2840, 2842.
729 BGH NJW 2008, 2840, 2842.

eingeschränkt entfällt, wenn der Mieter gegen die ebenfalls in den Allgemeinen Geschäftsbedingungen enthaltene Verpflichtung, bei einem Unfall die Polizei hinzuzuziehen, verstößt (Verstoß gegen § 307 BGB),[730] entstehende **Vertragslücke** kann durch die Heranziehung von § 28 Abs. 2 und 3 VVG geschlossen werden:[731] Ist eine Klausel in Allgemeinen Geschäftsbedingungen nicht Vertragsbestandteil geworden oder unwirksam, seien vorrangig die gesetzlichen Vorschriften als eine konkrete Ersatzregelung in Betracht zu ziehen. Nur wenn solche nicht zur Verfügung stehen, stelle sich die Frage, ob der ersatzlose Wegfall einer unwirksamen Klausel eine sachgerechte Lösung darstellt. Scheiden beide Möglichkeiten aus, sei zu prüfen, ob durch eine ergänzende Vertragsauslegung eine interessengerechte Lösung gefunden werden kann.[732] Sei eine Allgemeine Versicherungsbedingung nicht Vertragsbestandteil geworden, so fänden an ihrer Stelle die Regelungen des VVG Anwendung.[733] Das gelte entsprechend für die Haftungsfreistellung bei der gewerblichen Kraftfahrzeugvermietung, die sich am Leitbild der Fahrzeugversicherung zu orientieren habe.[734] Das Verbot der geltungserhaltenden Reduktion – wonach bei einer vorformulierten Vertragsbestimmung, durch die der Kunde des Verwenders unangemessen benachteiligt wird, eine Auslegung, die der Klausel gerade noch zur Wirksamkeit verhilft, verboten ist[735] – werde erst relevant, wenn die durch die Unwirksamkeit einer Klausel entstandene Vertragslücke nicht gemäß § 306 Abs. 2 BGB durch den Rückgriff auf gesetzliche Regelungen geschlossen werden könne, sondern es einer ergänzenden Vertragsauslegung bedarf.[736]

206 Die Regelung ist nur durch Individualabrede (§ 305 lit. b BGB – siehe § 3 Rdn 61) – nicht hingegen durch eine bloße formularmäßige salvatorische Klausel (nach der bei Unwirksamkeit statt § 306 Abs. 2 BGB eine noch nicht konkretisierte Regelung gelten

---

730 BGH NJW 2012, 1101 – Ls. 1 im Anschluss an BGH NJW-RR 2010, 480 und BGH NJW 2009, 3229.
731 BGH NJW 2012, 1101 – Ls. 2 im Anschluss an BGH VersR 2011, 1524.
732 BGH NJW 2012, 1101, zitiert nach juris Rn 25 unter Bezugnahme auf BGH VersR 2011, 1524 – Rn 17 und BGH NJW 2005, 3559, 3564.
733 BGH NJW 2012, 1101, zitiert nach juris Rn 26 unter Bezugnahme auf BGH VersR 2011, 1524 – Rn 15 und MüKo/*Basedow*, § 306 BGB Rn 21.
734 BGH NJW 2012, 1101, zitiert nach juris Rn 26 unter Bezugnahme auf BGH VersR 2010, 260 – Rn 18 f. und BGH NJW-RR 2010, 480 – Rn 14.
735 Dadurch soll vermieden werden, dass ein Klauselverwender risikolos seine Allgemeinen Geschäftsbedingungen einseitig in seinem Interesse ausgestalten und dabei davon ausgehen kann, dass eine Klausel, die der Inhaltskontrolle nach den §§ 307 ff. BGB nicht standhält, zumindest teilweise erhalten bleibt: BGH VersR 2011, 1524 – Rn 20 – was dem Zweck des Rechts der Allgemeinen Geschäftsbedingungen widerspricht, den Vertragspartner des Verwenders vor ungültigen Klauseln zu schützen, den Rechtsverkehr von unwirksamen Allgemeinen Geschäftsbedingungen freizuhalten und auf die Verwendung beider Seiten gerecht werdenden Inhalt Allgemeiner Geschäftsbedingungen hinzuwirken: so BGH NJW 2012, 1101, zitiert nach juris Rn 30 unter Bezugnahme auf BGHZ 98, 18, 25 f.; 84, 109, 114 ff.; BGH VersR 2011, 1524 – Rn 20.
736 BGH NJW 2012, 1101, zitiert nach juris Rn 31 unter Bezugnahme auf BGHZ 96, 18, 26; BGH VersR 2011, 1524 – Rn 20.

I. Rechtsfolgen bei Nichteinbeziehung und Unwirksamkeit (§ 306 BGB) § 4

soll, die der unwirksamen Klausel wirtschaftlich annähernd entspricht – siehe hierzu Rdn 217)[737] – abdingbar.[738]

Fehlt eine gesetzliche Reglung (und bietet die ersatzlose Streichung der Klausel keine interessengerechte Lösung), kommt (nur im Individualprozess – **nicht** im Verbandsprozess)[739] ggf. – keineswegs jedoch automatisch[740] – eine **ergänzende Vertragsauslegung**[741] zur Lückenausfüllung (wegen der Nichteinbeziehung der Allgemeinen Geschäftsbedingung) in Betracht.[742] Diese erstrebt einen beiden Seiten so weit wie möglich gerecht werdenden Ausgleich.[743] Voraussetzung dafür ist zweierlei:

- Eine **ergänzende Vertragsauslegung** zur Schließung einer Lücke, die durch die Unwirksamkeit einer der Inhaltskontrolle nach den §§ 307 ff. BGB unterliegenden Klausel entstanden ist, setzt voraus, dass der Regelungsplan der Parteien infolge der durch die Unwirksamkeit einer Vertragsklausel entstandenen Lücke einer Vervollständigung bedarf.[744] Das ist nur dann anzunehmen, wenn dispositives Gesetzesrecht zur Füllung der Lücke nicht zur Verfügung steht und die ersatzlose Streichung der unwirksamen Klausel keine angemessene, den typischen Interessen des AGB-Verwenders und seines Vertragspartners Rechnung tragende Lösung bietet.[745] Eine ersatzlose Streichung der unwirksamen Klausel würde für den Verwender eine unzumutbare Härte darstellen.[746]

---

737 Jauernig/*Stadler*, § 306 BGB Rn 4.
738 Dazu näher *Ulmer* in Ulmer/Brandner/Hensen, § 6 AGBG Rn 35.
739 BGH WM 2007, 796.
740 Siehe *v. Westphalen*, NJW 2008, 2234, 2235.
741 Ständige Judikatur, vgl. bspw. BGH NJW 2008, 2172 und 2840; BAG BB 2007, 1900; BGH NJW 2000, 1110; BGHZ 137, 153, 157; BGHZ 117, 92, 98; BGHZ 90, 69, 75.
742 OLG Düsseldorf BB 1986, 1466: Bestimmung des Mietzinses nach §§ 157, 315, 316 BGB. BGH NJW 2002, 3098. Die unwirksame Verpflichtung zur Stellung einer Vertragserfüllungsbürgschaft auf erstes Anfordern kann als Verpflichtung zur Stellung einer selbstschuldnerischen Bürgschaft aufrechterhalten werden (vgl. aber auch OLG Düsseldorf NJW 2003, 3716 – Fall einer unwirksamen Verpflichtung zur Stellung einer Gewährleistungsbürgschaft, die **nicht** als eine Verpflichtung zur Stellung einer selbstschuldnerischen Bürgschaft aufrechterhaltbar ist). BGHZ 137, 153, 157: Eine formularmäßige Bürgschaft (die sich auf alle bestehenden und künftigen Verbindlichkeiten des Hauptschuldners erstreckt und damit gemäß §§ 307, 305 lit. c Abs. 1 BGB unwirksam war) ist hinsichtlich der Forderungen, welche im Zeitpunkt der Haftungsübernahme bestanden, aufrechterhaltbar. Ebenso nach BGHZ 131, 55, 60 eine (i.S. § 305 lit. c Abs. 1 BGB) überraschende formularmäßige Ausdehnung der Grundschuldzweckerklärung. Weitere Beispielsfälle bei Palandt/*Grüneberg*, § 306 Rn 13.
743 BAG NZA 2011, 1274 – Rn 50; BAGE 118, 36 – Rn 36.
744 BGH NJW-RR 2007, 1657 und 1701; BGHZ 143, 103 = BGH NJW 2000, 1110; BGHZ 96, 18, 26 = BGH NJW 1986, 1610; BGHZ 90, 69, 74 = BGH NJW 1984, 1177. Vgl. auch BAGE 118, 36 – Rn 35.
745 BGHZ 137, 153, 157 = BGH NJW 1998, 450; BGHZ 117, 92, 98 f. = BGH NJW 1992, 1164; BGHZ 107, 273, 276 = BGH NJW 1989, 3010; BGHZ 96, 18, 26 = BGH NJW 1986, 1610; BGHZ 90, 69, 75 = BGH NJW 1984, 1177.
746 BAG AP BGB § 611 Ausbildungsbeihilfe Nr. 42 – Rn 49.

Allerdings rechtfertigt nicht jede Verschiebung der Gewichte zulasten des Verwenders die Annahme einer ergänzungsbedürftigen Lücke. Eine ergänzende Vertragsauslegung kann dann infrage kommen, wenn sich das Festhalten am Vertrag für den Verwender als *„unzumutbare Härte"* i.S.d. § 306 Abs. 3 BGB darstellen würde. Im Rahmen der ergänzenden Vertragsauslegung ist dann zu fragen, was die Parteien vereinbart hätten, wenn ihnen die gesetzlich angeordnete Unwirksamkeit der Klausel bekannt gewesen wäre.[747] Dann muss in Ausrichtung am hypothetischen Parteiwillen und am Maßstab von Treu und Glauben (§ 242 BGB) eine Lücken ausfüllende Ersatzregelung gefunden werden. Während bei der geltungserhaltenden Reduktion nach der Grenze des am Maßstab der §§ 307 ff. BGB zu beurteilenden *„gerade noch Zulässigen"* gesucht wird, will die ergänzende Vertragsauslegung einen beiden Seiten so weit wie möglich gerecht werdenden Ausgleich schaffen.[748] Grundsätzlich sind die Gerichte weder zu einer geltungserhaltenden Reduktion unwirksamer Klauseln berechtigt, noch dazu, durch eine ergänzende Vertragsauslegung an die Stelle einer unzulässigen Klausel die zulässige Klauselfassung zu setzen, die der Verwender der Allgemeinen Geschäftsbedingungen voraussichtlich gewählt haben würde, wenn ihm die Unzulässigkeit der beanstandeten Klausel bekannt gewesen wäre.[749]

- Überdies muss eine ergänzende Vertragsauslegung nach gefestigter Judikatur des BGH ausscheiden, wenn zur Ausfüllung einer vertraglichen Regelungslücke verschiedene Gestaltungsmöglichkeiten in Betracht kommen und kein Anhaltspunkt dafür besteht, welche Regelung die Parteien getroffen hätten.[750]

208 Eine **ergänzende Vertragsauslegung** kommt also (nur) dann in Betracht, wenn die ersatzlose Streichung einer unwirksamen Klausel *„unangemessen"* ist, mithin keine den typischen Interessen des Verwenders und seines Vertragspartners Rechnung tragende Lösung anbietet.[751] 2007 hat der BGH[752] im Hinblick auf eine Ausweitung der Grundsätze über eine ergänzende Vertragsauslegung allerdings die Feststellung des Berufungsgerichts unbeanstandet gelassen, wonach ein *„offensichtlicher Widerspruch zwischen der tatsächlich entstandenen Lage und dem objektiv Vereinbarten"* erforderlich sei. Damit könnte der Maßstab für eine Anwendung der Grundsätze über eine ergänzende Vertragsauslegung erhöht worden sein.[753] In jedem Fall kommt eine ergänzende Vertragsaus-

---

747 BAG, Urt. v. 12.1.2005 – 5 AZR 364/04.
748 BGHZ 90, 69.
749 BGHZ 84, 109.
750 BGH NJW-RR 2007, 1657 und 1701; BGHZ 143, 103 = BGH NJW 2000, 1110; BGH NJW 1990, 115; BGHZ 107, 273, 276 = BGH NJW 1989, 3010; BGHZ 93, 358, 370 = BGH NJW 1985, 3013; BGHZ 90, 69, 80 = BGH NJW 1984, 1177; BGHZ 62, 323, 326 f. = BGH NJW 1974, 1322; BGHZ 62, 83, 89 f. = BGH NJW 1974, 551.
751 BGHZ 137, 153 = BGH NJW 2000, 1110.
752 BGH NJW-RR 2007, 1697.
753 Kritisch dazu *v. Westphalen*, NJW 2008, 2234, 2235.

legung nur dann zur Anwendung, wenn eine bedeutsame Diskrepanz zwischen dem in der unwirksamen Klausel Vereinbarten und dem wegen Fehlens dispositiven Gesetzesrechts verbleibenden Rest-Regelungsgehalt besteht.

Es stellt sich die Frage, welche Regelung die Vertragsparteien bei einer sachgerechten Abwägung der gegenseitigen Interessen in Kenntnis der Unwirksamkeit (Nichteinbeziehung) der Allgemeinen Geschäftsbedingungen getroffen hätten.[754] Der BGH[755] hat dies bspw. in einem Fall angenommen, in dem bei Unwirksamkeit der Allgemeinen Geschäftsbedingung und fehlender gesetzlicher Regelung die ersatzlose Streichung der AGB-Klausel den Parteiinteressen widersprochen hätte.[756]

Das Problem einer ergänzenden Vertragsauslegung gewinnt bei **Dauerschuldverhältnissen** erhebliche praktische Relevanz, wenn bspw. eine Preisanpassungsklausel[757] an § 307 Abs. 1 S. 1 bzw. S. 2 BGB scheitert.[758] Das LG Mannheim[759] lässt eine ergänzende Vertragsauslegung nach den §§ 133, 157 BGB zu, wohingegen der BGH – soweit ersichtlich – unwirksame Klauseln nur verwirft, ohne eine ergänzende Vertragsauslegung ins Auge zu fassen.[760]

Fällt eine **gesetzesergänzende Regelung** wegen Verstoßes gegen § 307 BGB weg und fehlen dispositive gesetzliche Bestimmungen, die sie gemäß § 306 Abs. 2 BGB ersetzen könnten, kann also die Regelungslücke im Wege einer **ergänzenden Vertragsauslegung** (nach den §§ 157, 133 BGB) geschlossen werden, sofern der Regelungsplan der Parteien vervollständigungsbedürftig ist und das Unterbleiben einer Vervollständigung keine angemessene, den typischen Interessen des Klauselverwenders und des Kunden Rechnung tragende Lösung böte.[761]

Eine **ergänzende Vertragsauslegung** hat folgende Voraussetzungen:

- Der Regelungsplan der Parteien bedarf wegen der durch die Unwirksamkeit einer Vertragsklausel entstandenen Lücke einer Vervollständigung, was nur dann angenommen werden kann, wenn die ersatzlose Streichung der unwirksamen Klausel und die Anwendung der gesetzlichen Vorschriften ohne eine Ergänzung zu keiner an-

---

754 AnwK-BGB-Schuldrecht/*Hennrichs*, § 306 BGB Rn 2 unter Bezugnahme auf BGHZ 137, 153, 157 – wobei allerdings zu beachten ist, *„dass es nicht Ziel des Absatz 2 ist, das Vertragsgefüge einseitig zugunsten des Kunden zu verschieben"* (AnwK-BGB-Schuldrecht/*Hennrichs*, § 306 BGB Rn 2).
755 BGHZ 120, 108, 122; BGH NJW 2008, 2840: kein Anspruch des Vermieters auf einen Mietzuschlag bei unzulässiger AGB-mäßiger Abwälzung der Schönheitsreparaturen auf den Mieter.
756 Fall, in dem die ergänzende Auslegung zu einer geltungserhaltenden Reduktion führt: *Roth*, JZ 1989, 415.
757 Beispiel nach *v. Westphalen*, NJW 2008, 2234, 2235: *„Dann stellt sich nämlich die bange Frage, ob schlicht der ‚alte' Preis fort gilt."*
758 Vgl. BGH NJW-RR 2008, 134, 135; BGH NJW 2008, 360, 361.
759 LG Mannheim NJW-RR 2008, 652.
760 Vgl. BGH NJW 2007, 1743 – Schönheitsreparaturklausel.
761 BGH NJW 1990, 115.

§ 4 Einbeziehung der Allgemeinen Geschäftsbedingungen

gemessenen und den typischen Interessen des AGB-Verwenders Rechnung tragenden Lösung führt.[762]
- Nicht jede Verschiebung der Gewichte zulasten des Verwenders rechtfertigt jedoch die Annahme einer ergänzungsbedürftigen Lücke. Vielmehr kommt eine ergänzende Vertragsauslegung nur dann in Betracht, wenn ein Festhalten am Vertrag für den Verwender als „*unzumutbare Härte*" i.S.v. § 306 Abs. 3 BGB qualifiziert werden kann.[763]
- Kommt unter Zugrundelegung dieser Grundsätze eine ergänzende Vertragsauslegung in Betracht, muss geprüft werden, was die Parteien bei angemessener Abwägung der beiderseitigen Interessen nach Treu und Glauben (§ 242 BGB) redlicher Vertragsparteien eigentlich vereinbart hätten, wenn ihnen die kraft Gesetzes angeordnete Unwirksamkeit der Allgemeinen Geschäftsbedingung bei deren Einbeziehung in den Vertrag bekannt gewesen wäre.[764]

Zusammenfassend kann für den Zusammenhang von ergänzender Vertragsauslegung und dem Verbot einer geltungserhaltenden Reduktion Folgendes festgehalten werden:
- Die Auslegung einer an sich unwirksamen Klausel mit dem Ziel, sie inhaltlich so zurückzuschneiden, dass sie gerade noch als wirksam anzuerkennen ist, ist untersagt[765] mit der Folge, dass im Kontext mit § 306 Abs. 2 BGB – wenn eine Klausel unwirksam ist – das dispositive Recht zwecks Ausfüllung der entstandenen Lücke zur Anwendung gelangt.[766]
- Für den Fall, dass kein dispositives Gesetzesrecht zur Lückenfüllung zur Verfügung steht, kommt eine ergänzende Vertragsauslegung gemäß §§ 133, 157 BGB in Betracht.[767] Dann gilt auch das Verbot einer geltungserhaltenden Reduktion[768] – „*es entfaltet nämlich im Blick auf den Inhalt der Klausel keine Wirkung*".[769]
- **Beachte aber:** Auch Art. 6 Abs. 1 Missbräuchliche-Klausel-Richtlinie sperrt nach Ansicht des BGH[770] nicht eine **hypothetische Vertragsauslegung**: Die Parteien haben zunächst zu prüfen, welche Regelung sie bei sachgerechter Abwägung ihrer beiderseitigen Interessen gewählt hätten, wenn ihnen bewusst gewesen wäre, dass eine Klausel unwirksam ist. In seltenen Fällen kann dann – sofern die nach den §§ 133, 157 BGB im Zuge einer ergänzenden Vertragsauslegung zu schließende Lücke so gravie-

---

762 BAG NZA 2005, 465, 468 und NZA 2005, 1111, 1115; BAG NZA 2008, 464, 466.
763 BAG NZA 2006, 1042, 1045; BAG NZA 2009, 666, 669.
764 BAG NZA 2008, 293, 294 f. und NZA 2008, 464, 466.
765 BGH NJW 2013, 991, 993; NJW 1984, 48, 49.
766 BGH NJW 2013, 165; NJW 2012, 2501; BGHZ 191, 150 = NJW 2012, 222.
767 BGHZ 192, 372 = NJW 2012, 1865, 1866.
768 BGH NJW 2012, 2501, 2503.
769 So v. *Westphalen*, NJW 2013, 2239, 2241 unter Bezugnahme auf BGHZ 192, 372 = NJW 2012, 1865, 1867.
770 BGH NJW 2013, 991 – Ls. 1. Vgl. auch BGH NJW 2012, 1865 und EuGH NJW 2012, 2257.

I. Rechtsfolgen bei Nichteinbeziehung und Unwirksamkeit (§ 306 BGB) § 4

rend ist, dass ein Fortfall der Klausel das Vertragsgefüge einseitig zugunsten einer Vertragspartei verschiebt[771] – eine hypothetische Vertragsauslegung in Betracht kommen.

Diese Voraussetzungen liegen nach Ansicht des LG Mannheim[772] bspw. dann vor, wenn infolge der Unwirksamkeit einer **Preisänderungsklausel** in Verträgen eine vervollständigungsbedürftige Lücke entstanden ist. Dann ergibt sich schon aus der langfristigen Natur des Vertrags, dass die Kosten äußeren Einflüssen ausgesetzt sind, die nicht sicher vorhergesagt werden können. In der unwirksamen Klausel hätten die Parteien schon zum Ausdruck gebracht, dass sie sich bewusst waren, und in ihren Willen aufgenommen hatten, dass das zunächst vereinbarte Entgelt nicht während der gesamten Vertragsdauer gelten soll, sondern sich zum Zwecke eines angemessenen Wertausgleichs ändern sollte, wenn die Kostenentwicklung es erforderte. Das Gericht hat für diesen Fall eine ergänzende Vertragsauslegung nach § 157 BGB für geboten erachtet und darauf abgestellt, was die Parteien bei einer angemessenen, objektiv-generalisierenden Abwägung ihrer Interessen nach Treu und Glauben redlicherweise vereinbart hätten, wenn ihnen die (nicht bedachte) Unwirksamkeit der Klausel bekannt gewesen wäre.

Der BGH[773] erkennt im Falle der Unwirksamkeit einer **Preisanpassungsklausel** in einem langfristigen Bezugsvertrag ein „*anerkennenswertes Interesse*" des Verwenders an, das Verhältnis von Leistung und Gegenleistung im Gleichgewicht zu halten.[774] Fraglich ist, ob bei sehr langfristigen Bezugsverträgen eine Ausnahme (d.h. eine grundlegende Störung) anzunehmen ist – was allerdings dann abzulehnen sein dürfte, wenn sich der Verwender selbst zu einem früheren Zeitpunkt durch ein eigenständiges Kündigungsrecht vom Vertrag hätte trennen können.[775]

Die **Unwirksamkeit einer Preisanpassungsklausel** führt nach Ansicht des BGH[776] dann zu einer nicht mehr hinnehmbaren Störung des Vertragsgefüges, wenn es sich um ein langjähriges Gasversorgungsverhältnis handelt, der betroffene Kunde den Preiserhöhungen und den darauf basierenden Jahresabrechnungen über einen längeren Zeitraum nicht widersprochen hat und nunmehr auch für länger zurückliegende Zeitabschnitte die Unwirksamkeit der Preiserhöhungen geltend macht. In diesen Fällen vermag die vertraglich

---

771 BGHZ 176, 244 = NJW 2008, 2172, 2175.
772 LG Mannheim NJW-RR 2008, 652.
773 BGHZ 192, 372 = NJW 2012, 1865, 1866.
774 Näher *v. Westphalen*, NJW 2011, 2098, 2099. Dazu auch BGHZ 185, 166 = NJW 2010, 1742, 1743. In BGHZ 186, 180 = NJW 2011, 50, 54 unterscheidet der BGH zwischen der formularmäßigen Vereinbarung der Zinsvariabilität – die wirksam ist – und der Zinsanpassungsklausel – die unwirksam ist. Der BGH stellt somit darauf ab, ob die Parteien sich von Anfang an darauf verständigt hatten, dass ein variabler Zins geschuldet wird (steht das „*Ob*" der Zinsänderung fest?) oder „*wie*" ggf. wegen der Unwirksamkeit der Zinsanpassungsklausel eine ergänzende Vertragsauslegung erforderlich wird: so *v. Westphalen*, NJW 2011, 2098, 2099.
775 So *v. Westphalen*, NJW 2011, 2098, 2099 unter Bezugnahme auf BGH NJW 2011, 1342, 1345.
776 BGHZ 209, 327 = NJW 2017, 320 = ZIP 2016, 1975 = WM 2016, 2191, zitiert nach juris Rn 20.

vorgesehene, nur in die Zukunft wirkende Kündigungsmöglichkeit des Energieversorgungsunternehmens die Regelungslücke im Vertrag nicht in einer für beide Seiten zumutbaren Weise zu schließen.[777]

Zusammenfassung
Bei langjährigen Energielieferungsverträgen, bei denen der Kunde längerer Zeit Preiserhöhungen unbeanstandet hingenommen hat und nun auch für länger zurückliegende Zeitabschnitte die Unwirksamkeit der Preiserhöhungen geltend macht, ist die durch die Unwirksamkeit[778] oder die unwirksame Einbeziehung einer Preisanpassungsklausel entstandene Regelungslücke regelmäßig im Wege der **ergänzenden Vertragsauslegung** dadurch zu schließen, dass der Kunde die Preiserhöhungen, die zu einem den vereinbarten Anfangspreis übersteigenden Preis führen, nicht geltend machen kann, wenn er sie nicht innerhalb eines Zeitraums von drei Jahren nach Zugang der jeweiligen Jahresabrechnungen, in der die Preiserhöhung erstmals berücksichtigt worden ist, beanstandet hat (sog. **„Dreijahreslösung"**).[779] Dies gilt sowohl im Falle der Rückforderung als auch im Falle der Restforderung von Entgelt für Energielieferungen.[780]

Der nach der sog. Dreijahreslösung maßgebliche Preis tritt endgültig an die Stelle des Anfangspreises.[781] Die Wirkung einer einmal erforderlich gewordenen ergänzenden Vertragsauslegung sei folglich nicht auf den Zeitraum beschränkt, in dem das Versorgungsunternehmen aufgrund der widerspruchslosen Zahlungen des Kunden keinen Anlass hatte, das Bezugsverhältnis zu kündigen.[782]

Ohne diese auf der Grundlage einer objektiv-generalisierenden Abwägung der Interessen der Parteien vorzunehmende ergänzende Vertragsauslegung bestünde – so der BGH[783] – aufgrund des Wegfalls des die Vertragsstruktur prägenden und für den Ver-

---

777 So BGH NJW 2017,320, zitiert nach juris Rn 20 unter Bezugnahme auf BGHZ 192, 372 Rn 23; BGH NJW 2013, 991; BGH WM 2014,380 Rn 20.
778 Der EuGH (NJW 2015, 849 – Schulz) hatte 2014 entschieden, dass die auf § 4 Abs. 1 und 2 AVBGas a.F. und § 5 Abs. 2 GasGVV a.F. beruhenden Preisanpassungsklauseln gegen die Transparenzgebote der Gas-Richtlinie 2003/55/EG sowie der Strom-Richtlinie 2003/54/EG verstoßen – weshalb in der Folge eine auf billiges Ermessen abstellende Preisanpassung nicht mehr wirksam auf diese nationalen gesetzlichen Regelungen gestützt werden kann.
779 So BGH CuR 2016, 119 – Ls. 1 S. 1 in Bestätigung der ständigen Judikatur des BGH, vgl. etwa BGHZ 205, 43 Rn 25 und 37; BGHZ 207, 209 Rn 86; BGH RdE 2016, 347 Rn 21. Kritisch zu dieser Judikatur *v. Westphalen* (NJW 2016, 2228, 2235 – konkret in Bezug auf BGH NJW 2016, 1718): *„Es erscheint sehr zweifelhaft, ob dieses Urteil in hinreichender Weise dem europarechtlichen Transparenzerfordernis entspricht."*
780 BGH CuR 2016, 119 – Ls. 1 S. 2 in Bestätigung der Judikatur des BGH, vgl. BGH ZNER 2012, 265 Rn 29; BGHZ 205, 433 = NJW 2015, 2566 Rn 27; BGHZ 207, 209 = NJW 2016, 1718 Rn 87; BGH MDR 2015, 1350 Rn 89; BGHZ 209, 327 = NJW 2017, 320.
781 BGH CuR 2016, 119 – Ls. 2.
782 So BGH CuR 2016, 119 in Bestätigung der Rechtsprechung des BGH, vgl. etwa BGHZ 205, 433 = NJW 2015, 2566 Rn 26 f. und 37; BGHZ 207, 209 = NJW 2016, 1718; BGHZ 209, 337 = NJW 2017, 320 Rn 21.
783 BGH CuR 2016, 119 – Ls. 3.

I. Rechtsfolgen bei Nichteinbeziehung und Unwirksamkeit (§ 306 BGB) § 4

tragsbestand essenziellen Preisanpassungsrechts ein auch nach objektiven Maßstäben schlechterdings untragbares Ungleichgewicht zwischen Leistung und Gegenleistung mit der Folge, dass der Energielieferungsvertrag sowohl gemäß § 306 Abs. 3 BGB insgesamt unwirksam wäre als auch i.S. des Art. 6 Abs. 1 Hs. 2 der Richtlinie 93/13/EWG (Missbräuchliche Klauseln-Richtlinie) nicht bestehen könnte.[784]

Wird der nach der sog. „*Dreijahreslösung*" maßgebliche Preis anscheinend unterschritten, hat der Kunde für die Zeiträume der Preisunterschreitungen nur die geringeren Entgelte zu entrichten.[785]

Der nach der sog. „*Dreijahreslösung*" endgültig an die Stelle des Anfangspreises tretende Preis ist – so der BGH[786] – rechtlich wie ein zwischen den Parteien vereinbarter Preis zu behandeln und unterliegt daher nicht der Billigkeitskontrolle gemäß § 315 Abs. 3 BGB.

Die Regelung des § 169 Abs. 3 S. 1 VVG findet hingegen auf einen Lebensversicherungsvertrag, den ein Versicherungsnehmer bis Ende 2007 geschlossen hat und dem im Falle der Kündigung bei Unwirksamkeit der in den Allgemeinen Bedingungen enthaltenen Klauseln über die Berechnung des Rückkaufswertes und die Verrechnung der Abschlusskosten[787] im Wege der ergänzenden Vertragsauslegung ein Mindestbetrag zusteht (der die Hälfte des mit den Rechnungsgrundlagen der Prämienkalkulation berechneten ungezillmerten Deckungskapitals nicht unterschreiten darf),[788] weder über § 306 Abs. 2 BGB noch über die Grundsätze der ergänzenden Vertragsauslegung Anwendung.[789]

In Bezug auf eine ergänzende Vertragsauslegung bei einem langjährigen Gasversorgungsvertrag, in dem mangels wirksamer Einbeziehung der AGB des Versorgers kein Preisanpassungsrecht besteht, hat der BGH[790] festgestellt, dass eine im Wege ergänzender Vertragsauslegung zu schließende planwidrige Unvollständigkeit eines Energielieferungsvertrages auch darauf beruhen kann, dass ein formularmäßiges Preisanpassungsrecht nicht wirksam in den Vertrag einbezogen worden ist (§§ 305 Abs. 2, 306 Abs. 1 1. Alt BGB).[791] Eine ergänzende Vertragsauslegung komme immer dann in Betracht, wenn ein Vertrag innerhalb des durch sie gesteckten Rahmens oder innerhalb der objektiv

---

784 So BGH CuR 2016, 119 – Ls. 3 unter Bezugnahme auf BGHZ 209, 327 = NJW 2017, 320 Rn 33.
785 So BGH CuR 2016, 119 – Ls. 4 in Bestätigung von BGHZ 209, 327 = NJW 2017, 320 Rn 40.
786 BGH CuR 2016, 119, – Ls. 5 unter Bestätigung und in Fortführung der bisherigen Judikatur des BGH, vgl. etwa BGH NJW 2013, 1077 Rn 33 und BGH ZIP 2016, 1025 Rn 16 (zur ergänzenden Vertragsauslegung im Grundversorgungsverhältnis).
787 Dazu BGHZ 194, 208.
788 BGHZ 198, 195 = NJW 2013, 3240 = WM 2013, 1939 = ZIP 2013, 2062 – Ls. 1 in Fortführung von BGHZ 164, 297.
789 BGHZ 198, 195 = NJW 2013, 3240 = WM 2013, 1939 = ZIP 2013, 2062 – Ls. 2.
790 BGH NJW 2015, 1167 = ZIP 2015, 1297 = WM 2015, 306 in Fortführung von BGHZ 192, 372.
791 BGH NJW 2015, 1167 zitiert nach juris Rn 23.

gewollten Vereinbarung ergänzungsbedürftig ist, weil eine Vereinbarung in einem regelungsbedürftigen Punkt fehlt.[792] Allein der Umstand, dass ein Vertrag für eine bestimmte Fallgestaltung keine Regelung enthält, besage aber nicht, dass es sich um eine planwidrige Unvollständigkeit handelt. Von einer solchen könne nur dann gesprochen werden, wenn der Vertrag eine Bestimmung vermissen lässt, die erforderlich ist, um den ihm zugrunde liegenden Regelungsplan der Parteien zu verwirklichen – mithin wenn ohne die Vervollständigung des Vertrags eine angemessene interessengerechte Lösung nicht zu erzielen wäre.[793] Auf welchen Gründen die Unvollständigkeit beruht, sei – so der BGH – grundsätzlich unmaßgeblich.[794] Insbesondere sei es nicht relevant, ob ein Vertrag deshalb lückenhaft ist, weil AGB nicht Vertragsbestandteil geworden oder unwirksam sind. In beiden Fällen bleibe der Vertrag gemäß § 306 Abs. 1 1. Alt. BGB im Übrigen wirksam und richte sich sein Inhalt gemäß § 306 Abs. 2 BGB nach den gesetzlichen Vorschriften. Hierzu zählen auch die Bestimmungen der §§ 133, 157 BGB, in denen die ergänzende Vertragsauslegung ihre Grundlage hat.[795] Ob und mit welchem Inhalt eine ergänzende Vertragsauslegung zur Verwirklichung des Regelungsplans der Parteien geboten ist, richte sich nicht allein nach den im Vertrag schon vorhandenen Regelungen und Wertungen.[796] Er sei auch zu berücksichtigen, welche Regelung die typischerweise an Geschäften beteiligten Verkehrskreise bei sachgerechter Abwägung der beiderseitigen Interessen nach Treu und Glauben unter Berücksichtigung der Verkehrssitte und bestehender AGB-rechtlicher Schranken als redliche Vertragspartner getroffen hätten, wenn ihnen die Lückenhaftigkeit des geschlossenen Vertrages bewusst gewesen wäre.[797]

213   *Beachte*

Es widerspricht aber Sinn und Zweck des § 306 BGB mit dem Verbot geltungserhaltender Reduktion, *„dem Kunden durch den ersatzlosen Wegfall von Klauseln Vorteile zu verschaffen, die das Vertragsgefüge völlig einseitig zu seinen Gunsten verschieben"*.[798]

214   Zur grundsätzlichen Unzulässigkeit der sog. **geltungserhaltenden Reduktion** siehe bereits oben (Rdn 166).

---

792 BGH NJW 2015, 1167 zitiert nach juris Rn 24 unter Bezugnahme auf BGHZ 158, 201, 206; BGH 125, 7, 17; Staudinger/*Roth*, § 157 BGB Rn 15.
793 BGH NJW 2015, 1167 zitiert nach juris Rn 24 unter Bezugnahme auf BGHZ 158, 201, 206; BGH NJW 2013, 2753; BeckOK-BGB/*Wendtland*, § 157 Rn 35 ff.
794 BGH NJW 2015, 1167 zitiert nach juris Rn 25 unter Bezugnahme auf BGHZ 158, 201, 206.
795 BGH NJW 2015, 1167 zitiert nach juris Rn 25 unter Bezugnahme auf BGHZ 90, 69, 75 (zu § 6 AGBGB); BGHZ 186, 180 Rn 50; MüKo/*Basedow*, § 306 BGB Rn 22 f.
796 BGH NJW 2015, 1167 zitiert nach juris Rn 25 unter Bezugnahme auf BGHZ 158, 201, 207.
797 BGH NJW 2015, 1167 zitiert nach juris Rn 25 unter Bezugnahme auf BGHZ 192, 372 Rn 24; BGH WM 2008, 2076; BGH WuM 2008, 487; BGH NJW-RR 2007, 1607.
798 Palandt/*Grüneberg*, § 306 BGB Rn 13 unter Bezugnahme auf BGHZ 137, 153, 157.

I. Rechtsfolgen bei Nichteinbeziehung und Unwirksamkeit (§ 306 BGB) § 4

Gleichwohl kann auch eine entsprechende ergänzende Auslegung zu einer geltungserhaltenden Reduktion führen.[799]

Beachte

Nach Ansicht des BGH[800] besteht der **Unterschied** zwischen einer (unzulässigen) geltungserhaltenden Reduktion und einer (zulässigen) ergänzenden Auslegung darin, dass die Erstere sich auf die Suche nach der Grenze des gemäß §§ 307 ff. BGB gerade noch Zulässigen begebe. Die ergänzende Auslegung bezwecke hingegen einen beiden Seiten soweit wie möglich gerecht werdenden Ausgleich. *Stadler*[801] weist mit Recht jedoch darauf hin, dass eine solche Gegenüberstellung nicht schlüssig sei, da auch die §§ 305 ff. BGB (insbesondere die §§ 307 ff. BGB) auf die Herbeiführung von Vertragsgerechtigkeit durch einen den Interessen beider Seiten gerecht werdenden AGB-Inhalt abzielen. Folglich seien in diesem Zusammenhang ergänzende Auslegung und geltungserhaltende Reduktion austauschbar.[802]

Salvatorische Klauseln (Ersetzungsklauseln, nach denen bei Unwirksamkeit einzelner Allgemeiner Geschäftsbedingungen nicht das dispositive Gesetzesrecht, sondern eine Regelung gelten soll, die der unwirksamen Klausel wirtschaftlich am besten entspricht – siehe hierzu Rdn 206)[803] sind unter mehreren Aspekten **unwirksam**:[804]

- Nichtigkeit wegen Verstoßes gegen § 306 Abs. 2 BGB,[805]
- Verstoß gegen das Umgehungsverbot nach § 306 lit. a BGB (siehe Rdn 118 ff.) und
- unangemessene Benachteiligung wegen Intransparenz[806] gemäß § 307 Abs. 1 S. 2 BGB.[807]

---

799 Vgl. BGHZ 137, 218, 221 f. Ein formularmäßiger ermessensabhängiger Anspruch des Sicherungsgebers auf Freigabe von Sicherungsgut ist nach § 307 Abs. 2 Nr. 2 BGB unwirksam, weshalb an Stelle dieser zu weit reichenden Klausel ein ermessenabhängiger Anspruch zu treten habe. Dieser sei nach § 157 BGB vor allem aus dem Treuhandcharakter der Sicherungsabrede zu entnehmen. Dies stelle den Rechtszustand her, der ohne die unwirksame Klausel besteht. An die Stelle der unwirksam abgedungenen Klausel tritt die weniger weitreichende. Diese beruht aber gleichermaßen auf der Sicherungsabrede (§ 157 BGB) – nicht auf Gesetz (wie § 306 Abs. 2 BGB dies verlangt). *„Die Gleichsetzung von § 157 (BGB) und gesetzlicher Regelung ... widerspricht der Vertragsbezogenheit ergänzender Auslegung (...) und verschleiert, dass die ergänzende Auslegung auf eine geltungserhaltende Reduktion hinausläuft"*: Jauernig/*Stadler*, § 306 BGB Rn 5.
800 BGHZ 137, 218, 221; BGHZ 90, 69, 81 f.
801 Jauernig/*Stadler*, § 306 BGB Rn 5 unter Bezugnahme auf BGHZ 96, 18, 25; BGHZ 97, 135, 143.
802 Jauernig/*Stadler*, § 306 BGB Rn 5.
803 Palandt/*Grüneberg*, § 306 BGB Rn 11.
804 Palandt/*Grüneberg*, § 306 BGB Rn 11.
805 KG NJW 1998, 829; OLG Celle WM 1994, 893; *Schmidt* in Ulmer/Brandner/Hensen, § 306 BGB Rn 39.
806 BGH NJW-RR 1996, 786.
807 BGH NJW-RR 1996, 786.

§ 4 Einbeziehung der Allgemeinen Geschäftsbedingungen

218 Weiterhin sind **Ersatz-AGB** unzulässig, die bei Unwirksamkeit der Erstregelung hilfsweise zur Anwendung gelangen sollen.[808]

219 Grundsätzlich unzulässig sind auch **Anpassungsklauseln**, die es dem Verwender gestatten sollen, unwirksame AGB-Regelungen durch neue zu ersetzen – es sei denn, dass die Anpassungsklausel bereits Voraussetzungen und Inhalt der Änderungsbefugnisse klar bestimmt.[809]
Statthaft sind hingegen **Erhaltungsklauseln**, mithin solche, die im Unwirksamkeitsfalle einen im Ergebnis mit § 306 BGB übereinstimmenden Regelungsgehalt haben.[810]

III. Unwirksamkeit des Vertrags

220 Der Vertrag ist nach § 306 Abs. 3 BGB (als einer mit Art. 6 Abs. 1 Hs. 2 der Klausel-Richtlinie vereinbare Regelung)[811] insgesamt nichtig (**Gesamtnichtigkeit**), wenn das Festhalten an ihm auch unter Berücksichtigung der nach § 306 Abs. 2 BGB (d.h. im Falle des ersatzweisen Eingreifens dispositiven Rechts – siehe Rdn 205 ff.) vorgesehenen Änderung eine „*unzumutbare Härte*" für eine Vertragspartei[812] darstellen würde, wobei maßgeblicher Zeitpunkt für die Unzumutbarkeit der Zeitpunkt der Geltendmachung des Anspruchs aus dem Vertrag (und nicht der Zeitpunkt des Vertragsschlusses) ist[813] (siehe hierzu Rdn 225).
Gesamtnichtigkeit kann – losgelöst von § 306 Abs. 3 BGB – auch nach Wegfall einer Klausel eintreten, wenn dadurch eine weder durch das dispositive Recht noch durch eine im Rahmen einer ergänzenden Vertragsauslegung sinnvollerweise schließbare Lücke entsteht.[814]

221 *Beachte*
Bei **Freizeichnungsklauseln** ist zu unterscheiden, ob es sich nicht um trennbare, aus sich heraus der Inhaltskontrolle zu unterwerfende Klauselbestandteile handelt (die

---

808 Umstritten – so OLG München NJW-RR 1988, 796; Palandt/*Grüneberg*, § 306 BGB Rn 15; a.A. hingegen *Michalski/Römermann*, NJW 1994, 886. Offengelassen von BGH NJW 1990, 718.
809 BGH NJW-RR 2008, 834; BGH NJW 1999, 1865; Palandt/*Grüneberg*, § 306 BGB Rn 5.
810 BGH NJW 2005, 2225; Palandt/*Grüneberg*, § 306 BGB Rn 15.
811 So Palandt/*Grüneberg*, § 306 BGB Rn 16: Eine Regelung, die jedoch im Hinblick auf Art. 6 Abs. 2 der Klausel-Richtlinie einer engen Auslegung bedarf: *Heinrichs*, NJW 1996, 2195, dazu noch nachstehende Rdn 223.
812 Obwohl sich für den Verwender infolge des Wegfalls seiner Klausel i.d.R. seine Rechtsstellung verschlechtert, soll dies grundsätzlich nicht eine Anwendung von § 306 Abs. 3 BGB rechtfertigen: so OLG Frankfurt/M. NJW-RR 1995, 283. Arg.: Dies ist das Risiko des Verwenders, so Palandt/*Grüneberg*, § 306 BGB Rn 17.
813 BGHZ 130, 115; BGH NJW 1996, 2094.
814 Bspw. bei Wegfall der Leistungsbeschreibung: so Palandt/*Grüneberg*, § 306 BGB Rn 16 unter Bezugnahme auf BGH NJW 2007, 3568; BGHZ 130, 153, 155.

I. Rechtsfolgen bei Nichteinbeziehung und Unwirksamkeit (§ 306 BGB) § 4

weitschweifig und nicht genügend detailliert abgefasst sind).[815] Eigenständig sind i.d.R. solche Klauseln, die in einem eigenständigen Unterpunkt geregelt sind. Eine Klausel, nach der im Falle der Unwirksamkeit einer Allgemeinen Geschäftsbedingung die Parteien verpflichtet sind, eine ergänzende Vereinbarung zu schließen, welche der unwirksamen möglichst nahe kommt, braucht nach § 306 Abs. 2 BGB nicht hingenommen zu werden (arg.: Sie verdrängt die gebotene Geltung des dispositiven Rechts zugunsten einer ergänzenden Vertragsauslegung).[816] Dies gilt gleichermaßen, wenn anstelle von § 17 VOB/B eine Bürgschaft auf erstes Anfordern vereinbart wird (die nach § 307 Abs. 1 BGB unwirksam ist):[817] Die Parteien haben dann nämlich eine Abweichung von § 17 VOB/B vorgesehen. Damit ist es ihnen verwehrt, zu dieser Bestimmung und den danach möglichen Sicherheitenbestellungen zurückzukehren. Es gibt keine Sicherheit zugunsten des Auftragnehmers.

Die im Treuhänderverfahren durchgeführte Ersetzung der durch die Urteile vom 9.5.2001[818] wegen Verstoßes gegen das Transparenzgebot für unwirksam erklärten Klauseln in Allgemeinen Bedingungen der Lebensversicherung über die Berechnung der beitragsfreien Versicherungssumme und des Rückkaufswerts, den Stornoabzug und die Verrechnung der Abschlusskonten durch inhaltsgleiche Bestimmungen ist – so der BGH[819] – unwirksam. Nach den Maßstäben des § 306 Abs. 2 BGB ergibt sich Folgendes: Der Stornoabzug entfällt. Die beitragsfreie Versicherungssumme und der Rückkaufswert bei Kündigung dürfen einen Mindestbetrag nicht unterschreiten.[820]   222

Ein Vertrag ist nach § 306 Abs. 3 BGB (einer im Hinblick auf Art. 6 Abs. 2 der Klausel-Richtlinie eng auszulegenden Regelung)[821] aber nur dann unwirksam, wenn das Festhalten an ihm auch unter Berücksichtigung der vorgesehenen Änderungen nach § 306 Abs. 2 BGB (siehe Rdn 205 ff.) eine *„unzumutbare Härte"* für eine Vertragspartei darstellen würde.   223

Die Unwirksamkeit des Vertrags nach § 306 Abs. 3 BGB (**Totalnichtigkeit**)[822] ist praktisch der seltene **Ausnahmefall**,[823] da den Verwender das Verwenderrisiko (d.h. das Risiko der Nichteinbeziehung von Allgemeinen Geschäftsbedingungen)[824] trifft (und treffen soll).[825] Ihm wird ein Festhalten am Vertrag nur in den allerseltensten Fällen unzumut-   224

---

815 BGH NJW 2002, 3232, 3233.
816 BGH NJW 2002, 891, 895.
817 BGH NJW 2002, 894.
818 BGHZ 147, 354, 373.
819 BGH VersR 2005, 1565 = BGH ZIP 2005, 2109 = BGH WM 2005, 2279.
820 BGH VersR 2005, 1565 = BGH ZIP 2005, 2109 = BGH WM 2005, 2279.
821 *Heinrichs*, NJW 1996, 2195.
822 Jauernig/*Stadler*, § 306 BGB Rn 6.
823 BGH NJW 1985, 54.
824 Palandt/*Grüneberg*, § 306 BGB Rn 17.
825 OLG Frankfurt/M. NJW-RR 1995, 283; Palandt/*Grüneberg*, § 306 BGB Rn 17.

bar sein. Eine unbillige Härte aufseiten des Verwenders kann allenfalls dann einmal angenommen werden, wenn durch den AGB-Wegfall das Vertragsgleichgewicht grundlegend gestört wird.[826]

225 Eine Unzumutbarkeit des Festhaltens am Vertrag für den Vertragspartner wird nur dann angenommen werden können, wenn der Vertrag leerläuft (Inhaltsleere) oder unklar ist[827] (bspw. im Falle eines untypischen Vertrags,[828] Konstellationen, in denen – im Falle eines gesetzlich nicht geregelten Vertragstyps – alle oder die meisten AGB-Klauseln entfallen würden).[829] Voraussetzung ist also, dass nach Wegfall der Allgemeinen Geschäftsbedingungen aus der Sicht des Kunden der maßgebliche Vertragsinhalt unklar geworden ist. Ungewissheit oder Streit über die beidseitigen Rechte und Pflichten könnten drohen.[830] Der BGH[831] stellt hinsichtlich des **maßgeblichen Zeitpunkts** für § 306 Abs. 3 BGB nach dem Wortlaut des Gesetzes („*Festhalten*") auf jenen der Geltendmachung von Vertragsrechten (und nicht auf den Zeitpunkt des Vertragsschlusses) ab.

226 *Beachte*

Gesamtnichtigkeit des Vertrags tritt auch – unabhängig von § 306 Abs. 3 BGB – dann ein, wenn nach Wegfall der Allgemeinen Geschäftsbedingung (bspw. der Leistungsbeschreibung) sich eine Lücke auftut, die weder durch das dispositive Recht noch durch eine ergänzende Vertragsauslegung sinnvoll geschlossen werden kann.[832]

227 Das Scheitern einer Einbeziehung von Allgemeinen Versicherungsbedingungen (AVB) führt im Zweifel hingegen **keine** Gesamtnichtigkeit des Vertrags herbei.[833]

228 Eine formularmäßige erklärte Arbeitnehmerbürgschaft „*auf erstes Anfordern*" ist nicht gänzlich unwirksam, sondern nach § 306 Abs. 2 BGB als einfache Bürgschaft zu behandeln. Sie ist allerdings nach § 306 Abs. 3 BGB insgesamt unwirksam, wenn sie den Arbeitnehmer unzumutbar belastet.[834]

---

826 Beispiele nach Palandt/*Grüneberg*, § 306 BGB Rn 17: BGH NJW-RR 1996, 1009; BGH NJW-RR 2002, 1136, 1137: bspw. im Fall, dass der Grundstücksverkäufer den Vertrag nicht ohne Nachzahlungsklausel geschlossen hätte, und deren Unwirksamkeit für ihn nicht vorhersehbar war. Es muss also zu einer grundlegenden Störung des Vertragsgleichgewichts bei Unvorhersehbarkeit der Klauselunwirksamkeit gekommen sein. BGH NJW 2007, 3568: Unwirksamkeit eines Kfz-Händlervertrags wegen wettbewerbsbeschränkender Klausel.
827 Jauernig/*Stadler*, § 306 BGB Rn 6: bspw. im Falle eines atypischen Vertrags.
828 BGH NJW 1983, 160; BGH NJW 1985, 53: Automatenaufstellungsvertrag; OLG München BB 2002, 2521 – Franchisevertrag; KG MDR 1998, 760; Time-Sharing-Vertrag.
829 BGH WM 1996, 2018, 2020.
830 KG MDR 1998, 760.
831 BGHZ 130, 115; BGH NJW 1996, 2094.
832 BGHZ 130, 153, 155 f.; OLG Stuttgart NJW-RR 2003, 419; Palandt/*Grüneberg*, § 306 BGB Rn 16.
833 So BGH NJW 1982, 824.
834 OLG Zweibrücken NZA-RR 2005, 485.

Tritt ausnahmsweise Totalnichtigkeit des Vertrags ein, hat der Vertragspartner i.d.R. nach den §§ 280 Abs. 1, 311 Abs. 2 und § 241 Abs. 2 BGB einen **Schadensersatzanspruch** wegen vorvertraglicher Pflichtverletzung (Verschulden bei Vertragsschluss).[835]   229

J. Exkurs: Verwendung Allgemeiner Geschäftsbedingungen in Verträgen mit Auslandsberührung

Entsprechende Verträge müssen zwecks Anwendbarkeit der §§ 305 ff. BGB nach Maßgabe der Rom-I-VO grundsätzlich dem deutschen Recht unterfallen.[836] Dann ist den ausländischen Vertragspartnern ein verständlicher Hinweis auf die Allgemeinen Geschäftsbedingungen des deutschen Verwenders in der Verhandlungssprache[837] (oder einer anderen geläufigen Sprache) zu geben.[838]   230

> Beachte
> Die am 6.6.2008 verabschiedete EG-VO Nr. 593/2008 des Europäischen Parlaments und des Rates über das auf vertragliche Schuldverhältnisse anzuwendende Recht (Rom I-VO)[839] ist seit dem 17.12.2009 in allen EU-Mitgliedstaaten (außer Dänemark) auf Verträge anwendbar, die nach diesem Zeitpunkt geschlossen worden sind (Art. 28 Rom I-VO). Für vor diesem Zeitpunkt geschlossene Altverträge gelten weiter die Art. 27 ff. EGBGB alt.

Die Einbeziehung von Allgemeinen Geschäftsbedingungen richtet sich (mangels einer ausdrücklichen oder stillschweigenden Rechtswahl nach Art. 3 Rom I-VO [vormals Art. 27 EGBGB]) nach Maßgabe des durch Art. 4 Rom I-VO bestimmten Rechts (vormals gemäß Art. 28 Abs. 2 EGBGB nach dem Heimatrecht derjenigen Partei, die die vertragscharakteristische Leistung erbringt).[840] Im unternehmerischen Verkehr setzt dies voraus, dass sich eine wirksame AGB-Einbeziehung rechtsgeschäftlich nach den §§ 145 ff. BGB vollzieht, wofür grundsätzlich eine ausdrückliche Einbeziehungsvereinbarung des Verwenders erforderlich ist. Etwas anderes gilt nur dann, wenn es – wie im Bankenbereich – allgemein bekannt ist, dass Kreditinstitute ihre Verträge nur unter Einbeziehung ihrer Allgemeinen Geschäftsbedingungen abschließen.[841]   231

---

835 AnwK-Schuldrecht/*Hennrichs*, § 306 BGB Rn 4; Palandt/*Grüneberg*, § 306 BGB Rn 19.
836 Palandt/*Grüneberg*, § 305 BGB Rn 58: Dann gelten für die Einbeziehung die allgemeinen Regeln.
837 OLG Hamm NJW 1983, 524; OLG Hamburg NJW 1980, 1233.
838 *Kronke*, NJW 1977, 992; Palandt/*Grüneberg*, § 305 BGB Rn 58.
839 ABl EU 2008, L 177/6. Dazu *Ring*, IWB 2008, 1103.
840 BGH WM 2004, 1177.
841 BGH WM 2004, 1177.

§ 4 Einbeziehung der Allgemeinen Geschäftsbedingungen

232   *Beachte*
Bei Anwendung des CISG (wobei sowohl die AGB-Einbeziehung als auch der restliche Vertragsinhalt Bestandteil der vertraglichen Abrede sein muss)[842] ist dessen Art. 14 zu beachten[843] – bei Gerichtsstandsvereinbarungen ggf. Art. 17 EuGVVO[844] sowie bei Schiedsgerichtsvereinbarungen u.U. Art. 2 Abs. 2 des UN-Schiedsgerichtsübereinkommens.[845]

---

842 LG Coburg IHR 2007, 117; Palandt/*Grüneberg*, § 305 BGB Rn 58.
843 *Piltz*, NJW 1996, 2720.
844 Vgl. EuGH EuZW 1999, 441; BGH NJW 1996, 1819; Palandt/*Grüneberg*, § 305 BGB Rn 58.
845 Dazu BGH NJW 2005, 3499; OLG München NJW 1996, 1532; Palandt/*Grüneberg*, § 305 BGB Rn 58.

§ 5 Die Auslegung Allgemeiner Geschäftsbedingungen

Literatur:
AnwaltKommentar Schuldrecht, 2002; MüKo zum BGB, Band 2, 7. Auflage 2016; Nomos-Kommentar BGB, Band 2: Schuldrecht, Teilband 1, 3. Auflage 2016; *Palandt*, BGB, 76. Auflage 2017; *Stoffels*, AGB-Recht, 3. Auflage 2015; *Ulmer/Brandner/Hensen*, AGB-Recht, 12. Auflage 2016; *v. Westphalen*, Vertragsrecht und AGB-Klauselwerke, 38. Ergänzung 2016; *Wolf/Lindacher/Pfeiffer*, AGB-Recht, 6. Auflage 2013.

A. Einführung

I. Gegenstand der Auslegung

Die Auslegung Allgemeiner Geschäftsbedingungen ist darauf gerichtet, die **inhaltliche Wirksamkeit** der verwendeten Klauseln (§§ 307 ff. BGB) sowie ihre **Klarheit und Verständlichkeit** für den jeweiligen Adressaten (Vertragspartner) zu überprüfen. 1

Das Verhältnis zwischen dem Verwender und seinem Vertragspartner wird dadurch geprägt, dass die inhaltliche Gestaltung der Allgemeinen Geschäftsbedingungen ausschließlich durch den Verwender bestimmt wird.[1] Die Verhaltensmöglichkeiten des Vertragspartners sind dagegen regelmäßig darauf beschränkt, entweder den Vertrag mit von dem Verwender gestellten Bedingungen zu akzeptieren oder den Vertrag nicht zu schließen. Diese besondere Situation beim Schluss eines Vertrages führt dazu, dass die von dem Verwender einseitig gestellten Vertragsbedingungen einer strengeren inhaltlichen Kontrolle unterzogen werden müssen, als es die allgemeinen Grenzen der Vertragsfreiheit gebieten.[2] Dementsprechend hat der Gesetzgeber in den §§ 307 ff. BGB eine **Inhaltskontrolle** für Allgemeine Geschäftsbedingungen vorgesehen, die einerseits bestimmte Klauselverbote enthält (§§ 308, 309 BGB), andererseits eine Überprüfung der Wirksamkeit einer Klausel anhand der Gebote von Treu und Glauben ermöglicht (§ 307 BGB). 2

Zudem führt die besondere Abschlusssituation dazu, dass der Verwender neben der Gefahr der inhaltlichen Unwirksamkeit seiner Vertragsbedingungen auch das Risiko der Klarheit bzw. Unklarheit seiner Vertragsbedingungen für den Vertragspartner tragen muss. Deshalb ordnet § 305 lit. c Abs. 2 BGB an, dass Zweifel bei der Auslegung Allgemeiner Geschäftsbedingungen zulasten des Verwenders gehen. 3

---

1 Palandt/*Grüneberg*, Überbl. vor § 305 Rn 3.
2 NK-BGB/*Kollmann*, vor §§ 305 ff. Rn 4; Palandt/*Grüneberg*, Überbl. vor § 305 Rn 8 f.

II. Änderungen durch das Schuldrechtsmodernisierungsgesetz (2002)

4   Mit der Neuregelung des Rechts der Allgemeinen Geschäftsbedingungen im Jahr 2002 durch das **Schuldrechtsmodernisierungsgesetz** sind die Vorschriften des früheren AGB-Gesetzes zur Inhaltskontrolle (§§ 8 ff. AGBG) und zur Regelung bei Unklarheiten (§ 5 AGBG) weitestgehend unverändert in das BGB übernommen worden.[3] Neuerungen haben sich im Bereich der Klauselverbote zum einen durch die Abschaffung der bisher durch § 11 Nr. 7 AGBG geschaffenen Möglichkeit des Verwenders, die Haftung für Körperschäden auf grobe Fahrlässigkeit zu reduzieren (siehe Rdn 107 ff.),[4] zum anderen durch die Zusammenfassung des § 11 Nr. 8–10 AGBG zu der einheitlichen Regelung des § 309 Nr. 8 BGB (siehe Rdn 120 ff.) ergeben.[5] Das Klauselverbot bezüglich zugesicherter Eigenschaften in § 11 Nr. 11 AGBG wurde dagegen ersatzlos gestrichen, da nach der Neuregelung des Leistungsstörungsrechtes der entsprechende Mangelbegriff nicht mehr geregelt ist.[6] Zudem wurde in § 307 Abs. 1 S. 2 BGB (§ 9 Abs. 1 AGBG) nunmehr das durch die Rechtsprechung entwickelte **Transparenzgebot** in die gesetzliche Regelung eingefügt (siehe Rdn 455 ff.).[7]

5   Im Übrigen beruhten die Änderungen der Vorschriften zur Inhaltskontrolle im Wesentlichen auf Anpassungen des Wortlauts an die Veränderungen des Schuldrechts durch das Schuldrechtsmodernisierungsgesetz sowie auf strukturellen Änderungen innerhalb der Systematik des früheren AGB-Gesetzes.[8]

B. Die Unklarheitenregelung (§ 305 lit. c Abs. 2 BGB)

6   Wie bereits dargestellt (siehe Rdn 2), unterscheiden sich Allgemeine Geschäftsbedingungen von Individualvereinbarungen durch ein strukturelles Verhandlungsungleichgewicht zugunsten des Verwenders. Rechtsprechung und Lehre haben deshalb Auslegungsregeln entwickelt, die dieser speziellen Situation bei der Verwendung Allgemeiner Geschäftsbedingungen Rechnung tragen.[9] Durch die Regelung in § 305 lit. c Abs. 2 BGB wird

---

3 BT-Drucks 14/6040, S. 150; NK-BGB/*Kollmann*, vor §§ 305 ff. Rn 2; AnwK-Schuldrecht/*Hennrichs*, vor §§ 305 ff. Rn 10; *Däubler-Gmelin*, NJW 2001, 2281, 2286; *Ulmer*, JZ 2001, 491.
4 NK-BGB/*Kollmann*, vor §§ 305 ff. Rn 2; AnwK-Schuldrecht/*Hennrichs*, vor §§ 305 ff. Rn 11; *Däubler-Gmelin*, NJW 2001, 2281, 2286.
5 AnwK-Schuldrecht/*Hennrichs*, vor §§ 305 ff. Rn 11; *Däubler-Gmelin*, NJW 2001, 2281, 2288.
6 BT-Drucks 14/6040, S. 160; AnwK-Schuldrecht/*Hennrichs*, vor §§ 305 ff. Rn 11; *Boerner*, ZIP 2001, 2264, 2266.
7 NK-BGB/*Kollmann*, vor §§ 305 ff. Rn 2; AnwK-Schuldrecht/*Hennrichs*, vor §§ 305 ff. Rn 11; *Däubler-Gmelin*, NJW 2001, 2281, 2286; *Rosenow/Schaffelhuber*, ZIP 2001, 2211; *v. Westphalen*, NJW 2002, 12, 16.
8 BT-Drucks 14/6040, S. 150; NK-BGB/*Kollmann*, vor §§ 305 ff. Rn 2; AnwK-Schuldrecht/*Hennrichs*, vor §§ 305 ff. Rn 11.
9 BGH NJW 1999, 1865, 1866 f.; Palandt/*Grüneberg*, § 305c Rn 15; NK-BGB/*Kollmann*, § 305c Rn 32.

B. Die Unklarheitenregelung (§ 305 lit. c Abs. 2 BGB) § 5

dem Verwender das Risiko der Verständlichkeit seiner Vertragsbedingungen auferlegt (siehe hierzu § 4 Rdn 135).

Die mit der Unklarheitenregelung vorgenommene Risikoverteilung zulasten des Verwenders beruht auf der Erwägung, dass es Sache des Verwenders ist, sich klar und unmissverständlich auszudrücken.[10] Die Vorschrift ist anwendbar, wenn unter Zugrundelegung sämtlicher in Betracht kommender, rechtlich vertretbarer Auslegungsmethoden eine nicht behebbare Ungewissheit über den Inhalt oder die Reichweite einer Vertragsklausel besteht.[11] Dies ist grundsätzlich schon dann anzunehmen, wenn keine Auslegung den klaren Vorzug verdient.[12] Völlig fernliegende Auslegungen, von denen eine nachteilige Auswirkung auf den Rechtsverkehr nicht zu erwarten ist, sind dabei nicht zu berücksichtigen (siehe § 4 Rdn 188).[13] Weist die Vertragsbedingung dagegen einen bei objektiver Auslegung zweifelsfreien Inhalt auf oder haben sich die Parteien übereinstimmend in einem bestimmten Sinn verstanden, ist der Anwendungsbereich des § 305 lit. c Abs. 2 BGB nicht eröffnet.[14]   7

Rechtsfolge des § 305 lit. c Abs. 2 BGB ist, dass zugunsten des Vertragspartners von der für ihn **günstigeren Auslegung der Vertragsklausel** auszugehen ist.[15] Zur Ermittlung der günstigeren Auslegung wird in der neueren Rechtsprechung ein dreistufiges Prüfungsmodell angewandt, bei dem zunächst die Auslegungsfähigkeit und -bedürftigkeit der betreffenden Vertragsbedingung festgestellt wird (erste Stufe). Ist die Vertragsbedingung einer Auslegung zugänglich, ist in einem weiteren Schritt die Auslegung zu ermitteln, die sich für den Vertragspartner im Ergebnis am günstigsten auswirkt (zweite Stufe). Da die Vertragsbedingungen einseitig von dem Verwender gestellt werden und regelmäßig diesen begünstigende Inhalte aufweisen, ist häufig die für den Vertragspartner günstigste Auslegung die, die zur Unwirksamkeit der Vertragsbedingung führt.[16] Durch das Eingreifen des (gewöhnlich) ausgewogeneren dispositiven Rechts (§ 306 Abs. 2   8

---

10 Palandt/*Grüneberg*, § 305c Rn 15; NK-BGB/*Kollmann*, § 305c Rn 32; AnwK-Schuldrecht/*Hennrichs*, § 305c Rn 3; *Ulmer/Schäfer* in Ulmer/Brandner/Hensen, § 305c Rn 61.
11 BGHZ 112, 65, 69; BGH NJW 1992, 1097, 1098; BGH NJW 1997, 3434, 3435; BGH NJW 2002, 2102, 2103; BGH NJW 2004, 2589, 2590; BGH NJW 2007, 504; BAG BB 2006, 2532; OLG Oldenburg NJW-RR 2004, 1029, 1030; BAG NJW 2013, 2138; BGH NJW-RR 2016, 526; Palandt/*Grüneberg*, § 305c Rn 15; MüKo/*Basedow*, § 305c Rn 29; NK-BGB/*Kollmann*, § 305c Rn 32; AnwK-Schuldrecht/*Hennrichs*, § 305c Rn 4.
12 BGH NZM 2002, 784, 785; BGH NJW 2003, 3232, 3233; BAG NJW 2013, 2138; NK-BGB/*Kollmann*, § 305c Rn 32; *v. Westphalen*, NJW 2003, 1637.
13 BGH NJW 1993, 1133, 1135; NJW 1994, 1798, 1799; BGH NJW-RR 2016, 526.
14 BGH NJW 1993, 657; BGH NJW-RR 2003, 1247; BGH ZIP 2002, 1534; Palandt/*Grüneberg*, § 305c Rn 15; MüKo/*Basedow*, § 305c Rn 29.
15 BGH NJW 2003, 1237, 1238 f.; BGH NJW 2004, 681, 683; BGH NJW 2008, 2172; OLG Brandenburg MDR 2004, 1409; Palandt/*Grüneberg*, § 305c Rn 18; MüKo/*Basedow*, § 305c Rn 35; NK-BGB/*Kollmann*, § 305c Rn 33.
16 BGH NJW 2003, 1237, 1238 f.; BGH NJW 2004, 681, 683; NK-BGB/*Kollmann*, § 305c Rn 33; Palandt/*Grüneberg*, § 305c Rn 18 f.; AnwK-Schuldrecht/*Hennrichs*, § 305c Rn 3.

BGB; siehe § 4 Rdn 205 ff.) wird für den Vertragspartner eine Situation hergestellt, die seinen Interessen gerecht wird. Dementsprechend ist zunächst die **kundenfeindlichste Auslegung** heranzuziehen, die, wenn sie zur Unwirksamkeit der Klausel führt, gleichzeitig die kundenfreundlichste Auslegung sein kann.[17] Führt die Auslegung dagegen nicht zur Unwirksamkeit der Vertragsbestimmungen, ist in einem dritten Schritt die kundenfreundlichste Auslegung zu ermitteln (dritte Stufe).[18]

9 Im Übrigen richtet sich die Frage der Günstigkeit nach den erkennbaren Interessen des Vertragspartners und einem Vergleich von dessen Rechtsstellung nach den jeweils vorgenommenen Auslegungen der unklaren Vertragsklausel.

10 Ist die Klausel nicht bloß zweifelhaft, sondern insgesamt unverständlich, so ist sie sowohl nach § 307 Abs. 1 S. 2 BGB (siehe Rdn 455 ff.) als auch nach § 305 Abs. 2 Nr. 2 BGB (siehe § 4 Rdn 30 ff.) unwirksam, da der Verwender dem Vertragspartner nicht die Möglichkeit verschafft hat, in zumutbarer Weise von der Vertragsbedingung Kenntnis zu nehmen.[19]

C. Die Inhaltskontrolle (§§ 307 ff. BGB)

I. Die Anwendbarkeit der Inhaltskontrolle

11 Eine inhaltliche Kontrolle findet gemäß § 307 Abs. 3 S. 1 BGB nur bezüglich solcher Klauseln statt, die von der gesetzlichen Regelung abweichen oder diese ergänzen. Von dieser Ausnahme des Anwendungsbereiches nicht erfasst wird dagegen nach § 307 Abs. 3 S. 2 BGB das in § 307 Abs. 1 S. 2 BGB geregelte **Transparenzgebot** (siehe Rdn 455 ff.). Durch den ausdrücklichen Verweis auf diese Regelung soll gewährleistet werden, dass ausschließlich die Inhaltskontrolle, nicht aber die Transparenzkontrolle in ihrer Anwendung begrenzt wird.[20]

12 Zudem soll durch die gewählte Konstruktion des § 307 Abs. 3 BGB eine durch die Umsetzung von Art. 4 Abs. 2 der Richtlinie 93/13/EWG entstandene Lücke geschlossen werden.[21] Denn nach dieser Richtlinie sollen preisbestimmende und leistungsbestimmende Vertragsklauseln lediglich dann von der Inhaltskontrolle befreit werden, wenn sie klar und verständlich abgefasst sind, mithin den Anforderungen des Transparenzgebotes genügen.[22]

---

17 BGHZ 95, 350, 353; BGHZ 104, 82, 88; BGHZ 108, 52, 56; BGHZ 119, 152, 172; BGH NJW 1999, 276, 278; BGH NJW 2003, 1237, 1238 f.; BGH NJW 2004, 681, 683; Palandt/*Grüneberg*, § 305c Rn 18 f.; MüKo/*Basedow*, § 305c Rn 20; NK-BGB/*Kollmann*, § 305c Rn 33.
18 BGH NJW 1997, 3434, 3435; BGH NJW 1999, 276; BGH NJW 2002, 2102, 2103; BGH NJW 2008, 2172, 2173; NK-BGB/*Kollmann*, § 305c Rn 33; Palandt/*Grüneberg*, § 305c Rn 18.
19 NK-BGB/*Kollmann*, § 307 Rn 24; Palandt/*Grüneberg*, § 305c Rn 15.
20 BT-Drucks 14/6040, S. 154; BGH NJW-RR 2008, 251; Palandt/*Grüneberg*, § 307 Rn 42; NK-BGB/*Kollmann*, § 307 Rn 76.
21 BT-Drucks 14/6040, S. 154.
22 NK-BGB/*Kollmann*, § 307 Rn 76; AnwK-Schuldrecht/*Hennrichs*, § 307 Rn 18.

C. Die Inhaltskontrolle (§§ 307 ff. BGB) § 5

Beachte 13
Konsequenz des § 307 Abs. 3 BGB ist, dass die Transparenzkontrolle unabhängig von der Inhaltskontrolle der §§ 307 ff. BGB stattfinden kann. Insbesondere im Bereich der preisbestimmenden und leistungsbeschreibenden Klauseln führt dies dazu, dass diese auch aufgrund der gesetzlichen Regelung auf ihre Klarheit und Verständlichkeit für den Vertragspartner hin zu überprüfen sind.[23]

II. Klauselverbote ohne Wertungsmöglichkeit (§ 309 BGB)

§ 309 BGB regelt bestimmte Klauselinhalte, bei deren Vorliegen die Rechtsfolge der **Un-** 14
wirksamkeit eintritt, ohne dass es auf eine Abwägung der Interessen von Verwender und Vertragspartner ankäme. Diese für den Verwender erhebliche Rechtsfolge wird damit begründet, dass die von § 309 BGB erfassten Klauseln derart in das Vertragsverhältnis und die Äquivalenz der Leistungen eingreifen, dass zwangsläufig die Interessen des Vertragspartners die des Verwenders überwiegen.

Unterschiede zu den Bestimmungen des früheren AGBG ergeben sich im Wesentlichen 15
für drei Klauselverbote:[24] Nach § 309 Nr. 5 lit. b BGB ist nunmehr erforderlich, dass dem Vertragspartner der Nachweis eines geringeren Schadens ausdrücklich gestattet werden muss. Zudem sind die Möglichkeiten eines Haftungsausschlusses für Körperschäden durch Allgemeine Geschäftsbedingungen entfallen (§ 309 Nr. 7 lit. b BGB). Schließlich wurden § 309 Nr. 8 lit. a und b BGB an die Änderungen des Mängelrechts angepasst.

Seit der Vorauflage sind die Regelungen in § 309 Nr. 9 BGB (siehe Rdn 196 ff.) und § 309 16
Nr. 13 BGB (siehe Rdn 243 ff.) geändert worden. Darüber hinaus ist das Klauselverbot in § 309 Nr. 14 BGB (Klageverzicht) neu hinzugekommen (siehe Rdn 254 ff.).

1. Der Einleitungssatz

„Auch soweit eine Abweichung von den gesetzlichen Vorschriften zulässig ist, ist in Allgemei- 17
nen Geschäftsbedingungen unwirksam …"

Der Einleitungssatz des § 309 BGB wurde – im Vergleich zur früheren Regelung in § 11 AGBG – dahingehend ergänzt, dass die Rechtsfolge der Unwirksamkeit der Vertragsbedingung auch eintritt, soweit eine Abweichung von den gesetzlichen Vorschriften zulässig ist. Hierdurch soll klargestellt werden, dass eine Inhaltskontrolle nach § 309 BGB

---

23 BGH NJW 2001, 2400, 2401; Palandt/*Grüneberg*, § 307 Rn 42; v. *Westphalen*, NJW 2002, 12, 19.
24 MüKo/*Wurmnest*, § 309 Rn 1; NK-BGB/*Kollmann*, § 309 Rn 1.

nur solche Vertragsbedingungen erfasst, die vom dispositiven Recht abweichen.[25] Demgegenüber sollen Vorschriften, die ein Abweichungs- oder Umgehungsverbot enthalten (etwa die §§ 202, 475, 478 Abs. 4, 487 oder 651 lit. m BGB), unabhängig von der Regelung in § 309 BGB angewandt werden.[26]

2. Die einzelnen Klauselverbote des § 309 BGB

a) Kurzfristige Preiserhöhungen (§ 309 Nr. 1 BGB)

18 Nach § 309 Nr. 1 BGB sind Bestimmungen unwirksam, welche die Erhöhung des Entgelts für Waren oder Leistungen vorsehen, die innerhalb von vier Monaten nach Vertragschluss geliefert oder erbracht werden sollen. Damit soll das Vertrauen des Vertragspartners in das bei Vertragsabschluss vereinbarte Äquivalenzverhältnis von Leistung und Gegenleistung geschützt werden.[27] Eine Erhöhung des Entgelts liegt dabei grundsätzlich schon immer dann vor, wenn der Umfang der vereinbarten Gegenleistung quantitativ zunimmt.[28] Als Entgelt sind sowohl die vertraglich vereinbarte Hauptleistung, als auch sämtliche Nebenleistungen zu verstehen.[29] Von § 309 Nr. 1 BGB erfasst werden demnach auch Änderungsvorbehalte, die auf Kostensteigerungen in der Sphäre des Verwenders abstellen, wie z.B. höhere Beschaffungskosten oder Lohnerhöhungen.[30] Auch eine Erhöhung von Steuern oder Abgaben kann der Verwender nach § 309 Nr. 1 BGB nicht auf den Vertragspartner abwälzen, da diese zum vereinbarten Entgelt gehören.[31] Nicht zur Gegenleistung gehören dagegen Aufwendungen, wenn diese als nicht mit der vertraglichen Gegenleistung abgedeckt angesehen werden können.[32] Hierfür ist aber regelmäßig erforderlich, dass der Vertragspartner auf zusätzlich anfallende Aufwendungen des Verwenders hingewiesen wird und diese sowie ihr voraussichtlicher Umfang im Einzelnen benannt werden.

19 Das in § 309 Nr. 1 BGB enthaltene **Verbot von Erhöhungsklauseln** ist eine Ausprägung des Grundsatzes *pacta sunt servanda*. Die Regelung will verhindern, dass der Verwender sich durch eine Vertragsbedingung in die Lage versetzt, einseitig nach dem Abschluss des Vertrages die Gegenleistung des Vertragspartners zu dessen Nachteil zu verändern, soweit er seine vertraglich geschuldete Leistung zeitnah zu dem Vertragschluss erbringt.[33]

---

25 RegE BT-Drucks 14/6040, S. 154 f., AnwK-Schuldrecht/*Hennrichs*, § 309 Rn 4.
26 BT-Drucks 14/6040, S. 155.
27 BGH NJW 2012, 2187, 2189 – Rn 31; MüKo/*Wurmnest*, § 309 Nr. 1 Rn 1.
28 MüKo/*Wurmnest*, § 309 Nr. 1 Rn 12; *Stoffels*, AGB-Recht, Rn 812.
29 MüKo/*Wurmnest*, § 309 Nr. 1 Rn 11; Wolf/Lindacher/Pfeiffer/*Dammann*, § 309 Nr. 1 Rn 30; *Stoffels*, AGB-Recht, Rn 811.
30 BGH NJW 1985, 856; Palandt/*Grüneberg*, § 309 Rn 5; MüKo/*Wurmnest*, § 309 Nr. 1 Rn 16.
31 BGHZ 77, 82; Palandt/*Grüneberg*, § 309 Rn 5; MüKo/*Wurmnest*, § 309 Nr. 1 Rn 16; *Stoffels*, AGB-Recht, Rn 811.
32 MüKo/*Wurmnest*, § 309 Nr. 1 Rn 11; *Stoffels*, AGB-Recht, Rn 813.
33 MüKo/*Wurmnest*, § 309 Nr. 1 Rn 1; Wolf/Lindacher/Pfeiffer/*Dammann*, § 309 Nr. 1 Rn 1.

Denn könnte der Verwender einseitig die Gegenleistung des Vertragspartners anpassen, so könnte er das unternehmerische Risiko der Preiskalkulation und der Preisstabilität ohne Weiteres auf den Vertragspartner verlagern, während dieser keinen Einfluss mehr auf die inhaltliche Gestaltung des Vertrages hätte. Dadurch wäre das Äquivalenzinteresse, auf dem die ursprüngliche Vereinbarung beruht, nachhaltig beeinträchtigt, weshalb einseitige Preiserhöhungen grundsätzlich der formularmäßigen Gestaltung entzogen werden.[34] Auch wettbewerbsrechtlich wäre eine entsprechende Klausel nach § 3 UWG unlauter, da sie den Verwender in die Lage versetzen würde, zunächst sämtliche seiner Konkurrenten zu unterbieten, um dann letztlich doch den tatsächlichen Preis vom Vertragspartner verlangen zu können.

20

§ 309 Nr. 1 BGB findet grundsätzlich auf **sämtliche synallagmatische Verträge** Anwendung, die auf die Erbringung einer **entgeltlichen Gegenleistung** gerichtet sind.[35] Von dem Anwendungsbereich ausgenommen werden Leistungen, die im Rahmen von **Dauerschuldverhältnissen** erbracht werden,[36] da bei diesen Vertragsverhältnissen aufgrund ihrer bei Vertragschluss absehbaren Dauer eine Veränderung der vom Vertragspartner zu erbringenden Gegenleistung von vornherein angelegt ist und sich der Vertragspartner auf diese Veränderung einstellen kann.

21

Als Dauerschuldverhältnisse, auf die § 309 Nr. 1 BGB nur eingeschränkt Anwendung findet, sind anerkannt: Mietverträge, Leasingverträge, Lizenzverträge, Nutzungsüberlassungsverträge, Vertragshändler- und Handelsvertreterverträge, Wartungs- und Instandhaltungsverträge, Versicherungsverträge sowie Sukzessivlieferungs-, Rahmenbezugs- und Versorgungsverträge.[37]

22

Bei solchen Dauerschuldverhältnissen sind Preisanpassungsklauseln dann wirksam, wenn sie den Anforderungen der §§ 309 Nr. 1, 307 BGB entsprechen. Dies gilt bei **übermäßigen Kostensteigerungen** allerdings nur, wenn sie für den Vertragspartner eine **Lösungsmöglichkeit** in der Form eines Kündigungsrechtes vorsehen.[38] Ein generelles Lösungsrecht ist allerdings nicht erforderlich, sondern nur in den Fällen angemessen, in denen ein Festhalten des Vertragspartners an der vertraglichen Vereinbarung sachlich unangemessen wäre.[39] Sind die Kostensteigerungen im Vorfeld der formularmäßigen

23

---

34 *Stoffels*, AGB-Recht, Rn 808.
35 Palandt/*Grüneberg*, § 309 Rn 3; MüKo/*Wurmnest*, § 309 Nr. 1 Rn 11; NK-BGB/*Kollmann*, § 309 Rn 9.
36 BGH NJW 2012, 2187, 2189 – Rn 30; MüKo/*Wurmnest*, § 309 Nr. 1 Rn 20; Palandt/*Grüneberg*, § 309 Rn 6; *Stoffels*, AGB-Recht, Rn 818.
37 BGHZ 93, 252, 258 = BGH NJW 1985, 853; BGH NJW-RR 1988, 819, 821; OLG Brandenburg NJW-RR 2002, 1640; OLG Stuttgart NJW-RR 2005, 858; OLG Köln ZIP 1999, 21 = OLG Köln BB 1998, 1916; BGH NJW 2012, 2187, 2189 – Rn 30; MüKo/*Wurmnest*, § 309 Nr. 1 Rn 20; NK-BGB/*Kollmann*, § 309 Rn 9; *Stoffels*, AGB-Recht, Rn 818 f.; *Schöne*, WM 2004, 262, 263; teilweise abweichend für Miet- oder Versorgungsverträge, die nur auf kurze Dauer angelegt sind: Palandt/*Grüneberg*, § 309 Nr. 6.
38 NK-BGB/*Kollmann*, § 309 Rn 31.
39 BGH NJW 1985, 853, 855; BGH NJW 1986, 3134, 3135; NK-BGB/*Kollmann*, § 309 Rn 30.

Vereinbarung nicht quantifizierbar, besteht auch die Möglichkeit, eine Bindung der Kostensteigerung an den Lebenshaltungsindex zu vereinbaren.[40]

24 Neben einer entgeltlichen Gegenleistung setzt § 309 Nr. 1 BGB voraus, dass die Leistung des Verwenders innerhalb einer **Frist von vier Monaten ab Vertragschluss** erbracht wird. Diese zeitliche Eingrenzung des Anwendungsbereichs liegt darin begründet, dass die Wahrscheinlichkeit der vom Verwender nicht zu verantwortenden Preiserhöhungen steigt, je weiter Vertragsschluss und Leistungserbringung auseinander liegen. Da die Vereinbarung der Leistungszeit aber nicht einseitig vom Verwender getroffen wird, sondern in gewissen Grenzen (Ausnahmen sind etwa die Liefermöglichkeiten des Verwenders oder die Herstellungsdauer der Ware) auch dem Einflussbereich des Vertragspartners unterliegt, ist es sachgerecht, nach einem Zeitraum von vier Monaten dem Verwender die Möglichkeit zu verschaffen, den Wert der Gegenleistung an die von ihm zu erbringende Leistung anzupassen. Ergibt sich aus dem Vertrag eine Lieferfrist von weniger als vier Monaten, ist eine Preiserhöhungsklausel unwirksam; dies gilt selbst dann, wenn die Lieferung tatsächlich erst nach dem Ablauf von vier Monaten ausgeführt wird.[41] Umgekehrt wird eine nach § 309 Nr. 1 BGB zulässige Preiserhöhungsklausel nicht dadurch unwirksam, dass der Verwender tatsächlich vor dem Ablauf der Vier-Monats-Frist leistet.[42] Fehlt es an der Vereinbarung einer Lieferfrist, so ist eine Preiserhöhungsklausel ebenfalls unwirksam, da die Leistungen in diesem Fall nach § 271 Abs. 1 BGB sofort fällig werden.[43]

25 Sachlich angemessen ist auch eine Anpassungsklausel, die die Preiserhöhung davon abhängig macht, wer für die Leistungserbringung nach einem Zeitraum von vier Monaten verantwortlich ist. Wird die Leistung auf Wunsch des Vertragspartners erst nach Ablauf von vier Monaten erbracht, ist es zulässig, ihn auch die durch diesen späteren Leistungszeitpunkt entstehenden Mehrkosten tragen zu lassen.[44] Ist dagegen ausschließlich der Verwender für den späteren Leistungszeitpunkt verantwortlich, ist es angemessen, dass der ursprünglich vereinbarte Preis ohne Anpassungsmöglichkeit erhalten bleibt.

26 Maßgeblich für die **Berechnung der Frist** sind die §§ 187, 188 Abs. 2 BGB, beginnend mit dem Tag des Vertragschlusses.[45] Entscheidend ist danach, wann aufgrund der vertraglichen Bestimmungen die geschuldete Hauptleistung durch den Verwender erbracht werden sollte.[46] Liegt der vertraglich bestimmte Leistungszeitpunkt innerhalb von vier Monaten seit dem Schluss des Vertrages, kommt eine Anpassung des Preises grundsätzlich

---

40 BGH ZIP 1983, 315; NK-BGB/*Kollmann*, § 309 Rn 31.
41 MüKo/*Wurmnest*, § 309 Nr. 1 Rn 17; Palandt/*Grüneberg*, § 309 Rn 4.
42 MüKo/*Wurmnest*, § 309 Nr. 1 Rn 18.
43 MüKo/*Wurmnest*, § 309 Nr. 1 Rn 18; Palandt/*Grüneberg*, § 309 Rn 4.
44 Palandt/*Grüneberg*, § 309 Rn 4.
45 Palandt/*Grüneberg*, § 309 Rn 4; NK-BGB/*Kollmann*, § 309 Rn 9; Wolf/Lindacher/Pfeiffer/*Dammann*, § 309 Nr. 1 Rn 61; *Fuchs* in Ulmer/Brandner/Hensen, § 309 Nr. 1 Rn 23.
46 *Stoffels*, AGB-Recht, Rn 815.

C. Die Inhaltskontrolle (§§ 307 ff. BGB) § 5

nicht in Betracht, weil der Verwender in diesem Fall aus seiner verspäteten Leistungserbringung keinen Vorteil ziehen darf. Eine Anpassung des Leistungsentgelts kommt daher in Allgemeinen Geschäftsbedingungen nur dann in Betracht, wenn der Lieferzeitpunkt von vornherein vereinbarungsgemäß außerhalb der viermonatigen Frist liegen sollte. Ist für die Leistung ein Zeitraum bestimmt, so kommt es für die Berechnung der Frist auf den letzten Liefertermin innerhalb des Zeitraums an, weil der Verwender spätestens in diesem Zeitpunkt leisten muss.[47]

§ 309 Nr. 1 BGB hat die Unwirksamkeit der Vertragsbedingung immer dann zur Folge, wenn der Vertragspartner berechtigt auf die Preisangabe in der vertraglichen Vereinbarung vertrauen durfte. Das Verbot erfasst deshalb grundsätzlich sowohl **Preisanpassungsklauseln** als auch **Änderungsvorbehaltsklauseln**, die dem Verwender in beiden Fällen die spätere Anpassung der vereinbarten Gegenleistung ohne Mitwirkung des Vertragspartners ermöglichen sollen.[48] Auswirkungen kann die Vorschrift deshalb auf **Tagespreisklauseln**, Vereinbarungen eines bestimmten **Preises mit Änderungsvorbehalt** oder **unverbindliche Preisangaben** haben, soweit diese die Angabe eines konkreten Preises beinhalten.[49] Dagegen greift das Klauselverbot nicht ein, wenn beiden Vertragspartnern die Notwendigkeit einer Vertragsanpassung bei Abschluss des Vertrages bekannt ist, etwa bei **Termingeschäften**, deren Nennwert im Zeitpunkt des Vertragschlusses noch nicht absehbar ist. In diesen Fällen ist dem Verwender jedoch zu empfehlen, aufgrund seiner Ungewissheit über den späteren Preis auf eine Preisangabe zu verzichten und stattdessen mit dem Vertragspartner Regelungen zu vereinbaren, nach welchen Kriterien der Preis später bestimmt werden soll. Denn eine fehlende Preisangabe eröffnet nicht den Anwendungsbereich des § 309 Nr. 1 BGB, da der Vertragspartner in diesem Fall noch nicht von einem bestimmten Preis der Leistung ausgehen kann, weshalb ein schutzwürdiges Vertrauen i.S.d. § 309 Nr. 1 BGB in die Verbindlichkeit des Preises noch gar nicht entstehen kann.[50] Allerdings sollte der Verwender in diesem Fall unbedingt darauf achten, dass der Vertragspartner vor Vertragsschluss über die spätere Festlegung des Preises und die Kriterien der Preisbestimmung informiert wird.

27

Unzulässig sind insbesondere folgende Regelungen in Allgemeinen Geschäftsbedingungen:

28

---

47 OLG Frankfurt NJW 1983, 946; NK-BGB/*Kollmann*, § 309 Rn 9.
48 Palandt/*Grüneberg*, § 309 Rn 5; MüKo/*Wurmnest*, § 309 Nr. 1 Rn 12 ff.; NK-BGB/*Kollmann*, § 309 Rn 5.
49 BGH NJW 1985, 855; BGH ZIP 1984, 328, 330; BGH NJW-RR 1988, 819; BGHZ 93, 252 = BGH NJW 1985, 853; BGH ZIP 1984, 328; BGH NJW 1990, 115; LG München I WRP 2012, 617 (zur Unwirksamkeit der kurzfristigen Erhöhung des Flugpreises); AG Leipzig, Urt. v. 9.9.2010 – 106 C 10556/09 (zur Unwirksamkeit der nachträglichen Berechnung eines Einzelzimmerzuschlags); MüKo/*Wurmnest*, § 309 Nr. 1 Rn 12 ff.; NK-BGB/*Kollmann*, § 309 Rn 5 ff.; *Stoffels*, AGB-Recht, Rn 812.
50 NK-BGB/*Kollmann*, § 309 Rn 4.

Klingelhöfer 227

- **Automatische Anpassungen** des im Vertragstext angegebenen Preises oder eines Preisbestandteils (Anteil der Mehrwertsteuer, entstehende Lieferkosten, sonstige Mehrkosten) ohne Berücksichtigung der Frist von vier Monaten.[51]
- Ein **einseitiges Bestimmungsrecht des Verwenders** ohne Angaben über die Kriterien, nach denen die Bestimmung des Preises erfolgen soll. In diesen Fällen dürfte es häufig schon deshalb an einem wirksamen Vertragschluss fehlen, weil es an einer Vereinbarung über einen wesentlichen Vertragsbestandteil fehlt. Einer Anwendung des § 315 Abs. 3 BGB steht in den meisten Fällen das in § 307 Abs. 1 S. 2 BGB verankerte **Transparenzgebot** entgegen,[52] das erfordert, dass dem Vertragspartner die Kriterien der Preisgestaltung so genau wie möglich bereits bei Vertragsschluss mitgeteilt werden müssen;[53] ein formularmäßiges Leistungsbestimmungsrecht wird durch die Rechtsprechung dann akzeptiert, wenn die Kriterien für die Preisgestaltung klar sind[54] und dem Vertragspartner ein Rücktrittsrecht vorbehalten wird.[55]
- Die Pflicht des Vertragspartners, mit dem Verwender bei Eintritt bestimmter Ereignisse über den Preis **neu zu verhandeln**, soweit auch hier die Frist von vier Monaten nicht gewahrt wird.[56]
- Die **Veränderung der Leistungsmenge** zugunsten des Verwenders unter Beibehaltung des vereinbarten Preises.[57] Denn durch die Reduzierung der Liefermenge könnte der Verwender trotz des gleichbleibenden Preises für die Gesamtmenge den Preis für den Einzelposten erhöhen und würde so mittelbar denselben Effekt erzielen wie durch eine Anpassung des Preises für die Gesamtmenge. Es ist deshalb sachgerecht, wenn diese Umgehung der Bestimmung des § 309 Nr. 1 BGB ebenfalls von dem Klauselverbot miterfasst wird. Jedenfalls über § 307 BGB wären solche Bestimmungen wegen ihrer Unangemessenheit unwirksam.

29 Neben den Anforderungen des § 309 Nr. 1 BGB müssen Preisanpassungsklauseln auch den **generellen Voraussetzungen des § 307 BGB** entsprechen.[58] Danach muss für eine Veränderung des Preises auch nach dem Ablauf der Vier-Monats-Frist ein **sachlicher Grund** gegeben sein. Dieser ist nur dann gegeben, wenn dem Verwender der Allgemeinen Geschäftsbedingungen durch Kostensteigerungen oder Qualitätsverbesserungen tat-

---

51 BGH NJW 1981, 979, 980; LG München I WRP 2012, 617; Palandt/*Grüneberg*, § 309 Rn 4; NK-BGB/*Kollmann*, § 309 Rn 6.
52 BGH WM 2013, 769.
53 BGH NJW 2004, 1588; BGH NJW 1985, 2270; NK-BGB/*Kollmann*, § 309 Rn 27.
54 BGH NJW 2009, 578.
55 BGH NJW 1986, 1803; BGH NJW 1982, 331, 332; NK-BGB/*Kollmann*, § 309 Rn 27.
56 NK-BGB/*Kollmann*, § 309 Rn 6.
57 NK-BGB/*Kollmann*, § 309 Rn 6.
58 BGHZ 124, 351, 362 = BGH NJW 1994, 1060; BGHZ 93, 252, 255 = BGH NJW 1985, 853, 855 f.; BGH WM 2010, 1044; Palandt/*Grüneberg*, § 309 Rn 8; MüKo/*Wurmnest*, § 309 Nr. 1 Rn 21 ff.; NK-BGB/*Kollmann*, § 309 Rn 12.

sächlich höhere Endkosten für die vertragsgemäße Leistungserbringung entstehen, die bei Abschluss des Vertrages noch nicht berechenbar waren. Bei der Abwägung im Rahmen des § 307 BGB sind vor allem das Interesse des Verwenders an der Verhinderung einer Leistungsentwertung, aber auch das Interesse des Vertragspartners an einer unsachgemäßen Preissteigerung gegeneinander abzuwägen. Angemessen ist eine Klausel demnach nur, wenn mit ihr Kostensteigerungen zulasten des Verwenders, die nach dem Vertragschluss tatsächlich entstehen, auf den Vertragspartner übergeleitet werden und diese Kostensteigerungen nicht der (vertraglich vereinbarten) Risikosphäre des Verwenders zuzuordnen sind.[59]

Zudem muss der Verwender darauf achten, dass bereits in der Preisanpassungsklausel der Grund und der Umfang der Erhöhung konkret festgelegt werden.[60] Danach ist eine Preisanpassungsklausel immer schon dann unwirksam, wenn sie keine nachvollziehbare Beschränkung enthält und eine Ausweitung des Gewinns des Verwenders zulässt.[61] Besteht die Leistung des Vertragspartners aus mehreren Kostenelementen (sog. **Kostenelementeklauseln**), so muss grundsätzlich die Gewichtung der einzelnen Kostenelemente eindeutig sein und eine Saldierung der jeweiligen Kostenentwicklung ermöglichen.[62] Ist eine derartige Konkretisierung der Preisanpassungsklausel nicht möglich, muss dem Vertragspartner ein Lösungsrecht eingeräumt werden.[63] Dabei darf die Ausübung des Lösungsrechts für den Vertragspartner nicht erst nach der vollzogenen Preisänderung greifen oder für diesen unzumutbar erschwert werden, etwa durch Verbindung des Lösungsrechts mit einer erheblichen Kostenerstattung durch den Vertragspartner; zudem muss der Vertragspartner ohne Weiteres erkennen können, dass ihm ein Lösungsrecht überhaupt zusteht.[64]

Zulässig sind grundsätzlich auch sog. **Zinsklauseln**, die eine Anpassung der Zinskonditionen an veränderte Refinanzierungskosten ermöglichen sollen, wenn die Voraussetzungen und der Umfang der Zinsänderung konkret festgelegt werden, inhaltlich angemessen sind und sowohl die Möglichkeit der Erhöhung als auch der Herabsetzung der Zinshöhe erlauben.[65]

---

59 BGH NJW 1983, 1603, 1604; BGH NJW 1985, 2270.
60 BGH NJW 1980, 2518; BGH NJW 1986, 3135; Palandt/*Grüneberg*, § 309 Rn 8.
61 BGH NJW 2008, 360; BGH NJW 2008, 2172; BGH WM 2010, 1050; MüKo/*Wurmnest*, § 309 Nr. 1 Rn 22; Palandt/*Grüneberg*, § 309 Rn 8.
62 BGH NJW-RR 2005, 1717; BGH NJW 2008, 360; BGH WM 2010, 1050; OLG Frankfurt BKR, 2011, 154, 157; Palandt/*Grüneberg*, § 309 Rn 8; a.A. *Borges*, ZIP 2007, 1437.
63 BGHZ 82, 21, 27 = BGH NJW 1982, 331, 332; BGH NJW 1985, 853 f.; BGH NJW 2003, 608; BGH NJW 2008, 360; MüKo/*Wurmnest*, § 309 Nr. 1 Rn 26; Palandt/*Grüneberg*, § 309 Rn 8; kritisch zum Lösungsrecht: *Fuchs* in Ulmer/Brandner/Hensen, § 309 Nr. 1 Rn 36 ff.
64 BGH NJW 2007, 1054, 1056; Palandt/*Grüneberg*, § 309 Rn 8.
65 BGHZ 1997, 212; BGH ZIP 2000, 962; OLG Köln BB 1998, 1916; Palandt/*Grüneberg*, § 309 Rn 10.

32 § 307 BGB kommt auch dann Bedeutung zu, wenn sich die Preiserhöhung des Verwenders auf die Zeit nach der Vier-Monats-Frist bezieht. Denn auch dann ist eine Veränderung des vereinbarten Entgelts nur dann statthaft, wenn die Anpassung für den Vertragspartner zumutbar und angemessen erfolgt. Insbesondere gegenüber Verbrauchern ist deshalb nach der Rechtsprechung des BGH auch nach dem Ablauf der Vier-Monats-Frist darauf zu achten, dass der Vertragspartner die auf ihn zukommenden Preissteigerungen bei Abschluss des Vertrages erkennen und die Erhöhung nachvollziehen kann.[66]

33 Rechtsfolge eines Verstoßes gegen § 309 Nr. 1 BGB ist grundsätzlich die **Unwirksamkeit der Preisänderungsklausel**.[67] Damit bestehen die vertragliche Vereinbarung und der ursprünglich vereinbarte Preis fort, der Verwender muss zu den vereinbarten Konditionen leisten. Haben die Parteien keine Vereinbarung über den Preis getroffen und ist das Leistungsbestimmungsrecht des Verwenders unwirksam, so ist die Vereinbarung danach **ergänzend auszulegen**, was die Parteien vereinbart hätten, wenn sie im Zeitpunkt des Vertragschlusses die veränderten Umstände gekannt hätten.[68] **Im Zweifel** ist die Vereinbarung eines marktüblichen Preises für den Zeitpunkt der Leistungserbringung anzunehmen.

34 Für Preiserhöhungsklauseln in **Reiseverträgen** ist nach der Rechtsprechung des BGH neben den Anforderungen der §§ 305 ff. BGB auch **§ 651a Abs. 4 BGB** zu beachten, wonach eine Anpassungsklausel nur dann wirksam vereinbart werden kann, wenn sie genaue Angaben zur Berechnung der Erhöhung enthält.[69] Preiserhöhungen, die der Verwender ab dem 20. Tag vor dem vereinbarten Reisetermin verlangt, sind nach § 651a Abs. 4 S. 2 BGB unwirksam.

35 **Kaufmännischer Geschäftsverkehr:** Im Geschäftsverkehr zwischen Unternehmern sind **Preiserhöhungsklauseln** wegen der Einschränkung des Anwendungsbereiches in § 310 BGB (siehe § 6 Rdn 2 ff.) dagegen nicht an die strengen Anforderungen des § 309 Nr. 1 BGB gebunden.[70] Allerdings sind auch gegenüber diesem qualifizierten Personenkreis solche Preiserhöhungsklauseln nach § 307 Abs. 1 S. 1 BGB unwirksam, die eine für den Geschäftspartner untragbare Erhöhungsmöglichkeit schaffen oder die Transparenz der Preiserhöhung für den Geschäftspartner nicht gewährleisten.[71] Maßgeblich

---

66 BGH NJW 1986, 3134, 3135.
67 MüKo/*Wurmnest*, § 309 Nr. 1 Rn 32.
68 BGHZ 117, 92, 98 f. = BGH NJW 1992, 1164, 1165; BGH NJW 1998, 450; BGH NJW 2000, 1110, 1114; MüKo/*Wurmnest*, § 309 Nr. 1 Rn 32; NK-BGB/*Kollmann*, § 309 Rn 33.
69 BGH NJW 2003, 507, 508; BGH NJW 2003, 746, 747; vgl. dazu v. *Westphalen*, NJW 2003, 1635, 1639 f.; v. *Westphalen*, NJW 2003, 1981, 1988; Palandt/*Sprau*, § 651a Rn 19; NK-BGB/*Kollmann*, § 309 Rn 14; *Stoffels*, AGB-Recht, Rn 820.
70 BGH NJW 1985, 853, 854 f.; Palandt/*Grüneberg*, § 309 Rn 7; MüKo/*Wurmnest*, § 309 Nr. 1 Rn 33; NK-BGB/*Kollmann*, § 309 Rn 34; *Stoffels*, AGB-Recht, Rn 825.
71 BGHZ 92, 203; BGHZ 93, 256; OLG Frankfurt BKR, 2011, 154, 157; Palandt/*Grüneberg*, § 309 Rn 9; MüKo/*Wurmnest*, § 309 Nr. 1 Rn 33; *Stoffels*, AGB-Recht, Rn 825 f.

sind insoweit die Art und Dauer des Vertragsverhältnisses sowie die Möglichkeit der Weitergabe der Mehrkosten an Dritte (z.B. Kunden des Vertragspartners).[72]
Aufgrund der Schnelllebigkeit des Handelsverkehrs und der zu erwartenden Erfahrung der Kaufleute mit Preisschwankungen sind Preisvorbehalte im geschäftlichen Rechtsverkehr üblich und deshalb grundsätzlich zulässig.[73] Daher sind Gleitklauseln, die die Umsatzsteuer betreffen, grundsätzlich nicht zu beanstanden.[74] Auch ein Lösungsrecht muss bei Handelsgeschäften nicht notwendig eingeräumt werden, weil davon ausgegangen werden kann, dass einem Kaufmann bei längerfristigen Leistungszeiträumen das Risiko von Mehrkosten bewusst ist.[75] Die Ausgestaltung von Preisanpassungsklauseln im kaufmännischen Geschäftsverkehr sollte deshalb berücksichtigen, inwieweit der Vertragspartner des Verwenders den Preis als Teil der getroffenen Vereinbarung schon als bindend ansehen konnte. Der Verwender ist aber auch gegenüber einem Kaufmann gehalten, die Verbindlichkeit seines Angebotes und des darin enthaltenen Preises deutlich zu machen.[76]

36

Rechtsfolge eines Verstoßes gegen das Verbot von Preiserhöhungen nach § 307 Abs. 1 S. 1 BGB gegenüber einem Kaufmann ist, dass der Verwender an den einmal vereinbarten Preis gebunden ist und nachträgliche Kostensteigerungen selbst tragen muss. Teilweise wird für den Anwendungsbereich des § 307 BGB die Auffassung vertreten, dass der Anwendungsbereich einer ergänzenden Vertragsauslegung eröffnet sei,[77] mit der Konsequenz, dass der Verwender ein Bestimmungsrecht nach §§ 315, 316 BGB haben kann, der Listenpreis am Auslieferungstag gilt oder die Kostensteigerungen an den kaufmännischen Vertragspartner weitergereicht werden können.[78]

37

b) Leistungsverweigerungsrechte (§ 309 Nr. 2 BGB)
Nach § 309 Nr. 2 BGB ist eine Allgemeine Geschäftsbedingung unwirksam, durch die entweder das Leistungsverweigerungsrecht, das dem Vertragspartner des Verwenders nach § 320 BGB zusteht, ausgeschlossen oder eingeschränkt wird (§ 309 Nr. 2 lit. a BGB) oder ein diesem zustehendes Zurückbehaltungsrecht, soweit es auf demselben Vertragsverhältnis beruht, ausgeschlossen oder eingeschränkt wird (§ 309 Nr. 2 lit. b BGB).

38

---

72 BGHZ 92, 203; BGHZ 93, 256; Palandt/*Grüneberg*, § 309 Rn 9; NK-BGB/*Kollmann*, § 309 Rn 34.
73 BGHZ 92, 203; BGHZ 93, 256; Palandt/*Grüneberg*, § 309 Rn 9; NK-BGB/*Kollmann*, § 309 Rn 34; *Stoffels*, AGB-Recht, Rn 825.
74 Palandt/*Grüneberg*, § 309 Rn 7; MüKo/*Wurmnest*, § 309 Nr. 1 Rn 33; *Fuchs* in Ulmer/Brandner/Hensen, § 309 Nr. 1 Rn 48.
75 BGH NJW 1985, 426; BGH NJW 1985, 853, 855; BGHZ 92, 203; BGHZ 93, 256; Palandt/*Grüneberg*, § 309 Rn 9; *Stoffels*, AGB-Recht, Rn 827.
76 NK-BGB/*Kollmann*, § 309 Rn 36.
77 BGH NJW 1984, 1177, 1178; *Stoffels*, AGB-Recht, Rn 824.
78 *Stoffels*, AGB-Recht, Rn 824.

§ 5 Die Auslegung Allgemeiner Geschäftsbedingungen

39 Die Vorschrift basiert auf der zutreffenden Annahme des Gesetzgebers, dass das **Leistungsverweigerungsrecht nach § 320 BGB** sowie das **Zurückbehaltungsrecht nach § 273 BGB** für einen angemessenen Ausgleich zwischen dem Leistungsinteresse des Vertragspartners und dem Gegenleistungsinteresse des Verwenders sorgen soll und damit einen erheblichen Gerechtigkeitswert enthält, der der einseitigen Disposition des Verwenders entzogen werden muss.[79]

40 Der **Anwendungsbereich** des § 309 Nr. 2 lit. a BGB setzt voraus, dass sämtliche Voraussetzungen des § 320 BGB (Einrede des nichterfüllten Vertrages) gegeben sind, und erstreckt sich deshalb sowohl auf die Fälle teilweiser oder vollständiger Nichterfüllung, nicht oder schlecht erbrachter Nacherfüllung (sowohl als Nachbesserung als auch als Nachlieferung) als auch der Abwicklung von Rückgewährschuldverhältnissen.[80] Eine Erweiterung des Anwendungsbereiches hat § 309 Nr. 2 lit. a BGB dadurch erfahren, dass aufgrund der Neukonzeption des Mängelrechtes durch die Schuldrechtsmodernisierung ein Mangel stets zu einem Nacherfüllungsanspruch führt, und bspw. dem Käufer deshalb bei mangelhaften Leistungen stets die Einrede des § 320 BGB zur Verfügung steht.[81] Dieses mangelbedingte Leistungsverweigerungsrecht kann der Verwender nicht ausschließen oder beschränken.

41 Die Berufung auf ein Leistungsverweigerungsrecht ist dagegen ausgeschlossen, soweit der Vertragspartner vertraglich zur Vorleistung verpflichtet ist, da in diesem Fall der Anwendungsbereich des § 309 Nr. 2 BGB erst gar nicht eröffnet wird.[82] Allerdings sind vertragliche Leistungen grundsätzlich Zug-um-Zug abzuwickeln, weshalb die formularvertragsmäßige Begründung einer Vorleistungspflicht des Vertragspartners nur in den Fällen in Betracht kommen wird, in denen für die Vorleistungspflicht des Vertragspartners ein sachlicher Grund besteht und keine überwiegenden Belange des Vertragspartners entgegenstehen.[83] Ebenfalls nicht in den Anwendungsbereich des § 309 Nr. 2 BGB fällt eine Klausel, die lediglich **geeignet** ist, dem Vertragspartner ein Leistungsverweigerungsrecht zu nehmen, ohne dies tatsächlich zu tun.[84]

42 Eine formularvertragliche Regelung kommt im Zusammenhang mit Leistungsverweigerungs- und Zurückbehaltungsrechten des Vertragspartners deshalb grundsätzlich nur so-

---

79 BT-Drucks 7/3919 S. 28; BGH NJW 2011, 1729, 1730 – Rn 17 = ZfBR 2011, 472, 473; OLG Frankfurt NJW 1986, 1618, 1619; OLG Stuttgart VuR 1996, 277, 278; MüKo/*Wurmnest*, § 309 Nr. 2 Rn 1; Palandt/*Grüneberg*, § 309 Rn 12; NK-BGB/*Kollmann*, § 309 Rn 37.
80 MüKo/*Wurmnest*, § 309 Nr. 2 Rn 8; NK-BGB/*Kollmann*, § 309 Rn 39; v. *Westphalen*, NJW 2002, 12, 20.
81 MüKo/*Wurmnest*, § 309 Nr. 2 Rn 8; NK-BGB/*Kollmann*, § 309 Rn 39; v. *Westphalen*, NJW 2002, 12, 20.
82 BGHZ 100, 157, 161; BGH NJW 2001, 292, 294; BGH NJW 2006, 3134; BGH NJW 2016, 2404, 2405; Palandt/*Grüneberg*, § 309 Rn 13; NK-BGB/*Kollmann*, § 309 Rn 39.
83 BGHZ 100, 157, 161; BGH NJW 2001, 292, 294; BGH NJW 2006, 3134; OLG Hamburg NJW 2007, 2264, 2266; Palandt/*Grüneberg*, § 309 Rn 13; MüKo/*Wurmnest*, § 309 Nr. 2 Rn 11; NK-BGB/*Kollmann*, § 309 Rn 39.
84 OLG Schleswig, Urt. v. 19.6.2012 – 2 U 11/11.

weit in Betracht, als diese der Ausgestaltung und Konkretisierung der gesetzlichen Regelung dienen.[85] Die Grenzen der Gestaltungsmöglichkeiten sind wegen der immensen Bedeutung dieser Rechte für die vertragliche Parität der Vertragsparteien sehr eng gezogen.
§ 309 Nr. 2 lit. b BGB erfasst ausschließlich solche Zurückbehaltungsrechte, die auf demselben Vertragsverhältnis beruhen, unabhängig davon, ob es sich um einen Einzelvertrag, um ein Dauerschuldverhältnis oder einen Sukzessiv- oder Ratenlieferungsvertrag handelt.[86] Dagegen können Zurückbehaltungsrechte, die nicht auf demselben Vertragsverhältnis beruhen, insbesondere aus früheren Geschäften, durch Allgemeine Geschäftsbedingungen abbedungen werden.[87]   43

Im **Arbeitsrecht** folgt aus dieser Beschränkung, dass vertragliche Beziehungen, die nicht auf dem Arbeitsverhältnis beruhen, nicht von § 309 Nr. 2 BGB erfasst werden. So kann der Arbeitgeber formularmäßig etwa Leistungsverweigerungs- und Zurückbehaltungsrechte ausschließen, die auf dem Schluss eines Kaufvertrages beruhen.[88] Dagegen kommt eine Ausschlussmöglichkeit für einen **Mietvertrag über eine Werkswohnung** nur dann in Betracht, wenn sie auf einem separaten Vertragsschluss beruht und nicht schon als Teil des Arbeitsvertrages zu betrachten ist.[89] Eine Einbeziehung in den Anwendungsbereich des § 309 Nr. 2 BGB wird schon immer dann in Betracht kommen, wenn die Überlassung der Werkswohnung als Teil der Entlohnung des Arbeitnehmers anzusehen ist, etwa wenn die Höhe des Mietzinses unter der ortsüblichen Vergleichsmiete liegt.   44

Bei Werkverträgen kann der Unternehmer die in § 632a BGB vorgesehenen Abschlagszahlungen grundsätzlich auch formularmäßig festlegen, allerdings darf hierdurch die gesetzlich vorgesehene Vorleistungspflicht des Unternehmers nicht vollständig abbedungen werden. Unwirksam sind auch unangemessen hohe Abschlagszahlungen zulasten des Vertragspartners sowie eine Verpflichtung des Vertragspartners zur Leistung von Abschlagszahlungen unabhängig vom Vorliegen etwaiger Mängel.[90]   45

Zurückbehaltungsrechte, für die der Gesetzgeber eine Ausschlussmöglichkeit vorgesehen hat, können dagegen unproblematisch zum Gegenstand einer Allgemeinen Geschäftsbedingung gemacht werden. Insoweit kommt insbesondere ein Ausschluss des Zurückbehaltungsrechtes eines Mieters oder Pächters bei der Rückgabe der Miet-/Pachtsache nach den §§ 570, 581 Abs. 2 BGB und des Zurückbehaltungsrechts des Bevollmächtigten bezüglich der ihm ausgehändigten Vollmachtsurkunde nach § 175 BGB   46

---

85 NK-BGB/*Kollmann*, § 309 Rn 39; Wolf/Lindacher/Pfeiffer/*Dammann*, § 309 Nr. 2 Rn 6.
86 Palandt/*Grüneberg*, § 309 Rn 15; NK-BGB/*Kollmann*, § 309 Rn 41.
87 Palandt/*Grüneberg*, § 309 Rn 15; MüKo/*Wurmnest*, § 309 Nr. 2 Rn 16; NK-BGB/*Kollmann*, § 309 Rn 41.
88 *Däubler/Dorndorf*, AGB im Arbeitsrecht, § 309 Rn 1.
89 A.A. *Däubler/Dorndorf*, AGB im Arbeitsrecht, § 309 Rn 1.
90 Palandt/*Grüneberg*, § 309 Rn 14; vgl. zur Überhöhung von formularmäßigen Abschlagszahlungen: OLG Hamm NJW-RR 1989, 275; OLG Schleswig BauR 1994, 513; OLG Köln NJW-RR 1992, 1048; OLG Zweibrücken NJW-RR 2002, 274.

in Betracht. Auch dann, wenn die Berufung auf das Zurückbehaltungsrecht einer unzulässigen Rechtsausübung i.S.d. § 242 BGB gleichkommt, können Regelungen zur Konkretisierung nach § 309 Nr. 2 lit. b BGB zulässig sein.[91] Nach § 309 Nr. 2 lit. b BGB unzulässig ist es dagegen etwa, wenn ein vereinbarter Sonderpreis von der sofortigen Zahlung des Kaufpreises bei Lieferung und Rechnungsstellung abhängig gemacht wird, da dies faktisch zu einem Ausschluss des Zurückbehaltungsrechts des Käufers führt.[92] Eine nach § 309 Nr. 2 lit. b BGB unzulässige Klausel liegt auch dann vor, wenn der Erwerber in einem Bauträgervertrag bei eigenmächtiger Inbesitznahme unabhängig von bestehenden Mängeln zur Hinterlegung einer „Übergaberate" auf ein Notaranderkonto verpflichtet sein soll.[93]

47 **Kaufmännischer Geschäftsverkehr:** Nicht anwendbar ist die Regelung des § 309 Nr. 2 BGB nach § 310 Abs. 1 S. 1 BGB bei Vertragsbedingungen gegenüber Unternehmern (siehe § 6 Rdn 3).[94] Gleichwohl ist auch im Handelsverkehr nicht jegliche Einschränkung oder jeglicher Ausschluss des Leistungsverweigerungsrechts nach § 320 BGB oder des Zurückbehaltungsrechts nach § 273 BGB statthaft. Maßstab ist in diesen Fällen die Generalklausel der Inhaltskontrolle in § 307 Abs. 1 S. 1 BGB, so dass eine Vertragsbedingung unwirksam ist, wenn sie den Vertragspartner unangemessen benachteiligt.[95] Dies ist z.B. dann anzunehmen, wenn es sich um unbestrittene oder rechtskräftig festgestellte Forderungen[96] oder um grobe Vertragsverletzungen des Verwenders[97] handelt.

c) Aufrechnungsverbot (§ 309 Nr. 3 BGB)

48 Nach § 387 BGB bewirkt die Aufrechnung die Tilgung wechselseitiger Forderungen und ist deshalb ein Erfüllungssurrogat. Die Wirkung der Aufrechnung tritt jedoch nur dann ein, wenn deren Voraussetzungen – Gegenseitigkeit, Gleichartigkeit und Fälligkeit – im Zeitpunkt der Aufrechnungserklärung vorliegen und der Aufrechnung keine gesetzlichen oder vertraglichen Aufrechnungsverbote entgegenstehen. Diese Möglichkeit zum Ausschluss der Aufrechnung durch vertragliche Vereinbarung stellt den Anknüpfungspunkt für den wirksamen Ausschluss der Aufrechnung durch die Vereinbarung eines formularmäßigen Aufrechnungsverbotes dar.

---

91 NK-BGB/*Kollmann*, § 309 Rn 41; Wolf/Lindacher/Pfeiffer/*Dammann*, § 309 Nr. 2 Rn 42.
92 LG Darmstadt, Urt. v. 6.4.2011 – 25 S162/10.
93 LG Duisburg NJW-RR 2013, 595.
94 BGHZ 115, 324, 327; OLG Stuttgart NJW-RR 1992, 114; MüKo/*Wurmnest*, § 309 Nr. 2 Rn 20; Palandt/*Grüneberg*, § 309 Rn 16; kritisch: *v. Westphalen*, NJW 2002, 12, 20.
95 OLG Frankfurt NJW-RR 1988, 1458; OLG Stuttgart NJW-RR 1992, 117; MüKo/*Wurmnest*, § 309 Nr. 2 Rn 20; Palandt/*Grüneberg*, § 309 Rn 16; a.A. wohl BGH NJW 1985, 319, 320.
96 BGHZ 92, 312, 316; BGHZ 115, 324, 327; OLG Düsseldorf NJW-RR 1995, 850; Palandt/*Grüneberg*, § 309 Rn 16.
97 OLG Frankfurt NJW-RR 1988, 1458.

Dies ist insbesondere bei der Verwendung von **Handels- und Barzahlungsklauseln** zu berücksichtigen, die einen besonderen Anwendungsfall des Aufrechnungsverbotes nach § 309 Nr. 3 BGB darstellen.[98]

49

Nach § 309 Nr. 3 BGB ist eine Vertragsbedingung unwirksam, die dem Vertragspartner das Recht nimmt, mit einer unbestrittenen oder rechtskräftig festgestellten Forderung nach den §§ 387 ff. BGB aufzurechnen. **Zweck** dieses Klauselverbots ist es, dem Vertragspartner ein Befriedigungsmittel im Rahmen der Vertragsabwicklung zu erhalten, dessen Durchsetzung aufgrund der Zustimmung des Verwenders oder aufgrund gerichtlicher Bestätigung gesichert ist.[99]

50

Damit verhindert das Klauselverbot des § 309 Nr. 3 BGB nicht jeglichen Ausschluss der Aufrechnung, sondern nur die Fälle, in denen eine gerichtliche Klärung entweder schon stattgefunden hat oder aufgrund der Zustimmung des Verwenders überflüssig ist. Die Vorschrift erkennt das Interesse des Verwenders an, die Vertragsabwicklung von Verzögerungen durch (unberechtigte) rechtliche Auseinandersetzungen freizuhalten.[100]

51

Eine unbestrittene Forderung liegt vor, wenn über ihren Grund und die Höhe zwischen den Parteien Einigkeit besteht.[101] Teilweise wird die Auffassung vertreten, dass eine unbestrittene Forderung auch dann anzunehmen ist, wenn gegen sie unhaltbare oder unsubstantiierte Einwendungen vorgebracht werden.[102] Allerdings macht dies eine umfassende Auseinandersetzung mit der Substantiierung der Einwendung erforderlich, die dem Zweck des § 309 Nr. 3 BGB – das Freihalten der Vertragsabwicklung von Verzögerungen – in den meisten Fällen nicht gerecht werden dürfte. Ist die fehlende Substantiierung der Einwendung des Verwenders jedoch offensichtlich und damit leicht festzustellen, sprechen gute Gründe dafür, die Forderung trotz der Einwendung als unbestritten anzusehen. Der Verwender ist deshalb nicht berechtigt, in seinen AGB unbestrittene oder offensichtlich unsubstantiiert bestrittene Forderungen einem Aufrechnungsverbot zu unterlegen.

52

Zudem wird die Auffassung vertreten, auch solche Forderungen seien nicht von einem Aufrechnungsverbot des Verwenders erfasst, die nach dem Ergebnis der Beweisaufnahme durch ein Gericht verbindlich festgestellt und entscheidungsreif, aber noch nicht in Rechtskraft erwachsen sind.[103] Dies begegnet jedoch deshalb durchgreifenden Bedenken, weil die verbindliche Feststellung einer Forderung durch das Gericht eben erst dann

53

---

98 Vgl. *v. Westphalen*, Vertragsrecht und AGB-Klauselwerke, 2005, Kap. 4 Rn 3.
99 NK-BGB/*Kollmann*, § 309 Rn 52.
100 OLG Celle ZfIR 2012, 516; MüKo/*Wurmnest*, § 309 Nr. 3 Rn 2; NK-BGB/*Kollmann*, § 309 Rn 52.
101 BGH NJW 1978, 2244; MüKo/*Wurmnest*, § 309 Nr. 3 Rn 7, NK-BGB/*Kollmann*, § 309 Rn 53; *v. Westphalen*, Vertragsrecht und AGB-Klauselwerke, 2005, Kap. 4 Rn 11.
102 BGH NJW 1985, 1556; Wolf/Lindacher/Pfeiffer/*Dammann*, § 309 Nr. 3 Rn 31.
103 OLG Düsseldorf NJW-RR 1997, 757, 758; LG Hanau NJW-RR 1999, 1142; NK-BGB/*Kollmann*, § 309 Rn 53; Palandt/*Grüneberg*, § 309 Rn 17; MüKo/*Wurmnest*, § 309 Nr. 3 Rn 7; *v. Westphalen*, Vertragsrecht und AGB-Klauselwerke, 2005, Kap. 4 Rn 13.

feststeht, wenn über diese ein rechtskräftiges End- oder Zwischenurteil ergangen ist. Liegt jedoch ein rechtskräftiges Urteil vor, bedarf es der Ausdehnung des Tatbestandsmerkmals der „*unbestrittenen Forderung*" nicht.[104]

54 Eine rechtskräftig festgestellte Forderung ist anzunehmen, wenn die gerichtliche Entscheidung in formelle und materielle Rechtskraft erwachsen ist.[105]

55 Von § 309 Nr. 3 BGB werden nicht nur die Fälle erfasst, in denen der Verwender die Aufrechnung durch den Vertragspartner ausdrücklich ausschließt, sondern auch die Fälle, in denen er seinem Vertragspartner mittelbar die Möglichkeit der Aufrechnung nimmt: Enthalten die AGB Bestimmungen, die die Leistung des Verwenders von einer vorhergehenden Zahlung durch den Vertragspartner abhängig machen (bspw. eine **Nachnahmeklausel**), so kann hierin ein mittelbarer Ausschluss der Möglichkeit zur Aufrechnung gesehen werden.[106] Ähnliches dürfte für **Barzahlungsklauseln** gelten.[107]

56 **Verhältnis zu anderen Vorschriften:** Nach § 556b Abs. 2 BGB ist bei **Mietverträgen über Wohnraum** selbst ein individualvertragliches Aufrechnungsverbot für Forderungen des Mieters unwirksam, wenn der Mieter seine Absicht dem Vermieter mindestens einen Monat vor der Fälligkeit der Miete in Textform angezeigt hat.[108]

57 Für die **Erschwernis einer Aufrechnung** des Vertragspartners gilt nicht § 309 Nr. 3 BGB, sondern § 307 BGB. Danach ist die Erschwernis der Aufrechnung unwirksam, wenn sie die Interessen des Vertragspartners unangemessen vernachlässigt. Dies kann angenommen werden, wenn die Aufrechnung nur für vom Verwender anerkannte Forderungen oder für notariell beglaubigte Aufrechnungserklärungen gestattet wird.[109] Zudem wird eine unangemessene Benachteiligung und damit eine Unwirksamkeit des Aufrechnungsverbots nach § 307 BGB angenommen, wenn der Besteller durch das Verbot in einem Abrechnungsverhältnis eines Werkvertrags gezwungen würde, eine mangelhafte oder unfertige Leistung in vollem Umfang zu vergüten, obwohl ihm Gegenansprüche in Höhe der Mängelbeseitigungs- oder Fertigstellungskosten zustehen.[110]

58 Zudem kommt in den Fällen einer sog. **Ausübungskontrolle** eine unzulässige Rechtsausübung nach § 242 BGB in Betracht. Diese liegt bspw. dann vor, wenn die Gegenforderung

---

104 Vgl. BGH NJW 1986, 1757; BGH NJW-RR 1993, 519, 520; BGHZ 92, 312, 315 f. = BGH NJW 1985, 319 f.; BGHZ 115, 324, 327 = BGH NJW 1992, 575.
105 *v. Westphalen*, Vertragsrecht und AGB-Klauselwerke, 2005, Kap. 4 Rn 10; MüKo/*Wurmnest*, § 309 Nr. 3 Rn 8.
106 BGHZ 139, 190, 191 ff. = BGH NJW 1998, 3119 f.; Palandt/*Grüneberg*, § 309 Rn 17; MüKo/*Wurmnest*, § 309 Nr. 3 Rn 6; Baumbach/Hopt/*Hopt*, HGB, § 346 Rn 40; NK-BGB/*Kollmann*, § 309 Rn 53.
107 BGHZ 23, 131, 135; BGH NJW 1985, 550; BGH NJW 1987, 2435; Baumbach/Hopt/*Hopt*, HGB, § 346 Rn 40; NK-BGB/*Kollmann*, § 309 Rn 59.
108 *v. Westphalen*, Vertragsrecht und AGB-Klauselwerke, 2005, Kap. 4 Rn 15; NK-BGB/*Kollmann*, § 309 Rn 53.
109 BGH NJW 1994, 657; BGH NJW 2007, 3421; Palandt/*Grüneberg*, § 309 Rn 17; NK-BGB/*Kollmann*, § 309 Rn 58.
110 BGH NJW 2011, 1729, 1730 – Rn 16 ff. = ZfBR 2011, 472, 473; BGHZ 163, 274, 279 = NJW 2005, 2771.

C. Die Inhaltskontrolle (§§ 307 ff. BGB) § 5

des Verwenders aus einer unerlaubten Handlung stammt, der Verwender die Aufrechnung jedoch nicht nur für sich selbst, sondern auch für den Vertragspartner ausschließt, der nicht von dem Verbot des § 393 BGB betroffen ist.[111] Ebenso ist ein Berufen auf ein formularmäßiges Aufrechnungsverbot dann nach § 242 BGB unzulässig, wenn der Vertragspartner seine Gegenforderung wegen einer Insolvenz oder einem sonstigen Vermögensverfall des Verwenders nicht realisieren kann.[112] Schließlich kann es mit § 242 BGB nicht zu vereinbaren sein, wenn der Verwender dem Vertragspartner die in § 215 BGB vorgesehene Möglichkeit der Aufrechnung mit einer verjährten Forderung nimmt.[113]

Kaufmännischer Geschäftsverkehr: Da der Verwender kein schutzwürdiges Interesse 59 am Ausschluss der Aufrechnung mit einer unbestrittenen oder rechtskräftig festgestellten Forderung haben kann, ist der Rechtsgedanke des § 309 Nr. 3 BGB **über § 307 Abs. 1 S. 1 BGB**, der wegen § 310 Abs. 1 BGB Anwendung findet (siehe § 6 Rdn 2 ff.), auch auf Vertragsbedingungen gegenüber einem Unternehmer anwendbar.[114] Allerdings unterliegen **Barzahlungs- und Handelsklauseln** nicht den strengen Anforderungen an das Aufrechnungsverbot gegenüber Verbrauchern, so dass diese gegenüber Unternehmen wirksam einbezogen werden können, wenn der Verwender ein sachliches Interesse an deren Verwendung hat und der Vertragspartner zur Durchsetzung seiner Forderung nicht auf die Aufrechnung angewiesen ist.[115] Eine Barzahlungsabrede kann als sog. **dokumentäre Kassa-Klausel** vorliegen, die anerkanntermaßen den Ausschluss eines Zurückbehaltungs- oder Aufrechnungsrechtes beinhaltet, da der Käufer bei ordnungsgemäßer Beschaffenheit der ihm übergebenen Dokumente ohne Rücksicht auf die Ware zur Vorleistung verpflichtet wird.[116] Ähnliches gilt für einfache **Vorauszahlungsklauseln**, nach denen der Käufer seine Gegenleistung vor dem Erhalt der Ware erbringen muss. Dagegen wird bei einer **Netto-Kasse-Klausel** die Leistung vor der Gegenleistung erbracht, allerdings typischerweise ohne den Abzug eines Skontobetrages. Hieraus wird ein Aufrechnungsverbot zulasten des Vertragspartners gefolgert, das im kaufmännischen Geschäftsverkehr den Anforderungen des § 307 BGB gerecht werden muss.[117]

---

111 BGHZ 23, 131, 136 f.; MüKo/*Wurmnest*, § 309 Nr. 3 Rn 5; NK-BGB/*Kollmann*, § 309 Rn 58.
112 BGH NJW 1975, 442; BGH NJW 1984, 357; *v. Westphalen*, Vertragsrecht und AGB-Klauselwerke, 2005, Kap. 4 Rn 30; MüKo/*Wurmnest*, § 309 Nr. 3 Rn 5; NK-BGB/*Kollmann*, § 309 Rn 58; für eine einschränkende Auslegung der Klausel: Palandt/*Grüneberg*, § 309 Rn 19.
113 Für eine Unwirksamkeit nach § 307 BGB: OLG Hamm NJW-RR 1993, 1082; MüKo/*Wurmnest*, § 309 Nr. 3 Rn 5; NK-BGB/*Kollmann*, § 309 Rn 58; Palandt/*Grüneberg*, § 309 Rn 17.
114 BGHZ 92, 312, 316 = BGH NJW 1985, 319; BGH NJW 1985, 1556, 1558; BGH NJW-RR 1986, 1110, 1111; BGH NJW-RR 1987, 883, 884; BGH NJW 1994, 657, 658; BGH NJW 2007, 3421; BGH NZM 2016, 585, 586; NK-BGB/*Kollmann*, § 309 Rn 58; MüKo/*Wurmnest*, § 309 Nr. 3 Rn 10; Palandt/*Grüneberg*, § 309 Rn 21; vgl. auch *Rabe*, NJW 1987, 1978, 1984.
115 Vgl. BGH NJW 1985, 550; Baumbach/Hopt/*Hopt*, HGB, § 346 Rn 40; NK-BGB/*Kollmann*, § 309 Rn 53, 59.
116 *v. Westphalen*, Vertragsrecht und AGB-Klauselwerke, 2005, Kap. 4 Rn 13.
117 *v. Westphalen*, Vertragsrecht und AGB-Klauselwerke, 2005, Kap. 4 Rn 26.

§ 5 Die Auslegung Allgemeiner Geschäftsbedingungen

60 **Rechtsfolge:** Folge eines Verstoßes gegen das Aufrechnungsverbot des § 309 Nr. 3 BGB ist grundsätzlich die **Unwirksamkeit der gesamten Klausel**.[118] Dies gilt jedoch dann nicht, wenn einzelne Teile der Klausel ohne den unwirksamen Teil für sich bestehen bleiben können.[119] Sieht eine Vertragsbedingung mit einem Aufrechnungsverbot lediglich eine Ausnahme für rechtskräftig festgestellte Forderungen vor, so kann durch Auslegung regelmäßig festgestellt werden, dass hiervon auch unbestrittene Forderungen erfasst sein sollen und die Klausel deshalb trotz ihres verkürzten Inhalts noch wirksam ist. Denn die rechtskräftig festgestellte Forderung ist als Unterfall der unbestrittenen Forderung anzusehen und deshalb grundsätzlich in diesem Sinn auszulegen.[120] Dies gilt dem Grundsatz nach auch für den umgekehrten Fall.[121]

d) Mahnung und Fristsetzung (§ 309 Nr. 4 BGB)

61 Nach § 309 Nr. 4 BGB ist eine Vertragsbedingung unwirksam, durch die der Verwender von der gesetzlichen Obliegenheit freigestellt wird, den anderen Vertragsteil zu mahnen oder ihm eine Frist für die Leistung oder Nacherfüllung zu setzen. Damit erstreckt sich der Anwendungsbereich der Vorschrift auf zentrale Bereiche des Schuldrechts, wie etwa den Schadensersatz aufgrund eines Verzugs des Schuldners nach den §§ 280 Abs. 2, 286 BGB, Schadensersatz statt der Leistung nach § 281 BGB oder das Rücktrittsrecht nach § 323 Abs. 1 BGB, die allesamt voraussetzen, dass der Anspruchsteller dem Anspruchsgegner zuvor eine Frist zur Leistung oder Nacherfüllung gesetzt hat.[122]

62 Inhaltlich wird durch § 309 Nr. 4 BGB dem Verwender die Einflussnahme auf den Eintritt der Voraussetzungen des Verzuges und von Schadensersatz- und Rücktrittsvorschriften entzogen, sofern diese von einer Mahnung des Vertragspartners oder von der Setzung einer Frist abhängig sind.[123] Unberührt bleiben allerdings die gesetzlich geregelten Ausnahmen vom Erfordernis einer Mahnung oder einer Fristsetzung.[124]

---

118 BGHZ 92, 312, 316; BGH NJW 1984, 2405; BGH NJW-RR 1986, 1281; BGHZ 153, 293 = BGH NJW 2003, 1521; Palandt/*Grüneberg*, § 309 Rn 18; MüKo/*Wurmnest*, § 309 Nr. 3 Rn 9; v. *Westphalen*, Vertragsrecht und AGB-Klauselwerke, 2005, Kap. 4 Rn 31.
119 BGH NJW 1989, 3215, 3216; Palandt/*Grüneberg*, § 309 Rn 18; MüKo/*Wurmnest*, § 309 Nr. 3 Rn 9; NK-BGB/*Kollmann*, § 309 Rn 57; v. *Westphalen*, Vertragsrecht und AGB-Klauselwerke, 2005, Kap. 4 Rn 32.
120 BGHZ 107, 185, 189 = BGH NJW 1989, 3215; OLG Hamm NJW 1983, 523, 525; OLG Karlsruhe NJW-RR 2006, 600, 601; Palandt/*Grüneberg*, § 309 Rn 18; MüKo/*Wurmnest*, § 309 Nr. 3 Rn 8; NK-BGB/*Kollmann*, § 309 Rn 57; v. *Westphalen*, Vertragsrecht und AGB-Klauselwerke, 2005, Kap. 4 Rn 12.
121 BGH NJW-RR 1993, 519, 520; BGHZ 107, 185, 189 = BGH NJW 1989, 3215, 3216; MüKo/*Wurmnest*, § 309 Nr. 3 Rn 8; Palandt/*Grüneberg*, § 309 Rn 18.
122 LG Hannover, Urt. v. 23.6.2010 – 10 O 64/07 (unzulässige Klausel in Ankaufverträgen von Kfz-Händlern – Gebrauchtwagenhandel); LG Dortmund, Urt. v. 15.5. 2009 – 8 O 400/08 (zur Unwirksamkeit des Rechts zur Stornierung eines Fluges ohne vorhergehende Mahnung oder Fristsetzung); LG München I NJOZ 2009, 4477, 4483 (Reiseportal im Internet); Palandt/*Grüneberg*, § 309 Rn 22; MüKo/*Wurmnest*, § 309 Nr. 4 Rn 2; NK-BGB/*Kollmann*, § 309 Rn 5.
123 MüKo/*Wurmnest*, § 309 Nr. 4 Rn 2; Palandt/*Grüneberg*, § 309 Rn 22.
124 MüKo/*Wurmnest*, § 309 Nr. 4 Rn 9; Palandt/*Grüneberg*, § 309 Rn 22.

Zweck der Vorschrift ist es, den Vertragspartner vor vertragsbeendenden Maßnahmen 63
des Verwenders zu schützen, ohne dass dieser an die gesetzlichen Schutzmechanismen des Leistungsstörungsrechtes gebunden wäre. Diese sehen vor, dass Schadensersatz- oder Rücktrittsansprüche zugunsten des Gläubigers grundsätzlich erst dann entstehen, wenn dieser den Schuldner zur vertragsgemäßen Leistung aufgefordert (Mahnung) und ihm eine entsprechende Leistungsfrist gesetzt (Fristsetzung) hat. Durch § 309 Nr. 4 BGB soll verhindert werden, dass der Verwender sogleich Schadensersatz oder die Zahlung einer Vertragsstrafe von seinem Vertragspartner verlangen kann, ohne diese Voraussetzungen zu erfüllen.[125]

Eine **Änderung** ergibt sich im Vergleich zu § 11 Nr. 4 AGBG insoweit, als der Begriff der 64
Nachfrist durch den Gesetzgeber vermieden wird und stattdessen von einer Frist zur Leistung oder Nacherfüllung die Rede ist. Diese Veränderung des Wortlauts der Norm beruht darauf, dass das Leistungsstörungsrecht des BGB seit der Neuregelung durch das Schuldrechtsmodernisierungsgesetz eine Nachfrist (etwa i.S.d. § 326 BGB a.F.) nicht mehr kennt.[126] Bei der Änderung des § 309 Nr. 4 BGB handelt es sich folglich nicht um eine inhaltliche Neuregelung der Unwirksamkeit einer Fristsetzung, sondern um eine Anpassung des Wortlauts an Veränderungen in einem anderen Regelungsbereich des Schuldrechts.[127]

§ 309 Nr. 4 BGB ist nicht nur für die Frage anwendbar, ob der Verwender das Erfordernis 65
einer Mahnung oder Fristsetzung ganz allgemein ausschließen darf, sondern ist auch dann anwendbar, wenn der Verwender eine gesetzlich vorgeschriebene Frist verkürzt.[128] Denn die Vorschrift will generell verhindern, dass der Verwender Allgemeiner Geschäftsbedingungen in die den Schuldner schützenden, gesetzlich bestimmten Fristen oder Anspruchsvoraussetzungen eingreifen kann. Aus demselben Grund ist es dem Verwender auch verwehrt, durch Bestimmungen in Allgemeinen Geschäftsbedingungen ohne Vorliegen der gesetzlichen Voraussetzungen diejenigen Rechtsfolgen herbeizuführen, die nur bei Einhaltung einer Frist oder Vorliegen einer Mahnung eintreten würden (sog. konkludenter Verzicht).[129]

Kaufmännischer Geschäftsverkehr: Auch im kaufmännischen Geschäftsverkehr kann 66
auf das Erfordernis einer Mahnung grundsätzlich nicht verzichtet werden.[130] Soweit § 309 Nr. 4 BGB die Setzung einer Frist zur Leistung oder Nacherfüllung verlangt, sind diese

---

125 MüKo/*Wurmnest*, § 309 Nr. 4 Rn 2.
126 BT-Drucks 14/6040, S. 155; MüKo/*Wurmnest*, § 309 Nr. 4 Rn 1; AnwK-Schuldrecht/*Hennrichs*, § 309 Rn 6.
127 MüKo/*Wurmnest*, § 309 Nr. 4 Rn 1; AnwK-Schuldrecht/*Hennrichs*, § 309 Rn 6.
128 BGH NJW 1995, 1488; Palandt/*Grüneberg*, § 309 Rn 22; NK-BGB/*Kollmann*, § 309 Rn 61.
129 BGH NJW 1983, 1320, 1322; BGH NJW 1985, 320, 324; BGHZ 102, 41, 45 = BGH NJW 1988, 258; MüKo/*Wurmnest*, § 309 Nr. 4 Rn 7; NK-BGB/*Kollmann*, § 309 Rn 61.
130 Palandt/*Grüneberg*, § 309 Rn 23; *Schäfer* in Ulmer/Brandner/Hensen, § 309 Nr. 4 Rn 11; a.A. MüKo/*Wurmnest*, § 309 Nr. 4 Rn 12 ff.

Erfordernisse über § 307 Abs. 1 S. 1 BGB eingeschränkt auch gegenüber Unternehmern einzuhalten, da auch diese ein schützenswertes Interesse daran haben, vor dem Eintritt der weitreichenden Rechtsfolgen eine letzte Möglichkeit zur Erfüllung zu erhalten.[131]

e) Pauschalierung von Schadensersatzansprüchen (§ 309 Nr. 5 BGB)
aa) Allgemeines

67 § 309 Nr. 5 lit. a BGB ist durch das Schuldrechtsmodernisierungsgesetz unverändert in das BGB übernommen worden und entspricht § 11 Nr. 5 lit. a AGBG. Dagegen wurde § 309 Nr. 5 lit. b BGB mit Wirkung ab dem 1.1.2002 so geändert, dass die Wirksamkeit einer Schadenspauschale in Allgemeinen Geschäftsbedingungen seither voraussetzt, dass dem Vertragspartner ausdrücklich der Nachweis eines niedrigeren Schadens oder einer Wertminderung gestattet wird.[132] Damit wird der frühere Wortlaut des § 11 Nr. 5 lit. b AGBG umgekehrt.

68 Nach § 309 Nr. 5 BGB ist die Vereinbarung eines pauschalierten Anspruchs des Verwenders auf Schadensersatz oder Ersatz einer Wertminderung unwirksam, wenn die Pauschale den in den geregelten Fällen nach dem gewöhnlichen Lauf der Dinge zu erwartenden Schaden oder die gewöhnlich eintretende Wertminderung übersteigt (**§ 309 Nr. 5 lit. a BGB**), oder dem anderen Teil nicht ausdrücklich der Nachweis gestattet wird, ein Schaden oder eine Wertminderung sei überhaupt nicht entstanden oder wesentlich niedriger als die Pauschale (**§ 309 Nr. 5 lit. b BGB**).

69 Inhaltlich erfasst § 309 Nr. 5 BGB damit die **Pauschalierung von Schadensersatzansprüchen aller Art** sowie von **Wertminderungen**.[133] Dabei intendiert § 309 Nr. 5 lit. a BGB eine Begrenzung des Haftungsrisikos des Vertragspartners, indem der nach dem gewöhnlichen Lauf der Dinge zu erwartende Schaden bzw. die gewöhnlich eintretende Wertminderung zur Obergrenze der dem Verwender möglichen Pauschalierung erklärt wird. **Zweck** des § 309 Nr. 5 lit. a BGB ist es damit, den Vertragspartner vor einer sachlich nicht mehr gerechtfertigten Pauschalierung von Wertverlusten durch den Verwender zu bewahren und ihm gleichzeitig schon bei Vertragschluss die Möglichkeit zu verschaffen, mögliche Kostenrisiken einzukalkulieren.[134]

70 Schwierigkeiten kann die Abgrenzung einer Schadenspauschale nach § 309 Nr. 5 BGB von einer Vertragsstrafe nach § 309 Nr. 6 BGB bereiten, da beide im Regelfall auf eine Geldleistung durch den Vertragspartner gerichtet sind und sich deshalb nicht ohne Weiteres unterscheiden lassen. Bedeutsam ist die Unterscheidung jedoch hinsichtlich der verschiedenen Wirksamkeitsanforderungen: Während eine Schadenspauschale im All-

---
131 BGHZ 110, 97; BGH NJW 1986, 842, 843; OLG Köln, NJW 1991, 301; Palandt/*Grüneberg*, § 309 Rn 23.
132 BT-Drucks 14/6040, S. 155.
133 NK-BGB/*Kollmann*, § 309 Rn 68; Palandt/*Grüneberg*, § 309 Rn 25.
134 NK-BGB/*Kollmann*, § 309 Rn 65; MüKo/*Wurmnest*, § 309 Nr. 5 Rn 2.

gemeinen nur dann unwirksam ist, wenn ihre Höhe unangemessen hoch war, ist eine Vertragsstrafe in den in § 309 Nr. 6 BGB genannten Fällen ohne weitere Voraussetzungen unwirksam.[135] Hinzu kommt, dass die Rechtsprechung auch bei der Vertragsstrafe anerkannt hat, dass sie den Ausgleich entstandener Schäden bezwecken kann und nicht allein eine Genugtuungs- und Vergeltungsfunktion besitzt.[136] Das Risiko einer Fehleinschätzung lässt sich im Einzelfall, in dem sowohl § 309 Nr. 5 BGB als auch § 309 Nr. 6 BGB zur Anwendung kommen können, wohl nur dadurch minimieren, dass der Verwender ausdrücklich klarstellt, ob es sich um eine Schadenspauschale oder eine Vertragsstrafe handelt. Zudem ist zu empfehlen, dass die jeweils andere Leistungsform entweder ausgeschlossen (z.B. *„Die Geltendmachung einer Vertragsstrafe ist hierin nicht zu sehen."*) oder ergänzend geregelt wird (z.B.: *„Neben der Schadenspauschale hat der Vertragspartner eine Vertragsstrafe in folgenden Fällen zu entrichten: ..."*). Gänzlich ausschließen lässt sich allerdings auch damit nicht, dass ein Gericht die Vertragsbedingung den strengeren Anforderungen des § 309 Nr. 6 BGB unterwirft, da die Wahl der Begrifflichkeit durch den Verwender allenfalls ein Indiz für das Verständnis der Regelung sein kann. Für eine Vertragsstrafe spricht insoweit, je weiter sich die Pauschale von den typischerweise anfallenden Schäden entfernt.[137] Weiteres Indiz für die Regelung einer Vertragsstrafe kann sein, wenn der Verwender die Voraussetzungen des Anspruchs im Einzelnen regelt[138] oder neben der Schadenspauschale die Geltendmachung eines Schadensersatzanspruchs vorgesehen ist.[139]

bb) Angemessenheit der Pauschalierung des Schadens oder der Wertminderung

Die Angemessenheit einer Schadenspauschalierung – und auch der Pauschalierung einer Wertminderung[140] – hat sich an dem nach dem gewöhnlichen Lauf der Dinge zu erwartenden Schaden zu orientieren. Maßgeblich ist damit der in der jeweiligen Branche **übliche durchschnittliche Schaden bzw. die übliche durchschnittliche Wertminderung**. Damit ist der Schaden bzw. die Wertminderung gemeint, die üblicherweise durch das schadensbegründende bzw. wertmindernde Verhalten des Vertragspartners beim Verwender entstehen kann.[141]

71

Entscheidend für die Wirksamkeit der Schadenspauschale ist damit, dass der Verwender nur solche Schadenspositionen in die Pauschale einbezieht, auf deren Erstattung er nach den gesetzlichen Bestimmungen einen Anspruch hat. Daher verstoßen Pauschalierungen,

72

---

135 NK-BGB/*Kollmann*, § 309 Rn 66; vgl. auch MüKo/*Wurmnest*, § 309 Nr. 5 Rn 5.
136 BGHZ 85, 305, 312 f. = BGH NJW 1983, 385, 387; BGH NJW 2000, 2106; BGH NJW 2003, 1805, 1808.
137 NK-BGB/*Kollmann*, § 309 Rn 67; MüKo/*Wurmnest*, § 309 Nr. 6 Rn 5.
138 OLG Karlsruhe WRP 2000, 565, 570; NK-BGB/*Kollmann*, § 309 Rn 67.
139 NK-BGB/*Kollmann*, § 309 Rn 67.
140 NK-BGB/*Kollmann*, § 309 Rn 68; MüKo/*Wurmnest*, § 309 Nr. 5 Rn 11.
141 BGH NJW 1984, 2093, 2094; BGH ZIP 1996, 508, 509; MüKo/*Wurmnest*, § 309 Nr. 5 Rn 11; NK-BGB/*Kollmann*, § 309 Rn 68.

die eine Bereicherung des Verwenders bezwecken oder zu dieser führen, gegen § 309 Nr. 5 BGB und sind unwirksam.[142] Die Höhe der Schadenspauschale sollte daher eher konservativ und damit eher zu niedrig als zu hoch gewählt werden. Sie darf weder Kosten enthalten, die auch ohne die Pflichtverletzung des Vertragspartners angefallen wären („*Sowieso-Kosten*"), noch dürfen in ihr freiwillig gezahlte Aufwendungen des Verwenders enthalten sein, die nur bei Vertragsdurchführung anfallen würden.[143]

73 Stehen die einzelnen typischen Schadenspositionen fest, bilden diese die Berechnungsgrundlage für die Pauschalierung. Dabei steht dem Verwender ein gewisser **Beurteilungsspielraum** hinsichtlich der Eintrittswahrscheinlichkeit und der Schadenshöhe unter Berücksichtigung der beabsichtigten Art von Rechtsgeschäften zu.[144]

74 Die Ermittlung des gewöhnlichen Schadensverlaufs kann auch längere Zeiträume einbeziehen. Allerdings muss auch bei der Pauschalierung darauf geachtet werden, dass übliche, dem Verwender zumutbare Unterscheidungen auch in den Geschäftsbedingungen beibehalten und entsprechend differenziert werden. So ist es zulässig, bei geringfügigen Schwankungen eines wiederkehrenden Schadens (z.B. Änderung des Zinssatzes bei einem Verzugsschaden) eine einheitliche Schadenspauschale mit einem Mittelwert zu verlangen.[145] Will der Verwender dagegen ohne jede Differenzierung eine einheitliche Pauschalierung seines Schadens bzw. seiner Wertminderung, so kann er die Pauschale nur auf Basis des geringsten Schadens bzw. der geringsten Wertminderung verlangen.[146] Eine Pauschalierung ist deshalb vor allem dann zu empfehlen, wenn der Schaden bzw. die Wertminderung von zufälligen Ereignissen abhängig sind.[147]

75 Typisches Unterscheidungskriterium bei einer Pauschalierung nach § 309 Nr. 5 BGB ist, ob der Vertragsgegenstand neu oder gebraucht ist; zudem muss bei der Pauschalierung des Verzugsschadens danach differenziert werden, mit welcher Leistung sich der Vertragspartner in Verzug befindet.[148]

76 Beispiele für übliche/unübliche Schadenspauschalierungen sind:[149]
- **Architekt/Planungsvertrag**: 60 % des Werklohns einschließlich 40 % für ersparte Aufwendungen bei vorzeitiger Vertragsbeendigung sind unangemessen.[150]

---

142 BGH NJW 1998, 592, 593; NK-BGB/*Kollmann*, § 309 Rn 70.
143 NK-BGB/*Kollmann*, § 309 Rn 70.
144 NK-BGB/*Kollmann*, § 309 Rn 70.
145 BGH NJW 1987, 184, 185; OLG Hamm NJW-RR 1987, 311, 312; NK-BGB/*Kollmann*, § 309 Rn 71; Wolf/Lindacher/Pfeiffer/*Dammann*, § 309 Nr. 5 Rn 60.
146 NK-BGB/*Kollmann*, § 309 Rn 71.
147 NK-BGB/*Kollmann*, § 309 Rn 71.
148 NK-BGB/*Kollmann*, § 309 Rn 71.
149 NK-BGB/*Kollmann*, § 309 Rn 71.
150 BGH NJW 1997, 259; BGH NJW 1999, 418, 420 f.

C. Die Inhaltskontrolle (§§ 307 ff. BGB) § 5

- **Autohändler**: 15 % des Kaufpreises bei vorzcitiger Beendigung eines Kaufvertrages für ein Neufahrzeug sind angemessen;[151] unangemessen sollen dagegen 20 % des Kaufpreises bei einem reinen Gebrauchtwagenhändler bzw. 15 % bei einem Neuwagenhändler sein, der auch mit Gebrauchtwagen handelt.[152]
- **Mietfahrzeug**: Überschreitung des üblichen Mietzinses bei Beschädigung des Fahrzeugs ist unangemessen.[153]
- **Banken**: Erhöhte Zahlung von Zinsen, Gebühren oder Provisionen im Fall der **Kontoüberziehung** ist zumindest dann unangemessen, wenn sich die Höhe nicht am tatsächlich entstandenen Schaden bemisst.[154] Bei **Verbraucher-Darlehensverträgen** bestimmen sich die Rechtsfolgen grundsätzlich nach dem nicht dispositiven § 498 BGB, so dass eine Pauschalierung in diesem Bereich ausgeschlossen ist; zudem sind bei einer vorzeitigen Rückzahlung des Darlehensbetrages die §§ 500 Abs. 2, 501 BGB zu beachten.[155] Eine **vorzeitige Fälligstellung** des Darlehens bei einem Zahlungsverzug des Vertragspartners ist nur dann angemessen, wenn es sich um eine schwerwiegende Pflichtverletzung des Bankkunden handelt.[156]
- Eine **Vorfälligkeitsentschädigung** zugunsten der Bank kann ausnahmsweise angemessen sein, wenn die Bank neben dem Schaden durch schlechtere Zinsmargen nur eine mögliche Zinsverschlechterung ausgleichen möchte und zugleich eine mögliche Zinsverbesserung bei der Berechnung der Pauschale berücksichtigt;[157] dagegen ist eine Regelung der Vorfälligkeitszinsen unwirksam, die den Beginn der Zinspflicht auf das Datum der Saldenmitteilung vorverlegt und hierdurch rückwirkend die Verzinsung der noch nicht fälligen Forderung bewirkt wird.[158]
- Bei fehlender Annahme eines zur Verfügung gestellten Darlehens sind 2–3 % **Bereitstellungszinsen** angemessen.[159]
- **Bausparvertrag**: Eine Schadenspauschalierung im Fall des Zahlungsverzuges des Bausparers von 1 % des Zahlungsrückstandes je angefangenen Monat ist unangemessen.[160]

---

151 BGH NJW 2012, 3032; BGH NJW 1982, 2316, 2317; OLG Frankfurt DB 1981, 2605; OLG Schleswig NJW 1988, 2247; OLG Hamm DAR 1982, 330; OLG Köln NZV 1997, 402; OLG Düsseldorf NZV 1998, 159; OLG Celle NJW-RR 1996, 50; OLG Naumburg NJW-RR 2000, 720, 721; OLG Jena DAR 2005, 399; MüKo/*Wurmnest*, § 309 Nr. 5 Rn 19.
152 OLG Köln NJW-RR 1993, 1404, 1405; LG Oldenburg BB 1998, 1280; vgl. aber auch BGH NJW 1970, 32.
153 BGH BB 1976, 571; OLG Saarbrücken NJW-RR 1991, 313.
154 LG Düsseldorf NJW 1990, 2630 f.
155 NK-BGB/*Kollmann*, § 309 Rn 75.
156 BGHZ 95, 362, 372.
157 BGH NJW 1998, 592, 593; BGH NJW-RR 1999, 842, 843.
158 BGHZ 125, 343, 347 = BGH NJW 1994, 1532, 1533; MüKo/*Wurmnest*, § 309 Nr. 5 Rn 18.
159 BGH NJW 1985, 1831, 1832; für 4,5 bis 5 %: BGH NJW-RR 1986, 467, 468; OLG Düsseldorf NJW-RR 1991, 442, 443; vgl. MüKo/*Wurmnest*, § 309 Nr. 5 Rn 18.
160 KG NJW-RR 1990, 544, 549 f.; MüKo/*Wurmnest*, § 309 Nr. 5 Rn 17.

Klingelhöfer   243

§ 5 Die Auslegung Allgemeiner Geschäftsbedingungen

- **Handwerk:** Schadenspauschale von 30 % des Brutto-Werklohns ist angemessen.[161]
- **Verwahrungsverträge:** Eine monatliche Lagergebühr von 2 % des Kaufpreises ist unangemessen, da der Kaufpreis keine Bezugsgröße für den durch die Lagerkosten entstandenen Schaden ist;[162] teilweise wird jedoch eine Bezugnahme auf den Kaufpreis befürwortet, da sich aus diesem das Sicherungsinteresse des Auftraggebers und damit die notwendigen Sicherungsmaßnahmen ergeben.[163]
- **Mahngebühren:** Pauschale für die erste Mahnung ist unangemessen; im Übrigen ist eine Pauschale von 5 DM als angemessen, eine von 30 DM als unangemessen beurteilt worden (heute die entsprechenden Umrechnungswerte in EUR).[164]
- **Mietvertrag (Telefonanlage):** 50 % des bei vorzeitiger Beendigung verbleibenden Mietzinses begrenzt auf max. drei Jahresmieten ist angemessen.[165]
- **Möbelhandel:** Angemessene Schadenspauschale von 30 % des Kaufpreises beim Verkauf neuer Möbel und 25 % des Kaufpreises im Versandhandel;[166] eine Pauschale von 35 % ist dagegen unangemessen.[167]
- **Reisevertrag:** Bei einem Rücktritt des Reisenden wurden Schadenspauschalen zwischen 15 % und 80 % für zulässig erachtet, je nachdem zu welchem Zeitpunkt vor Reiseantritt der Rücktritt erklärt wurde.[168] Die Vereinheitlichung unterschiedlicher Reisearten durch eine einheitliche Schadenspauschale ist dagegen grundsätzlich unangemessen.[169]
- **Verzugszinsen:** Eine Abweichung von den Vorgaben des § 288 BGB führt im Rahmen der Schadenspauschalierung grundsätzlich zur Unwirksamkeit.[170]

cc) Beweislast

77 Die Frage, wer die Angemessenheit der Schadenspauschale darlegen und beweisen muss, ist nicht eindeutig geklärt. Es wird vertreten, dass der Vertragspartner, der sich auf die Unangemessenheit der Geschäftsbedingung beruft, auch entsprechend darlegungs- und be-

---

161 OLG Braunschweig BB 1979, 856 f.; MüKo/*Wurmnest*, § 309 Nr. 5 Rn 17.
162 OLG Karlsruhe BB 1981, 1168 f.
163 NK-BGB/*Kollmann*, § 309 Rn 75.
164 BGH NJW 1985, 320, 324; OLG Hamburg DB 1984, 2504, 2505; OLG Köln WM 1987, 1547, 1550; MüKo/ *Wurmnest*, § 309 Nr. 5 Rn 20.
165 BGHZ 67, 312 = BGH NJW 1977, 381; BGH NJW 1985, 2328; BGH NJW-RR 1988, 1490, 1491 f.; MüKo/ *Wurmnest*, § 309 Nr. 5 Rn 19.
166 BGH NJW 1970, 2017, 2018; MüKo/*Wurmnest*, § 309 Nr. 5 Rn 20; teilweise abweichend: OLG Frankfurt NJW 1982, 2564.
167 LG Berlin BB 1979, 710.
168 AG Bremen NJW 2011, 3726, 3728 f.; MüKo/*Wurmnest*, § 309 Nr. 5 Rn 20; Jauernig/*Teichmann*, § 651i Rn 3; zur Unwirksamkeit einer Stornopauschale von 25 % bei Stornierung sechs Monate vor Reisebeginn: AG Hannover, Urt. v. 21.12.2011 – 450 C 9763/11.
169 LG Hamburg NJW 1998, 3281 f.
170 Ähnlich: MüKo/*Wurmnest*, § 309 Nr. 5 Rn 18.

weispflichtig sei, wenn ihm auch deutliche Beweiserleichterungen zuzubilligen seien.[171] Andere sehen dagegen die Darlegungs- und Beweislast grundsätzlich beim Verwender, der die Geschäftsbedingungen zur Grundlage des Vertrages gemacht hat.[172] Dem ist beizupflichten, da es dem Vertragspartner vielfach nicht möglich sein wird, die Unangemessenheit von Vertragsbedingungen des Verwenders zu beweisen, während der Verwender seiner Klauselgestaltung Überlegungen und Kenntnisse zugrunde gelegt hat, die er im Streitfall auch darlegen und beweisen können muss. Es ist daher angemessen, dass der Verwender die Darlegungs- und Beweislast für die Üblichkeit seiner Schadenspauschalierung trägt.

dd) Vorbehalt des Nachweises eines geringeren Schadens bzw. einer geringeren Wertminderung

§ 309 Nr. 5 lit. b BGB macht die Wirksamkeit der Vertragsbedingung davon abhängig, ob der Verwender dem Vertragspartner den Nachweis eines nicht vorhandenen oder niedrigeren Schadens oder einer Wertminderung ausdrücklich gestattet. Die Vorschrift kehrt damit den Wortlaut der gesetzlichen Regelung im Vergleich zu § 11 Nr. 5 lit. b AGBG um.[173] Grund für das Tätigwerden des Gesetzgebers war, dass die ursprüngliche Regelung in § 11 Nr. 5 lit. b AGBG dahin verstanden werden konnte, dass eine Pauschalierung des Schadens oder der Wertminderung nur dann unwirksam sei, wenn dem Vertragspartner die Nachweismöglichkeit ausdrücklich abgeschnitten wurde.[174] Dies führte in der Rechtsprechung zu einer am Einzelfall orientierten Auslegung der Vorschrift, die jedoch im Kern die Wirksamkeit der Vertragsbedingung von der Gestattung des Nachweises für den Vertragspartner abhängig machte.[175] Mit der geänderten Regelung des § 309 Nr. 5 lit. b BGB hat der Gesetzgeber den Wortlaut der Vorschrift an die frühere Rechtsprechung angepasst, um die durch die Einzelfallrechtsprechung teilweise entstandene Rechtsunsicherheit zu beseitigen.[176] Entscheidend ist, dass der Verwender den Vertragspartner klar und verständlich auf die Möglichkeit des Nachweises eines fehlenden oder niedrigeren Schadens bzw. einer fehlenden oder niedrigeren Wertminderung hinweisen muss.[177]

---

171 NK-BGB/*Kollmann*, § 309 Rn 76; *Fuchs* in Ulmer/Brandner/Hensen, § 309 Nr. 5 Rn 23; Wolf/Lindacher/Pfeiffer/*Dammann*, § 309 Nr. 5 Rn 84 ff.
172 BGH NJW-RR 2015, 690, 691 Rn 22; BGHZ 67, 312, 315 ff. = BGH NJW 1977, 381, 382; OLG Zweibrücken VuR 1996, 304; Palandt/*Grüneberg*, § 309 Rn 29; *v. Westphalen*, NZM 2002, 368, 376 f.; MüKo/*Wurmnest*, § 309 Nr. 5 Rn 16.
173 BT-Drucks 14/6040, S. 155; MüKo/*Wurmnest*, § 309 Nr. 5 Rn 21; NK-BGB/*Kollmann*, § 309 Rn 58; *v. Westphalen*, NJW 2002, 12, 20.
174 BT-Drucks 14/6040, S. 155.
175 BGH NJW 1982, 2316, 2317; BGH NJW 1983, 1320, 1322.
176 BT-Drucks 14/6040, S. 155.
177 BGH NJW 2010, 2122, 2123 Rn 16 f.; LG München I, Urt. v. 13.7.2012 – 12 O 21256/11; AG Rüsselsheim, Urt. v. 12.5.2012 – 3 C 119/12; AG Haßfurt BB 2007, 2706; NK-BGB/*Kollmann*, § 309 Rn 75; Palandt/*Grüneberg*, § 309 Rn 30; MüKo/*Wurmnest*, § 309 Nr. 5 Rn 21; a.A. AG München NJW-RR 2008, 139.

79 Eine Konkretisierung des Begriffs der Wesentlichkeit in § 309 Nr. 5 lit. b BGB ist nicht zwingend vorgeschrieben. Soll die Wesentlichkeit durch die Angabe eines Prozentwertes konkretisiert werden, birgt dies die Gefahr einer Unwirksamkeit der Vertragsbestimmung.[178]

80 Im umgekehrten Fall eines höheren Schadens des Verwenders ist diesem durch eine Pauschalierung nicht in jedem Fall die Geltendmachung des höheren Schadens abgeschnitten.[179] Allerdings ist zu berücksichtigen, dass die Pauschalierung eine Vereinfachung der Schadensabwicklung bei Massenverträgen bezweckt, was gerade nicht erreicht wird, wenn beide Vertragsparteien doch wieder den konkreten Schaden zugrunde legen können. Eine Abweichung von der Schadenspauschalierung sollte daher nur bei erheblichen Abweichungen bzw. nicht vorhersehbaren Schäden erwogen werden. In jedem Fall muss ein entsprechender Vorbehalt des Verwenders ausdrücklich in die entsprechende Klausel aufgenommen werden.[180]

81 *Beachte*

Konsequenz der Regelung in § 309 Nr. 5 lit. b BGB ist für den Verwender, dass er in einer entsprechenden Vertragsklausel zur Pauschalierung von Schadensersatz oder einer Wertminderung immer auch eine Gestattung des Nachweises eines nicht vorhandenen oder niedrigeren Schadens bzw. einer Wertminderung für den Vertragspartner aufnehmen muss.

ee) Rechtsfolgen der Unwirksamkeit

82 Folge einer unangemessenen Pauschalierung des Schadens oder einer Wertminderung ist im Regelfall die Unwirksamkeit der gesamten Bestimmung.[181] Dies hat zur Konsequenz, dass der Verwender zur Geltendmachung eines Schadensersatzanspruchs den konkreten Schaden nach §§ 249 ff. BGB nachweisen muss.[182]

ff) Kaufmännischer Geschäftsverkehr

83 Gegenüber einem Unternehmer ist der Schutzgedanke des § 309 Nr. 5 lit. a BGB über § 307 Abs. 1 S. 1 BGB entsprechend anzuwenden, da eine über den tatsächlichen Schaden

---

178 NK-BGB/*Kollmann*, § 309 Rn 77; für eine Wesentlichkeitsschwelle von i.d.R. 10 %: Palandt/*Grüneberg*, § 309 Rn 31.
179 BGH NJW 1982, 2316; OLG Köln NJW-RR 2001, 198; OLG Köln VersR 2004, 1422; NK-BGB/*Kollmann*, § 309 Rn 77; Palandt/*Grüneberg*, § 309 Rn 25; MüKo/*Wurmnest*, § 309 Nr. 5 Rn 25; Wolf/Lindacher/Pfeiffer/ *Dammann*, § 309 Nr. 5 Rn 100; kritisch *Fuchs* in Ulmer/Brandner/Hensen, § 309 Nr. 5 Rn 31.
180 OLG Koblenz NJW-RR 2000, 871; Palandt/*Grüneberg*, § 309 Rn 25; MüKo/*Wurmnest*, § 309 Nr. 5 Rn 25; NK-BGB/*Kollmann*, § 309 Rn 77.
181 BGH NJW 1985, 632; BGH NJW 1986, 376, 378; MüKo/*Wurmnest*, § 309 Nr. 5 Rn 26; NK-BGB/*Kollmann*, § 309 Rn 79; Palandt/*Grüneberg*, § 309 Rn 24; *Heinrichs*, NZM 2003, 9.
182 NK-BGB/*Kollmann*, § 309 Rn 79; MüKo/*Wurmnest*, § 309 Nr. 5 Rn 26.

oder die tatsächliche Wertminderung hinausgehende Pauschalierung durch den Verwender auch einen Unternehmer unangemessen benachteiligt.[183] Zudem muss der Verwender auch einem Kaufmann die Möglichkeit des Gegenbeweises i.S.d. § 309 Nr. 5 lit. b BGB verschaffen,[184] wenngleich die Anforderungen hieran aufgrund der geschäftlichen Erfahrung der betroffenen Unternehmer nicht so hoch sind wie gegenüber einem Verbraucher. Eine ausdrückliche Gestattung des Gegenbeweises ist deshalb nicht zwingend erforderlich,[185] aus Gründen der Rechtssicherheit aber zu empfehlen.

f) Vertragsstrafe (§ 309 Nr. 6 BGB)

aa) Allgemeines

Nach § 309 Nr. 6 BGB sind Vertragsbedingungen unwirksam, durch die der Verwender dem Vertragspartner für die Fälle der Nichtabnahme oder der verspäteten Abnahme der Leistung, des Zahlungsverzuges oder der Lösung vom Vertrag eine Vertragsstrafe auferlegt, unabhängig davon, wie er die Vertragsstrafe bezeichnet. 84

Diese Regelung des Gesetzgebers führt zwar nicht zu einer generellen Unwirksamkeit von Vertragsstrafen in Allgemeinen Geschäftsbedingungen.[186] Dennoch sind die von der Vorschrift erfassten Fälle so weitreichend, dass faktisch kaum noch Raum für eine sinnvolle Aufnahme einer Vertragsstrafe in Allgemeinen Geschäftsbedingungen gegenüber einem Verbraucher verbleibt. 85

Der **Grund** für diesen weitgehenden Ausschluss liegt darin, dass Vertragsstrafen den Vertragspartner im Regelfall unangemessen benachteiligen und der Verwender durch die Möglichkeit einer Schadenspauschalierung nach § 309 Nr. 5 BGB hinreichend geschützt wird.[187] Vertragsstrafen führen demgegenüber dazu, dass der Vertragspartner durch den von der Strafe ausgehenden finanziellen Druck an der Ausübung der ihm zustehenden Rechte gehindert werden kann, was eine restriktive Handhabung dieser Gestaltungsmöglichkeit zumindest in Allgemeinen Geschäftsbedingungen gebietet. Darüber hinaus will die Vorschrift eine Bereicherung des Verwenders verhindern, die sich deshalb 86

---

183 BGH NZBau 2016, 213, 216 Rn 29; BGHZ 113, 55, 61; BGHZ 124, 351 = BGH NJW 1994, 1068; BGHZ 131, 356, 359 = BGH NJW 1996, 1209, 1210; BGH NJW 1994, 1060, 1068; BGH NJW-RR 1999, 842; BGH NJW 2000, 719, 720; BGH NZBau 2016, 213 Rn 28 f.; NK-BGB/*Kollmann*, § 309 Rn 81; MüKo/*Wurmnest*, § 309 Nr. 5 Rn 27; Palandt/*Grüneberg*, § 309 Rn 32; AnwK-Schuldrecht/*Hennrichs*, § 309 Rn 8.
184 BGH NZBau 2016, 213, 216 Rn 29; BGH NJW 1994, 1060, 1068; BGH EWiR 2004, 115 f.; MüKo/*Wurmnest*, § 309 Nr. 5 Rn 27; Palandt/*Grüneberg*, § 309 Rn 32; v. *Westphalen*, NJW 2002, 12, 20; v. *Westphalen*, NZM 2002, 368, 376 f.; a.A. NK-BGB/*Kollmann*, § 309 Rn 81.
185 BGH NZBau 2016, 213, 216 Rn 29; BGH NJW-RR 2003, 1056; MüKo/*Wurmnest*, § 309 Nr. 5 Rn 27; Palandt/*Grüneberg*, § 309 Rn 32; a.A. v. *Westphalen*, NJW 2002, 12, 20.
186 AG Mönchengladbach, Urt. v. 19.1.2013 – 36 C 352/12; NK-BGB/*Kollmann*, § 309 Rn 82; Palandt/*Grüneberg*, § 309 Rn 33.
187 MüKo/*Wurmnest*, § 309 Nr. 6 Rn 1 f.; NK-BGB/*Kollmann*, § 309 Rn 82; Palandt/*Grüneberg*, § 309 Rn 33.

§ 5 Die Auslegung Allgemeiner Geschäftsbedingungen

ergeben könnte, weil die Geltendmachung der Vertragsstrafe nicht vom Eintritt wirtschaftlicher Nachteile beim Verwender abhängig sein muss.[188]

87 Die Vorschrift erfasst **alle Sanktionen**, die die Erbringung einer Leistung oder die Verwirkung eines Rechtes vorsehen.[189] Hierunter fallen sowohl die unselbstständigen **Vertragsstrafeversprechen** der §§ 339 ff. BGB als auch das **selbstständige Strafgedinge**.[190]

88 Dagegen ist die Anwendbarkeit der Vorschrift auf **Verfallklauseln, Reuegelder, Garantieversprechen** und **Abstandssummen** umstritten:[191]

- **Verfallklausel**: Eine Verfallklausel ist darauf gerichtet, dem Vertragspartner bei einem bestimmten Verhalten ein Recht zu nehmen. Teilweise wird die Anwendbarkeit von § 309 Nr. 6 BGB davon abhängig gemacht, ob der Vertragsbestimmung ein Strafcharakter entnommen werden kann.[192] Jedenfalls soweit der Rechtsverlust des Vertragspartners über die gesetzlich bestimmten Folgen seines Verhaltens hinausgeht, wird man einen Sanktionscharakter annehmen müssen, was für eine Anwendbarkeit des § 309 Nr. 6 BGB auf Verfallklauseln spricht.

- **Reuegeld**: Ein Reuegeld liegt vor, wenn sich der Begünstigte durch eine Geldzahlung oder eine sonstige Leistung von seiner Leistungspflicht befreien kann. Damit ist das Reuegeld der Vertragsstrafe zwar ähnlich, unterscheidet sich jedoch maßgeblich dadurch, dass der Begünstigte im Regelfall frei entscheiden kann, ob er das Reuegeld zahlen oder die Leistung erbringen möchte. Dies spricht dafür, das Reuegeld nicht unter § 309 Nr. 6 BGB, sondern in den Anwendungsbereich des § 307 BGB zu verlagern.[193]

- **Abstandssumme**: Wird der Vertragspartner durch AGB des Verwenders verpflichtet, an diesen bei vorzeitiger Vertragsbeendigung eine Abstandsumme zu zahlen, können sowohl eine Schadenspauschalierung nach § 309 Nr. 5 BGB als auch eine Vertragsstrafe nach § 309 Nr. 6 BGB in Betracht kommen.[194] Entscheidend ist, ob sich die Abstandssumme der Höhe nach im Bereich der typischerweise mit der vorzeitigen Beendigung entstehenden Schadenspositionen bewegt (dann eher Pauschalierung) oder nicht (dann Vertragsstrafe). Zu beachten ist auch, dass der Verwender bei einem rechtmäßigen Verhalten des Vertragspartners mangels Verschulden keinen gesetzlichen Schadensersatzanspruch hat, so dass die Zahlung einer Abstandssumme

---

188 BGH NJW 1966, 2008; MüKo/*Wurmnest*, § 309 Nr. 6 Rn 1; NK-BGB/*Kollmann*, § 309 Rn 82.
189 MüKo/*Wurmnest*, § 309 Nr. 6 Rn 2; NK-BGB/*Kollmann*, § 309 Rn 82; Palandt/*Grüneberg*, § 309 Rn 33.
190 MüKo/*Wurmnest*, § 309 Nr. 6 Rn 5; Palandt/*Grüneberg*, § 309 Rn 33; NK-BGB/*Kollmann*, § 309 Rn 84.
191 Palandt/*Grüneberg*, § 309 Rn 33.
192 NK-BGB/*Kollmann*, § 309 Rn 84; Wolf/Lindacher/Pfeiffer/*Dammann*, § 309 Nr. 6 Rn 17; a.A. BGH NJW-RR 1993, 464; Palandt/*Grüneberg*, § 309 Rn 33, die für eine Anwendbarkeit des § 307 BGB plädieren.
193 KG NJW-RR 1989, 1077; a.A.: NK-BGB/*Kollmann*, § 309 Rn 84; Palandt/*Grüneberg*, § 309 Rn 33; Wolf/Lindacher/Pfeiffer/*Dammann*, § 309 Nr. 6 Rn 20.
194 NK-BGB/*Kollmann*, § 309 Rn 85.

bei rechtmäßigem Verhalten des Vertragspartners mangels pauschalierungsfähigen Schadens stets als Vertragsstrafe einzuordnen ist.[195]

bb) Untersagte Vertragsstrafen

§ 309 Nr. 6 BGB erfasst verschiedene Tatbestände, in denen ein formularmäßiges Vertragsstrafeversprechen unwirksam ist. Hierzu zählen:[196]

- **Nichtabnahme oder verspätete Abnahme**: Der Begriff der Abnahme beschränkt sich hier nicht nur auf die Abnahme eines Werkes nach § 640 BGB, sondern erfasst jede Form der Abnahme einer Leistung, an die der Verwender die Sanktion der Vertragsstrafe anknüpfen kann.[197] Nicht als fehlende oder verspätete Abnahme ist der Fall einzuordnen, dass der Vertragspartner trotz Ausschließlichkeitsbindung auch Leistungen eines Dritten bezieht, die vereinbarte Leistung des Verwenders aber gleichwohl abnimmt.[198] In diesem Fall liegt keine Verletzung der Abnahmeverpflichtung vor, gleichwohl kann eine Vertragsstrafe daraus resultieren, dass der Vertragspartner die Ausschließlichkeitsbindung verletzt hat, wenn diese Verletzungshandlung Anknüpfungspunkt des Vertragsstrafeversprechens war.
- **Zahlungsverzug**: Dem Verwender ist es untersagt, sich eine Vertragsstrafe für den Fall versprechen zu lassen, dass der Vertragspartner mit seiner Zahlung in Verzug gerät.[199] Hierunter fallen sowohl die vollständige Nichtleistung als auch die Verspätung mit einem Teil der zu erbringenden Zahlungen.[200] Nicht in den Anwendungsbereich dieses Verbotstatbestandes fällt der Sachleistungsverzug.[201] Auch die Vertragsstrafe beim Fahren ohne Fahrschein knüpft nicht an einen Zahlungsverzug des Schwarzfahrers, sondern vielmehr daran an, dass er sich die Beförderungsleistung erschleichen wollte;[202] eine derartige Vertragsstrafe ist in den Grenzen des § 307 Abs. 3 S. 1 BGB wirksam.
- **Vertragsbeendigung durch den Vertragspartner**: Eine Vertragsstrafe ist auch dann unwirksam, wenn sie an eine Vertragsbeendigung durch den Vertragspartner anknüpft.[203] Erfasst werden zunächst alle rechtmäßigen vertraglichen und gesetzlichen Beendigungsmöglichkeiten des Vertragspartners (Rücktritt, Kündigung, Anfechtung, etc.).[204] Darüber hinaus ist die Vertragsstrafe aber auch dann unwirksam,

---

195 Im Ergebnis ähnlich: NK-BGB/*Kollmann*, § 309 Rn 85.
196 MüKo/*Wurmnest*, § 309 Nr. 6 Rn 9 ff.; NK-BGB/*Kollmann*, § 309 Rn 83; Palandt/*Grüneberg*, § 309 Rn 34 ff.
197 MüKo/*Wurmnest*, § 309 Nr. 6 Rn 9; Palandt/*Grüneberg*, § 309 Rn 34.
198 NK-BGB/*Kollmann*, § 309 Rn 83.
199 MüKo/*Wurmnest*, § 309 Nr. 6 Rn 10 f.; Palandt/*Grüneberg*, § 309 Rn 35.
200 NK-BGB/*Kollmann*, § 309 Rn 83.
201 MüKo/*Wurmnest*, § 309 Nr. 6 Rn 10; Palandt/*Grüneberg*, § 309 Rn 35.
202 MüKo/*Wurmnest*, § 309 Nr. 6 Rn 11; NK-BGB/*Kollmann*, § 309 Rn 83; Palandt/*Grüneberg*, § 309 Rn 35.
203 MüKo/*Wurmnest*, § 309 Nr. 6 Rn 12; Palandt/*Grüneberg*, § 309 Rn 36.
204 Palandt/*Grüneberg*, § 309 Rn 36.

wenn sie an ein unberechtigtes oder nicht formgerechtes Beendigungsverlangen anknüpft, weil in diesem Fall der Verwender durch die Geltendmachung eines Schadensersatzanspruchs gegen den Vertragspartner hinreichend geschützt ist.[205]

cc) Kaufmännischer Geschäftsverkehr

90 Gegenüber einem Unternehmer ist eine Vertragsbedingung, die diesem eine **Vertragsstrafe** für von ihm verursachte Leistungsstörungen auferlegt, **grundsätzlich wirksam**.[206] Dies wird damit begründet, dass der die Allgemeinen Geschäftsbedingungen verwendende Unternehmer angesichts der wirtschaftlichen Bedeutung rein kaufmännischer Geschäfte regelmäßig ein gesteigertes Interesse an der Einhaltung des Vertrages durch den anderen Unternehmer hat.[207] Allerdings sind entsprechende Klauseln über die Generalklausel des § 307 Abs. 1 S. 1 BGB auf ihre Unangemessenheit hin zu überprüfen.[208]

dd) Wirksamkeitserfordernisse nach § 307 BGB

91 Die fehlende Anwendbarkeit des § 309 Nr. 6 BGB auf alle Arten der Vertragsstrafe führt nicht zu einer generellen Wirksamkeit entsprechender Vereinbarungen. Vielmehr sind – außerhalb des Anwendungsbereiches des § 309 Nr. 6 BGB – Vertragsstrafen nach § 307 BGB auf ihre Angemessenheit hin zu untersuchen.[209] Deshalb erlangt die Anwendung des § 307 BGB insbesondere für Vertragsstrafen im kaufmännischen Geschäftsverkehr besondere Bedeutung.

92 Für die Wirksamkeit einer Vertragsstrafe spricht es, wenn der Verwender ohne die Vertragsstrafe kein ausreichendes Druckmittel hätte, den Vertragspartner zu seiner Leistung zu bewegen, und eine Schadenspauschalierung den Interessen des Verwenders gerade nicht genügt.[210]

93 Die maximale **Höhe der Vertragsstrafe** sollte sich grundsätzlich an der voraussichtlichen Schadenshöhe orientieren und durch den Wert der wesentlichen vertraglichen Leistung begrenzt werden.[211] Im Einzelfall kann die Vertragsstrafe jedoch auch über den Wert der Leistung hinausgehen, wenn das Interesse des Verwenders an einer Leistung durch den Vertragspartner besonders groß ist und durch eine reine Abgeltung des Schadens nicht ohne Weiteres ausgeglichen werden kann. Zu berücksichtigen ist auch, dass

---

205 NK-BGB/*Kollmann*, § 309 Rn 83.
206 BGH NJW 1985, 53, 56; BGH BB 1995, 1437; NK-BGB/*Kollmann*, § 309 Rn 86; MüKo/*Wurmnest* § 309 Nr. 6 Rn 19; Palandt/*Grüneberg*, § 309 Rn 38.
207 NK-BGB/*Kollmann*, § 309 Rn 86; MüKo/*Wurmnest*, § 309 Nr. 6 Rn 19.
208 NK-BGB/*Kollmann*, § 309 Rn 86; Palandt/*Grüneberg*, § 309 Rn 38; MüKo/*Wurmnest*, § 309 Nr. 6 Rn 19.
209 MüKo/*Wurmnest* § 309 Nr. 6 Rn 7.
210 BGHZ 75, 230, 235 f.; NK-BGB/*Kollmann*, § 309 Rn 88; ähnlich: MüKo/*Wurmnest*, § 309 Nr. 6 Rn 19.
211 BGH NJW 1998, 2600, 2602; NK-BGB/*Kollmann*, § 309 Rn 88.

C. Die Inhaltskontrolle (§§ 307 ff. BGB) § 5

der Verwender gegenüber Verbrauchern deutlich geringere Vertragsstrafen in seinen AGB durchsetzen kann als gegenüber einem Kaufmann.[212]

Insgesamt muss die Vertragsstrafe in einem angemessenen Verhältnis zu der Schwere der Pflichtverletzung bzw. des sonstigen Verhaltens des Vertragspartners stehen.[213] Demnach sollten entweder Vertragsstrafen unterschiedlicher Höhe für leichte bzw. schwere Verstöße vorgesehen werden oder die Vertragsstrafe von vornherein nur auf schwere Verstöße des Vertragspartners begrenzt werden. Eine Unwirksamkeit der Vertragsstrafeklausel kann sich auch dann ergeben, wenn mehrere Pflichtverletzungen zu einer einheitlichen Vertragsstrafe kumuliert werden.[214]   94

Auch die **sonstigen Modalitäten** der Vertragsstrafe können Gegenstand der Inhaltskontrolle nach § 307 BGB sein oder zumindest in die Abwägung der Interessen mit einfließen.[215] So wird überwiegend davon ausgegangen, dass eine Vertragsstrafe ein **Verschulden des Vertragspartners** voraussetzt.[216] Ausnahmen hiervon sind allenfalls dann zulässig, wenn die Interessen des Verwenders die Interessen des Vertragspartners an einer verschuldensabhängigen Haftung derart überwiegen, dass im Einzelfall die Vertragsstrafe auch ohne ein schuldhaftes Verhalten des Vertragspartners noch angemessen erscheint.[217] Allerdings sind derartige Konstellationen – gerade bei Rechtsgeschäften mit Verbrauchern – nahezu ausgeschlossen.   95

Ebenfalls grundsätzlich zur Unwirksamkeit der Vertragsstrafe in den Geschäftsbedingungen des Verwenders würde es führen, wenn die Vertragsstrafe nicht auf Schadensersatzansprüche des Verwenders gegen den Vertragspartner **angerechnet** werden könnte.[218]   96

Auch der **Zeitpunkt der Geltendmachung der Vertragsstrafe** unterliegt einer Angemessenheitskontrolle und darf nicht willkürlich durch den Verwender hinausgezögert werden.[219] Deshalb ist eine klare Regelung, innerhalb welchen Zeitraums die Vertragsstrafe verlangt werden kann, zu empfehlen. Anerkannt ist in diesem Zusammenhang bspw., dass der Verwender sich die Geltendmachung der Vertragsstrafe bis zur Schluss-   97

---

212 NK-BGB/*Kollmann*, § 309 Rn 88.
213 BGH DB 1990, 1323; OLG Celle NJW-RR 1988, 946, 947; OLG München NJW-RR 1998, 393, 394; NK-BGB/*Kollmann*, § 309 Rn 88; MüKo/*Wurmnest*, § 309 Nr. 6 Rn 20.
214 NK-BGB/*Kollmann*, § 309 Rn 88.
215 NK-BGB/*Kollmann*, § 309 Rn 90; MüKo/*Wurmnest*, § 309 Nr. 6 Rn 7.
216 OLG Celle NJW-RR 1988, 946, 947; NK-BGB/*Kollmann*, § 309 Rn 90; MüKo/*Wurmnest*, § 309 Nr. 6 Rn 20; Palandt/*Grüneberg*, § 309 Rn 39.
217 BGHZ 72, 174, 177 ff. = BGH NJW 1979, 105, 106 f.; BGH NJW 2002, 1274; BGH NJW 1985, 57; BGH NJW 1998, 2600, 2601 f.; BGH NJW 2003 1805, 1808; NK-BGB/*Kollmann*, § 309 Rn 90.
218 BGH NJW-RR 2009, 1404, 1405 Rn 12; BGHZ 63, 256, 260; BGH NJW 1985, 53, 56; BGH NJW 1992, 196, 1097; Palandt/*Grüneberg*, § 309 Rn 39; NK-BGB/*Kollmann*, § 309 Rn 90.
219 NK-BGB/*Kollmann*, § 309 Rn 90.

zahlung vorbehalten darf,[220] also bis zu dem Zeitpunkt, in dem der Leistungsaustausch zwischen den Vertragsparteien vollzogen ist.

98 **Mehrere Verstöße** des Vertragspartners, die in einem inneren Zusammenhang stehen, sind nach der gesetzlichen Regelung als ein Verstoß zu behandeln, wovon der Verwender grundsätzlich nicht zulasten des Vertragspartners abweichen darf.[221] Eine Ausnahme kommt auch hier nur dann in Betracht, wenn das Interesse des Verwenders an einer gesonderten Vertragsstrafe für jeden Verstoß das des Vertragspartners deutlich überwiegt.[222]

99 Bei **erheblichen zeitlichen Verzögerungen** der Vertragsdurchführung, die entweder der Verwender zu vertreten hat oder die beide Vertragspartner nicht verschuldet haben, ist der Verwender nach § 242 BGB daran gehindert, von seinem Vertragspartner eine Vertragsstrafe zu verlangen.[223]

100 Gegenstand der Rechtsprechung waren Vertragsstrafen insbesondere im Zusammenhang mit **Bauaufträgen**. Diese Entscheidungen dürften – zumindest im Grundsatz – auch auf sonstige Verträge übertragbar sein, an denen Unternehmer als Vertragspartner beteiligt sind:

- **Verschulden**: Die Erforderlichkeit eines Verschuldens für die Auslösung der Vertragsstrafe war im Baurecht früher ausdrücklich in § 11 Nr. 2 VOB/B a.F. geregelt.[224] Auch nach der Änderung des § 11 VOB/B ergibt sich das Erfordernis eines Verschuldens bei der Vertragsstrafe, da diese im Baurecht grundsätzlich einen Verzug des Schuldners voraussetzt und dieser Schuldnerverzug nur verschuldensabhängig eintreten kann.[225]
- **Höhe der Vertragsstrafe**: In zeitlicher Hinsicht darf die Vertragsstrafe 0,2 % pro Werktag bzw. 0,3 % je Arbeitstag bezogen auf die Auftragssumme nicht überschreiten.[226] Der maximale Höchstbetrag darf einen Wert von 5 % der Netto-Auftragssumme nicht überschreiten und ist unabhängig von Gesamtvolumen des Auftrags.[227]

---

220 BGH NJW 1983, 385, 386 f.; BGH NJW 2003, 1805, 1806 f.; BGH NJW 1987, 380, 381.
221 BGHZ 121, 13, 18 f. = BGH NJW 1993, 721, 722; Palandt/*Grüneberg*, § 309 Rn 39; MüKo/*Wurmnest*, § 309 Nr. 6 Rn 24; NK-BGB/*Kollmann*, § 309 Rn 90.
222 BGH NJW 1993, 1786, 1787; Palandt/*Grüneberg*, § 309 Rn 39; NK-BGB/*Kollmann*, § 309 Rn 90.
223 A.A. NK-BGB/*Kollmann*, § 309 Rn 90, der nur bei einem Verschulden des Verwenders die Einrede des § 242 BGB als begründet ansieht; vgl. auch Hofmann/Frikell/Schwamb, Unwirksame Bauvertragsklauseln, S. 228.
224 NK-BGB/*Kollmann*, § 309 Rn 59.
225 Kapellmann/Messerschmidt/*Langen*, VOB, 5. Auflage 2015, § 11 VOB/B Rn 59.
226 BGH NJW 1999, 1108, 1109; BGH NJW 2002, 2322; BGH ZIP 2004, 1855, 1856; OLG Jena IBR 2002, 542 = OLG Jena NJW-RR 2002, 1178 f.; KG NJW-RR 2003, 1599; MüKo/*Wurmnest*, § 309 Nr. 6 Rn 21; NK-BGB/ *Kollmann*, § 309 Rn 91; *Gehlen*, NJW 2003, 2961, 2962; für eine Unwirksamkeit bei einer Vertragsstrafe von 0,5 % der Auftragssumme je Arbeitstag: BGH NJW-RR 2002, 806; BGH NJW 2002, 2322.
227 BGHZ 153, 311 = BGH NJW 2003, 1805; BGH ZIP 2004, 1855; MüKo/*Wurmnest*, § 309 Nr. 6 Rn 21; NK-BGB/*Kollmann*, § 309 Rn 91; kritisch: *Gehlen*, NJW 2003, 2961, 2962; *Pauly*, MDR 2005, 781, 783.

C. Die Inhaltskontrolle (§§ 307 ff. BGB) § 5

- **Kumulierung von Vertragsstrafen**: Eine Unwirksamkeit kommt vor allem dann in Betracht, wenn der Maximalbetrag innerhalb eines kurzen Zeitraums durch mehrere Einzelvertragsstrafen überschritten werden kann, diese jedoch in einem kausalen Zusammenhang zueinander stehen.[228] Dies kann etwa dann geschehen, wenn sich der Verzug aus einem vorhergehenden Bauabschnitt in dem nächsten fortsetzt und dadurch jeweils die Gesamt-Vertragsstrafe ausgelöst wird. Die Vertragsstrafe sollte sich daher stets nur auf die konkreten Leistungsabschnitte beziehen.[229]

In anderem Zusammenhang hat die Rechtsprechung folgende Kriterien für die Angemessenheit einer Vertragsstrafe in AGB herangezogen:

- **Submissionsabsprache**: Eine Vertragsstrafe, die in einem öffentlichen Vergabeverfahren an Absprachen der beteiligten Bieter anknüpft, ist zumindest dann unwirksam, wenn die Vertragsstrafe von mehreren oder allen Beteiligten verwirkt werden kann und der Verwender keine Höchstregelung vorgesehen hat.[230] Aus diesem Grund ist im Zusammenhang mit einer Submissionsabsprache in AGB wohl nur eine Schadenspauschalierung möglich.[231]
- **Ausschließlichkeitsbindung**: Soweit diese kartellrechtlich zulässig sind, muss die vereinbarte Exklusivität auch über eine Vertragsstrafe zugunsten des Verwenders zu sichern sein, zumal im konkreten Einzelfall der Verwender den Nachweis eines Schadens kaum führen kann.[232] Die Höhe der Vertragsstrafe ist auch an dem möglichen Gewinn des Vertragspartners aus der Verletzung der Ausschließlichkeitsbindung zu orientieren.[233]
- **Handelsvertretervertrag**: Eine Vertragsstrafe für nicht weitergeleitete Anschriften von Vertragspartnern in Höhe von 250,– DM (heute der entsprechende Umrechnungswert in EUR) ist grundsätzlich wirksam;[234] Gleiches gilt für den Fall, dass der Handelsvertreter Mitarbeiter des Verwenders abwirbt und hierfür eine Vertragsstrafe von 10.000,– DM (heute der entsprechende Umrechnungswert in EUR) zahlen soll.[235] Zulässig ist grundsätzlich auch eine Vertragsstrafe, die einem Vertragshändler zum Schutz eines selektiven Vertriebssystems für den Fall der Veräußerung an nicht

---

228 BGH NJW 1999, 1108, 1109; BGH NJW 2003, 1805, 1808; OLG Jena NJW-RR 2002, 1179; NK-BGB/*Kollmann*, § 309 Rn 91.
229 NK-BGB/*Kollmann*, § 309 Rn 91; *v. Westphalen*, NJW 2003, 1981.
230 BGH EWiR 1987, 421 f.; NK-BGB/*Kollmann*, § 309 Rn 92; Hofmann/Frikell/Schwamb, Unwirksame Bauvertragsklauseln, S. 237.
231 BGHZ 131, 356, 359 = BGH NJW 1996, 1209, 1210 = BGH ZIP 1996, 508; MüKo/*Wurmnest* § 309 Nr. 6 Rn 22; NK-BGB/*Kollmann*, § 309 Rn 92.
232 BGH NJW-RR 1988, 39, 41; NK-BGB/*Kollmann*, § 309 Rn 93.
233 BGH NJW-RR 1998, 1508 = BGH ZIP 1998, 1159.
234 BGH NJW 1993, 1786, 1787 f.; Palandt/*Grüneberg*, § 309 Rn 38; NK-BGB/*Kollmann*, § 309 Rn 97.
235 OLG München NJW-RR 1994, 867, 868; MüKo/*Wurmnest* § 309 Nr. 6 Rn 25; NK-BGB/*Kollmann*, § 309 Rn 97.

autorisierte Wiederverkäufer in Höhe der Differenz von Händlereinstiegspreis und unverbindlicher Preisempfehlung des Herstellers auferlegt wird.[236] Unangemessen sind dagegen Vertragsstrafen, die dem Handelsvertreter die Existenzgrundlage entziehen.[237] Dies wird man jedoch nur dann annehmen können, wenn die Vertragsstrafe den üblichen monatlichen Nettoverdienst eines Handelsvertreters erheblich übersteigt. Unwirksam ist ferner das Versprechen eines Handelsvertreters, bei jedem Verstoß gegen ein Konkurrenzverbot eine doppelte Monatsprovision zu bezahlen.[238]

- **Mietvertrag**: Ca. 2 % des Mietzinses pro Tag bei verspätetem Mietbeginn sind bei gewerblichen Mietverhältnissen grundsätzlich zulässig.[239]
- **Arzneimittelliefervertrag**: Die Vereinbarung einer Vertragsstrafe, die für Vertragsverletzungen von erheblich unterschiedlichem Gewicht ein und denselben Betrag vorsieht, ist nur wirksam, wenn dieser auch angesichts des typischerweise geringsten Vertragsverstoßes noch angemessen ist.[240]

g) Haftungsausschluss (§ 309 Nr. 7 BGB)

102 § 309 Nr. 7 BGB regelt inhaltlich die in AGB zulässige Reichweite eines Haftungsausschlusses durch den Verwender. Nach § 309 Nr. 7 lit. a BGB ist es dem Verwender zunächst untersagt, bei den besonders wichtigen Rechtsgütern Leben, Körper oder Gesundheit die Haftung für eigenes Fehlverhalten auszuschließen oder zu begrenzen. Im Übrigen kann sich der Verwender nach § 309 Nr. 7 lit. b BGB nicht für grobes Verschulden oder Vorsatz freizeichnen. Damit bezweckt § 309 Nr. 7 BGB einen Mindestschutz zugunsten des Vertragspartners bei Pflichtverletzungen des Verwenders.[241]

103 Erfasst werden durch § 309 Nr. 7 BGB grundsätzlich alle Formen der Haftungsbegrenzung.[242] Dies umfasst den generellen Ausschluss von Schadensersatzansprüchen ebenso, wie die Verkürzung der Verjährung des Ersatzanspruchs.[243]

104 Ob § 309 Nr. 7 BGB sich auch auf **deliktische Ansprüche** erstrecken soll, hängt von dem Rechtsbindungswillen der Vertragsparteien und damit der Auslegung der AGB ab. Denn

---

236 OLG München BB 1997, 2399; MüKo/*Wurmnest*, § 309 Nr. 6 Rn 25.
237 OLG München NJW-RR 1996, 1181; MüKo/*Wurmnest*, § 309 Nr. 6 Rn 25; NK-BGB/*Kollmann*, § 309 Rn 97.
238 OLG Hamm MDR 1984, 404; MüKo/*Wurmnest*, § 309 Nr. 6 Rn 25.
239 BGH NJW 2003, 2158, 2161; Palandt/*Grüneberg*, § 309 Rn 8; NK-BGB/*Kollmann*, § 309 Rn 98.
240 BGH NJW 2016, 1230 Rn 34 ff.
241 MüKo/*Wurmnest*, § 309 Nr. 7 Rn 1 f.; NK-BGB/*Kollmann*, § 309 Rn 101; vgl. auch Wolf/Lindacher/Pfeiffer/ *Dammann*, § 309 Nr. 7 Rn 2 f.
242 Palandt/*Grüneberg*, § 309 Rn 40; MüKo/*Wurmnest*, § 309 Nr. 7 Rn 23; zur Unwirksamkeit von Haftungsausschlüssen im Gebrauchtwagenhandel: BGH NJW-RR 2015, 738, 739 Rn 16; OLG Koblenz MDR 2013, 777; OLG Koblenz MDR 2012, 206; OLG Oldenburg, Urt. v. 27.5.2011 – 6 U 14/11, zum Haftungsausschluss des Reiseveranstalters: LG Dortmund WRP 2011, 1671.
243 BGH NJW-RR 1987, 1252; BGH BB 2007, 177, 178; BGH NJW 2007, 674; BGH NJW-RR 2008, 1129; LG Düsseldorf VuR 1994, 286, 287; NK-BGB/*Kollmann*, § 309 Rn 101; MüKo/*Wurmnest*, § 309 Nr. 7 Rn 23; BT-Drucks 14/6040, S. 159; BGH NJW 2009, 1486.

grundsätzlich knüpft das Klauselverbot an den Begriff der Pflichtverletzung an, der bei deliktischen Ansprüchen gerade keine Tatbestandsvoraussetzung ist.[244] Die Auslegung des Wortlauts legt daher nahe, dass deliktische Ansprüche von der Regelung des § 309 Nr. 7 BGB nicht erfasst sind. Für eine Erstreckung der Einschränkung der Haftungsbegrenzung auf deliktische Schadensersatzansprüche spricht auch nicht, dass der Schutz des Vertragspartners unvollkommen wäre, da der – nur eingeschränkt begrenzbare vertragliche Schadensersatzanspruch – neben den gesetzlichen Schadensersatzanspruch nach den §§ 823 ff. BGB tritt. Beruht das Verhalten des Verwenders demnach tatsächlich auf einer dem Verwender zurechenbaren schuldhaften Pflichtverletzung, greift § 309 Nr. 7 BGB ein, in dessen Rahmen der Verwender seine Haftung nicht ausschließen kann. Vor diesem Hintergrund ist eine – vom Wortlaut der Vorschrift nicht gestützte – Ausdehnung auf deliktische Ansprüche zum Schutz des Vertragspartners nicht geboten. Zudem ist der Bereich, in dem eine die deliktische Haftung begründende schuldhafte Rechtsgutsverletzung nicht zugleich eine vertragliche Pflichtverletzung darstellt, sehr stark eingeschränkt. Es lässt sich deshalb vertreten, dass der Verwender seine Haftung bei ausschließlich deliktischen Ansprüchen ohne Berücksichtigung des § 309 Nr. 7 BGB begrenzen kann.[245]

Zur Umsetzung des vorgenannten Regelungszieles hat § 309 Nr. 7 BGB im Jahr 2002 eine **strukturelle Veränderung** erfahren, die verschiedene Regelungsbereiche des früheren AGB-Gesetzes zusammengeführt hat. Neben den eigentlichen Klauselverboten regelt die Vorschrift in ihrem zweiten Halbsatz nunmehr auch ihren **Anwendungsbereich**, der ursprünglich in § 23 Abs. 2 Nr. 3 und 4 AGBG vorgesehen war. Danach werden die nach § 309 Nr. 7 BGB für Vertragsbedingungen geltenden Haftungsausschlüsse bei **Personenbeförderungsverträgen**, die staatlich genehmigte Beförderungsbedingungen und Tarifvorschriften enthalten, sowie bei **Lotterie- und Ausspielverträgen**, soweit sie sich auf sonstige Schäden i.S.d. § 309 Nr. 7 lit. b BGB beziehen, eingegrenzt.[246] **Ziel der Umstrukturierung** ist es, den materiell-rechtlichen Inhalt der Klauselverbote mit ihrem spezifischen Anwendungsbereich zusammenzuführen und hierdurch die Norm übersichtlicher zu gestalten.[247]

---

244 NK-BGB/*Kollmann*, § 309 Rn 101; MüKo/*Wurmnest*, § 309 Nr. 7 Rn 9; a.A. AnwK-Schuldrecht/*Hennrichs*, § 309 Rn 13.
245 Umstritten, vgl. BGH NJW 2004, 2965 f.; BGHZ 100, 158, 184 = BGH NJW 1987, 1931, 1938; BGH NJW 1995, 1488, 1489 f.; NK-BGB/*Kollmann*, § 309 Rn 102; MüKo/*Wurmnest*, § 309 Nr. 7 Rn 9; Palandt/*Grüneberg*, § 309 Rn 40.
246 MüKo/*Wurmnest*, § 309 Nr. 7 Rn 14 ff.; Palandt/*Grüneberg*, § 309 Rn 46 f.; NK-BGB/*Kollmann*, § 309 Rn 110 f.
247 BT-Drucks 14/6040, S. 156.

§ 5 Die Auslegung Allgemeiner Geschäftsbedingungen

106 Zudem ist fraglich, ob sich eine wirksame Haftungsbegrenzung des Verwenders auch zugunsten seiner **Arbeitnehmer und sonstiger Gehilfen** auswirkt.[248] Die Rechtsprechung legt den Vertrag zwischen dem Verwender und seinem Vertragspartner regelmäßig sehr weit aus und bezieht Arbeitnehmer und sonstige Gehilfen üblicherweise in den Schutzbereich des Vertrages und damit in den Wirkungsbereich der Haftungsbegrenzung mit ein.[249] Dies ist im Ergebnis auch nachvollziehbar, da es nicht sein darf, dass ein Vertragspartner sich bei Vorliegen einer wirksamen Haftungsbegrenzung im Verhältnis zu dem Verwender bei dessen – in der Regel – wirtschaftlich schwächeren Arbeitnehmern und Gehilfen schadlos zu halten versucht. Vorsorglich ist dem Verwender allerdings zu empfehlen, eine Klarstellung hinsichtlich der Einbeziehung seiner Mitarbeiter und sonstigen Gehilfen in die Haftungsbegrenzung aufzunehmen, um im ungünstigsten Fall nicht im Innenverhältnis gegenüber dem Mitarbeiter bzw. Gehilfen ersatzpflichtig zu sein, wenn dieser von dem Vertragspartner (erfolgreich) in Anspruch genommen worden ist.

aa) Verletzung von Leben, Körper oder Gesundheit (§ 309 Nr. 7 lit. a BGB)

107 Nach § 309 Nr. 7 lit. a BGB ist in Allgemeinen Geschäftsbedingungen ein Ausschluss oder eine Begrenzung der Haftung für Schäden aus der Verletzung des Lebens, des Körpers oder der Gesundheit unwirksam, der auf einer fahrlässigen Pflichtverletzung des Verwenders oder einer vorsätzlichen oder fahrlässigen Pflichtverletzung eines gesetzlichen Vertreters oder Erfüllungsgehilfen des Verwenders beruht.

108 § 309 Nr. 7 lit. a BGB stellt klar, dass der Verwender **uneingeschränkt haftet**, wenn eine von ihm zu verantwortende Pflichtverletzung zu einer Verletzung des Lebens, Körpers oder der Gesundheit eines Menschen führt.[250] Die Aufzählung der von diesem Verbot der Haftungsfreizeichnung erfassten Rechtsgüter ist angesichts der besonderen Bedeutung der enumerierten Rechtsgüter für deren Inhaber und der fortbestehenden Möglichkeit der Haftungsbegrenzung in § 309 Nr. 7 lit. b BGB abschließend.[251]

109 Grund für die Herausnahme der genannten Rechtsgüter aus dem Anwendungsbereich des § 309 Nr. 7 lit. b BGB war die Umsetzung der Richtlinie 93/13/EWG.[252] Nach dieser Richtlinie sind Klauseln für missbräuchlich zu erklären, die darauf abzielen oder zur Folge haben, dass die gesetzliche Haftung des Verwenders für die Tötung eines Menschen oder die Verursachung eines Körperschadens bei einem Menschen ausgeschlossen oder eingeschränkt wird.

---

248 MüKo/*Wurmnest*, § 309 Nr. 7 Rn 10; Palandt/*Grüneberg*, § 309 Rn 40; NK-BGB/*Kollmann*, § 309 Rn 104.
249 BGH ZIP 1985, 687, 689 = BGH VersR 1985, 595; BGHZ 130, 223; vgl. auch NK-BGB/*Kollmann*, § 309 Rn 104; a.A. BGHZ 96, 18, 24 = BGH NJW 1986, 1610, 1611 f.
250 BT-Drucks 14/6040, S. 156; MüKo/*Wurmnest*, § 309 Nr. 7 Rn 19; NK-BGB/*Kollmann*, § 309 Rn 108.
251 Für die Einbeziehung weiterer Rechtsgüter (Freiheit, sexuelle Selbstbestimmung): *Joachim*, NZM 2003, 387, 388.
252 NK-BGB/*Kollmann*, § 309 Rn 101; MüKo/*Wurmnest*, § 309 Nr. 7 Rn 19; *v. Westphalen*, NJW 2002, 12, 21.

Dementsprechend wurde schon die frühere Regelung des § 11 Nr. 7 AGBG entgegen ihrem Wortlaut von der Rechtsprechung so ausgelegt, dass eine Haftungsbegrenzung durch den Verwender im Fall eines schuldhaft herbeigeführten Körperschadens unwirksam war.[253]

Ein **Haftungsausschluss** ist immer dann anzunehmen, wenn der Verwender seine Haftung vollständig ausschließt. Eine **Haftungsbegrenzung** kann sowohl unmittelbar als auch mittelbar vorliegen. Eine mittelbare Haftungsbegrenzung kommt etwa in Betracht, wenn der Verwender die Pflichtverletzungen, die zu einer vertraglichen Haftung führen sollen, einschränkt.[254] Ähnliches gilt, wenn der Verwender die Ansprüche des Vertragspartners bei einer Pflichtverletzung auf einen Rücktritt oder eine Minderung beschränkt, weil in diesem Fall der Schadensersatzanspruch des Vertragspartners ausgeschlossen und damit die Haftung begrenzt werden soll.[255] Auch der Schmerzensgeldanspruch nach § 253 Abs. 2 BGB wird von dem Verbot umfasst.[256]

bb) Grobes Verschulden (§ 309 Nr. 7 lit. b BGB)

Nach § 309 Nr. 7 lit. b BGB ist ein Ausschluss oder eine Begrenzung der Haftung für sonstige Schäden unwirksam, die auf einer grob fahrlässigen Pflichtverletzung des Verwenders oder auf einer vorsätzlichen oder grob fahrlässigen Pflichtverletzung eines gesetzlichen Vertreters oder Erfüllungsgehilfen des Verwenders beruht.

Nach dem Inhalt der Vorschrift ist eine Allgemeine Geschäftsbedingung unwirksam, die die Haftung des Verwenders hinsichtlich sonstiger, d.h. nicht von § 309 Nr. 7 lit. a BGB erfasster, Schäden ausschließt oder begrenzt, die auf grober Fahrlässigkeit beruhen. Erfasst werden nach h.M. **alle Arten schuldhafter Leistungsstörungen**, unabhängig davon, ob sie durch den Verwender selbst oder von dessen gesetzlichem Vertreter oder Erfüllungsgehilfen (§ 278 BGB) verursacht worden sind.[257] Ebenfalls unter § 309 Nr. 7 BGB fallen grundsätzlich die Fälle, in denen der Verwender sich der Haftung dadurch zu entziehen versucht, dass er die Erfüllung aller oder einzelner Pflichten auf einen Dritten verlagert.[258]

Soweit der Wortlaut des § 309 Nr. 7 BGB im Jahr 2002 an die Veränderungen des Leistungsstörungsrechtes angepasst worden ist, wurde der Begriff der „*Vertragsverletzung*"

---

253 OLG Stuttgart NJW-RR 1988, 1082, 1083; OLG Karlsruhe NJW-RR 1989, 1333, 1335; MüKo/*Wurmnest*, § 309 Nr. 7 Rn 19.
254 MüKo/*Wurmnest*, § 309 Nr. 7 Rn 23; NK-BGB/*Kollmann*, § 309 Rn 103; Wolf/Lindacher/Pfeiffer/*Dammann*, § 309 Nr. 7 Rn 50.
255 NK-BGB/*Kollmann*, § 309 Rn 103.
256 MüKo/*Wurmnest*, § 309 Nr. 7 Rn 19; Palandt/*Grüneberg*, § 309 Rn 43.
257 BGH NJW 1983, 1322, 1325; NK-BGB/*Kollmann*, § 309 Rn 103; MüKo/*Wurmnest*, § 309 Nr. 7 Rn 21 f.; Palandt/*Grüneberg*, § 309 Rn 44; Wolf/Lindacher/Pfeiffer/*Dammann*, § 309 Nr. 7 Rn 20; *v. Westphalen*, NJW 2002, 12, 21.
258 NK-BGB/*Kollmann*, § 309 Rn 103; Wolf/Lindacher/Pfeiffer/*Dammann*, § 309 Nr. 7 Rn 21.

durch den der „*Pflichtverletzung*" (siehe § 280 Abs. 1 S. 1 BGB) ersetzt, ohne dadurch wesentliche inhaltliche Veränderungen des bisherigen Anwendungsbereichs herbeizuführen.[259] Allerdings wird durch die Änderung auch der Bereich der **Schlechtleistung im Kaufrecht** von dem Klauselverbot des § 309 Nr. 7 BGB erfasst, soweit dieser Schadensersatzansprüche des Vertragspartners gegen den Verwender regelt. Dies ist jedoch sach- und systemgerecht, da schon nach früherem Recht Schadensersatzansprüche, die aus einem Mangel resultierten, dem Anwendungsbereich des § 11 Nr. 7 AGBG unterfielen und § 309 Nr. 7 BGB im Übrigen **alle Arten schuldhafter Leistungsstörungen**, also auch die der Schlechtleistung im Kaufrecht, erfasst.

115 Konsequenz dieser Regelung ist, dass der Verwender sich seiner Haftung gegenüber dem Vertragspartner für von ihm durch die Verletzung der Rechtsgüter Leben, Körper oder Gesundheit verursachte Schäden durch Allgemeine Geschäftsbedingungen grundsätzlich nicht entziehen kann. Auch bei vorsätzlichen oder grob fahrlässig in der Sphäre des Verwenders herbeigeführten Pflichtverletzungen besteht keine Möglichkeit der Beschränkung der Haftung des Verwenders. Dagegen ist im Bereich der sonstigen Schäden eine Begrenzung der Haftung für leichte Fahrlässigkeit nach wie vor möglich.

116 Bei der Gestaltung der Haftungsbegrenzung ist auch zu beachten, dass die **Verletzung wesentlicher Vertragspflichten** dann zur Unwirksamkeit der Vertragsbestimmung führen kann, wenn hierdurch die Erreichung des Vertragszwecks gefährdet wird, insbesondere die Leistungszusage des Verwenders ausgehöhlt wird.[260] Problematisch ist allerdings, dass weder Gesetzgeber noch Rechtsprechung konkrete Vorgaben für den Begriff der wesentlichen Vertragspflichten machen. Der BGH hat bislang nur entschieden, dass allein die Verwendung des Begriffs „*Kardinalpflichten*" nicht klar und verständlich ist und deshalb gegen das Transparenzgebot des § 307 Abs. 1 S. 2 BGB verstößt.[261] Insoweit wird man unter wesentlichen Vertragspflichten diejenigen Vertragspflichten verstehen, die aus der objektivierten Sicht des Vertragspartners für die Erfüllung des Vertragszwecks, d.h. die Erfüllung der vertraglichen Hauptleistungspflicht, von Bedeutung sind und deren Nichtbeachtung den Leistungserfolg nicht nur unerheblich beeinträchtigt.

117 Folge eines Verstoßes einer Allgemeinen Geschäftsbedingung gegen § 309 Nr. 7 BGB ist die Unwirksamkeit der Haftungsbegrenzung. Hierfür genügt bereits die unzureichende Differenzierung der Verschuldensgrade oder der verletzten Rechtsgüter.[262] Teilweise wird eine geltungserhaltende Reduktion für solche Bestandteile der vorformulierten Haftungsregelung für möglich gehalten, die sich sprachlich und inhaltlich von dem unwirk-

---

259 NK-BGB/*Kollmann*, § 309 Rn 103; BT-Drucks 14/6040, S. 156.
260 BGHZ 89, 363, 367 = BGH NJW 1984, 1350, 1351; BGHZ 103, 316, 324 = BGH NJW 1988, 1785, 1787; MüKo/*Wurmnest*, § 309 Nr. 7 Rn 26.
261 BGHZ 164, 11, 35 f. = BGH NJW-RR 2005, 1496, 1505.
262 BGH NJW 2002, 2472; NK-BGB/*Kollmann*, § 309 Rn 106.

samen Teil trennen lassen.²⁶³ Ist die Haftungsbegrenzung unwirksam, kommt bei einer Pflichtverletzung des Verwenders die gesetzliche Regelung des § 276 BGB zur Anwendung, nach der für eine Haftung bereits leichte Fahrlässigkeit genügt und der Verwender **unbeschränkt haftet.**²⁶⁴ Bei unentgeltlichen Leistungen des Verwenders wird allerdings im Regelfall die Haftung auf Vorsatz und grobe Fahrlässigkeit begrenzt sein.²⁶⁵

Die Unwirksamkeit der formularmäßigen Haftungsbeschränkung des Verwenders muss nach den allgemeinen Beweislastregeln der Vertragspartner darlegen und beweisen, da er die Unwirksamkeit im Rahmen seines Haftungsanspruches dartun muss.²⁶⁶ Dies gilt auch für die Beweislast hinsichtlich des groben Verschuldens des Verwenders bei wirksamer Haftungsbegrenzung nach § 309 Nr. 7 lit. b BGB, da sich der Vertragspartner auf ein qualifiziertes Verschulden berufen muss und die Beweislastverteilung des § 280 Abs. 1 S. 2 BGB von einer vollumfänglichen Verschuldenshaftung ausgeht.²⁶⁷ Allerdings birgt die insoweit uneinheitliche Rechtsprechung auch das Risiko, dass die Darlegungs- und Beweislast im Einzelfall den Verwender treffen kann.²⁶⁸

Kaufmännischer Geschäftsverkehr: Im kaufmännischen Geschäftsverkehr findet die Eingrenzung von Haftungsausschlüssen über § 307 Abs. 1 S. 1 BGB grundsätzlich entsprechende Anwendung.²⁶⁹ Allerdings können im Einzelfall branchentypische Abweichungen eine Abweichung von der sonst üblichen Haftungsbegrenzung gebieten.²⁷⁰ Zudem ist umstritten, ob der Verwender gegenüber einem Kaufmann die Haftung für ein grobes Verschulden seiner Erfüllungsgehilfen ausschließen darf, soweit sich das Verschulden nicht auf eine wesentliche vertragliche Pflicht bezieht. Die Rechtsprechung hat dies im Einzelfall bisher jedoch nur dann für zulässig erachtet, wenn der Schaden des Vertragspartners durch entsprechende Versicherungen abgedeckt war oder ein besonderes Verhältnis der Beteiligten vorgelegen hat.²⁷¹ Für grobes Verschulden von leitenden Angestellten hat der BGH die Haftungsbegrenzung des Verwenders dagegen für unzuläs-

---

263 Vgl. MüKo/*Wurmnest*, § 309 Nr. 7 Rn 32 m.w.N.
264 NK-BGB/*Kollmann*, § 309 Rn 106; MüKo/*Wurmnest*, § 309 Nr. 7 Rn 32; Wolf/Lindacher/Pfeiffer/*Dammann*, § 309 Nr. 7 Rn 72–79.
265 NK-BGB/*Kollmann*, § 309 Rn 106.
266 NK-BGB/*Kollmann*, § 309 Rn 105.
267 Vgl. NK-BGB/*Dauner-Lieb*, § 280 Rn 58; NK-BGB/*Kollmann*, § 309 Rn 105.
268 BGH ZIP 1984, 971, 975; BGH ZIP 1985, 687, 689 = BGH VersR 1985, 595, 596; BGH BB 2004, 2484; BGHZ 127, 275, 282 f.
269 BGH NJW 2014, 211, 213 Rn 30; BGHZ 174, 1, 2 Rn 13 (= NJW 2007, 3774, 3775 Rn 13); BGH NJW 1988, 1785, 1788; BGH Frankfurt NJW 1983, 1681, 1682; OLG München BB 1993, 1753; OLG Köln BB 1993, 2044; OLG Hamm NJW-RR 1996, 969; BGH NJW 2007, 3774; NK-BGB/*Kollmann*, § 309 Rn 112 f.; Palandt/*Grüneberg*, § 309 Rn 55; MüKo/*Wurmnest*, § 309 Nr. 7 Rn 33 ff.; v. *Westphalen*, NJW 2002, 12, 21.
270 BGH NJW 1986, 1435; BGH NJW 1988, 1785, 1788; Palandt/*Grüneberg*, § 309 Rn 57; NK-BGB/*Kollmann*, § 309 Rn 112 f.; vgl. aber auch BGH NJW-RR 2006, 267, 269.
271 BGH NJW 1988, 1785, 1788; BGH NJW 1995, 3117, 3118; MüKo/*Wurmnest*, § 309 Nr. 7 Rn 36; NK-BGB/*Kollmann*, § 309 Rn 112 f.

sig erachtet.[272] Unwirksam sind auch Haftungsausschlüsse oder -begrenzungen bezüglich wesentlicher Vertragspflichten, bei denen der vorgesehene Schadensersatz die voraussehbaren typischen Schäden nicht vollständig abdeckt.[273]

h) Sonstige Haftungsausschlüsse bei Pflichtverletzungen (§ 309 Nr. 8 BGB)

120 § 309 Nr. 8 BGB hat innerhalb der Klauselverbote ohne Wertungsmöglichkeit des § 309 BGB im Jahr 2002 die weitestgehende **Umstrukturierung** erfahren. Die Vorschrift fasst in § 309 Nr. 8 lit. a BGB die früheren Klauselverbote des § 11 Nr. 8 AGBG (**Verzug** und **Unmöglichkeit**) sowie des § 11 Nr. 9 AGBG (**Teilverzug** und **Teilunmöglichkeit**) und in § 309 Nr. 8 lit. b BGB das frühere Klauselverbot des § 11 Nr. 10 AGBG (**Gewährleistung**) zusammen.

121 Grund für diese Umstrukturierung war die Einführung des Begriffs der **Pflichtverletzung** als zentralem Begriff des Leistungsstörungsrechts durch das Schuldrechtsmodernisierungsgesetz, der seither jede Art der Vertragsverletzung erfasst.[274] Dies hat dazu geführt, dass in den bisherigen Klauselverboten des § 11 Nr. 7–10 AGBG nicht mehr sinnvoll nach der Art der Pflichtverletzung unterschieden werden konnte, sondern nach der Art des Verschuldens, der Art des Schadens oder der Art vom Haftungsausschluss erfassten Ansprüche.[275]

122 Entfallen ist dagegen das frühere **Klauselverbot des § 11 Nr. 11 AGBG**, das eine Vertragsbedingung für unwirksam erklärte, die die **Haftung für zugesicherte Eigenschaften** einschränkte oder ausschloss. Dies beruhte darauf, dass der Begriff der „*zugesicherten Eigenschaft*" nach der Umstrukturierung des Mängelrechts nicht mehr wie in § 459 Abs. 2 BGB a.F. als eigenständige Kategorie des Mängelbegriffs erhalten geblieben ist, sondern stattdessen in den §§ 434 Abs. 1, 633 Abs. 2 BGB auf die vereinbarte Beschaffenheit bzw. Eignung der Sache für den Käufer bzw. Besteller abgestellt wird. Dennoch wird das Klauselverbot des § 11 Nr. 11 AGBG inhaltlich weitestgehend durch **§ 444 2. Alt. BGB** erfasst, wonach sich der Verkäufer nicht auf eine Einschränkung oder einen Ausschluss der Mängelhaftung berufen kann, wenn er eine Garantie für das Vorhandensein einer Eigenschaft übernommen hat.[276]

123 Ebenfalls nicht in § 309 Nr. 8 BGB übernommen worden ist **§ 11 Nr. 8 lit. b AGBG**, wonach ein **Haftungsausschluss bei Unmöglichkeit oder Verzug** generell ausgeschlossen war und eine **Haftungsbegrenzung** nur im Rahmen des § 11 Nr. 7 AGBG möglich war.[277]

---

272 BGH NJW-RR 1989, 953, 955 f.; BGH NJW 1988, 1785, 1786; BGH BB 1996, 654, 655; BGH BB 1996, 656 f.; BGH NJW 1999, 1031; vgl. MüKo/*Wurmnest*, § 309 Nr. 7 Rn 36.
273 BGH NJW-RR 2006, 267, 269; Palandt/*Grüneberg*, § 309 Rn 55.
274 AnwK-Schuldrecht/*Hennrichs*, § 309 Rn 15.
275 BT-Drucks 14/6040, S. 155.
276 BT-Drucks 14/6040, S. 160.
277 NK-BGB/*Kollmann*, § 309 Rn 117.

Im Gesetzgebungsverfahren wurde dies damit begründet, dass die Regelung wegen § 309 Nr. 7 BGB und § 307 BGB nicht erforderlich sei.[278] Daraus wird ersichtlich, dass der Gesetzgeber neben den beiden zuvor genannten Regelungen keine weiteren Haftungsbegrenzungen für notwendig erachtete. Dies bedeutet insbesondere für Haftungsbegrenzungen gegenüber Verbrauchern, dass eine Haftungsbegrenzung nur dann unwirksam ist, wenn die Haftung des Verwenders zwingend geboten ist, um das vertragliche Gleichgewicht aufrecht zu erhalten.[279]

aa) Ausschluss des Rechts, sich vom Vertrag zu lösen (§ 309 Nr. 8 lit. a BGB)

§ 309 Nr. 8 lit. a BGB untersagt dem Verwender die Aufnahme einer Vertragsklausel in seine Allgemeinen Geschäftsbedingungen, die das Recht des Vertragspartners, aufgrund einer vom Verwender zu vertretenden Pflichtverletzung von dem Vertrag zurückzutreten, ausschließt oder einschränkt, und entspricht damit weitestgehend der früheren Regelung des § 11 Nr. 8 lit. a AGBG. Neben dem Rücktrittsrecht erfasst die Regelung auch die Einschränkung oder den Ausschluss der Kündigung eines Dauerschuldverhältnisses oder eines Widerrufsrechts.[280] Die Einschränkung eines Lösungsrechts liegt grundsätzlich immer dann vor, wenn an die Ausübung des Lösungsrechts durch die AGB des Verwenders nachteilige Folgen für den Vertragspartner geknüpft werden.[281] Hiervon soll allerdings die Verbindung des Lösungsrechts an eine bestimmte Form aufgrund des Vorrangs des § 309 Nr. 13 BGB nicht erfasst sein.[282] Zulässig ist es nach dem Wortlaut des § 309 Nr. 8 lit. a BGB auch, wenn der Verwender das Lösungsrecht in seinen AGB derart beschränkt, dass nur Pflichtverletzungen erfasst werden, die er nicht zu vertreten hat.[283]

124

§ 309 Nr. 8 lit. a BGB regelt damit nur noch die **Rechte des Vertragspartners, den Vertrag durch rechtsgestaltende Erklärung zu beenden,** nicht jedoch die Folgen des Ausschlusses oder der Einschränkung des Rechts, Schadensersatz zu verlangen.[284]

125

Die Vorschrift hat den **Zweck,** dem Vertragspartner die uneingeschränkte Möglichkeit der Lösung vom Vertrag bei Pflichtverletzungen des Verwenders zu erhalten und den Verwender dadurch zur ordnungsgemäßen Vertragserfüllung anzuhalten.[285] Dem Ver-

126

---

278 BT-Drucks 14/6857, S. 52 f.
279 NK-BGB/*Kollmann,* § 309 Rn 118; a.a. Dauner-Lieb/Konzen/Schmidt/*Pfeiffer,* S. 234 f.
280 Palandt/*Grüneberg,* § 309 Rn 59; NK-BGB/*Kollmann,* § 309 Rn 122; NK-BGB/*Krebs,* § 314 Rn 7; Wolf/Lindacher/Pfeiffer/*Dammann,* § 309 Nr. 8a Rn 12.
281 BGH NJW-RR 1989, 625; BGH NJW-RR 1990, 156, 157; MüKo/*Wurmnest,* § 309 Rn 9; NK-BGB/ *Kollmann,* § 309 Rn 122.
282 MüKo/*Wurmnest,* § 309 Nr. 8 Rn 9; NK-BGB/*Kollmann,* § 309 Rn 122; Wolf/Lindacher/Pfeiffer/*Dammann,* § 309 Nr. 8a Rn 48–54.
283 Palandt/*Grüneberg,* § 309 Rn 59; NK-BGB/*Kollmann,* § 309 Rn 122; AnwK-Schuldrecht/*Hennrichs,* § 309 Rn 18 f.
284 AnwK-Schuldrecht/*Hennrichs,* § 309 Rn 15.
285 Palandt/*Grüneberg,* § 309 Rn 58; Wolf/Lindacher/Pfeiffer/*Dammann,* § 309 Nr. 8a Rn 11.

tragspartner soll bei Wegfall seines Interesses an der Vertragserfüllung infolge einer unzureichenden Leistung des Verwenders die Möglichkeit der Loslösung von dem Vertrag erhalten bleiben, ohne dass der Verwender bei eigenem schuldhaften Verhalten auf den Eintritt der Voraussetzungen des Rücktritts- oder Kündigungsrechtes Einfluss nehmen kann.[286] Diese Einschränkung der Gestaltungsmöglichkeiten ist sachgerecht, da das Vertrauen des Vertragspartners in die ordnungsgemäße Vertragserfüllung aufgrund der von § 309 Nr. 8 lit. a BGB geforderten schuldhaften Pflichtverletzung durch den Verwender erschüttert ist.

127 **Rücktritts- und Kündigungsrechte**, auf die § 309 Nr. 8 lit. a BGB anwendbar ist, ergeben sich daher insbesondere aus den §§ 323 Abs. 1, 324, 437 Nr. 2 und § 634 Nr. 2 BGB.

128 **Keine Anwendung** findet das Klauselverbot auf die in § 309 Nr. 7 BGB bezeichneten **Beförderungsbedingungen** und **Tarifvorschriften**.

129 **Kaufmännischer Geschäftsverkehr:** Gegenüber Unternehmern sind entsprechende Vertragsbedingungen nach § 307 Abs. 1 S. 1 BGB ebenfalls **grundsätzlich unwirksam**, da das Abbedingen oder die Einschränkung des Lösungsrechtes bei einer schuldhaften Pflichtverletzung des Verwenders auch im kaufmännischen Geschäftsverkehr den Vertragspartner unangemessen benachteiligt.[287]

bb) Mängel (§ 309 Nr. 8 lit. b BGB)

130 Einen der bedeutendsten Einschnitte durch das Schuldrechtsmodernisierungsgesetz hat der frühere § 11 Nr. 10 AGBG erfahren, der Klauselverbote enthielt, die die **Gewährleistung** betrafen. Die Vorschrift war aufgrund ihres Regelungsbereiches, der die für den Verwender wichtigen rechtlichen Folgen eines Mangels betraf, eines der zentralen Klauselverbote, das nun im Wesentlichen in § 309 Nr. 8 lit. b BGB geregelt ist. Durch die Umsetzung der **Richtlinie über den Verbrauchsgüterkauf**, wonach Mängelrechte bei Verkäufen einer beweglichen Sache von einem Unternehmer an einen Verbraucher (§ 475 Abs. 1 BGB) und bei Verträgen über die Lieferung herzustellender oder zu erzeugender beweglicher Sachen (§ 651 BGB i.V.m. § 475 Abs. 1 BGB) nicht mehr dispositiv sind, und der damit einhergehenden Einschränkung des Anwendungsbereiches für Vertragsbedingungen, hat die Vorschrift allerdings erheblich an Bedeutung verloren.[288] **Unmittelbare Anwendung** findet das Klauselverbot damit praktisch nur noch auf **Verträge über unbe-**

---

286 Palandt/*Grüneberg*, § 309 Rn 58; Wolf/Lindacher/Pfeiffer/*Dammann*, § 309 Nr. 8a Rn 11; MüKo/*Wurmnest*, § 309 Nr. 8 Rn 2.
287 MüKo/*Wurmnest*, § 309 Nr. 8 Rn 11; gegen eine Indizwirkung des § 309 Nr. 8a BGB für eine Unwirksamkeit nach § 307 BGB: Wolf/Lindacher/Pfeiffer/*Dammann*, § 309 Nr. 8a Rn 60 f.
288 BT-Drucks 14/6040, S. 157; Palandt/*Grüneberg*, § 309 Rn 60; Wolf/Lindacher/Pfeiffer/*Dammann*, vor § 309 Nr. 8b Rn 2; NK-BGB/*Kollmann*, § 309 Rn 124.

C. Die Inhaltskontrolle (§§ 307 ff. BGB) § 5

wegliche Sachen, Verträge über Werkleistungen (z.B. Reparaturverträge) sowie Verträge zwischen Verbrauchern.[289]

Voraussetzung der Inhaltskontrolle nach § 309 Nr. 8 lit. b BGB ist, dass es sich um Verträge über die **Lieferung neu hergestellter Sachen oder** um **Werkleistungen** handelt. Damit werden all die Gegenstände aus dem Anwendungsbereich der Norm ausgeklammert, die bereits ihrem bestimmungsgemäßen Gebrauch zugeführt worden sind. Dies beruht darauf, dass der Erwerber bei neuen Sachen auf die Mangelfreiheit vertrauen darf und nicht mit abnutzungsbedingten Mängeln rechnen muss.[290] **131**

Unter **Lieferung** ist die auf eine Übereignung gerichtete Übertragung des Besitzes zu verstehen.[291] Deswegen werden Leistungen **nicht erfasst**, die im Zusammenhang mit **Miet-, Pacht- und sonstigen Gebrauchsüberlassungsverträgen** erbracht werden.[292] Entsprechend richtet sich bei der Überlassung von Software an einen Vertragspartner die Anwendbarkeit des § 309 Nr. 8 lit. b BGB danach, ob der Verwender die **Software** an den Vertragspartner übereignen will oder ihm diese nur zur Nutzung überlässt. Abgrenzungskriterium wird im Zweifel sein, ob der Vertragspartner verpflichtet wird, in regelmäßigen Abständen Geldleistungen zu erbringen (dann Miet- oder Leasingvertrag), oder ob die Verpflichtung in einer Einmalzahlung besteht (dann Kaufvertrag).[293] **132**

Eine **neu hergestellte Sache** liegt grundsätzlich dann vor, wenn sie noch nicht in den Verkehr gelangt ist und ihrem bestimmungsgemäßen Gebrauch noch nicht zugeführt wurde.[294] Dabei führen **Preisnachlässe** nicht zwangsläufig zum Verlust der Neuheit der Sache, sondern nur dann, wenn sie Ausdruck einer verminderten Gebrauchsfähigkeit infolge fehlender Aktualität sind.[295] Werden Gegenstände als „**2. Wahl**" verkauft, schließt bereits dies die Neuheit der Sache aus.[296] Eine Frage des Einzelfalls ist dagegen, ob Gegenstände, die **vor einem längeren Zeitraum hergestellt**, aber noch nicht in Verkehr gebracht wurden, noch neu sind. Für eine Neuheit i.S.d. § 309 Nr. 8 lit. b BGB spricht es, wenn die Sache durch den frühen Zeitpunkt der Herstellung nicht in ihrer Gebrauchstauglichkeit beeinträchtigt wird (z.B. Wein, Zigarren). Dagegen wird grundsätzlich keine neue Sache mehr anzunehmen sein, wenn die Sache allein aufgrund ihres Alters einen geringeren Wert hat, da sich in diesem Wertverlust die abnehmende Gebrauchstauglichkeit und **133**

---

289 Palandt/*Grüneberg*, § 309 Rn 60; NK-BGB/*Kollmann*, § 309 Rn 124.
290 NK-BGB/*Kollmann*, § 309 Rn 126; Wolf/Lindacher/Pfeiffer/*Dammann*, vor § 309 Nr. 8b Rn 3.
291 Wolf/Lindacher/Pfeiffer/*Dammann*, vor § 309 Nr. 8b Rn 10; NK-BGB/*Kollmann*, § 309 Rn 125.
292 AnwK-Schuldrecht/*Hennrichs*, § 309 Rn 25; NK-BGB/*Kollmann*, § 309 Rn 126; Wolf/Lindacher/Pfeiffer/ *Dammann*, vor § 309 Nr. 8b Rn 10; MüKo/*Wurmnest*, § 309 Nr. 8 Rn 13; zur bisherigen Regelung: Staudinger/*Coester-Waltjen*, § 11 Rn. 10 AGBG Rn 11.
293 Vgl. BGHZ 102, 135 = BGH NJW 1998, 406, 408; NK-BGB/*Kollmann*, § 309 Rn 125.
294 NK-BGB/*Kollmann*, § 309 Rn 126; Wolf/Lindacher/Pfeiffer/*Dammann*, vor § 309 Nr. 8b Rn 8.
295 BGH NJW 1985, 320, 323 f.; MüKo/*Wurmnest*, § 309 Nr. 8 Rn 18; NK-BGB/*Kollmann*, § 309 Rn 128.
296 NK-BGB/*Kollmann*, § 309 Rn 130.

die Mangelanfälligkeit widerspiegelt. **Antiquitäten** sind regelmäßig bereits deshalb keine neuen Sachen mehr, weil sie bereits in den Verkehr gelangt und gebraucht worden sind.[297] Bei **Software** kommt es darauf an, ob diese noch aktuell und noch ungebraucht ist.[298]

134 Tiere, die gemäß § 90a BGB als Sachen gelten, sind jedenfalls dann neu hergestellt, wenn sie entweder unmittelbar nach der Geburt veräußert werden oder keiner Abnutzung durch Gebrauch unterliegen.[299] **Nutztiere** verlieren dagegen mit ihrer erstmaligen Benutzung ihre Eigenschaft als neu hergestellte Sache, da sich die Benutzung unmittelbar auf die Leistungsfähigkeit und Lebensspanne des Tieres auswirken und dieses damit nicht mehr als neu angesehen werden kann.[300]

135 Bei **zusammengesetzten Sachen** beurteilt sich die Neuheit grundsätzlich danach, ob die Einzelteile noch nicht in den Verkehr gelangt sind und die zusammengesetzte Sache noch nicht in Gebrauch genommen worden ist.[301]

136 Für die Anwendbarkeit des § 309 Nr. 8 lit. b BGB bei **Immobilien** sind folgende Grundsätze zu beachten:[302]

- Ein **Grundstück** ist im Regelfall **nicht neu**.[303]
- Ein **Haus** oder eine **Eigentumswohnung** sind neu, wenn sie **nach ihrer Fertigstellung noch nicht in Gebrauch genommen** worden sind. Die Benutzung anderer Eigentumswohnungen in demselben Objekt schadet der Neuheit grundsätzlich ebenso wenig wie ein kurzfristiges Leerstehen.[304] Mit der Vermietung des Hauses bzw. der Eigentumswohnung ist die Sache infolge der Ingebrauchnahme allerdings nicht mehr neu.[305]
- Bei **Renovierungen** ist danach zu unterscheiden, ob durch die Werkleistungen der ursprüngliche Zustand des Hauses bzw. der Wohnung wieder hergestellt worden ist.[306] Dies wird man bei der Durchführung einer vollständigen Sanierung durch

---

297 MüKo/*Wurmnest*, § 309 Nr. 8 Rn 15; NK-BGB/*Kollmann*, § 309 Rn 131.
298 OLG Frankfurt DB 1998, 2216; NK-BGB/*Kollmann*, § 309 Rn 132.
299 BGH NJW 2007, 674; OLG Düsseldorf NJOZ 2004, 1935, 1938 f.; LG Aschaffenburg, NJW 1990, 915, 916; BGH NJW-RR 1986, 52 ff.; Wolf/Lindacher/Pfeiffer/*Dammann*, vor § 309 Nr. 8b Rn 8.
300 Wolf/Lindacher/Pfeiffer/*Dammann*, vor § 309 Nr. 8b Rn 8 m.w.N.
301 NK-BGB/*Kollmann*, § 309 Rn 133; Wolf/Lindacher/Pfeiffer/*Dammann*, vor § 309 Nr. 8b Rn 8.
302 NK-BGB/*Kollmann*, § 309 Rn 135.
303 LG Ravensburg NJW-RR 1992, 1277; Wolf/Lindacher/Pfeiffer/*Dammann*, vor § 309 Nr. 8b Rn 5, 13; MüKo/ *Wurmnest*, § 309 Nr. 8 Rn 17; NK-BGB/*Kollmann*, § 309 Rn 135.
304 BGH NJW 1982, 2243; BGH NJW 1985, 1551; Palandt/*Grüneberg*, § 309 Rn 62; Wolf/Lindacher/Pfeiffer/ *Dammann*, vor § 309 Nr. 8b Rn 14–16; NK-BGB/*Kollmann*, § 309 Rn 135.
305 Vgl. Wolf/Lindacher/Pfeiffer/*Dammann*, vor § 309 Nr. 8b Rn 14–16; a.A. Palandt/*Grüneberg*, § 309 Rn 62; NK-BGB/*Kollmann*, § 309 Rn 135.
306 BGHZ 100, 397 = BGH NJW 1988, 490, 492; BGHZ 108, 162; BGH NJW-RR 1987, 1046, 1047 = BGH ZIP 1987, 1055; BGH NJW 2005, 1115, 1117; BGH NJW 2007, 3275, 3277; OLG Hamm NJW-RR 2002, 415; OLG Celle NJW-RR 1996, 1416, 1417; Palandt/*Grüneberg*, § 309 Rn 62; NK-BGB/*Kollmann*, § 309 Rn 135.

eine Fachfirma annehmen können, nicht jedoch bei einer Voll- oder Teilsanierung durch einen Nichtfachmann.

Entscheidend für die Anwendbarkeit des § 309 Nr. 8 lit. b BGB ist, ob die Sache aus der Sicht des Vertragspartners als neue oder gebrauchte Sache verkauft worden ist. Indiz für die Neuheit ist insoweit, ob der Verwender die Ware als neu oder gebraucht verkauft hat, also was Inhalt seines Angebots, seiner Werbung und seinen Anpreisungen war. Zudem können anhand des Verkaufspreises Rückschlüsse darauf gezogen werden, ob die Ware als Neuware oder Gebrauchtgegenstand verkauft werden sollte.[307] Dies gilt jedoch nur, soweit der Schutzbereich des § 309 Nr. 8 lit. b BGB zugunsten des Vertragspartners eröffnet werden soll. Der Verwender kann demnach nicht in seinen AGB bestimmen, dass seine Neuware als Gebrauchtware gilt, um auf diese Weise das Klauselverbot zu umgehen.[308]

Im Unterschied zur früheren Regelung erstreckt sich der Anwendungsbereich des § 309 Nr. 8 lit. b BGB nun auch auf Ansprüche aufgrund von **Rechtsmängeln**.[309] Diese Ergänzung war deshalb möglich, weil die Rechtsfolgen des Sachmangels und des Rechtsmangels, insbesondere der Anspruch auf Nacherfüllung, durch das Schuldrechtsmodernisierungsgesetz im Jahr 2002 angeglichen wurden.[310]

(1) Ausschluss und Verweisung auf Dritte (§ 309 Nr. 8 lit. b aa BGB)

Nach § 309 Nr. 8 lit. b aa BGB ist eine Bestimmung in Allgemeinen Geschäftsbedingungen unwirksam, durch die bei Verträgen über die Lieferung neu hergestellter Sachen oder über eine Werkleistung die Ansprüche gegen den Verwender wegen eines Mangels insgesamt oder bezüglich einzelner Teile ausgeschlossen, auf die Einräumung von Ansprüchen gegen Dritte beschränkt oder von der vorherigen gerichtlichen Inanspruchnahme Dritter abhängig gemacht werden.

Damit sind Vertragsbedingungen unwirksam, die Ansprüche gegen den Verwender wegen eines Mangels ganz oder teilweise ausschließen (**Ausschlussklauseln**), auf Ansprüche gegen Dritte beschränken (**Verweisungsklauseln**) oder von der vorherigen gerichtlichen Inanspruchnahme eines Dritten abhängig machen (**Subsidiaritätsklauseln**).[311]

Zweck der Unwirksamkeit von Ausschlussklauseln ist es, dem Vertragspartner seine Mängelrechte gegen den Verwender uneingeschränkt zu erhalten. Denn diese stellen bei einer mangelhaften Leistung des Verwenders die Äquivalenz zur Gegenleistung des Vertragspartners wieder her und sind damit ein wesentliches Element der Leistungs-

---

307 NK-BGB/*Kollmann*, § 309 Rn 134.
308 BGH NJW 2007, 674, 677; Wolf/Lindacher/Pfeiffer/*Dammann*, vor § 309 Nr. 8b Rn 9.
309 Wolf/Lindacher/Pfeiffer/*Dammann*, § 309 Nr. 8b aa Rn 6.
310 BT-Drucks 14/6040, S. 158.
311 Palandt/*Grüneberg* § 309 Rn 63 ff.; Wolf/Lindacher/Pfeiffer/*Dammann*, § 309 Nr. 8b aa Rn 12 ff.; NK-BGB/ *Kollmann*, § 309 Rn 138 ff.

abwicklung zwischen den Vertragspartnern. Mit dem Ausschluss von Verweisungsklauseln will der Gesetzgeber verhindern, dass der Vertragspartner seine Mängelrechte gegenüber einer Person geltend machen muss, mit der er den der Leistungsbeziehung zugrunde liegenden Vertrag nicht geschlossen hat und deren Leistungsfähigkeit und Solvenz ihm im Zweifel nicht bekannt sind.[312] In die gleiche Richtung zielt die Untersagung von Subsidiaritätsklauseln, durch die verhindert werden soll, dass sich der Vertragspartner mit einer Person gerichtlich auseinandersetzen muss, mit der er nichts zu tun hatte, bevor er seine Ansprüche gegenüber dem Verwender geltend machen kann.[313] Dagegen soll ein Mangelausschluss aufgrund einer falschen Montage-Anleitung (sog. Ikea-Klausel) – zumindest gegenüber Kaufleuten – wirksam sein.[314]

142 Eine **Ausschlussklausel** bezieht sich auf alle Mängelansprüche, erfasst also auch Schadensersatzansprüche des Vertragspartners infolge einer mangelhaften Leistung des Verwenders.[315] Problematisch sind die Fälle, in denen der Verwender die Mängelansprüche nicht kategorisch ausschließt, sondern die Mängelansprüche des Vertragspartners auf bestimmte Ansprüche beschränkt. Je nach Intensität dieser Beschränkung und der Auswirkung auf die Rechtspositionen des Vertragspartners können diese Einschränkungen im Einzelfall wirksam sein. So ist es etwa zulässig, die Haftung des Verwenders für Sachmängel auf den Rücktritt zu beschränken und dabei das Recht auf Minderung auszuschließen.[316] Denn der Vertragspartner hat in diesem Fall die Möglichkeit, vom Vertrag zurückzutreten, und so seine gesamte Gegenleistung – abzüglich eines möglichen Nutzungsersatzes – zurückzuerlangen. Umgekehrt ist der Ausschluss des Rücktrittsrechts des Vertragspartners unter Verweis auf ein mögliches Minderungsrecht in AGB unzulässig, da der Vertragspartner keine Möglichkeit mehr hätte, sich aufgrund der mangelhaften Leistung vom Vertrag zu lösen.[317]

143 Eine Beschränkung der Mängelansprüche ist regelmäßig auch darin zu sehen, wenn der Verwender die Ansprüche von weiteren Voraussetzungen abhängig macht.[318] Dies ist bspw. dann der Fall, wenn der Verwender die Mängelansprüche gegenüber seinem Vertragspartner davon abhängig macht, dass er selbst bei einem Dritten Regress nehmen kann.[319] Ähnlich

---

312 MüKo/*Wurmnest*, § 309 Nr. 8 Rn 27; ähnlich: Wolf/Lindacher/Pfeiffer/*Dammann*, § 309 Nr. 8b aa Rn 31.
313 MüKo/*Wurmnest*, § 309 Nr. 8 Rn 28; teilweise einschränkend: Wolf/Lindacher/Pfeiffer/*Dammann*, § 309 Nr. 8b aa Rn 45 ff.
314 Palandt/*Grüneberg*, § 307 Rn 29; NK-BGB/*Kollmann*, § 309 Rn 140.
315 NK-BGB/*Kollmann*, § 309 Rn 139; Wolf/Lindacher/Pfeiffer/*Dammann*, § 309 Nr. 8b aa Rn 4 f.
316 OLG München NJW 1994, 1661; OLG Karlsruhe ZIP 1983, 1091; Palandt/*Grüneberg*, § 309 Rn 63; NK-BGB/*Kollmann*, § 309 Rn 139; Wolf/Lindacher/Pfeiffer/*Dammann*, § 309 Nr. 8b aa Rn 19.
317 BGH NJW 1981, 1501, 1502; MüKo/*Wurmnest*, § 309 Nr. 8 Rn 24; Palandt/*Grüneberg*, § 309 Rn 63; NK-BGB/*Kollmann*, § 309 Rn 139; a.A. Wolf/Lindacher/Pfeiffer/*Dammann*, § 309 Nr. 8b aa Rn 20.
318 NK-BGB/*Kollmann*, § 309 Rn 140; Wolf/Lindacher/Pfeiffer/*Dammann*, § 309 Nr. 8b aa Rn 18; MüKo/*Wurmnest*, § 309 Nr. 8 Rn 26.
319 BGHZ 67, 101; BGH NJW 1976, 1934; Palandt/*Grüneberg*, § 309 Rn 66.

verhält es sich, wenn der Verwender die Geltendmachung der Mängelansprüche ausschließt, weil die mangelhafte Sache beschädigt worden ist oder der Mangel nicht auf ein schuldhaftes Verhalten des Verwenders zurückzuführen ist.[320] Unzulässig ist auch die Einschränkung oder der Ausschluss bezüglich einzelner Teile des Vertragsgegenstandes oder einzelner Leistungen des Verwenders.[321] Auch die Beschränkung auf einzelne Mangelkategorien oder -ursachen ist im Regelfall unwirksam.[322]

Durch die Unwirksamkeit einer **Verweisungsklausel** soll verhindern werden, dass sich der Verwender seiner Verpflichtung gegenüber dem Vertragspartner dadurch entzieht, dass er diesen an einen Dritten verweist. Wirksam ist es dagegen, wenn die Geschäftsbedingungen des Verwenders vorsehen, dass neben den Anspruch des Vertragspartners gegen den Verwender ein Anspruch gegen einen Dritten tritt.[323] Bei einer gesamtschuldnerischen Haftung mehrerer Beteiligter beurteilt sich der formularmäßige Ausschluss des Verwenders nach § 307 BGB.[324]

144

Eine nach § 309 Nr. 8 lit. b aa 2. Alt. BGB unwirksame Verweisungsklausel liegt dagegen immer dann vor, wenn der Verwender seine Eigenhaftung im Wege eines dauerhaften Anspruchsausschlusses abwendet, er seine Haftung als lediglich subsidiär neben der Haftung eines Dritten konstituiert, dessen Inanspruchnahme dem Vertragspartner nicht zumutbar ist oder der Verwender die eigene Haftung an bestimmte Voraussetzungen knüpft. Dies gilt selbst dann, wenn der Ausschluss oder die Beschränkung der Haftung nur einen Teil der Leistung betrifft.[325]

145

Für Mietverträge und mietähnliche Dauerschuldverhältnisse ist das Klauselverbot grundsätzlich nicht anwendbar. Deshalb sind etwa Verweisungsklauseln in Finanzierungsleasingverträgen nur anhand von § 307 BGB zu überprüfen.[326]

146

Eine **Subsidiaritätsklausel** ist anzunehmen, wenn der Verwender seine Leistungspflicht dadurch bedingt, dass der Vertragspartner vor der Inanspruchnahme des Verwenders gegen einen Dritten gerichtlich vorgeht. Hierfür genügt es bereits, wenn der Verwender durch die Gestaltung und/oder Formulierung seiner Vertragsbedingung den Eindruck erweckt, der Vertragspartner müsse zunächst gegen einen Dritten klagen.[327] Dagegen ist es

147

---

320 BGHZ 62, 323 = BGH NJW 1974, 1322; BGH NJW 1980, 831, 832; OLG Hamm NJW-RR 2000, 1224; Palandt/*Grüneberg*, § 309 Rn 66.
321 NK-BGB/*Kollmann*, § 309 Rn 140; Wolf/Lindacher/Pfeiffer/*Dammann*, § 309 Nr. 8b aa Rn 23; MüKo/*Wurmnest*, § 309 Nr. 8 Rn 25.
322 OLG Koblenz NJW-RR 1993, 1078, 1079; OLG Karlsruhe ZIP 1983, 1091; Palandt/*Grüneberg*, § 309 Rn 66; Wolf/Lindacher/Pfeiffer/*Dammann*, § 309 Nr. 8b aa Rn 23; NK-BGB/*Kollmann*, § 309 Rn 140.
323 NK-BGB/*Kollmann*, § 309 Rn 142.
324 NK-BGB/*Kollmann*, § 309 Rn 142.
325 NK-BGB/*Kollmann*, § 309 Rn 142; Wolf/Lindacher/Pfeiffer/*Dammann*, § 309 Nr. 8b aa Rn 23.
326 BGH NJW 1985, 1547, 1549; OLG Koblenz NJOZ 2001, 219, 220; MüKo/*Wurmnest*, § 309 Nr. 8 Rn 27; Wolf/Lindacher/Pfeiffer/*Dammann*, vor § 309 Nr. 8b Rn 21; NK-BGB/*Kollmann*, § 309 Rn 142.
327 BGH NJW 1995, 1675, 1676; BGH NJW 1998, 904 f.; NK-BGB/*Kollmann*, § 309 Rn 143.

grundsätzlich zulässig, wenn der Verwender in seinen AGB vorsieht, dass der Vertragspartner außergerichtlich zunächst einen Dritten in Anspruch nehmen soll.[328] Andererseits darf er nicht verlangen, dass der Vertragspartner nach einer Ablehnung des Dritten erneute Leistungsaufforderungen vornehmen muss. Zudem muss dem Vertragspartner stets klar sein, gegen wen er welchen Anspruch außergerichtlich geltend machen kann.[329] Auch wenn die Vertragsbedingung an sich den Anforderungen des § 309 Nr. 8 lit. b aa 3. Alt. BGB genügt, findet ergänzend eine Angemessenheitsprüfung nach § 307 BGB statt. In Einzelfällen kann sich bereits aus der Vertragsart ergeben, dass eine Subsidiaritätsklausel mit dieser unvereinbar und deshalb unangemessen i.S.d. § 307 Abs. 2 Nr. 1 BGB ist.[330]

148 Soweit die Verweisung des Vertragspartners auf einen Dritten zulässig ist, ist der Verwender verpflichtet, seinem Vertragspartner alle notwendigen Informationen und Unterlagen zur außergerichtlichen Geltendmachung des Anspruchs zur Verfügung zu stellen.[331] Darunter fallen:[332]

- Genaue Bezeichnung und Anschrift des Dritten,
- Art und Inhalt der gegen den Dritten bestehenden Ansprüche,
- Informationen über Abnahme und Verjährung,
- notwendige Unterlagen zur Durchsetzung des Anspruchs.

149 Zudem muss der Verwender dem Vertragspartner den Anspruch abtreten, bezüglich dessen er ihn in zulässiger Weise an einen Dritten verweist. Erforderlich ist, dass der abgetretene Anspruch einen hinreichenden Ausgleich für den Mängelanspruch des Vertragspartners darstellt. Insoweit genügt der Anspruch gegen den Dritten auf Abtretung von Ansprüchen gegen einen weiteren Dritten nicht.[333]

150 Von erheblicher praktischer Bedeutung ist die Frage, ob der Verwender den Vertragspartner auf Ansprüche gegen einen Dritten verweisen darf, die ihrerseits nicht den Anforderungen des § 309 Nr. 8 BGB genügen. Dies wird man dann annehmen müssen, wenn durch Einschränkungen des Anspruchs im Verhältnis des Dritten zum Verwender – etwa weil wegen der Beteiligung von Kaufleuten nur eine Angemessenheitsprüfung nach § 307 BGB stattfindet – der abgetretene Anspruch nicht dem Anspruch des Vertragspartners gegen den Verwender entspricht. Teilweise wird vorgeschlagen, dass die Haftung des Ver-

---

328 NK-BGB/*Kollmann*, § 309 Rn 143; Wolf/Lindacher/Pfeiffer/*Dammann*, § 309 Nr. 8b aa Rn 47.
329 NK-BGB/*Kollmann*, § 309 Rn 143.
330 BGH NJW 2002, 511; BGH NJW 2002, 2470, 2471 f.; *v. Westphalen*, NJW 2003, 1981; NK-BGB/*Kollmann*, § 309 Rn 143; Wolf/Lindacher/Pfeiffer/*Dammann*, § 309 Nr. 8b aa Rn 49 ff.
331 BGH NJW 1980, 282, 283; Wolf/Lindacher/Pfeiffer/*Dammann*, § 309 Nr. 8b aa Rn 55; NK-BGB/*Kollmann*, § 309 Rn 144.
332 NK-BGB/*Kollmann*, § 309 Rn 144; Wolf/Lindacher/Pfeiffer/*Dammann*, § 309 Nr. 8b aa Rn 55.
333 Wolf/Lindacher/Pfeiffer/*Dammann*, § 309 Nr. 8b aa Rn 56, 57; NK-BGB/*Kollmann*, § 309 Rn 144.

wenders zumindest insoweit wieder aufleben müsse, wie der Vertragspartner in der Anspruchsdurchsetzung gegenüber dem Dritten gehindert ist.[334]

Eine wirksame Verweisung auf einen Anspruch gegen einen Dritten setzt zudem voraus, dass der Anspruch im Zeitpunkt der Abtretung überhaupt besteht.[335] Ist dies nicht der Fall, so ist die Verweisung insgesamt unwirksam, so dass der Vertragspartner uneingeschränkt gegen den Verwender vorgehen kann. 151

Scheitert die Durchsetzung des abgetretenen Anspruchs aufgrund von Umständen, die der Vertragspartner nicht zu vertreten hat,[336] so lebt die Verantwortlichkeit des Verwenders wieder auf.[337] Zudem hat der Vertragspartner einen Anspruch gegen den Verwender auf Erstattung der Kosten der erfolglosen Inanspruchnahme des Dritten nach § 670 BGB.[338] Der Vertragspartner ist in diesem Fall auch berechtigt, seine Leistungsverweigerungs- und Zurückbehaltungsrechte in vollem Umfang geltend zu machen.[339] Die Verjährung des Mängelanspruchs und des Aufwendungsersatzanspruchs des Vertragspartners gegen den Verwender beginnt erst, wenn die Anspruchsdurchsetzung gegenüber dem Dritten gescheitert ist.[340] 152

Kaufmännischer Geschäftsverkehr: Im kaufmännischen Geschäftsverkehr sind Ausschlussklauseln regelmäßig nach § 307 Abs. 2 Nr. 2 BGB unwirksam, da die Ansprüche bei Mängeln auch für einen Unternehmer so wesentlich für die Vertragsabwicklung sind, dass ihr teilweiser oder vollständiger Ausschluss die Erreichung des Vertragszwecks gefährdet.[341] Verweisungsklauseln sind gegenüber Kaufleuten dann nach § 307 Abs. 1 S. 1 BGB unwirksam, wenn sie nicht die Wiedereinräumung der Ansprüche gegen den Verwender für den Fall vorsehen, dass die Geltendmachung der Ansprüche gegen den Dritten fehlschlägt.[342] Denn auch der Unternehmer hat sich regelmäßig den Dritten nicht als Ver- 153

---

334 BGH NJW 1980, 282, 283; MüKo/*Wurmnest*, § 309 Nr. 8 Rn 30; Wolf/Lindacher/Pfeiffer/*Dammann*, § 309 Nr. 8b aa Rn 58 f.
335 BGHZ 74, 258, 270 f. = BGH NJW 1979, 2207, 2210; BGH NJW 1982, 169, 170; Wolf/Lindacher/Pfeiffer/*Dammann*, § 309 Nr. 8b aa Rn 58 f.; NK-BGB/*Kollmann*, § 309 Rn 144.
336 BGH NJW 1979, 2207, 2210; BGH NJW-RR 1991, 342, 343; Wolf/Lindacher/Pfeiffer/*Dammann*, § 309 Nr. 8b aa Rn 58 f.; NK-BGB/*Kollmann*, § 309 Rn 145.
337 BGH NJW-RR 1991, 342, 343; Wolf/Lindacher/Pfeiffer/*Dammann*, § 309 Nr. 8b aa Rn 58 f.; NK-BGB/*Kollmann*, § 309 Rn 145.
338 BGH NJW 1984, 2573, 2574; Wolf/Lindacher/Pfeiffer/*Dammann*, § 309 Nr. 8b aa Rn 58 f.; NK-BGB/*Kollmann*, § 309 Rn 145.
339 BGH BB 1978, 220, 221; Wolf/Lindacher/Pfeiffer/*Dammann*, § 309 Nr. 8b aa Rn 58 f.; NK-BGB/*Kollmann*, § 309 Rn 145.
340 BGH NJW 1981, 2343, 2344; Wolf/Lindacher/Pfeiffer/*Dammann*, § 309 Nr. 8b aa Rn 58 f.; NK-BGB/*Kollmann*, § 309 Rn 145.
341 BGHZ 124, 351, 363; NK-BGB/*Kollmann*, § 309 Rn 147; AnwK-Schuldrecht/*Hennrichs*, § 309 Rn 26; für eine differenzierte Betrachtung: Wolf/Lindacher/Pfeiffer/*Dammann*, § 309 Nr. 8b aa Rn 71 ff.
342 Palandt/*Grüneberg*, § 309 Rn 67; Wolf/Lindacher/Pfeiffer/*Dammann*, § 309 Nr. 8b aa Rn 79.

tragspartner ausgesucht, so dass es eine unangemessene Benachteiligung darstellen würde, ihn dessen Insolvenzrisiko tragen zu lassen.

154 Zulässig ist es dagegen, wenn der Verwender gegenüber einem Kaufmann die Haftung für geringfügige Mängel ausschließt.[343] Im Übrigen muss ihm zumindest das Rücktrittsrecht bleiben,[344] während die Geltendmachung von Schadensersatz oder Minderung eingeschränkt werden kann.[345] Eine Subsidiaritätsklausel ist gegenüber einem Kaufmann dann zulässig, wenn sie vorsieht, dass er einen Dritten zuvor erfolglos gerichtlich in Anspruch nehmen muss.[346]

(2) Beschränkung auf Nacherfüllung (§ 309 Nr. 8 lit. b bb BGB)

155 Nach § 309 Nr. 8 lit. b bb BGB sind solche Vertragsbedingungen unwirksam, durch die der Vertragspartner gegenüber dem Verwender auf das Recht zur Nacherfüllung nach den §§ 437 Nr. 1, 439 BGB beschränkt wird, ohne dass ihm für den Fall des Fehlschlagens der Nacherfüllung die Gestaltungsmöglichkeiten des § 437 Nr. 2 BGB, Minderung und Rücktritt, ausdrücklich erhalten werden. Damit ist eine **Beschränkung der Mängelrechte** des Vertragspartners auf eine Nacherfüllung grundsätzlich erlaubt, wenn die Rechte des Vertragspartners für den Fall des Scheiterns der Nacherfüllung durch den Verwender sichergestellt werden, da dieser Vorrang der Nacherfüllung auch der Konzeption der Mängelrechte in den §§ 434 ff. BGB zugrunde liegt.[347]

156 Die Vorschrift verfolgt den **Zweck**, dem Vertragspartner bei Scheitern der Nacherfüllung durch den Verwender die Rechte des § 437 Nr. 2 BGB zu erhalten, indem sie den Verwender dazu zwingt, das Minderungs- und Rücktrittsrecht des Vertragspartners für den Fall des Fehlschlagens der Nacherfüllung ausdrücklich in seine Allgemeinen Geschäftsbedingungen aufzunehmen.[348] Anderenfalls wäre nämlich die Beseitigung des Mangels bzw. die Lieferung einer mangelfreien Sache vom Leistungswillen und -vermögen des Verwenders abhängig, ohne dass der Vertragspartner die Möglichkeit hätte, bei ausbleibender oder unzureichender Nacherfüllung vom Vertrag zurückzutreten oder von seinem Minderungsrecht Gebrauch zu machen.[349]

157 Ein **Scheitern der Nacherfüllung** liegt vor, wenn sie nicht innerhalb angemessener Frist zu einer ordnungsgemäßen Beseitigung des Mangels führt. Davon ist insbesondere dann

---

343 NK-BGB/*Kollmann*, § 309 Rn 147.
344 BGHZ 62, 251, 254; BGHZ 65, 359, 362 f.; BGH NJW 1981, 1501, 1502.
345 BGHZ 70, 240, 242; BGH NJW 1979, 2095; BGH BB 1980, 13, 14; Wolf/Lindacher/Pfeiffer/*Dammann*, § 309 Nr. 8b aa Rn 75; NK-BGB/*Kollmann*, § 309 Rn 147.
346 MüKo/*Wurmnest*, § 309 Nr. 8 Rn 32; Wolf/Lindacher/Pfeiffer/*Dammann*, § 309 Nr. 8b aa Rn 79; NK-BGB/*Kollmann*, § 309 Rn 147.
347 Palandt/*Grüneberg*, § 309 Rn 68; Wolf/Lindacher/Pfeiffer/*Dammann*, § 309 Nr. 8b bb Rn 4.
348 Wolf/Lindacher/Pfeiffer/*Dammann*, § 309 Nr. 8b bb Rn 1 f.
349 NK-BGB/*Kollmann*, § 309 Rn 148; Wolf/Lindacher/Pfeiffer/*Dammann*, § 309 Nr. 8b bb Rn 1 f.

C. Die Inhaltskontrolle (§§ 307 ff. BGB) § 5

auszugehen, wenn die Nacherfüllung unmöglich ist, misslingt, verweigert oder unzumutbar verzögert wird bzw. dem Vertragspartner sonst unzumutbar ist.[350] Allerdings darf der Verwender die Nacherfüllung nicht von Anfang an ausschließen und sofort auf die sekundären Mängelrechte verweisen, da der Vertragspartner den Anspruch auf Nacherfüllung einfordern können soll.[351]

Wirksam ist deshalb eine Vertragsbedingung, die die Mängelrechte des Vertragspartners verkürzt, nur dann, wenn der Verwender neben der Nacherfüllung einen weiteren Ausgleich ermöglicht. Dem Vertragspartner muss also neben dem Anspruch auf Nacherfüllung zumindest der Anspruch auf Rücktritt und Minderung verbleiben.[352] 158

Vertraglichen Regelungen zur Mangelbeseitigung kommt nach der gesetzlichen Regelung mit einem vorrangigen Anspruch des Vertragspartners auf Nachbesserung oder Ersatzlieferung und nachgelagerten Rücktritts-, Minderungs- oder Schadensersatzrechten kaum noch Bedeutung zu.[353] 159

Aus der gesetzlichen Regelung des § 309 Nr. 8 lit. b BGB ergibt sich, dass der Anspruch auf **Nacherfüllung nicht vollständig** ausgeschlossen werden darf und dem Vertragspartner wenigstens eine Möglichkeit der Nacherfüllung im Wesentlichen uneingeschränkt zur Verfügung stehen muss.[354] Der Verwender darf allerdings in seinen Geschäftsbedingungen im Regelfall bestimmen, dass nur eine **Art der Nacherfüllung** durchgeführt wird.[355] Ebenfalls grundsätzlich zulässig ist es, das **Wahlrecht über die Art der Nacherfüllung** auf den Verwender zu übertragen.[356] Auch geringfügige Beschränkungen des Rechts auf Nacherfüllung, etwa die Einhaltung bestimmter Mindestfristen oder das Erfordernis einer schriftlichen Geltendmachung des Mangels beeinträchtigen die Wirksamkeit im Rahmen des § 309 Nr. 8 lit. b bb BGB grundsätzlich nicht.[357] 160

---

350 Zur unberechtigten Verweigerung der Nacherfüllung: BGH NJW 1994, 1004, 1005; OLG Köln NJW-RR 1986, 151; zur unzumutbaren Verzögerung und zum vergeblichen Versuch der Nacherfüllung: BGH NJW 1994, 1004, 1005; zur Unzumutbarkeit der Nacherfüllung: BGH NJW 1994, 1004, 1005; BGH NJW 1998, 677, 678; vgl. zusammenfassend: Wolf/Lindacher/Pfeiffer/*Dammann*, § 309 Nr. 8b bb Rn 21 ff.; Palandt/*Grüneberg*, § 309 Rn 69.
351 NK-BGB/*Kollmann*, § 309 Rn 148.
352 NK-BGB/*Kollmann*, § 309 Rn 148; Wolf/Lindacher/Pfeiffer/*Dammann*, § 309 Nr. 8b bb Rn 30 ff.; Palandt/*Grüneberg*, § 309 Rn 70.
353 NK-BGB/*Kollmann*, § 309 Rn 149; vgl. auch Wolf/Lindacher/Pfeiffer/*Dammann*, § 309 Nr. 8b bb Rn 9.
354 BGH NJW 1980, 831, 832; Palandt/*Grüneberg*, § 309 Rn 68; MüKo/*Wurmnest*, § 309 Nr. 8 Rn 33; NK-BGB/ *Kollmann*, § 309 Rn 149; klarstellend zur Anwendbarkeit des § 309 Nr. 8b bb auch bei vollständigem Ausschluss der Nacherfüllung: Wolf/Lindacher/Pfeiffer/*Dammann*, § 309 Nr. 8b bb Rn 5.
355 BT-Drucks 14/6040, S. 158; Palandt/*Grüneberg*, § 309 Rn 68; NK-BGB/*Kollmann*, § 309 Rn 149; AnwK-Schuldrecht/*Hennrichs*, § 309 Rn 27.
356 Palandt/*Grüneberg*, § 309 Rn 68; Dauner-Lieb/Konzen/Schmidt/*Pfeiffer*, S. 241; NK-BGB/*Kollmann*, § 309 Rn 149; a.A. v. *Westphalen*, AGB-Klauselwerke, „Mängelbeseitigung" Rn 9.
357 MüKo/*Wurmnest*, § 309 Nr. 8 Rn 34; NK-BGB/*Kollmann*, § 309 Rn 149.

Klingelhöfer 271

§ 5 Die Auslegung Allgemeiner Geschäftsbedingungen

161 Für den Fall des **Fehlschlagens der Nacherfüllung** müssen die AGB des Verwenders für den Vertragspartner entweder das Recht auf Rücktritt oder Minderung ausdrücklich vorsehen. Das Wahlrecht zwischen Rücktritt und Minderung muss nach dem Wortlaut des § 309 Nr. 8 lit. b bb BGB beim Vertragspartner liegen.[358] Auch darf die Ausübung der nachrangigen Mängelrechte nicht an zusätzliche Voraussetzungen geknüpft werden.[359] Zulässig ist es aber, das Recht auf Rücktritt oder Minderung als Alternative zur Nacherfüllung vorzusehen, da insoweit die Rechtsposition des Vertragspartners verbessert wird.[360]

162 Die ausnahmsweise zulässige Beschränkung der ausdrücklich einzuräumenden Rechte für **Bauleistungen** auf das Minderungsrecht erklärt sich dadurch, dass diese Leistungen im Regelfall nur schwer oder gar nicht vollständig zurückgewährt werden können.[361] Deshalb wird es dem Verwender gestattet, dem Vertragspartner insoweit nur ein Minderungsrecht vorzubehalten. Dies gilt allerdings grundsätzlich nicht für **Bauträgerverträge**, weil diese keine Bauleistung zum Gegenstand haben.[362]

163 Weitere Rechte des Vertragspartners müssen nicht ausdrücklich in die Gestaltung der Klausel einbezogen werden. Dies gilt etwa für verschuldensunabhängige Schadensersatzansprüche, Aufwendungsersatzansprüche des Vertragspartners oder das Recht zur Selbstvornahme.[363] Der Ausschluss von verschuldensabhängigen Schadensersatzansprüchen ist aufgrund der fehlenden Erwähnung in § 309 Nr. 8 lit. b bb BGB an § 309 Nr. 7 BGB zu messen.[364]

164 Aufgrund der Gestaltung der Vertragsbedingung muss für den durchschnittlichen – und damit rechtsunkundigen – Vertragspartner klar werden, welche Mängelrechte ihm bei der Feststellung eines Mangels zustehen, insbesondere wenn einzelne gesetzliche Mängelrechte eingeschränkt oder ausgeschlossen werden.[365] Insoweit trägt der Verwender auch hier das allgemeine **Risiko der Verständlichkeit** seiner Vertragsbedingungen.

165 Regelmäßig kann der Verwender auch festlegen, nach wie vielen **Nachbesserungsversuchen** die Nacherfüllung als fehlgeschlagen gilt. Allerdings ist insoweit zu beachten, dass wesentliche Abweichungen von der in der jeweiligen Branche typischen oder gesetz-

---

358 Wolf/Lindacher/Pfeiffer/*Dammann*, § 309 Nr. 8b bb Rn 36–39.
359 Wolf/Lindacher/Pfeiffer/*Dammann*, § 309 Nr. 8b bb Rn 31 f.; NK-BGB/*Kollmann*, § 309 Rn 150.
360 NK-BGB/*Kollmann*, § 309 Rn 150.
361 Palandt/*Grüneberg*, § 309 Rn 70; NK-BGB/*Kollmann*, § 309 Rn 150; Wolf/Lindacher/Pfeiffer/*Dammann*, § 309 Nr. 8b bb Rn 34.
362 BGH NJW 2002, 511; BGH NZBau 2006, 781 = BGH NZM 2006, 902; OLG Hamm NJW-RR 1998, 1031, 1032; Wolf/Lindacher/Pfeiffer/*Dammann*, § 309 Nr. 8b bb Rn 33; *v. Westphalen*, NJW 2003, 1981.
363 MüKo/*Wurmnest*, § 309 Nr. 8 Rn 45; NK-BGB/*Kollmann*, § 309 Rn 151.
364 Wolf/Lindacher/Pfeiffer/*Dammann*, § 309 Nr. 8b bb Rn 9; NK-BGB/*Kollmann*, § 309 Rn 151; a.A. *v. Westphalen*, NJW 2002, 24; *Koch*, MDR 2003, 661, 665.
365 BGH NJW 1994, 1004, 1005; Palandt/*Grüneberg*, § 309 Rn 70; Wolf/Lindacher/Pfeiffer/*Dammann*, § 309 Nr. 8b bb Rn 40–43.

lich geregelten Zahl der Nachbesserungsversuche regelmäßig zur Unangemessenheit der Geschäftsbedingung führen werden. Die Rechtsprechung hat insoweit die Festlegung auf drei Nachbesserungsversuche bisher abgelehnt und auf die Umstände des jeweiligen Einzelfalles abgestellt.[366]

Kaufmännischer Geschäftsverkehr: Gegenüber einem Unternehmer sind weitergehende Beschränkungen auf eine Nacherfüllung, als dies § 309 Nr. 8 lit. b bb BGB gestattet, über § 307 Abs. 1 Nr. 1 BGB ebenfalls grundsätzlich unwirksam.[367] Ausreichend ist jedoch im Allgemeinen, wenn der Verwender dem Unternehmer – unter Berücksichtigung des § 478 Abs. 4 und Abs. 5 BGB – für den Fall des Fehlschlagens der Nacherfüllung ein Rücktrittsrecht einräumt.[368] 166

Dagegen ist die Übertragung des Wahlrechts bezüglich der Art der Nacherfüllung auf den Verwender im kaufmännischen Bereich ebenso wirksam wie die Beschränkung auf eine konkrete Art der Nacherfüllung. Eine Ausnahme besteht lediglich dann, wenn durch die Beschränkung der Art der Nacherfüllung praktisch die Nacherfüllung ausgeschlossen wird. 167

Minderung und Rücktritt dürfen gegenüber Kaufleuten ebenfalls nicht zugleich ausgeschlossen werden.[369] Zudem darf die Ausübung des Rücktritts oder der Minderung nicht von Voraussetzungen abhängig gemacht werden, die über die gesetzlichen Anforderungen hinausgehen.[370] Soweit der kaufmännische Vertragspartner ein Wahlrecht bezüglich seiner Mängelrechte hat, können die Geschäftsbedingungen vorsehen, dass der Vertragspartner sich innerhalb eines bestimmten Zeitraums erklären muss. Verletzt der Vertragspartner diese Erklärungspflicht, kann dies zu einem Schadensersatzanspruch des Verwenders führen.[371] 168

(3) Aufwendungen bei Nacherfüllung (§ 309 Nr. 8 lit. b cc BGB)

§ 309 Nr. 8 lit. b cc BGB verbietet solche Vertragsbedingungen, die die Verpflichtung des Verwenders beschränken oder ausschließen, die zum Zwecke der Nacherfüllung erforderlichen Aufwendungen zu tragen. Sie korrespondiert deshalb mit §§ 439 Abs. 2, 635 169

---

366 BGH NJW 1998, 677, 678; BGH NJW-RR 1990, 886, 888; OLG Köln NJW 1987, 2520; Palandt/*Grüneberg*, § 309 Rn 69.
367 BGHZ 93, 29, 62; BGH NJW 1993, 2436, 2438; BGH NJW 1994, 1004, 1005; BGH NJW 1998, 677, 678; BGH NJW 1998, 679, 680; Wolf/Lindacher/Pfeiffer/*Dammann*, § 309 Nr. 8b bb Rn 52; Palandt/*Grüneberg* § 309 Rn 71.
368 Wolf/Lindacher/Pfeiffer/*Dammann*, § 309 Nr. 8b bb Rn 55.
369 BGH NJW 1991, 2630, 2632; Wolf/Lindacher/Pfeiffer/*Dammann*, § 309 Nr. 8b bb Rn 53; NK-BGB/*Kollmann*, § 309 Rn 159.
370 NK-BGB/*Kollmann*, § 309 Rn 159; Wolf/Lindacher/Pfeiffer/*Dammann*, § 309 Nr. 8b bb Rn 53.
371 Umstritten: s. NK-BGB/*Kollmann*, § 309 Rn 152.

Abs. 2 BGB, die die zum Zwecke der Nacherfüllung erforderlichen Aufwendungen dem Verkäufer auferlegen und damit zwingendes Recht beinhalten.[372]

170 Mit der Regelung in § 309 Nr. 8 lit. b cc BGB will der Gesetzgeber verhindern, dass der Verwender seine Geschäftsbedingungen dazu nutzt, die ihm im Zusammenhang mit der Nacherfüllung insbesondere durch den erneuten An- und Abtransport sowie die durch den zusätzlichen Arbeits- und Materialaufwand entstehenden Kosten auf den Vertragspartner zu verlagern und damit dessen Nacherfüllungsrecht zu entwerten.[373] Denn das Nacherfüllungsrecht stellt für den Vertragspartner einen Ausgleich dafür dar, dass er zuvor eine Sache erhalten hat, die nicht der vertraglich vereinbarten Beschaffenheit entsprach. Werden die zusätzlichen Kosten nun durch die Allgemeinen Geschäftsbedingungen auf den Vertragspartner verlagert, so zahlt dieser zweifach, obwohl er die mangelfreie Leistung nur einmal erhält. Deshalb fallen die durch die Nacherfüllung zusätzlich entstehenden Kosten in die Risikosphäre des Verwenders und sind auch von diesem zu tragen.

171 Folgende Regelungen sind daher grundsätzlich bedenklich bzw. unwirksam:[374]
- Abwälzung aller oder einzelner Kostenarten auf den Vertragspartner,
- Selbstbeteiligung des Vertragspartners,
- Zurückhalten eines Selbstbehalts,
- Kostentragung des Vertragspartners bei eigenem Verschulden,
- Verpflichtung des Vertragspartners zu einer Mitwirkung bei der Nacherfüllung (bspw. Materialbeschaffung).

172 Rechtlich wirksam ist es dagegen im Regelfall, wenn der Verwender die gesetzliche Definition der Unverhältnismäßigkeit nach den §§ 439 Abs. 3, 635 Abs. 3 BGB wiederholt oder konkretisiert.[375] Ebenfalls grundsätzlich wirksam ist es, wenn der Verwender dem Vertragspartner über die gesetzliche Regelung hinausgehende Rechte zugesteht (etwa längere Verjährungsfristen), dafür in diesem Bereich aber die Kostentragung einschränkt oder ausschließt.[376] Ferner ist es grundsätzlich zulässig, die Verjährungsfrist innerhalb der Grenzen der §§ 309 Nr. 8 lit. b ff, 307 BGB zu verkürzen, ohne gegen § 309 Nr. 8 lit. b cc BGB zu verstoßen.

173 Etwaige Kosten der sekundären Mängelrechte (Rücktritt, Minderung, Schadensersatz) können jedoch auf den Vertragspartner übertragen werden, da diese nach dem Wortlaut der Vorschrift nicht erfasst werden.[377]

---

372 Wolf/Lindacher/Pfeiffer/*Dammann*, § 309 Nr. 8b cc Rn 14; Palandt/*Grüneberg*, § 309 Rn 72; NK-BGB/*Kollmann*, § 309 Rn 162.
373 Wolf/Lindacher/Pfeiffer/*Dammann*, § 309 Nr. 8b cc Rn 1 ff.; NK-BGB/*Kollmann*, § 309 Rn 162; MüKo/*Wurmnest*, § 309 Nr. 8 Rn 49.
374 NK-BGB/*Kollmann*, § 309 Rn 163; Wolf/Lindacher/Pfeiffer/*Dammann*, § 309 Nr. 8b cc Rn 13.
375 NK-BGB/*Kollmann*, § 309 Rn 164.
376 MüKo/*Wurmnest*, § 309 Nr. 8 Rn 54; NK-BGB/*Kollmann*, § 309 Rn 164.
377 NK-BGB/*Kollmann*, § 309 Rn 164.

Kaufmännischer Geschäftsverkehr: Ob die Beschränkung oder der Ausschluss der Verpflichtung des Verwenders, die Aufwendungen für die Nacherfüllung zu tragen, auch auf den kaufmännischen Verkehr übertragen werden kann, ist umstritten. Rechtsprechung und Literatur gehen jedoch überwiegend von einer Unwirksamkeit entsprechender Vertragsbedingungen aus.[378] Denn auch gegenüber einem Kaufmann kann der Verwender die zusätzlichen Kosten der eigenen Schlechtleistung nicht auf seinen Vertragspartner verlagern, ohne die vertragliche Äquivalenz erheblich zu beeinträchtigen. So ist es auch gegenüber einem Kaufmann grundsätzlich nicht möglich, die Transport-, Wege- und Arbeitskosten sowie die Kosten der Nacherfüllung auf diesen zu übertragen. Dagegen können unbedeutende Kostenteile im Einzelfall auf den kaufmännischen Vertragspartner abgewälzt werden.[379] So können gegenüber Zwischenhändlern pauschalierte Erstattungsregelungen vorgesehen werden.[380]

174

Konsequenz der Regelung des § 478 Abs. 2 BGB ist es, dass der kaufmännische Vertragspartner Aufwendungsersatz von seinem Lieferanten (Verwender) verlangen kann, wenn er durch einen Verbrauchsgüterkauf daran gehindert ist, diese Kosten an den Endverbraucher weiterzugeben.[381]

175

(4) Vorenthalten der Nacherfüllung (§ 309 Nr. 8 lit. b dd BGB)

§ 309 Nr. 8 lit. b dd BGB erklärt Vertragsbedingungen für unwirksam, durch die der Verwender die Nacherfüllung von der vorherigen Zahlung des vollständigen oder eines verhältnismäßig hohen Anteils des Entgelts abhängig macht.

176

Durch diese Regelung soll erreicht werden, dass der Vertragspartner den Anspruch auf Nacherfüllung gegen den Verwender auch durchsetzen kann, ohne vorab an den Verwender unverhältnismäßig hohe Vorleistungen erbringen zu müssen.[382] Hierdurch wird dem Vertragspartner ein außergerichtliches Druckmittel erhalten, da er die überwiegende Erbringung der Gegenleistung von der Beseitigung des Mangels abhängig machen kann.[383]

177

---

378 BGH NJW 1981, 1501, 1510; BGH NJW 1985, 623, 630; BGH NJW 1994, 1004, 1005; Palandt/*Grüneberg*, § 309 Rn 73; NK-BGB/*Kollmann*, § 309 Rn 166 f.; differenzierend: Wolf/Lindacher/Pfeiffer/*Dammann*, § 309 Nr. 8b cc Rn 30 ff.
379 BGH NJW 1981, 867; wohl auch BGH NJW 1996, 389, 390, wonach ein Verstoß gegen § 307 BGB vorliegt, wenn die dem Vertragspartner auferlegten Kosten im Verhältnis zur Gegenleistung „nicht unwesentlich" sind.
380 BGH NJW 1996, 389; Wolf/Lindacher/Pfeiffer/*Dammann*, § 309 Nr. 8b cc Rn 35; Palandt/*Grüneberg*, § 309 Rn 73.
381 NK-BGB/*Kollmann*, § 309 Rn 167; Palandt/*Grüneberg*, § 309 Rn 73; vgl. auch Wolf/Lindacher/Pfeiffer/ *Dammann*, § 309 Nr. 8b cc Rn 31.
382 Wolf/Lindacher/Pfeiffer/*Dammann*, § 309 Nr. 8b dd Rn 1–9; NK-BGB/*Kollmann*, § 309 Rn 168; AnwK-Schuldrecht/*Hennrichs*, § 309 Rn 29.
383 MüKo/*Wurmnest*, § 309 Nr. 8 Rn 57.

§ 5 Die Auslegung Allgemeiner Geschäftsbedingungen

178 § 309 Nr. 8 lit. b dd BGB betrifft **alle Fälle der gesetzlich angeordneten Nacherfüllung** (§§ 437 Nr. 1, 439; 634 Nr. 1, 635 BGB). Dagegen ist sie nicht anwendbar, wenn der Verwender schon die Erfüllung des vertraglichen Primäranspruchs an eine Vorausleistung des Vertragspartners knüpft, da insoweit § 309 Nr. 2 BGB (siehe Rdn 38 ff.) anzuwenden ist.[384]

179 Unwirksam sind **Vorleistungsklauseln** sowohl dann, wenn sie die Nacherfüllung von der vollständigen Zahlung des vereinbarten Entgelts abhängig machen, als auch dann, wenn der Vertragspartner einen unverhältnismäßig hohen Teil des Preises zahlen muss.[385] Die **Unverhältnismäßigkeit** der Vorleistung ist im Einzelfall abzuwägen und beurteilt sich vor allem nach der Schwere des Mangels und der Höhe der Nacherfüllungsaufwendungen für den Verwender.[386] Zu berücksichtigen ist allerdings auch, dass dem Vertragspartner nach dem Zweck der Vorschrift ein taugliches Druckmittel gegen den Verwender verbleiben muss. Dies kann etwa dann schon nicht mehr der Fall sein, wenn die Vorleistung des Vertragspartners die Kosten des Verwenders vollständig abdeckt.

180 Zulässig ist es, die Nacherfüllung von einer Zug-um-Zug-Zahlung des Kaufpreises abhängig zu machen, es sei denn, der Verwender ist vertraglich oder gesetzlich zur Vorleistung verpflichtet.[387] Auch für den Fall der erfolgreichen Nachbesserung kann der Verwender die Herausgabe der Sache von der Zahlung des Kaufpreises abhängig machen.[388]

181 **Kaufmännischer Geschäftsverkehr:** Im kaufmännischen Geschäftsverkehr führen Vorleistungsklauseln nach § 309 Nr. 8 lit. b dd BGB grundsätzlich ebenfalls zu einer *unangemessenen Benachteiligung* i.S.d. § 307 Abs. 1 S. 1 BGB.[389] Denn auch einem Kaufmann wird durch eine unverhältnismäßig hohe Vorleistung an den Verwender das Druckmittel genommen, mit dem er diesen zur Nacherfüllung anhalten könnte. Das Interesse des Verwenders an einer Vorleistung des Vertragspartners wird dagegen dadurch gewahrt, dass er dessen Leistungsverweigerungs- und Zurückbehaltungsrechte nach den §§ 273, 320 BGB formularmäßig ausschließen kann, da § 309 Nr. 2 BGB im kaufmännischen Verkehr nur eingeschränkt Anwendung findet (siehe Rdn 47).[390] Zu beachten sind auch im kaufmännischen Verkehr die Anforderungen des § 478 Abs. 4 und Abs. 5 BGB.[391]

---

384 MüKo/*Wurmnest*, § 309 Nr. 8 Rn 57; Palandt/*Grüneberg*, § 309 Rn 74; Wolf/Lindacher/Pfeiffer/*Dammann*, § 309 Nr. 8b dd Rn 10; AnwK-Schuldrecht/*Hennrichs*, § 309 Rn 29.
385 Wolf/Lindacher/Pfeiffer/*Dammann*, § 309 Nr. 8b dd Rn 11 ff.; Palandt/*Grüneberg*, § 309 Rn 75; zur Unwirksamkeit von Vorleistung von mehr als 20 % des Reisepreises: OLG Köln NJOZ, 2013, 1248, 1250.
386 NK-BGB/*Kollmann*, § 309 Rn 169; MüKo/*Wurmnest*, § 309 Nr. 8 Rn 59; Palandt/*Grüneberg*, § 309 Rn 75; ähnlich unter Berücksichtigung der durch den Vertragspartner erlangten Sicherung der Nacherfüllung: Wolf/Lindacher/Pfeiffer/*Dammann*, § 309 Nr. 8b dd Rn 17 f.
387 NK-BGB/*Kollmann*, § 309 Rn 168; eher kritisch: Wolf/Lindacher/Pfeiffer/*Dammann*, § 309 Nr. 8b dd Rn 15.
388 Palandt/*Grüneberg*, § 309 Rn 76; NK-BGB/*Kollmann*, § 309 Rn 168.
389 NK-BGB/*Kollmann*, § 309 Rn 173; Palandt/*Grüneberg*, § 309 Rn 77; Wolf/Lindacher/Pfeiffer/*Dammann*, § 309 Nr. 8b dd Rn 31.
390 MüKo/*Wurmnest*, § 309 Nr. 8 Rn 61.
391 Wolf/Lindacher/Pfeiffer/*Dammann*, § 309 Nr. 8b dd Rn 31.

C. Die Inhaltskontrolle (§§ 307 ff. BGB) §5

(5) Ausschlussfrist für Mängelanzeige (§ 309 Nr. 8 lit. b ee BGB)

§ 309 Nr. 8 lit. b ee BGB erklärt solche Vertragsbedingungen für unwirksam, durch die der Verwender dem Vertragspartner für nicht offensichtliche Mängel eine **kürzere Ausschlussfrist** setzt, als es § 309 Nr. 8 lit. b ff BGB für die Verjährung des Anspruchs vorsieht. Der Anwendungsbereich des § 309 Nr. 8 lit. b ee BGB erfasst durch die Gleichstellung von Falsch- und Zuweniglieferung mit Sachmängeln in § 434 Abs. 3 BGB auch diese Formen der Schlechtleistung.[392]

182

Zweck des Verbots einer Verkürzung der Ausschlussfristen bei nicht offensichtlichen Mängeln ist es, dem Vertragspartner für die Geltendmachung von Mängeln, die er nicht sofort erkennen kann, eine **angemessene Mindestverjährungsfrist** zu erhalten. Zudem sollen nicht kaufmännische Vertragspartner vor umfassenden Rügepflichten geschützt werden, bei deren Nichteinhaltung der Verlust der Mängelrechte droht.[393]

183

Da zugleich der Verwender ein berechtigtes Interesse an der Klärung der zu erwartenden Mängelansprüche hat, trifft § 309 Nr. 8 lit. b ee BGB eine nach der Offenkundigkeit des Mangels differenzierende Regelung.[394] Konsequenz dieser Unterscheidung ist, dass der Verwender für **nicht offensichtliche Mängel** einem Verbraucher in seinen Allgemeinen Geschäftsbedingungen grundsätzlich keine Ausschlussfrist setzen darf.[395] Dagegen ist eine entsprechende Fristsetzung bei **offensichtlichen Mängeln** möglich, da der Vertragspartner in diesen Fällen weniger schutzbedürftig ist und auch die zwingenden Vorschriften des Verbrauchsgüterkaufs keine Unwirksamkeit einer entsprechenden Ausschlussfrist gebieten.[396] Dagegen sind Schadensersatzansprüche des Verwenders, die an eine fehlende Mängelrüge des Vertragspartners anknüpfen, zumindest dann zulässig, wenn sie nicht zu einem Verlust der Mängelrechte des Vertragspartners führen.[397]

184

Ein **offensichtlicher Mangel** liegt vor, wenn die Abweichung in der Beschaffenheit so deutlich zutage tritt, dass sie auch dem durchschnittlichen, nichtkaufmännischen Vertragspartner ohne besonderen Aufwand auffällt.[398] Umstritten ist die Frage, ob die Offensichtlichkeit des Mangels bereits bei Übergabe gegeben sein muss oder sich erst später zeigen kann.[399] Zwar legt § 309 Nr. 8 lit. b ee BGB keinen bestimmten Zeitpunkt für das Vorliegen der Offensichtlichkeit des Mangels fest, gleichwohl wird der Vertragspart-

185

---

[392] BT-Drucks 14/6040, S. 158; NK-BGB/*Kollmann*, § 309 Rn 174.
[393] NK-BGB/*Kollmann*, § 309 Rn 174; Wolf/Lindacher/Pfeiffer/*Dammann*, § 309 Nr. 8b ee Rn 1.
[394] Wolf/Lindacher/Pfeiffer/*Dammann*, § 309 Nr. 8b ee Rn 11 f.; Palandt/*Grüneberg*, § 309 Rn 78 f.
[395] Wolf/Lindacher/Pfeiffer/*Dammann*, § 309 Nr. 8b ee Rn 13–19; Palandt/*Grüneberg*, § 309 Rn 79.
[396] Wolf/Lindacher/Pfeiffer/*Dammann*, § 309 Nr. 8b ee Rn 11; Palandt/*Grüneberg*, § 309 Rn 78; NK-BGB/*Kollmann*, § 309 Rn 174; a.A. v. *Westphalen*, ZGS 2005, 173; *Woitkowitsch*, MDR 2005, 841.
[397] BGH NJW 1998, 3119, 3120; NK-BGB/*Kollmann*, § 309 Rn 175.
[398] BT-Drucks 7/3919, S. 35; MüKo/*Wurmnest*, § 309 Nr. 8 Rn 64; NK-BGB/*Kollmann*, § 309 Rn 175; Palandt/ *Grüneberg*, § 309 Rn 78; Wolf/Lindacher/Pfeiffer/*Dammann*, § 309 Nr. 8b ee Rn 13–19; AnwK-Schuldrecht/ *Hennrichs*, § 309 Rn 30.
[399] NK-BGB/*Kollmann*, § 309 Rn 175.

ner eine Untersuchung des Vertragsgegenstandes regelmäßig zeitnah mit der Übergabe vornehmen, so dass auch für die Offensichtlichkeit von Mängeln auf den Zeitpunkt der Übergabe bzw. Abnahme abgestellt werden kann.[400] Bestimmt der Verwender für offensichtliche und nicht offensichtliche Mängel ohne Differenzierung eine einheitliche Ausschlussfrist, so ist die Vertragsbestimmung unwirksam.[401] Zudem sind Ausschlussfristen für offensichtliche Mängel dann unwirksam, wenn sie den Angemessenheitsanforderungen des § 307 BGB nicht entsprechen.[402] § 309 Nr. 8 lit. b ee BGB setzt weiter voraus, dass der Verwender dem Vertragspartner eine Mängelanzeige abverlangt.[403]

186 Eine Ausschlussfrist liegt immer dann vor, wenn der Vertragspartner mit dem Ablauf einer durch den Verwender gesetzten Frist seine Mängelrechte ganz oder zum Teil verliert oder diese nicht mehr durchsetzen kann.[404] Bei Vorliegen eines nicht offensichtlichen Mangels ist eine Ausschlussfrist grundsätzlich nur dann zulässig, wenn der betreffende Anspruch im Zeitpunkt des Fristablaufs bereits verjährt ist.[405] Im Fall der §§ 438 Abs. 1 Nr. 2, 634 lit. a Abs. 1 Nr. 2 BGB ist deshalb wegen der wirtschaftlichen Bedeutung des Mangels und der schwierigeren Erkennbarkeit für den Vertragspartner für die Zulässigkeit einer Ausschlussfrist auf die gesetzliche Verjährungsfrist abzustellen, während bei allen sonstigen Mängeln die gesetzliche Verjährungsfrist grundsätzlich auf das zulässige Maß verkürzt werden können.[406] Deshalb muss der Verwender dem Vertragspartner in seinen Allgemeinen Geschäftsbedingungen für durch die Verwendung einer Sache des Verwenders verursachte **Mängel an Bauwerken** eine **Mindestfrist von fünf Jahren** (§ 438 Abs. 1 Nr. 2 BGB), für **Mängel an Werken**, die in einem anderen Erfolg als dem der Herstellung oder Veränderung einer Sache bestehen, eine **Mindestfrist von drei Jahren** (§§ 634 lit. a Abs. 1 Nr. 2, 195 BGB) und für **alle sonstigen Mängel** eine **Mindestfrist von einem Jahr** einräumen. Auf diese Weise kann der Verwender durch seine Geschäftsbedingungen dem Vertragspartner für sonstige Mängel eine Rügeobliegenheit auferlegen, ist im Interesse des Vertragspartners aber an die Mindestfrist von einem Jahr gebunden.

187 **Kaufmännischer Geschäftsverkehr:** Die Zulässigkeit von Ausschlussfristen für nicht offensichtliche Mängel ist im Rahmen des § 307 BGB anhand der Umstände des Einzelfalles zu bestimmen.[407] Insoweit ist zu beachten, dass dem kaufmännischen Vertragspart-

---

400 Palandt/*Grüneberg*, § 309 Rn 78; a.A. Wolf/Lindacher/Pfeiffer/*Dammann*, § 309 Nr. 8b ee Rn 13–19; NK-BGB/*Kollmann*, § 309 Rn 175, die auch die spätere Offensichtlichkeit eines Mangels genügen lassen.
401 BGH NJW 1985, 855, 858; BGH NJW 2001, 292, 300; OLG Hamm NJW-RR 1987, 311, 316.
402 BGHZ 139, 190 = BGH NJW 1998, 3119, 3120; Wolf/Lindacher/Pfeiffer/*Dammann*, § 309 Nr. 8b ee Rn 46 ff.; NK-BGB/*Kollmann*, § 309 Rn 177.
403 Wolf/Lindacher/Pfeiffer/*Dammann*, § 309 Nr. 8b ee Rn 20, 21.
404 Wolf/Lindacher/Pfeiffer/*Dammann*, § 309 Nr. 8b ee Rn 22, 23.
405 Palandt/*Grüneberg*, § 309 Rn 79; Wolf/Lindacher/Pfeiffer/*Dammann*, § 309 Nr. 8b ee Rn 30.
406 Palandt/*Grüneberg*, § 309 Rn 79; Wolf/Lindacher/Pfeiffer/*Dammann*, § 309 Nr. 8b ee Rn 30 ff.
407 Palandt/*Grüneberg*, § 309 Rn 80; Wolf/Lindacher/Pfeiffer/*Dammann*, § 309 Nr. 8b ee Rn 71.

ner bei einem beiderseitigen Handelskauf schon über § 377 HGB die unverzügliche Untersuchung und Rüge eines Mangels obliegt.[408] Aufgrund dieser sofortigen Untersuchung und der regelmäßig vorhandenen Kompetenz des Kaufmanns trifft ihn eine Verkürzung der Mindestverjährungsfrist – zumindest bei erkennbaren Mängeln – weniger als einen Verbraucher, was für die Zulässigkeit einer entsprechenden Ausschlussfrist spricht. Gleichwohl kann im Einzelfall eine Mindestfrist auch gegenüber einem Kaufmann eine „*unangemessene Benachteiligung*" i.S.d. § 307 Abs. 1 S. 1 BGB darstellen, etwa wenn dem Kaufmann eine Sache geliefert wird, mit der er sich für den Verwender erkennbar nicht auskennt oder deren Mangel auch für einen Fachmann nicht sofort erkennbar ist und erst bei der Benutzung zutage tritt.[409]

(6) Erleichterung der Verjährung (§ 309 Nr. 8 lit. b ff BGB)

§ 309 Nr. 8 lit. b ff BGB erklärt Vertragsbedingungen für unwirksam, durch die von der gesetzlichen Verjährungsfrist von Ansprüchen wegen Mängeln bei Kaufverträgen über neu hergestellte Bauwerke (§ 438 Abs. 1 Nr. 2 BGB) oder bei Werken, deren Leistungserfolg weder in der Herstellung oder Veränderung einer Sache besteht (§ 634 lit. a Abs. 1 Nr. 2 BGB), abgewichen wird oder bei allen sonstigen Ansprüchen aufgrund von Mängeln, wenn eine Verjährungsfrist von einem Jahr unterschritten wird. Damit ergänzt § 309 Nr. 8 lit. b ff BGB die Vorschrift des **§ 475 Abs. 2 BGB**, die für eine Verjährungserleichterung von Mängelansprüchen bei einem Verbrauchsgüterkauf grundsätzlich eine Mindestfrist von zwei Jahren und für gebrauchte Sachen eine Mindestfrist von einem Jahr vorsieht.[410]

188

Durch das Klauselverbot erkennt der Gesetzgeber an, dass der Verwender bei bestimmten Vertragsarten ein Interesse daran haben kann, die gesetzliche Verjährungsfrist zu verkürzen, um zeitnah Klarheit über mögliche Mängelrechte des Verwenders zu erlangen.[411]

189

Mit der Regelung verfolgt der Gesetzesgeber deshalb das **Ziel**, einerseits dem Interesse des Verwenders gerecht zu werden, innerhalb eines möglichst kurzen Zeitraums Gewissheit über die Geltendmachung von Gewährleistungsansprüchen zu erlangen, andererseits dem Vertragspartner eine **einheitliche Mindestfrist von einem Jahr** zu erhalten.[412]

190

Die **Ausnahmen der §§ 438 Abs. 1 Nr. 2, 634 lit. a Abs. 1 Nr. 2 BGB** sind deshalb gerechtfertigt, da im Anwendungsbereich dieser Vorschriften – d.h. bei **Bauwerken** – Män-

191

---

408 Palandt/*Grüneberg*, § 309 Rn 80; Wolf/Lindacher/Pfeiffer/*Dammann*, § 309 Nr. 8b ee Rn 71 ff.; NK-BGB/*Kollmann*, § 309 Rn 184; MüKo/*Wurmnest*, § 309 Nr. 8 Rn 68.
409 BGH NJW-RR 1986, 52, 53; Wolf/Lindacher/Pfeiffer/*Dammann*, § 309 Nr. 8b ee Rn 76–79; MüKo/*Wurmnest*, § 309 Nr. 8 Rn 68; Palandt/*Grüneberg*, § 309 Rn 80; NK-BGB/*Kollmann*, § 309 Rn 184.
410 BT-Drucks 14/6040, S. 158; Wolf/Lindacher/Pfeiffer/*Dammann*, § 309 Nr. 8b ff Rn 10; Palandt/*Grüneberg*, § 309 Rn 81; NK-BGB/*Kollmann*, § 309 Rn 185.
411 BT-Drucks 14/6040, S. 159; NK-BGB/*Kollmann*, § 309 Rn 185.
412 BT-Drucks 14/6040, S. 159; NK-BGB/*Kollmann*, § 309 Rn 186; AnwK-Schuldrecht/*Hennrichs*, § 309 Rn 33.

§ 5 Die Auslegung Allgemeiner Geschäftsbedingungen

gel erfahrungsgemäß erst sehr spät auftreten können.[413] In diesem Bereich ist deshalb **jede Erleichterung der Verjährungsfrist unwirksam**. Damit werden neben unmittelbaren Verkürzungen der Verjährungsfrist auch alle Vertragsbestimmungen erfasst, die sich mittelbar auf den Verjährungseintritt auswirken, indem sie zu einem früheren Verjährungseintritt beitragen.[414]

192 Durch die Anknüpfung in § 309 Nr. 8 lit. b ff 1. Hs. 2. Alt. BGB **in allen sonstigen Fällen** an den gesetzlich geregelten Beginn der Verjährung sind alle Bestimmungen unzulässig, die die Verjährung vor diesem Zeitpunkt beginnen lassen.[415] Ob die Regelung damit auch alle **mittelbaren Verkürzungen einer Verjährungsfrist** erfassen soll, ist umstritten.[416] Für das Verbot auch mittelbarer Verkürzungen spricht der Wortlaut des § 309 Nr. 8 lit. b ff 1. Hs. 2. Alt. BGB, der darauf abstellt, ob der Verwender durch seine Vertragsbedingung eine Verjährungsfrist von unter einem Jahr erreicht. Ein Erreichen dieser Wirkung tritt jedoch auch dann ein, wenn der Verwender die Verkürzungen der Verjährungsfrist durch mittelbare Maßnahmen herbeiführt.

193 Der **Anwendungsbereich** der Vorschrift erfasst **Sach- und Rechtsmängel**. Daneben gilt sie mittelbar auch für den **Rücktritt** und die **Minderung**, die zwar Gestaltungsrechte sind und damit an sich keiner Verjährung unterliegen, für die aber über die §§ 218 Abs. 1, 438 Abs. 4, 5, 634a Abs. 4, 5 BGB Entsprechendes gilt.[417] Nicht erfasst wird dagegen die Verjährung von konkurrierenden deliktischen Ansprüchen, da deren Haftungstatbestand nicht auf das Bestehen eines Mangels abstellt.[418]

194 Soweit der Anwendungsbereich des § 309 Nr. 8 lit. b ff BGB nicht eröffnet ist, ist eine standardisierte Verjährungsverkürzung nach **§ 307 BGB** auf ihre Angemessenheit hin zu untersuchen.[419] Dies gilt insbesondere für den **Verkauf von gebrauchten Sachen** sowie die Verkürzung der Verjährung von Ansprüchen, die keine Mängelansprüche sind und/oder sich nicht auf Kauf- oder Werkverträge beziehen.[420]

195 **Kaufmännischer Geschäftsverkehr:** Gegenüber Unternehmern sind Vertragsbedingungen, die die Verjährungsfrist von Mängeln stärker verkürzen als es § 309 Nr. 8

---

413 NK-BGB/*Kollmann*, § 309 Rn 185.
414 BGH NJW 2017, 265, 266 Rn 34 ff.; BGH NJW 2016, 2878 Nr 49; BGH NJW 2016, 1572 Rn 37; BGH NJW 1981, 867; BGH NJW-RR 1987, 144, 145; BGH NJW 1992, 1236; BGH NJW ZIP 2004, 1553, 1555; Palandt/ *Grüneberg*, § 309 Rn 82; NK-BGB/*Kollmann*, § 309 Rn 189.
415 BGH NJW-RR 1987, 144, 145 f.; Palandt/*Grüneberg*, § 309 Rn 82; Wolf/Lindacher/Pfeiffer/*Dammann*, § 309 Nr. 8b ff Rn 21, 22; NK-BGB/*Kollmann*, § 309 Rn 189.
416 Für die Einbeziehung mittelbarer Verkürzungen: MüKo/*Wurmnest*, § 309 Nr. 8 Rn 73; Palandt/*Grüneberg*, § 309 Rn 82; Wolf/Lindacher/Pfeiffer/*Dammann*, § 309 Nr. 8b ff Rn 21, 22; für die – teilweise – Zulässigkeit mittelbarer Verkürzungen: NK-BGB/*Kollmann*, § 309 Rn 189.
417 NK-BGB/*Kollmann*, § 309 Rn 189.
418 NK-BGB/*Kollmann*, § 309 Rn 189.
419 Wolf/Lindacher/Pfeiffer/*Dammann*, § 309 Nr. 8b ff Rn 31 ff.
420 MüKo/*Wurmnest*, § 309 Nr. 8 Rn 72; Palandt/*Grüneberg*, § 309 Rn 85; NK-BGB/*Kollmann*, § 309 Rn 190.

lit. b ff BGB gegenüber Nichtkaufleuten gestattet, regelmäßig über § 307 Abs. 1 S. 1 BGB unwirksam.[421] Denn eine *unangemessene Benachteiligung* des Kaufmanns ergibt sich regelmäßig schon dann, wenn ihm die Verjährungsfrist für Mängelansprüche von seinem Lieferanten unter die Mindestfrist des § 309 Nr. 8 lit. b ff BGB gekürzt würde, er gleichwohl aber gegenüber seinem Vertragspartner eine Mindestfrist von einem Jahr einhalten müsste.[422] Damit könnte der Hersteller das Risiko der Nacherfüllung auf den Händler verlagern, obwohl dieser mit der Mangelhaftigkeit der Sache vielfach nichts zu tun hat.

i) Laufzeit bei Dauerschuldverhältnissen (§ 309 Nr. 9 BGB)

Zweck der Vorschrift ist es, die Dispositionsfreiheit des Vertragspartners zu wahren, indem bei langfristigen Vertragsbeziehungen innerhalb überschaubarer Zeiträume eine Überprüfung durch diesen stattfinden kann.[423] Hierfür erhält § 309 Nr. 9 BGB dem Vertragspartner ein Mindestmaß an Kontrolle über die Leistungen des Verwenders im Rahmen eines Dauerschuldverhältnisses und schützt ihn vor einer Überrumpelung durch den Verwender.[424] Gleichzeitig wird durch die Fristen dem Interesse des Verwenders Rechnung getragen, eine gewisse Kontinuität und Planungssicherheit bei der Abwicklung von Dauerschuldverhältnissen zu erlangen.

Zum Anwendungsbereich des § 309 Nr. 9 BGB gehören nach dessen Wortlaut überwiegend Verträge, die eine Sach- oder Dienstleistung des Verwenders vorsehen. Verträge über entsprechende Leistungen des Vertragspartners beurteilen sich dagegen nach § 307 BGB.[425] Nicht erfasst werden Verträge, die nur auf eine vorübergehende Gebrauchsüberlassung gerichtet sind wie etwa Miet-, Leasing- oder Leihverträge sowie Gebrauchsüberlassungsverträge.[426] Auch Verträge über Energieversorgungsleistung (Strom, Fernwärme, Gas) fallen nach § 310 Abs. 2 BGB nicht in den Anwendungsbereich des Klauselverbots, soweit sie nicht zum Nachteil des Vertragspartners von der entsprechenden Verordnung abweichen.[427]

Generell werden von § 309 Nr. 9 BGB nur solche Verträge erfasst, bei denen Leistungen über einen längeren Zeitraum erbracht werden sollen.[428] Erfasst werden alle Verträge, die

---

421 Palandt/*Grüneberg*, § 309 Rn 84; Palandt/*Sprau*, § 634a Rn 26; *Schimmel/Buhlmann*, ZGS 2002, 112; Dauner-Lieb/Konzen/Schmidt/*Pfeiffer*, S. 249 f.; für eine grundsätzliche Wirksamkeit von Verjährungsverkürzungen gegenüber einem Kaufmann: NK-BGB/*Kollmann*, § 309 Rn 194; MüKo/*Wurmnest*, § 309 Nr. 8 Rn 76; *Westermann*, NJW 2002, 251; *v. Westphalen*, NJW 2002, 25.
422 So schon für § 11 Nr. 10 lit. f AGBG: Staudinger/*Coester-Waltjen*, § 11 Nr. 10 AGBG Rn 86.
423 MüKo/*Wurmnest*, § 309 Nr. 9 Rn 1; NK-BGB/*Kollmann*, § 309 Rn 198.
424 MüKo/*Wurmnest*, § 309 Nr. 9 Rn 1.
425 NK-BGB/*Kollmann*, § 309 Rn 198.
426 BGH NJW 1985, 2328; BGH NJW 1993, 1134; BGH NJW 1997, 739; Palandt/*Grüneberg*, § 309 Rn 86; NK-BGB/*Kollmann*, § 309 Rn 199.
427 Palandt/*Grüneberg*, § 309 Rn 90; NK-BGB/*Kollmann*, § 309 Rn 199.
428 NK-BGB/*Kollmann*, § 309 Rn 200; Palandt/*Grüneberg*, § 309 Rn 86; Wolf/Lindacher/Pfeiffer/*Dammann*, § 309 Nr. 9 Rn 10–12; a.A. OLG Stuttgart NJW-RR 1992, 887, 888; MüKo/*Wurmnest*, § 309 Nr. 9 Rn 5.

eine regelmäßige Leistung vorsehen, etwa Zeitungsabonnements, Handy-Download-Pakete oder Getränkelieferverträge.[429] Allerdings lässt sich der hinter der Regelung des § 309 Nr. 9 BGB stehende Zweck nicht ohne Weiteres über § 307 BGB auf Verträge übertragen, die nicht unter § 309 Nr. 9 BGB fallen. Anderenfalls wären langfristige Miet- oder Leasingverträge nach § 309 Nr. 9 lit. a BGB kaum noch zu begründen.[430]

199 Ebenfalls von § 309 Nr. 9 BGB erfasst werden Dienst- oder Werkleistungen, die über einen längeren Zeitraum regelmäßig erbracht werden.[431] Dabei ist eine Identität der einzelnen Teilleistungen nicht erforderlich, aber auch nicht schädlich.[432] Als Dienst- und Werkverträge fallen folgende Verträge in den Anwendungsbereich des Klauselverbots:[433]

- Service-, Wartungs- und Instandsetzungsverträge,[434]
- Unterrichts- und Ausbildungsverträge,[435]
- Beratungsverträge,
- Partnervermittlungsverträge,
- Dienstleistungsverträge mit wiederkehrender Leistungspflicht,
- Geschäftsbesorgungsverträge,
- Betreuungsverträge.[436]

200 Gemischte Vertragstypen sind danach einzuordnen, auf welchem Vertragstyp ihr Schwerpunkt liegt. Solche gemischten Vertragstypen liegen bspw. vor bei:[437]

- Mietkaufverträgen,[438]
- Finanzierungs-Leasingverträgen,
- Automatenaufstellverträgen,[439]
- Fitness-Studio-Verträgen,[440]
- Franchiseverträgen (Anwendbarkeit des § 309 Nr. 9 BGB umstritten).[441]

---

429 MüKo/*Wurmnest*, § 309 Nr. 9 Rn 5; Palandt/*Grüneberg*, § 309 Rn 86; NK-BGB/*Kollmann*, § 309 Rn 199.
430 NK-BGB/*Kollmann*, § 309 Rn 200; vgl. auch MüKo/*Wurmnest*, § 309 Nr. 9 Rn 11.
431 Palandt/*Grüneberg*, § 309 Rn 88 f.; MüKo/*Wurmnest*, § 309 Nr. 9 Rn 6 f.
432 NK-BGB/*Kollmann*, § 309 Rn 201.
433 Vgl. Palandt/*Grüneberg*, § 309 Rn 88; MüKo/*Wurmnest*, § 309 Nr. 9 Rn 6 f.
434 BGHZ 122, 63 = BGH NJW 1993, 151; BGH NJW-RR 1997, 942; OLG Oldenburg CR 1992, 722; OLG Koblenz CR 2005, 482.
435 OLG Köln NJW 1983, 1002; OLG Frankfurt NJW-RR 1987, 439.
436 BGH NJW 2007, 213.
437 NK-BGB/*Kollmann*, § 309 Rn 202.
438 BGH NJW 1985, 2328; NK-BGB/*Kollmann*, § 309 Rn 202.
439 BGHZ 47, 202 = BGH NJW 1967, 1414; a.A. MüKo/*Wurmnest*, § 309 Nr. 9 Rn 8.
440 BGH NJW 1997, 739; BGH NJW 2012, 1431; Palandt/*Grüneberg*, § 309 Rn 88; MüKo/*Wurmnest*, § 309 Nr. 9 Rn 8; *v. Westphalen*, NJW 2013, 2239.
441 MüKo/*Wurmnest*, § 309 Nr. 9 Rn 8; NK-BGB/*Kollmann*, § 309 Rn 202; Palandt/*Grüneberg*, § 309 Rn 86.

C. Die Inhaltskontrolle (§§ 307 ff. BGB) § 5

Entgegen der früheren Regelung in § 23 Abs. 1 Nr. 12 AGBG, der noch den gesamten Bereich des Arbeitsrechts von der Anwendung des § 11 Nr. 12 AGBG ausschloss,[442] sind von der Regelung des § 309 Nr. 9 BGB nach § 310 Abs. 4 S. 2 BGB auch **Arbeitsverträge** erfasst (siehe § 6 Rdn 68 ff.). Dagegen erstreckt sich der **Anwendungsbereich der Norm** nach § 310 Abs. 4 S. 1 BGB nicht auf Dauerschuldverhältnisse auf den Gebieten des Erbrechts, des Familienrechts und des Gesellschaftsrechts sowie auf den Bereich des kollektiven Arbeitsrechts, mithin nicht auf Tarifverträge, Betriebsvereinbarungen und Dienstvereinbarungen (siehe im Einzelnen § 6 Rdn 71 ff.). 201

Vom Anwendungsbereich der Klauselverbote nach § 309 Nr. 9 BGB ausgenommen hat der Gesetzgeber zudem Verträge über die Lieferung als zusammengehörig verkaufter Sachen und Versicherungsverträge.[443] Dagegen wurde die ursprünglich in § 309 Nr. 9 BGB vorgesehene Bereichsausnahme für **Wahrnehmungsverträge** zwischen Verwertungsgesellschaften und Urheberrechtsinhabern mit Wirkung zum 1.6.2016 aufgehoben, da dem Berechtigten inzwischen nach § 12 des Verwertungsgesellschaftengesetzes (VGG) durch die Verwertungsgesellschaft die Möglichkeit eingeräumt werden muss, das Vertragsverhältnis über die Wahrnehmung von Urheberrechten und verwandten Schutzrechten jederzeit ohne Begründung mit einer angemessenen Frist von höchstens sechs Monaten zu beenden. 202

Nach **§ 309 Nr. 9 lit. a BGB** ist eine Vertragsbedingung unwirksam, die im Rahmen eines Dauerschuldverhältnisses eine den Vertragspartner länger als zwei Jahre bindende Laufzeit des Vertrages vorsieht. Damit soll erreicht werden, dass der Vertragspartner sich nicht schon bei der ersten Laufzeit des Vertrages für einen so langen Zeitraum bindet, dass er in absehbarer Zeit über den Bestand des Vertragsverhältnisses und damit die Leistungsbeziehung zum Verwender nicht erneut entscheiden kann. Nicht maßgeblich ist, ob der Vertrag eine bestimmte Laufzeit vorsieht oder auf unbestimmte Zeit abgeschlossen worden ist.[444] Unter Erstlaufzeit ist die Laufzeit zu verstehen, für die der Vertrag nach dem Willen der Parteien ohne Berücksichtigung möglicher Kündigungen oder Verlängerungen gelten soll. 203

Die Zwei-Jahres-Frist wird ab dem Vertragschluss berechnet.[445] Bei der Berechnung der Frist soll eine vereinbarte Probezeit mit ordentlicher Kündigungsmöglichkeit grundsätzlich nicht einbezogen werden.[446] Dagegen sollen bei mehrstufigen Ausbildungsverträgen 204

---

442 Staudinger/*Coester-Waltjen*, § 11 Nr. 12 AGBG Rn 5.
443 Palandt/*Grüneberg*, § 309 Rn 90; MüKo/*Wurmnest*, § 309 Nr. 9 Rn 9 f.
444 MüKo/*Wurmnest*, § 309 Nr. 9 Rn 13; NK-BGB/*Kollmann*, § 309 Rn 203; Wolf/Lindacher/Pfeiffer/*Dammann*, § 309 Nr. 9 Rn 52.
445 BGHZ 122, 63 = BGH NJW 1993, 1651; MüKo/*Wurmnest*, § 309 Nr. 9 Rn 12; NK-BGB/*Kollmann*, § 309 Rn 203.
446 BGHZ 120, 108, 113 = BGH NJW 1993, 326, 327 f.; NK-BGB/*Kollmann*, § 309 Rn 204.

die einzelnen Phasen zusammengerechnet werden.[447] Gleiches gilt in den Fällen, in denen der Verwender die Laufzeit des Vertrages einseitig verlängern kann.[448]

205 Unwirksam ist nach § 309 Nr. 9 lit. b BGB auch eine Klausel, die eine stillschweigende Verlängerung des Vertrages von mehr als einem Jahr vorsieht. Durch diese Begrenzung soll verhindert werden, dass die Laufzeit eines bereits in Vollzug befindlichen Vertragsverhältnisses ohne erneute Erklärung des Vertragspartners für einen Zeitraum verlängert wird, der eine erneute Disposition des Vertragspartners aufgrund des Ausmaßes der Verlängerung erschwert. Entscheidend ist, ob der Vertragspartner die Verlängerung des Vertragsverhältnisses verhindern kann oder nicht. Dies ist dann nicht der Fall, wenn sich der Vertrag ohne Zutun des Vertragspartners um mehr als ein Jahr verlängert.[449] Ebenfalls unter § 309 Nr. 9 lit. b BGB fallen Konstellationen, in denen der Verwender die Verlängerung des Vertrages an die widerspruchslose Entgegennahme einer Leistung durch den Vertragspartner knüpft.[450]

206 Schließlich untersagt § 309 Nr. 9 lit. c BGB solche Vertragsbedingungen, die eine längere Kündigungsfrist als drei Monate vor Ablauf der Vertragsdauer vorsehen. Dadurch soll erreicht werden, dass der Vertragspartner die Entscheidung über den Fortbestand des Vertragsverhältnisses mit dem Verwender zeitnah mit dem Auslaufen des Vertrages treffen kann und damit annähernd der gesamte Vertragszeitraum der Kontrolle durch den Vertragspartner unterliegt. Da es bei Verträgen, die auf unbestimmte Zeit abgeschlossen sind, kein Ende der Vertragsdauer gibt, ist § 309 Nr. 9 lit. c BGB auf diese grundsätzlich nicht anwendbar.[451]

207 Das Klauselverbot ist entsprechend anwendbar, wenn der Vertrag statt einer Kündigung eine andere Beendigungserklärung verlangt.[452] Aus der Länge der zulässigen Kündigungsfrist in § 309 Nr. 9 lit. c BGB wird zudem gefolgert, dass die Kündigung jederzeit möglich sein muss und nicht nur zu bestimmten Terminen erklärt werden darf.[453] Zudem darf die **Kündigung aus wichtigem Grund** durch die AGB des Verwenders nicht eingeschränkt werden.[454]

---

447 LG Kassel NJW-RR 2001, 425; Palandt/*Grüneberg*, § 309 Rn 91; NK-BGB/*Kollmann*, § 309 Rn 204.
448 BGH NJW 2000, 110, 111; NK-BGB/*Kollmann*, § 309 Rn 204.
449 NK-BGB/*Kollmann*, § 309 Rn 205.
450 NK-BGB/*Kollmann*, § 309 Rn 205.
451 MüKo/*Wurmnest*, § 309 Nr. 9 Rn 19; NK-BGB/*Kollmann*, § 309 Rn 206.
452 Palandt/*Grüneberg*, § 309 Rn 93; NK-BGB/*Kollmann*, § 309 Rn 206; für eine Beschränkung auf ordentliche Kündigung und Widerspruch gegen die Vertragsverlängerung: Wolf/Lindacher/Pfeiffer/*Dammann*, § 309 Nr. 9 Rn 71.
453 AG Hamburg NJW-RR 1998, 1593 f.; Palandt/*Grüneberg*, § 309 Rn 93; MüKo/*Wurmnest*, § 309 Nr. 9 Rn 19; NK-BGB/*Kollmann*, § 309 Rn 206; a.A. AG Gütersloh MDR 1984, 404.
454 BGH NJW 1993, 1135; NK-BGB/*Kollmann*, § 309 Rn 206; für eine Unwirksamkeit nach § 307 BGB: Wolf/Lindacher/Pfeiffer/*Dammann*, § 309 Nr. 9 Rn 153–159.

Fraglich ist, inwieweit Vertragsbedingungen, die nicht in den Anwendungsbereich des § 309 Nr. 9 BGB fallen oder den Anforderung dieser Vorschrift genügen, noch auf ihre Angemessenheit nach § 307 BGB zu überprüfen sind. Die Rechtsprechung befürwortet dies nur dann, wenn besondere, von der Verbotsnorm nicht erfasste Gründe vorliegen.[455] Im Regelfall wird allerdings die Überprüfung nach § 309 Nr. 9 BGB den Anforderungen der Angemessenheitsprüfung nach § 307 BGB genügen.[456]

Kaufmännischer Geschäftsverkehr: Grundsätzlich nicht übertragbar sind diese Fristregelungen auf Vertragsbedingungen gegenüber Unternehmern, da § 309 Nr. 9 BGB spezifisch den Schutz des Endverbrauchers bezweckt.[457] Dies schließt allerdings nicht aus, dass gegenüber Unternehmern verwendete Allgemeine Geschäftsbedingungen nach § 307 Abs. 1 S. 1 BGB unwirksam sind, wenn sie den anderen Vertragsteil unangemessen benachteiligen.[458] Im kaufmännischen Geschäftsverkehr können deshalb je nach der Interessenlage im Einzelfall auch Vertragslaufzeiten von deutlich mehr als zwei Jahren zulässig vereinbart werden.[459]

j) Wechsel des Vertragspartners (§ 309 Nr. 10 BGB)

Nach § 309 Nr. 10 BGB sind solche Vertragsbedingungen grundsätzlich unwirksam, nach denen ein Dritter bei Kauf-, Dienst-, Darlehens- oder Werkverträgen anstelle des Verwenders in den Vertrag eintritt oder eintreten kann.

Die Person des Verwenders ist für den Vertragspartner einer der wesentlichen Bestandteile der gegenseitigen vertraglichen Beziehung. Der Kunde wählt den Verwender – d.h. seinen Vertragspartner – regelmäßig nicht nur aufgrund der angebotenen Leistung und der von ihm zu erbringenden Gegenleistung aus, sondern auch aufgrund des Eindrucks, den er von seinem zukünftigen Vertragspartner während der Vertragsverhandlungen gewonnen hat, insbesondere seiner wirtschaftlichen Leistungsfähigkeit und seiner persönlichen Zuverlässigkeit.[460] **Zweck** des § 309 Nr. 10 BGB ist es, zu verhindern, dass durch eine Vertragsbedingung die Person des Leistenden entweder schon bei Ver-

---

455 BGH NJW 1997, 739 f.; BGHZ 120, 108 = BGH NJW 1993, 326, 329; BGH NJW 2003, 1313, 1314 = BGH ZIP 2003, 407.
456 BGHZ 100, 373 = BGH NJW 1987, 2012; BGH NJW 1997, 739; BGH NJW 2003, 1313, 1314; Palandt/*Grüneberg*, § 309 Rn 94; NK-BGB/*Kollmann*, § 309 Rn 207; a.A. wohl MüKo/*Wurmnest*, § 309 Nr. 9 Rn 16.
457 NK-BGB/*Kollmann*, § 309 Rn 210; MüKo/*Wurmnest*, § 309 Nr. 9 Rn 21; Palandt/*Grüneberg*, § 309 Rn 96; Wolf/Lindacher/Pfeiffer/*Dammann*, § 309 Nr. 9 Rn 170.
458 NK-BGB/*Kollmann*, § 309 Rn 210; MüKo/*Wurmnest*, § 309 Nr. 9 Rn 22; Palandt/*Grüneberg*, § 309 Rn 96; Wolf/Lindacher/Pfeiffer/*Dammann*, § 309 Nr. 9 Rn 170.
459 BGHZ 52, 171, 176 f.; BGH NJW 1982, 1692; BGH NJW 2000, 1110, 1112 f.; NK-BGB/*Kollmann*, § 309 Rn 210; Wolf/Lindacher/Pfeiffer/*Dammann*, § 309 Nr. 9 Rn 173; vgl. auch Palandt/*Grüneberg*, § 309 Rn 96 m.w.N.
460 NK-BGB/*Kollmann*, § 309 Rn 211.

tragschluss oder nach diesem von der Person des den Vertrag abschließenden Verwenders abweicht.[461]

212 § 309 Nr. 10 BGB ist grundsätzlich nur auf die in der Vorschrift genannten Kauf-, Dienst- und Werkverträge anwendbar. Aufgrund der hohen Ähnlichkeit zu Werk- und Kaufvertrag fällt nach überzeugender Auffassung auch der Werklieferungsvertrag in den Anwendungsbereich des Klauselverbots. Teilweise soll dies aufgrund der sachlichen Nähe zum Dienstvertragsrecht auch für Geschäftsbesorgungsverträge gelten.[462] Bei jeder Ausdehnung des Anwendungsbereiches ist jedoch zu beachten, dass dies eine erhebliche Einschränkung der Gestaltungsfreiheit des Verwenders zur Folge hat. Insoweit wird man die Klauselverbote generell restriktiv handhaben müssen. Wenn der Gesetzgeber den Anwendungsbereich ausdrücklich auf Kauf-, Dienst- und Werkverträge beschränkt, so ist diese Wertung bei der Feststellung des Anwendungsbereichs der Norm zu berücksichtigen, mit der Konsequenz, dass eine Anwendung des § 309 Nr. 10 BGB auf jede Art von Geschäftsbesorgungsvertrag nicht gerechtfertigt ist.

213 Im Übrigen gilt § 309 Nr. 10 BGB nicht für Miet- und Leasingverträge,[463] sonstige Gebrauchsüberlassungsverträge, Reiseverträge und Lizenzverträge.

214 In den **Anwendungsbereich** der Norm fallen alle Arten der Übertragung eines Vertrages im Ganzen, also die **Vertragsübernahme** sowie die **Schuldübernahme**.[464]

215 **Von § 309 Nr. 10 nicht erfasst** werden die folgenden Übertragungsarten:
- Abtretung;[465]
- Schuld- und Vertragsbeitritt, da der Verwender weiterhaftet;[466]
- Übertragung von gewerblichen Schutzrechten/Urheberrechten, da nur eine Rechtsübertragung stattfindet;[467]
- Hinzuziehung eines Erfüllungsgehilfen oder Vertreters, da hierdurch nicht die Person des Vertragspartners ausgetauscht wird;[468]
- Änderungen der Rechtspersönlichkeit des Verwenders durch Umwandlung, Umfirmierung oder Rechtsformwechsel, solange die Identität des Verwenders gewahrt bleibt;[469]

---

461 Palandt/*Grüneberg*, § 309 Rn 97.
462 OLG Saarbrücken NJW-RR 1999, 1397 f.; a.A. NK-BGB/*Kollmann*, § 309 Rn 211.
463 Palandt/*Grüneberg*, § 309 Rn 97; NK-BGB/*Kollmann*, § 309 Rn 211; Wolf/Lindacher/Pfeiffer/*Dammann*, § 309 Nr. 10 Rn 10 mit einer Einschränkung für kaufvertragsähnliche Leasingverträge.
464 NK-BGB/*Kollmann*, § 309 Rn 212 f.; Palandt/*Grüneberg*, § 309 Rn 98.
465 Palandt/*Grüneberg*, § 309 Rn 98; NK-BGB/*Kollmann*, § 309 Rn 213; Wolf/Lindacher/Pfeiffer/*Dammann*, § 309 Nr. 10 Rn 12–15.
466 NK-BGB/*Kollmann*, § 309 Rn 213; Wolf/Lindacher/Pfeiffer/*Dammann*, § 309 Nr. 10 Rn 12–15.
467 NK-BGB/*Kollmann*, § 309 Rn 213; Wolf/Lindacher/Pfeiffer/*Dammann*, § 309 Nr. 10 Rn 12–15.
468 MüKo/*Wurmnest*, § 309 Nr. 10 Rn 6; Palandt/*Grüneberg*, § 309 Rn 98; NK-BGB/*Kollmann*, § 309 Rn 213.
469 NK-BGB/*Kollmann*, § 309 Rn 213; Wolf/Lindacher/Pfeiffer/*Dammann*, § 309 Nr. 10 Rn 16; MüKo/*Wurmnest*, § 309 Nr. 10 Rn 6; Palandt/*Grüneberg*, § 309 Rn 98.

C. Die Inhaltskontrolle (§§ 307 ff. BGB) § 5

- Gesamtrechtsnachfolge, da das Vermögen auch nach der Rechtsnachfolge weiter als Haftungsmasse zur Verfügung steht;
- Verschmelzung;
- Teilgesamtrechtsnachfolge nach UmwG.[470]

Die Unwirksamkeit der Vertragsbedingung tritt nicht ein, wenn der in den Vertrag eintretende Dritte bereits in den AGB namentlich bezeichnet wird.[471] In diesem Fall weiß der Vertragspartner schon bei Vertragsschluss, dass ein bestimmter Dritter die vertragliche Leistung erbringen wird oder zumindest erbringen könnte, so dass er das Leistungs- und Zuverlässigkeitsrisiko besser abschätzen kann. 216

Eine Allgemeine Geschäftsbedingung, die den Wechsel des Vertragspartners vorsieht, ist auch dann wirksam einbezogen, wenn sie dem Vertragspartner gestattet, sich im Fall des Eintritts des Dritten vom Vertrag zu lösen.[472] In diesem Fall ist der Vertragspartner nicht schutzbedürftig, da er über den Bestand des Vertrages unter Berücksichtigung des neuen Vertragspartners neu entscheiden kann. Teilweise wird befürwortet, dass dies nur für sofortige Lösungsrechte des Vertragspartners gilt.[473] 217

Bereits die unzureichende Einbeziehung der Ausnahmeregelungen des § 309 Nr. 10 lit. a, b BGB kann zur Unwirksamkeit der gesamten Vertragsbedingung führen.[474] 218

Kaufmännischer Geschäftsverkehr: Auch im kaufmännischen Geschäftsverkehr sind Übertragungsklauseln i.S.d. § 309 Nr. 10 BGB **grundsätzlich unzulässig**.[475] Eine *unangemessene Benachteiligung* i.S.d. § 307 Abs. 1 S. 1 BGB liegt dementsprechend vor, wenn das Interesse des Vertragspartners an der Vertragsabwicklung derart mit der Leistung durch den die Allgemeinen Geschäftsbedingungen verwendenden Unternehmer verknüpft ist, dass dem anderen Vertragsteil eine Leistung durch einen Dritten unzumutbar ist.[476] Des Weiteren ist von einer unangemessenen Benachteiligung eines Unternehmers auszugehen, wenn der die Allgemeinen Geschäftsbedingungen verwendende Unternehmer für sich eine wesentlich vorteilhaftere Nachfolgeregelung vorsieht als für seinen Geschäftspartner.[477] Grundsätzlich ist das Interesse des Vertragspartners auch dann höher zu bewerten, 219

---

470 NK-BGB/*Kollmann*, § 309 Rn 213; Wolf/Lindacher/Pfeiffer/*Dammann*, 309 Nr. 10 Rn 16.
471 BGH NJW 1980, 2518; Palandt/*Grüneberg*, § 309 Rn 99; NK-BGB/*Kollmann*, § 309 Rn 214; Wolf/Lindacher/Pfeiffer/*Dammann*, 309 Nr. 10 Rn 32.
472 LG Köln NJW-RR 1987, 886; NK-BGB/*Kollmann*, § 309 Rn 214; MüKo/*Wurmnest*, § 309 Nr. 10 Rn 8; Palandt/*Grüneberg*, § 309 Rn 99.
473 LG Köln NJW-RR 1987, 885, 886; Palandt/*Grüneberg*, § 309 Rn 99.
474 NK-BGB/*Kollmann*, § 309 Rn 215.
475 NK-BGB/*Kollmann*, § 309 Rn 217; ähnlich: Wolf/Lindacher/Pfeiffer/*Dammann*, 309 Nr. 10 Rn 60 f.; differenzierend: MüKo/*Wurmnest*, § 309 Nr. 10 Rn 9.
476 Palandt/*Grüneberg*, § 309 Rn 100; MüKo/*Wurmnest*, § 309 Nr. 10 Rn 9; Wolf/Lindacher/Pfeiffer/*Dammann*, 309 Nr. 10 Rn 60.
477 MüKo/*Wurmnest*, § 309 Nr. 10 Rn 9.

wenn er sich mit dem Verwender auf eine langfristige Vertragsbeziehung eingelassen hat oder wenn die persönliche Bindung der Vertragsparteien besonders intensiv ist.[478]

k) Haftung des Abschlussvertreters (§ 309 Nr. 11 BGB)

220 Nach § 309 Nr. 11 BGB sind grundsätzlich solche Vertragsbedingungen unwirksam, durch die entweder eine Eigenhaftung oder Einstandspflicht eines Vertreters des Vertragspartners begründet wird (**§ 309 Nr. 11 lit. a BGB**) oder durch die die Haftung eines vollmachtlosen Vertreters des Vertragspartners über seine Haftung nach § 179 BGB hinaus erweitert wird (**§ 309 Nr. 11 lit. b BGB**).

221 Soweit in § 309 Nr. 11 lit. a BGB der Begriff Einstandspflicht verwendet wird, erfasst diese jede vom Verwender durch seine AGB geschaffene Möglichkeit der Inanspruchnahme des Vertreters.[479] Die Begründung einer **Eigenhaftung des Vertreters** in Allgemeinen Geschäftsbedingungen wurde von der Rechtsprechung schon vor Inkrafttreten des AGBG abgelehnt.[480] Denn der Vertreter handelt grundsätzlich nicht in seinem eigenen Interesse, weshalb es sachgerecht ist, die Haftung grundsätzlich auf die Person zu begrenzen, auf die sich die Wirkungen des Rechtsgeschäftes nach § 164 Abs. 1 BGB erstrecken.[481] Da der Vertreter wegen § 164 Abs. 1 BGB nicht mit einer über § 179 BGB hinausgehenden Haftung zu rechnen braucht, werden dementsprechende Vertragsbedingungen regelmäßig schon nicht in den Vertrag einbezogen, da sie überraschend sind (§ 305 lit. c Abs. 1 BGB).[482]

222 Eine **Mithaftung des Vertreters** kann der Verwender demnach nur dadurch begründen, dass er mit diesem eine gesonderte Vereinbarung über die Haftungserweiterung abschließt (§ 305 lit. b BGB; siehe hierzu § 3 Rdn 65 ff.).[483] Die Haftung des Vertreters kann sowohl als gesamtschuldnerische Haftung oder subsidiäre Haftung ausgestaltet sein.[484] In jedem Fall muss dem durchschnittlich aufmerksamen Vertreter bei Unterzeichnung klar werden, dass er nicht nur den Vertragspartner, sondern auch sich selbst verpflichtet.[485] Formal müssen die Erklärungen als Vertreter des Vertragspartners und die Eigenverpflichtung des Vertreters deshalb räumlich voneinander getrennt werden.[486] Zudem hält es die Rechtsprechung grundsätzlich für erforderlich, dass der Vertreter sowohl die fremde als auch die eigene vertragliche Verpflichtungserklärung unterschreibt.[487] Ferner müssen die Voraussetzungen der

---

478 NK-BGB/*Kollmann*, § 309 Rn 217.
479 NK-BGB/*Kollmann*, § 309 Rn 219; Wolf/Lindacher/Pfeiffer/*Dammann*, 309 Nr. 11 Rn 18–20.
480 LG Nürnberg NJW 1962, 1513 f.; LG Berlin NJW 1969, 141.
481 Palandt/*Grüneberg*, § 309 Rn 101; *Grunewald*, ZIP 1987, 353, 355.
482 LG Düsseldorf NJW 1995, 3063; Palandt/*Grüneberg*, § 309 Rn 101; NK-BGB/*Kollmann*, § 309 Rn 218.
483 NK-BGB/*Kollmann*, § 309 Rn 219; Palandt/*Grüneberg*, § 309 Rn 102.
484 BGH NJW 2001, 3186, 3187; NK-BGB/*Kollmann*, § 309 Rn 219.
485 BGHZ 148, 302 = BGH NJW 2001, 3168; BGH NJW 2002, 3464; Palandt/*Grüneberg*, § 309 Rn 102.
486 BGH NJW 2001, 3186, 3187; NK-BGB/*Kollmann*, § 309 Rn 219.
487 BGHZ 148, 302 = BGH NJW 2001, 3168; BGH NJW 2002, 3464; OLG Frankfurt NJW 1986, 1941, 1943.

C. Die Inhaltskontrolle (§§ 307 ff. BGB) § 5

Einbeziehung nach § 305 Abs. 2 BGB auch bezüglich der Verpflichtung des Vertreters erfüllt sein, was aber regelmäßig anzunehmen ist, wenn die Vertragsbestimmung den Anforderungen des § 309 Nr. 11 BGB genügt.[488] Nicht zwingend erforderlich ist dagegen, dass beide Erklärungen in unterschiedlichen Urkunden abgegeben werden oder drucktechnisch besonders voneinander abgehoben werden.[489]

Darüber hinaus besteht eine Mithaftung des Vertreters nach allgemeinen Regeln, wenn er das Rechtsgeschäft auch im eigenen Namen abschließt.[490] Allerdings ist in diesem Fall § 309 Nr. 11 lit. a BGB nicht anzuwenden, da der Vertreter mit Abgabe der Erklärung bereits selbst Vertragspartei wird.[491] Eine Anwendbarkeit wird man jedoch ausnahmsweise dann bejahen müssen, wenn der Vertreter trotz des gemeinsamen Vertragsschlusses nicht für den Vertragspartner mithaften würde, also keine Gesamtschuld vorliegen würde. Dann muss der Verwender den Vertreter auf ein zusätzlich von ihm zu übernehmendes Haftungsrisiko entsprechend § 309 Nr. 11 BGB hinweisen. Allerdings dürfte eine fehlende Mithaftung für den Vertragspartner äußerst selten in Betracht kommen. 223

Abzugrenzen ist § 309 Nr. 11 lit. a BGB von der Eigenhaftung des Vertreters bei Inanspruchnahme besonderen persönlichen Vertrauens nach § 311 Abs. 3 BGB. Diese stellt keine vertraglich begründete Mithaftung des Vertreters dar, so dass der Schutzgedanke des § 309 Nr. 11 BGB nicht eingreift.[492] 224

Sind die Voraussetzungen des § 309 Nr. 11 lit. a BGB erfüllt, ist dem Verwender gleichwohl untersagt, die gesetzliche Haftung des vollmachtlosen Vertreters auszudehnen. Insoweit sind dem Verwender sowohl die Veränderung der Haftungsvoraussetzungen als auch der Haftungsfolgen untersagt. Soweit **§ 309 Nr. 11 lit. b BGB** von einem vollmachtlosen Vertreter spricht, ist anerkannt, dass die Vorschrift **sämtliche Vertreter ohne Vertretungsmacht** erfasst.[493] Dies gilt auch in den Fällen, in denen der Vertreter formularmäßig zusichert, bevollmächtigt zu sein.[494] Da auch der Vertreter ohne Vertretungsmacht grundsätzlich für einen Dritten handeln will, ist es sachgerecht, den Verwender auf die ihm nach § 179 BGB zustehenden Ansprüche zu beschränken. Will er eine weitergehende Haftung des Vertreters herbeiführen, steht ihm der Weg über eine Individualvereinbarung zur Verfügung.[495] 225

---

488 NK-BGB/*Kollmann*, § 309 Rn 208; Wolf/Lindacher/Pfeiffer/*Dammann*, 309 Nr. 11 Rn 51.
489 BGHZ 104, 237; BGH NJW 1988, 2465, 2466; BGH NJW 2001, 3186; Palandt/*Grüneberg*, § 309 Rn 102; teilweise abweichend: BGH NJW 2002, 3464, 3465; NK-BGB/*Kollmann*, § 309 Rn 220.
490 BGHZ 104, 95, 98; MüKo/*Wurmnest*, § 309 Nr. 11 Rn 5; Palandt/*Grüneberg*, § 309 Rn 103.
491 BGHZ 104, 95, 98; BGH NJW 2006, 996; Palandt/*Grüneberg*, § 309 Rn 103; NK-BGB/*Kollmann*, § 309 Rn 221.
492 MüKo/*Wurmnest*, § 309 Nr. 11 Rn 6; NK-BGB/*Kollmann*, § 309 Rn 221.
493 NK-BGB/*Kollmann*, § 309 Rn 222; Palandt/*Grüneberg*, § 309 Rn 104.
494 LG Nürnberg-Fürth NJW 1962, 1513; NK-BGB/*Kollmann*, § 309 Rn 222.
495 Palandt/*Grüneberg*, § 309 Rn 104.

§ 5 Die Auslegung Allgemeiner Geschäftsbedingungen

226 Grundsätzlich muss der Vertragspartner bzw. der Vertreter beweisen, dass die AGB des Verwenders die Voraussetzungen des § 309 Nr. 11 BGB nicht erfüllen. Andererseits trifft den Verwender die Beweislast für die Abgabe der Verpflichtungserklärung durch den Vertreter, wenn er diesen in einem Haftungsprozess in Anspruch nehmen will.[496]

227 **Kaufmännischer Geschäftsverkehr:** Gegenüber Unternehmern ist eine entsprechende Vertragsbedingung über die Haftung des Abschlussvertreters **über § 307 Abs. 1 S. 1 BGB** ebenfalls **unwirksam**.[497] Allerdings ist das Klauselverbot primär auf den Geschäftsverkehr mit Nichtkaufleuten zugeschnitten und hat deshalb im kaufmännischen Geschäftsverkehr nur geringe Relevanz.[498]

l) Beweislast (§ 309 Nr. 12 BGB)

228 § 309 Nr. 12 BGB erklärt solche Vertragsbedingungen für unwirksam, durch die der Verwender die Beweislast zum Nachteil des Vertragspartners verändert. Eine derartige Veränderung liegt insbesondere dann vor, wenn der Verwender dem Vertragspartner die Beweislast für Umstände aus seinem eigenen Verantwortungsbereich auferlegt (§ 309 Nr. 12 lit. a BGB) oder wenn er den Vertragspartner bestimmte Tatsachen bestätigen lässt (§ 309 Nr. 12 lit. b BGB). In den Schutzbereich der Vorschrift fallen **sämtliche Änderungen der Beweislast zum Nachteil des Vertragspartners**, unabhängig davon, ob es sich um gesetzliche oder richterrechtliche Beweislastregeln handelt.[499]

229 Die gesetzlichen und richterrechtlichen Beweislastregeln stellen eine ausgewogene und am Maßstab der Gerechtigkeit orientierte Regelung dafür dar, wer im Rahmen eines gerichtlichen Verfahrens bestimmte Tatsachen beweisen muss und wer die Gefahr der Nichterweislichkeit einer Tatsache trägt.[500] Indem § 309 Nr. 12 BGB diese Regelung der Einflussmöglichkeit des Verwenders entzieht, will die Vorschrift erreichen, dass dieses System nicht einseitig zulasten des Vertragspartners verlagert und damit seine materielle Rechtsposition geschwächt wird.[501]

230 Insbesondere soll der Vertragspartner davor geschützt werden, dass ihm der Verwender die Beweislast für Bereiche auferlegt, in die er keinen Einblick hat, weil sie zur Sphäre des Verwenders gehören (§ 309 Nr. 12 lit. a BGB).[502] Zudem soll der Vertragspartner davor bewahrt werden, dass durch Tatsachenbestätigungen die Beweislast tatsächlich oder

---

496 NK-BGB/*Kollmann*, § 309 Rn 214; für die Anwendung der allgemeinen Grundsätze zur Darlegungs- und Beweislast: Wolf/Lindacher/Pfeiffer/*Dammann*, 309 Nr. 11 Rn 32–39.
497 MüKo/*Wurmnest*, § 309 Nr. 11 Rn 9; NK-BGB/*Kollmann*, § 309 Rn 225; Palandt/*Grüneberg*, § 309 Rn 105.
498 MüKo/*Wurmnest*, § 309 Nr. 11 Rn 9.
499 BGH NJW 2001, 292, 296; BGH NJW-RR 2005, 1496, 1498; NK-BGB/*Kollmann*, § 309 Rn 226; Palandt/ *Grüneberg*, § 309 Rn 107.
500 NK-BGB/*Kollmann*, § 309 Rn 226.
501 Palandt/*Grüneberg*, § 309 Rn 106; NK-BGB/*Kollmann*, § 309 Rn 226; Wolf/Lindacher/Pfeiffer/*Dammann*, 309 Nr. 12 Rn 1.
502 NK-BGB/*Kollmann*, § 309 Rn 230.

C. Die Inhaltskontrolle (§§ 307 ff. BGB) § 5

faktisch umgekehrt wird, indem er die Unrichtigkeit seiner eigenen Bestätigung beweisen muss (§ 309 Nr. 12 lit. b BGB).[503]

Da die Beweislast mittelbar auch dadurch verändert werden kann, dass der Verwender **vertragliche Beweislastregelungen** innerhalb der Geschäftsbedingungen modifiziert oder die **Beweisanforderungen** verändert, sind diese ebenfalls dem Anwendungsbereich des § 309 Nr. 12 BGB zu unterstellen.[504] Alle **sonstigen Beweisregelungen**, die weder unmittelbar noch mittelbar die Beweislast beeinträchtigen, fallen dagegen nicht unter § 309 Nr. 12 BGB.[505] 231

Zur Feststellung eines Nachteils des Vertragspartners ist die gesetzliche Beweislastverteilung mit der durch die AGB veränderten Beweislastverteilung zu vergleichen. Nicht maßgeblich ist, ob sich die Modifizierung der Beweislast auf Umstände aus der Sphäre des Verwenders oder der des Vertragspartners bezieht, solange daraus ein Nachteil für den Vertragspartner resultiert.[506] Auch soweit den Verwender die gesetzliche Beweislast für Umstände aus der Sphäre des Vertragspartners trifft, ist eine diesbezügliche Änderung ein Eingriff in die gesetzliche Beweislastverteilung zulasten des Vertragspartners, die durch § 309 Nr. 12 BGB gerade geschützt werden soll.[507] 232

Nicht unter § 309 Nr. 12 lit. a BGB fallen jedoch allgemeingültige Sorgfaltsanforderungen an den Vertragspartner. So ist es nicht zu beanstanden, wenn eine Bank oder Sparkasse in ihren AGB regelt, dass der Vertragspartner dafür zu sorgen hat, dass kein Dritter Kenntnis von der Geheimzahl erlangt.[508] 233

Die Abgabe von deklaratorischen oder abstrakten Schuldanerkenntnissen, die ebenfalls nicht unerheblichen Einfluss auf die Beweislast haben können, fällt dagegen nach h.M. nicht unter § 309 Nr. 12 BGB.[509] Dies wird überwiegend damit begründet, dass der Gesetzgeber und die Rechtsprechung die Abgabe entsprechender Schuldanerkenntnisse grundsätzlich für zulässig erachten, weshalb diese nicht durch die zwingende Regelung des § 309 Nr. 12 BGB verhindert werden sollen, sondern vielmehr anhand des Maßstabs der Angemessenheit in § 307 BGB überprüft werden sollen.[510] 234

---

503 Vgl. Palandt/*Grüneberg*, § 309 Rn 108 f.
504 OLG Stuttgart NJW-RR 1987, 143, 144; Palandt/*Grüneberg*, § 309 Rn 107; Wolf/Lindacher/Pfeiffer/*Dammann*, 309 Nr. 12 Rn 14; a.A. NK-BGB/*Kollmann*, § 309 Rn 227; MüKo/*Wurmnest*, § 309 Nr. 12 Rn 6 ff.
505 NK-BGB/*Kollmann*, § 309 Rn 227.
506 NK-BGB/*Kollmann*, § 309 Rn 228.
507 NK-BGB/*Kollmann*, § 309 Rn 228.
508 OLG Köln WM 2003, 124; NK-BGB/*Kollmann*, § 309 Rn 230.
509 BGHZ 99, 274, 284 f. = BGH NJW 1987, 904, 907; BGH NJW-RR 1990, 246, 247; BGH NJW 1991, 1677, 1678; BGH NJW 2003, 2386, 2388; BAG NJW 2005, 3164, 3166; NK-BGB/*Kollmann*, § 309 Rn 229; Wolf/Lindacher/Pfeiffer/*Dammann*, § 309 Nr. 12 Rn 23, 26; Palandt/*Grüneberg*, § 309 Rn 107.
510 Wolf/Lindacher/Pfeiffer/*Dammann*, § 309 Nr. 12 Rn 23; NK-BGB/*Kollmann*, § 309 Rn 229.

235 Mittelbar kann auch die formularmäßige Unterwerfung unter die sofortige Zwangsvollstreckung zu einer Beweislaständerung führen, wenn der Vertragspartner sich mit einer Vollstreckungsgegenklage nach § 767 ZPO zur Wehr setzen will.[511] Die Rechtsprechung hat entsprechende Vertragsbedingungen bislang jedoch ebenfalls nur nach § 307 BGB überprüft.[512]

236 Generell müssen auch für § 309 Nr. 12 lit. b BGB die allgemeinen Voraussetzungen des § 309 Nr. 12 lit. a BGB vorliegen, weshalb die **Tatsachenbestätigung** zugleich zu einer Änderung der Beweislast führen muss.[513] In den Anwendungsbereich des § 309 Nr. 12 lit. b BGB fallen deshalb auch Tatsachenfiktionen, insbesondere dann, wenn die Tatsache durch den Vertragspartner nicht widerlegt werden kann.[514] Dies führt selbst dann zu einem Nachteil i.S.d. § 309 Nr. 12 BGB, wenn der Vertragspartner ohne die entsprechende formularmäßige Regelung ohnehin die Beweislast hätte, weil er die Tatsachenfiktion nicht widerlegen kann.[515]

237 Auch **Wissensbestätigungen** können unter § 309 Nr. 12 lit. b BGB fallen, weil diese geeignet sind, die Beweislage des Vertragspartners nachteilig zu beeinflussen.[516] Dies gilt allerdings nur dann, wenn die Wissensbestätigung nicht nur den Wortlaut des Gesetzes wiedergibt, weil insoweit kein Nachteil zulasten des Vertragspartners eintreten kann.[517]

238 Folgende **Tatsachen- oder Wissensbestätigungen** werden innerhalb Allgemeiner Geschäftsbedingungen grundsätzlich als **unwirksam** angesehen:[518]

- Genehmigungen von Kontoauszügen,[519]
- Richtigkeit von Entwürfen, Skizzen und Maßen,[520]
- Belehrung über das gesetzliche Widerrufsrecht,[521]
- Gesundheitsbestätigung bei Aufnahme in Sportvereine oder Fitnesseinrichtungen,[522]
- Einbeziehung der AGB.[523]

---

511 NK-BGB/*Kollmann*, § 309 Rn 229; Palandt/*Grüneberg*, § 309 Rn 107; MüKo/*Wurmnest*, § 309 Nr. 12 Rn 10.
512 BGH NJW 2002, 138; vgl. auch Palandt/*Grüneberg*, § 309 Rn 107.
513 Wolf/Lindacher/Pfeiffer/*Dammann*, § 309 Nr. 12 Rn 16–19; Palandt/*Grüneberg*, § 309 Rn 108; NK-BGB/*Kollmann*, § 309 Rn 231.
514 Wolf/Lindacher/Pfeiffer/*Dammann*, § 309 Nr. 12 Rn 20; Palandt/*Grüneberg*, § 309 Rn 108; NK-BGB/*Kollmann*, § 309 Rn 231.
515 Palandt/*Grüneberg*, § 309 Rn 108; Wolf/Lindacher/Pfeiffer/*Dammann*, § 309 Nr. 12 Rn 20; NK-BGB/*Kollmann*, § 309 Rn 231.
516 NK-BGB/*Kollmann*, § 309 Rn 231.
517 NK-BGB/*Kollmann*, § 309 Rn 232.
518 Vgl. NK-BGB/*Kollmann*, § 309 Rn 233.
519 BGH NJW 1985, 3007, 3009.
520 BGH NJW 1986, 2574.
521 BGHZ 100, 373, 381 = BGH NJW 1987, 2012; BGH NJW 1991, 1753; BGH NJW 1993, 1133.
522 BGH NJW-RR 1989, 817; a.A. OLG Hamm NJW-RR 1987, 947.
523 BGH NJW 1996, 1819; BGH ZIP 2004, 223, 225; BGH NJW 1982, 1388, 1389.

C. Die Inhaltskontrolle (§§ 307 ff. BGB) § 5

Im Rahmen des § 309 Nr. 12 BGB zulässig ist dagegen die Vertragsbedingung „*Gekauft* 239 *wie besichtigt*", da § 442 Abs. 1 BGB an die Mangelkenntnis den materiellen Ausschluss der Rechte des Vertragspartners knüpft.[524]

Vom **Anwendungsbereich** des § 309 Nr. 12 lit. b BGB ausgenommen sind Empfangs- 240 bekenntnisse, die vom Vertragspartner gesondert unterschrieben worden sind oder die mit einer gesonderten qualifizierten elektronischen Signatur i.s.d. § 126 lit. a BGB versehen sind.[525] Erleichterungen sind auch für Abnahmebestätigungen i.s.d. § 640 BGB denkbar.[526] Die vorformulierte Bestätigung des Vertragspartners, dass die Ware durch Treppenhaus und Wohnungstüren transportiert werden kann, ist dagegen nach § 309 Nr. 12 lit. b BGB unwirksam.[527]

Unzulässig ist eine Beweislastumkehr auch dann, wenn sie gegen zwingendes Recht ver- 241 stößt. So war eine Klausel, die eine Ausschlussfrist für Einwendungen des Vertragspartners eines **Telekommunikationsvertrages** gegen die Abrechnung vorsah und nach Fristablauf zu einer Beweislastumkehr führte, unzulässig, da § 16 TKV a.F. als zwingendes Recht die Beweislast dem Anbieter von Telekommunikationsdienstleistungen auferlegte, es sei denn dieser hat die Daten berechtigt gelöscht.[528] Inzwischen sieht § 45 lit. i Abs. 1 TKG eine gesetzliche Ausschlussfrist für Einwendungen des Teilnehmers gegen die von einem Anbieter von Telekommunikationsdienstleistungen erteilte Abrechnung sowie in § 45 lit. i Abs. 3 und Abs. 4 TKG eine abgestufte Beweislastverteilung vor. Abweichung hiervon zum Nachteil des Vertragspartners führen daher zur Unwirksamkeit der entsprechenden Vertragsbedingung nach § 309 Nr. 12 BGB.

Kaufmännischer Geschäftsverkehr: Das ausgewogene System der gesetzlichen und 242 richterrechtlich ausgeprägten Beweislastregeln führt dazu, dass eine dem § 309 Nr. 12 BGB unterfallende Vertragsbedingung auch gegenüber einem Unternehmer **unwirksam** ist, da eine solche Umverteilung regelmäßig eine *unangemessene Benachteiligung* des Vertragspartners i.S.d. § 307 Abs. 1 S. 1 BGB darstellt.[529] Bei der Beurteilung der Angemessenheit der Beweislastmodifikation des Verwenders sind jedoch auch entsprechende Handelsbräuche zu berücksichtigen.[530] So kann bei Bestehen eines entsprechenden Handelsbrauchs dem Vertragspartner die Beweislast für ein grobes Verschulden des Verwen-

---

524 OLG Frankfurt MDR 1980, 140; NK-BGB/*Kollmann*, § 309 Rn 233.
525 OLG Koblenz NJW 1995, 3392; OLG Celle WM 1994, 885, 889 f.; Palandt/*Grüneberg*, § 309 Rn 109; Wolf/Lindacher/Pfeiffer/*Dammann*, § 309 Nr. 12 Rn 62; NK-BGB/*Kollmann*, § 309 Rn 234.
526 NK-BGB/*Kollmann*, § 309 Rn 234.
527 OLG Stuttgart VuR 2011, 156.
528 BGH MMR 2004, 602, 603.
529 BGHZ 101, 184; BGH NJW 1996, 1537, 1538 f.; OLG Düsseldorf NJW-RR 2006, 1074, 1075; NK-BGB/*Kollmann*, § 309 Rn 236; Palandt/*Grüneberg*, § 309 Rn 110; Wolf/Lindacher/Pfeiffer/*Dammann*, § 309 Nr. 12 Rn 90; MüKo/*Wurmnest*, § 309 Nr. 12 Rn 21.
530 BGH NJW 1985, 3016, 3017; NK-BGB/*Kollmann*, § 309 Rn 236.

ders übertragen werden.[531] Zudem unterliegen formularmäßige Tatsachen- und Wissensbestätigungen durch einen Kaufmann der Inhaltskontrolle nach § 307 BGB.

m) Form von Anzeigen und Erklärungen (§ 309 Nr. 13 BGB)

243 § 309 Nr. 13 BGB ist zuletzt durch das Gesetz zur Verbesserung der zivilrechtlichen Durchsetzung von verbraucherschützenden Vorschriften des Datenschutzrechts vom 17.2.2016[532] an veränderte datenschutzrechtliche Anforderungen angepasst worden. Danach darf durch Bestimmungen in Allgemeinen Geschäftsbedingungen keine strengere Form als die Textform für Erklärungen und Anzeigen, die gegenüber dem Verwender der Allgemeinen Geschäftsbedingungen oder einem Dritten abzugeben sind, vereinbart werden. Dadurch soll sichergestellt werden, dass insbesondere auch die Beendigung von Verträgen für Verbraucher nicht erschwert wird und sie leichter feststellen können, wie die vereinbarte Form zu erfüllen ist.[533]

244 § 309 Nr. 13 BGB ordnet deshalb die Unwirksamkeit einer Vertragsbedingung an, wenn die Abgabe von Anzeigen und Erklärungen durch den Vertragspartner an strengere Formerfordernisse oder an besondere Zugangsvoraussetzungen gebunden wird. Insoweit untersagt § 309 Nr. 13 lit. a BGB es dem Verwender, bei nach dem Gesetz notariell zu beurkundenden Verträgen für Anzeigen und Erklärungen des Vertragspartners eine strengere Form als die schriftliche Form vorzusehen. Bei allen anderen Verträgen, die nicht der notariellen Beurkundung bedürfen, darf der Verwender Anzeigen und Erklärungen des Vertragspartners nach § 309 Nr. 13 lit. b BGB nicht an eine strengere Form als die Textform knüpfen.

245 Die vom Verwender in seinen Allgemeinen Geschäftsbedingungen für Anzeigen und Erklärungen seines Vertragspartners zulässig vorgebbare Form richtet sich damit nach der gesetzlich vorgeschriebenen Form des jeweiligen Vertrags zwischen Verwender und Vertragspartner. Mit Ausnahme der Verträge, für die eine notarielle Beurkundung gesetzlich vorgeschrieben ist, kann der Verwender in AGB für Anzeigen und Erklärungen des Vertragspartners aufgrund der gesetzlichen Neuregelung nur noch die Textform vorgeben.

246 Nicht unwirksam sind nach § 307 Abs. 3 BGB dagegen solche Form- und Zugangserfordernisse, die sich ohnehin bereits kraft Gesetzes ergeben,[534] denn vor diesen soll der Vertragspartner nicht geschützt werden. Zudem werden Erklärungen des Verwenders von der Vorschrift nicht erfasst und können deshalb durchaus auch an strengere Form- und Zu-

---

531 NK-BGB/*Kollmann*, § 309 Rn 236.
532 BGBl I S. 233.
533 Gesetzentwurf der Bundesregierung, BT-Drucks 18/4631, S. 2.
534 NK-BGB/*Kollmann*, § 309 Rn 247.

gangserfordernisse gebunden werden.[535] Erklärungen, die auf einen Vertragsschluss oder eine Vertragsänderung gerichtet sind, fallen nicht unter § 309 Nr. 13 BGB.[536] Durch das Klauselverbot in § 309 Nr. 13 BGB will der Gesetzgeber erreichen, dass der Verwender dem Vertragspartner nicht einseitig die Abgabe und den Zugang von rechtserheblichen Erklärungen und dadurch die Ausübung seiner Rechte erschwert.[537] Die Vorschrift erfasst deshalb vor allem folgende Erklärungen:

247

- Kündigungen,
- Rücktritte,
- Anfechtungen,
- Widerrufe,
- Zustimmungen,
- Ablehnungen,
- Mahnungen,
- Fristsetzungen,
- Abmahnungen,
- Mängelanzeigen.

Das strengste **Formerfordernis**, das der Verwender einseitig vom Vertragspartner verlangen kann, ist die im Schrift- und Rechtsverkehr übliche **Schriftform**.[538] Nimmt der Verwender in seine Allgemeinen Geschäftsbedingungen eine derartige Schriftformklausel wirksam auf, so hat dies zur Folge, dass der Vertragspartner rechtserhebliche Erklärungen weder mündlich noch in Textform nach § 126 lit. b BGB (z.B. mittels E-Mail) abgeben kann.[539] Die Schriftform kann der Verwender nach der Neuregelung des § 309 Nr. 13 BGB allerdings nur noch dann wirksam vorgeben, wenn für den zugrunde liegenden Vertrag gesetzlich eine notarielle Beurkundung vorgeschrieben ist. Außerhalb dieser Fälle kann der Verwender nur vorgeben, dass der Vertragspartner für eine Anzeige oder Erklärung die Textform wählt. Dagegen kann der Verwender nicht verlangen, dass der Vertragspartner eines seiner Formulare benutzt.[540] Zudem muss der Verwender dem Ver-

248

---

535 Palandt/*Grüneberg*, § 309 Rn 111; Wolf/Lindacher/Pfeiffer/*Dammann*, § 309 Nr. 13 Rn 12; NK-BGB/*Kollmann*, § 309 Rn 247.
536 Palandt/*Grüneberg*, § 309 Rn 111; NK-BGB/*Kollmann*, § 309 Rn 247; Wolf/Lindacher/Pfeiffer/*Dammann*, § 309 Nr. 13 Rn 11.
537 MüKo/*Wurmnest*, § 309 Nr. 13 Rn 1; NK-BGB/*Kollmann*, § 309 Rn 247; Palandt/*Grüneberg*, § 309 Rn 111.
538 BGH NJW-RR 1989, 625, 626; BGH NJW 1999, 1633, 1635; Palandt/*Grüneberg*, § 309 Rn 112; Wolf/Lindacher/Pfeiffer/*Dammann*, § 309 Nr. 13 Rn 20, 21; NK-BGB/*Kollmann*, § 309 Rn 248.
539 A.A. NK-BGB/*Kollmann*, § 309 Rn 248; zur Unwirksamkeit einer Schriftformklausel in einem Online-Partnervermittlungsvertrag nach § 307 Abs. 1 S. 1 BGB: BGH NJW 2016, 2800.
540 BGH NJW-RR 1987, 661, 664; OLG Schleswig NJW-RR 2001, 818; OLG München, NJW-RR 1987, 661, 664; Palandt/*Grüneberg*, § 309 Rn 113; NK-BGB/*Kollmann*, § 309 Rn 248; Wolf/Lindacher/Pfeiffer/*Dammann*, § 309 Nr. 13 Rn 25.

tragspartner auch zugestehen, dass er statt der in den AGB für Anzeigen oder Erklärungen vorgegebenen Form eine strengere benutzen kann.[541]

249 Außerhalb von notariell zu beurkundenden Verträgen können die Geschäftsbedingungen nach § 309 Nr. 13 lit. b BGB die **Textform** für Erklärungen wirksam vorsehen.[542] Eine qualifizierte Schriftformklausel, nach der nur bei ausdrücklicher Zustimmung beider Vertragsparteien von dem Schriftformerfordernis abgewichen werden kann, ist dagegen nicht mehr zulässig.[543]

250 Unwirksam ist nach § 309 Nr. 13 lit. c BGB auch eine Vertragsbedingung, die die **Erfordernisse des Zugangs** der Anzeige oder Erklärung über die gesetzlich vorgeschriebenen Voraussetzungen hinaus verschärft.[544] Nach h.M. genügt es nach § 130 BGB für den Zugang einer Erklärung unter Anwesenden, dass der Erklärungsempfänger die nicht verkörperte Erklärung vernommen hat oder ihm die verkörperte Erklärung übergeben worden ist.[545] Eine Erklärung unter Abwesenden ist zugegangen, wenn sie so in den Machtbereich des Erklärungsempfängers gelangt ist, dass dieser von ihr Kenntnis nehmen kann.[546] Eine Verschärfung der Zugangserfordernisse liegt deshalb etwa dann vor, wenn der Verwender vom Vertragspartner die Übermittlung durch Einschreiben oder die Vorlage einer Quittung verlangt.[547]

251 Zudem kann der Verwender nicht verlangen, dass die Erklärung **bestimmten Mitarbeitern oder Abteilungen** zugeht, da dem Vertragspartner insoweit nicht das Organisationsrisiko des Verwenders übertragen werden kann.[548] Umgekehrt genügt es für den Verwender, wenn er eine **zentrale Posteingangsstelle** einrichtet. Er ist nicht verpflichtet, jedem seiner Mitarbeiter, dem der Vertragspartner theoretisch eine Erklärung zuschicken könnte, eine Empfangsvollmacht zu erteilen.[549] Besteht keine zentrale Posteingangsstelle, so ist jedoch zu vermuten, dass jeder der Mitarbeiter des Verwenders zum Empfang der Erklärung berechtigt sein soll.

252 Schließlich kann ein Verstoß gegen § 309 Nr. 13 lit. c BGB auch darin bestehen, dass dem Vertragspartner bestimmte **Zugangszeiten** außerhalb der üblichen Geschäftszeiten vorgeschrieben werden.[550]

---

541 NK-BGB/*Kollmann*, § 309 Rn 248; Wolf/Lindacher/Pfeiffer/*Dammann*, § 309 Nr. 13 Rn 25.
542 Palandt/*Grüneberg*, § 309 Rn 112; NK-BGB/*Kollmann*, § 309 Rn 248.
543 NK-BGB/*Kollmann*, § 309 Rn 248.
544 MüKo/*Wurmnest*, § 309 Nr. 13 Rn 5; Palandt/*Grüneberg*, § 309 Rn 113; NK-BGB/*Kollmann*, § 309 Rn 249.
545 Palandt/*Ellenberger*, § 130 Rn 13 f.
546 NK-BGB/*Kollmann*, § 309 Rn 249; Palandt/*Ellenberger*, § 130 Rn 5; Wolf/Lindacher/Pfeiffer/*Dammann*, § 309 Nr. 13 Rn 30.
547 BGH NJW 1985, 2585, 2587; MüKo/*Wurmnest*, § 309 Nr. 13 Rn 5; Palandt/*Grüneberg*, § 309 Rn 113.
548 BGH NJW-RR 1987, 661, 664; LG Frankfurt NJW 1984, 2419, 2421; NK-BGB/*Kollmann*, § 309 Rn 249; Wolf/Lindacher/Pfeiffer/*Dammann*, § 309 Nr. 13 Rn 31–39.
549 NK-BGB/*Kollmann*, § 309 Rn 249.
550 NK-BGB/*Kollmann*, § 309 Rn 249; Wolf/Lindacher/Pfeiffer/*Dammann*, § 309 Nr. 13 Rn 31–39.

Kaufmännischer Geschäftsverkehr: Im kaufmännischen Geschäftsverkehr ist eine dem § 309 Nr. 13 BGB entsprechende Vertragsbedingung in den Grenzen des § 307 Abs. 1 S. 1 BGB **grundsätzlich wirksam**.[551] Zudem dürften die Anforderungen an eine dem Geschäftsverkehr angemessene Form- und Zugangsregelung deutlich geringer ausfallen als gegenüber einem Verbraucher.[552] Denn der Unternehmer ist durch seine Übung in geschäftlichen Angelegenheiten weniger der Gefahr ausgesetzt, durch Form- oder Zugangserfordernisse des Verwenders unangemessene Rechtsnachteile zu erleiden.[553] So kann gegenüber einem Kaufmann das Erfordernis eines Einschreibens ebenso wirksam sein wie das Verlangen, Erklärungen nur an bestimmte Mitarbeiter oder Abteilungen zu senden.[554]

253

n) Klageverzicht (§ 309 Nr. 14 BGB)

§ 309 Nr. 14 BGB ist durch das Gesetz zur Umsetzung der Richtlinie über alternative Streitbeilegung in Verbraucherangelegenheiten und zur Durchführung der Verordnung über Online-Streitbeilegung in Verbraucherangelegenheiten vom 19.2.2016[555] neu in § 309 BGB aufgenommen worden und gilt seit dem 26.2.2016.

254

Nach der Vorschrift ist eine Bestimmung in Allgemeinen Geschäftsbedingungen unwirksam, nach der der Vertragspartner seine Ansprüche gegen den Verwender erst dann gerichtlich geltend machen kann, wenn er zuvor eine gütliche Einigung in einem Verfahren zur außergerichtlichen Streitbeilegung versucht hat. § 309 Nr. 14 BGB soll damit sicherstellen, dass der Vertragspartner seine Ansprüche gegen den Verwender ohne zeitliche Verzögerung gerichtlich geltend machen kann.[556] Durch die Neuregelung soll auch einem möglichen missbräuchlichen Verhalten des Verwenders durch Vorschalten eines erfolglosen Streitbeilegungsverfahrens vorgebeugt werden.[557]

255

III. Klauselverbote mit Wertungsmöglichkeit (§ 308 BGB)

1. Allgemeines

Im Unterschied zu dem bestimmte Vertragsklauseln verbietenden § 309 BGB (siehe Rdn 14 ff.) enthält § 308 BGB Klauselverbote, die in ihrem jeweiligen Anwendungs-

256

---

551 Palandt/*Grüneberg*, § 309 Rn 114; MüKo/*Wurmnest*, § 309 Nr. 13 Rn 6.
552 MüKo/*Wurmnest*, § 309 Nr. 13 Rn 6; NK-BGB/*Kollmann*, § 309 Rn 252.
553 MüKo/*Wurmnest*, § 309 Nr. 13 Rn 6; NK-BGB/*Kollmann*, § 309 Rn 252.
554 NK-BGB/*Kollmann*, § 309 Rn 252; Wolf/Lindacher/Pfeiffer/*Dammann*, § 309 Nr. 13 Rn 71 f.
555 BGBl I S. 254.
556 Palandt/*Grüneberg*, § 309 Rn 115.
557 BT-Drucks 18/6904, S. 74; Palandt/*Grüneberg*, § 309 Rn 115.

bereich einen **unbestimmten Rechtsbegriff** enthalten und damit die **Möglichkeit einer Wertung** eröffnen.[558] Diese Wertungsmöglichkeit bedeutet letztlich, dass das entscheidende Gericht die Frage der Wirksamkeit einer Allgemeinen Geschäftsbedingung von den **Umständen des Einzelfalles** und unter Berücksichtigung der Interessen des Verwenders und des Vertragspartners treffen kann, was bei § 309 BGB nur in sehr engen Grenzen möglich ist, da hier durch den Gesetzgeber ein Überwiegen der Interessen des Vertragspartners vermutet wird. Zu berücksichtigen ist jedoch, dass nicht sämtliche Tatbestandsmerkmale einer Wertung zugänglich sind, sondern im Regelfall nur eines der Merkmale.

257 Konsequenz dieser Wertungsmöglichkeit ist, dass entsprechende Klauseln nicht schon dann unwirksam sind, wenn sie in den Anwendungsbereich der Vorschrift fallen und die wertungsneutralen Voraussetzungen erfüllen. Eine Unwirksamkeit der Klausel liegt vielmehr nur dann vor, wenn im Rahmen einer **Interessenabwägung** der Schutz der Interessen des Vertragspartners die des Verwenders überwiegt. Aufgrund der Wertungsabhängigkeit einzelner Tatbestandsmerkmale des § 308 BGB können zudem **Wertungswidersprüche zu** dem in seiner Gesamtheit wertungsabhängigen **§ 307 BGB** ausgeschlossen werden, indem für die Auslegung der unbestimmten Rechtsbegriffe auf die Wertungsgrundsätze des § 307 BGB zurückgegriffen wird.

258 **Beispiele für wertungsabhängige Tatbestandsmerkmale** innerhalb des § 308 BGB sind die Unangemessenheit der Annahme- und Leistungsfrist des Verwenders nach § 308 Nr. 1 BGB, der fehlende sachliche Grund zur Begründung eines Rücktrittsrechts nach § 308 Nr. 3 BGB oder die unangemessen hohe Vergütung zugunsten des Verwenders bei Vertragsbeendigung nach § 308 Nr. 7 lit. a BGB.

259 **Folge der Unwirksamkeit**: Hat die Interessenabwägung zum Ergebnis, dass die Interessen des Vertragspartners in dem konkreten Einzelfall die des Verwenders überwiegen, so führt dies zur Unwirksamkeit der Vertragsbestimmung. Eine **geltungserhaltende Reduktion** der Allgemeinen Geschäftsbedingung scheidet auch in diesem Fall grundsätzlich aus. Faktisch wird der Verwender in vielen Fällen durch die Unwirksamkeit der Vertragsbestimmung jedoch nur auf die **gesetzliche Ersatzregelung** *„zurückfallen"*, die ihn – gerade in den wertungsabhängigen Fällen – nicht rechtlos stellt. So wird in vielen Fällen die zur Unwirksamkeit führende Unangemessenheit eines wertungsabhängigen Tatbestandsmerkmals des § 308 BGB lediglich dazu führen, dass stattdessen die – angemessene – gesetzliche Regelung eingreift.

---

558 Palandt/*Grüneberg*, § 308 Rn 1; Wolf/Lindacher/Pfeiffer/*Dammann*, vor §§ 308, 309 Rn 5; AnwK-Schuldrecht/*Hennrichs*, § 308 Rn 2; NK-BGB/*Kollmann*, § 308 Rn 1.

2. Annahme- und Leistungsfrist (§ 308 Nr. 1 BGB)

§ 308 Nr. 1 BGB ist durch das Gesetz zur Umsetzung der Verbraucherrechterichtlinie vom 20.9.2013[559] an das geänderte Widerrufsrecht für Verbraucherverträge angepasst worden. Da die §§ 355 ff. BGB nach Umsetzung der Verbraucherrechterichtlinie nur noch ein Widerrufsrecht des Verbrauchers vorsehen und das frühere Rückgaberecht entfallen ist, wurde der Verweis in § 308 Nr. 1 2. Hs. BGB entsprechend angepasst. Zudem wurde das Klauselverbot durch das Gesetz zur Bekämpfung des Zahlungsverzugs im Geschäftsverkehr und zur Änderung des Erneuerbare-Energien-Gesetzes vom 22.7.2014 um die Klauselverbote in § 308 Nr. 1a BGB (siehe Rdn 291 ff.) und in § 308 Nr. 1b BGB (siehe Rdn 306 ff.) ergänzt.

Nach § 308 Nr. 1 BGB sind solche Vertragsbedingungen unwirksam, durch die sich der Verwender eine unangemessen lange oder nicht hinreichend bestimmte Frist für die Annahme oder die Ablehnung eines Angebotes oder die Erbringung einer Leistung vorbehält. § 308 Nr. 1 BGB ist mit der für die Vorschrift erforderlichen Unangemessenheit eine Konkretisierung der Regelung des § 307 Abs. 1 BGB, weshalb die Auslegung des unbestimmten Rechtsbegriffs auch inhaltlich an diese Vorschrift angelehnt ist. Dagegen darf sich der Verwender vorbehalten, erst nach Ablauf der Widerrufsfrist nach § 355 Abs. 1 und Abs. 2 BGB zu leisten.

Da Zahlungsfristen, durch die sich der Verwender eine unangemessen lange Zeit für die Erfüllung einer Entgeltforderung des Vertragspartners vorbehält, nunmehr durch § 308 Nr. 1a BGB erfasst werden, ist der Anwendungsbereich des § 308 Nr. 1 BGB entsprechend eingeschränkt. Gleiches gilt für unangemessene Überprüfungs- und Abnahmefristen, die jetzt von § 308 Nr. 1b BGB erfasst werden.

Zweck der Vorschrift ist es, eine Ungleichbehandlung der Vertragspartner insoweit zu verhindern, dass sich der Verwender für den Abschluss des Vertrages oder die Erbringung der vertraglich geschuldeten Leistung einen unangemessen langen Entscheidungsspielraum vorbehält, während die Bindung des Vertragspartners sofort eintritt.[560] Damit soll der Gefahr vorgebeugt werden, dass sich der Vertragspartner hinsichtlich wesentlicher Gesichtspunkte der Beziehung zum Verwender im Unklaren befindet und in seiner Erwartung an eine rechtzeitige Leistung enttäuscht wird. Gleichzeitig soll ihm seine Dispositionsfreiheit nicht durch eine zu lange Antragsbindungs- oder Leistungsdauer genommen werden.[561]

---

559 BGBl 2013 I 3642.
560 Wolf/Lindacher/Pfeiffer/*Dammann*, § 308 Nr. 1 Rn 1; Palandt/*Grüneberg*, § 308 Rn 2.
561 Wolf/Lindacher/Pfeiffer/*Dammann*, § 308 Nr. 1 Rn 1; MüKo/*Wurmnest*, § 308 Nr. 1 Rn 1.

§ 5 Die Auslegung Allgemeiner Geschäftsbedingungen

264 § 308 Nr. 1 BGB findet grundsätzlich auf **alle Arten von Verträgen** und **alle vertraglichen Leistungspflichten** Anwendung.[562] Dies gilt insbesondere auch für Verträge, die die **Verdingungsordnung für Bauleistungen Teil A** (VOB A) einbeziehen.[563] Wichtigste gesetzliche Annahmefrist ist § 147 BGB, der eine Annahme unter Anwesenden nur sofort und unter Abwesenden nach den regelmäßig zu erwartenden Umständen zulässt.[564]

265 Unwirksam sind zunächst solche Vertragsbedingungen, die eine **unangemessen lange Annahme- oder Leistungsfrist** vorsehen. Wann eine Annahme- oder Leistungsfrist „unangemessen" i.S.d. § 308 Nr. 1 BGB ist, ist angesichts der durch diesen Begriff eröffneten Wertungsmöglichkeiten eine Frage des Einzelfalls, für den nach der generalisierenden Betrachtungsweise auf die typischen Umstände des Verhältnisses von Verwender und Vertragspartner abzustellen ist. Regelmäßig wird eine Frist jedoch dann unangemessen sein, wenn von der gesetzlich vorgesehenen Frist (z.B. § 147 BGB) deutlich abgewichen wird und dies im Rahmen einer Interessenabwägung nicht durch ein schutzwürdiges Interesse des Verwenders gerechtfertigt ist.[565]

a) Annahmefrist

266 Die **Annahmefrist** betrifft die Dauer, die das Angebot des Vertragspartners gegenüber dem Verwender Gültigkeit behalten soll und während der sich der Verwender über die Annahme oder die Ablehnung des Angebotes entscheiden kann.[566] Dabei ist der Anwendungsbereich des § 308 Nr. 1 BGB grundsätzlich immer dann eröffnet, wenn der Verwender die in § 147 BGB geregelte Annahmefrist zu seinen Gunsten verlängert oder die Bindungsfrist für den Vertragspartner nicht klar wird.[567] Ebenso wie bei § 147 BGB werden auch bei § 308 Nr. 1 BGB alle Angebotsformen erfasst, so dass es keinen Unterschied ausmacht, ob das Angebot einem Anwesenden oder Abwesenden gemacht wird.[568] Dabei ist allerdings zu berücksichtigen, dass es für die Praxis eher untypisch ist, dass der Verwender eine Annahmefrist für das Angebot des Vertragspartners setzt, da im Regelfall der Vertragspartner entweder ausdrücklich, zumindest aber konkludent eine eigene Annahmefrist setzen wird, die der Bestimmung des Verwenders in seinen Allgemeinen Geschäftsbedingungen vorgeht. Dies ist auch der Grund dafür, warum die Bestimmung einer Annahmefrist durch den Verwender in seinen Vertragsbedingungen nur einen sehr eingeschränkten praktischen Anwendungsbereich besitzt. Setzt der Verwender dagegen nicht

---

562 BGH IBR 2013, 574; Wolf/Lindacher/Pfeiffer/*Dammann*, § 308 Nr. 1 Rn 3; Palandt/*Grüneberg*, § 308 Rn 2.
563 OLG Köln NJW-RR 1993, 1404, 1405; Wolf/Lindacher/Pfeiffer/*Dammann*, § 308 Nr. 1 Rn 3.
564 Wolf/Lindacher/Pfeiffer/*Dammann*, § 308 Nr. 1 Rn 6.
565 BGH NJW 1986, 1807, 1808; BGH NJW 2001, 303; MüKo/*Wurmnest*, § 308 Nr. 1 Rn 5; Wolf/Lindacher/ Pfeiffer/*Dammann*, § 308 Nr. 1 Rn 11.
566 MüKo/*Wurmnest*, § 308 Nr. 1 Rn 4; Wolf/Lindacher/Pfeiffer/*Dammann*, § 308 Nr. 1 Rn 5.
567 NK-BGB/*Kollmann*, § 308 Rn 5.
568 Wolf/Lindacher/Pfeiffer/*Dammann*, § 308 Nr. 1 Rn 6.

für das Angebot des Vertragspartners, sondern für sein eigenes Angebot eine Frist, so ist die Unangemessenheit nicht nach § 308 Nr. 1 BGB, sondern nach § 307 BGB zu beurteilen[569] – wodurch sich allerdings in der Sache keine Wertungsunterschiede ergeben. Ebenfalls nicht zum Anwendungsbereich des § 308 Nr. 1 BGB zählen auch sonstige Regelungen im Zusammenhang mit der Abgabe eines Angebotes in Allgemeinen Geschäftsbedingungen, bspw. das Vorliegen einer Annahmefiktion (siehe hierzu Rdn 382 ff.).

§ 308 Nr. 1 BGB gibt die Rahmenbedingungen einer zeitlichen Regelung im Hinblick auf die Annahme einer auf einen Vertragsschluss gerichteten Willenserklärung des Vertragspartners durch den Verwender vor. Dabei ist es unbeachtlich, welchen Inhalt der angestrebte Vertragschluss hat, so dass der Anwendungsbereich des Klauselverbots sowohl Einkaufs- als auch Verkaufsbedingungen erfassen kann. Da die Einbeziehung der Allgemeinen Geschäftsbedingungen grundsätzlich erst mit dem Schluss des Vertrages erfolgt, ist eine Vertragsbedingung, die sich auf das Zustandekommen des Vertrags bezieht, nur in den Fällen sinnvoll, in denen die Allgemeinen Geschäftsbedingung schon vor Schluss des Vertrags in die Vertragsverhandlungen einbezogen sind (bspw. durch Abschluss eines Rahmenvertrags oder eine vorgelagerte verbindliche Kenntnisnahme der Allgemeinen Vertragsbedingungen des Verwenders durch den Vertragspartner). Soweit die Willenserklärung des Verwenders in der **Ausübung eines Optionsrechts** besteht, so ist danach zu differenzieren, ob durch die Option der Vertrag erst zustande kommen soll oder durch sie der Eintritt einer aufschiebenden Bedingung des bereits bestehenden Vertrags herbeigeführt werden soll.[570] Unmittelbar in den Anwendungsbereich des § 308 Nr. 1 BGB fällt nur die vertragsbegründende Ausübung des Optionsrechts.[571] Dagegen fehlt es an einem unmittelbaren Eingreifen des § 308 Nr. 1 BGB, wenn der Vertrag bereits besteht.[572] Jedoch kommt in diesen Fällen die Anwendung des § 307 BGB in Betracht, der bei einer unangemessenen Ausübungsfrist bzgl. des Optionsrechts wertungsmäßig zu vergleichbaren Ergebnissen führt.[573] Ebenso ist es kein Anwendungsfall des § 308 Nr. 1 BGB, wenn der Verwender das Angebot einer Option selbst abgegeben hat, das eine Bindungsfrist für seine eigene Erklärung vorsieht, da der Verwender gegen seine eigenen Erklärung nicht durch die §§ 305 ff. BGB geschützt wird.

Grundsätzlich beurteilt sich die **Unangemessenheit** anhand der typischen Umstände des konkreten Vertragschlusses, so dass es auf den Durchschnittskunden im Allgemeinen oder – soweit vorhanden – aus einer konkreten Zielgruppe ankommt.[574] Anhaltspunkt

---

569 NK-BGB/*Kollmann*, § 308 Rn 5.
570 NK-BGB/*Kollmann*, § 308 Rn 7.
571 Wolf/Lindacher/Pfeiffer/*Dammann*, § 308 Nr. 1 Rn 3; MüKo/*Wurmnest*, § 308 Nr. 1 Rn 4.
572 Wolf/Lindacher/Pfeiffer/*Dammann*, § 308 Nr. 1 Rn 3; MüKo/*Wurmnest*, § 308 Nr. 1 Rn 4.
573 OLG Karlsruhe NJW-RR 1987, 1006; Wolf/Lindacher/Pfeiffer/*Dammann*, § 308 Nr. 1 Rn 3; MüKo/*Wurmnest*, § 308 Nr. 1 Rn 4.
574 BGH NJW 1986, 1807, 1808; NK-BGB/*Kollmann*, § 308 Rn 8.

für die untere Grenze der Angemessenheit der Annahmefrist ist unter Anwesenden § 147 Abs. 1 BGB und unter Abwesenden § 147 Abs. 2 BGB, da der ein Angebot abgebende Vertragspartner jedenfalls an die gesetzlich bestimmte Annahmefrist gebunden ist, sofern er mit seiner Erklärung keine abweichende Annahmefrist bestimmt. Erst bei einer erheblichen Abweichung von der gesetzlich bestimmten Frist durch die Allgemeinen Geschäftsbedingungen kommt eine Unangemessenheit der Vertragsbedingung in Betracht, die dann jedoch schon aufgrund dieser Erheblichkeit indiziert wird.[575] Daher muss sich i.d.R. die Klauselgestaltung zwischen dieser gesetzlich vorgesehen Mindestdauer und einer erheblichen Abweichung von dieser bewegen. Eine deutliche Verlängerung der gesetzlich bestimmten Fristen in Allgemeinen Geschäftsbedingungen ist nur dann wirksam, wenn das schutzwürdige Interesse des Verwenders an der Verlängerung das Interesse des Vertragspartners an dem zeitnahen Wegfall seiner Bindung überwiegt.[576] Umstände, die bei dieser Abwägung **zugunsten des Verwenders** herangezogen werden können, sind u.a. die Zeit für die Übermittlung der Erklärungen, eine angemessene Bearbeitungs- und Überlegungsfrist, sowie die Zeiten für erforderliche Nachforschungen (z.B. Bonitätsprüfungen), Kalkulationen oder Verhandlungen mit Dritten.[577] **Zugunsten des Vertragspartners** sind vor allem die nachteiligen Auswirkungen des Schwebezustandes zu berücksichtigen, insbesondere dass er während der verlängerten Bindungsdauer nicht in der Lage ist, Vertragsverhandlungen mit Dritten zu führen oder Verträge bzgl. des Vertragsgegenstands abzuschließen.[578]

269   Aufgrund der in den jeweiligen Branchen zu berücksichtigenden Umstände haben sich verschiedene Bewertungsansätze herausgebildet, die zwar in ihrer Pauschalität nicht zwingend sind, aber einen Anhaltspunkt für die **Angemessenheit** einer Annahmefrist bieten:
- **Alltagsgeschäfte**: maximal zwei Wochen,[579]
- **Neuwagenkauf**: vier Wochen,[580]

---

575 BGH NJW 1986, 1807, 1808; BGH NJW 2001, 303; Wolf/Lindacher/Pfeiffer/*Dammann*, § 308 Nr. 1 Rn 11; MüKo/*Wurmnest*, § 308 Nr. 1 Rn 5; NK-BGB/*Kollmann*, § 308 Rn 8.
576 BGH NJW 2001, 303; Wolf/Lindacher/Pfeiffer/*Dammann*, § 308 Nr. 1 Rn 11; MüKo/*Wurmnest*, § 308 Nr. 1 Rn 5; NK-BGB/*Kollmann*, § 308 Rn 8.
577 BGH NJW 2001, 303; Wolf/Lindacher/Pfeiffer/*Dammann*, § 308 Nr. 1 Rn 12; NK-BGB/*Kollmann*, § 308 Rn 8.
578 Wolf/Lindacher/Pfeiffer/*Dammann*, § 308 Nr. 1 Rn 12.
579 OLG Naumburg MDR 1998, 854, 855; Palandt/*Grüneberg*, § 308 Rn 4; Wolf/Lindacher/Pfeiffer/*Dammann*, § 308 Nr. 1 Rn 14; NK-BGB/*Kollmann*, § 308 Rn 8.
580 BGHZ 109, 359, 362 = BGH NJW 1990, 1784 f.; Palandt/*Grüneberg*, § 308 Rn 4; a.A. OLG Frankfurt NJW-RR 1998, 566, 567, wenn das Kfz auf Lager ist; LG Lüneburg NJW-RR 2002, 564; Wolf/Lindacher/Pfeiffer/*Dammann*, § 308 Nr. 1 Rn 15, 16.

C. Die Inhaltskontrolle (§§ 307 ff. BGB) § 5

- **Gebrauchtwagenverkauf**: zehn Tage (bei Barverkäufen: zwei bis drei Tage[581]),[582]
- **Verkauf** eines **vorrätigen Serienprodukts**: maximal zwei Wochen,[583]
- **Darlehensvertrag**: ein Monat,[584]
- **Lebensversicherungsvertrag** (gegenüber Kaufleuten): sechs Wochen ab der ärztlichen Untersuchung.[585]

Dagegen wurden folgende Antragsfristen für **unangemessen** gehalten:

- **Bauauftrag** durch eine Gemeinde: 52 Werktage,[586]
- **Möbelhandel**: drei Wochen,[587]
- **Bauvertrag**: acht Wochen.[588]

Unwirksam sind auch solche Allgemeinen Geschäftsbedingungen, die für die Annahme des Vertrages oder die Leistung eine **nicht hinreichend bestimmte Frist** vorsehen, da der Durchschnittskunde ohne Schwierigkeiten und ohne rechtliche Beratung erkennen können soll, wann die Bindung an sein Angebot endet.[589] Das Vorliegen dieser Voraussetzung kann grundsätzlich ebenfalls nur im Einzelfall geklärt werden. Im Regelfall ist eine Frist jedenfalls dann hinreichend bestimmt, wenn sie nach Tagen oder Wochen bemessen oder durch einen kalendermäßig bestimmbaren Zeitpunkt festgelegt ist, da in diesen Fällen die Frist nach Beginn, Dauer und Ende berechenbar ist.[590] Die Ursache einer fehlenden Berechenbarkeit kann u.a. in einer unklaren Formulierung, in einem erheblichen zeitlichen und kostenmäßigen Ermittlungsaufwand oder in einer Abhängigkeit von sonstigen externen Gründen bestehen.[591] Dagegen liegt keine Unzumutbarkeit der Fristbestimmung in den Fällen vor, in denen der Vertragspartner die Umstände, von denen der Ablauf der Frist abhängig ist, beherrschen kann oder sie für ihn erkennbar und vorhersehbar sind, da er in diesen Konstellationen entweder auf die Frist reagieren

270

---

581 OLG Frankfurt NJW-RR 1998, 566, 567; LG Bremen DAR 2003, 561 f.; *v. Westphalen*, NJW 2004, 1993, 1998; NK-BGB/*Kollmann*, § 308 Rn 8.
582 Palandt/*Grüneberg*, § 308 Rn 4; differenzierend: Wolf/Lindacher/Pfeiffer/*Dammann*, § 308 Nr. 1 Rn 15, 16.
583 OLG Frankfurt NJW-RR 1998, 566, 567; BGH NJW 2001, 303; *v. Westphalen*, ZGS 2002, 214; NK-BGB/*Kollmann*, § 308 Rn 9.
584 BGH NJW 1988, 2106, 2107; OLG Naumburg MDR 1998, 854, 855; Wolf/Lindacher/Pfeiffer/*Dammann*, § 308 Nr. 1 Rn 15, 16; NK-BGB/*Kollmann*, § 308 Rn 8.
585 OLG Hamm VersR 1986, 82; Wolf/Lindacher/Pfeiffer/*Dammann*, § 308 Nr. 1 Rn 15, 16; NK-BGB/*Kollmann*, § 308 Rn 8.
586 BGHZ 116, 149, 154; NK-BGB/*Kollmann*, § 308 Rn 8.
587 BGH NJW 2001, 303; Palandt/*Grüneberg*, § 308 Rn 4; NK-BGB/*Kollmann*, § 308 Rn 8; a.A. OLG Köln NJW-RR 2001, 198.
588 Wolf/Lindacher/Pfeiffer/*Dammann*, § 308 Nr. 1 Rn 15, 16; NK-BGB/*Kollmann*, § 308 Rn 8.
589 BGH NJW 1985, 855, 856; BGH NJW 1989, 1602, 1603; MüKo/*Wurmnest*, § 308 Nr. 1 Rn 9; Palandt/*Grüneberg*, § 308 Rn 8; Wolf/Lindacher/Pfeiffer/*Dammann*, § 308 Nr. 1 Rn 18 ff.; NK-BGB/*Kollmann*, § 308 Rn 8.
590 MüKo/*Wurmnest*, § 308 Nr. 1 Rn 9; NK-BGB/*Kollmann*, § 308 Rn 10.
591 OLG Naumburg MDR 1998, 854, 855; NK-BGB/*Kollmann*, § 308 Rn 10.

kann oder diese bewusst in Kauf genommen hat.[592] Deshalb ist grundsätzlich auch die Bestimmung einer Leistungsfrist zulässig, die von einer – gegebenenfalls auch anderweitig – vereinbarten Mitwirkungshandlung des Vertragspartners abhängig ist.[593]

271 Ist die Regelung zur Annahmefrist zweideutig, so kann auch ein Eingreifen der **Unklarheitenregelung** nach § 305 lit. c Abs. 2 BGB in Betracht kommen (vgl. oben Rdn 6 ff.), mit der Konsequenz, dass die Allgemeine Geschäftsbedingung nach beiden Vorschriften unwirksam sein kann. In diesem Fall ist für die Beurteilung der Geschäftsbedingung grundsätzlich auf die kundenfeindlichste Auslegung abzustellen.[594]

b) Leistungsfrist

272 Grund für die Einbeziehung von Leistungsfristen in den Anwendungsbereich des § 308 Nr. 1 BGB ist, dass sich der Verwender anderenfalls von den gesetzlichen Konsequenzen des Verzugseintritts befreien könnte, indem er auf den Eintritt von dessen Voraussetzungen einwirkt.[595] Insoweit würde es einen Wertungswiderspruch bedeuten, wenn der Verwender einerseits im Rahmen der §§ 309 Nr. 7 und 8 lit. a BGB weitestgehend von der Einflussnahme auf die Rechtsfolgen des Verzuges (Rücktritt und Schadensersatz) ausgeschlossen wäre, andererseits aber die Voraussetzung des Verzugseintritts beeinflussen und damit Rücktritt und Schadensersatz mittelbar doch wieder ausschließen könnte. Neben dieser Sicherung des Vertragspartners gegen eine Haftungsfreizeichnung des Verwenders ist bei der Wirksamkeitsprüfung auch zu berücksichtigen, dass der Verwender durch eine Veränderung der Leistungsfrist auch auf das verschuldensunabhängige Rücktrittsrecht des Vertragspartners nach § 323 Abs. 1 BGB einwirken könnte, dass das Ausbleiben einer fälligen Leistung voraussetzt. Ist die Leistung jedoch aufgrund der Allgemeinen Geschäftsbedingungen des Verwenders noch gar nicht fällig, bestünde auch kein Rücktrittsrecht des Vertragspartners, so dass dieser trotz des Ausbleibens der Leistung über einen längeren Zeitraum an den Vertrag gebunden wäre.

aa) Verhältnis zur Individualabrede

273 Soweit die Leistungsfrist durch eine **individuelle Vereinbarung** zwischen den Vertragsparteien bestimmt worden ist, tritt die Regelung in den AGB nach § 305 lit. b BGB zurück. Die AGB können jedoch in den Fällen an Bedeutung gewinnen, in denen für die Bestimmung der Leistungsfrist eines verbindlichen Liefertermins außergewöhnliche Umstände maßgeblich sein sollen, die der Verwender nicht zu vertreten hat.[596] Die Individualabrede

---

592 BGH NJW 1988, 2106, 2107; Wolf/Lindacher/Pfeiffer/*Dammann*, § 308 Nr. 1 Rn 20; MüKo/*Wurmnest*, § 308 Nr. 1 Rn 9; NK-BGB/*Kollmann*, § 308 Rn 10.
593 Wolf/Lindacher/Pfeiffer/*Dammann*, § 308 Nr. 1 Rn 20.
594 *v. Westphalen*, ZGS 2002, 214; OLG Naumburg MDR 1998, 854, 855; NK-BGB/*Kollmann*, § 308 Rn 11.
595 BGH NJW 1984, 2468; Palandt/*Grüneberg*, § 308 Rn 6; NK-BGB/*Kollmann*, § 308 Rn 12.
596 NK-BGB/*Kollmann*, § 308 Rn 13.

behält ihren Vorrang auch dann, wenn in den AGB eine Relativierung der individuell fest vereinbarten Leistungsfrist vorgesehen ist (bspw. die Formulierung „annähernd").[597] Im Zweifel bedeutet die individualvertragliche Bestimmung einer Leistungsfrist, dass diese ab dem Schluss der Individualvereinbarung gelten soll. Eine hierzu im Widerspruch stehende Geschäftsbedingung, die den Beginn der Leistungsfrist hinauszögert, ist im Regelfall unwirksam, da sie nicht den Willen der Vertragschließenden, sondern ausschließlich den des Verwenders wiedergibt.[598] Dagegen verstößt eine Regelung, die für einen individualvertraglich unbestimmten Termin eine „unechte Nachfrist" für einen solchen Termin vorsieht und dadurch den Eintritt des Verzuges hinauszögert, nicht gegen § 305 lit. b BGB, sondern ist an § 308 Nr. 1 BGB zu messen.[599] Bei einer freien Bestimmung der Leistungsfrist durch den Vertragspartner des Verwenders kommen die Vorschriften der §§ 305 ff. BGB nicht zur Anwendung.[600] Liegt dagegen keine individualvertragliche Vereinbarung einer Leistungsfrist vor, so beurteilt sich die Wirksamkeit einer AGB nach § 308 Nr. 1 BGB.[601]

bb) Frist für Leistungen des Verwenders

Um zu verhindern, dass der Verwender durch die Veränderung der Leistungsfrist die Voraussetzungen der Fälligkeit der Leistung beeinflussen kann, erfasst § 308 Nr. 1 BGB grundsätzlich **alle Fristen**, die nach den AGB des Verwenders Voraussetzung des Verzugseintritts sind.[602] Dies gilt unabhängig davon, ob für den Leistungsverzug des Verwenders nach § 286 Abs. 2 BGB eine Mahnung erforderlich ist oder nicht.[603] § 308 Nr. 1 BGB bezieht sich deshalb auf alle Arten der Verlängerung einer Leistungsfrist, alle Arten von Leistungen sowie alle Vertragstypen.[604] Der Geltungsbereich erfasst sowohl Hauptleistungen wie auch Nebenleistungen.[605] Dagegen beurteilen sich Leistungsfristen, die sich auf eine Leistung des Vertragspartners beziehen, ausschließlich nach § 307 BGB, wonach es auf die Angemessenheit der Fristsetzung ankommt.

Da eine Änderung der Leistungsfrist vor allem in den Fällen auftritt, in denen der Verwender Leistungsschuldner ist, ist der bedeutendste Anwendungsfall des § 308 Nr. 1 BGB die

---

597 BGH NJW 1983, 1320, 1321; Wolf/Lindacher/Pfeiffer/*Dammann*, § 308 Nr. 1 Rn 57; NK-BGB/*Kollmann*, § 308 Rn 13; vgl. auch BGHZ 92, 24, 26 ff.
598 NK-BGB/*Kollmann*, § 308 Rn 13; Wolf/Lindacher/Pfeiffer/*Dammann*, § 308 Nr. 1 Rn 57.
599 BGH NJW 1983, 1320; BGH NJW 1984, 2468, 2469; BGH NJW 2007, 1198; Palandt/*Grüneberg*, § 308 Rn 6; Wolf/Lindacher/Pfeiffer/*Dammann*, § 308 Nr. 1 Rn 33; NK-BGB/*Kollmann*, § 308 Rn 13; zur „unechten Nachfrist" bei Neuwagen-Verkaufsbedingungen vgl. BGH NJW 2001, 292, 294.
600 NK-BGB/*Kollmann*, § 308 Rn 13.
601 NK-BGB/*Kollmann*, § 308 Rn 13.
602 MüKo/*Wurmnest*, § 308 Nr. 1 Rn 17; Wolf/Lindacher/Pfeiffer/*Dammann*, § 308 Nr. 1 Rn 32; NK-BGB/*Kollmann*, § 308 Rn 15.
603 BGHZ, 107, 75, 78 f.; BGH NJW 1997, 394, 395; NK-BGB/*Kollmann*, § 308 Rn 15.
604 Wolf/Lindacher/Pfeiffer/*Dammann*, § 308 Nr. 1 Rn 31; Palandt/*Grüneberg*, § 308 Rn 6.
605 Wolf/Lindacher/Pfeiffer/*Dammann*, § 308 Nr. 1 Rn 31; Palandt/*Grüneberg*, § 308 Rn 6.

Regelung von Leistungsfristen in **Lieferbedingungen**. Daneben kann die Vorschrift auch in **Einkaufsbedingungen** relevant werden, etwa bei der Regelung einer Mitwirkungshandlung, die an eine Frist geknüpft wird.[606]

276 Ebenfalls in den Anwendungsbereich des § 308 Nr. 1 BGB fällt die sog. *„unechte Nachfrist"*.[607] Diese liegt dann vor, wenn bei dem Verstreichen eines unverbindlichen Liefertermins die Möglichkeit des Vertragspartners, den Verwender in Verzug zu setzen, um eine weitere Frist hinausgeschoben wird.[608] Die *„unechte Nachfrist"* ist von der *„echten Nachfrist"*, die von § 308 Nr. 2 BGB erfasst wird, dadurch zu unterscheiden, dass die *„unechte Nachfrist"* die Fälligkeit der Leistung hinauszögert, während die *„echten Nachfristen"* diese Fälligkeit gerade voraussetzen.[609]

277 **Leistungsvorbehalte** fallen dann unter § 308 Nr. 1 BGB, wenn sie nur auf die Fälligkeit der Leistung Bezug nehmen. Wird dagegen in der Geschäftsbedingung auch der Wegfall der Leistungspflicht geregelt, so fällt diese Regelung in den Anwendungsbereich des § 308 Nr. 3 BGB.[610]

278 Zudem findet § 308 Nr. 1 BGB auch auf **Verlängerungsklauseln** Anwendung, wenn die Verlängerungswirkung nur bedingt eintritt oder der Umfang der Verlängerung von Anfang an nicht genau feststeht.[611] Eine derartige Vertragsbedingung kann dann unwirksam sein, wenn die Verlängerung auch an Ereignisse anknüpft, die der Verwender verursacht oder sogar zu vertreten hat.[612] Dies heißt jedoch nicht, dass in sämtlichen Fällen, in denen die Verlängerung nicht von dem Verwender verursacht worden ist, zwangsläufig eine angemessene und damit wirksame Vertragsbedingung vorliegt. Vielmehr hängt die Angemessenheit in diesen Fällen zusätzlich davon ab, ob dem Vertragspartner durch die Verlängerungsklausel auch das Rücktrittsrecht entzogen wird.[613] Wirksam sind dagegen regelmäßig Verlängerungsklauseln, die die Verlängerung der Frist an ein Ereignis knüpfen, das ausschließlich der Vertragspartner beeinflussen kann und das den Verwender an der Erbringung der Leistung behindert. Dagegen führt die Einbeziehung von Fixgeschäften in die Verlängerung ohne ausreichende Differenzierung der Rechtsfolgen dazu, dass die Bedingung insgesamt unwirksam ist.[614]

---

606 NK-BGB/*Kollmann*, § 308 Rn 15; Wolf/Lindacher/Pfeiffer/*Dammann*, § 308 Nr. 1 Rn 32.
607 Palandt/*Grüneberg*, § 308 Rn 6; Wolf/Lindacher/Pfeiffer/*Dammann*, § 308 Nr. 1 Rn 33; NK-BGB/*Kollmann*, § 308 Rn 15.
608 BGH NJW 1982, 331, 333; BGH NJW 1983, 1320; BGH NJW 2007, 1198, 2000; Palandt/*Grüneberg*, § 308 Rn 6; Wolf/Lindacher/Pfeiffer/*Dammann*, § 308 Nr. 1 Rn 33; NK-BGB/*Kollmann*, § 308 Rn 15.
609 NK-BGB/*Kollmann*, § 308 Rn 15; MüKo/*Wurmnest*, § 308 Nr. 1 Rn 18.
610 NK-BGB/*Kollmann*, § 308 Rn 15; Wolf/Lindacher/Pfeiffer/*Dammann*, § 308 Nr. 1 Rn 35; vgl. zum Selbstbelieferungsvorbehalt: BGHZ 92, 398; BGHZ 124, 358 f.
611 Wolf/Lindacher/Pfeiffer/*Dammann*, § 308 Nr. 1 Rn 33.
612 NK-BGB/*Kollmann*, § 308 Rn 15.
613 NK-BGB/*Kollmann*, § 308 Rn 15.
614 NK-BGB/*Kollmann*, § 308 Rn 15; Wolf/Lindacher/Pfeiffer/*Dammann*, § 308 Nr. 1 Rn 42.

cc) Unangemessenheit der Leistungsfrist

Die Angemessenheit der Leistungsfrist hängt von einer Abwägung der typisierten Interessen des Verwenders und eines Durchschnittskunden ab. Deshalb haben sich insoweit auch branchentypische Geschäftsbedingungen für Leistungsfristen herausgebildet.[615] 279

Zugunsten des **Verwenders** ist zu berücksichtigen, welcher Zeitaufwand für die Erfüllung der Verträge typischerweise erforderlich ist. Insoweit können die Weiterleitung des Auftrags an den Hersteller, die Produktionsdauer, der Eingang einer Anzahlung des Vertragspartners, die Beschaffung von Materialien bei Vorlieferanten, die Endkontrolle und Verpackung der Ware, der Transport zum Vertragspartner und die Montage vor Ort Umstände darstellen, die die Angemessenheit der Frist bestimmen können.[616] Zudem darf der Verwender auch einen zeitlichen Sicherheitszuschlag einkalkulieren, um die Folgen eines Verzuges zu vermeiden.[617] Dagegen sind außergewöhnliche Umstände aufgrund der erforderlichen Typisierung nicht für die Angemessenheit einer „*normalen*" Leistungsfrist heranzuziehen.[618] 280

Für die **Interessen des Vertragspartners** sind insbesondere das Interesse an einer rechtzeitigen Lieferung (vor allem bei Fixgeschäften[619]) und die Angewiesenheit auf die Leistung maßgeblich. Die Abwägung mit den Interessen des Verwenders darf insbesondere nicht dazu führen, dass die Interessen des Vertragspartners wesentlich oder gar vollständig hinter denen des Verwenders zurücktreten.[620] Deshalb darf der Verwender die Risiken, die sich aus einer Verlängerung der Leistungsfrist ergeben, nicht pauschal auf den Vertragspartner abwälzen, sondern muss sie auf bestimmte Ausnahmetatbestände beschränken, in denen die Umstände eine Verlängerung der Leistungsfrist zu seinen Gunsten auch unter Berücksichtigung der Leistungsinteressen des Vertragspartners rechtfertigen.[621] Dabei ist auch zu berücksichtigen, dass verschiedene Leistungsfristen zulasten des Vertragspartners in ihrer Gesamtheit in die Prüfung der Angemessenheit einfließen.[622] 281

---

615 MüKo/*Wurmnest*, § 308 Nr. 1 Rn 19; NK-BGB/*Kollmann*, § 308 Rn 19.
616 Wolf/Lindacher/Pfeiffer/*Dammann*, § 308 Nr. 1 Rn 43.
617 BGH NJW 1984, 2468, 2469; BGH NJW 1982, 331, 333; BGH BB 1983, 524; BGH NJW 2007, 1198, 2000; Wolf/Lindacher/Pfeiffer/*Dammann*, § 308 Nr. 1 Rn 43; NK-BGB/*Kollmann*, § 308 Rn 19.
618 BGH BB 1983, 524; NK-BGB/*Kollmann*, § 308 Rn 19.
619 Wolf/Lindacher/Pfeiffer/*Dammann*, § 308 Nr. 1 Rn 42.
620 Wolf/Lindacher/Pfeiffer/*Dammann*, § 308 Nr. 1 Rn 38.
621 Wolf/Lindacher/Pfeiffer/*Dammann*, § 308 Nr. 1 Rn 40.
622 NK-BGB/*Kollmann*, § 308 Rn 19.

282 Branchentypische Leistungsfristen und Verlängerungsklauseln in der Rechtsprechung:
- **Neuwagenverkauf**: Wirksamkeit einer Leistungsfrist von sechs Wochen nach dem Ende der unverbindlichen Lieferfrist; der Verzug muss in diesen Fällen durch eine Mahnung des Vertragspartners herbeigeführt werden können.[623]
- **Möbelhandel**: Unwirksamkeit einer Verlängerung der Leistungserbringung um drei Monate nach einem „annähernden" Liefertermin;[624] auch eine Vertragsbedingung, nach der der Vertragspartner erst sechs Wochen nach dem vereinbarten Liefertermin sein Rücktrittsrecht ausüben kann, selbst wenn der Verwender die Verzögerung zu vertreten hat, ist unwirksam.[625]
- **Fertighaus**: Unwirksamkeit einer Geschäftsbedingung, nach der der Verwender bei einem individuell verbindlich vereinbarten Leistungstermin die Frist nach eigenem Ermessen um sechs Wochen verlängern kann.[626]
- **Bauleistungen**: Unwirksamkeit einer Verlängerungsfrist für die Abnahme von Bauleistungen nach § 641 BGB von bis zu sechs Monaten nach der Fertigstellung.[627]

dd) Unbestimmtheit der Leistungsfrist

283 Entscheidend für die Leistungsfrist ist auch, dass die Frist bzw. deren Verlängerung **für den Durchschnittskunden berechenbar** ist, so dass er den Beginn und das Ende der Frist ohne größeren Aufwand erkennen kann.[628] Grundsätzlich ist die Berechenbarkeit der Leistungsfrist zu bejahen, wenn die Frist nach Tagen, Wochen oder Monaten bemessen ist und der Fristbeginn für den Vertragspartner klar ist.[629] Daneben sind auch solche Vertragsbedingungen grundsätzlich noch zulässig, die eine sog. *„ca."*-**Frist** enthalten, weil sie dem Vertragspartner die Möglichkeit geben, nach Ablauf der Zeitspanne durch eine Mahnung die Verzugsvoraussetzungen herbeizuführen.[630] Dagegen fehlt es an der Bestimmtheit der Leistungsfrist, wenn die AGB keine bestimmbare Zeitspanne beinhaltet, vielmehr die Leistung an Umstände anknüpft, die der Einflusssphäre des Vertragspartners entzogen sind (*„Lieferung so schnell wie möglich/nach Herstellung der Ware/nach*

---

[623] BGH NJW 1982, 331, 333; BGH NJW 2001, 292; Palandt/*Grüneberg*, § 308 Rn 7; Wolf/Lindacher/Pfeiffer/*Dammann*, § 308 Nr. 1 Rn 48; NK-BGB/*Kollmann*, § 308 Rn 20.
[624] BGH NJW 1983, 1320, 1321; BGH NJW 1984, 48, 49; Palandt/*Grüneberg*, § 308 Rn 7; Wolf/Lindacher/Pfeiffer/*Dammann*, § 308 Nr. 1 Rn 48; NK-BGB/*Kollmann*, § 308 Rn 20.
[625] OLG Hamm NJW-RR 1987, 311, 315; Palandt/*Grüneberg*, § 308 Rn 7; Wolf/Lindacher/Pfeiffer/*Dammann*, § 308 Nr. 1 Rn 48; NK-BGB/*Kollmann*, § 308 Rn 20; vgl. auch BGH NJW 1985, 855, 857.
[626] BGHZ 92, 24, 28 = BGH NJW 1984, 2468, 2469; Palandt/*Grüneberg*, § 308 Rn 7; Wolf/Lindacher/Pfeiffer/*Dammann*, § 308 Nr. 1 Rn 48; NK-BGB/*Kollmann*, § 308 Rn 20.
[627] OLG München NJW-RR 1987, 661, 663; NK-BGB/*Kollmann*, § 308 Rn 20.
[628] BGH NJW 1985, 855, 856; Palandt/*Grüneberg*, § 308 Rn 8; Wolf/Lindacher/Pfeiffer/*Dammann*, § 308 Nr. 1 Rn 50; NK-BGB/*Kollmann*, § 308 Rn 21.
[629] OLG Köln BB 1982, 638; Wolf/Lindacher/Pfeiffer/*Dammann*, § 308 Nr. 1 Rn 50.
[630] Palandt/*Grüneberg*, § 308 Rn 8; MüKo/*Wurmnest*, § 308 Nr. 1 Rn 23; NK-BGB/*Kollmann*, § 308 Rn 21; a.A. Wolf/Lindacher/Pfeiffer/*Dammann*, § 308 Nr. 1 Rn 50.

Selbstbelieferung"; *"innerhalb gewerbeüblicher Lieferfristen"*).[631] Auch eine *"angemessene Verlängerung"* ist unter dem Gesichtspunkt der Bestimmbarkeit äußerst kritisch zu bewerten,[632] weshalb im Regelfall eine derartige Klausel unwirksam sein wird.

c) Ausnahme für Leistungsvorbehalt nach Ablauf einer Widerrufsfrist

Durch diese Ausnahme ermöglicht es der Gesetzgeber dem Verwender, seine Leistung zumindest bis zum Ablaufen der Widerrufsfrist (§§ 355 Abs. 1 und Abs. 2 BGB) zugunsten des Vertragspartners zu verzögern. Anderenfalls müsste der Verwender seine Leistung erbringen, obwohl das Vertragsverhältnis aufgrund der Widerrufsmöglichkeit noch vorläufigen Charakter hat. Insoweit ist es grundsätzlich auch nicht maßgeblich, ob das Widerrufsrecht mangels Belehrung zeitlich hinausgeschoben ist, da § 308 Nr. 1 Hs. 2 BGB keine entsprechende Beschränkung aufweist.[633] Bei einem bewussten Verhalten des Verwenders bzgl. der Widerrufsbelehrung kommt die Berufung auf eine unzulässige Rechtsausübung nach § 242 BGB in Betracht, wenn sich der Verwender auf die Anknüpfung der Befristung an das Auslaufen der Widerrufsfrist beruft, obwohl er selbst durch sein Verhalten den fehlenden Fristbeginn verursacht hat.[634]

Keine Auswirkung hat § 308 Nr. 1 Hs. 2 BGB, wenn das Widerrufsrecht erst mit der Erbringung der Leistung beginnt, da diese Verknüpfung von Leistung und Widerrufsrecht eine verzögerte Leistungserbringung durch AGB ausschließt.

Auch bei Fernabsatzverträgen ist zu berücksichtigen, dass die Widerrufsfrist auch bei ordnungsgemäßer Belehrung durch den Verwender erst mit der Leistungserbringung zu laufen beginnt (§§ 312 lit. d Abs. 2 BGB, 356 Abs. 2 BGB), weshalb ein Leistungsvorbehalt des Verwenders bis zum Ablauf der Widerrufsfrist die Leistungserbringung vollständig ausschließen könnte.[635] Dagegen beginnt die Widerrufsfrist bei Fernunterrichtsverträgen nach § 4 S. 2 FernUSG, § 356 Abs. 2 Nr. 2 BGB mit dem Vertragsschluss.[636]

d) Rechtsfolgen bei Unwirksamkeit

Bei einem Verstoß der AGB gegen § 308 Nr. 1 BGB greifen die gesetzlichen Bestimmung zur **Annahmefrist** des § 147 BGB ein.[637] Bei einer unwirksamen Bestimmung zur Leistungsfrist tritt nach der gesetzlichen Regelung in § 271 Abs. 1 BGB grundsätzlich sofor-

---

631 OLG Hamm MMR 2013, 100; OLG Bremen MMR 2013,36; OLG Köln BB 1982, 638; Palandt/*Grüneberg*, § 308 Rn 8; NK-BGB/*Kollmann*, § 308 Rn 14.
632 OLG Stuttgart NJW 1981, 1105.
633 Wolf/Lindacher/Pfeiffer/*Dammann*, § 308 Nr. 1 Rn 30.
634 NK-BGB/*Kollmann*, § 308 Rn 22; Palandt/*Grüneberg*, § 308 Rn 9; teilweise einschränkend: Wolf/Lindacher/ Pfeiffer/*Dammann*, § 308 Nr. 1 Rn 30.
635 Palandt/*Grüneberg*, § 308 Rn 9; Wolf/Lindacher/Pfeiffer/*Dammann*, § 308 Nr. 1 Rn 30.
636 A.A. Palandt/*Grüneberg*, § 308 Rn 9.
637 BGH NJW 1986, 1807, 1808 f.; OLG Frankfurt NJW-RR 1998, 566, 567; Wolf/Lindacher/Pfeiffer/*Dammann*, § 308 Nr. 1 Rn 28; NK-BGB/*Kollmann*, § 308 Rn 24.

tige Fälligkeit der Leistung ein.[638] Eine geltungserhaltende Reduktion auf die angemessene Leistungsfrist findet grundsätzlich nicht statt.[639] Bei Bestehen einer individualvertraglichen Regelung bedeutet dies, dass eine vertraglich festgelegte Leistungsfrist maßgeblich ist; bei einer unverbindlichen Leistungsfrist kann der Verwender nicht vor Ablauf dieser unverbindlichen Frist – und nach einer Mahnung durch den Vertragspartner – in Verzug geraten.[640]

e) Verhältnis zu anderen Vorschriften

288   Vor allem im Versicherungsrecht sind gesetzlich geregelte Annahmefristen zu beachten. Zudem können Angebote der Bieter nach § 10 Abs. 4 VOB/A im baurechtlichen Vergabeverfahren an den Ablauf der Bindefrist gebunden werden.

289   Das Verhältnis des § 308 Nr. 1 BGB zur Unklarheitenregelung des § 305 lit. c Abs. 2 BGB wurde bereits beschrieben (vgl. oben Rdn 271), ebenso das Verhältnis zu § 308 Nr. 1a BGB und zu § 308 Nr. 1b BGB (vgl. oben Rdn 262). § 308 Nr. 3 BGB unterfallen Vertragsbestimmungen, nach denen sich der Verwender unter bestimmten Bedingungen wieder von seiner Lieferverpflichtung lösen kann. Ob eine unechte Nachfrist neben § 308 Nr. 1 BGB auch gegen § 309 Nr. 7 lit. a und b BGB verstoßen kann, hat die höchstrichterliche Rechtsprechung bislang ausdrücklich offen gelassen.[641] Zudem kommt bei der formularmäßigen Verlängerung einer Leistungsfrist infolge von Arbeitskampfmaßnahmen neben § 308 Nr. 1 BGB auch die Anwendung von § 309 Nr. 8 lit. a BGB in Betracht.[642] Im Verhältnis zu § 307 BGB gilt es zu beachten, dass der Grundgedanke der sofortigen Fälligkeit nach § 271 BGB bei der Überprüfung der wirksamen Gestaltung einer Fälligkeitsregelung ohne Einwirkung auf die Leistungsfrist im Rahmen der Angemessenheitsprüfung Beachtung finden kann.[643]

290   **Kaufmännischer Geschäftsverkehr:** Im kaufmännischen Geschäftsverkehr findet der Regelungsinhalt des § 308 Nr. 1 BGB grundsätzlich über § 307 Abs. 1 S. 1 BGB entsprechende Anwendung.[644] Denn auch der Kaufmann ist als Vertragspartner darauf angewiesen, seine Bindung und die Dauer der Leistung durch den Verwender absehen und berechnen zu können. Allerdings ist im Rahmen der Interessenabwägungen im Vergleich zum nichtkaufmännischen Vertragspartner zu berücksichtigen, dass für den Unternehmer auf-

---

638 Wolf/Lindacher/Pfeiffer/*Dammann*, § 308 Nr. 1 Rn 56.
639 BGH NJW 1983, 1320, 1321; BGH NJW 1984, 48, 49; Wolf/Lindacher/Pfeiffer/*Dammann*, § 308 Nr. 1 Rn 56; NK-BGB/*Kollmann*, § 308 Rn 24.
640 BGH NJW 1982, 331, 332; BGH NJW 2001, 292, 294; NK-BGB/*Kollmann*, § 308 Rn 24.
641 BGH NJW 2001, 292, 295; BGH NJW 1984, 2468, 2469; OLG Stuttgart NJW 1981, 1105; NK-BGB/*Kollmann*, § 308 Rn 26.
642 NK-BGB/*Kollmann*, § 307 Rn 98 ff.
643 NK-BGB/*Kollmann*, § 308 Rn 26.
644 Palandt/*Grüneberg*, § 308 Rn 10; Wolf/Lindacher/Pfeiffer/*Dammann*, § 308 Nr. 1 Rn 63; NK-BGB/*Kollmann*, § 308 Rn 28.

grund der Gepflogenheiten des Handelsverkehrs Annahme- und Leistungsfristen nicht gleichermaßen ungewohnt sind wie für den Privatkunden.[645] Andererseits können aufgrund höherer Risiken im Einzelfall gegenüber einem Kaufmann auch längere Annahme- und Leistungsfristen gerechtfertigt sein.[646] Bei der Auslegung der Vertragsbestimmungen sind insbesondere auch **Handelsbräuche** zu berücksichtigen, die nach § 310 Abs. 1 S. 2 BGB zu einer Wirksamkeit der AGB führen können. Insoweit hat der Kaufmann im Regelfall nicht hinreichend bestimmte Fristen aufgrund seiner geschäftlichen Erfahrung eher hinzunehmen als ein Verbraucher.[647] So ist etwa die Handelsklausel *„baldmöglichste Lieferung"* gegenüber einem Kaufmann grundsätzlich als wirksam anzusehen.[648] Dagegen finden die Verbraucherschutzvorschriften der §§ 355 Abs. 1 und 2 BGB (Widerrufsfristen) im kaufmännischen Geschäftsverkehr keine Anwendung.

3. Zahlungsfrist (§ 308 Nr. 1a BGB)

§ 308 Nr. 1a BGB ist durch das Gesetz zur Bekämpfung des Zahlungsverzugs im Geschäftsverkehr und zur Änderung des Erneuerbare-Energien-Gesetzes vom 22.7.2014 in die Klauselverbote mit Wertungsmöglichkeit eingefügt worden. Das neue Klauselverbot ist Teil eines Maßnahmenpakets zur Umsetzung der Zahlungsverzugsrichtlinie 2011/7/EU, mit der auch § 271a BGB eingeführt worden ist. Die Einschränkungen, die in § 271a BGB für Vereinbarungen über Zahlungs-, Überprüfungs- und Abnahmefristen vorgesehen sind, sollen ein zu umfassendes Hinausschieben der Fälligkeit verhindern.

291

Das neue Klauselverbot in § 308 Nr. 1a BGB sieht deshalb vor, dass eine Bestimmung in Allgemeinen Geschäftsbedingungen unwirksam ist, durch die sich der Verwender eine unangemessen lange Zeit für die Erfüllung einer Entgeltforderung des Vertragspartners vorbehält. Wann eine unangemessen lange Zahlungsfrist vorliegt, wird zumindest für den **kaufmännischen Verwender** in § 308 Nr. 1a Hs. 2 BGB näher konkretisiert, wonach eine **Zahlungsfrist von mehr als 30 Tagen** nach dem Empfang der Gegenleistung bzw. nach dem Zugang einer Rechnung oder gleichwertigen Zahlungsaufstellung im Zweifel unangemessen lang ist.

292

---

645 Palandt/*Grüneberg*, § 308 Rn 10; NK-BGB/*Kollmann*, § 308 Rn 28.
646 NK-BGB/*Kollmann*, § 308 Rn 28; a.A. Wolf/Lindacher/Pfeiffer/*Dammann*, § 308 Nr. 1 Rn 63 unter Verweis auf das Bedürfnis des Handelsverkehrs nach einer schnellen Vertragsabwicklung.
647 NK-BGB/*Kollmann*, § 308 Rn 28.
648 MüKo/*Wurmnest*, § 308 Nr. 1 Rn 26; NK-BGB/*Kollmann*, § 308 Rn 28.

a) Unangemessenheit des für die Erfüllung vorbehaltenen Zeitraums (§ 308 Nr. 1a Hs. 1 BGB)

293 Bei der Regelung in § 308 Nr. 1a BGB handelt es sich um eine Konkretisierung des allgemeineren Klauselverbots in § 308 Nr. 1 BGB.[649] Da schon § 308 Nr. 1 BGB und auch § 308 Nr. 2 BGB auf einen „*unangemessen langen*" Zeitraum abstellen, kann für die Auslegung dieses unbestimmten Rechtsbegriffs auch auf die Ausführungen zu diesen beiden Klauselverboten zurückgegriffen werden (siehe Rdn 265 ff. und Rdn 319 ff.).

294 Bei der Frage, wann von einer Unangemessenheit des für die Erfüllung vorbehaltenen Zeitraums auszugehen ist, sind im Rahmen einer Gesamtabwägung die Interessen des Verwenders (z.B. die Prüfung der zu erstellenden Rechnung sowie die benötigte Zeit für die Bereitstellung des Entgelts und die Zahlungsabwicklung) und die Interessen des Vertragspartners (insbesondere die zeitnahe Verfügungsmöglichkeit über das vom Verwender zu zahlende Entgelt) zu berücksichtigen.[650]

295 Bei der Gesamtabwägung ist auch zu beachten, dass der Gesetzgeber in § 271a BGB inzwischen konkrete Vorgaben für Zahlungsfristen vorsieht. So ergibt sich aus § 271a Abs. 1 BGB unter anderem, dass Zahlungsfristen von **mehr als 60 Tagen** nur bei ausdrücklicher Vereinbarung zwischen den Vertragsparteien wirksam sind. In Allgemeinen Geschäftsbedingungen – die ja gerade keine ausdrückliche Vereinbarung sind – können Zahlungsfristen von mehr als 60 Tagen daher nicht wirksam vereinbart werden (längere Zahlungsfristen setzen deshalb eine Individualvereinbarung zwischen Verwender und Vertragspartner voraus).[651] Gegenüber einem **öffentlichen Auftraggeber** im Sinne von § 99 Nr. 1 bis Nr. 3 GWB reduziert sich die in Allgemeinen Geschäftsbedingungen längstmögliche Zahlungsfrist unter Beachtung des § 271a Abs. 2 BGB sogar **auf 30 Tage**.

296 Zudem ist zu beachten, dass der Gesetzgeber in § 308 Nr. 1a Hs. 2 BGB für den **kaufmännischen Verwender** eine Auslegungsregel geschaffen hat, wonach eine **Zahlungsfrist von mehr als 30 Tagen** nach dem Empfang der Gegenleistung bzw. nach dem Zugang einer Rechnung oder gleichwertigen Zahlungsaufstellung im Zweifel unangemessen lang ist. Die Auslegungsregel ist nur dann nicht zu berücksichtigen, wenn ein Verbraucher Allgemeine Geschäftsbedingungen anwendet, was in der Praxis aber so gut wie nicht vorkommen dürfte.

297 Für die Gestaltung einer Zahlungsfrist im Rahmen des § 308 Nr. 1a BGB bedeutet dies, dass die Zahlungsfrist in Allgemeinen Geschäftsbedingungen – ohne Hinzutreten von besonderen Umständen – 30 Tage nach dem Empfang der Gegenleistung bzw. nach dem Zugang einer Rechnung oder gleichwertigen Zahlungsaufstellung nicht überschreiten sollte.[652] In Fällen, in denen der Vertragspartner des Verwenders auf einen besonders schnel-

---

649 NK-BGB/*Kollmann*, § 308 Rn 36.
650 NK-BGB/*Kollmann*, § 308 Rn 37.
651 NK-BGB/*Kollmann*, § 308 Rn 41.
652 NK-BGB/*Kollmann*, § 308 Rn 40.

len Zahlungseingang angewiesen ist oder vertrauen darf, kann es im Rahmen der Klauselgestaltung aber erforderlich sein, die 30-Tages-Frist deutlich zu unterschreiten.

b) Entgeltforderung des Vertragspartners

Die Zahlungsfrist, auf die sich § 308 Nr. 1a BGB bezieht, muss für eine Entgeltforderung des Vertragspartners des Verwenders gelten und bezieht sich insoweit auf **Zahlungspflichten des Verwenders**. Als Entgelt sind sowohl die vertraglich vereinbarte Hauptleistung als auch sämtliche Nebenleistungen zu verstehen. In Betracht kommen vor allem Rückzahlungsansprüche des Vertragspartners aufgrund eines unwirksamen Vertragsschlusses oder einer gescheiterten Vertragsabwicklung (z.B. nach dem Rücktritt einer Vertragspartei).

c) Auslegungsregel für Zahlungsfristen eines kaufmännischen Verwenders (§ 308 Nr. 1a Hs. 2 BGB)

Die Auslegungsregel („*im Zweifel*") in § 308 Nr. 1a Hs. 2 BGB findet Anwendung, wenn der Verwender der AGB kein Verbraucher ist.

aa) Zeit von mehr als 30 Tagen nach Empfang der Gegenleistung (1. Alt.)

Nach § 308 Nr. 1a Hs. 2 1. Alt. BGB ist eine Zahlungsfrist im Zweifel unangemessen, wenn sie für die Erfüllung durch den Verwender mehr als 30 Tage nach dem **Empfang der Gegenleistung** vorsieht. Im Umkehrschluss aus § 308 Nr. 1a Hs. 2 2. Alt. BGB folgt, dass das Abstellen auf den Empfang der Gegenleistung nur dann für die Berechnung der Zahlungsfrist maßgeblich ist, wenn dem Schuldner der Entgeltforderung (also dem Verwender) nach dem Empfang der Gegenleistung keine Rechnung oder gleichwertige Zahlungsaufstellung des Vertragspartners zugeht.

Der Empfang der Gegenleistung ist nicht gleichbedeutend mit der **Abnahme eines Werkes** nach § 640 Abs. S. 1 BGB.[653] Dies hat zur Folge, dass die in § 308 Nr. 1a Hs. 2 1. Alt. BGB genannte Zahlungsfrist von 30 Tagen bereits mit dem Zur-Verfügung-Stellen der Werkleistung beginnt und nicht die – zumeist zeitlich später erfolgende – Abnahme durch den Verwender maßgeblich ist. Deshalb sind Vertragsbedingungen, die eine Zahlungsfrist „*ab Abnahme*" vorsehen, im Regelfall unwirksam, da das Abstellen auf den Zeitpunkt der Abnahme zu einer Überschreitung der 30-Tage-Frist (ab Empfang der Gegenleistung) führen kann.[654]

---

653 NK-BGB/*Kollmann*, § 308 Rn 47.
654 NK-BGB/*Kollmann*, § 308 Rn 48.

bb) Zeit von mehr als 30 Tagen nach Zugang einer Rechnung oder Zahlungsaufstellung (2. Alt.)

302 Geht dem Schuldner der Entgeltforderung (also dem Verwender) nach dem Empfang der Gegenleistung eine Rechnung oder gleichwertige Zahlungsaufstellung des Vertragspartners zu, so ist für die Berechnung der 30-Tage-Frist nach § 308 Nr. 1a Hs. 2 2. Alt. BGB auf deren Zugang beim Verwender abzustellen. Begrifflich knüpft § 308 Nr. 1a Hs. 2 2. Alt. BGB damit an § 286 Abs. 3 BGB an, der ebenfalls auf den Zugang einer Rechnung oder gleichwertigen Zahlungsaufstellung abstellt.[655]

303 Unter einer **Rechnung** ist dabei eine nicht nur mündliche Aufstellung des zu zahlenden Entgelts unter Angabe von Grund und Höhe sowie unter Beachtung bestimmter formeller und fiskalischer Anforderungen zu verstehen.[656] Aus einer **gleichwertigen Zahlungsaufstellung** müssen sich ebenfalls das zu zahlende Entgelt sowie dessen Grund und Höhe ergeben, allerdings sind die formellen und fiskalischen Anforderungen weniger streng.[657]

304 Zugegangen ist die Rechnung oder Zahlungsaufstellung, wenn sie so in den Einflussbereich des Empfängers (also des Verwenders) gelangt ist, dass dieser vom Inhalt der Rechnung oder Zahlungsaufstellung Kenntnis nehmen kann.

305 **Kaufmännischer Geschäftsverkehr:** Wie sich aus § 310 Abs. 1 S. 1 BGB ergibt, findet § 308 Nr. 1a BGB im kaufmännischen Geschäftsverkehr unmittelbar Anwendung.

4. Überprüfungs- und Abnahmefrist (§ 308 Nr. 1b BGB)

306 § 308 Nr. 1b BGB ist ebenfalls durch das Gesetz zur Bekämpfung des Zahlungsverzugs im Geschäftsverkehr und zur Änderung des Erneuerbare-Energien-Gesetzes vom 22.7.2014 in die Klauselverbote mit Wertungsmöglichkeit eingefügt worden und konkretisiert das Klauselverbot in § 308 Nr. 1 BGB. Durch die Vorschrift soll verhindert werden, dass der Verwender sich eine zu lange **Frist für die Überprüfung bzw. Abnahme der Gegenleistung** des Vertragspartners vorbehält und auf diese Weise die Erfüllung eines mit dieser Gegenleistung verknüpften Zahlungsanspruchs hinauszögert.

307 Das Klauselverbot in § 308 Nr. 1b BGB sieht deshalb vor, dass eine Bestimmung in Allgemeinen Geschäftsbedingungen unwirksam ist, durch die sich der Verwender vorbehält, einen Entgeltanspruch des Vertragspartners erst nach unangemessen langer Zeit für die Überprüfung oder Abnahme der Gegenleistung zu erfüllen. Wann eine unangemessen lange Überprüfungs- bzw. Abnahmefrist vorliegt, wird zumindest für den kaufmännischen Verwender in § 308 Nr. 1b Hs. 2 BGB näher konkretisiert, wonach eine Überprü-

---

655 NK-BGB/*Kollmann*, § 308 Rn 49.
656 NK-BGB/*Kollmann*, § 308 Rn 49; MüKo/*Ernst*, § 286 Rn 79 ff.
657 NK-BGB/*Kollmann*, § 308 Rn 49.

fungs- bzw. Abnahmefrist von **mehr als 15 Tagen** nach dem Empfang der Gegenleistung im Zweifel unangemessen lang ist.

a) Unangemessenheit des für die Erfüllung vorbehaltenen Zeitraums (§ 308 Nr. 1b Hs. 1 BGB)

Hinsichtlich der Unangemessenheit des für die Erfüllung vorbehaltenen Zeitraums kann grundsätzlich auf die Ausführungen zu § 308 Nr. 1a BGB verwiesen werden (vgl. Rdn 265 ff.). § 308 Nr. 1b BGB gilt grundsätzlich nur für **vertraglich vereinbarte Überprüfungs- bzw. Abnahmeverfahren**.[658] 308

Für die Bestimmung einer angemessenen Überprüfungs- bzw. Abnahmefrist ist im Rahmen der Klauselgestaltung zunächst zu berücksichtigen, dass **nach § 271a Abs. 3 BGB** eine Vereinbarung, nach der die Zeit für die Überprüfung oder Abnahme der Gegenleistung **mehr als 30 Tage** nach Empfang der Gegenleistung beträgt, nur dann wirksam ist, wenn sie ausdrücklich getroffen und im Hinblick auf die Belange des Gläubigers nicht grob unbillig ist. 309

Zu beachten ist zudem, dass der Gesetzgeber in § 308 Nr. 1b Hs. 2 BGB für den **kaufmännischen Verwender** eine Auslegungsregel geschaffen hat, wonach eine **Überprüfungs- bzw. Abnahmefrist von mehr als 15 Tagen** nach dem Empfang der Gegenleistung im Zweifel unangemessen lang ist. Die Auslegungsregel ist nur dann nicht zu berücksichtigen, wenn ein Verbraucher Allgemeine Geschäftsbedingungen anwendet, was in der Praxis aber so gut wie nicht vorkommen dürfte. 310

Dies bedeutet für die Gestaltung einer Überprüfungs- bzw. Abnahmefrist im Zusammenhang mit einer Entgeltforderung des Vertragspartners in Allgemeinen Geschäftsbedingungen, dass die Frist – ohne Hinzutreten von besonderen Umständen – eine **Dauer von 15 Tagen** nach dem Empfang der Gegenleistung grundsätzlich nicht überschreiten sollte. In Fällen, in denen der Vertragspartner des Verwenders auf einen besonders schnellen Zahlungseingang angewiesen ist oder vertrauen darf, kann es im Rahmen der Klauselgestaltung erforderlich sein, die 15-Tage-Frist – ggfs. auch deutlich – zu unterschreiten. Wird die Überprüfungs- bzw. Abnahmefrist im Rahmen einer Allgemeinen Geschäftsbedingung dagegen ausnahmsweise durch einen Verbraucher verwendet, kann diese an der 30-Tage-Frist des § 271a Abs. 3 BGB orientiert werden. 311

b) Entgeltforderung des Vertragspartners

Die Überprüfungs- bzw. Abnahmefrist im Sinne des § 308 Nr. 1b BGB muss für eine Entgeltforderung des Vertragspartners des Verwenders gelten und bezieht sich daher auf **Zahlungspflichten des Verwenders**. Unter Entgelt sind auch hier sowohl die vertraglich vereinbarte Hauptleistung als auch sämtliche auf eine Zahlung an den Vertragspartner ge- 312

---

[658] NK-BGB/*Kollmann*, § 308 Rn 66.

richteten Nebenleistungen zu verstehen. In Betracht kommen vor allem Rückzahlungsansprüche des Vertragspartners aufgrund eines unwirksamen Vertragschlusses oder einer gescheiterten Vertragsabwicklung (z.b. nach dem Rücktritt einer Vertragspartei).

c) Auslegungsregel für Überprüfungs- bzw. Abnahmefristen eines kaufmännischen Verwenders (§ 308 Nr. 1b Hs. 2 BGB)

313 Wie bereits ausgeführt, findet die Auslegungsregel („*im Zweifel*") in § 308 Nr. 1b Hs. 2 BGB Anwendung, wenn der Verwender der AGB kein Verbraucher ist.

314 Nach § 308 Nr. 1a Hs. 2 1. Alt. BGB ist eine vertraglich vereinbarte Überprüfungs- bzw. Abnahmefrist im Zweifel unangemessen, wenn sie die Erfüllung durch den Verwender um mehr als 15 Tage nach dem Empfang der Gegenleistung hinauszögert.

5. Nachfrist (§ 308 Nr. 2 BGB)

a) Allgemeines

315 Nach § 308 Nr. 2 BGB sind Vertragsbedingungen unwirksam, durch die sich der Verwender für eine von ihm zu bewirkende Leistung abweichend von Rechtsvorschriften eine unangemessen lange oder nicht hinreichend bestimmte Nachfrist vorbehält. Damit betrifft § 308 Nr. 2 BGB solche Klauseln, die den Eintritt des Zeitpunktes regeln, zu dem nicht mehr der Primäranspruch, sondern ausschließlich Sekundäransprüche auf Schadensersatz oder Rücktritt geltend gemacht werden können.[659]

316 **Zweck** der Vorschrift ist es, die zeitliche Verfügbarkeit von Leistungen des Verwenders transparent zu machen.[660] Dem Vertragspartner soll die Möglichkeit erhalten bleiben, sich bei Störungen der Vertragsabwicklung durch den Verwender innerhalb eines überschaubaren Zeitraums wieder vom Vertrag lösen oder den ihm durch die Leistungsstörung entstandenen Schaden geltend machen zu können. Denn, könnte der Verwender durch eine Allgemeine Geschäftsbedingung einseitig die Dauer der Nachfrist festsetzen, könnte er die Ausübung entsprechender Rücktritts- und Schadensersatzrechte durch den Vertragspartner zumindest verzögern, wenn nicht sogar ganz verhindern.

317 § 308 Nr. 2 BGB findet auf **alle Vorschriften** Anwendung, die die Ausübung von Rechten des Vertragspartners von der Setzung einer **Nachfrist** abhängig machen, soweit diese von einer gesetzlichen Regelung abweicht.[661] Deshalb ist der Anwendungsbereich des § 308 Nr. 2 BGB dann nicht eröffnet,

---

659 BGH NJW 2007, 1198, 1200; NK-BGB/*Kollmann*, § 308 Rn 79; ähnlich: Wolf/Lindacher/Pfeiffer/*Dammann*, § 308 Nr. 2 Rn 3.
660 MüKo/*Wurmnest*, § 308 Nr. 2 Rn 1.
661 NK-BGB/*Kollmann*, § 308 Rn 79; Wolf/Lindacher/Pfeiffer/*Dammann*, § 308 Nr. 2 Rn 3; Palandt/*Grüneberg*, § 308 Rn 12.

- wenn der Verwender eine im Gesetz nicht vorgesehene Nachfrist begründet (dann § 307 BGB),[662]
- wenn der Verwender als Gläubiger eine Nachfrist für eine Leistung des Vertragspartners regelt (dann § 307 BGB),[663]
- wenn sich der Verwender vollständig von einer entsprechenden Nachfrist freizeichnet (dann § 309 Nr. 4 BGB),[664]
- wenn die Vertragsbedingung für die Leistung des Verwenders die Leistungsfrist oder eine „*unechte*" Nachfrist regelt (dann § 308 Nr. 1 BGB).[665]

Die Rechte des Vertragspartners auf Rücktritt oder Schadensersatz, die von der Setzung einer Nachfrist abhängig sind, ergeben sich bei einer Leistungsstörung durch den Verwender insbesondere aus **§ 281 Abs. 1 S. 1 BGB** (Schadensersatz) und **§ 323 Abs. 1 BGB** (Rücktritt).[666] Daneben findet § 308 Nr. 2 BGB sowohl auf die Fristen des § 637 BGB im Werkvertragsrecht als auch auf die §§ 651c Abs. 3, 651e Abs. 2 BGB im Reisevertragsrecht Anwendung.[667] Durch die allgemeinere Fassung der §§ 281 Abs. 1 S. 1, 323 Abs. 1 BGB im Vergleich zu § 326 BGB a.F. ist neben **Verzug** und **Unmöglichkeit** der Leistung auch die Ausübung von **Mängelrechten** grundsätzlich von der Setzung einer Nachfrist abhängig (Umkehrschluss aus § 440 BGB).

318

b) Unangemessenheit der Nachfrist

Den Regelungen der Nachfrist in Allgemeinen Geschäftsbedingungen ist immer das Bestreben immanent, die gesetzlich vorgesehene Dauer der Nachfrist zugunsten des Verwenders auf das gerade noch zulässige Maß auszudehnen. Dabei wird für die Gestaltung der Geschäftsbedingungen die **untere Grenze** durch eine etwaig vorhandene gesetzliche Regelung gezogen, da hierin eine angemessene Regelung der Nachfrist für die der gesetzlichen Regelung unterfallende Vielzahl von Sachverhalten zu sehen ist und es aufgrund der Folgen einer unwirksamen Geschäftsbedingung – nämlich Geltung der gesetzlichen Regelung – wenig Sinn hat, auf eben diese gesetzliche Bestimmung abzustellen.[668] Ziel des Verwenders muss es daher sein, die im Allgemeinen angemessene gesetzliche Be-

319

---

662 NK-BGB/*Kollmann*, § 308 Rn 79; Bamberger/Roth/*Becker*, § 308 Nr. 2 Rn 5; a.A.: Wolf/Lindacher/Pfeiffer/*Dammann*, § 308 Nr. 2 Rn 5.
663 Wolf/Lindacher/Pfeiffer/*Dammann*, § 308 Nr. 2 Rn 6, 31 ff.; Bamberger/Roth/*Becker*, § 308 Nr. 2 Rn 4.
664 MüKo/*Wurmnest*, § 308 Nr. 2 Rn 3; Wolf/Lindacher/Pfeiffer/*Dammann*, § 308 Nr. 2 Rn 34; NK-BGB/*Kollmann*, § 308 Rn 79.
665 Wolf/Lindacher/Pfeiffer/*Dammann*, § 308 Nr. 2 Rn 3.
666 Palandt/*Grüneberg*, § 308 Rn 12; Wolf/Lindacher/Pfeiffer/*Dammann*, § 308 Nr. 2 Rn 3; MüKo/*Wurmnest*, § 308 Nr. 2 Rn 1; AnwK-Schuldrecht/*Hennrichs*, § 308 Rn 5; NK-BGB/*Kollmann*, § 308 Rn 79.
667 Palandt/*Grüneberg*, § 308 Rn 12; Wolf/Lindacher/Pfeiffer/*Dammann*, § 308 Nr. 2 Rn 3; Bamberger/Roth/*Becker*, § 308 Nr. 2 Rn 3; NK-BGB/*Kollmann*, § 308 Rn 79.
668 NK-BGB/*Kollmann*, § 308 Rn 80; für die gesetzlichen Vorgaben als Ausgangspunkt der Angemessenheitsprüfung auch: Palandt/*Grüneberg*, § 308 Rn 13.

stimmung unter Berücksichtigung der konkreten Umstände der jeweiligen Vertrags- und Abschlusssituation auf ein eben noch angemessenes Maß zu erweitern. Dementsprechend muss der Verwender bei der Erstellung seiner AGB die typisierten Interessen berücksichtigen, die beim Durchschnittskunden in der typischen Situation des Vertragschlusses auftreten können.[669] Unter Berücksichtigung dieser typisierten Interessen kann sich aufgrund des jeweiligen Vertragstyps und der jeweiligen Abschlusssituation eine deutlich längere Nachfrist als angemessen herausstellen, als dies die gesetzliche Bestimmung vorsieht.[670] Allerdings darf sich der Verwender bei der Bestimmung der Dauer der Nachfrist nicht ausschließlich an besonderen, zu seinen Gunsten sprechenden Umständen orientieren, etwa lange Liefer- und Leistungsfristen oder im Einzelfall einen besonders komplexen Leistungsinhalt, sondern muss sich am Durchschnittsvorgang für die von ihm durch AGB zu regelnden Vertragsbeziehungen orientieren.[671]

320 Deshalb sind zur Beurteilung, ob eine Nachfrist **unangemessen** ist, zunächst die beteiligten Interessen des Verwenders und des Durchschnittskunden zu bewerten und gegeneinander abzuwägen.[672] Zu berücksichtigen ist aber auch, dass die §§ 281 Abs. 1 S. 1, 323 Abs. 1 BGB dem Verwender nicht die Gelegenheit geben sollen, die Erbringung der vertragsgemäßen Leistung erst in die Wege zu leiten, sondern ihm lediglich ermöglicht werden soll, das Leistungshindernis zu beseitigen und die schon begonnene Erfüllung zu beenden.[673] Dies führt dazu, dass die **obere Grenze** der Gestaltbarkeit einer Nachfrist in AGB durch die vertraglich vereinbarte Lieferfrist gezogen wird, die jedoch i.d.R. deutlich unterschritten werden muss.[674] Dabei sind individuell vereinbarte Leistungsfristen grundsätzlich eher dazu geeignet, eine längere Nachfrist zu rechtfertigen, als eine Nachfrist, die durch eine Allgemeine Geschäftsbedingung in das Vertragsverhältnis einbezogen worden ist, weil in letzterem Fall der Vertragspartner keine Möglichkeit der gestaltenden Einflussnahme auf den Inhalt der Leistungsfrist hatte.[675] Eine Nachfrist ist jedenfalls dann unangemessen, wenn ihre Dauer dem Verwender ohne sachlichen Grund die vollständige Leistungserbringung ermöglichen würde.[676]

---

669 Wolf/Lindacher/Pfeiffer/*Dammann*, § 308 Nr. 2 Rn 8; NK-BGB/*Kollmann*, § 308 Rn 80.
670 BGH NJW 1985, 855, 857; NK-BGB/*Kollmann*, § 308 Rn 80; für eine mögliche Überschreitung der gesetzlichen Vorgaben bis zu 25 %: Wolf/Lindacher/Pfeiffer/*Dammann*, § 308 Nr. 2 Rn 8.
671 BGH NJW 1985, 320, 323; Palandt/*Grüneberg*, § 308 Rn 14; Wolf/Lindacher/Pfeiffer/*Dammann*, § 308 Nr. 2 Rn 8; NK-BGB/*Kollmann*, § 308 Rn 80.
672 Wolf/Lindacher/Pfeiffer/*Dammann*, § 308 Nr. 2 Rn 8; NK-BGB/*Dauner-Lieb*, § 281 Rn 13; NK-BGB/*Kollmann*, § 308 Rn 80.
673 BGH NJW 1985, 320, 323; BGH NJW 1985, 855, 857; Wolf/Lindacher/Pfeiffer/*Dammann*, § 308 Nr. 2 Rn 9–14; MüKo/*Wurmnest*, § 308 Nr. 2 Rn 4; NK-BGB/*Kollmann*, § 308 Rn 80.
674 Vgl. BGH NJW 1985, 320, 323; Wolf/Lindacher/Pfeiffer/*Dammann*, § 308 Nr. 2 Rn 9–14.
675 MüKo/*Wurmnest*, § 308 Nr. 2 Rn 4; NK-BGB/*Kollmann*, § 308 Rn 80.
676 BGH NJW 1985, 320, 323; BGH NJW 1985, 855, 857; Wolf/Lindacher/Pfeiffer/*Dammann*, § 308 Nr. 2 Rn 9–14.

Für die Bestimmung der angemessenen Nachfrist können insbesondere folgende **typische** 321
Interessen des Verwenders berücksichtigt werden:
- die übliche Zeitspanne bis zur Vollendung der Leistung einschließlich der Anlieferung,[677]
- der erforderliche Zeitraum für die Beschaffung von Vorprodukten oder Vorlieferungen, wenn diese typischerweise nicht auf Lager sind,[678]
- der Mehraufwand für Spezialanfertigungen,[679]
- branchenübliche Besonderheiten,[680]
- die Einheitlichkeit der Nachfristsetzung in AGB.[681]

Demgegenüber können folgende **typische Interessen des Durchschnittskunden** für die 322
Ermittlung einer angemessenen Nachfrist zu beachten sein:
- das Interesse an baldiger Leistung/Lieferung,[682]
- die zeitnahe Lösungsmöglichkeit bei Leistungsverzögerungen durch den Verwender.

Insoweit haben sich auch für die Angemessenheit der Nachfrist in Allgemeinen Ge- 323
schäftsbedingungen branchenübliche Grundsätze herausgebildet, die auch in der Rechtsprechung ihren Niederschlag gefunden haben:
- **Möbelhandel**: Eine undifferenzierte Nachfrist von vier Wochen ist grundsätzlich zu lang, da dies auch die Fälle erfasst, in denen die Ware beim Verwender vorrätig und damit sofort lieferbar ist.[683]
- **Bau (Fenster/Türen/Fassade)**: Eine Nachfrist von sechs Wochen ist zu lang.[684]
- **Lieferung einer Zaunanlage**: Eine Nachfrist von vier Wochen ist zulässig.[685]
- **Verbrauchergeschäfte**: Bei üblichen Rechtsgeschäften mit Verbrauchern ist grundsätzlich eine Nachfrist von vierzehn Tagen angemessen.[686] Soweit die Lieferung je-

---

677 BGH NJW 1982, 1279, 1280; BGH NJW 1985, 855, 857; NK-BGB/*Kollmann*, § 308 Rn 82.
678 BGH NJW 1985, 320, 323; Wolf/Lindacher/Pfeiffer/*Dammann*, § 308 Nr. 2 Rn 9–14.
679 Wolf/Lindacher/Pfeiffer/*Dammann*, § 308 Nr. 2 Rn 9–14.
680 BGH NJW 1982, 331, 333; BGH NJW 1985, 855, 857; NK-BGB/*Kollmann*, § 308 Rn 82; Wolf/Lindacher/Pfeiffer/*Dammann*, § 308 Nr. 2 Rn 9–14.
681 BGH NJW 1985, 855, 857; NK-BGB/*Kollmann*, § 308 Rn 82.
682 BGH NJW 1985, 855, 857; NK-BGB/*Kollmann*, § 308 Rn 82.
683 BGH NJW 1985, 320, 323; Palandt/*Grüneberg*, § 308 Rn 13; Wolf/Lindacher/Pfeiffer/*Dammann*, § 308 Nr. 2 Rn 15; NK-BGB/*Kollmann*, § 308 Rn 83.
684 BGH NJW 1985, 855, 857; OLG Stuttgart NJW 1981, 1105, 1106; OLG Stuttgart NJW-RR 1988, 786, 788; Wolf/Lindacher/Pfeiffer/*Dammann*, § 308 Nr. 2 Rn 15; Palandt/*Grüneberg*, § 308 Rn 13; NK-BGB/*Kollmann*, § 308 Rn 83.
685 OLG Frankfurt DB 1981, 884; Palandt/*Grüneberg*, § 308 Rn 13; NK-BGB/*Kollmann*, § 308 Rn 83.
686 BGH NJW 1985, 320, 323; Palandt/*Grüneberg*, § 308 Rn 13; Wolf/Lindacher/Pfeiffer/*Dammann*, § 308 Nr. 2 Rn 15; NK-BGB/*Kollmann*, § 308 Rn 83.

doch auf eine nicht vorrätige Ware oder unübliche Leistung gerichtet ist, wird eine längere Nachfrist von bis zu vier Wochen befürwortet.[687]

- **Großprojekte**: Bei Großprojekten, die den üblichen Leistungsumfang übersteigen, können je nach dem Umfang auch deutlich längere Nachfristen angemessen sein.[688]

324 Wie bei § 308 Nr. 1 BGB ist für die Frage, ob eine Nachfrist **hinreichend bestimmt** ist, auf die Umstände des Einzelfalles abzustellen. Grundsätzlich ist erforderlich, dass der Vertragspartner Beginn, Dauer und Ende der Frist erkennen kann (siehe Rdn 270 f.).[689]

325 Für die Gestaltung der Nachfrist in Allgemeinen Geschäftsbedingungen sind nachfolgende Grundsätze heranzuziehen:

- Die Nachfrist ist deutlich kürzer zu gestalten als die Lieferfrist für die Ware oder Leistung.[690]
- Der Vertragspartner muss die Frist jederzeit nachvollziehen und berechnen können und darf sich nicht im Ungewissen über die Dauer der Nachfrist befinden.[691]
- Ist der Ablauf der Nachfrist ausschließlich von einem Ereignis oder Verhalten abhängig, dessen Eintritt der Vertragspartner beherrschen kann, ist eine entsprechende Bedingtheit der Nachfrist zulässig.[692]
- Sollen Nachfristen für unterschiedliche Leistungsinhalte zusammengefasst werden, so muss die Nachfrist an der typischen Dauer für den kürzesten Leistungsinhalt orientiert werden;[693] ist dies nicht gewollt, sollte für jeden Leistungsinhalt eine eigene Nachfrist bestimmt werden.
- Bei der Wiederholung des Gesetzeswortlauts ist umstritten, ob die Vertragsbedingung nach § 307 Abs. 3 S. 1 BGB von der Inhaltskontrolle ausgeschlossen ist.[694]

326 **Kaufmännischer Geschäftsverkehr:** Gegenüber Unternehmern sind entsprechende Vertragsklauseln regelmäßig über § 307 Abs. 1 S. 1 BGB unwirksam.[695] Denn auch gegenüber einem Kaufmann stellt eine unangemessen lange oder nicht hinreichend bestimmte Nachfrist eine *„unangemessene Benachteiligung"* i.S.d. § 307 Abs. 1 S. 1 BGB dar.[696] Allerdings sind die **Gepflogenheiten des Handelsverkehrs** im Rahmen der jeweiligen Interessenabwägung zu berücksichtigen. Zudem ist bei der im Rahmen

---

687 NK-BGB/*Kollmann*, § 308 Rn 83.
688 BGH NJW 1985, 855, 857; NK-BGB/*Kollmann*, § 308 Rn 83.
689 Palandt/*Grüneberg*, § 308 Rn 14; Wolf/Lindacher/Pfeiffer/*Dammann*, § 308 Nr. 2 Rn 19.
690 Vgl. Palandt/*Grüneberg*, § 308 Rn 13; Wolf/Lindacher/Pfeiffer/*Dammann*, § 308 Nr. 2 Rn 9–14.
691 Wolf/Lindacher/Pfeiffer/*Dammann*, § 308 Nr. 2 Rn 19; Palandt/*Grüneberg*, § 308 Rn 14.
692 NK-BGB/*Kollmann*, § 308 Rn 85.
693 BGH NJW 1985, 320, 323; BGH NJW 1985, 855, 857; NK-BGB/*Kollmann*, § 308 Rn 85.
694 NK-BGB/*Kollmann*, § 308 Rn 85.
695 Palandt/*Grüneberg*, § 308 Rn 15; Wolf/Lindacher/Pfeiffer/*Dammann*, § 308 Nr. 2 Rn 40; MüKo/*Wurmnest*, § 308 Nr. 2 Rn 8; NK-BGB/*Kollmann*, § 308 Rn 88.
696 Wolf/Lindacher/Pfeiffer/*Dammann*, § 308 Nr. 2 Rn 40.

des § 308 Nr. 2 BGB vorzunehmenden Interessenabwägung zu berücksichtigen, dass die Leistungsbeziehung zwischen Unternehmern andere Fristenläufe erfordert als zwischen einem Unternehmer und einem Verbraucher. So kann einem Unternehmer bei einer entsprechenden vertraglichen Vereinbarung ein längeres Zuwarten auf die Leistung zumutbar sein, während andererseits die Schnelligkeit des Handelsverkehrs und die Angewiesenheit des Kaufmanns auf die Einhaltung von Lieferterminen zur Sicherstellung der eigenen Leistungsfristen auch für eine kürzere Nachfrist sprechen können.[697]

6. Rücktrittsvorbehalt (§ 308 Nr. 3 BGB)

a) Allgemeines

Nach § 308 Nr. 3 BGB sind Vertragsbedingungen unwirksam, durch die ein Recht des Verwenders vereinbart wird, sich ohne sachlich gerechtfertigten und im Vertrag angegebenen Grund von seiner Leistungspflicht zu lösen. 327

b) Zweck

Zweck des Klauselverbots nach § 308 Nr. 3 BGB ist es, unangemessene Eingriffe des Verwenders in die vertragliche Leistungsabwicklung zu verhindern, indem er die Anforderungen an Lösungsrechte des Verwenders in AGB festlegt. Damit sichert § 308 Nr. 3 BGB einerseits die Vertragsbindung des Verwenders und verhindert zugleich, dass über die Schaffung eines Rücktrittsrechts die Einschränkungen der Haftungsfreizeichnung für den Verwender umgangen werden können.[698] Zudem soll der Vertragspartner vor einem durch einen möglichen Rücktritt des Verwenders entstehenden Zustand der Ungewissheit bewahrt werden. Damit ergänzt § 308 Nr. 3 BGB die §§ 309 Nr. 4 (siehe Rdn 61 ff.), 309 Nr. 7 (siehe Rdn 102 ff.) und 309 Nr. 8 BGB (siehe Rdn 120 ff.), die den Vertragspartner ebenfalls vor unangemessenen Eingriffen des Verwenders in die vertragliche Leistungsabwicklung schützen sollen.[699] 328

c) Anwendungsbereich

Der Anwendungsbereich des § 308 Nr. 3 BGB umfasst insbesondere: 329

- **Gestaltungsrechte**, die durch einseitige Erklärung des Verwenders ausgelöst werden können,[700]
- einen Anspruch des Verwenders auf **Vertragsauflösung**,[701]

---

697 Wolf/Lindacher/Pfeiffer/*Dammann*, § 308 Nr. 2 Rn 40.
698 Wolf/Lindacher/Pfeiffer/*Dammann*, § 308 Nr. 3 Rn 1; Palandt/*Grüneberg*, § 308 Rn 16.
699 NK-BGB/*Kollmann*, § 308 Rn 104.
700 BAG NZA 2006, 539; Wolf/Lindacher/Pfeiffer/*Dammann*, § 308 Nr. 3 Rn 15; Palandt/*Grüneberg*, § 308 Rn 16.
701 BAG NZA 2006, 539; Wolf/Lindacher/Pfeiffer/*Dammann*, § 308 Nr. 3 Rn 16.

- **auflösende Bedingungen** oder **Befristungen** von Willenserklärungen, da diese in ihrer Auswirkung für den Vertragspartner einem Lösungsrecht gleichkommen.[702]

330 So bezieht sich § 308 Nr. 3 BGB nach h.m. nicht nur auf einen Rücktrittsvorbehalt des Verwenders, sondern auf **jede Möglichkeit, sich vom Vertrag zu lösen**.[703] Anwendung findet das Klauselverbot damit auch auf

- Verfallsklauseln,
- Widerrufsvorbehalte,
- Anfechtungsvorbehalte,
- Befreiungsklauseln,
- auflösende **Bedingungen** und
- Kündigungsrechte.[704]

331 Dabei muss sich das Lösungsrecht auf die Hauptleistungspflicht des Verwenders beziehen und kann somit auch in Liefer- oder Einkaufsbedingungen vorgesehen sein.[705] Dagegen sind Lösungsrechte, die sich nur auf Nebenpflichten des Verwenders beziehen, grundsätzlich nicht nach § 308 Nr. 3 BGB, sondern allenfalls nach § 307 BGB auf ihre Unangemessenheit hin zu untersuchen,[706] weil bei einer Loslösung von dieser Nebenpflicht die Erbringung der Hauptleistung durch den Verwender nicht in Frage gestellt wird. Anders wird man nur dann entscheiden müssen, wenn die Erbringung der Nebenpflicht für die gesamte Vertragsabwicklung derart bedeutsam ist, dass durch deren Nichterbringung auch die Hauptleistung durch den Verwender beeinträchtigt wird. Werden durch das Lösungsrecht dagegen einzelne Teile der Hauptleistung oder die Hauptleistung an sich erfasst, ist der Anwendungsbereich des § 308 Nr. 3 BGB uneingeschränkt eröffnet.[707]

332 Unbeachtlich ist dabei auch, wie der Verwender die Lösungsrechte in seinen Allgemeinen Geschäftsbedingungen bezeichnet.[708] Beispiele für Bezeichnungen von Lösungsrechten sind: *„Solange der Vorrat reicht", „Dieses Angebot ist freibleibend"; „Der Verwender hat das Recht, vom Vertrag Abstand zu nehmen, wenn..."; „Der Verwender ist berechtigt, einzelne Leistungen zu streichen"*, etc.[709]

---

702 BAG NZA 2006, 539; OLG Köln NJW-RR 1998, 926; NK-BGB/*Kollmann*, § 308 Rn 89; Wolf/Lindacher/Pfeiffer/*Dammann*, § 308 Nr. 3 Rn 17; Palandt/*Grüneberg*, § 308 Rn 16.
703 Palandt/*Heinrichs*, § 308 Rn 16.
704 Palandt/*Grüneberg*, § 308 Rn 16; NK-BGB/*Kollmann*, § 308 Rn 89; vgl. zu Verfallsklauseln auch Wolf/Lindacher/Pfeiffer/*Dammann*, § 308 Nr. 3 Rn 18, der zutreffend auf den insoweit erheblich eingeschränkten Anwendungsbereich des § 308 Nr. 3 hinweist.
705 NK-BGB/*Kollmann*, § 308 Rn 90; vgl. auch Wolf/Lindacher/Pfeiffer/*Dammann*, § 308 Nr. 3 Rn 12.
706 Wolf/Lindacher/Pfeiffer/*Dammann*, § 308 Nr. 3 Rn 12; a.A. Bamberger/Roth/*Becker*, § 308 Nr. 3 Rn 4.
707 NK-BGB/*Kollmann*, § 308 Rn 90; teilweise abweichend Wolf/Lindacher/Pfeiffer/*Dammann*, § 308 Nr. 3 Rn 12.
708 NK-BGB/*Kollmann*, § 308 Rn 90; Wolf/Lindacher/Pfeiffer/*Dammann*, § 308 Nr. 3 Rn 15.
709 Vgl. Wolf/Lindacher/Pfeiffer/*Dammann*, § 308 Nr. 3 Rn 21.

C. Die Inhaltskontrolle (§§ 307 ff. BGB) § 5

Bei zweideutig formulierten Vertragsbedingungen muss durch Auslegung ermittelt werden, ob sich der Verwender ein Lösungsrecht i.S.d. § 308 Nr. 3 BGB ausbedungen hat oder ob er nur die Haftungsfolgen seiner Leistungserbringung einschränken oder ausschließen wollte.[710] Dabei ist zu beachten, dass Zweifel bei der Auslegung der Geschäftsbedingungen zulasten des Verwenders gehen, demnach diejenige Regelung Anwendung findet, die die für den Vertragspartner günstigsten Auswirkungen zeigt. **333**

Ausgenommen sind nach § 308 Nr. 3 Hs. 2 BGB dagegen Lösungsrechte, die sich auf **Dauerschuldverhältnisse** beziehen.[711] Hierunter fallen insbesondere **334**

- Mietverträge,
- Pachtverträge,
- Leasingverträge,
- Leihverträge,
- Handelsvertreter-/Vertragshändlerverträge,
- Wartungs-/Instandhaltungsverträge,
- Verwahrungsverträge,
- Geschäftsbesorgungsverträge,
- unechte Sukzessivlieferungsverträge,
- Dienstverträge und
- Darlehensverträge.[712]

Ebenfalls nicht unter § 308 Nr. 3 BGB fallen:

- Vorverträge, die auf den Abschluss eines Dauerschuldverhältnisses gerichtet sind,[713]
- Ratenlieferungsverträge (echte Sukzessivlieferungsverträge).[714]

Auch **Arbeitsverträge** können als Dauerschuldverhältnisse in den Anwendungsbereich des § 308 Nr. 3 2. Hs. BGB fallen.[715] Dagegen fallen **kurzzeitige Nutzungsverträge** auch dann nicht unter § 308 Nr. 3. 2. Hs. BGB, wenn sie als typisches Dauerschuldverhältnis ausgestaltet sind.[716] **335**

Der Grund für die Ausnahme bei Dauerschuldverhältnissen besteht zum einen darin, dass bei diesen der Leistungsinhalt wesentlich durch die Dauer des Schuldverhältnisses mit- **336**

---

710 BGHZ 92, 396, 398 = BGH NJW 1985, 738, 739; BGHZ 124, 351, 358 f. = BGH ZIP 1994, 461, 464 f.; NK-BGB/*Kollmann*, § 308 Rn 90.
711 Palandt/*Grüneberg*, § 308 Rn 21; Wolf/Lindacher/Pfeiffer/*Dammann*, § 308 Nr. 3 Rn 3 ff.; MüKo/*Wurmnest*, § 308 Nr. 3 Rn 13; NK-BGB/*Kollmann*, § 308 Rn 102.
712 NK-BGB/*Kollmann*, § 308 Rn 103.
713 BAG NZA 2006, 539; Wolf/Lindacher/Pfeiffer/*Dammann*, § 308 Nr. 3 Rn 3; Palandt/*Grüneberg*, § 308 Rn 21.
714 Wolf/Lindacher/Pfeiffer/*Dammann*, § 308 Nr. 3 Rn 8; Palandt/*Grüneberg*, § 308 Rn 21.
715 NK-BGB/*Kollmann*, § 308 Rn 103.
716 BGHZ 99,182, 193 = BGH NJW 1987, 831, 833; NK-BGB/*Kollmann*, § 308 Rn 103; a.A. Wolf/Lindacher/Pfeiffer/*Dammann*, § 308 Nr. 3 Rn 6.

geprägt wird, nach § 307 Abs. 3 BGB die Beschreibung der Leistung jedoch nicht der Inhaltskontrolle nach den §§ 308, 309 BGB, sondern allenfalls der Angemessenheitsprüfung nach § 307 BGB unterliegen soll.[717] Der eigentliche Grund, warum bei einem Dauerschuldverhältnis die Einbeziehung eines Lösungsrechts in die AGB nicht dem Anwendungsbereich eines konkreten Klauselverbots unterliegen sollte, besteht darin, dass bei einem Dauerschuldverhältnis die Regelung eines Lösungsrechtes dem Grunde nach einen angemessenen Regelungsinhalt darstellt, weshalb dem Verwender Grenzen der Gestaltungsmöglichkeit nicht durch § 308 Nr. 3 BGB, sondern allenfalls durch § 307 BGB gezogen werden sollen.[718] So kann es im Einzelfall nach § 307 BGB unangemessen sein, wenn sich der Verwender schon vor Vertragsbeginn eine Kündigungsmöglichkeit schafft.[719] Ob dagegen die Begründung eines außerordentlichen Kündigungsrechts noch als angemessen anzusehen ist, hängt davon ab, wie sehr sich der Verwender zulasten des Vertragspartners von den gesetzlich vorgesehenen außerordentlichen Kündigungsrechten entfernt.[720]

d) Sachlich gerechtfertigter Grund

337 Nach § 308 Nr. 3 BGB ist die Einbeziehung eines Lösungsrechts in AGB dann zulässig, wenn ein **sachlich gerechtfertigter Grund** für das Lösungsrecht besteht und dieser Grund im Vertrag angegeben wird. Insoweit ist das Vorliegen eines sachlichen Grundes als unbestimmter Rechtsbegriff der Anknüpfungspunkt für eine wertungsabhängige Interessenabwägung. Danach ist die Einbeziehung eines Lösungsrechts grundsätzlich nur dann gerechtfertigt, wenn die Interessen des Verwenders die seines Vertragspartners überwiegen oder zumindest gleichermaßen anerkennenswert sind.[721] Ein **sachlich gerechtfertigter Grund** für das Lösungsrecht des Verwenders liegt deshalb zunächst immer dann vor, wenn der Verwender auch ohne Vereinbarung ein entsprechendes gesetzliches Lösungsrecht hätte. Beispiele hierfür sind vom Vertragspartner begangene **Pflichtverletzungen nach § 323 Abs. 1 BGB** (Unmöglichkeit, Gläubigerverzug, Nebenpflichtverletzungen) oder bei fehlender Anpassungsmöglichkeit des Vertrags der **Wegfall der Geschäftsgrundlage** nach § 313 BGB. Im Übrigen sind Lösungsrechte

---

717 MüKo/*Wurmnest*, § 308 Nr. 3 Rn 14; NK-BGB/*Kollmann*, § 308 Rn 102.
718 Vgl. NK-BGB/*Kollmann*, § 308 Rn 102.
719 Mit anderer Begründung: BGHZ 99, 182, 193 = BGH NJW 1987, 831, 833; Wolf/Lindacher/Pfeiffer/*Dammann*, § 308 Nr. 3 Rn 10; NK-BGB/*Kollmann*, § 308 Rn 102, die in diesem Fall den Anwendungsbereich des § 308 Nr. 3 BGB eröffnet sehen wollen (als Ausnahme von der Ausnahme); dasselbe Ergebnis lässt sich allerdings auch durch die konsequente Anwendung des § 307 BGB begründen, so dass dieses Regel-Ausnahme-Ausnahme-Verhältnis nicht erforderlich ist und die Anwendung der Vorschrift unnötig kompliziert.
720 NK-BGB/*Kollmann*, § 308 Rn 102.
721 BGHZ 99, 182, 193 = BGH NJW 1987, 831, 833; BAG NZA 2006, 539, 541; LG Hamburg NJOZ 2010, 1985, 1986; NK-BGB/*Kollmann*, § 308 Rn 91; Palandt/*Grüneberg*, § 308 Rn 18; Wolf/Lindacher/Pfeiffer/*Dammann*, § 308 Nr. 3 Rn 10; für das Erfordernis eines Überwiegens der Verwenderinteressen: MüKo/*Wurmnest*, § 308 Nr. 3 Rn 6.

des Verwenders nur dann sachlich gerechtfertigt, wenn sie ein schutzwürdiges Interesse des Verwenders an einer Loslösung vom Vertrag betreffen.[722]

aa) Leistungshindernisse aus der Sphäre des Verwenders

Bis zum 31.12.2001 war es vollkommen unumstritten, dass Leistungsstörungen, die aus der Sphäre des Verwenders stammen, diesen nicht zu einer Lösung vom Vertrag berechtigen können, da er sich sonst durch das aus seiner Sphäre stammende Leistungshindernis der Haftung entziehen könnte.[723] Dies beruhte im Wesentlichen auf der vor der Schuldrechtsreform im Jahr 2002 nach § 11 Nr. 8 lit. b AGBG geltenden Rechtslage, nach der ein Haftungsausschluss in Allgemeinen Geschäftsbedingungen bei Verzug oder vom Verwender zu vertretender Unmöglichkeit unzulässig war. Diese gesetzliche Regelung wurde sodann in der Weise verallgemeinert, dass der Verwender sich bei selbst verursachten oder aus seiner Sphäre stammenden Leistungshindernissen nicht vom Vertrag lösen können sollte.[724]

338

Da nach der Änderung des Schuldrechts im Jahr 2002 – insbesondere der Streichung des § 279 BGB a.F. und der Regelung des Beschaffungsrisikos im Zusammenhang mit der Verschuldenshaftung in § 276 Abs. 1 S. 1 BGB – das Verschulden der Nichtleistung nicht mehr zwangsläufig zu einer Garantiehaftung des Verwenders führt, kann nicht mehr ohne Weiteres davon ausgegangen werden, dass der Verwender für jedes Risiko aus seiner Leistungssphäre einstehen muss.[725] So kann der Verwender im Bereich der einfachen Fahrlässigkeit durch seine Geschäftsbedingungen eine Haftungsbegrenzung herbeiführen, sofern sich die Leistungsstörung nicht auf eine wesentliche vertragliche Verpflichtung bezieht. Wenn der Verwender jedoch für einfache Fahrlässigkeit grundsätzlich nicht zu haften braucht, spricht dies dafür, dass er sich zumindest in dem zuvor genannten engen Anwendungsbereich auch von dem Vertrag lösen kann, sofern im jeweiligen Einzelfall ein sachlich gerechtfertigter Grund gegeben ist.[726]

339

So ist beispielsweise – bei einer wirksamen individualvertraglichen oder formularmäßigen Vereinbarung einer **Vorratsschuld**[727] – die Vereinbarung eines Lösungsrechts zugunsten des Verwenders dann möglich, wenn der Verwender von seiner Leistungspflicht frei wird, weil der Vorrat erschöpft ist und ihn im Übrigen kein Verschulden trifft.[728]

340

---

722 BGHZ 99, 182, 193 = BGH NJW 1987, 831, 833; Palandt/*Grüneberg*, § 308 Rn 18.
723 BGH NJW 1983, 1320, 1321; NK-BGB/*Kollmann*, § 308 Rn 92.
724 BGH NJW 1985, 855, 857; NK-BGB/*Kollmann*, § 308 Rn 92.
725 NK-BGB/*Kollmann*, § 308 Rn 92.
726 So auch NK-BGB/*Kollmann*, § 308 Rn 92.
727 Für formularmäßige Vereinbarkeit: NK-BGB/*Kollmann*, § 308 Rn 93; Bamberger/Roth/*Becker*, § 308 Nr. 3 Rn 32; für individualvertragliche Vereinbarung: Palandt/*Grüneberg*, § 308 Rn 20; Wolf/Lindacher/Pfeiffer/ *Dammann*, § 308 Nr. 3 Rn 33.
728 Palandt/*Grüneberg*, § 308 Rn 20; Wolf/Lindacher/Pfeiffer/*Dammann*, § 308 Nr. 3 Rn 50; NK-BGB/*Kollmann*, § 308 Rn 93.

341 Beruht das Leistungshindernis auf einer **Arbeitskampfmaßnahme**, so scheitert die wirksame Verknüpfung dieses Leistungshindernisses mit einem Lösungsrecht des Verwenders immer dann, wenn der Verwender den Arbeitskampf schuldhaft nicht verhindert hat.[729] Auch kurzfristige Leistungsverzögerungen durch Arbeitskampfmaßnahmen berechtigen den Verwender im Regelfall noch nicht, sich von seiner vertraglichen Verpflichtung zur Erbringung der Leistung loszusagen.[730] Ein sachlich gerechtfertigter Grund liegt stattdessen grundsätzlich erst dann vor, wenn durch einen langfristigen Arbeitskampf sowohl der Verwender als auch dessen Durchschnittskunde kein Interesse mehr an dem Leistungsaustausch haben.[731] Teilweise wird auch vertreten, dass auch bei nur einfach fahrlässigem Verschulden des Verwenders bei der Abwehr von Arbeitskämpfen ein Lösungsrecht des Verwenders in Betracht komme.[732] Allerdings ist insoweit bei der Gestaltung Allgemeiner Geschäftsbedingungen zur Vorsicht zu raten, da eine höchstrichterliche Rechtsprechung zu diesem Problembereich noch nicht vorliegt und aufgrund der Unwirksamkeitsfolgen im Bereich der Klauselgestaltung eher eine konservative Herangehensweise angezeigt ist.

342 Im Regelfall kein sachlicher Grund ist auch die **Erschwernis der Leistungserbringung** für den Verwender.[733] So sind Klauseln, die ein Lösungsrecht des Verwenders ausschließlich an die Erhöhung von Preisen knüpfen, wegen Verstoßes gegen § 308 Nr. 3 BGB unzulässig, soweit sie nicht nach § 275 Abs. 1 u. Abs. 2 BGB zu einer *„wirtschaftlichen Unmöglichkeit"* führen. In diesem Fall besteht der Nachteil des Verwenders jedoch darin, dass er sich nach den §§ 275 Abs. 4, 283, 280 Abs. 1, 281 Abs. 1 S. 2 BGB schadensersatzpflichtig machen kann. Ist während des Leistungszeitraums mit nennenswerten **Preissteigerungen** zu rechnen, so ist dem Verwender deshalb neben der Einbeziehung seiner AGB ergänzend zu einer **individualvertraglichen Preisanpassungsvereinbarung** zu raten. In anderen Fällen der erschwerten Leistungserbringung kann die Grenze für ein zulässiges Lösungsrecht des Verwenders der typischen vertraglichen Risikoverteilung entnommen werden.[734] Danach wird eine Lösung des Verwenders immer nur dann sachlich gerechtfertigt sein, wenn der Grund für die Leistungserschwernis aus der Sphäre des Vertragspartners stammt und nicht kurzfristig beseitigt werden kann. Zudem ist zu berücksichtigen, in welchem Ausmaß der Vertragspartner auf die Leistungserbringung durch den Verwender angewiesen ist,[735] das heißt, inwieweit er kurzfristig in der Lage ist, zu

---

729 NK-BGB/*Kollmann*, § 308 Rn 94; Palandt/*Grüneberg*, § 308 Rn 20.
730 BGH NJW 1985, 855, 857; Palandt/*Grüneberg*, § 308 Rn 20; NK-BGB/*Kollmann*, § 308 Rn 94; Wolf/Lindacher/Pfeiffer/*Dammann*, § 308 Nr. 3 Rn 51–59; MüKo/*Wurmnest*, § 308 Nr. 3 Rn 7.
731 BGH NJW 1985, 855, 857; NK-BGB/*Kollmann*, § 308 Rn 94.
732 NK-BGB/*Kollmann*, § 308 Rn 94.
733 BGH NJW 1983, 1320, 1321; NK-BGB/*Kollmann*, § 308 Rn 96.
734 Wolf/Lindacher/Pfeiffer/*Dammann*, § 308 Nr. 3 Rn 39.
735 NK-BGB/*Kollmann*, § 308 Rn 95; Wolf/Lindacher/Pfeiffer/*Dammann*, § 308 Nr. 3 Rn 40.

C. Die Inhaltskontrolle (§§ 307 ff. BGB) § 5

vergleichbaren Konditionen die Leistung eines Dritten zu erlangen. Kommt danach eine formularmäßige Einbeziehung eines Lösungsrechts nicht in Betracht, so ist auch hier zum Abschluss einer Individualvereinbarung zu raten.

Bei der Vereinbarung eines **Selbstbelieferungsvorbehalts** kommt ein sachlich gerechtfertigter Grund für ein Lösungsrecht des Verwenders unter folgenden Voraussetzungen in Betracht:

343

- Abschluss eines **verbindlichen Deckungsvertrags** vor Abschluss des Liefervertrages mit dem Vertragspartner; der Leistungsinhalt des Deckungsgeschäfts muss dem der Leistungsbeziehung gegenüber dem Vertragspartner des Verwenders entsprechen (Kongruenz von Ware, Menge, Preis, Liefertermin, etc.),[736]
- Verwirklichung einer zukünftigen und nicht absehbaren Leistungsgefahr,[737]
- **fehlendes eigenes Verschulden des Verwenders** an dem Leistungshindernis, einschließlich zumutbarer Anstrengungen zur alternativen Leistungsbeschaffung (z.B. Deckungskauf),[738]
- Ausübung des Lösungsrechts durch Erklärung gegenüber dem Vertragspartner (keine automatische Beendigung),[739]
- unverzügliche Information des Vertragspartners über Nichtleistung und Erstattung einer eventuell schon erbrachten Gegenleistung (§ 308 Nr. 8 BGB),[740]
- bei Verbrauchergeschäften: eindeutige Angabe der Voraussetzungen des Lösungsrechts in den AGB.[741]

Hält der Verwender diese Vorgaben ein, so kann er bei unverschuldeter Nichtbelieferung durch seinen Vorlieferanten von seinem Lösungsrecht Gebrauch machen.[742] Der Vertragspartner ist insoweit weniger schutzwürdig, weil er bei Abschluss des Vertrags die Abhängigkeit der Leistungserbringung von der Lieferung durch den Vorlieferanten kannte. Dagegen kann sich der Verwender dann nicht auf ein Lösungsrecht stützen, wenn er die fehlende Leistungsfähigkeit des Vorlieferanten schon bei Vertragsabschluss kannte oder hätte kennen müssen.[743]

344

---

736 BGHZ 49, 388, 395; BGHZ 92, 396, 401; BGH DB 1995, 1557 f.; NK-BGB/*Kollmann*, § 308 Rn 97; Palandt/ *Grüneberg*, § 308 Rn 20; Wolf/Lindacher/Pfeiffer/*Dammann*, § 308 Nr. 3 Rn 48.
737 BGHZ 124, 351, 359; NK-BGB/*Kollmann*, § 308 Rn 97.
738 BGHZ 124, 351, 359; BGH NJW 1983, 1320, 1321; BGH NJW 1985, 855, 857; NK-BGB/*Kollmann*, § 308 Rn 97; Wolf/Lindacher/Pfeiffer/*Dammann*, § 308 Nr. 3 Rn 48.
739 BGHZ 92, 396, 398; NK-BGB/*Kollmann*, § 308 Rn 97.
740 Wolf/Lindacher/Pfeiffer/*Dammann*, § 308 Nr. 3 Rn 48.
741 BGHZ 92, 396, 398; BGH NJW 1985, 855, 857; NK-BGB/*Kollmann*, § 308 Rn 97.
742 Wolf/Lindacher/Pfeiffer/*Dammann*, § 308 Nr. 3 Rn 48 ff.
743 BGH NJW 1987, 831, 833; NK-BGB/*Kollmann*, § 308 Rn 98.

bb) Leistungshindernisse aus der Sphäre des Vertragspartners

345 Leistungshindernisse aus der Sphäre des Vertragspartners sind grundsätzlich dazu geeignet, das Vorliegen eines sachlich gerechtfertigten Grundes zu begründen, da Pflichtverletzungen des Vertragspartners ohnehin in den wesentlichen Fällen ein Rücktrittsrecht nach § 323 BGB begründen.[744] Insoweit kommt die gesetzliche Regelung der Begründung eines Lösungsrechts zugunsten des Verwenders entgegen, zumal das Rücktrittsrecht nach § 323 BGB nicht an ein Verschulden des Vertragspartners anknüpft.[745]

346 Allerdings setzt das Lösungsrecht des Verwenders in diesen Fällen voraus, dass die Pflichtverletzung des Vertragspartners erheblich ist und sich auf die Erbringung der vertraglichen Leistungspflichten auswirkt.[746] Dies ist insbesondere dann anzunehmen, wenn die Leistung des Verwenders von einer Vorleistung des Vertragspartners abhängig ist oder dieser zur Vornahme einer Mitwirkungshandlung verpflichtet ist, die dieser nicht oder nicht vereinbarungsgemäß erbringt.[747] Dagegen begründet der Verdacht einer Pflichtverletzung des Vertragspartners zumindest dann keinen sachlich gerechtfertigten Grund, wenn der Verdacht nicht auf begründete Anhaltspunkte zurückgeführt werden kann.[748]

347 Als Leistungshindernis aus der Sphäre des Vertragspartners sind häufig – gerade bei Versicherungs- oder Darlehensverträgen – **fehlerhafte Angaben des Vertragspartners** zu seiner Person, insbesondere soweit sie zur **Einschätzung des Versicherungsrisikos** oder der **Kreditwürdigkeit** herangezogen werden, anzusehen, es sei denn, es handelt sich um fehlerhafte Angaben von geringfügiger Bedeutung.[749] Aber auch über den Bereich der Versicherungs- und Kreditwirtschaft hinaus sind Angaben des Vertragspartners zu seiner eigenen Leistungsfähigkeit immer dann geeignet, einen sachlich gerechtfertigten Grund auszumachen, wenn der Verwender zur Erbringung seiner vertraglichen Pflichten in Vorleistung gehen muss.[750]

348 Zudem kann ein Lösungsrecht gerechtfertigt sein, wenn der Vertragspartner offensichtlich nicht zur Erfüllung seiner Pflichten in der Lage sein wird, weil in diesen Fällen bereits vor der Fälligkeit der Leistung nach der gesetzlichen Regelung des § 323 Abs. 4 BGB ein Rücktrittsrecht zugunsten des Verwenders besteht. In den Fällen, in denen die AGB von der gesetzlichen Regelung zugunsten des Verwenders abweichen – und dies wird der Regelfall sein, da die reine Wiederholung des Gesetzeswortlauts in AGB grundsätzlich kei-

---

744 NK-BGB/*Kollmann*, § 308 Rn 99.
745 NK-BGB/*Kollmann*, § 308 Rn 99.
746 NK-BGB/*Kollmann*, § 308 Rn 99.
747 Vgl. Wolf/Lindacher/Pfeiffer/*Dammann*, § 308 Nr. 3 Rn 75.
748 OLG Hamm BB 1979, 1425, 1427; Palandt/*Grüneberg*, § 308 Rn 18; NK-BGB/*Kollmann*, § 308 Rn 99.
749 BGH NJW 1985, 320, 325; OLG München NJW-RR 2004, 212; Wolf/Lindacher/Pfeiffer/*Dammann*, § 308 Nr. 3 Rn 74.
750 BGH NJW 1985, 320, 325; NK-BGB/*Kollmann*, § 308 Rn 99.

nen Sinn ergibt –, ist zu beachten, dass die Abweichung von der gesetzlichen Regelung durch Interessen des Verwenders gerechtfertigt sein muss, die denen des Vertragspartners zumindest gleichwertig sein müssen.[751] Insoweit wird man jedenfalls eine konkrete Gefährdung der Vermögensinteressen des Verwenders fordern müssen, die durch belastbare Angaben und Nachweise belegbar ist und nicht auf bloßen Mutmaßungen beruht.[752] Diesbezüglich trägt der Verwender, der sich auf das Lösungsrecht berufen möchte, die Darlegungs- und Beweislast für das Vorliegen der sachlichen Rechtfertigung des Lösungsrechts und damit der Vermögensgefährdung.[753]

Umstände, die eine fehlende Leistungsfähigkeit des Vertragspartners begründen können, sind:[754]

- Abgabe einer eidesstattlichen Versicherung,
- Einleitung von Zwangsvollstreckungsmaßnahmen (mit Ausnahme von Bagatellforderungen),
- Eröffnung eines Insolvenzverfahrens bzw. dessen Ablehnung.

Beim Vorliegen derartiger Umstände verlangt die Rechtsprechung bislang nicht, dass der Ausnahmefall der fortbestehenden Leistungswilligkeit und Leistungsfähigkeit des Vertragspartners ausdrücklich in die Klausel mit aufgenommen werden muss.[755] Unterschiedlich beurteilt wird die Frage, ob in den AGB auf die Gefährdung des Leistungsanspruchs des Verwenders ausdrücklich abgestellt werden muss.[756] Sicherheitshalber sollte jedoch eine entsprechende Formulierung in die entsprechende Vertragsbedingung aufgenommen werden.

Auch bei Pflichtverletzungen des Vertragspartners, durch die dieser gegen einen Eigentumsvorbehalt des Verwenders verstößt, ist regelmäßig ein sachlich gerechtfertigter Grund für ein Lösungsrecht zu bejahen.[757] Denn dem Vertragspartner ist zumutbar, die Eigentumsverhältnisse Dritten gegenüber offenzulegen bzw. den Verwender über Beeinträchtigungen seines Vorbehaltseigentums, etwa durch Pfändungen oder Beschlagnahmen, rechtzeitig und umfassend zu informieren. Handelt es sich dagegen nur um eine geringfügige Pflichtverletzung des Vertragspartners ohne irreversible Konsequenzen für das Eigentum und/oder die Vermögensinteressen des Verwenders, so kann im Einzelfall ein Lösungsrecht zu weitgehend sein. Der Verwender sollte das Lösungsrecht daher auch

---

751 Palandt/*Grüneberg*, § 308 Rn 18; NK-BGB/*Kollmann*, § 308 Rn 99.
752 Palandt/*Grüneberg*, § 308 Rn 19; Wolf/Lindacher/Pfeiffer/*Dammann*, § 308 Nr. 3 Rn 77.
753 A.A. wohl Wolf/Lindacher/Pfeiffer/*Dammann*, § 308 Nr. 3 Rn 85.
754 BGH NJW 2001, 292, 298; OLG Düsseldorf ZIP 1984, 719, 720; Palandt/*Grüneberg*, § 308 Rn 19; NK-BGB/ *Kollmann*, § 308 Rn 99.
755 NK-BGB/*Kollmann*, § 308 Rn 99.
756 Keine Angabe erforderlich: BGH WM 1984, 1217, 1219; Angabe erforderlich: BGHZ 112, 279, 284 f.; allgemein dazu: NK-BGB/*Kollmann*, § 308 Rn 99.
757 BGH NJW 1985, 320, 325; Palandt/*Grüneberg*, § 308 Rn 18; NK-BGB/*Kollmann*, § 308 Rn 99.

bei der Beeinträchtigung seines Vorbehaltseigentums auf wesentliche und nachhaltige Verletzungshandlungen beschränken.

352 Erhebliche inhaltliche Anforderungen an die Klauselgestaltung stellt die Rechtsprechung an Lösungsrechte des Verwenders, die deutlich von den gesetzlich geregelten Rücktrittsmöglichkeiten abweichen.[758] Zudem ist zu beachten, dass bei Lösungsmöglichkeiten, die losgelöst von einem Verzugseintritt oder ganz allgemein ohne Setzung einer Nachfrist gegenüber dem Vertragspartner bestehen sollen, auch der Anwendungsbereich des § 309 Nr. 4 BGB eröffnet sein kann.

353 Je deutlicher das formularmäßig vereinbarte Lösungsrecht von den gesetzlichen Vorgaben abweicht, desto deutlicher muss das Interesse des Verwenders das seines Vertragspartners überwiegen.[759]

e) Angabe des Lösungsgrundes

354 Weiter ist für die Wirksamkeit der Allgemeinen Geschäftsbedingung, die ein Lösungsrecht des Verwenders vorsieht, erforderlich, dass der Verwender den Lösungsgrund konkret und verständlich angibt.[760] Damit soll erreicht werden, dass der Vertragspartner abschätzen kann, unter welchen Umständen der Verwender berechtigt ist, sich vom Vertrag wieder zu lösen. Dementsprechend genügen allgemeine Umschreibungen des Lösungsrechts des Verwenders regelmäßig nicht.[761] Daher reichen Formulierungen wie *„wenn es die Umstände erfordern"*,[762] *„aus zwingenden Gründen"*[763] oder *„sonstige erhebliche Störungen des Geschäftsbetriebes"*[764] bzw. *„Betriebsstörungen jeder Art"*[765] ebenso wenig, wie das pauschale Abstellen auf die *„Kreditunwürdigkeit"*[766] oder eine *„Erkrankung"*.[767] Auch der generalisierende Zusatz *„und anderes mehr"*, *„Rücktritt vorbehalten"*

---

758 OLG Hamm BB 1983, 1304, 1306.
759 Ähnlich: NK-BGB/*Kollmann*, § 308 Rn 100.
760 NK-BGB/*Kollmann*, § 308 Rn 101; Wolf/Lindacher/Pfeiffer/*Dammann*, § 308 Nr. 3 Rn 86–88; Palandt/*Grüneberg*, § 308 Rn 17; MüKo/*Wurmnest*, § 308 Nr. 3 Rn 5.
761 BGHZ 86, 284, 296; BGH NJW 1983, 1320, 1321; BAG NZA 2006, 539; OLG Köln NJW-RR 1998, 926; OLG Koblenz NJW-RR 1989, 1459, 1460; Wolf/Lindacher/Pfeiffer/*Dammann*, § 308 Nr. 3 Rn 86–88; Palandt/*Grüneberg*, § 308 Rn 17; NK-BGB/*Kollmann*, § 308 Rn 101.
762 BGH NJW 1983, 1320, 1321; BAG NZA 2006, 539, 541; Palandt/*Grüneberg*, § 308 Rn 17; Wolf/Lindacher/Pfeiffer/*Dammann*, § 308 Nr. 3 Rn 89.
763 OLG Köln NJW-RR 1998, 926; Palandt/Grüneberg, § 308 Rn 17; Wolf/Lindacher/Pfeiffer/*Dammann*, § 308 Nr. 3 Rn 89.
764 BGH BB 1983, 524, 526; Wolf/Lindacher/Pfeiffer/*Dammann*, § 308 Nr. 3 Rn 89.
765 BGH NJW 1983, 1320, 1321.
766 OLG Hamm BB 1983, 1304, 1305; Wolf/Lindacher/Pfeiffer/*Dammann*, § 308 Nr. 3 Rn 89; NK-BGB/*Kollmann*, § 308 Rn 101.
767 OLG Hamm BB 1983, 1304, 1306; Palandt/*Grüneberg*, § 308 Rn 17; Wolf/Lindacher/Pfeiffer/*Dammann*, § 308 Nr. 3 Rn 89; NK-BGB/*Kollmann*, § 308 Rn 101.

oder „*Lieferung freibleibend*" genügen den Anforderungen an eine konkrete Angabe des Lösungsgrundes nicht.[768]

Zulässig ist dagegen die Aufzählung anerkannter Umstände zur Rechtfertigung des konkreten Lösungsrechts (höhere Gewalt, Arbeitskampf, Rohstoffmangel, etc.) in Kombination mit der Formulierung „*oder ein gleichartiger Grund*", soweit sich für den Vertragspartner aus den Umständen durch eine Analogie ermitteln lässt, wann ein derartiger Grund vorliegt.[769] Da allerdings auch in diesem Fall Unklarheiten zulasten des Verwenders gehen, sollte die Bestrebung dahin gehen, möglichst alle typischen Gründe für das Lösungsrecht in die AGB aufzunehmen. 355

Wird dagegen in den Geschäftsbedingungen auf ein gesetzlich geregeltes Lösungsrecht Bezug genommen, ist nach § 307 Abs. 3 S. 2 BGB ausschließlich auf das Transparenzgebot abzustellen. 356

f) Rechtsfolge
Die Rechtsfolge eines Verstoßes gegen § 308 Nr. 3 BGB hängt entscheidend davon ab, ob die Vertragsbestimmung in sich teilbar ist, also mehrere Lösungsrechte vorsieht, die unabhängig voneinander bestehen können. Liegt eine Teilbarkeit vor und lassen sich die Lösungsrechte getrennt voneinander betrachten, so tritt die Unwirksamkeit nur für den abtrennbaren Teil ein, der gegen das Klauselverbot verstößt.[770] Denn die Unwirksamkeitsfolge ist nur insoweit gerechtfertigt, wie die AGB tatsächlich gegen die gesetzlichen Vorgaben verstößt. Bei fehlender Teilbarkeit ist dagegen die gesamte Bestimmung unwirksam.[771] 357

Kaufmännischer Geschäftsverkehr: Auf Verträge mit Unternehmern ist der Inhalt des Klauselverbots des § 308 Nr. 3 BGB in vollem Umfang nicht übertragbar.[772] Anerkannt ist aber, dass ein allgemeiner Rücktrittsvorbehalt des Verwenders auch gegenüber einem Kaufmann eine unangemessene Benachteiligung i.S.d. § 307 Abs. 1 S. 1 BGB darstellen kann, da dieser sich gerade im Handelsverkehr auf die zuverlässige Erfüllung durch den Verwender verlassen muss.[773] Andererseits sind bei der Interessenabwägung nach § 307 BGB vor allem die üblichen Handelsbräuche der jeweiligen Branche zu berücksichtigen, 358

---

768 NK-BGB/*Kollmann*, § 308 Rn 101.
769 OLG Koblenz NJW-RR 1989, 1459, 1460; Palandt/*Grüneberg*, § 308 Rn 17; NK-BGB/*Kollmann*, § 308 Rn 101; Wolf/Lindacher/Pfeiffer/*Dammann*, § 308 Nr. 3 Rn 90–94.
770 BGH NJW 1985, 320, 325; Palandt/*Grüneberg*, § 308 Rn 22; Wolf/Lindacher/Pfeiffer/*Dammann*, § 308 Nr. 3 Rn 95; NK-BGB/*Kollmann*, § 308 Rn 105.
771 NK-BGB/*Kollmann*, § 308 Rn 105; Palandt/*Grüneberg*, § 308 Rn 22; Wolf/Lindacher/Pfeiffer/*Dammann*, § 308 Nr. 3 Rn 95.
772 Palandt/*Grüneberg*, § 308 Rn 23; Wolf/Lindacher/Pfeiffer/*Dammann*, § 308 Nr. 3 Rn 110; NK-BGB/*Kollmann*, § 308 Rn 106.
773 BGHZ 92, 398 f. = BGH NJW 1985, 738 f.; OLG Köln NJW-RR 1998, 926; NK-BGB/*Kollmann*, § 308 Rn 106; Wolf/Lindacher/Pfeiffer/*Dammann*, § 308 Nr. 3 Rn 110; Palandt/*Grüneberg*, § 308 Rn 23.

deren Kenntnis von dem kaufmännisch tätigen Vertragspartner erwartet werden kann, so dass die Voraussetzungen eines auf einem Handelsbrauch basierenden Lösungsrechts nicht vollständig in die Vertragsbestimmung aufgenommen werden müssen.[774] So ist für den Selbstbelieferungsvorbehalt zwischen Kaufleuten anerkannt, dass auf die für die Angabe des Rücktrittsgrundes in der Vertragsbestimmung geltenden Anforderungen gegenüber einem Verbraucher aufgrund der Handelsüblichkeit weitgehend verzichtet werden kann.[775] Auch die gegenüber einem Verbraucher einzuhaltenden Informations- und Erstattungspflichten müssen bei der Einbeziehung der AGB gegenüber einem Kaufmann nicht angegeben werden, da davon auszugehen ist, dass dem Kaufmann diese Pflichten bekannt sind.[776] Die Wirksamkeit der Einbeziehung eines Lösungsrechts scheitert im unternehmerischen Geschäftsverkehr auch nicht daran, dass in den Geschäftsbedingungen nicht ausdrücklich klargestellt wird, dass vom Verwender verursachte Leistungshindernisse kein eigenes Lösungsrecht begründen.[777]

7. Änderungsvorbehalt (§ 308 Nr. 4 BGB)

359 § 308 Nr. 4 BGB untersagt Vertragsbedingungen, durch die sich der Verwender ein für den Vertragspartner unzumutbares Recht zur Änderung oder Abweichung von der vertraglich vereinbarten Leistung vorbehält.

360 Der **Zweck** des Klauselverbots besteht darin, dem Vertragspartner seinen ursprünglichen Leistungsanspruch zu erhalten und ihn vor nachträglichen Änderungen durch den Verwender zu schützen, soweit die von dem Verwender vorbehaltene Änderung für ihn unzumutbar ist.[778] Die Leistung des Verwenders gehört nämlich zu den wesentlichen Vertragsbestandteilen, auf deren Grundlage sich der Vertragspartner regelmäßig zum Schluss des Vertrages entschlossen hat, weshalb eine nachträgliche Änderung durch den Verwender das Interesse des Vertragspartners an einem äquivalenten Leistungsaustausch beeinträchtigen kann.[779]

---

774 NK-BGB/*Kollmann*, § 308 Rn 106; Wolf/Lindacher/Pfeiffer/*Dammann*, § 308 Nr. 3 Rn 110; Palandt/*Grüneberg*, § 308 Rn 23.
775 BGHZ 92, 396, 398 f. = BGH NJW 1985, 738; Wolf/Lindacher/Pfeiffer/*Dammann*, § 308 Nr. 3 Rn 113; NK-BGB/*Kollmann*, § 308 Rn 106.
776 Bamberger/Roth/*Becker*, § 308 Nr. 3 Rn 39; NK-BGB/*Kollmann*, § 308 Rn 106.
777 BGHZ 92, 396, 398 f. = BGH NJW 1985, 738; NK-BGB/*Kollmann*, § 308 Rn 106.
778 BGH NJW-RR 2008, 134 (Tz. 28); Palandt/*Grüneberg*, § 308 Rn 24; Wolf/Lindacher/Pfeiffer/*Dammann*, § 308 Nr. 4 Rn 1; NK-BGB/*Kollmann*, § 308 Rn 107.
779 Wolf/Lindacher/Pfeiffer/*Dammann*, § 308 Nr. 4 Rn 1; NK-BGB/*Kollmann*, § 308 Rn 107; MüKo/*Wurmnest*, § 308 Nr. 4 Rn 1.

C. Die Inhaltskontrolle (§§ 307 ff. BGB)   § 5

Inhaltlich erfasst § 308 Nr. 4 BGB alle Vertragsbestimmungen, die dem Verwender die Möglichkeit einräumen, den Inhalt des Vertrages zulasten des Vertragspartners zu ändern.[780] Dies schließt einerseits eine Abweichung, andererseits auch eine vollständige Änderung der vereinbarten vertraglichen Leistung ein. Die Änderungen können sich sowohl auf den Leistungsumfang, die Leistungsbeschaffenheit als auch die Leistungsmodalitäten von Haupt- oder Nebenleistungen beziehen.[781] § 308 Nr. 4 BGB gilt für **alle Vertragsarten**, insbesondere auch für Arbeitsverträge.[782] Das Klauselverbot bezieht sich nach seinem Wortlaut nur auf Änderungen der vom Verwender zu erbringenden Leistung.[783] Erfasst werden auch **Geldleistungen**, vor allem Darlehens-/Sparzinsen, auf die der Verwender nach Vertragsabschluss nicht mehr ohne Weiteres Einfluss nehmen kann.[784] Nicht von § 308 Nr. 4 BGB erfasst wird dagegen das erstmalige Leistungsbestimmungsrecht des Verwenders.[785]   361

Das Änderungsbegehren des Verwenders kann entweder in einer Verringerung seines Leistungsumfangs oder in einer Änderung des Leistungsinhalts bestehen. Aber auch die Veränderung des Leistungsinhalts oder -umfangs des Vertragspartners kann dessen Interessen beeinträchtigen und deshalb unter § 308 Nr. 4 BGB fallen.[786] Ob eine Änderung der Leistung vorliegt, hängt davon ab, ob sich die Leistungen nach Inhalt, Menge, Qualität und sonstigen Leistungsmodalitäten entsprechen.[787] Dazu muss der konkrete Leistungsinhalt im Vertrag vereinbart sein oder sich durch die Auslegung des Vertrags ergeben. Ausschließlich dann, wenn durch den Änderungsvorbehalt auch der Inhalt oder Umfang dieser vertraglich vereinbarten Leistung durch den Verwender nicht nur unerheblich beeinflusst wird, ist § 308 Nr. 4 BGB anwendbar.   362

Bezieht sich der Änderungsvorbehalt nicht auf die vertragliche Vereinbarung, sondern auf eine gesetzliche Regelung ist anstelle des § 308 Nr. 4 BGB entweder § 307 BGB oder § 309 Nr. 7 BGB anwendbar.[788] Daher werden formularmäßige Vorbehalte, die den Verwender zur **Erbringung von Teilleistungen** berechtigen, nur dann von § 308   363

---

[780] MüKo/*Wurmnest*, § 308 Nr. 4 Rn 4; Wolf/Lindacher/Pfeiffer/*Dammann*, § 308 Nr. 4 Rn 4; Palandt/*Grüneberg*, § 308 Rn 24; NK-BGB/*Kollmann*, § 308 Rn 108.
[781] MüKo/*Wurmnest*, § 308 Nr. 4 Rn 4; Wolf/Lindacher/Pfeiffer/*Dammann*, § 308 Nr. 4 Rn 5 ff.; NK-BGB/*Kollmann*, § 308 Rn 108.
[782] Wolf/Lindacher/Pfeiffer/*Dammann*, § 308 Nr. 4 Rn 4, 60; Palandt/*Grüneberg*, § 308 Rn 24; NK-BGB/*Kollmann*, § 308 Rn 108.
[783] BAG NJW 2006, 3303, 3305; OLG Köln BB 1998, 1916; Wolf/Lindacher/Pfeiffer/*Dammann*, § 308 Nr. 4 Rn 6; a.A. NK-BGB/*Kollmann*, § 308 Rn 108.
[784] BGH NJW 2004, 1588; Palandt/*Grüneberg*, § 308 Rn 24; NK-BGB/*Kollmann*, § 308 Rn 108.
[785] BGH NJW 2004, 1588; NK-BGB/*Kollmann*, § 308 Rn 108.
[786] BGH NJW 1987, 2818 f.; Wolf/Lindacher/Pfeiffer/*Dammann*, § 308 Nr. 4 Rn 11 ff.; NK-BGB/*Kollmann*, § 308 Rn 108.
[787] OLG Hamm NJW-RR 1992, 444, 445; OLG Frankfurt NJW-RR 2001, 914; NK-BGB/*Kollmann*, § 308 Rn 108.
[788] A.A. Wolf/Lindacher/Pfeiffer/*Dammann*, § 308 Nr. 4 Rn 10.

§ 5 Die Auslegung Allgemeiner Geschäftsbedingungen

Nr. 4 BGB erfasst, wenn mit dem Vertragspartner die vollständige Erfüllung vereinbart war.[789] Fehlt es dagegen an einer vertraglichen Bestimmung, kann ein entsprechender Teilleistungsvorbehalt gleichwohl deshalb unwirksam sein, weil durch ihn von der gesetzlichen Regelung des § 266 BGB abgewichen wird, so dass auch bei fehlender vertraglicher Vereinbarung der Vorbehalt einer Teilleistung einer Angemessenheitskontrolle unterliegt.[790] Deshalb ist ein unbeschränkter Teillieferungsvorbehalt im Regelfall unwirksam.[791]

364 § 308 Nr. 4 BGB findet auf folgende Erscheinungsformen eines Änderungsvorbehaltes Anwendung:

- Gestaltungs- und Bestimmungsrechte des Verwenders,[792]
- Zustimmungsansprüche bei Leistungsänderungen,
- Anwendung von „Ca."-Klauseln,[793]
- automatische Leistungsanpassungen,[794]
- Ersetzungsbefugnis zugunsten des Verwenders,[795]
- Ergänzungen des Leistungsumfangs,[796]
- verdeckte Änderungsvorbehalte,[797]
- Bevollmächtigungen des Verwenders zur Leistungsänderung durch den Vertragspartner,[798]
- Unbeachtlichkeit geringfügiger Mängel.[799]

365 **Zulässig** ist ein Änderungsvorbehalt, wenn er dem Vertragspartner **zumutbar** ist.[800] Das ist immer dann der Fall, wenn die typischen Interessen des Vertragspartners hinter denen des Verwenders zurückbleiben.[801] Dabei ist bei der Interessenabwägung einerseits das In-

---

789 OLG Koblenz NJW-RR 1993, 1078, 1079; NK-BGB/*Kollmann*, § 308 Rn 108; a.A. OLG Stuttgart NJW-RR 1995, 116, 117; Wolf/Lindacher/Pfeiffer/*Dammann*, § 308 Nr. 4 Rn 10; Ulmer/Brandner/*Hensen*, § 308 Nr. 4 Rn 4.
790 MüKo/*Wurmnest*, § 308 Nr. 4 Rn 5; Palandt/*Heinrichs*, § 266 Rn 5; NK-BGB/*Kollmann*, § 308 Rn 108.
791 OLG Stuttgart NJW-RR 1995, 116; NK-BGB/*Kollmann*, § 308 Rn 108.
792 OLG Düsseldorf WM 2004, 319, 322; NK-BGB/*Kollmann*, § 308 Rn 108.
793 NK-BGB/*Kollmann*, § 308 Rn 108; Wolf/Lindacher/Pfeiffer/*Dammann*, § 308 Nr. 4 Rn 20.
794 NK-BGB/*Kollmann*, § 308 Rn 108.
795 LG München I, Urt. v. 28.10.2009 – 37 O 11496/09 (zur Unwirksamkeit des einseitigen Rechts des Reiseveranstalters zur Umquartierung des Reisenden in eine andere Zimmerkategorie); LG Hamburg CR 2004, 136; OLG Koblenz ZIP 1981, 509, 510 f.; NK-BGB/*Kollmann*, § 308 Rn 108.
796 BGHZ 101, 307, 311 = BGH NJW 1987, 2818 f.; NK-BGB/*Kollmann*, § 308 Rn 108.
797 NK-BGB/*Kollmann*, § 308 Rn 108; Wolf/Lindacher/Pfeiffer/*Dammann*, § 308 Nr. 4 Rn 21.
798 BGH NJW 1984, 725, 728; NK-BGB/*Kollmann*, § 308 Rn 108.
799 OLG Koblenz NJW-RR 1993, 1078 f.; NK-BGB/*Kollmann*, § 308 Rn 108; Palandt/*Grüneberg*, § 308 Rn 22.
800 BGH NJW 2014, 1168 Rn 39; NK-BGB/*Kollmann*, § 308 Rn 109; Palandt/*Grüneberg*, § 308 Rn 25; Wolf/Lindacher/Pfeiffer/*Dammann*, § 308 Nr. 4 Rn 22.
801 BGH NJW 2004, 1588; BGH NJW 2005, 3567, 3568; Wolf/Lindacher/Pfeiffer/*Dammann*, § 308 Nr. 4 Rn 24; NK-BGB/*Kollmann*, § 308 Rn 109.

teresse des Verwenders an der Abweichung von dem vertraglich vereinbarten Leistungsinhalt oder -umfang, andererseits das Erfüllungsinteresse des Vertragspartners zu berücksichtigen.[802] Insoweit trifft den Verwender für die Zumutbarkeit die **Darlegungs- und Beweislast**,[803] während dem Vertragspartner lediglich die Beweislast für einen bei Bejahung der Zumutbarkeit ausnahmsweise vorliegenden Verstoß gegen § 242 BGB durch die Ausfüllung des Änderungsvorbehaltes obliegt.[804]

Insbesondere folgende Umstände können bei Abwägung der Interessen von Belang sein: 366
- langfristige Lieferbeziehung mit geringfügigen Qualitätsschwankungen,[805]
- Verschulden einer Vertragspartei bzgl. des Änderungserfordernisses,
- Kenntnis oder Erkennbarkeit des Änderungserfordernisses bei Abschluss des Vertrags.[806]

Die Zumutbarkeit der Änderung bemisst sich auch danach, ob mit ihr eine Veränderung 367
des Äquivalenzinteresses einhergeht. Denn ein Änderungsvorbehalt darf nicht dazu dienen, dass der Verwender das Verhältnis von Leistung und Gegenleistung unzumutbar zulasten des Vertragspartners verschiebt.[807]

Zumutbar ist deshalb ein Änderungsvorbehalt, der die Rechtsstellung des Vertragspart- 368
ners verbessert, indem er etwa bei im Übrigen gleich bleibenden Vertragskonditionen statt der vereinbarten eine qualitativ oder quantitativ bessere Leistung vorsieht. Änderungsvorbehalte, die sich dagegen nachteilig auf den Leistungsanspruch des Vertragspartners auswirken, sind nur dann zumutbar, wenn bei einer Abwägung des Interesses des Verwenders an der Änderung und des Interesses des Vertragspartners an der vertragsgemäßen Leistung das Interesse des Verwenders überwiegt und die mögliche Änderung des Leistungsinhalts für den Vertragspartner schon bei Vertragsschluss ersichtlich ist.[808] Davon ist jedoch nur dann auszugehen, wenn die Vertragsbedingung Art, Grund und Ausmaß der möglichen Änderung erkennen lässt.[809]

---

802 BGH NJW 2004, 1588; BGH NJW 2005, 3568, 3569; OLG Köln NJW 1985, 501; Wolf/Lindacher/Pfeiffer/*Dammann*, § 308 Nr. 4 Rn 22; MüKo/*Wurmnest*, § 308 Nr. 4 Rn 7; NK-BGB/*Kollmann*, § 308 Rn 109.
803 BGH NJW 2004, 1588; BGH NJW 2008, 360; Palandt/*Grüneberg*, § 308 Rn 25; Wolf/Lindacher/Pfeiffer/*Dammann*, § 308 Nr. 4 Rn 32; NK-BGB/*Kollmann*, § 308 Rn 109, 115.
804 MüKo/*Wurmnest*, § 308 Nr. 4 Rn 12; Wolf/Lindacher/Pfeiffer/*Dammann*, § 308 Nr. 4 Rn 32; NK-BGB/*Kollmann*, § 308 Rn 115.
805 KG NJW-RR 1990, 544, 558; NK-BGB/*Kollmann*, § 308 Rn 109.
806 NK-BGB/*Kollmann*, § 308 Rn 109; Wolf/Lindacher/Pfeiffer/*Dammann*, § 308 Nr. 4 Rn 33.
807 BGH NJW 2004, 1588; Wolf/Lindacher/Pfeiffer/*Dammann*, § 308 Nr. 4 Rn 24; NK-BGB/*Kollmann*, § 308 Rn 109.
808 BGH NJW 2008, 360; MüKo/*Wurmnest*, § 308 Nr. 4 Rn 7; Palandt/*Grüneberg*, § 308 Rn 25; Wolf/Lindacher/Pfeiffer/*Dammann*, § 308 Nr. 4 Rn 24; NK-BGB/*Kollmann*, § 308 Rn 109.
809 BGH NJW 2004, 1588; BGH BB 1984, 233, 234; OLG Frankfurt, DB 1981, 884, 885; Wolf/Lindacher/Pfeiffer/*Dammann*, § 308 Nr. 4 Rn 33.

§ 5 Die Auslegung Allgemeiner Geschäftsbedingungen

369 Nach § 308 Nr. 4 BGB sind daher **regelmäßig unwirksam**:[810]
- Uneingeschränkte Änderungsbefugnis nach Belieben des Verwenders, auch wenn sich dieser zu einer pflichtgemäßen Ausübung seines Ermessens verpflichtet,[811] bspw.
- Ausführung und Berechnung ursprünglich nicht vereinbarter Leistungen;[812]
- Absage oder Änderung des Ortes von Veranstaltungen ohne Angabe des konkreten Grundes;[813]
- Nichtanlaufen eines Hafens wegen Problemen mit den Schiffsversorgern;[814]
- allgemeine Änderungsbefugnis für Versicherungsregelungen (Prämie, Tarif, etc.) ohne Einschränkungen.[815]
- Unzureichende Einschränkung bzw. unzumutbare Änderungsvorbehalte, bspw.
- Verwendung anderer Gegenstände als vertraglich vereinbart;[816]
- Vorbehalt der Änderung des Programmangebots im Pay-TV;[817]
- Vorbehalt der Änderung von Online-Angeboten;[818]
- Vorbehalt der Änderung der Flugzeiten, der Streckenführung oder der Zwischenlandungen;[819]
- Lieferung eines qualitativ gleichwertigen Ersatzartikels;[820]
- Lieferung eines Nachfolgemodells;[821]
- Leistung durch einen Dritten bei personenbezogener Leistungspflicht (z.B. Chefarztbehandlung);[822]
- Bevollmächtigung des Verwenders zur Leistungsänderung;[823]

---

810 Vgl. NK-BGB/*Kollmann*, § 308 Rn 111; Wolf/Lindacher/Pfeiffer/*Dammann*, § 308 Nr. 4 Rn 30.
811 BGHZ 86, 284, 294 = BGH NJW 1983, 1322, 1325; BGH NJW 1985, 623, 624; BGH NJW 2004, 1588; NK-BGB/*Kollmann*, § 308 Rn 111.
812 BGHZ 101, 307, 311 = BGH NJW 1987, 2818 f.; OLG Celle AGBE I § 10 Nr. 42; Wolf/Lindacher/Pfeiffer/ *Dammann*, § 308 Nr. 4 Rn 30; Palandt/*Grüneberg*, § 308 Rn 25; NK-BGB/*Kollmann*, § 308 Rn 111.
813 LG München I NJW-RR 1999, 60, 61 f.; OLG Frankfurt NJW-RR 2001, 914, 915; OLG Köln NJW-RR 1990, 1232, 1233; Wolf/Lindacher/Pfeiffer/*Dammann*, § 308 Nr. 4 Rn 30; NK-BGB/*Kollmann*, § 308 Rn 111.
814 AG Rostock NJW-RR 2011, 1360.
815 BGH NJW 1998, 454; BGHZ 136, 394, 402; BGH NJW 1999, 1865; NK-BGB/*Kollmann*, § 308 Rn 111.
816 BGH NJW 2005, 3420; 3421; OLG Koblenz AGBE § 10 Nr. 9; Wolf/Lindacher/Pfeiffer/*Dammann*, § 308 Nr. 4 Rn 30; Palandt/*Grüneberg*, § 308 Rn 25; NK-BGB/*Kollmann*, § 308 Rn 111.
817 BGH NJW 2008, 360; Palandt/*Grüneberg*, § 308 Rn 25.
818 OLG Frankfurt NJOZ 2007, 1767; Palandt/*Grüneberg*, § 308 Rn 25.
819 BGH NJW 2014, 1168 Rn 36; OLG Düsseldorf NJW-RR 2013, 1391; OLG Celle VuR 2013, 226.
820 BGH NJW 2005, 3567; LG Hamburg CR 2004, 136, 139 f. = LG Hamburg MMR 2004, 190, 191; Wolf/Lindacher/Pfeiffer/*Dammann*, § 308 Nr. 4 Rn 30; NK-BGB/*Kollmann*, § 308 Rn 111.
821 OLG Koblenz ZIP 1981, 509, 510 f.; Palandt/*Grüneberg*, § 308 Rn 25; differenzierend: NK-BGB/*Kollmann*, § 308 Rn 112.
822 BGH NJW 2008, 987; OLG Hamm NJW 1995, 794; LG Hamburg NJW 2001, 3415; Wolf/Lindacher/Pfeiffer/*Dammann*, § 308 Nr. 4 Rn 30; Palandt/*Grüneberg*, § 308 Rn 25; NK-BGB/*Kollmann*, § 308 Rn 111.
823 BGH NJW 1984, 725, 728; NK-BGB/*Kollmann*, § 308 Rn 111.

C. Die Inhaltskontrolle (§§ 307 ff. BGB) §5

- Einbehalt eines Teilbetrages durch den Verwender bei Leistung des Vertragspartners ohne ausreichende Angabe der konkreten Voraussetzungen;[824]
- Vorbehalt „technischer Änderungen";[825]
- Verwendung einer salvatorischen Klausel (bspw. pauschaler Hinweis auf die Zumutbarkeit).[826]

Dagegen sind nach § 308 Nr. 4 BGB **regelmäßig bzw. überwiegend wirksam**:[827]

- **Ausübungskontrolle** durch Verkleinerung des Marktgebietes oder Einsetzung weiterer Händler **in einem Vertragshändlervertrag**, wenn die fehlende Exklusivität bei Vertragsabschluss deutlich wird und die Interessen des Vertragspartners (Vertragshändler) angemessen berücksichtigt werden;[828]
- **geringfügige Änderungen des Leistungsinhalts**, wenn diese dem Vertragspartner zugemutet werden können und der Verwender Art, Ursache und Ausmaß der zulässigen Abweichung angegeben hat;[829]
- geringfügige Farb- oder Messabweichungen;[830]
- technische Verbesserungen des Leistungsgegenstandes;[831]
- handelsübliche Änderungen, sofern dem Vertragspartner der Handelsbrauch bekannt ist;[832]
- Änderungsvorbehalte, die nicht im ausschließlichen Belieben des Verwenders liegen und eine Zustimmung des Vertragspartners erfordern;[833]
- Ausnutzung vertraglicher Leistungsspielräume;[834]
- Änderungen oder Abweichungen, die zur Erlangung einer erforderlichen behördlichen Genehmigung erforderlich sind, sofern sie sich im Rahmen des vereinbarten Leistungszwecks halten und dem Vertragspartner zumutbar sind;[835]
- Leistungen an Dritte;[836]

370

---

[824] OLG Celle WM 1987, 1484, 1485 f.; OLG Frankfurt VersR 1990, 526 f.
[825] BGH NJW 2005, 3420, 3421; OLG Schleswig NJW-RR 1998, 54; Wolf/Lindacher/Pfeiffer/*Dammann*, § 308 Nr. 4 Rn 30; MüKo/*Wurmnest*, § 308 Nr. 4 Rn 11; NK-BGB/*Kollmann*, § 308 Rn 111.
[826] BGHZ 86, 284, 295 = BGH NJW 1983, 1322, 1325; Wolf/Lindacher/Pfeiffer/*Dammann*, § 308 Nr. 4 Rn 30; MüKo/*Wurmnest*, § 308 Nr. 4 Rn 8; NK-BGB/*Kollmann*, § 308 Rn 112; Palandt/*Grüneberg*, § 308 Rn 25.
[827] Wolf/Lindacher/Pfeiffer/*Dammann*, § 308 Nr. 4 Rn 31; NK-BGB/*Kollmann*, § 308 Rn 112.
[828] BGH NJW 1985, 623, 628 f.; NK-BGB/*Kollmann*, § 308 Rn 112.
[829] Wolf/Lindacher/Pfeiffer/*Dammann*, § 308 Nr. 4 Rn 31.
[830] BGH NJW 1987, 1886; a.A. (Unwirksamkeit) OLG Hamm NJW 1986, 2581, 2582; OLG Frankfurt DB 1981, 884, 885; OLG Koblenz NJW-RR 1993, 1078, 1079.
[831] Wolf/Lindacher/Pfeiffer/*Dammann*, § 308 Nr. 4 Rn 31.
[832] BGH NJW 1987, 1886 f.; OLG Hamm NJW 1986, 2581, 2583; Palandt/*Grüneberg*, § 308 Rn 25; MüKo/*Wurmnest*, § 308 Nr. 4 Rn 10; NK-BGB/*Kollmann*, § 308 Rn 112; a.A. OLG Frankfurt BB 1988, 1489.
[833] Offengelassen: BGH NJW 2002, 507, 510; NK-BGB/*Kollmann*, § 308 Rn 112.
[834] MüKo/*Wurmnest*, § 308 Nr. 4 Rn 4; NK-BGB/*Kollmann*, § 308 Rn 112.
[835] Wolf/Lindacher/Pfeiffer/*Dammann*, § 308 Nr. 4 Rn 31.
[836] BGH NJW 1985, 623, 626 f.; NK-BGB/*Kollmann*, § 308 Rn 112.

§ 5 Die Auslegung Allgemeiner Geschäftsbedingungen

- Fakultativklausel bei Überweisungsträgern („*oder auf ein anderes Konto des Empfängers*"), da in diesen Fällen nur die Vorgabe des Vertragspartners konkretisiert wird.[837]

371 Unwirksam ist auch ein formularmäßiger Änderungsvorbehalt in einem Arbeitsvertrag, der dem Arbeitgeber den uneingeschränkten und jederzeitigen Widerruf übertariflicher Lohnbestandteile oder sonstiger **übertariflicher Leistungen** vorbehält.[838] Denn der Widerruf übervertraglicher Leistung ist nur dann zulässig und dem Arbeitnehmer zumutbar, wenn die Voraussetzungen und der Umfang der Kürzungen hinreichend konkret vereinbart waren und gewichtige Gründe aufseiten des Arbeitgebers den Widerruf rechtfertigen.[839] Im Allgemeinen sind Vertragsbedingungen, die den Arbeitgeber berechtigen, Lohnbestandteile bei einem im Arbeitsvertrag genannten Grund zu widerrufen, dann mit § 308 Nr. 4 BGB zu vereinbaren, wenn der im Gegenseitigkeitsverhältnis stehende widerrufliche Teil am Gesamtverdienst unter 25 % liegt und der Tariflohn nicht unterschritten wird.[840] Sind zudem Zahlungen des Arbeitgebers widerruflich, die nicht im Gegenseitigkeitsverhältnis stehen (z.B. der Ersatz von Aufwendungen des Arbeitnehmers), so kann sich der widerrufliche Teil der Vergütung auf bis zu 30 % des Gesamtverdienstes erhöhen.[841]

372 Strenge Anforderungen stellt die Rechtsprechung auch an **formularmäßige Vorbehalte für Zinsänderungen**.[842] Zinsänderungen bei Sparverträgen betreffen die vertraglich vereinbarten Geldleistungen des Verwenders, so dass entsprechende Änderungsvorbehalte an § 308 Nr. 4 BGB zu messen sind. Bei Darlehensverträgen wirkt sich eine Änderung des Zinses auf die durch den Vertragspartner zu erbringende Geldleistung aus, so dass neben § 308 Nr. 4 BGB auch § 309 Nr. 1 BGB Anwendung findet.[843]

373 Soweit der Verwender bei Zinsänderungsvorbehalten von einem zulässigen Gestaltungsspielraum Gebrauch macht, fordert die Rechtsprechung, dass sich der Änderungsvorbehalt in entsprechendem Umfang auch zugunsten des Vertragspartners auswirken können muss.[844]

---

837 BGHZ 98, 24, 28; NK-BGB/*Kollmann*, § 308 Rn 112.
838 LAG Hamm NZA-RR 2004, 515, 517; ArbG Düsseldorf DB 2004, 81; Wolf/Lindacher/Pfeiffer/*Dammann*, § 308 Nr. 4 Rn 63; a.A. LAG Berlin NZA 2004, 1047.
839 LAG Hamm NZA-RR 2004, 515, 517; zur Zulässigkeit des Widerrufs der Überlassung eines Dienstfahrzeugs zur privaten Nutzung: BAG NJW 2012, 1756.
840 BVerfG NJW 2007, 286; BAG NJW 2005, 1820, 1821; BAG NJW 2007, 536, 538; Wolf/Lindacher/Pfeiffer/ *Dammann*, § 308 Nr. 4 Rn 61; Palandt/*Grüneberg*, § 308 Rn 26.
841 BAG NJW 2007, 536, 538; Wolf/Lindacher/Pfeiffer/*Dammann*, § 308 Nr. 4 Rn 61; Palandt/*Grüneberg*, § 308 Rn 26.
842 BGH NJW 2004, 1588; BGH NJW 2009, 2051, 2053 f. Rn 25, 29 ff.; NK-BGB/*Kollmann*, § 308 Rn 113; Wolf/Lindacher/Pfeiffer/*Dammann*, § 308 Nr. 4 Rn 30.
843 Wolf/Lindacher/Pfeiffer/*Dammann*, § 308 Nr. 4 Rn 30, § 309 Nr. 1 Rn 136 ff.
844 BGHZ 97, 212, 217 = BGH NJW 1986, 1803, 1804; BGH ZIP 2000, 962; BGH NJW 2009, 2051, 2053 f. Rn 25; OLG Köln BB 1998, 1916; NK-BGB/*Kollmann*, § 308 Rn 113; Palandt/*Grüneberg*, § 309 Rn 10.

C. Die Inhaltskontrolle (§§ 307 ff. BGB) § 5

Unwirksam sind nach der Rechtsprechung Zinsänderungsvorbehalte in AGB, die eine einseitige Änderung des Zinssatzes durch die Bank zulassen, ohne genaue Voraussetzungen für die Änderung festzulegen.[845] Denn dadurch wird dem Vertragspartner ein nicht mehr kalkulierbares Zinsänderungsrisiko auferlegt, das dem Vertragspartner dann nicht zugemutet werden kann, wenn dieser die Kriterien der Vertragsänderung bei Vertragsschluss nicht kennt.[846] Grundsätzlich muss der Änderungsvorbehalt beim **Passivgeschäft** (insbesondere Sparverträgen) einen Bezug zum Kapitalmarkt herstellen, die den Bedingungen auf dem Finanzmarkt unter Berücksichtigung der Zinssätze für Aktivgeschäfte (insbesondere Darlehensverträge) möglichst nahe kommen.[847]

374

Für Zinsänderungsvorbehalte bei Aktivgeschäften galt früher ein weiter Anwendungsspielraum, wonach Änderungsvorbehalte grundsätzlich auch ohne Angabe der Voraussetzungen und Grenzen der Änderung zulässig waren und im Einzelfall durch die Rechtsprechung dahin ausgelegt wurden, dass dem Verwender eine Anpassung des Zinssatzes nur nach Maßgabe des Kapitalmarktes gestattet wurde und auch Änderungen zugunsten des Vertragspartners an diesen weitergegeben werden mussten.[848] In seiner neueren Rechtsprechung hat der BGH diese Auslegungspraxis für Zinsanpassungsklauseln von Banken bestätigt.[849] Der BGH stellt dabei darauf ab, dass sich bei den Aktivgeschäften der Banken die Zinsen aus den Refinanzierungskosten berechnen lassen und damit klare Vorgaben für den Änderungsspielraum gegeben seien, während es beim Passivgeschäft mangels Zuordnung der Mittel zum Kapitalmarkt an dieser Begrenzungsfunktion für Zinsänderungen fehle. Nur bei einer Bindung der Zinsentwicklung an den Kapitalmarkt sei jedoch deren Kalkulierbarkeit für den Vertragspartner zumutbar. Diese Abgrenzung des BGH zwischen Aktiv- und Passivgeschäft spricht dafür, dass aufgrund der Kalkulierbarkeit der Zinsentwicklung beim Aktivgeschäft diesbezügliche Zinsänderungsvorbehalte auch unter Berücksichtigung der neuen Rechtsprechung wirksam sein dürften.[850] Dagegen sollten die Voraussetzungen von Zinsänderungen beim Passivgeschäft in den AGB so genau wie möglich vorgegeben werden, um die Unwirksamkeit eines entsprechenden Vorbehaltes zu vermeiden.

375

---

845 BGH NJW 2004, 1588, 1589 = BGH BB 2004, 1070; BGH NJW 2008, 3422 Rn 12; NK-BGB/*Kollmann*, § 308 Rn 113.
846 BGH NJW 2004, 1588, 1589 = BGH BB 2004, 1070; BGH NJW 2008, 3422 Rn 12; NK-BGB/*Kollmann*, § 308 Rn 113.
847 BGH NJW 2004, 1588, 1589 = BGH BB 2004, 1070; Wolf/Lindacher/Pfeiffer/*Dammann*, § 308 Nr. 4 Rn 30; NK-BGB/*Kollmann*, § 308 Rn 113.
848 Vgl. BGHZ 97, 212, 218 = BGH NJW 1986, 1803, 1805; BGH NJW 1992, 1751, 1752.
849 BGH NJW 2009, 2051, 2053 f. Rn 29 ff. = BGH BB 2009, 1436 = ZIP 2009, 1106; vgl. auch NK-BGB/*Kollmann*, § 308 Rn 113; Wolf/Lindacher/Pfeiffer/*Dammann*, § 309 Nr. 1 Rn 136–139 Fn 6.
850 NK-BGB/*Kollmann*, § 308 Rn 113; a.A. Wolf/Lindacher/Pfeiffer/*Dammann*, § 309 Nr. 1 Rn 137; *Hensen*, EWiR 2004, 587, 588.

376 Leistungsbestimmungs- und Leistungsänderungsrechte des Verwenders müssen hinsichtlich ihres Inhalts und ihrer Voraussetzungen klar geregelt sein.[851] Ein allgemeiner Hinweis auf die gesetzliche Regelung, insbesondere § 315 BGB, genügt im Regelfall nicht. Eine Ausnahme besteht dann, wenn das Leistungsbestimmungsrecht außerhalb der Allgemeinen Geschäftsbedingungen vereinbart worden ist und diese nur den Umfang und die Voraussetzungen seiner Ausübung regeln, weil in diesem Fall der Vertragspartner durch die anderweitige Vereinbarung des Bestimmungsrechts weniger schutzwürdig ist.

377 Ist der Änderungsvorbehalt wirksam in die AGB einbezogen, so ist der Verwender nach Maßgabe der vertraglichen oder gesetzlichen Vorgaben berechtigt, das Änderungsrecht auszuüben (Ausübungskontrolle).[852]

378 Die Rechtsfolge eines Verstoßes gegen § 308 Nr. 4 BGB ist die Teil- bzw. Gesamtunwirksamkeit der Vertragsbedingung, an deren Stelle auch nicht das Leistungsbestimmungsrecht nach § 315 BGB tritt.[853] Vielmehr sind Änderungen der Leistung oder der Leistungsabwicklung dann grundsätzlich nur noch im Rahmen der gesetzlichen Bestimmungen möglich.

379 **Kaufmännischer Geschäftsverkehr:** Im kaufmännischen Geschäftsverkehr ist die Wertung des § 308 Nr. 4 BGB über § 307 Abs. 1 S. 1 BGB grundsätzlich ebenfalls anwendbar.[854] So müssen die Voraussetzungen und Grenzen eines Änderungsvorbehalts auch gegenüber einem Kaufmann nachvollziehbar gemacht werden.[855] Denn gerade für einen Kaufmann stellt es im Regelfall eine unzumutbare Benachteiligung dar, wenn er statt der vereinbarten eine vom Verwender abgeänderte Leistung erhalten würde. Im Rahmen der Zumutbarkeit des Änderungsvorbehalts ist auf die typisierten Interessen eines Kaufmanns abzustellen. Dabei ist zu berücksichtigen, dass der kaufmännische Geschäftspartner Änderungsvorbehalte im Regelfall auch gegenüber seinen Vertragspartnern vorsehen kann, zumindest wenn es sich nicht um einen Letztverkäufer handelt, der die Waren an den Endverbraucher abgibt.[856] Zudem spielen bei der Beurteilung der Zumutbarkeit von Änderungsvorbehalten gegenüber Kaufleuten **Handelsbräuche** eine entscheidende Rolle.[857]

380 **Unwirksam** sind deshalb beispielsweise Regelungen, die dem Verwender das willkürliche Änderungsrecht einräumen, die Handelsspanne des Vertragshändlers sowie Rabatte und

---

851 BGH NJW 1985, 623, 624; NK-BGB/*Kollmann*, § 308 Rn 114.
852 NK-BGB/*Kollmann*, § 308 Rn 114; Wolf/Lindacher/Pfeiffer/*Dammann*, § 309 Nr. 1 Rn 52–59.
853 BGH NJW 2010, 1742 Rn 18 ff. = ZIP 2010, 1023 = EWiR 2010, 559; *Schimansky*, WM 2001, 1169, 1175; Palandt/*Grüneberg*, § 309 Rn 10; Wolf/Lindacher/Pfeiffer/*Dammann*, § 309 Nr. 1 Rn 50–51; NK-BGB/*Kollmann*, § 308 Rn 117.
854 BGHZ 93, 29, 48; BGHZ 124, 351, 362; Wolf/Lindacher/Pfeiffer/*Dammann*, § 309 Nr. 1 Rn 70; MüKo/ *Wurmnest*, § 308 Nr. 4 Rn 13; NK-BGB/*Kollmann*, § 308 Rn 118; Palandt/*Grüneberg*, § 308 Rn 26.
855 NK-BGB/*Kollmann*, § 308 Rn 118.
856 OLG Hamm NJW 1986, 2581, 2582 f.; NK-BGB/*Kollmann*, § 308 Rn 118; Wolf/Lindacher/Pfeiffer/*Dammann*, § 309 Nr. 1 Rn 70.
857 BGH NJW 1987, 1886 f.; Palandt/*Grüneberg*, § 308 Rn 26; NK-BGB/*Kollmann*, § 308 Rn 118; a.A. OLG Köln NJW 1985, 501.

Bonität frei abzuändern.[858] Entsprechendes gilt für Vertragsbedingungen, die die freie Abänderung der Provision eines Versicherungsvertreters vorsehen.[859] Ebenfalls unwirksam sind im Regelfall Bedingungen, die eine Ersetzungsbefugnis des Verwenders auch bei wesentlichen Abweichungen von der vertraglich vereinbarten Leistung ermöglichen.[860] **Wirksam** sind dagegen regelmäßig Änderungsrechte bei Produktionseinstellung bzw. der Umstellung auf ein neues Modell, soweit die Bestellung dem kaufmännischen Vertragspartner noch nicht bestätigt worden ist.[861] Auch der Vorbehalt der Anpassung von Dauerschuldverhältnissen ist grundsätzlich dann zulässig, wenn die Änderungen für den Verwender unter Berücksichtigung wirtschaftlicher Aspekte nicht vermeidbar waren und die Änderungsbefugnis an klare vertragliche Vorgaben geknüpft wird.[862]

381

8. Fingierte Erklärungen (§ 308 Nr. 5 BGB)

a) Allgemeine Voraussetzungen

Die Vorschrift des § 308 Nr. 5 BGB erklärt Vertragsbedingungen für unwirksam, durch die die Abgabe oder Nichtabgabe einer Erklärung von einem bestimmten Verhalten des Vertragspartners abhängig gemacht wird. Die Unwirksamkeit tritt nur dann nicht ein, wenn dem Vertragspartner zur Abgabe einer ausdrücklichen Erklärung eine angemessene Frist eingeräumt worden ist (§ 308 Nr. 5 lit. a BGB) und sich der Verwender verpflichtet, den Vertragspartner bei Beginn der Frist auf die Bedeutung seines Verhaltens besonders hinzuweisen (§ 308 Nr. 5 lit. b BGB).

382

Zweck des § 308 Nr. 5 BGB ist es, dem Verwender die Möglichkeit zu entziehen, dem Verhalten des Vertragspartners einen Erklärungswert beizumessen und ihn so letztendlich an der Ausübung seiner Rechte zu hindern.[863] Dies gilt insbesondere für die Fälle, in denen durch eine Vertragsklausel an das **Schweigen des Vertragspartners** ein bestimmter Erklärungswert geknüpft wird.[864] Grundsätzlich hat nämlich das Schweigen eines Vertragspartners im deutschen Zivilrecht gerade keinen Erklärungswert.[865] Da die Voraussetzungen, unter denen an ein Verhalten ein Erklärungswert geknüpft werden kann, aber dem dispositiven Recht unterliegen, werden entsprechende Klauseln durch

383

---

858 BGHZ 89, 206; BGHZ 93, 29, 47; BGHZ 124, 351, 362; NK-BGB/*Kollmann*, § 308 Rn 118; Palandt/*Grüneberg*, § 308 Rn 26.
859 OLG München VersR 2008, 1212; Palandt/*Grüneberg*, § 308 Rn 26.
860 LG Hamburg ZGS 2004, 76; NK-BGB/*Kollmann*, § 308 Rn 118.
861 BGH NJW 1985, 623, 627 f.; NK-BGB/*Kollmann*, § 308 Rn 119.
862 BGHZ 89, 206; BGHZ 93, 29, 47; NK-BGB/*Kollmann*, § 308 Rn 119.
863 BGH NJW 2001, 292, 299; NK-BGB/*Kollmann*, § 308 Rn 120.
864 NK-BGB/*Kollmann*, § 308 Rn 120; Palandt/*Grüneberg*, § 308 Rn 28.
865 Palandt/*Grüneberg*, § 308 Rn 28; NK-BGB/*Kollmann*, § 308 Rn 120; AnwK-Schuldrecht/*Hennrichs*, § 308 Rn 6.

§ 308 Nr. 5 BGB nicht vollständig verboten. Ausnahmsweise tritt deshalb die Fiktionswirkung einer entsprechenden Klausel ein, wenn dem Vertragspartner eine angemessene Frist zur Abgabe der Erklärung eingeräumt und ihm die drohende Fiktionswirkung hinreichend bewusst gemacht wird.[866] Die gesetzlichen Anforderungen an eine wirksame Erklärungsfiktion ergeben sich aus § 308 Nr. 5 2. Hs. BGB, wonach der Verwender dem Vertragspartner die Abgabe einer entsprechenden ausdrücklichen Erklärung innerhalb einer bestimmten Frist ermöglichen muss und ihn auf die Bedeutung der fingierten Erklärung gesondert hinweisen muss.

384 Der **Anwendungsbereich** der Vorschrift erfasst alle Geschäftsbedingungen, die an ein bestimmtes Verhalten des Vertragspartners nach Schluss des Vertrags die Abgabe oder Nichtabgabe einer bestimmten Erklärung knüpfen, unabhängig davon, ob die Erklärung tatsächlich abgegeben wurde oder nicht.[867] Hierunter fallen insbesondere Vertragsbedingungen, die

- **Tatsachenerklärungen** (z.B. Mangelfreiheit der gelieferten Sache; Vertragsmäßigkeit der Werkleistung);[868]
- **rechtsgeschäftliche Willenserklärungen** (Zustimmungen, Rücktritt, Anerkenntnis, etc.);[869]
- **rechtsgeschäftsähnliche Erklärungen** (Nachfristsetzungen; Mängelanzeigen; Abnahme eines Werks)[870]

betreffen. Dabei kann das Verhalten des Vertragspartners, an das die Erklärungsfiktion anknüpft, sowohl in einem aktiven Tun als auch in einem Unterlassen bestehen.

385 Grundsätzlich sind nach § 308 Nr. 5 1. Hs. BGB formularmäßig fingierte Erklärungen des Vertragspartners verboten. Allerdings gilt dieses umfassende Verbot nur dann, wenn das Verhalten, an das die Fiktion anknüpft, durch den Vertragspartner vorgenommen oder unterlassen worden ist.[871] Fingierte Erklärungen, die an das Verhalten des Verwenders oder eines unabhängigen Dritten anknüpfen, fallen nicht unter § 308 Nr. 5 BGB, sind aber gegebenenfalls nach § 307 BGB unwirksam, wenn sie den Vertragspartner unangemessen benachteiligen.

---

866 MüKo/*Wurmnest*, § 308 Nr. 5 Rn 1; Wolf/Lindacher/Pfeiffer/*Dammann*, § 308 Nr. 5 Rn 1; Palandt/*Grüneberg*, § 308 Rn 29; NK-BGB/*Kollmann*, § 308 Rn 120; AnwK-Schuldrecht/*Hennrichs*, § 308 Rn 7.
867 Wolf/Lindacher/Pfeiffer/*Dammann*, § 308 Nr. 5 Rn 10 ff.; NK-BGB/*Kollmann*, § 308 Rn 121; AnwK-Schuldrecht/*Hennrichs* § 308 Rn 6.
868 BGHZ 73, 207, 210; BGH NJW 1985, 2326; 2327; Wolf/Lindacher/Pfeiffer/*Dammann*, § 308 Nr. 5 Rn 13; NK-BGB/*Kollmann*, § 308 Rn 121.
869 BGHZ 73, 207, 210; BGH NJW 1992, 3158, 3161; BGH NJW-RR 1999, 844; OLG Hamm NJW-RR 1986, 791, 792; OLG Düsseldorf NZM 2001, 48, 49; AG Bergisch-Gladbach NJW-RR 1988, 256; Wolf/Lindacher/Pfeiffer/*Dammann*, § 308 Nr. 5 Rn 11; NK-BGB/Kollmann, § 308 Rn 121.
870 Wolf/Lindacher/Pfeiffer/*Dammann*, § 308 Nr. 5 Rn 12; NK-BGB/*Kollmann*, § 308 Rn 120.
871 NK-BGB/*Kollmann*, § 308 Rn 123.

C. Die Inhaltskontrolle (§§ 307 ff. BGB) § 5

§ 308 Nr. 5 BGB ist zudem dann nicht anwendbar, wenn die AGB bereits die Erklärung enthalten, diese aber nur bei Eintritt eines noch nicht feststehenden Ereignisses zum Tragen kommen soll (sog. **antizipierte Erklärung**).[872] Bei dieser antizipierten Erklärung wird der Erklärungsinhalt nicht fingiert, sondern steht bereits mit Vertragsschluss fest. Dass die Wirkungen der Erklärung erst zukünftig eintreten, begründet keine Fiktion und kann deshalb nicht zur Anwendung des § 308 Nr. 5 BGB führen. Derartige Vertragsbedingungen sind deshalb an § 307 BGB zu messen. Gleiches gilt für Erklärungsfiktionen, bei denen die rechtliche Wirkung der Fiktion nicht durch Verhalten des Vertragspartners, sondern durch sonstige Umstände oder Tatsachen beeinflusst wird.[873] Fingiert der Verwender eigene Erklärungen aufgrund seines eigenen Verhaltens, so ist auch dies kein Anwendungsfall des § 308 Nr. 5 BGB, da die Wirkungen dieser Erklärung nicht den Vertragspartner, sondern ausschließlich den Verwender treffen.[874] Auch die Fälle der **Wiedergabe gesetzlicher Fiktionen**[875] in AGB führen ebenso wenig zur Anwendbarkeit des § 308 Nr. 5 BGB wie Regelungen, in denen sich der fingierte Inhalt der Erklärung bereits durch eine Auslegung des Vertrags ermitteln lässt. Allerdings ist bei der Klauselgestaltung zu berücksichtigen, dass die vollständige Wiedergabe des gesetzlichen Regelungsinhalts zum einen sehr umfangreich sein kann, in jedem Fall aber dem Verwender nichts nützt, da die gesetzliche Regelung auch dann zum Tragen kommt, wenn der Verwender überhaupt keine Fiktion vorsieht. Das wichtigste Regelungsziel des Beraters bei der Gestaltung von AGB im Rahmen von § 308 Nr. 5 BGB muss daher sein, Erklärungsfiktionen durch antizipierte Erklärungen des Vertragspartners zu ersetzen, soweit dies möglich ist.[876]

386

§ 308 Nr. 5 BGB kommt nur innerhalb einer bestehenden Vertragsbeziehung zum Tragen.[877] Dies lässt sich auch daraus herleiten, dass § 308 Nr. 5 BGB voraussetzt, dass die Regelung der Anforderungen an die Fiktion einer vertraglichen Grundlage bedarf, ohne die die Fiktionswirkung nicht eintreten kann.[878] So ist etwa die Fiktion einer Annah-

387

---

872 BGH NJW 2001, 292, 299; BGH NJW-RR 2001, 1242, 1243; BGH NJW 2002, 363, 364; KG NJW-RR 1990, 544, 553; OLG Hamm NJW 2001, 1142, 1144; NK-BGB/*Kollmann*, § 308 Rn 124; Wolf/Lindacher/Pfeiffer/ *Dammann*, § 308 Nr. 5 Rn 16.
873 NK-BGB/*Kollmann*, § 308 Rn 126.
874 OLG Düsseldorf MDR 1978, 144; OLG Düsseldorf NJW 2005, 1515; Palandt/*Grüneberg*, § 308 Rn 28; NK-BGB/*Kollmann*, § 308 Rn 125.
875 Wolf/Lindacher/Pfeiffer/*Dammann*, § 308 Nr. 5 Rn 8.
876 NK-BGB/*Kollmann*, § 308 Rn 125.
877 OLG Koblenz NJW 1989, 2950, 2951; Palandt/*Grüneberg*, § 308 Rn 28; Wolf/Lindacher/Pfeiffer/*Dammann*, § 308 Nr. 5 Rn 15; NK-BGB/*Kollmann*, § 308 Rn 130.
878 NK-BGB/*Kollmann*, § 308 Rn 130; Wolf/Lindacher/Pfeiffer/*Dammann*, § 308 Nr. 5 Rn 15.

meerklärung bezüglich eines später zu schließenden oder gänzlich neuen Vertrages gegenüber dem Vertragspartner im Regelfall unangemessen und daher nach § 307 BGB unwirksam.[879]

b) Zulässigkeit der Erklärungsfiktion (§ 308 Nr. 5 2. Hs. BGB)

388 Nach § 308 Nr. 5 Hs. 2 BGB sind Fiktionen von Erklärungen des Vertragspartners dann in AGB wirksam, wenn dem Vertragspartner eine angemessene Erklärungsfrist zugebilligt wird und der Verwender seiner Hinweispflicht nachgekommen ist.

aa) Angemessene Erklärungsfrist

389 Dem Erfordernis einer angemessenen Erklärungsfrist kann der Verwender auf verschiedenen Wegen nachkommen: Entweder er bestimmt die Frist bereits in seinen AGB, trägt dann allerdings das Risiko, dass bei einer im konkreten Einzelfall unangemessenen formularmäßigen Frist die gesamte Vertragsbestimmung unwirksam sein kann, oder er bestimmt die Frist jeweils individuell gegenüber den Vertragspartnern, die von der Erklärungsfiktion betroffen sein sollen.[880] Dies führt zwar gerade bei Massengeschäften zu einem erhöhten Aufwand, erlaubt aber andererseits die Anpassung der Frist an die konkreten Umstände des Einzelfalles. Entscheidet sich der Verwender für eine Fristsetzung in seinen Geschäftsbedingungen, ist die Angemessenheit aufgrund der generalisierenden Betrachtung an dem Rechtsgeschäft zu orientieren, das die umfassendste Fristsetzung erfordert. Generell muss eine angemessene Frist dem Vertragspartner die Einholung notwendiger Informationen, einen bestimmten Zeitraum für den Entscheidungsprozess sowie die Übersendung eines Widerspruchs ermöglichen.[881]

390 Als Anhaltspunkte für **angemessene, branchentypische Erklärungsfristen** können die folgenden Entscheidungen dienen:

- **Zinsanpassung/Umschuldung eines Darlehens**: zwei Wochen sind zu kurz;[882]
- **Kontoabschlussrechnung**: ein Monat ist ausreichend;[883] sechs Wochen für Einwendungen gegen den Rechnungsabschluss der Sparkassen genügen ebenfalls;[884]

---

879 NK-BGB/*Kollmann*, § 308 Rn 130; AnwK-Schuldrecht/*Hennrichs*, § 308 Rn 6.
880 NK-BGB/*Kollmann*, § 308 Rn 132; Wolf/Lindacher/Pfeiffer/*Dammann*, § 308 Nr. 5 Rn 43.
881 NK-BGB/*Kollmann*, § 308 Rn 132.
882 LG Dortmund NJW-RR 1986, 1170, 1171; Palandt/*Grüneberg*, § 308 Rn 29; NK-BGB/*Kollmann*, § 308 Rn 132.
883 LG Frankfurt WM 1981, 912 f.; LG Frankfurt VersR 1998, 1238; Palandt/*Grüneberg*, § 308 Rn 29; NK-BGB/*Kollmann*, § 308 Rn 132; ähnlich für eine vierwöchige Beanstandungsfrist von Rechnungsabschlüssen in Sparkassen-AGB: BGH NJW 2001, 2667, 2668; Wolf/Lindacher/Pfeiffer/*Dammann*, § 308 Nr. 5 Rn 41.
884 BGH NJW 2014, 1441 Rn 21; NK-BGB/*Kollmann*, § 308 Rn 133.

- **Mobilfunkvertrag**: sechs Wochen zum Einspruch gegen eine Rechnung genügen;[885]
- **Krankenhaus**: zwölf Wochen für Verwahrung zurückgelassener Sachen genügt;[886]
- **schwierige oder umfangreiche Rechtsgeschäfte**: mindestens zwei Wochen;[887]
- **übliche Rechtsgeschäfte**: mindestens eine Woche, in eilbedürftigen Fällen ist aber auch eine Unterschreitung dieser Mindestfrist möglich;[888] unzulässig ist grundsätzlich aber eine Vertragsbedingung, die von dem Vertragspartner eine sofortige oder unverzügliche Erklärung verlangt.[889]

Ist der Verwender nicht auf die Angabe einer bestimmten Frist angewiesen, kann es sich auch empfehlen, in den Geschäftsbedingungen auf die Einhaltung einer angemessenen Frist zu verweisen.[890] Der Beginn der Frist darf allerdings nicht vor die Erteilung des Hinweises verlagert werden, da dies den Sinn und Zweck der Fristsetzung unterlaufen würde. Eine zu kurze Fristsetzung führt zum Ausbleiben der Fiktionswirkung, da eine angemessene Frist in diesem Fall nicht ausgelöst wird.[891] Allerdings kann die Fristsetzung – anders als bei der formularmäßigen Ausgestaltung – durch den Verwender wiederholt werden. 391

bb) Hinweispflicht

Neben der Gewährung einer angemessenen Erklärungsfrist müssen die AGB des Verwenders auch eine Verpflichtung enthalten, den Vertragspartner auf den Beginn der Frist und die Bedeutung seines Verhaltens hinzuweisen. Bei der Formulierung der Geschäftsbedingung kann der gesetzlichen Regelung gefolgt werden, allerdings muss der Verwender den Vertragspartner auch darauf hinweisen, dass er der Fiktion einer Erklärung widersprechen kann.[892] Im Einzelnen bemisst sich der Umfang des zu erteilenden Hinweises an den Kenntnissen eines typischen Vertragspartners,[893] so dass der Hinweis je nach Rechtsgeschäft unterschiedlich ausfallen kann. Enthalten die AGB keine Verpflichtung des Verwenders zur Erteilung des Hinweises, wird die Vertragsbedingung auch nicht dadurch wirksam, dass der Verwender den Hinweis tatsächlich erteilt hat.[894] Je nach Einzelfall lassen sich jedoch die Wirkungen der unwirksamen Fiktion durch eine Auslegung des Ver- 392

---

885 OLG Köln VersR 1997, 1109, 1110; Palandt/*Grüneberg*, § 308 Rn 29; NK-BGB/*Kollmann*, § 308 Rn 132; für die Zulässigkeit einer achtwöchigen Beanstandungsfrist: LG Schwerin NJW-RR 2000, 585.
886 BGH NJW 1990, 761, 763; NK-BGB/*Kollmann*, § 308 Rn 133.
887 NK-BGB/*Kollmann*, § 308 Rn 133.
888 NK-BGB/*Kollmann*, § 308 Rn 133; Wolf/Lindacher/Pfeiffer/*Dammann*, § 308 Nr. 5 Rn 41; a.A. Palandt/*Grüneberg*, § 308 Rn 29, der eine Mindestfrist von 1–2 Wochen für erforderlich hält.
889 Wolf/Lindacher/Pfeiffer/*Dammann*, § 308 Nr. 5 Rn 41; Palandt/*Grüneberg*, § 308 Rn 29.
890 Wolf/Lindacher/Pfeiffer/*Dammann*, § 308 Nr. 5 Rn 43; NK-BGB/*Kollmann*, § 308 Rn 134.
891 NK-BGB/*Kollmann*, § 308 Rn 134.
892 BGH NJW 2014, 1441 Rn 21; Wolf/Lindacher/Pfeiffer/*Dammann*, § 308 Nr. 5 Rn 51; NK-BGB/*Kollmann*, § 308 Rn 135.
893 Wolf/Lindacher/Pfeiffer/*Dammann*, § 308 Nr. 5 Rn 51.
894 BGH NJW 1985, 617; BGH NJW 2014, 1441 Rn 21; Wolf/Lindacher/Pfeiffer/*Dammann*, § 308 Nr. 5 Rn 45; NK-BGB/*Kollmann*, § 308 Rn 135.

haltens des Vertragspartners herleiten oder ergeben sich dadurch, dass diesem nach § 242 BGB die Berufung auf die in den AGB fehlende Hinweispflicht abgeschnitten ist.[895]

393 Eine Erteilung des Hinweises in den AGB genügt den Anforderungen des § 308 Nr. 5 BGB dagegen nicht, vielmehr muss der Verwender den Vertragspartner ausdrücklich außerhalb seiner AGB auf die Fiktion und den Beginn der Frist hinweisen.[896] Dem Vertragspartner muss mit der Erteilung des Hinweises bewusst sein, dass die Fiktion von seinem Verhalten abhängt und er insbesondere deren Eintritt verhindern kann.[897] Dabei darf der Verwender von dem Verständnis eines Durchschnittskunden ausgehen, da auch der Hinweis nach § 308 Nr. 5 BGB ein AGB-ähnliches Massengeschäft ist, bei dem der Verwender nicht jeden seiner Vertragspartner individuell zum Maßstab seiner Erklärung machen muss.[898] Allerdings muss der Verwender den Hinweis so gestalten, dass sichergestellt ist, dass der Vertragspartner ihn auch erkennen kann.[899] Bei einem Schreiben, das neben dem Hinweis noch weitere Informationen enthält, muss der Hinweis deshalb gegebenenfalls optisch hervorgehoben werden.[900]

394 Der Hinweis muss mit dem Fristbeginn zeitlich zusammenfallen,[901] d.h. dass der Verwender seiner Pflicht dann nicht genügt, wenn der Hinweis erst während der schon laufenden Erklärungsfrist erteilt wird. Auch deutlich vor dem Beginn der Frist liegende Hinweise genügen der Pflicht nach § 308 Nr. 5 Hs. 2 BGB im Regelfall nicht, weil sie auf diese Weise bei dem Vertragspartner in Vergessenheit geraten können.[902]

395 Der Widerspruch des Vertragspartners ist an keine Formerfordernisse gebunden. Zudem genügt es, wenn der Wille, die Erklärungsfiktion nicht eintreten lassen zu wollen, erkennbar wird.[903]

396 Schließlich ist darauf zu achten, dass die mit der Erklärungsfiktion bezweckte Wirkung nicht schon vor dem Ende der dem Vertragspartner gesetzten Erklärungsfrist eintreten darf.[904]

---

895 NK-BGB/*Kollmann*, § 308 Rn 135; a.A. Wolf/Lindacher/Pfeiffer/*Dammann*, § 308 Nr. 5 Rn 45.
896 Palandt/*Grüneberg*, § 308 Rn 30; Wolf/Lindacher/Pfeiffer/*Dammann*, § 308 Nr. 5 Rn 50.
897 Wolf/Lindacher/Pfeiffer/*Dammann*, § 308 Nr. 5 Rn 50 f.
898 Vgl. Wolf/Lindacher/Pfeiffer/*Dammann*, § 308 Nr. 5 Rn 51; NK-BGB/*Kollmann*, § 308 Rn 135.
899 Wolf/Lindacher/Pfeiffer/*Dammann*, § 308 Nr. 5 Rn 50.
900 BGH NJW 1985, 617, 618; Palandt/*Grüneberg*, § 308 Rn 30; Wolf/Lindacher/Pfeiffer/*Dammann*, § 308 Nr. 5 Rn 50; NK-BGB/*Kollmann*, § 308 Rn 135.
901 Wolf/Lindacher/Pfeiffer/*Dammann*, § 308 Nr. 5 Rn 49.
902 MüKo/*Wurmnest*, § 308 Nr. 5 Rn 15; NK-BGB/*Kollmann*, § 308 Rn 135.
903 NK-BGB/*Kollmann*, § 308 Rn 135.
904 Wolf/Lindacher/Pfeiffer/*Dammann*, § 308 Nr. 5 Rn 42.

c) Ausnahmeregelung für VOB

Durch das **Forderungssicherungsgesetz**[905] ist die frühere Ausnahmeregelung in § 308 Nr. 5 BGB für Verträge, in die Teil B der Verdingungsordnung für Bauleistungen insgesamt einbezogen werden, aufgehoben worden. Stattdessen wurde die Privilegierung der VOB Teil B in § 310 Abs. 1 S. 3 BGB neu geregelt und gilt damit seit dem 1.1.2009 nur noch für den unternehmerischen Geschäftsverkehr.[906]

397

Folgende Fiktionen der VOB sind bei Anwendbarkeit der Ausnahmeregelung im **unternehmerischen Geschäftsverkehr** dem Anwendungsbereich der Inhaltskontrolle nach § 307 BGB entzogen:[907]

398

- Abnahmefiktion (§ 12 Abs. 5 Nr. 1 und Nr. 2 VOB/B);
- Anerkennung von Stundenzetteln (§ 15 Abs. 3 S. 5 VOB/B);
- Vorbehaltlose Annahme der Schlusszahlung (§ 16 Abs. 3 Nr. 2 VOB/B).

Sofern die VOB/B lediglich teilweise oder gegenüber einem **Verbraucher** zur Anwendung kommt, unterliegen die einzelnen Bestimmungen der vollständigen Inhaltskontrolle der §§ 307 ff. BGB.[908]

d) Sonstiges

Die Darlegungs- und Beweislast für das Verbot einer Fiktion nach § 308 Nr. 5 Hs. 1 BGB trägt grundsätzlich der Vertragspartner, während der Verwender darlegen und beweisen muss, dass er den Anforderungen des § 308 Nr. 5 Hs. 2 BGB – angemessene Erklärungsfrist und Hinweis – in ausreichendem Maß nachgekommen ist.[909]

399

Ist die Vertragsbestimmung wirksam einbezogen und wurde dem Vertragspartner eine angemessene Frist gesetzt sowie der erforderliche Hinweis erteilt, so tritt die Fiktionswirkung ein, wenn der Vertragspartner nicht innerhalb der Frist widerspricht. Bei Unwirksamkeit der Vertragsbestimmung oder fehlender oder unzureichender Rechtfertigung der Fiktion tritt keine Fiktion ein.[910]

400

Kaufmännischer Geschäftsverkehr: Im kaufmännischen Geschäftsverkehr ist eine entsprechende Vertragsbedingung grundsätzlich ebenfalls über § 307 Abs. 1 S. 1 BGB unwirksam, wenn durch die fingierte Erklärung Rechtsfolgen ausgelöst werden, die den Kaufmann unangemessen benachteiligen.[911] Gleichwohl ist bei der Beurteilung der Unangemessenheit zu berücksichtigen, dass dem Verhalten eines Kaufmanns im Geschäfts-

401

---

905 G. v. 23.10.2008, BGBl I S. 2022, 2582.
906 NK-BGB/*Kollmann*, § 308 Rn 127; Palandt/*Grüneberg*, § 308 Rn 32.
907 NK-BGB/*Kollmann*, § 308 Rn 129; Palandt/*Grüneberg*, § 308 Rn 32; MüKo/*Wurmnest*, § 308 Nr. 5 Rn 8 ff.
908 *Schmidt*, ZfBR 2009, 113.
909 NK-BGB/*Kollmann*, § 308 Rn 137; Wolf/Lindacher/Pfeiffer/*Dammann*, § 308 Nr. 5 Rn 52.
910 NK-BGB/*Kollmann*, § 308 Rn 141; Wolf/Lindacher/Pfeiffer/*Dammann*, § 308 Nr. 5 Rn 56.
911 NK-BGB/*Kollmann*, § 308 Rn 143; Palandt/*Grüneberg*, § 308 Rn 34; Wolf/Lindacher/Pfeiffer/*Dammann*, § 308 Nr. 5 Rn 70.

verkehr oftmals auch ohne ausdrückliche Erklärung ein bestimmter Erklärungswert zugerechnet wird (z.b. beim kaufmännisches Bestätigungsschreiben oder bei der Rügeobliegenheit nach § 377 Abs. 2 HGB).[912] Zudem kann im Einzelfall die Hinweispflicht entfallen, wenn der Eintritt der Fiktionswirkung im geschäftlichen Verkehr üblich und daher dem Kaufmann als bekannt zu unterstellen ist.[913] Auch bei der Angemessenheit der Erklärungsfrist sind branchenübliche Gepflogenheiten und Handelsbräuche mit einzubeziehen, so dass sich die Frist zum Teil erheblich verkürzen kann.[914] Zudem ist zu beachten, dass die gegenüber einem Kaufmann zur Vertragsgrundlage gemachten Regelungen der VOB/B dann der Inhaltskontrolle nach § 307 BGB unterliegen, wenn die VOB/B nicht insgesamt einbezogen worden ist.

9. Fiktion des Zugangs (§ 308 Nr. 6 BGB)

402 § 308 Nr. 6 BGB entzieht dem Verwender Allgemeiner Geschäftsbedingungen die Möglichkeit, seine Vertragsbedingungen so auszugestalten, dass der Zugang einer Erklärung des Verwenders von besonderer Bedeutung fingiert wird.

403 **Damit bezweckt** § 308 Nr. 6 BGB, dass der Verwender die Beweislast hinsichtlich des Zugangs besonders bedeutender Erklärungen nicht wirksam auf den Vertragspartner verlagern kann.[915] Eine gegenüber einem anderen abzugebende Willenserklärung wird nach § 130 BGB nämlich erst dann wirksam, wenn sie dem anderen zugeht.[916] Da der Zugang damit positive Voraussetzung für die Wirksamkeit der Willenserklärung ist, trifft die Beweislast hierfür nach den allgemeinen Beweislastregeln den Erklärenden.[917] Könnte der Verwender durch seine Allgemeinen Geschäftsbedingungen den Vertragspartner so stellen, als sei diese Erklärung zugegangen, würde der Vertragspartner nun beweisen müssen, dass ihm die Erklärung nicht zugegangen ist, was ihm praktisch kaum möglich sein wird.

404 Inhaltlich erfasst § 308 Nr. 6 BGB alle Tatbestände, die an das Verhalten des Verwenders oder den Ablauf einer bestimmten Frist die **Fiktion des Zuganges einer Erklärung** des Verwenders knüpfen.[918] Dies schließt zum einen Vertragsbedingungen ein, die den Zugang unwiderleglich fingieren, als auch solche Klauseln, die den Zugang lediglich ver-

---

912 Palandt/*Grüneberg*, § 308 Rn 34.
913 NK-BGB/*Kollmann*, § 308 Rn 143; Wolf/Lindacher/Pfeiffer/*Dammann*, § 308 Nr. 5 Rn 70; Palandt/*Grüneberg*, § 308 Rn 34.
914 Palandt/*Grüneberg*, § 308 Rn 34; NK-BGB/*Kollmann*, § 308 Rn 143; Wolf/Lindacher/Pfeiffer/*Dammann*, § 308 Nr. 5 Rn 70.
915 Wolf/Lindacher/Pfeiffer/*Dammann*, § 308 Nr. 6 Rn 1; Palandt/*Grüneberg*, § 308 Rn 35.
916 MüKo/*Wurmnest*, § 308 Nr. 6 Rn 1; Wolf/Lindacher/Pfeiffer/*Dammann*, § 308 Nr. 6 Rn 1; Palandt/*Grüneberg*, § 308 Rn 35.
917 NK-BGB/*Kollmann*, § 308 Rn 144; MüKo/*Wurmnest*, § 308 Nr. 6 Rn 1; Wolf/Lindacher/Pfeiffer/*Dammann*, § 308 Nr. 6 Rn 1; Palandt/*Grüneberg*, § 308 Rn 35.
918 Palandt/*Grüneberg*, § 308 Rn 36.

muten und dem Vertragspartner die Möglichkeit des Gegenbeweises eröffnen.[919] Denn würde § 308 Nr. 6 BGB ausschließlich auf Fiktionen und unwiderlegbare Vermutungen Anwendung finden, entstünde ein Wertungswiderspruch zu § 309 Nr. 12 lit. b BGB, der mit seinen strengeren wertungsunabhängigen Anforderungen auf die für den Vertragspartner weniger belastende widerlegbare Vermutung Anwendung finden würde.[920] Auch die Fiktion des Zugangszeitpunkts fällt nach überwiegender Ansicht unter § 308 Nr. 6 BGB.[921]

Nicht unter § 308 Nr. 6 BGB fällt es dagegen, wenn der Vertragspartner formularmäßig auf jedweden Zugang verzichtet, da es insoweit nicht mehr auf den Zugang als Wirksamkeitsvoraussetzung ankommt.[922]   405

Unwirksam sind dagegen nach § 309 Nr. 12 lit. b BGB **Abgabe- oder Absendefiktionen**, die oftmals mit einer Zugangsfiktion verbunden werden, da die Privilegierung des § 308 Nr. 6 BGB nur den Zugang, nicht aber die Erklärung selbst erfassen soll.[923]   406

Weitere Anwendungsvoraussetzung des Klauselverbots ist es, dass die **Erklärung des Verwenders von besonderer Bedeutung** ist. Erfasst werden alle Arten von Erklärungen, auch dann, wenn sie von einem Stellvertreter abgegeben worden sind.[924] Eine besondere Bedeutung ist anzunehmen, wenn die Erklärung für den Vertragspartner mit nachteiligen Rechtsfolgen verbunden ist oder verbunden sein kann.[925] Dagegen können Erklärungen, die sich für den Vertragspartner rechtlich positiv oder neutral auswirken, durchaus Gegenstand einer Zugangsfiktion sein, weil es in diesen Fällen an einer Schutzbedürftigkeit des Vertragspartners fehlt.[926] Zudem wird vertreten, dass dies auch für Erklärungen mit geringfügigen rechtlichen Nachteilen für den Vertragspartner gelten soll.[927] Dies wird allerdings davon abhängig zu machen sein, ob unter Berücksichtigung des rechtlichen Nachteils die im Interesse des Verwenders liegende erleichterte Vertragsabwicklung vorzugswürdig erscheint.   407

---

919 MüKo/*Wurmnest*, § 308 Nr. 6 Rn 3; Wolf/Lindacher/Pfeiffer/*Dammann*, § 308 Nr. 6 Rn 11; Palandt/*Grüneberg*, § 308 Rn 36.
920 NK-BGB/*Kollmann*, § 308 Rn 145; Palandt/*Grüneberg*, § 308 Rn 36; MüKo/*Wurmnest*, § 308 Nr. 6 Rn 3; Wolf/Lindacher/Pfeiffer/*Dammann*, § 308 Nr. 6 Rn 11.
921 NK-BGB/*Kollmann*, § 308 Rn 145; Palandt/*Grüneberg*, § 308 Rn 36; Wolf/Lindacher/Pfeiffer/*Dammann*, § 308 Nr. 6 Rn 7.
922 MüKo/*Wurmnest*, § 308 Nr. 6 Rn 4; Wolf/Lindacher/Pfeiffer/*Dammann*, § 308 Nr. 6 Rn 10; a.A. (entsprechende Anwendung) NK-BGB/*Kollmann*, § 308 Rn 145; Palandt/*Grüneberg*, § 308 Rn 36.
923 NK-BGB/*Kollmann*, § 308 Rn 145; Wolf/Lindacher/Pfeiffer/*Dammann*, § 308 Nr. 6 Rn 8–9.
924 NK-BGB/*Kollmann*, § 308 Rn 146; Wolf/Lindacher/Pfeiffer/*Dammann*, § 308 Nr. 6 Rn 2.
925 OLG Oldenburg NJW 1992, 1839, 1840; OLG München NJW-RR 2008, 1182; NK-BGB/*Kollmann*, § 308 Rn 146; MüKo/*Wurmnest*, § 308 Nr. 6 Rn 5; Wolf/Lindacher/Pfeiffer/*Dammann*, § 308 Nr. 6 Rn 4; Palandt/*Grüneberg*, § 308 Rn 37.
926 NK-BGB/*Kollmann*, § 308 Rn 146; Wolf/Lindacher/Pfeiffer/*Dammann*, § 308 Nr. 6 Rn 5.
927 NK-BGB/*Kollmann*, § 308 Rn 146; Wolf/Lindacher/Pfeiffer/*Dammann*, § 308 Nr. 6 Rn 4.

408 Zulässig ist es nach überwiegender Auffassung auch, wenn der Verwender in seinen Geschäftsbedingungen vorsieht, dass die Zugangsfiktion für alle unbedeutenden Erklärungen gelten solle, auch wenn er dadurch das Beurteilungsrisiko auf seinen Vertragspartner verlagert.[928] Unter Berücksichtigung des Transparenzgebots dürften jedoch solche Geschäftsbedingungen unzulässig sein, bei denen der Vertragspartner die Reichweite der vertraglichen Regelung nicht zuverlässig einschätzen kann.

409 Eine besondere Bedeutung wird vor allem folgenden Erklärungen des Verwenders zugeschrieben:[929]

- Mahnungen,[930]
- Kündigungen,[931]
- Rücktrittserklärungen,[932]
- Anfechtungserklärungen,[933]
- Nachfristsetzungen,[934]
- Fristsetzungen,[935]
- Beweislastverschiebungen,[936]
- Genehmigungserklärungen.[937]

410 **Kaufmännischer Geschäftsverkehr:** Im kaufmännischen Geschäftsverkehr findet das Klauselverbot über § 307 Abs. 1 S. 1 BGB grundsätzlich entsprechende Anwendung, da eine Beweisländerung auch den Kaufmann unangemessen benachteiligen kann, wenn ihm dadurch faktisch der Beweis des fehlenden Zugangs der Erklärung abgeschnitten wird.[938] Allerdings ist im Rahmen der Abwägung zu berücksichtigen, dass im Handelsverkehr die schnelle Vertragsabwicklung und die Herstellung klarer Verhältnisse

---

928 OLG Oldenburg NJW 1992, 1839, 1840; NK-BGB/*Kollmann*, § 308 Rn 146; a.A. MüKo/*Wurmnest*, § 308 Nr. 6 Rn 5.
929 Vgl. NK-BGB/*Kollmann*, § 308 Rn 147.
930 OLG Stuttgart BB 1979, 908, 909; OLG Hamburg VersR 1981, 125; Wolf/Lindacher/Pfeiffer/*Dammann*, § 308 Nr. 6 Rn 4; NK-BGB/*Kollmann*, § 308 Rn 147.
931 BayObLG NJW 1980, 2818, 2819; Wolf/Lindacher/Pfeiffer/*Dammann*, § 308 Nr. 6 Rn 4; Palandt/*Grüneberg*, § 308 Rn 37; NK-BGB/*Kollmann*, § 308 Rn 147.
932 Wolf/Lindacher/Pfeiffer/*Dammann*, § 308 Nr. 6 Rn 4.
933 Wolf/Lindacher/Pfeiffer/*Dammann*, § 308 Nr. 6 Rn 4.
934 Palandt/*Grüneberg*, § 308 Rn 37.
935 Palandt/*Grüneberg*, § 308 Rn 37; Wolf/Lindacher/Pfeiffer/*Dammann*, § 308 Nr. 6 Rn 4; NK-BGB/*Kollmann*, § 308 Rn 147.
936 Wolf/Lindacher/Pfeiffer/*Dammann*, § 308 Nr. 6 Rn 4.
937 BGH NJW 2000, 2667, 2668; OLG Oldenburg NJW 1992, 1839, 1840; OLG Düsseldorf NJW-RR 1988, 104; Wolf/Lindacher/Pfeiffer/*Dammann*, § 308 Nr. 6 Rn 4; NK-BGB/*Kollmann*, § 308 Rn 147.
938 OLG Hamburg WM 1986, 385; NK-BGB/*Kollmann*, § 308 Rn 149; Wolf/Lindacher/Pfeiffer/*Dammann*, § 308 Nr. 6 Rn 31; Palandt/*Grüneberg*, § 308 Rn 38.

im Vordergrund stehen, so dass auch hier die Besonderheiten durch Handelsbräuche entsprechende Berücksichtigung finden müssen.[939]

10. Abwicklung von Verträgen (§ 308 Nr. 7 BGB)

a) Allgemeines

§ 308 Nr. 7 BGB untersagt Vertragsbedingungen, durch die sich der Verwender im Fall des Rücktritts oder der Kündigung eine unangemessen hohe Nutzungs- bzw. Gebrauchsvergütung (§ 308 Nr. 7 lit. a BGB) oder einen unangemessen hohen Aufwendungsersatz (§ 308 Nr. 7 lit. b BGB) vorbehält.

Zweck der Vorschrift ist es, dem Vertragspartner seine Rücktritts- bzw. Kündigungsrechte weitgehend uneingeschränkt zu erhalten. Zur Erreichung dieses Zwecks wird dem Verwender untersagt, die Ausübung der Rücktritts- bzw. Kündigungsrechte dadurch zu erschweren, dass der Vertragspartner eine unverhältnismäßige Nutzungsvergütung oder einen unverhältnismäßigen Aufwendungsersatz leisten muss.[940] Dem Klauselverbot liegt der Gedanke zugrunde, dass die gesetzlichen Regelungen für die Rückabwicklung eines Schuldverhältnisses in den §§ 346 ff. BGB, aber auch in einer Vielzahl von Spezialvorschriften, grundsätzlich eine ausgewogene Rückabwicklung unter Berücksichtigung der Interessen beider Vertragsparteien vorsehen. Da diese gesetzlichen Regelungen jedoch dispositiv sind, können sie durch eine zugunsten des Verwenders abweichende Regelung in AGB ersetzt werden. § 308 Nr. 7 BGB soll dabei einer zu umfangreichen Abweichung von der gesetzlichen Ausgestaltung entgegenwirken.[941] Deshalb werden von § 308 Nr. 7 BGB auch nicht die Beendigungstatbestände an sich einer Wirksamkeitskontrolle unterworfen, sondern lediglich die angemessene Verknüpfung des Beendigungstatbestands mit dem Nutzungs- und Aufwendungsersatz des Verwenders.[942]

§ 308 Nr. 7 BGB ist auf **alle Rücktritts- und Kündigungsrechte** anwendbar.[943] Demnach erfasst die Vorschrift insbesondere die **§§ 323, 324, 542, 543, 620 Abs. 2, 626 und § 627 BGB**. Überwiegend wird darüber hinaus befürwortet, die Vorschrift auf **alle Fälle der vorzeitigen Vertragsbeendigung durch Rechtsgeschäft** auszudehnen oder sie entsprechend anzuwenden.[944] Dies führt dazu, dass insbesondere **Anfechtungs-**

---

939 MüKo/*Wurmnest*, § 308 Nr. 6 Rn 6; Wolf/Lindacher/Pfeiffer/*Dammann*, § 308 Nr. 6 Rn 31; NK-BGB/*Kollmann*, § 308 Rn 149.
940 NK-BGB/*Kollmann*, § 308 Rn 150; Wolf/Lindacher/Pfeiffer/*Dammann*, § 308 Nr. 7 Rn 1.
941 NK-BGB/*Kollmann*, § 308 Rn 150.
942 NK-BGB/*Kollmann*, § 308 Rn 151; Wolf/Lindacher/Pfeiffer/*Dammann*, § 308 Nr. 7 Rn 1.
943 MüKo/*Wurmnest*, § 308 Nr. 7 Rn 4; Wolf/Lindacher/Pfeiffer/*Dammann*, § 308 Nr. 7 Rn 8 f.; Palandt/*Grüneberg*, § 308 Rn 39; NK-BGB/*Kollmann*, § 308 Rn 151.
944 NK-BGB/*Kollmann*, § 308 Rn 151; Wolf/Lindacher/Pfeiffer/*Dammann*, § 308 Nr. 7 Rn 11; *Schmidt* in Ulmer/Brandner/Hensen, § 308 Nr. 7 Rn 6 ff.

und **Widerrufsrechte** grundsätzlich in den Anwendungsbereich der Vorschrift fallen.[945] Auch das Rücktrittsrecht bei fehlgeschlagener Nacherfüllung nach § 323 BGB wird von § 308 Nr. 7 BGB erfasst.

414 Dagegen werden **Widerrufsrechte in Verbraucherverträgen** nicht von § 308 Nr. 7 BGB erfasst, da die zwingende Regelung des § 357 BGB vorgeht und einen rechtsgestaltenden Spielraum im Sinne von § 307 Abs. 3 S. 1 BGB ausschließt.[946] Auch die Verknüpfung einer einvernehmlichen Vertragsbeendigung mit einer Regelung zur Nutzungsentschädigung fällt nicht in den Anwendungsbereich des § 308 Nr. 7 BGB, sondern in den des § 307 BGB, da dieser nur die Folgen einseitiger Gestaltungserklärungen erfassen soll.[947] Ebenfalls unter § 307 BGB fällt es, wenn der Verwender die gesetzlichen Lösungsrechte des Vertragspartners erschwert bzw. ganz ausschließt oder das Vertragsverhältnis faktisch beendet wird.[948]

b) § 308 Nr. 7 lit. a BGB

415 **§ 308 Nr. 7 lit. a BGB** setzt voraus, dass der Verwender in seinen Allgemeinen Geschäftsbedingungen einen Vergütungsanspruch vorsieht. Um einen **Vergütungsanspruch** i.S.d. § 308 Nr. 7 lit. a BGB handelt es sich dann, wenn die Leistung des Vertragspartners in einem Zusammenhang zu der Nutzung oder zu dem Gebrauch einer Sache oder eines Rechts oder einer vom Verwender erbrachten Leistung steht.[949] Dies ist bspw. dann der Fall, wenn der Vertragspartner im Rahmen eines Leasingvertrags Finanzdienstleistungen[950] in Anspruch genommen hat oder wenn eine Partnerschaftsvermittlung[951] dem Vertragspartner ihre Adressdatei zugänglich gemacht hat.

416 Da für pauschalierte Schadensersatzansprüche § 309 Nr. 5 BGB gilt, ist in jedem Einzelfall zu prüfen, ob der Verwender lediglich die vom Vertragspartner gezogenen Nutzungen pauschaliert hat oder ob hierin auch Schadensersatzansprüche enthalten sind.[952] Im Zweifel wird die Rechtsprechung bei zu umfassenden Nutzungsansprüchen dazu neigen, die Vertragsbedingung an den strengeren Anforderungen des § 309 Nr. 5 BGB zu messen. Deshalb sollte die Gestaltung der Vertragsbedingung so gewählt werden, dass eine Schadenspauschalierung ausgeschlossen ist.[953]

---

945 NK-BGB/*Kollmann*, § 308 Rn 151; Palandt/*Grüneberg*, § 308 Rn 39; Wolf/Lindacher/Pfeiffer/*Dammann*, § 308 Nr. 7 Rn 14.
946 Wolf/Lindacher/Pfeiffer/*Dammann*, § 308 Nr. 7 Rn 14.
947 OLG Hamburg NJW-RR 1990, 909, 910; NK-BGB/*Kollmann*, § 308 Rn 151; Wolf/Lindacher/Pfeiffer/*Dammann*, § 308 Nr. 7 Rn 11; Palandt/*Grüneberg*, § 308 Rn 39.
948 NK-BGB/*Kollmann*, § 308 Rn 151.
949 MüKo/*Wurmnest*, § 308 Nr. 7 Rn 6; NK-BGB/*Kollmann*, § 308 Rn 154; Palandt/*Grüneberg*, § 308 Rn 40; Wolf/Lindacher/Pfeiffer/*Dammann*, § 308 Nr. 7 Rn 24 ff.
950 BGH NJW 1982, 1747, 1748.
951 BGH NJW 1991, 2763, 2764.
952 NK-BGB/*Kollmann*, § 308 Rn 152; MüKo/*Wurmnest*, § 308 Nr. 7 Rn 3.
953 Vgl. zum Meinungsstand: Wolf/Lindacher/Pfeiffer/*Dammann*, § 308 Nr. 7 Rn 63.

c) § 308 Nr. 7 lit. b BGB

§ 308 Nr. 7 lit. b BGB greift ein, wenn der Verwender sich für den Fall der vorzeitigen Vertragsbeendigung einen Aufwendungsersatzanspruch vorbehält. Ein **Aufwendungsersatzanspruch** besteht grundsätzlich hinsichtlich der Kosten, die der Verwender für einen Gegenstand oder für einen Auftrag freiwillig übernommen hat,[954] sei es auf Weisung des Vertragspartners oder als notwendige Ausgabe. Derartige **Aufwendungsersatzansprüche** sind vor allem in den §§ **448, 683, 675 und § 670 BGB** geregelt. Diese schließen bspw. Aufwendungen für den Transport, den Versand, die Versicherung und die Bearbeitung ein. 417

Auch bei § 308 Nr. 7 lit. b BGB stellt sich die Frage nach einer Abgrenzung zu § 309 Nr. 5 BGB. Der Verwender sollte bei der Gestaltung seiner AGB darauf achten, dass die Einbeziehung unfreiwilliger Vermögensverluste ausgeschlossen ist und der Vertragspartner nur die tatsächlichen Aufwendungen erstatten muss. Insoweit ist jede Pauschalierung risikobehaftet (siehe Rdn 416). 418

d) Unangemessenheit

„*Unangemessen hoch*" ist eine Nutzungsvergütung oder ein Aufwendungsersatz dann, wenn der formularmäßig bestimmte Betrag den Wert übersteigt, den die gezogenen Nutzungen oder die erbrachten Leistungen nach dem gewöhnlichen Lauf der Dinge gehabt haben.[955] Dabei ist für die Beurteilung der Angemessenheit nicht auf die besonderen Umstände des Einzelfalles abzustellen, sondern darauf, ob die Vergütung nach den branchentypischen Umständen der beteiligten Verkehrskreise den üblichen Rahmen überschreitet und deshalb in einer Vielzahl von Fällen zu einer unangemessen hohen Vergütung führen kann.[956] Tauglicher Vergleichsmaßstab ist diejenige Vergütung, die der Verwender ohne die fragliche Vertragsbedingung von dem Vertragspartner aufgrund der gesetzlichen Regelung verlangen könnte.[957] Der Verwender kann dabei frei entscheiden, ob er die Nutzungsvergütung und den Aufwendungsersatz betragsmäßig oder prozentual angibt.[958] 419

Ausgenommen von § 308 Nr. 7 BGB sind Teilzahlungsgeschäfte, da insoweit von der gesetzlichen Regelung nach § 508 S. 4 BGB, die bei Rückgabe einer Sache die Nutzungs- 420

---

[954] Wolf/Lindacher/Pfeiffer/*Dammann*, § 308 Nr. 7 Rn 27.
[955] BGH NJW 1991, 2763, 2764; Wolf/Lindacher/Pfeiffer/*Dammann*, § 308 Nr. 7 Rn 31; MüKo/*Wurmnest*, § 308 Nr. 7 Rn 3; Palandt/*Grüneberg*, § 308 Rn 41.
[956] BGH NJW 1983, 1491, 1492; Wolf/Lindacher/Pfeiffer/*Dammann*, § 308 Nr. 7 Rn 31; MüKo/*Wurmnest*, § 308 Nr. 7 Rn 8; Palandt/*Grüneberg*, § 308 Rn 41.
[957] BGH NJW-RR 2005, 642, 643; MüKo/*Wurmnest*, § 308 Nr. 7 Rn 9; Palandt/*Grüneberg*, § 308 Rn 41; Wolf/Lindacher/Pfeiffer/*Dammann*, § 308 Nr. 7 Rn 31; NK-BGB/*Kollmann*, § 308 Rn 158.
[958] BGH NJW 1985, 632, 633; NK-BGB/*Kollmann*, § 308 Rn 158.

vergütung nach der zwischenzeitlich eingetretenen Wertminderung bemisst, nicht zulasten des Vertragspartners abgewichen werden darf.[959]

aa) Höhe des Vergütungsanspruchs

421 Als **Anhaltspunkte für den Vergütungsanspruch** kommen folgende Gesichtspunkte in Betracht:

422 Bei **Dienstleistungen** kann der Verwender nach der gesetzlichen Regelung des § 628 BGB einen seiner bisherigen Leistung entsprechenden Teil der Vergütung verlangen. Dies schließt sog. Anlaufkosten[960] und entstandene Allgemeinkosten[961] ebenso ein wie die Vergütung einer bereits erbrachten vertraglichen Teilleistung. Die maximal vom Verwender zu beanspruchende Vergütung beläuft sich auf den Wert der vertraglich vorgesehenen Gegenleistung (= Erfüllungsinteresse).[962]

423 Bei **Werkverträgen** ist im Fall der Vertragsbeendigung durch eine ordentliche Kündigung § 649 BGB heranzuziehen, so dass grundsätzlich eine Pauschalierung zulässig ist. Insoweit wurden bei einem Vertrag über den Bau eines Fertighauses 5 % der Auftragssumme als angemessene Vergütung angesehen.[963] Auch eine Pauschale in Höhe von 10 % der Auftragssumme wurde noch als angemessen bewertet.[964] Dagegen waren 40 % der ersparten Aufwendungen eines Architekten nicht pauschal durch AGB zu erlangen.[965] Bei einer einvernehmlichen Vertragsauflösung oder einer Kündigung aus wichtigem Grund sind dagegen die tatsächlich entstandenen Nutzungskosten anzusetzen.[966]

424 Bei einem **Reisevertrag** besteht nach § 651i Abs. 2 BGB im Falle eines Rücktritts des Vertragspartners ein Entschädigungsanspruch. Dieser kann in pauschalierten Stornokosten nach § 651i Abs. 3 BGB bestehen, die der Verwender in Form eines prozentualen Anteils am Reisepreis verlangen kann, um die vertragliche Abwicklung zu erleichtern. Allerdings muss der Verwender die Stornokosten für jede Reiseart gesondert festlegen und zudem die Anforderungen des § 309 Nr. 5 BGB beachten, um eine Unwirksamkeit

---

959 BGH NJW 1985, 320, 325 f.; Wolf/Lindacher/Pfeiffer/*Dammann*, § 308 Nr. 7 Rn 38; NK-BGB/*Kollmann*, § 308 Rn 158.
960 BGH NJW 1991, 2763, 2764; Wolf/Lindacher/Pfeiffer/*Dammann*, § 308 Nr. 7 Rn 35; NK-BGB/*Kollmann*, § 308 Rn 159.
961 BGH NJW 1991, 2763, 2764; OLG Nürnberg NJW-RR 1997, 1556; Wolf/Lindacher/Pfeiffer/*Dammann*, § 308 Nr. 7 Rn 35; MüKo/*Wurmnest*, § 308 Nr. 7 Rn 10; NK-BGB/*Kollmann*, § 308 Rn 159.
962 NK-BGB/*Kollmann*, § 308 Rn 94.
963 BGHZ 87, 112, 120 f.; OLG Koblenz NJW-RR 2000, 871, 872; Wolf/Lindacher/Pfeiffer/*Dammann*, § 308 Nr. 7 Rn 35a; NK-BGB/*Kollmann*, § 308 Rn 159.
964 BGH NJW 2006, 2551, 2552; OLG Düsseldorf NJW-RR 1995, 1392; OLG Düsseldorf NJOZ 2005, 2658, 2662; Palandt/*Grüneberg*, § 308 Rn 43; Wolf/Lindacher/Pfeiffer/*Dammann*, § 308 Nr. 7 Rn 35a.
965 BGH NJW 1997, 259, 260; BGH NJW-RR 2001, 385, 386; Palandt/*Grüneberg*, § 308 Rn 43; Wolf/Lindacher/Pfeiffer/*Dammann*, § 308 Nr. 7 Rn 35a; NK-BGB/*Kollmann*, § 308 Rn 159.
966 NK-BGB/*Kollmann*, § 308 Rn 159.

der Vertragsbedingung auszuschließen.[967] Pauschale Stornokosten zwischen 35 % und 80 % des Reisepreises je nach zeitlichem Abstand zum vertraglich vorgesehenen Reisetermin werden im Allgemeinen als zulässig angesehen.[968] Unzulässig ist dagegen eine allgemeine Stornopauschale von 100 % des Reisepreises.[969]

Bei der **Nutzungsvergütung für den Verbrauch von Sachen** ist die Höhe der Vergütung an dem üblichen Mietzins bzw. einer üblichen Lizenzgebühr zu orientieren.[970] Hinzu kommt ein Zuschlag für den durch die Verwendung der Sache eingetretenen Wertverlust, der durch eine entsprechende Pauschale vorgesehen werden kann.[971] Die Vertragsbedingung darf nicht so gestaltet sein, dass die Nutzungsvergütung ohne Berücksichtigung der tatsächlichen Verwendung der Sache vollständig verringert wird und unter Einschluss des Aufwendungsersatzes das vereinbarte Entgelt erreicht oder überschritten wird.[972] Es ist deshalb auch bei Nutzungen von Sachen der objektive Wert der Sache heranzuziehen.[973] Auch Vorteile, die der Verwender typischerweise bei einer vorgezogenen Beendigung des Vertragsverhältnisses ziehen kann, sind bei der Höhe der Vergütung zu berücksichtigen. 425

Bei Sachen ist hinsichtlich der **üblichen Nutzungsvergütung** zu beachten: 426
- Pkw: 0,12 DM je gefahrenem Kilometer[974] – heute der entsprechende Umrechnungswert in EUR;
- die Bemessung nach Staffelbeträgen unter Berücksichtigung hoher Werte bei Schwellenüberschreitung ist unwirksam.[975]

bb) Höhe des Aufwendungsersatzes

Erstattungsfähig sind nur solche Aufwendungen des Verwenders, die kausal durch den Vertragschluss verursacht worden sind.[976] Zu den erstattungsfähigen Aufwendungen können deshalb die angemessenen Vertragskosten, Transport- und Montagekosten, Versicherungsprämien, Finanzierungs- und Inkassokosten und nicht anrechenbare Steuern 427

---

967 LG Hamburg NJW 1998, 3281 f.; NK-BGB/*Kollmann*, § 308 Rn 159; zur Unwirksamkeit einer Stornopauschale von 25 % bei Stornierung sechs Monate vor Reisebeginn: AG Hannover, Urt. v. 21.12.2011 – 450 C 9763/11.
968 AG Bremen NJW 2011, 3726, 3728 f.; LG Köln NJW-RR 2001, 1064, 1066; MüKo/*Wurmnest*, § 309 Nr. 5 Rn 11; Wolf/Lindacher/Pfeiffer/*Dammann*, § 308 Nr. 7 Rn 35; NK-BGB/*Kollmann*, § 308 Rn 159.
969 LG Köln NJW-RR 2001, 1064, 1066; OLG Nürnberg NJW 1999, 3128, 3128; MüKo/*Wurmnest*, § 309 Nr. 5 Rn 11; Wolf/Lindacher/Pfeiffer/*Dammann*, § 308 Nr. 7 Rn 35.
970 NK-BGB/*Kollmann*, § 308 Rn 161.
971 NK-BGB/*Reiff*, § 503 Rn 5; NK-BGB/*Kollmann*, § 308 Rn 161.
972 NK-BGB/*Kollmann*, § 308 Rn 161.
973 NK-BGB/*Kollmann*, § 308 Rn 161.
974 BGH NJW 1994, 1060, 1067; Palandt/*Grüneberg*, § 308 Rn 43; NK-BGB/*Kollmann*, § 308 Rn 162.
975 BGH NJW 1994, 1060, 1068; Palandt/*Grüneberg*, § 308 Rn 43; NK-BGB/*Kollmann*, § 308 Rn 162.
976 OLG Hamm NJW-RR 1987, 311, 314; NK-BGB/*Reiff*, § 508 Rn 7; NK-BGB/*Kollmann*, § 308 Rn 165; Wolf/Lindacher/Pfeiffer/*Dammann*, § 308 Nr. 7 Rn 37.

gerechnet werden.[977] Hinzukommen können weitere Kostenfaktoren, die sich aus der jeweiligen Vertragsart herleiten, wie z.b. Maklerprovisionen oder Vorhalte- und Lagerungskosten.

428 Eine Vertragsbedingung, die von einer Bearbeitungsgebühr ausgeht, wird allgemein so verstanden, dass mit ihr sämtliche Aufwendungen einschließlich eines möglichen Gewinnanteils bereits abgedeckt sind.[978] Deshalb sollte eine derartige Vertragsbedingung immer auch vorsehen, dass dem Verwender der Nachweis höherer Aufwendungen vorbehalten bleibt.[979]

429 Übliche Gestaltungen des Aufwendungsersatzes sind:

- **Fertighaus**: Bearbeitungsgebühren bis zu 5 % des Gesamtkaufpreises sind wirksam, selbst wenn mit dem Bau noch nicht begonnen wurde; allerdings müssen auch erlangte Vorteile ausgeglichen werden.[980]
- **Darlehensvertrag**: Bearbeitungsgebühr von 3 % bei unterbliebener Annahme der Darlehenssumme durch den Darlehensnehmer ist unwirksam.[981]
- **Schadensersatzpauschale**: Grundsätzlich sind 2–3 %, in Einzelfällen bis zu 5 % wirksam.[982]
- **Partnerschaftsvermittlung**: Bearbeitungsgebühren von 57 % bzw. 30 % des Aufnahmebetrags bei vorzeitiger Beendigung der Mitgliedschaft sind unwirksam.[983]
- **Handelsvertretervertrag**: Bearbeitungsgebühren, denen keine oder keine ausreichende Gegenleistung gegenüber steht („Eintrittsgelder") sind unwirksam.[984]
- **Mietvertrag**: Aufwandpauschale von einer Monatsmiete ist wirksam.[985]
- **Wartungs- bzw. Servicevertrag**: Je nach Dauer des Vertrags sind bis zu drei Monatsentgelte bei vorzeitiger Beendigung angemessen.[986]

e) Möglichkeit des Gegenbeweises

430 Nach der Rechtsprechung des BGH muss dem Vertragspartner durch die AGB auch die Möglichkeit eröffnet werden, dem Verwender geringere Nutzungskosten und Aufwen-

---

977 BGH NJW 1983, 1491, 1492; Wolf/Lindacher/Pfeiffer/*Dammann*, § 308 Nr. 7 Rn 37; NK-BGB/*Kollmann*, § 308 Rn 163.
978 BGH NJW 1983, 1491, 1492; NK-BGB/*Kollmann*, § 308 Rn 164.
979 BGH NJW 1983, 1491, 1492; NK-BGB/*Kollmann*, § 308 Rn 164.
980 BGH NJW 1983, 1491, 1492; Palandt/*Grüneberg*, § 308 Rn 43; NK-BGB/Kollmann, § 308 Rn 165.
981 OLG Hamburg NJW 1983, 1503; Palandt/*Grüneberg*, § 308 Rn 43; NK-BGB/*Kollmann*, § 308 Rn 165.
982 BGH NJW 1985, 1831, 1832; NK-BGB/*Kollmann*, § 308 Rn 165.
983 BGH NJW 1991, 2763, 2764; OLG Nürnberg NJW-RR 1997, 1556; NK-BGB/*Kollmann*, § 308 Rn 165; abweichend: Wolf/Lindacher/Pfeiffer/*Dammann*, § 308 Nr. 7 Rn 38.
984 BGH NJW 1982, 181; OLG Koblenz NJW 1987, 74; NK-BGB/*Kollmann*, § 308 Rn 165.
985 OLG Hamburg NJW-RR 1990, 909, 910; Palandt/*Grüneberg*, § 308 Rn 43; NK-BGB/*Kollmann*, § 308 Rn 165.
986 OLG Celle BB 1984, 808, 809; Palandt/*Grüneberg*, § 308 Rn 43; NK-BGB/*Kollmann*, § 308 Rn 165.

dungen nachzuweisen.[987] Dies bedeutet, dass Vertragsbedingungen, die dem Vertragspartner einen entsprechenden Nachweis nicht eröffnen, unwirksam sind. Gelingt dem Vertragspartner der Nachweis, gilt statt der im Vertrag vorgesehenen Nutzungskosten und Aufwendungen der geminderte Wert.[988]

Kaufmännischer Geschäftsverkehr: Auch im kaufmännischen Geschäftsverkehr kommt der Regelung des § 308 Nr. 7 BGB bei der Beurteilung der Unangemessenheit im Rahmen des § 307 Abs. 1 S. 1 BGB Indizfunktion zu.[989] Allerdings ist auch bei der Beurteilung der Unangemessenheit der Abwicklungsvergütung zu berücksichtigen, dass es im Handelsverkehr auf eine schnelle Geschäftsabwicklung ankommt, womit höhere Aufwendungen und Nutzungen verbunden sein können. Zudem ist dem Verwender zuzubilligen, durch die Vergütungsansprüche einen gewissen Bindungszwang auf den kaufmännischen Vertragspartner auszuüben.

431

11. Nichtverfügbarkeit der Leistung (§ 308 Nr. 8 BGB)

Nach § 308 Nr. 8 BGB sind Vertragsbedingungen unwirksam, die entsprechend § 308 Nr. 3 BGB (siehe hierzu Rdn 327 ff.) zugunsten des Verwenders wegen der Nichtverfügbarkeit der Leistung ein Lösungsrecht vorsehen, ohne dass sich der Verwender verpflichtet, den Vertragspartner über die Nichtverfügbarkeit unverzüglich zu informieren und ihm bereits erbrachte Gegenleistungen unverzüglich zu erstatten. Damit erlangt § 308 Nr. 8 BGB nur in Verbindung mit einem formularmäßigen Lösungsrecht des Verwenders Bedeutung.

432

§ 308 Nr. 8 BGB verfolgt den **Zweck**, dass der Vertragspartner im Fall der Nichtverfügbarkeit der vertraglichen Leistung des Verwenders alsbald seine faktische Dispositionsbefugnis über seine Gegenleistung zurückerlangt. Hierzu ist zunächst erforderlich, dass er von dem Verwender über die Nichtverfügbarkeit in Kenntnis gesetzt wird, um die Notwendigkeit einer erneuten Suche nach einem geeigneten Vertragspartner zu erkennen. Zudem ist für eine erneute Disposition erforderlich, dass der Vertragspartner sein Geld unmittelbar nach dem Feststehen des Scheiterns der vertraglichen Beziehung zum Verwender zurückerhält.[990] Gerade bei wirtschaftlich umfangreichen Vertragsbeziehungen wird es dem Vertragspartner oftmals nicht möglich sein, eine erneute Disposition über den Vertragsgegenstand zu treffen, solange er seine finanziellen Mittel, die er an den Verwender geleistet hat, nicht zurückerhalten hat.

433

---

987 BGH NJW 1985, 632 ff.; BGH NJW 1997, 259, 260; NK-BGB/*Kollmann*, § 308 Rn 153.
988 NK-BGB/*Kollmann*, § 308 Rn 153; Wolf/Lindacher/Pfeiffer/*Dammann*, § 308 Nr. 7 Rn 34.
989 BGH ZIP 2005, 492; MüKo/*Wurmnest*, § 308 Nr. 7 Rn 17; Palandt/*Grüneberg*, § 308 Rn 45; Wolf/Lindacher/ Pfeiffer/*Dammann*, § 308 Nr. 7 Rn 80.
990 Palandt/*Grüneberg*, § 308 Rn 46; Wolf/Lindacher/Pfeiffer/*Dammann*, § 308 Nr. 8 Rn 16 ff.

434 Inhaltlich werden von § 308 Nr. 8 BGB vorwiegend **Selbstbelieferungsvorbehalte** und **Vorratsklauseln** erfasst, durch die der Verwender seine Leistungspflicht davon abhängig macht, dass er selbst von einem Dritten beliefert wird oder sein Vorrat noch nicht zu Ende gegangen ist.[991] Voraussetzung ist jedoch stets, dass das Lösungsrecht wirksam nach § 308 Nr. 3 BGB vereinbart worden ist, also ein sachlich gerechtfertigter Grund für das Lösungsrecht besteht und im Vertrag angegeben ist (siehe hierzu Rdn 327 ff.).

435 Nach § 308 Nr. 8 BGB kann der Verwender ein **Lösungsrecht** über die nach § 308 Nr. 3 BGB erforderlichen Voraussetzungen hinaus nur dann wirksam vereinbaren, wenn er seiner **Pflicht zur Information des Vertragspartners** nachkommt und ihm **seine Leistung zurückgewährt**. Dabei kommt es für die Wirksamkeit der Vertragsbedingung nicht darauf an, ob der Verwender diesen Pflichten tatsächlich im Fall der Nichtverfügbarkeit nachkommt, sondern ob er diese Pflichten im Zusammenhang mit seinem Lösungsrecht in den Allgemeinen Geschäftsbedingungen geregelt hat.[992]

436 **Kaufmännischer Geschäftsverkehr:** Im Handelsverkehr haben Selbstlieferungsvorbehalte und Vorratsklauseln erhebliche Bedeutung, weshalb eine inhaltliche Begrenzung der Lösungsrechte des Verwenders in diesem Bereich nur eingeschränkt angewandt wird. Da § 308 Nr. 8 BGB im Vergleich zu § 308 Nr. 3 BGB das Lösungsrecht des Verwenders noch von zusätzlichen Voraussetzungen abhängig macht und die Vorschrift indirekt aus der Umsetzung der EG-Richtlinie 97/7/EG über den Verbraucherschutz bei Vertragsabschlüssen im Fernabsatz (Fernabsatzrichtlinie)[993] hervorgegangen ist, spricht einiges dafür, eine Anwendbarkeit des Klauselverbots im Handelsverkehr abzulehnen.[994]

IV. Unwirksamkeit wegen Verstoßes gegen Treu und Glauben (§ 307 BGB)

437 Die §§ 308, 309 BGB können nicht alle gegen Treu und Glauben verstoßenden Vertragsbedingungen erfassen, weil sie mehr oder weniger abstrakt bestimmte Inhalte Allgemeiner Geschäftsbedingungen für unwirksam erklären. Hat die Prüfung der §§ 308, 309 BGB deshalb zu dem Ergebnis geführt, dass keines der Klauselverbote zur Anwendung ge-

---

991 LG Hamburg ZGS 2004, 76; Wolf/Lindacher/Pfeiffer/*Dammann*, § 308 Nr. 8 Rn 1; NK-BGB/*Kollmann*, § 308 Rn 167; MüKo/*Wurmnest*, § 308 Nr. 8 Rn 3.
992 NK-BGB/*Kollmann*, § 308 Rn 168; MüKo/*Wurmnest*, § 308 Nr. 8 Rn 4; Wolf/Lindacher/Pfeiffer/*Dammann*, § 308 Nr. 8 Rn 13, 16.
993 Richtlinie vom 20.5.1997, ABl EG 1997 L 144/19.
994 NK-BGB/*Kollmann*, § 308 Rn 169; Wolf/Lindacher/Pfeiffer/*Dammann*, § 308 Nr. 8 Rn 29; MüKo/*Wurmnest*, § 308 Nr. 8 Rn 5; *Schmidt* in Ulmer/Brandner/Hensen, § 308 Nr. 8 Rn 8.

langt, so ist die Wirksamkeit der Allgemeinen Geschäftsbedingung abschließend an der Generalklausel des § 307 Abs. 1 S. 1 BGB zu messen.[995]

Danach sind Allgemeine Geschäftsbedingungen unwirksam, wenn sie den Vertragspartner des Verwenders entgegen den Geboten von „*Treu und Glauben*" unangemessen benachteiligen (§ 307 Abs. 1 S. 1 BGB). Diese sehr allgemein gehaltene, zentrale Vorschrift der Inhaltskontrolle wird zunächst durch das **Transparenzgebot** in § 307 Abs. 1 S. 2 BGB näher konkretisiert (siehe hierzu Rdn 455 ff.).[996] Weitere Konkretisierungen der Generalklausel finden sich in den beiden gesetzlichen Auslegungsregeln des § 307 Abs. 2 BGB (siehe Rdn 441 ff.).[997] 438

Diese gesetzliche Systematik macht deutlich, dass die Ausgestaltung der Inhaltskontrolle auch innerhalb des § 307 BGB durch ein zunehmendes Maß an Bestimmtheit geprägt ist. Während § 307 Abs. 1 S. 1 BGB mit dem Erfordernis einer den Geboten von Treu und Glauben widersprechenden unangemessenen Benachteiligung des Vertragspartners noch eine sehr unbestimmte, ausfüllungsbedürftige Regelung enthält, beschreibt § 307 Abs. 1 S. 2, Abs. 2 BGB näher, wann nach Auffassung des Gesetzgebers eine solche unangemessene Benachteiligung vorliegen soll. Dies bedeutet für die Prüfung der Wirksamkeit Allgemeiner Geschäftsbedingungen, dass eine genauere Untersuchung der Einhaltung der Maßstäbe des § 307 Abs. 1 S. 1 BGB dann unterbleiben kann, wenn bereits einer der typisierten Fälle einer unangemessenen Benachteiligung oder ein Verstoß gegen das Transparenzgebot vorliegen.[998] 439

Wie bereits mehrfach gesehen, erlangt § 307 BGB besondere Bedeutung im Zusammenhang mit dem kaufmännischen Geschäftsverkehr. Nach § 310 Abs. 1 S. 1 BGB finden insbesondere die Klauselverbote der §§ 308, 309 BGB keine Anwendung gegenüber Unternehmern (siehe § 6 Rdn 2 ff.). Damit sind Allgemeine Geschäftsbedingungen, die ausschließlich gegenüber Unternehmern verwandt werden, nur dann unwirksam, wenn sie für diese eine „*unangemessene Benachteiligung*" i.S.d. § 307 BGB darstellen.[999] Gleiches gilt für Allgemeine Geschäftsbedingungen, die ausschließlich gegenüber öffentlich-rechtlichen Sondervermögen verwendet werden. 440

---

995 Palandt/*Grüneberg*, § 307 Rn 1; Wolf/Lindacher/Pfeiffer/*Dammann*, § 307 Rn 6; NK-BGB/*Kollmann*, § 307 Rn 6 ff.; AnwK-Schuldrecht/*Hennrichs*, § 307 Rn 2.
996 Wolf/Lindacher/Pfeiffer/*Dammann*, § 307 Rn 74.
997 Palandt/*Grüneberg*, § 307 Rn 1; Wolf/Lindacher/Pfeiffer/*Dammann*, § 307 Rn 3, 74; NK-BGB/*Kollmann*, § 307 Rn 1.
998 So für das Transparenzgebot: *Rosenow/Schaffelhuber*, ZIP 2001, 2211, 2212.
999 Wolf/Lindacher/Pfeiffer/*Dammann*, § 307 Rn 6.

§ 5 Die Auslegung Allgemeiner Geschäftsbedingungen

1. Typisierte Fälle unangemessener Benachteiligung (§ 307 Abs. 2 BGB)

441 § 307 Abs. 2 BGB enthält zwei gesetzliche Auslegungsregeln, nach denen eine „*unangemessene Benachteiligung*" i.S.d. § 307 Abs. 1 S. 1 BGB im Zweifel anzunehmen ist: Wenn eine Vertragsbedingung von der gesetzlichen Regelung derart abweicht, dass sie mit deren wesentlichen Grundgedanken nicht mehr zu vereinbaren ist (§ 307 Abs. 2 Nr. 1 BGB) oder wenn eine Vertragsbedingung wesentliche Rechte und Pflichten, die sich aus der Natur des Vertrags ergeben, derart einschränkt, dass die Erreichung des Vertragszwecks gefährdet wird (§ 307 Abs. 2 Nr. 2 BGB).

a) Unvereinbarkeit mit einer gesetzlichen Regelung (§ 307 Abs. 2 Nr. 1 BGB)

442 Gesetzliche Regelungen erreichen aufgrund ihrer Abstraktheit nicht in jeder Konstellation den idealen Ausgleich der betroffenen Interessen der beteiligten Vertragsparteien. Deshalb gestattet der Gesetzgeber bei einer Vielzahl der gesetzlichen Regelungen die Anpassung des Vertragsverhältnisses an die Bedürfnisse der Vertragsparteien (dispositive Vorschriften), um einen gerechten Interessenausgleich herzustellen.[1000] Deshalb ist es dem Verwender Allgemeiner Geschäftsbedingungen auch nicht von vornherein verwehrt, diese dispositiven Vorschriften an seine Interessen und die Bedürfnisse seines Geschäftsbetriebs anzupassen.[1001] Dieser **Gestaltungsspielraum** des Verwenders findet nach § 307 Abs. 2 Nr. 1 BGB aber dort seine **Grenze**, wo die Abweichung von der gesetzlichen Regelung so erheblich wird, dass sie zu einer ungerechten Behandlung des Vertragspartners führt.[1002] Dementsprechend liegt nach § 307 Abs. 2 Nr. 1 BGB eine unangemessene Benachteiligung vor, wenn der Verwender von den wesentlichen Grundgedanken der gesetzlichen Regelung abweicht.

443 „*Gesetzliche Regelungen*" i.S.d. § 307 Abs. 2 Nr. 1 BGB sind **alle Gesetze im formellen und materiellen Sinne**.[1003] Darüber hinaus erfasst die Vorschrift auch alle ungeschriebenen Rechtsgrundsätze, die sich aus dem **Gewohnheitsrecht**, den Regeln des **Richterrechts**, der **ergänzenden Auslegung** oder der **Natur der Sache** ergeben können.[1004]

444 Eine Unvereinbarkeit mit der gesetzlichen Regelung kommt zunächst dann in Betracht, wenn durch den Inhalt Allgemeiner Geschäftsbedingungen das Leitbild abgeändert wird, das für den gewählten Vertragstyp in den dispositiven Vorschriften niedergelegt ist.[1005]

1000 NK-BGB/*Kollmann*, § 307 Rn 29 ff.
1001 Wolf/Lindacher/Pfeiffer/*Dammann*, § 307 Rn 104.
1002 Palandt/*Grüneberg*, § 308 Rn 31; Wolf/Lindacher/Pfeiffer/*Dammann*, § 307 Rn 104.
1003 Palandt/*Grüneberg*, § 307 Rn 29; Wolf/Lindacher/Pfeiffer/*Dammann*, § 307 Rn 105a; NK-BGB/*Kollmann*, § 307 Rn 29, AnwK-Schuldrecht/*Hennrichs*, § 307 Rn 11.
1004 BGHZ 89, 206, 211; BGHZ 100, 157, 163; BGHZ 121, 13, 18; NK-BGB/*Kollmann*, § 307 Rn 29; Palandt/*Grüneberg*, § 307 Rn 29; Wolf/Lindacher/Pfeiffer/*Dammann*, § 307 Rn 105 ff.
1005 BGHZ 81, 298, 302; BGHZ 82,121, 127; BGH NJW 1989, 1479, 1480; MüKo/*Wurmnest*, § 307 Rn 64 f.; Palandt/*Grüneberg*, 307 Rn 32; Wolf/Lindacher/Pfeiffer/*Dammann*, § 307 Rn 125; AnwK-Schuldrecht/*Hennrichs*, § 307 Rn 11.

C. Die Inhaltskontrolle (§§ 307 ff. BGB) § 5

Dabei versteht man unter dem **Leitbild eines Vertragstyps** dessen tragende und das Wesen des Vertrags prägende Gedanken. So hat die Rechtsprechung etwa entschieden, dass das gesetzliche Leitbild des Maklervertrags in der Regelung des § 652 BGB enthalten ist und deshalb Vertragsbedingungen, die wesentlich von diesem Leitbild abweichen, eine unangemessene Benachteiligung für den Vertragspartner i.S.d. § 307 Abs. 2 Nr. 1 BGB zur Folge haben.[1006]

Eine Unvereinbarkeit mit der gesetzlichen Regelung liegt nach der Rechtsprechung auch dann vor, wenn eine Vorschrift des dispositiven Rechts nicht nur reine Zweckmäßigkeitsgesichtspunkte verfolgt, sondern auch ein **Gebot der Gerechtigkeit** verwirklicht und keine besonderen Gründe vorliegen, die eine Abweichung von dieser Vorschrift gebieten.[1007] Dem liegt die Erwägung zugrunde, dass es bei der Beurteilung einer unangemessenen Benachteiligung nach § 307 Abs. 2 Nr. 1 BGB nicht nur darauf ankommen kann, ob von den wesentlichen gesetzlichen Leitbildern abgewichen wird, sondern auch, ob der Grundgedanke der gesetzlichen Regelung als Ausformung des Gerechtigkeitsprinzips nach der Veränderung durch den Verwender noch erhalten bleibt.[1008] Dies kommt auch im Wortlaut des § 307 Abs. 2 Nr. 1 BGB zum Ausdruck, der auf die wesentlichen Grundgedanken der gesetzlichen Regelung abstellt und damit die Bedeutung des Gerechtigkeitsgehalts impliziert. 445

Eine Abweichung von wesentlichen Grundgedanken kann sich schließlich auch daraus ergeben, dass sie mit dem Leitbild einer anderen gesetzlichen Regelung nicht vereinbar ist.[1009] So hat die Rechtsprechung entschieden, dass der Grundsatz des Schutzes personenbezogener Daten nach dem Bundesdatenschutzgesetz zu einer unangemessenen Benachteiligung des Vertragspartners beim Schluss von Partnerschaftsvermittlungsverträgen oder Telekommunikationsverträgen führen kann, wenn in den Vertragsbedingungen die Weitergabe von personenbezogenen Daten vorgesehen ist.[1010] 446

Der gesetzlichen Regelung widerspricht eine Vertragsbedingung, die die **Herausgabe von Wertpapieren** aus einem Depot im Fall der Vertragsauflösung von der Zahlung eines Entgelts abhängig macht. Denn die Herausgabepflicht des Verwahrers ist keine ausschließliche Folge der vertraglichen Beziehungen, sondern beruht auf dessen gesetzlicher Verpflichtung zur Herausgabe der Wertpapiere. Da das DepotG für den Fall der Auflösung des Wertpapiers keinen Gebührentatbestand kennt, widerspricht eine entsprechende Geschäftsbedingung dem Sinn und Zweck der gesetzlichen Regelung und ist damit unwirksam.[1011] 447

[1006] BGH NJW 1965, 246; BGH NJW 1967, 1225, 1226; BGH NJW 1973, 1276, 1278; OLG Düsseldorf NJW-RR 1998, 1594.
[1007] BGH NJW-RR 1996, 1009.
[1008] MüKo/*Wurmnest*, § 307 Rn 66.
[1009] MüKo/*Wurmnest*, § 307 Rn 68.
[1010] OLG Nürnberg VuR 1997, 323, 326; OLG Düsseldorf NJW-RR 1997, 374, 377.
[1011] OLG Köln NJOZ 2004, 2960, 2963; OLG Nürnberg WM 2003, 1989, 1990.

§ 5 Die Auslegung Allgemeiner Geschäftsbedingungen

448 Eine Unvereinbarkeit mit der gesetzlichen Regelung wird auch für die Verwendung **starrer Fristenpläne** bei der Ausführung von **Schönheitsreparaturen** durch den Mieter angenommen.[1012] Denn es widerspricht den mietvertraglichen Regelungen, dem Mieter die Durchführung von Renovierungsarbeiten unabhängig vom Grad der Abnutzung der Räumlichkeiten aufzubürden, da der Mieter dadurch zu einer weitreichenderen Instandhaltung verpflichtet würde, als der Vermieter, dem diese Art der Arbeiten nach der gesetzlichen Regelung ursprünglich zugewiesen ist.[1013] Zudem ist ein Interesse des Vermieters an der Renovierung nicht renovierungsbedürftiger Räume nicht anzuerkennen.

449 Kein Verstoß gegen § 307 Abs. 2 Nr. 1 BGB liegt dagegen vor, wenn die Parteien eines Mietvertrages formularmäßig einen zeitlich begrenzten, beiderseitigen Kündigungsausschluss vereinbaren, da dieser zeitweise Verzicht auf das Recht zur ordentlichen Kündigung im Einklang mit den Regelungen des Mietvertragsrechts steht und keine der Vertragsparteien unangemessen benachteiligt wird, wenn es sich um einen beiderseitigen Verzicht handelt.[1014]

b) Gefährdung des Vertragszwecks (§ 307 Abs. 2 Nr. 2 BGB)

450 Nach § 307 Abs. 2 Nr. 2 BGB liegt eine unangemessene Benachteiligung im Zweifel vor, wenn wesentliche vertragliche Rechte oder Pflichten in einem Umfang eingeschränkt werden, dass die Erreichung des Vertragszwecks gefährdet wird.

451 **Zweck** der Vorschrift ist es, den Vertragspartner des Verwenders davor zu bewahren, dass ihm wesentliche Rechtspositionen entzogen oder eingeschränkt werden, wegen derer er den Vertrag überhaupt erst geschlossen hat.[1015] Im Unterschied zu § 307 Abs. 2 Nr. 1 BGB (siehe Rdn 442 ff.) soll § 307 Abs. 2 Nr. 2 BGB damit auch Konstellationen erfassen, in denen es an einem gesetzlichen Leitbild einer gerechten vertraglichen Ausgestaltung fehlt.[1016] Insoweit ist das Vertrauen des Vertragspartners schutzwürdig, dass die vertragliche Leistungsbeziehung so abgewickelt wird, dass der mit dem Schluss des Vertrages verknüpfte Zweck auch erreicht wird.[1017]

452 **Weiterer Schutzzweck** der Norm ist, dass der Verwender seine Haftung für die Verletzung besonders wichtiger Pflichten (sog. **Kardinalpflichten**) nicht ausschließen kann.[1018] Damit

---

1012 BGH NJW 2004, 2586, 2587; BGH NJW 2006, 3778; LG Marburg, ZMR 2000, 539, 540 f.; LG Berlin, GE 1999, 983; Palandt/*Weidenkaff*, § 535 Rn 43; *Häublein*, ZMR 2000, 139, 141.
1013 BGH NJW 2004, 2586, 2587; BGH NJW 2006, 3778.
1014 BGH NZM 2004, 734.
1015 BGH NJW 1985, 914, 916; BGH NZM 2002, 116, 117; AnwK-Schuldrecht/*Hennrichs*, § 307 Rn 15.
1016 Palandt/*Grüneberg*, § 307 Rn 33.
1017 BGHZ 103, 316, 324; AnwK-Schuldrecht/*Hennrichs*, § 307 Rn 15.
1018 BGHZ 38, 183, 186; BGHZ 71, 167, 173; BGHZ 124, 351; BGH NJW-RR 1996, 763, 786; BGH NJW-RR 1998, 1426, 1427; Wolf/Lindacher/Pfeiffer/*Dammann*, § 307 Rn 132 f.; NK-BGB/*Kollmann*, § 307 Rn 36; Palandt/ *Grüneberg*, § 307 Rn 33; AnwK-Schuldrecht/*Hennrichs*, § 307 Rn 15; *v. Westphalen*, NJW 2002, 12, 22.

soll einer Aushöhlung der Leistungs- und Schutzerwartungen des Vertragspartners durch die Allgemeinen Geschäftsbedingungen des Verwenders vorgebeugt werden.

Schließlich kommt die Vorschrift in Betracht, wenn der Verwender Neben- oder Schutzpflichten ausschließt, die für den Vertragspartner von besonderer Bedeutung sind.[1019]

Keine Gefährdung des Vertragszwecks ist dagegen anzunehmen, wenn die Parteien eines Mietvertrages formularmäßig einen befristeten, beiderseitigen Ausschluss des Rechts zur ordentlichen Kündigung vereinbaren.[1020] Denn auch der Schutzzweck des § 573c Abs. 4 BGB gebietet keine Einschränkung der Zulässigkeit eines Kündigungsverzichts.[1021]

453

454

2. Transparenzgebot (§ 307 Abs. 1 S. 2 BGB)

a) Allgemeines

Nach § 307 Abs. 1 S. 2 BGB kann sich eine unangemessene Benachteiligung daraus ergeben, dass eine Vertragsbedingung **nicht klar und verständlich** ist. Damit verfolgt die Vorschrift den Zweck, den Verwender zu einer deutlichen und verständlichen Fassung seiner Allgemeinen Geschäftsbedingungen anzuhalten und eine beabsichtigte oder unbeabsichtigte Irreführung des Vertragspartners und eine damit einhergehende Verschlechterung seiner Rechtsposition zu verhindern.[1022]

455

Da die Transparenzkontrolle nach § 307 Abs. 1 S. 2 BGB auf die Klarheit und Verständlichkeit einer Vertragsbedingung abstellt, ist sie auch stets im Zusammenhang mit der **Unklarheitenregelung** des § 305 lit. c Abs. 2 BGB zu sehen (siehe Rdn 6 ff.).[1023] Während es sich bei § 305 lit. c Abs. 2 BGB jedoch um eine **Auslegungsregelung** im Zusammenhang mit der Einbeziehung Allgemeiner Geschäftsbedingungen handelt, ist § 307 Abs. 1 S. 2 BGB ein Mittel der inhaltlichen Überprüfung der erforderlichen Transparenz.

456

Das Maß der Klarheit und Verständlichkeit ist an einem **durchschnittlichen, sorgfältig handelnden Vertragspartner** zu orientieren.[1024] Dies hat zur Folge, dass Allgemeine Geschäftsbedingungen nicht notwendig einfach oder ohne Weiteres verständlich gefasst sein müssen.[1025] Auch die Verwendung unbestimmter Rechtsbegriffe oder schwieriger Inhalte macht

457

1019 BGH NJW 1985, 914, 916; Palandt/*Grüneberg*, § 307 Rn 35; Wolf/Lindacher/Pfeiffer/*Dammann*, § 307 Rn 143; NK-BGB/*Kollmann*, § 307 Rn 38; AnwK-Schuldrecht/*Hennrichs*, § 307 BGB Rn 15.
1020 BGH NJW 2005, 1574; Palandt/*Weidenkaff*, § 573c Rn 3.
1021 BGH NZM 2004, 734; BGH NJW 2004, 1448.
1022 BGH NJW 2000, 651, 652; BGH NJW 2006, 996; BGH NJW 2007, 3632 (Tz 31); BGH NJW 2008, 1438; NK-BGB/*Kollmann*, § 307 Rn 16; Palandt/*Grüneberg* § 307 Rn 21; AnwK-Schuldrecht/*Hennrichs*, § 307 Rn 8.
1023 Palandt/*Grüneberg*, § 307 Rn 20; Wolf/Lindacher/Pfeiffer/*Dammann*, § 307 Rn 235; NK-BGB/*Kollmann*, § 307 Rn 24; AnwK-Schuldrecht/*Hennrichs*, § 307 Rn 7.
1024 NK-BGB/*Kollmann*, § 307 Rn 19; Palandt/*Grüneberg*, § 307 Rn 23; Wolf/Lindacher/Pfeiffer/*Dammann*, § 307 Rn 244; *v. Westphalen*, NJW 2002, 12, 16.
1025 BGHZ 112, 115, 119; NK-BGB/*Kollmann*, § 307 Rn 19.

die Vertragsbedingung noch nicht unwirksam.[1026] Kann der Verwender dagegen bereits bei der Gestaltung seiner Allgemeinen Geschäftsbedingungen absehen, dass der **Durchschnittskunde** bestimmte Vertragsbedingungen sprachlich oder intellektuell nicht nachvollziehen kann, so ist er gehalten, entweder eine einfachere Formulierung zu wählen oder erläuternde Ausführungen zu machen.[1027] Darüber hinaus mangelt es den Allgemeinen Geschäftsbedingungen des Verwenders an Transparenz, wenn er die Vertragsbedingungen dem Vertragspartner in unverständlicher, verwirrender oder kaum lesbarer Form zugänglich macht.[1028]

458 Nicht erforderlich ist es dagegen, die Allgemeinen Geschäftsbedingungen dem Vertragspartner in verschiedenen Sprachen zur Verfügung zu stellen, soweit kein grenzüberschreitender Geschäftsverkehr stattfindet.[1029] Denn von einem ausländischen Vertragspartner kann der Verwender erwarten, dass dieser entweder die Sprache des Landes beherrscht, in dem er das Rechtsgeschäft tätigen will, oder dass er sich der Hilfe eines Sprachkundigen bedient.

459 Teilweise wird neben der unzureichenden Klarheit oder Verständlichkeit einer Vertragsbedingung die positive Feststellung einer unangemessenen Benachteiligung des Vertragspartners gefordert.[1030] Dies wird damit begründet, dass § 307 BGB die Unwirksamkeit einer Klausel von dem Vorliegen einer unangemessenen Benachteiligung des Vertragspartners abhängig macht, die bloße Unklarheit einer Regelung diese aber nicht zwingend unangemessen nachteilhaft mache.[1031] Ein unangemessener Nachteil liege aber dann vor, wenn der Vertragspartner entweder an einer sachgerechten Beurteilung des Vertrags gehindert wird und hierdurch vorteilhafte Abschlussmöglichkeiten vereitelt würden oder wenn er aufgrund der Unklarheit oder Unverständlichkeit der Geschäftsbedingung an einer sachgerechten Ausübung seiner Rechte gehindert wird.[1032]

460 Die Rechtsprechung und Teile der Literatur waren hingegen schon nach der früheren Rechtslage überwiegend der Meinung, dass bereits die Intransparenz einer Vertragsbedingung deren Unwirksamkeit nach § 307 Abs. 1 S. 1 BGB begründet, ohne dass es auf die positive Feststellung einer unangemessenen Benachteiligung ankommt.[1033] Zur

---

1026 BGH NJW 1998, 3114, 3116; Palandt/*Grüneberg*, § 307 Rn 23; NK-BGB/*Kollmann*, § 307 Rn 19; AnwK-Schuldrecht/*Hennrichs*, § 307 Rn 8.
1027 Siehe *v. Westphalen*, NJW 2002, 12, 16.
1028 BGH NJW 2001, 292, 302; NK-BGB/*Kollmann*, § 307 Rn 16.
1029 BGHZ 87, 112, 115; NK-BGB/*Kollmann*, § 305 Rn 88; MüKo/*Basedow*, § 305 Rn 63; kritisch: *v. Westphalen*, NJW 2002, 12, 13.
1030 NK-BGB/*Kollmann*, § 307 Rn 24; Palandt/*Grüneberg*, § 307 Rn 24; Wolf/Lindacher/Pfeiffer/*Dammann*, § 307 Rn 250; *v. Westphalen*, NJW 2002, 12, 17.
1031 NK-BGB/*Kollmann*, § 307 Rn 24.
1032 NK-BGB/*Kollmann*, § 307 Rn 24; Palandt/*Grüneberg*, § 307 Rn 24; Wolf/Lindacher/Pfeiffer/*Dammann*, § 307 Rn 250.
1033 BGHZ 112, 115, 121 f.; BGHZ 136, 394, 401 f.; BGHZ 140, 25, 31; BGH NJW 1996, 455; BGH NJW 2006, 2545.

Begründung wurde darauf abgestellt, dass eine unklar oder unverständlich gefasste Vertragsbedingung zwingend zu einer „unangemessenen Benachteiligung" des Vertragspartners führt. Diese Auffassung wird inzwischen durch den Wortlaut des § 307 Abs. 1 S. 2 BGB bestätigt.[1034]

Die praktische Relevanz dieser unterschiedlichen Auffassungen dürfte gering sein, da mit nahezu jeder unklaren oder unverständlichen Vertragsbedingung eine vorteilhaftere Abschlussmöglichkeit vereitelt oder die Rechtsposition des Vertragspartners verschlechtert wird.[1035] Denn die Beurteilung einer Abschlussmöglichkeit oder einer Rechtsposition hängt maßgeblich davon ab, ob der Vertragspartner den Inhalt des Vertrages oder das ihm zustehende Recht verstanden hat. Die mangelnde Transparenz einer Klausel stellt einen typisierten Fall einer unangemessenen Benachteiligung dar, so dass eine zusätzliche Feststellung dieses Merkmals bei Vorliegen der Voraussetzungen des § 307 Abs. 1 S. 2 BGB grundsätzlich entbehrlich ist. 461

Eine weitere Klarstellung hat der Gesetzgeber durch § 307 Abs. 3 S. 2 BGB in Verbindung mit § 307 Abs. 1 BGB in die Vorschriften zur Inhaltskontrolle eingefügt. Danach müssen auch **andere Bestimmungen**, die nicht von Rechtsvorschriften abweichen oder diese ergänzende Regelungen enthalten, klar und verständlich gefasst sein. 462

Dies gilt insbesondere für **preisbestimmende und leistungsbeschreibende Vertragsbedingungen**, weil für diese Angaben in Allgemeinen Geschäftsbedingung objektive Richtigkeitsmaßstäbe fehlen und diese einer Inhaltskontrolle deshalb nicht zugänglich sind.[1036] Der Vertragspartner muss jedoch aus den Vertragsbedingungen ersehen können, welche wirtschaftlichen Belastungen und Nachteile auf ihn zukommen, um eine sachgerechte Auswahl unter den Anbietern treffen zu können.[1037] 463

Kaufmännischer Geschäftsverkehr: Auch im kaufmännischen Geschäftsverkehr sind intransparente Allgemeine Geschäftsbedingungen nach § 307 Abs. 1 S. 2 BGB unwirksam.[1038] Bei der Beurteilung der Transparenz ist allerdings zu berücksichtigen, dass der Kaufmann aufgrund seiner Geschäftserfahrung einen höheren Verständnishorizont aufweist als der Normalkunde.[1039] Dementsprechend kann dem Kaufmann die Kenntnis bestimmter wirtschaftlicher bzw. juristischer Fachausdrücke oder von Handelsklauseln ohne Weiteres zugemutet werden. 464

1034 AnwK-Schuldrecht/*Hennrichs*, § 307 Rn 9.
1035 So auch Palandt/*Grüneberg*, § 307 Rn 24.
1036 BGH NJW 1999, 3260; BGH 2001, 2400, 2401; Wolf/Lindacher/Pfeiffer/*Dammann*, § 307 Rn 236, 305; v. Westphalen, NJW 2002, 12, 19.
1037 BGH VersR 2001, 841, 844; AnwK-Schuldrecht/*Hennrichs*, § 307 Rn 9.
1038 BGH NJW 1985, 623, 627; Wolf/Lindacher/Pfeiffer/*Dammann*, § 307 Rn 252; NK-BGB/*Kollmann*, § 307 Rn 87.
1039 Wolf/Lindacher/Pfeiffer/*Dammann*, § 307 Rn 252; NK-BGB/*Kollmann*, § 307 Rn 87.

b) Fallgruppen

465 Die Rechtsprechung hat verschiedene typische Anwendungsfälle des Transparenzgebotes entwickelt, die im Rahmen des § 307 Abs. 1 S. 2 BGB weiterhin Anwendung finden.

466 Von der ersten Fallgruppe werden Konstellationen erfasst, bei denen der Text der Vertragsbedingung für den Vertragspartner unverständlich ist oder die Rechte und Pflichten der Vertragsparteien nicht hinreichend deutlich bezeichnet werden.[1040] Hierunter fallen auch Vorbehalte, die die gesetzliche Regelung in Bezug nehmen (sog. **salvatorische Vorbehalte**), wenn der durchschnittliche Vertragspartner seine Rechte und Pflichten nicht erkennen kann.[1041] So mangelt es etwa einer Klausel an Transparenz, wenn ein Kündigungsrecht des Verwenders an die Rentabilität[1042] oder ausreichende Einnahmen[1043] geknüpft wird oder schwer durchschaubare Berechnungsgrundlagen zugrunde gelegt werden.

467 Eine weitere Fallgruppe fehlender Transparenz einer Allgemeinen Geschäftsbedingung kann sich aus ihrem **Zusammenwirken mit anderen Allgemeinen Geschäftsbedingungen** oder aus ihrer **systematischen Stellung innerhalb des gesamten Vertrages** ergeben.[1044] So kann bei Vertragsbedingungen mit vergleichbarem Regelungsinhalt zweifelhaft sein, welche Regelung welchen Regelungsbereich erfasst. Soll eine Allgemeine Geschäftsbedingung ersatzweise gelten, so ist nur dann von einer transparenten Regelung auszugehen, wenn klar ist, unter welchen konkreten Voraussetzungen die Ersatzklausel eingreifen soll.

468 Von **fehlender Transparenz** ist auch dann auszugehen, wenn eine für den Vertragspartner ungünstige Regelung durch den Verwender verschleiert oder versteckt wird.[1045] Ein **Verstecken** kann etwa dann angenommen werden, wenn eine Regelung systemwidrig in die Allgemeinen Geschäftsbedingungen aufgenommen wird oder eine irreführende Überschrift erhält. Eine **Verschleierung** liegt bspw. vor, wenn dem Vertragspartner durch die Formulierung der Vertragsbedingungen eine Rechtsposition suggeriert wird, die er gerade nicht erhält.[1046] Gleiches gilt auch dann, wenn eine an sich harmlos wirkende Vertragsbedingung mit erheblichen rechtlichen Folgewirkungen verbunden ist, die der durchschnittliche Vertragspartner nicht erkennen kann.[1047]

1040 BGH NJW 1991, 1750, 1753; Wolf/Lindacher/Pfeiffer/*Dammann*, § 307 Rn 253 f.
1041 BGH NJW 1985, 623, 627; BGH NJW 1991, 2631, 2632; BGH NJW 1993, 1061, 1062; BGH NJW 1996, 1407, 1408; BGH, Beschl. v. 5.3.2013 – VIII ZR 137/12; vgl. auch Wolf/Lindacher/Pfeiffer/*Dammann*, § 307 Rn 264 ff.
1042 BGH NJW 1983, 159, 161.
1043 BGH NJW 1985, 53, 55.
1044 BGH NJW 2001, 292, 299 f.; OLG Celle NJW 1989, 2267; Wolf/Lindacher/Pfeiffer/*Dammann*, § 307 Rn 254; NK-BGB/*Kollmann*, § 307 Rn 16.
1045 BGH NJW 1993, 2052, 2054; BGH NJW 2001, 292, 299 f.; BGH NJW-RR 2005, 902; OLG Nürnberg NJW 1977, 1402; Wolf/Lindacher/Pfeiffer/*Dammann*, § 307 Rn 254; NK-BGB/*Kollmann*, § 307 Rn 16.
1046 BGH NJW 2000, 658, 659; OLG Köln NJW 1994, 59, 60; OLG Jena OLG-NL 1995, 127.
1047 BGH NJW 1991, 3025, 3027.

Das Transparenzgebot findet zudem Anwendung, wenn die **tatsächliche Rechtslage irreführend dargestellt** wird.[1048] Dies kann auf schlichter Unklarheit der Formulierung, auf der beabsichtigten oder unbeabsichtigten Suggestion einer falschen Rechtslage oder auf einer direkten Falschdarstellung der Rechtslage beruhen.[1049] In den beiden ersten Fällen besteht weitgehend Einigkeit über die Anwendung des Transparenzgebotes, da insoweit die Unklarheit und Unverständlichkeit der Vertragsbedingung im Vordergrund stehen. Bei der direkten Falschdarstellung wird dagegen teilweise befürwortet, diese nicht auf der Grundlage des Transparenzgebotes für unwirksam zu erklären, sondern sie aus sachlichen Gründen zu verwerfen. Dem ist zuzustimmen, weil dem Verwender deutlich gemacht werden muss, dass eine Nachbesserung im Hinblick auf die Klarheit und Verständlichkeit der Vertragsbedingung im Fall der direkten Falschdarstellung nicht zu ihrer Wirksamkeit führen kann. 469

Schließlich ist als Fallgruppe fehlender Transparenz die Konstellation anerkannt, dass sich der Verwender eine **weitgehende und nicht hinreichend konkretisierte Gestaltungsmöglichkeit** vorbehält.[1050] Anknüpfungspunkt der fehlenden Transparenz ist dabei nicht der Wortlaut der Vertragsbedingung, sondern die mit ihr verknüpften Rechte und Pflichten der Vertragsparteien. Dadurch, dass der Vertragspartner nicht erkennen kann, welche konkreten Gestaltungsmöglichkeiten von der Vertragsbedingung erfasst werden, kann er davon abgehalten werden, sich gegen die Ausübung von unangemessenen Gestaltungsrechten durch den Verwender zu wehren. 470

3. Die Generalklausel

a) Allgemeines

Nach § 307 Abs. 1 S. 1 BGB sind Vertragsbedingungen unwirksam, die den Vertragspartner des Verwenders entgegen den Geboten von Treu und Glauben unangemessen benachteiligen. Damit beinhaltet die Vorschrift den Grundtatbestand der inhaltlichen Kontrolle Allgemeiner Geschäftsbedingungen, der auch solche Vertragsbedingungen erfasst, die von den §§ 307 Abs. 2 (siehe Rdn 441 ff.), 308 (siehe Rdn 256 ff.), 309 BGB (siehe Rdn 14 ff.) keiner inhaltlichen Kontrolle unterzogen werden.[1051] Für Verbraucherverträge ist § 307 Abs. 1 S. 1 BGB im Zusammenhang mit der europarechtlichen Grundlage des Art. 3 Abs. 1 der Richtlinie 93/13/EWG zu sehen, wonach eine Vertragsklausel miss- 471

1048 NK-BGB/*Kollmann*, § 307 Rn 16; Palandt/*Grüneberg*, § 307 Rn 27; Wolf/Lindacher/Pfeiffer/*Dammann*, § 307 Rn 267 ff.; *Heinrichs*, NJW 1994, 1381, 1384.
1049 NK-BGB/*Kollmann*, § 307 Rn 16, 19; Wolf/Lindacher/Pfeiffer/*Dammann*, § 307 Rn 267.
1050 NK-BGB/*Kollmann*, § 307 Rn 16, 25; Wolf/Lindacher/Pfeiffer/*Dammann*, § 307 Rn 258; zur Kündigung: OLG Brandenburg NJW-RR 2003, 991.
1051 NK-BGB/*Kollmann*, § 307 Rn 1; Wolf/Lindacher/Pfeiffer/*Dammann*, § 307 Rn 157; Palandt/*Grüneberg*, § 307 Rn 1.

bräuchlich ist, wenn sie entgegen dem Gebot von Treu und Glauben zum Nachteil des Verbrauchers ein erhebliches und ungerechtfertigtes Missverhältnis der vertraglichen Rechte und Pflichten verursacht. Beide Regelungen zielen damit auf einen Schutz des Verbrauchers vor unangemessenen Benachteiligungen ab, so dass Art. 3 Abs. 1 der Richtlinie 93/13/EWG bei der Anwendung des § 307 Abs. 1 S. 1 BGB zu berücksichtigen ist.[1052]

472 **Zweck** der Regelung ist es, eine unangemessene Benachteiligung des Vertragspartners oder von dessen Rechtsnachfolger zu verhindern und damit für eine gerechte Ausgestaltung des Vertrags Sorge zu tragen.[1053] Um dieses Ziel zu erreichen, ist es erforderlich, eine **umfassende Interessenabwägung** vorzunehmen und die wechselseitigen Interessen von Verwender und Vertragspartner zu einem gerechten Ausgleich zu bringen.[1054]

473 **Maßgebender Zeitpunkt** für die Beurteilung, ob eine unangemessene Benachteiligung vorliegt, ist der Zeitpunkt des **Vertragschlusses**.[1055] Dies ergibt sich für Verbraucherverträge aus Art. 4 Abs. 1 der Richtlinie 93/13/EWG, gilt aber auch im Übrigen, da ab diesem Zeitpunkt die Allgemeinen Geschäftsbedingungen ihre Wirksamkeit entfalten. Ändern sich die tatsächlichen Umstände während der Laufzeit des Vertrags und tritt hierdurch eine unangemessene Benachteiligung ein, so kann dies einen Verstoß gegen § 242 BGB, nicht aber gegen § 307 Abs. 1 S. 1 BGB rechtfertigen.[1056] Auch ein Wandel in der tatsächlichen Bewertung ist grundsätzlich nicht geeignet, eine Unwirksamkeit der Vertragsbedingung nach § 307 Abs. 1 S. 1 BGB zu begründen, da dies mit einem erheblichen Maß an Rechtsunsicherheit verknüpft wäre und der Verwender seine Vertragsbedingungen nur nach den rechtlichen Bewertungsmaßstäben zum Zeitpunkt des Vertragschlusses erstellen kann.[1057] Besteht die Veränderung dagegen in einer Verbesserung der Inhaltskontrolle und nicht auf einer wesentlichen Änderung des Bewertungsmaßstabs, so sind die neuen Grundsätze auch auf vorhergehende Vertragsbedingungen anwendbar.[1058] Dies beruht darauf, dass der späteren Kontrolle keine andere Bewertung zugrunde gelegt wird, vielmehr die Vertragsbedingung nachträglich genauer auf ihre Vereinbarkeit mit den im Zeitpunkt des Vertragsabschlusses geltenden Bewertungsmaßstäben überprüft werden kann.

[1052] NK-BGB/*Kollmann*, § 307 Rn 5; Wolf/Lindacher/Pfeiffer/*Dammann*, § 307 Rn 157; Palandt/*Grüneberg*, § 307 Rn 10; MüKo/*Wurmnest*, § 307 Rn 25 ff.; AnwK-Schuldrecht/*Hennrichs*, § 307 Rn 4.
[1053] AnwK-Schuldrecht/*Hennrichs*, § 307 Rn 4; vgl. auch Wolf/Lindacher/Pfeiffer/*Dammann*, § 307 Rn 158.
[1054] BGH NJW 2003, 886, 887; Wolf/Lindacher/Pfeiffer/*Dammann*, § 307 Rn 174 ff.; NK-BGB/*Kollmann*, § 307 Rn 8 ff.; AnwK-Schuldrecht/*Hennrichs*, § 307 Rn 4.
[1055] NK-BGB/*Kollmann*, § 307 Rn 4; Palandt/*Grüneberg*, § 307 Rn 7; *Medicus*, NJW 1995, 2577, 2580.
[1056] NK-BGB/*Kollmann*, § 307 Rn 4; Palandt/*Grüneberg*, § 307 Rn 7; *Medicus*, NJW 1995, 2577, 2580.
[1057] Palandt/*Grüneberg*, § 307 Rn 7; *Medicus*, NJW 1995, 2577, 2580.
[1058] Palandt/*Grüneberg*, § 307 Rn 7.

C. Die Inhaltskontrolle (§§ 307 ff. BGB) § 5

Um die umfassende Abwägung der Interessen des Verwenders und der Interessen der Vertragspartner sicherzustellen, ist eine generalisierende, überindividuelle Betrachtungsweise anzustellen.[1059] Da nämlich schon die Inhaltskontrolle einen abstrakt-generellen Charakter aufweist, muss sich dies auch auf ihren Bewertungsmaßstab auswirken.[1060] In die Abwägung sind allerdings nicht die Interessen jedes einzelnen potentiellen Vertragspartners einzubeziehen. Stattdessen ist auf die Interessen der von dem Vertrag und damit den Allgemeinen Geschäftsbedingungen typischerweise betroffenen Vertragspartner abzustellen.[1061]

474

b) Tatbestandsvoraussetzungen
aa) Benachteiligung

Der Tatbestand des § 307 Abs. 1 S. 1 BGB setzt zunächst voraus, dass durch die Vertragsbedingung eine Benachteiligung des Vertragspartners entsteht. Eine solche Benachteiligung liegt vor, wenn die Rechtsstellung des Vertragspartners so erheblich von der dispositiven gesetzlichen Regelung abweicht, dass die vertragliche Parität nicht mehr gewahrt ist.[1062] Um eine solche Benachteiligung feststellen zu können, ist es erforderlich, die Rechtsstellung des Vertragspartners mit und ohne die Vertragsklausel zu ermitteln und beide Rechtsstellungen miteinander zu vergleichen.[1063] Dadurch wird die dispositive gesetzliche Regelung zum Bezugspunkt und Maßstab für die Frage, ob eine Benachteiligung des Vertragspartners vorliegt.

475

Für das Vorliegen des Merkmals der Benachteiligung ist unerheblich, wie stark der Vertragspartner durch die Abweichung von der gesetzlichen Rechtsgrundlage beeinträchtigt wird. Denn die Frage, ob eine geringfügige Beeinträchtigung zur Unwirksamkeit der Vertragsbedingung führt, kann erst nach der Abwägung der widerstreitenden Interessen im Rahmen der Unangemessenheit beurteilt werden. Das Vorliegen einer geringfügigen Benachteiligung führt folglich nicht zur Entbehrlichkeit der Angemessenheitsprüfung, vielmehr ist die Geringfügigkeit der Beeinträchtigung als ein Wertungskriterium der Interessenabwägung zu sehen.

476

Darüber hinaus kommt dem Merkmal der Benachteiligung eine wesentliche personale Abgrenzungs- und Beschränkungsfunktion innerhalb des § 307 Abs. 1 S. 1 BGB zu. Denn eine Benachteiligung kann nur dann zur Unwirksamkeit der Allgemeinen Geschäftsbedingung führen, wenn sie den Vertragspartner des Verwenders oder einen aufseiten des Vertragspartners in den Vertrag einbezogenen Dritten trifft.[1064] Tritt die Be-

477

1059 BGHZ 105, 24, 31; BGHZ 110, 241, 244; Palandt/*Grüneberg*, § 307 Rn 8; NK-BGB/*Kollmann*, § 307 Rn 8; AnwK-Schuldrecht/*Hennrichs*, § 307 Rn 4.
1060 Palandt/*Grüneberg*, § 307 Rn 8.
1061 NK-BGB/*Kollmann*, § 307 Rn 8.
1062 Wolf/Lindacher/Pfeiffer/*Dammann*, § 307 Rn 158.
1063 BGH NJW 1994, 1069, 1070; NK-BGB/*Kollmann*, § 307 Rn 7.
1064 NK-BGB/*Kollmann*, § 307 Rn 12; Wolf/Lindacher/Pfeiffer/*Dammann*, § 307 Rn 166 ff.

nachteiligung dagegen bei einem außenstehenden bzw. dem Verwender zuzuordnenden Dritten oder bei dem Verwender selbst ein, so ist dies für die Inhaltskontrolle nach den §§ 307 ff. BGB unerheblich.[1065] Dies beruht darauf, dass die Inhaltskontrolle den Zweck verfolgt, eine zulasten des Vertragspartners gestörte Vertragsparität auszugleichen und die zu überprüfenden Auswirkungen von Vertragsbedingungen sich grundsätzlich auf das Verhältnis der Vertragsparteien beschränken.

478 Von der Benachteiligung eines Dritten zu unterscheiden ist dagegen der Fall, in dem der Nachteil des Vertragspartners nicht gegenüber dem Verwender, sondern gegenüber einem Dritten eintritt. Dies stellt einen eigenen Nachteil des Vertragspartners dar, so dass eine Benachteiligung des Vertragspartners im Verhältnis zu einem Dritten für die Anwendbarkeit des § 307 Abs. 1 S. 1 BGB genügt.[1066]

bb) Unangemessenheit

479 Weitere Voraussetzung des § 307 Abs. 1 S. 1 BGB ist, dass die Benachteiligung unangemessen sein muss. Grundsätzlich soll der von Verwender und Vertragspartner abgeschlossene Vertrag wesensmäßig einen Interessenausgleich zwischen den Vertragsparteien herstellen. Deshalb setzt die Beurteilung der Unangemessenheit einer Benachteiligung voraus, dass das Interesse des Verwenders an der Aufrechterhaltung der benachteiligenden Vertragsklausel mit dem Interesse des Vertragspartners abgewogen und vor dem Hintergrund des geschlossenen Vertrages ausgelegt und bewertet wird.[1067] Die Bezugnahme auf die Gebote von Treu und Glauben stellt dabei sicher, dass dieser Interessenausgleich fair und treuegerecht durchzuführen ist.[1068] Dementsprechend sind die Interessen beider Vertragsparteien nicht nur gesondert jede für sich zu betrachten, sondern auch die durch die vertragliche Verknüpfung der Interessen entstehende innere Beziehung zueinander.[1069]

480 Das **Ziel eines treuegerechten Interessenausgleichs** führt dazu, dass der Verwender bei der Abfassung seiner Allgemeinen Geschäftsbedingungen nicht ausschließlich seine eigenen Interessen verfolgen darf, sondern auch mögliche Interessen des Vertragspartners antizipieren muss, die typischerweise mit dem betroffenen Rechtsgeschäft einhergehen. Treuwidrig handelt der Verwender, wenn er die Möglichkeit zum einseitigen Stellen seiner Allgemeinen Geschäftsbedingungen dazu ausnutzt, einseitig und rücksichtslos seine Interessen zu verfolgen.[1070]

1065 Wolf/Lindacher/Pfeiffer/*Dammann*, § 307 Rn 169 ff.
1066 BGH NJW 1984, 2816; BGH NJW 1988, 1726, 1728; NK-BGB/*Kollmann*, § 307 Rn 12.
1067 BGHZ 136, 27, 30; NK-BGB/*Kollmann*, § 307 Rn 28; *Fuchs* in Ulmer/Brandner/Hensen, § 307 Rn 120 ff.; Wolf/Lindacher/Pfeiffer/*Dammann*, § 307 Rn 174 ff.
1068 NK-BGB/*Kollmann*, § 307 Rn 28; Wolf/Lindacher/Pfeiffer/*Dammann*, § 307 Rn 173 ff.
1069 NK-BGB/*Kollmann*, § 307 Rn 28.
1070 BGH NJW 1976, 2345, 2346; BGH NJW 1994, 2825, 2826; BGH NJW 1995, 2034, 2035; BGH NJW 1997, 3022, 3023; BGH NJW 2000, 1110, 1112; BGH NJW 2003, 886, 887; BGH NJW 2005, 1774; NK-BGB/ *Kollmann*, § 307 Rn 7; Palandt/*Grüneberg*, § 307 Rn 12.

C. Die Inhaltskontrolle (§§ 307 ff. BGB) § 5

Im Rahmen der Interessenabwägung erlangt deshalb der **Grundsatz der Verhältnismäßigkeit** besondere Bedeutung.[1071] Dieser wird durch die obergerichtliche Rechtsprechung über die zivilrechtlichen Generalklauseln mit dem Ziel angewandt, ein gestörtes Vertragsverhältnis wieder auszugleichen.[1072] Art. 3 Abs. 1 der Richtlinie 93/13/EWG, der § 307 Abs. 1 S. 1 BGB im Bereich der Verbraucherverträge überlagert, bringt die Bedeutung des Verhältnismäßigkeitsgrundsatzes für Verbraucherverträge noch deutlicher zum Ausdruck, indem er auf ein Missverhältnis der vertraglichen Pflichten des Verwenders und des Verbrauchers abstellt. Eine Benachteiligung des Vertragspartners durch den Verwender muss demnach erforderlich und angemessen sein (Verhältnismäßigkeit i.e.S.), um nach den Kriterien des § 307 Abs. 1 S. 1 BGB wirksam sein zu können.   481

Erforderlich ist eine Benachteiligung i.S.d. § 307 Abs. 1 S. 1 BGB, wenn dem Verwender keine milderen Mittel zur Verfügung stehen, sein spezifisches Interesse durchzusetzen. Dies ist regelmäßig dann nicht der Fall, wenn ihm andere, weniger einschneidende Gestaltungsmöglichkeiten für die Erstellung seiner Allgemeinen Geschäftsbedingungen zur Verfügung stehen, um den gleichen vertraglichen Zweck zu erreichen. Denn der Grundsatz der Verhältnismäßigkeit verlangt von dem Verwender, dass er durch seine Allgemeinen Geschäftsbedingungen in die Rechte des Vertragspartners so geringfügig und schonend wie möglich eingreift.   482

Die Beurteilung der Angemessenheit setzt methodisch mehrere Ebenen der Interessenabwägung voraus. Auf der **tatsächlichen Ebene** sind zunächst die Situation und die Interessen des Verwenders und des Vertragspartners festzustellen.[1073]   483

Typisches Interesse des Verwenders ist die Rationalisierung gleichgelagerter Vertragsschlüsse. Das **Rationalisierungsinteresse** ist grundsätzlich als legitim anzuerkennen, da die Erleichterung, Vereinfachung, Gleichschaltung und Kostenersparnis gerade der Grund sind, warum sich der Verwender Allgemeiner Geschäftsbedingungen bedient.[1074] Deshalb können generelle Regelungen zur Rationalisierung der Vertragsabwicklung gerechtfertigt sein, auch wenn sie dem Vertragspartner lästig sind.[1075] Die grundsätzliche Zulässigkeit entsprechender Vertragsbedingungen kommt auch darin zum Ausdruck, dass der Gesetzgeber die Grenzen der Rationalisierung in den speziellen Klauselverboten der §§ 308 Nr. 5 (siehe Rdn 382 ff.), 308 Nr. 6 (siehe Rdn 402 ff.), 309 Nr. 3 (siehe Rdn 48 ff.), 309 Nr. 5 (siehe Rdn 67 ff.), 309 Nr. 13 BGB (siehe Rdn 243 ff.) geregelt   484

1071 NK-BGB/*Kollmann*, § 307 Rn 8 ff.; Wolf/Lindacher/Pfeiffer/*Dammann*, § 307 Rn 158.
1072 NK-BGB/*Kollmann*, § 307 Rn 8.
1073 NK-BGB/*Kollmann*, § 307 Rn 8 ff.; Palandt/*Grüneberg*, § 307 Rn 11 f.; Wolf/Lindacher/Pfeiffer/*Dammann*, § 307 Rn 159.
1074 BGH NJW 1981, 117, 118; BGH NJW 1996, 988, 989; Wolf/Lindacher/Pfeiffer/*Dammann*, § 307 Rn 161; NK-BGB/*Kollmann*, § 307 Rn 13.
1075 BGH NJW 1981, 117, 118; BGH NJW 1996, 988, 989; Wolf/Lindacher/Pfeiffer/*Dammann*, § 307 Rn 161; NK-BGB/*Kollmann*, § 307 Rn 13.

hat. Ist die Vertragsbedingung für den Vertragspartner nicht lediglich lästig, sondern geht mit ihr eine Benachteiligung einher, so ist das Rationalisierungsinteresse des Verwenders mit dem Interesse des Vertragspartners abzuwägen.[1076] Bei dieser Abwägung ist zu berücksichtigen, dass es keine Rationalisierung um jeden Preis geben darf, so dass das Rationalisierungsinteresse des Verwenders jedenfalls dann zurücktreten muss, wenn durch die Vertragsbedingung schwerwiegende Interessen des Vertragspartners beeinträchtigt werden.[1077] Darüber hinaus darf der Verwender aus Rationalisierungsgesichtspunkten typische Interessenunterschiede seiner Vertragspartner nicht unberücksichtigt lassen.[1078] Weitere typische Verwenderinteressen können ökonomische, pädagogische oder wissenschaftliche Gesichtspunkte sein.[1079]

485 **Typische Interessen des Vertragspartners** können aus vermögensrechtlicher Sicht der Schutz der eigenen Dispositions- und Handlungsfreiheit, der Schutz des eigenen Vermögens sowie der Schutz eigener vertraglicher Rechte sein.[1080] Unter nichtvermögensrechtlichen Gesichtspunkten sind der Schutz besonderer Rechtsgüter (Leben, körperliche Unversehrtheit) und der Schutz personenbezogener Daten als besonders wichtige Interessen des Vertragspartners zu nennen.[1081]

486 Auf der Wertungsebene sind die Kriterien und Maßstäbe für die Beurteilung der Gewichtung und des Ausgleichs der Interessen zu ermitteln.[1082] Diese können sich aus allen Gesetzen im materiellen Sinne ergeben, insbesondere den gesetzlichen Vorschriften des entsprechenden Vertragstyps. Darüber hinaus kommen als Rechtsquellen für die Bewertung der Interessen allgemeine Rechtsgrundsätze sowie die von der Rechtsprechung entwickelten spezifischen Maßstäbe zur Kontrolle Allgemeiner Geschäftsbedingungen in Betracht. Besondere Bedeutung erlangt auch die durch die Grundrechte vermittelte Wertehierarchie.[1083]

487 Schließlich folgt die **Abwägungsebene**, auf der die beiderseitigen Interessen der Vertragspartner gegenüber gestellt werden und unter Beachtung der zuvor ermittelten Beurteilungskriterien ein sachgerechter Interessenausgleich hergestellt wird.[1084] Neben den beiderseitigen Interessen der Vertragsparteien ist auch der vertragliche Gesamtzusammenhang der benachteiligenden Vertragsbedingung zu berücksichtigen.[1085] So kann

---

1076 BGH NJW 1996, 988, 989; Wolf/Lindacher/Pfeiffer/*Dammann*, § 307 Rn 161.
1077 NK-BGB/*Kollmann*, § 307 Rn 8 ff.; Wolf/Lindacher/Pfeiffer/*Dammann*, § 307 Rn 161.
1078 NK-BGB/*Kollmann*, § 307 Rn 8 ff.; Wolf/Lindacher/Pfeiffer/*Dammann*, § 307 Rn 161.
1079 NK-BGB/*Kollmann*, § 307 Rn 8 ff.; Wolf/Lindacher/Pfeiffer/*Dammann*, § 307 Rn 164.
1080 NK-BGB/*Kollmann*, § 307 Rn 8 ff.; Wolf/Lindacher/Pfeiffer/*Dammann*, § 307 Rn 160.
1081 Wolf/Lindacher/Pfeiffer/*Dammann*, § 307 Rn 160.
1082 NK-BGB/*Kollmann*, § 307 Rn 8 ff.; Wolf/Lindacher/Pfeiffer/*Dammann*, § 307 Rn 181 ff.; Palandt/*Grüneberg*, § 307 Rn 12.
1083 Vgl. Wolf/Lindacher/Pfeiffer/*Dammann*, § 307 Rn 176.
1084 NK-BGB/*Kollmann*, § 307 Rn 8 ff.
1085 BGH NJW 1982, 644, 645; BGH NJW 1993, 532; BGH NJW 2003, 886, 887; Wolf/Lindacher/Pfeiffer/ *Dammann*, § 307 Rn 212 ff.; Palandt/*Grüneberg*, § 307 Rn 13 ff.; NK-BGB/*Kollmann*, § 307 Rn 8.

C. Die Inhaltskontrolle (§§ 307 ff. BGB) § 5

eine Benachteiligung des Vertragspartners durch einen anderweitig vereinbarten Vorteil kompensiert werden, wenn zwischen Vor- und Nachteil ein sachlicher Zusammenhang besteht, der sie als Gesamtregelung eines bestimmten Vertragsgegenstands erscheinen lässt, und der Vorteil vom Gewicht her geeignet ist, den Nachteil angemessen auszugleichen.[1086] Darüber hinaus nimmt die Rechtsprechung eine Kompensationswirkung grundsätzlich auch dann an, wenn es sich um kollektiv ausgehandelte oder insgesamt als ausgewogen anerkannte Klauselwerke (z.b. VOB/B, ADSp, AGNB) handelt.[1087]

Umgekehrt kann eine Gesamtbetrachtung des geschlossenen Vertrags auch dazu führen, dass sich mehrere hinnehmbare Benachteiligungen derart summieren, dass **insgesamt** eine unangemessene Benachteiligung des Vertragspartners vorliegt.[1088] Auch für diese Gesamtbetrachtung ist allerdings ein sachlicher Zusammenhang zwischen den einzelnen benachteiligenden Vertragsbedingungen erforderlich. Nicht summierbar sind dagegen die Nachteile, die bei verschiedenen Vertragspartnern auftreten. 488

So kommt in der Haftungsbeschränkung eines **Waschanlagenbetreibers** regelmäßig dann eine unangemessene Benachteiligung des Vertragspartners zum Ausdruck, wenn dieser die Haftung auf grob schuldhaftes Verhalten beschränkt.[1089] Eine Freizeichnung für durch Fahrlässigkeit des Verwenders verursachte Schäden an einem Fahrzeug durch eine Waschanlage ist nicht angemessen, weil der Vertragspartner bei Abschluss des Vertrags die Erwartung hat, dass sein Fahrzeug unbeschadet bleibt und er im Falle einer schuldhaften Verursachung eines Schadens Regress nehmen kann.[1090] Die Unangemessenheit der Haftungsbeschränkung ergibt sich zudem daraus, dass es dem Verwender zugemutet werden kann, für einen ordnungsgemäßen Betrieb der Waschanlage Sorge zu tragen, während die Möglichkeiten der Einflussnahme durch den Vertragspartner begrenzt sind.[1091] 489

Eine unangemessene Benachteiligung des Vertragspartners liegt grundsätzlich auch dann vor, wenn der Verwender die Haftung für **Folgeschäden** ausschließt, jedenfalls soweit sie vorhersehbar und typisch sind.[1092] Denn den Verwender trifft nicht nur die Verantwort- 490

1086 BGHZ 82, 238, 240; BGHZ 101, 357, 366; Wolf/Lindacher/Pfeiffer/*Dammann*, § 307 Rn 215 ff.; Palandt/*Grüneberg*, § 307 Rn 14; NK-BGB/*Kollmann*, § 307 Rn 8; AnwK-Schuldrecht/*Hennrichs*, § 307 Rn 5.
1087 BGHZ 86, 135, 141; BGHZ 113, 315, 322; BGHZ 127, 275, 281; BGHZ 129, 323, 327; BGHZ 129, 345, 349; BGH NJW 1982, 1820, 1821; BGH NJW 1986, 1434, 1435; BGH NJW 1988, 55, 57; Palandt/*Grüneberg*, § 307 Rn 15; NK-BGB/*Kollmann*, § 307 Rn 8.
1088 BGH BB 2003, 1587, 1588 = BGH NJW 2003, 3192 f.; BGH NJW 2003, 2234; NK-BGB/*Kollmann*, § 307 Rn 8.
1089 BGH NJW 2005, 422, 424; KG NJW-RR 1991, 698, 699; OLG Hamburg DAR 1984, 260 ff.; *v. Hoyningen-Huene*, Die Inhaltskontrolle nach § 9 AGBG, Rn 193, 219; Padeck, VersR 1989, 541, 552 f.; Palandt/*Grüneberg*, § 307 Rn 63; a.A.: OLG Karlsruhe NJW-RR 1986, 153; OLG Bamberg NJW 1984, 929; OLG Düsseldorf WM 1980, 1128.
1090 BGH NJW 2005, 422, 424.
1091 BGH NJW 2005, 422, 424.
1092 BGH NJW 2005, 422, 424; OLG Hamburg DAR 1984, 260; Palandt/*Grüneberg*, § 307 Rn 63; *Padeck*, VersR 1989, 541, 553; weitergehend – ohne Beschränkung auf typische Folgeschäden – KG NJW-RR 1991, 698.

lichkeit für unmittelbar verursachte Schäden, sondern für alle Schäden, die kausal durch das Verhalten des Verwenders oder seiner Erfüllungsgehilfen entstanden sind.[1093] Typische Folgeschäden sind insoweit der infolge einer Reparatur entstehende **Nutzungsausfall** sowie eine **Kostenpauschale**,[1094] aber auch **Regressansprüche** Dritter gegen den Vertragspartner.

491 Im **Reisevertragsrecht** liegt eine unangemessene Benachteiligung dann vor, wenn die Ausschlussfrist des § 651g Abs. 1 BGB formularmäßig und ohne weitere Differenzierung auch auf Ansprüche aus unerlaubter Handlung ausgedehnt wird.[1095] Denn in der Ausdehnung einer an sich nicht bestehenden Ausschlussfrist für deliktische Ansprüche kommt eine einseitige Benachteiligung des Reisekunden zum Ausdruck, die dessen Interesse an einer Erstattung für die erlittene Rechtsgutverletzung nicht hinreichend berücksichtigt. Der Grund für die Ausschlussfrist des § 651g Abs. 1 BGB besteht darin, reisevertragliche Mängelansprüche zeitnah einer Überprüfung durch den Reiseveranstalter zu unterziehen, und rechtfertigt sich unter anderem durch eine Vielzahl von Beweiserleichterungen zugunsten des Reisekunden.[1096] Deshalb kann eine Anwendung der Ausschlussfrist im Sinne einer einheitlichen Rechtsverfolgung allenfalls für diejenigen deliktischen Ansprüche in Betracht kommen, die auf einen Reisemangel zurückzuführen sind, in denen also Äquivalenz- und Integritätsinteresse deckungsgleich sind.[1097] Damit kann sich eine angemessene Erstreckung der reisevertraglichen Ausschlussfrist allenfalls auf einen sehr begrenzten Bereich des Eigentumsschutzes beziehen, nicht jedoch auf die Verletzung sonstiger Eigentumsrechte oder anderer Rechtsgüter.[1098]

492 Zu einer unangemessenen Benachteiligung kann auch ein **starrer Fristenplan** für die Ausführung mietvertraglicher **Schönheitsreparaturen** führen.[1099]

493 Dagegen ist ein **formularmäßiger, beiderseitiger Kündigungsausschluss** in Mietverträgen keine unangemessene Benachteiligung, da ein zeitweiser Ausschluss der ordentlichen Kündigung der Regelung des Mietvertragsrechts und der Intention des Gesetzgebers entspricht.[1100]

494 **Fazit:** Insgesamt lässt sich damit festhalten, dass eine die **Freizeichnung** ausschließende unangemessene Benachteiligung immer dann in Betracht kommt, wenn der Verwender

---

1093 BGH NJW 2005, 422, 424.
1094 BGH NJW 2005, 422, 424.
1095 BGH NJW 2004, 2965, 2966; BGH NJW 2004, 3777, 3778; Palandt/*Grüneberg*, § 307 Rn 125.
1096 BGH NJW 2004, 2965, 2966.
1097 Ähnlich: BGH NJW-RR 1993, 793 zur Vereinheitlichung der Verjährungsproblematik; angedeutet in: BGH NJW 2004, 2965, 2966.
1098 Ähnlich: BGH NJW 2004, 2965, 2966.
1099 BGH NJW 1998, 3114; BGH NJW 2004, 2586, 2587; BGH NJW 2006, 3778; Palandt/*Weidenkaff*, § 535 Rn 43.
1100 BGH NZM 2004, 734; BGH NJW 2006, 1056; Palandt/*Grüneberg*, § 307 Rn 116.

typische **Risiken** seiner Leistungserbringung auf den Vertragspartner abwälzt, ohne dass dieser die Möglichkeit hat, auf die Schadensentstehung einzuwirken. Auch **Folgeschäden** sind grundsätzlich durch den Verwender zu ersetzen, sofern keine wirksame Haftungsfreizeichnung zustande gekommen ist.

§ 6 Anwendungsbereich (§ 310 BGB)

Literatur:

Acker/Bopp, Führt eine zu enge Anwendung des AGB-Rechtes zu Nachteilen unserer Rechtsordnung im internationalen Rechtsverkehr?, BauR 2009, 1040; *Annuß*, AGB-Kontrolle im Arbeitsrecht: Wo geht die Reise hin?, BB 2002, 458; *Annuß*, Der Arbeitnehmer als solcher ist kein Verbraucher!, NJW 2002, 2844; *Annuß*, Grundstrukturen der AGB-Kontrolle von Arbeitsverträgen, BB 2006, 1333; *Bauer/Arnold*, AGB-Kontrolle von Vorstandsverträgen, ZIP 2006, 2337; *Bauer/Diller*, Nachvertragliche Wettbewerbsverbote: Änderungen durch die Schuldrechtsreform, NJW 2002, 1609; *Bayreuther*, Die Rolle des Tarifvertrags bei der AGB-Kontrolle von Arbeitsverträgen – Ein Beitrag zur Herausbildung normativer Beurteilungsmaßstäbe bei der Angemessenheitskontrolle von Allgemeinen Geschäftsbedingungen in Arbeitsverträgen, RdA 2003, 81; *Becker*, Die Reichweite der AGB-Inhaltskontrolle im unternehmerischen Geschäftsverkehr aus teleologischer Sicht, JZ 2010, 1098; *Benecke/Pils*, Der Arbeitsvertrag als Verbrauchervertrag, ZIP 2005, 1956; *Berger*, Für eine Reform des AGB-Rechts im Unternehmerverkehr, NJW 2010, 465; *Bergschneider*, Zur Inhaltskontrolle bei Eheverträgen, FamRZ 2001, 1337; *Bergschneider*, Richterliche Inhaltskontrolle von Eheverträgen und Scheidungsvereinbarungen, 2008; *Bieder*, Gesellschaftsvertragliche Inhaltskontrolle und AGB-Recht, ZHR 174 (2010), 705; *Borges*, Die Inhaltskontrolle von Verbraucherverträgen, 2000; *Brändle*, AGB-Klauseln in Energielieferungsverträgen, VersorgW 2013, 38; *Büdenbender/Gromm*, Wirksamkeit von Preisanpassungsklauseln in Fernwärmelieferungsverträgen – Konsequenzen der BGH-Urteile 2011, BB 2011, 2883; *Coester-Waltjen*, Die Inhaltskontrolle von Verträgen außerhalb des AGBG, AcP 190 (1990), 1; *Däubler*, AGB-Kontrolle im Arbeitsrecht – Bilanz nach zehn Jahren, ZTR 2012, 543; *Damann/Ruzik*, Vereinbarung der VOB/B ohne inhaltliche Abweichungen i.S.d. § 310 I 3 BGB, NZBau 2013, 265; *Dauner-Lieb*, Reichweite und Grenzen der Privatautonomie im Ehevertragsrecht, AcP 201 (2001), 295; *Dauner-Lieb*, Gütertrennung zwischen Privatautonomie und Inhaltskontrolle – ein Zwischenruf, AcP 210 (2010), 589; *Dauner-Lieb*, Vertragsfreiheit zwischen Unternehmen: AGB-Recht ihr Garant oder ihr Totengräber, AnwBl 2013, 845; *Dauner-Lieb/Axer*, Quo vadis AGB-Kontrolle im unternehmerischen Geschäftsverkehr?, ZIP 2010, 309; *Dauner-Lieb/Henssler/Preis* (Hrsg.), Inhaltskontrolle im Arbeitsvertrag – Zwischen Zivilrecht und arbeitsrechtlichen Besonderheiten, 2006; *Diehn*, AGB-Kontrolle von arbeitsrechtlichen Verweisungsklauseln, NZA 2004, 129; *Drygala*, Anwendbarkeit des AGB-Gesetzes auch auf Gesellschaftsverträge – eine Nebenwirkung der Richtlinie über missbräuchliche Klauseln in Verbraucherverträgen, ZIP 1997, 968; *Drygala*, Die Reformdebatte zum AGB-Recht im Lichte des Vorschlags für ein einheitliches europäisches Kaufrecht, JZ 2012, 983; *Dutta*, Grenzen der Vertragsfreiheit im Pflichtteilsrecht, AcP 209 (2009), 760; *Ebel*, Elektrizitäts- und Gasversorgungsbedingungen für kaufmännische Sonder-Abnehmer, BB 1980, 477; *Fastrich*, Richterliche Inhaltskontrolle im Privatrecht, 1992; *Fiebig*, Der Arbeitnehmer als Verbraucher, DB 2002, 1608; *Fischer*, Die formularmäßige Abbedingung des Beschäftigungsanspruchs des Arbeitnehmers während der Kündigungsfrist, NZA, 2004, 233; *Gageik*, Die aktuelle ober- und höchstrichterliche Rechtsprechung zur Inhaltskontrolle von Eheverträgen und ihre Auswirkungen auf die notarielle Praxis, RNotZ 2004, 295; *Gaul/Ludwig*, Der Geschäftsführer als Verbraucher – Anwendung der AGB-Kontrolle auf Dienstverträge, GmbHR 2010, R321; *Grünberger*, Der Anwendungsbereich der AGB-Kontrolle, Jura 2009, 249; *Grunewald*, Die in § 23 AGBG vorgesehene Bereichsausnahme für Gesellschaftsrecht, in: FS für Semler, 1993, S. 179; *Günes/Ackermann*, Die Indizwirkung der §§ 308 und 309 BGB im unternehmerischen Geschäftsverkehr, ZGS 2010, 400; *Hansen*, Die Anwendung der § 305 ff. auf vorformulierte Arbeitsverträge, ZGS 2004, 21; *Heinemann*, Die Wohnungseigentümergemeinschaft als Verbraucher, MietRB 2015, 223; *Heinrichs*, Das Gesetz zur Änderung des AGB-Gesetzes, NJW 1996, 2190; *Heinrichs*, Die EG-Richtlinie über missbräuchliche Klauseln in Verbraucherverträgen, NJW 1993, 1817; *Held*, Überhöhte Preise auf dem Wärmemarkt? – Billigkeitskontrolle von Erdgas- und Fernwärmetarifen nach § 315 BGB, NZM 2004, 169; *Hennig*, Betriebliche Übung und AGB-Kontrolle, 2009; *Hey*, Freie Gestaltung in Gesellschaftsverträgen und ihre Schranken, 2004; *Hilber*, Preisanpassungsklausel im unternehmerischen Verkehr – Rechtliche Grenzen und Möglichkeiten, BB 2011, 2691; *Hinz*, Verbraucherverträge im Mietrecht, WuM 2016, 76; *Hönn*, Zu

§ 6 Anwendungsbereich (§ 310 BGB)

den „Besonderheiten" des Arbeitsrechts, ZfA 2003, 325; *Hoffmann*, Betriebliche Übung und AGB-Kontrolle, 2009; *Holthausen*, Arbeitsvertragsgestaltung: Neue Formvorgaben für Ausschlussfristen und -klauseln, ZAP 2016, 1219; *Hromadka*, Schuldrechtsmodernisierung und Vertragskontrolle im Arbeitsrecht, NJW 2002, 2523; *Hümmerich*, Widerrufsvorbehalte in Formulararbeitsverträgen, NJW 2005, 1759; *Janko*, Zur Anwendbarkeit von verbraucherrechtlichen Vorschriften im Arbeitsverhältnis, 2011; *Jesgarzewski*, Inhaltskontrolle von Arbeitsverträgen nach dem AGB-Recht, ArbuR 2011, 9; *Joost*, Allgemeine Geschäftsbedingungen und Arbeitsvertrag, in: FS für Ulmer, 2003, S. 1199; *Joost*, Betrachtungen zur Inhaltskontrolle vorformulierter Arbeitsverträge, FS 50 Jahre BAG, 2004, S. 49; *Joost*, Vertragsstrafen im Arbeitsrecht – Zur Inhaltskontrolle von Formularverträgen im Arbeitsrecht, ZIP 2004, 1981; *Joussen*, Die Inhaltskontrolle von Wertpapierbedingungen nach dem AGBG, WM 1995, 1861; *Junker*, Grundlegende Weichenstellungen der AGB-Kontrolle von Arbeitsverträgen, in: FS für Buchner zum 70. Geburtstag, 2009, S. 369; *Junker*, AGB-Kontrolle von Arbeitsvertragsklauseln in der neueren Rechtsprechung des Bundesarbeitsgerichts, BB 2007, 1274; *Kästle*, M&A-Verträge unterliegen nicht der AGB-Kontrolle, NZG 2014, 288; *Kallrath*, Die Inhaltskontrolle der Wertpapierbedingungen von Wandel- und Optionsanleihen, Gewinnschuldverschreibungen und Genussscheinen, 1994; *Kessel/Stomps*, Haftungsklauseln im Geschäftsverkehr zwischen Unternehmern – Plädoyer für eine Änderung der Rechtsprechung, BB 2009, 2666; *Koch*, Der Anwendungsbereich der AGB-Kontrolle bei Geschäften zwischen Verbrauchern, ZGS 2011, 62; *Koch*, Das AGB-Recht im unternehmerischen Verkehr: Zu viel des Guten oder Bewegung in die richtige Richtung?, BB 2010, 1810; *Kondring*, Die „gute unternehmerische Praxis" in einem möglichen künftigen AGB-Recht für den unternehmerischen Rechtsverkehr, BB 2013, 73; *Kort*, Der Widerruf einer Gesamtzusage bei Bindung des Widerrufsvorbehalts an das Schicksal der Kollektivvereinbarung, NZA 2005, 509; *Kunth/Tüngler*, Die gerichtliche Kontrolle von Gaspreisen, NJW 2005, 1313; *Kupper*, Hat die Privilegierung der VOB/B weiter Bestand?, NZBau 2009, 73; *Lakies*, AGB-Kontrolle von Ausschlussfristen, ArbR 2013, 318; *Langenecker*, Die Kontrolle von Musterbauarbeitsverträgen nach AGB-rechtlichen Gesichtspunkten, NZBau 2004, 121; *Lembcke*, Der neue § 310 Abs. 1 Satz 3 BGB, ZGS 2009, 308; *Lembcke*, Grundzüge der AGB-Kontrolle arbeitsvertraglicher Regelungen, FA 2009, 336; *Lenkaitis/Löwisch*, Zur Inhaltskontrolle von AGB im unternehmerischen Geschäftsverkehr – ein Plädoyer für eine dogmatische Korrektur, ZIP 2009, 441; *Leuschner*, AGB-Kontrolle im unternehmerischen Verkehr, JZ 2010, 875; *Lieb*, AGB-Recht und Arbeitsrecht nach der Schuldrechtsmodernisierung, FS für Ulmer, 2003, S. 1231; *Lingemann*, Allgemeine Geschäftsbedingungen und Arbeitsvertrag, NZA 2002, 181; *Löwisch*, Bundesarbeitsgericht und Recht der Allgemeinen Geschäftsbedingungen, in: FS für Canaris, Bd. 1, 2007, S. 1403; *Löwisch*, Rückzahlungs- und Bestandsklauseln in Betriebsvereinbarungen, NZA 2013, 549; *Meinel/Herms*, Änderung der BAG-Rechtsprechung zu Bezugnahmeklauseln – Klauseln in Arbeitsverträgen, DB 2006, 1429; *Meller-Hannich*, Die Zukunft des AGB-Rechts für Verbraucher, AnwBl 2012, 676; *Micklitz*, Unvereinbarkeit von VOB/B und Klauselrichtlinie, ZflR 2004, 613; *Mohr*, Der Begriff des Verbrauchers und seine Auswirkungen auf das neu geschaffene Kaufrecht und Arbeitsrecht, AcP 204 (2004), 660; *Morgenroth/Leder*, Die Besonderheiten des Arbeitsrechts im allgemeinen Zivilrecht, NJW 2004, 2797; *Müller*, Die AGB-Kontrolle im unternehmerischen Geschäftsverkehr – Standortnachteil für das deutsche Recht, BB 2013, 1355; *Müller*, Plädoyer für eine weniger starre AGB-Kontrolle im unternehmerischen Geschäftsverkehr am Beispiel des Gewerberaummietrechts, NZM 2016, 185; *Müller/Griebeler/Pfeil*, Für eine maßvolle AGB-Kontrolle im unternehmerischen Geschäftsverkehr, BB 2009, 2658; *Müller/Schilling*, AGB-Kontrolle im unternehmerischen Geschäftsverkehr – eine rechtsvergleichende Betrachtung, BB 2012, 2319; *Münzel*, Chefarztverträge und AGB-Recht, NZA 2011, 886; *Niebling*, AGB-Verwendung bei Geschäftsbeziehungen zwischen Unternehmen (b2b), MDR 2011, 1399; *Niemann*, Vertragsbruch: Strafabreden in Formulararbeitsverträgen, RdA 2013, 92; *Pfeiffer*, Die Bedeutung der AGB-Kontrolle für die Durchführung von Bauverträgen, BauR 2014, 402; *Prasse*, Uneingeschränkte Inhaltskontrolle der AGB in Franchiseverträgen?, ZGS 2002, 354; *Preis*, Auslegung und Inhaltskontrolle von Ausschlussfristen in Arbeitsverträgen, ZIP 1989, 885; *Preis/Stoffels*, Die Inhaltskontrolle der Verträge selbständiger und unselbständiger Handelsvertreter, ZHR 160 (1996), 442; *Rakete-Dombek*, Das Ehevertragsurteil des BGH – Oder: Nach dem Urteil ist vor dem Urteil, NJW 2004, 1273; *Rein*, Aktienoptionen in AGB-rechtlicher Sicht, ZIP 2006, 1075; *Reinecke*, AGB und Kollektives Arbeitsrecht, ArbuR 2012, 245; *Reinicke*, Kontrolle Allgemeiner Geschäftsbedingungen nach dem Schuldrechtsmodernisierungsgesetz, DB 2002, 583; *Reinicke*, Arbeitnehmerfreundlichste und arbeitnehmerfeindlichste Auslegung allgemeiner Arbeitsbedingungen, AuR 2003, 414; *Reinicke*, Die gerichtliche Kontrolle von Ausschlussfristen nach dem Schuldrechtsmodernisierungsgesetz, BB 2005, 378; *Reinicke*, Gerichtliche Kontrolle von Chefarztverträgen, NJW 2005, 3383; *Reinicke*, Vertragliche Bezugnahme auf Tarifverträge in der neueren Rechtsprechung des Bundesarbeitsgerichts, BB 2006, 2637; *Reinicke*, Zur AGB-Kontrolle von Arbeitsentgeltvereinbarungen, BB 2008, 554; *Renner/Leidinger*, Zur AGB-Kontrolle standardisierter Unternehmenskreditverträge, BKR 2015, 499; *Richardi*, Gestaltung der Arbeitsverträge durch Allgemeine Geschäftsbedingungen nach dem Schuldrechtsmodernisierungsgesetz, NZA 2002, 1057; *Richter*, Arbeitsvertragliche Standardregelungen auf dem Prüfstand, ArbR 2014, 141; *Richter/Müller-Foell*, Wirksamkeit von Klauseln in Arbeitsverträgen des Profisports, KSzW 2013, 217; *Röthel*, Richterliche Inhaltskontrolle von Eheverträgen, NJW 2001, 1334; *Rolfs*, Arbeitsrechtliche Vertragsgestaltung nach der Schuldrechtsreform, ZGS 2002, 409; *Roloff*, Vertragsänderungen und Schriftformklausel, NZA 2004, 1191 *Säcker*, Gruppenautonomie und Übermachtkontrolle im Arbeitsrecht, 1972; *Säcker/Mengering*, Rechtsfolgen unwirksamer Preisanpassungsklausel in Endkundenverträgen über Strom und Gas, BB 2013, 1859; *Salger/Schröder*, AGB im unternehmerischen Rechtsverkehr: Schwäche oder Stärke des deutschen Rechts?, AnwBl 2012, 683; *Schäfer*, Brauchen wir mehr (oder weniger) Gestaltungsfreiheit im Personengesellschaftsrecht?, ZIP 2016, Beilage zu Heft 22, 63; *Schauer*, AGB im unternehmerischen Geschäftsverkehr: Plädoyer für eine Gesetzesänderung, AnwBl 2012, 690; *Schaumberg*, Inhaltskontrolle im kirchlichen Arbeitsrecht, 2012; *Schlewing*, Die AGB-Kontrolle arbeitsvertraglicher Abreden und das Rechtsfolgenkonzept des § 306 BGB in der Rechtsprechung des Bundesarbeitsgerichts, JbArbR 47 (2010), 47; *H. Schmidt*, Einbeziehung von AGB im unternehmerischen Geschäftsverkehr, NJW 2011, 3329; *Schmidt-Kessel*, AGB im unternehmerischen Geschäftsverkehr: Marktmacht begrenzen, AnwBl 2012, 308; *Schmidt-Morsbach*, Die Missbräuchlichkeitskontrolle Allgemeiner Geschäfts- und Versicherungsbedingungen in Verbraucherverträgen, 2011; *Schnitker/Grau*, Klauselkontrolle im Arbeitsvertrag, BB 2002, 2120; *Schwab*, Zur neuen gerichtlichen Kontrolle von Eheverträgen und Scheidungsvereinbarungen, in: FS für Holzhauer, 2005, S. 410; *Schwenzer*, Vertragsfreiheit im Ehevermögens- und Scheidungsfolgenrecht, AcP 196 (1996), 88; *Simon/Koschker*, Grenzen der Jeweiligkeitsklauseln, AuA 2015, 92; *Stappert*, Zivilrechtliche Überprüfung von Strompreisen und Netznutzungsentgelten, NJW 2003, 3177; *Stöhr*, Die Inhaltskontrolle von Arbeitsverträgen auf dem Prüfstand, ZfA 2013, 213; *Stenslik*, Einzelvertragliche Ausschlussfristen in Geschäftsführerdienst- und Arbeitsverträgen, DStR 2014, 1242; *Stöhr/Illner*, Die Inhaltskontrolle von Arbeitsverträgen, JuS 2015, 299; *Stoffels*, Grundlagen der Inhaltskontrolle von Arbeitsverträgen, ZfA 2009, 861; *Thüsing*, Neues zur Inhaltskontrolle von Formulararbeitsverträgen, BB 2004, 42; *Thüsing*, Was sind die Besonderheiten des Arbeitsrechts?, NZA 2002, 591; *Thüsing*, AGB-Kontrolle im Arbeitsrecht, 2007; *Thüsing/Leder*, Neues zur Inhaltskontrolle von Formulararbeitsverträgen – Ein Streifzug durch die Rechtsprechung nach der Schuldrechtsreform, BB 2004, 42; *Thüsing/Leder*, Gestaltungsspielräume bei der Verwendung vorformulierter Arbeitsvertragsbedingungen – Allgemeine Grundsätze, BB 2005, 938; *Tödtmann/Kaluza*, Anforderungen an allgemeine Geschäftsbedingungen in arbeitsrechtlichen Verträgen, DB 2011, 114; *Tschöpe/Pirscher*, Der Arbeitnehmer als Verbraucher im Sinne des § 13 BGB – Eine immer noch offene Frage, RdA 2004, 358; *Vogt*, AGB im kaufmännischen Verkehr – Grundsätze und Grenzen, TranspR 2010, 15; *Wackerbarth*, Unternehmer, Verbraucher und die Rechtfertigung der Inhaltskontrolle vorformulierter Verträge, AcP 200 (2000), 45; *Walchshöfer*, Grenzen des Anwendungsbereiches des AGB-Gesetzes, in: Zehn Jahre AGB-Gesetz, 1987, S. 155; *Weber*, Notarielle Verbraucherverträge – Die Zwei-Wochen-Frist und ihre Ausnahmen, NJW 2015, 2619; *Wensing/Neumann*, Vertragsstrafen in Formulararbeitsverträgen: § 307 BGB neben § 343 BGB, NJW 2007, 401; *v. Westphalen*, Geglücktes und Gelungenes im AGB-Recht, AnwBl 2013, 850; *v. Westphalen*, AGB-rechtliche Schutzschranken im unternehmerischen Verkehr: Rückblick und Ausblick, BB 2011, 195; *v. Westphalen*, Wider die angebliche Unattraktivität des AGB-Rechts, BB 2010, 195; *v. Westphalen*, Wider einen Reformbedarf beim AGB-Recht im Unternehmerverkehr, NJW 2009, 2977; *v. Westphalen*, Inhaltskontrolle der Rechtsprechungswende des BGH zu Vornahmeklauseln in Schönheitsreparatur-AGB am 18.3.2015, NZM 2016, 10; *Willemsen/Grau*, Geltungserhaltende Reduktion und „Besonderheiten des Arbeitsrechts" – Zu den Rechtsfolgen unzulässiger Klauseln in Formulararbeitsverträgen, RdA 2003, 321; *Wittuhn*, Unternehmenskaufverträge und das Recht der Allgemeinen Geschäftsbedingungen, NZG 2014, 131; *Wolf*, Inhaltskontrolle von Arbeitsverträgen, RdA 1988, 270; *Zöllner*, Kritische Grundsatzüberlegungen zum

§ 6 Anwendungsbereich (§ 310 BGB)

AGB-Recht als arbeitsrechtlichem Kontrollinstrument, ZfA 2010, 637; *Zundel*, Wirksamkeit arbeitsvertraglicher Klauseln insbesondere unter dem Aspekt der AGB-Kontrolle, NJW 2006, 1237.

A. Einführung

1 § 310 BGB regelt (in Zusammenführung der §§ 23–24 lit. a AGB-Gesetz (alt))[1] – entgegen seiner amtlichen Überschrift – **nicht** den **sachlichen** und **persönlichen Anwendungsbereich** der §§ 305 ff. BGB (mithin des materiellen AGB-Rechts) bei der Gestaltung rechtsgeschäftlicher Schuldverhältnisse durch Allgemeine Geschäftsbedingungen, sondern schließt **umgekehrt** in seinen Absätzen 1, 2 und 4 die Anwendbarkeit bestimmter Vorschriften des zweiten Abschnitts in sachlicher und persönlicher Beziehung aus[2] (§ 310 Abs. 3 BGB erweitert hingegen den Anwendungsbereich):

- § 310 Abs. 1 S. 1 und S. 2 BGB entspricht sachlich § 24 AGB-Gesetz (alt) (siehe Rdn 2 ff.).
- § 310 Abs. 2 BGB übernimmt § 23 Abs. 2 Nr. 3 AGB-Gesetz (alt) (unter ausdrücklicher Einbeziehung der Bereiche Wasser- und Fernwärmeversorgung sowie Entsorgung; siehe Rdn 12 ff.).
- § 310 Abs. 3 BGB trifft, wie die Vorläuferregelung des § 24 lit. a AGB-Gesetz (alt), Sonderregelungen für Verbraucherverträge (siehe Rdn 20 ff.).
- § 310 Abs. 4 BGB (siehe Rdn 59 ff.) knüpft an § 23 Abs. 1 AGB-Gesetz (alt) an – entzieht der AGB-Kontrolle im Arbeitsrecht aber nur noch Tarifverträge, Betriebs- und Dienstvereinbarungen (mithin Kollektivverträge), wohingegen Arbeitsverträge grundsätzlich dem Anwendungsbereich der § 305 ff. BGB unterfallen, wenngleich die Besonderheiten des Arbeitsrechts dabei angemessen berücksichtigt werden müssen. Damit folgt der Gesetzgeber der von der BAG-Judikatur entwickelten Rechtsprechung, die auch schon auf der Grundlage der §§ 242, 315 BGB eine vergleichbare Einbeziehungs- und Inhaltskontrolle bei Arbeitsverträgen vertreten hatte.[3]

B. Verwendung von Allgemeinen Geschäftsbedingungen gegenüber Unternehmern

2 § 310 Abs. 1 S. 1 BGB entspricht – wie dargelegt (siehe Rdn 1) – fast wörtlich § 24 AGB-Gesetz (alt), wobei lediglich die Verweisung auf die Vorschriften des alten AGB-Gesetzes durch einen Verweis auf die Vorschriften des Zweiten Abschnitts des Zweiten Buches des BGB (Gestaltung rechtsgeschäftlicher Schuldverhältnisse durch Allgemeine Ge-

---

1 Dazu kritisch *Ulmer*, JZ 2001, 491.
2 Jauernig/*Stadler*, § 310 BGB Rn 1; Palandt/*Grüneberg*, § 310 BGB Rn 1.
3 NK-BGB/*Kollmann*, § 310 Rn 1.

B. Verwendung von Allgemeinen Geschäftsbedingungen gegenüber Unternehmern § 6

schäftsbedingungen) ersetzt wurde (und verbindet die persönliche und die sachliche Begrenzung des Anwendungsbereichs miteinander).⁴ Nach § 310 Abs. 1 S. 1 BGB finden
- § 305 Abs. 2 und 3 BGB (über die Einbeziehung von Allgemeinen Geschäftsbedingungen in den Vertrag) und die
- §§ 308 und 309 BGB (über die Inhaltskontrolle)

(**sachliche Begrenzung**) keine Anwendung (i.S. einer Beschränkung des Schutzes nach den §§ 305 ff. BGB) auf Allgemeine Geschäftsbedingungen, die gegenüber
- einem Unternehmer (§ 14 BGB, siehe Rdn 3 f.),
- einer juristischen Person des öffentlichen Rechts (siehe Rdn 5) oder
- einem (nicht rechtsfähigen) öffentlich-rechtlichen Sondervermögen,

(**persönliche Begrenzung**) mithin im **unternehmerischen Geschäftsverkehr**, verwendet werden. D.h., für diesen Bereich gelten Erleichterungen hinsichtlich der Einbeziehung von Allgemeinen Geschäftsbedingungen in den Vertrag und Sonderregelungen für die Inhaltskontrolle (eingeschränkte Geltung gegenüber Unternehmern).⁵ Auf den unternehmerischen Geschäftsverkehr findet damit der gesamte Abschnitt 2 (außer den § 305 Abs. 2 und 3, § 308 und § 309 BGB) Anwendung.

Unternehmer⁶ ist nach § 14 Abs. 1 BGB jede natürliche oder juristische Person bzw. rechtsfähige Personengesellschaft (i.S.v. § 14 Abs. 2 BGB, d.h. eine Personengesellschaft, die mit der Fähigkeit ausgestattet ist, Rechte zu erwerben und Verbindlichkeiten einzugehen), die bei Abschluss eines Rechtsgeschäfts in Ausübung ihrer gewerblichen oder selbstständigen beruflichen Tätigkeit handelt (wozu auch gewerblich tätige Landwirte zählen).⁷ Daraus folgt, dass § 310 Abs. 1 BGB auf Privateinkäufe des Unternehmers (die nicht seiner unternehmerischen Tätigkeit zuzurechnen sind) **keine** Anwendung findet.⁸ Ein Vertrag mit einem **Existenzgründer** unterfällt bei erstmaliger Aufnahme seiner unternehmerischen Tätigkeit noch der vollen AGB-Kontrolle nach dem § 307 ff. BGB.⁹ Im Anwendungsbereich des § 310 Abs. 1 S. 1 BGB ist überdies zu berücksichtigen, dass der geschäftserfahrene Unternehmer nicht in gleichem Maße schutzbedürftig ist wie ein Verbraucher, da der unternehmerische Geschäftsverkehr regelmäßig mit den Risiken des Geschäfts besser vertraut ist. Das Transparenzgebot ist im Rahmen der Inhaltskontrolle in

3

---

4 Jauernig/*Stadler*, § 310 BGB Rn 1.
5 AnwK-Schuldrecht/*Hennrichs*, § 310 BGB Rn 2.
6 Dazu näher NK-BGB/*Ring*, §§ 13 f. Rn 22 ff.
7 BGH NJW-RR 2012, 626, zitiert nach juris Rn 13.
8 AnwK-Schuldrecht/*Hennrichs*, § 310 BGB Rn 2.
9 Umstritten, so aber OLG Koblenz NJW 1987, 74.

der Anwendung gegenüber Unternehmern eingeschränkt, da bei ihnen ein generell höherer Verständnishorizont vorausgesetzt werden kann.[10] Ein Bauträgervertrag, in dem der Verbraucher – ein Existenzgründer – nach § 9 Abs. 1 UStG zur Umsatzsteuer optiert, um eine Umsatzsteuerrückvergütung zu erhalten, ist kein Verbrauchervertrag gemäß § 310 Abs. 3 BGB, sondern ein Unternehmervertrag gemäß § 310 Abs. 1 BGB.[11]

4   Ein **Scheinunternehmer**, der fälschlich vorgibt, Unternehmer i.S.v. § 14 BGB zu sein, steht einem Unternehmer gleich.[12]

5   **Juristische Personen des öffentlichen Rechts** sind die Gebietskörperschaften, sonstige Körperschaften, rechtsfähige Anstalten (z.B. Rundfunkanstalten) und Stiftungen des öffentlichen Rechts – bspw. Hochschulen, öffentlich-rechtliche Kammern, staatlich anerkannte Religionsgemeinschaften, Sozialversicherungsträger etc.

6   Der Ausschluss von § 305 Abs. 2 und 3 BGB erleichtert in den genannten Fällen die Einbeziehung von Allgemeinen Geschäftsbedingungen in einen Vertrag, womit ein ausdrücklicher Hinweis des Verwenders oder ein deutlich sichtbarer Aushang entbehrlich ist. Es reicht eine jede (auch stillschweigend erklärte) Willenserklärung (i.S. einer Einbeziehungserklärung) aus.[13] *Hennrichs*[14] weist jedoch zutreffend darauf hin, dass aufgrund des nicht normativen Charakters von Allgemeinen Geschäftsbedingungen diese als Vertragsbedingungen auch zwischen Unternehmern nicht von selbst, sondern nur bei einer rechtsgeschäftlichen Einbeziehung in den Vertrag gelten, womit § 310 Abs. 1 BGB im unternehmerischen Geschäftsverkehr lediglich von den qualifizierten Einbeziehungsvoraussetzungen freistellt.

7   Der Ausschluss der §§ 308 und 309 BGB[15] befreit im unternehmerischen Geschäftsverkehr von zum Teil starren Begrenzungen und bindet die Inhaltskontrolle, die allein am Maßstab des § 307 BGB erfolgt, an die **Beachtung von Handelsgewohnheiten und Handelsgebräuchen**[16] (§ 310 Abs. 1 S. 2 2. Hs. BGB; vgl. zum Handelsbrauch auch § 346

---

10 OLG Saarbrücken NJW 2010, 880, zitiert nach juris Rn 25 unter Bezugnahme auf BGHZ 140, 241, 247; Erman/*Roloff*, § 307 BGB Rn 35.
11 BGH NJW 2016, 2173 = ZIP 2016, 1486, zitiert nach juris Rn 29 unter Bezugnahme auf BGHZ 162, 253, 256 f.; BGH NJW 2008, 435 Rn 6. In einer solchen Fallgestaltung sind hohe Anforderungen an die Erschütterung der Indizwirkung eines Verstoßes gegen § 308 Nr. 1 BGB zu stellen.
12 BGH NJW 2005, 1045; Palandt/*Grüneberg*, § 310 BGB Rn 2.
13 Palandt/*Grüneberg*, § 310 BGB Rn 4.
14 AnwK-Schuldrecht/*Hennrichs*, § 310 BGB Rn 3: Genügend, aber auch erforderlich für eine AGB-Geltung im unternehmerischen Bereich sei daher jede stillschweigend erklärte Einbeziehungsvereinbarung.
15 Wobei der Ausschluss von § 309 BGB deshalb weitgehend irrelevant sein soll, weil die Klauselverbote i.S.v. § 309 BGB regelmäßig ein Indiz für eine „*unangemessene Benachteiligung*" (§ 307 BGB) auch unter Unternehmern sein sollen – so Jauernig/*Stadler*, § 310 BGB Rn 2 unter Bezugnahme auf BGH NJW 1998, 677.
16 Jauernig/*Stadler*, § 310 BGB Rn 2.

HGB). Damit wird klargestellt, *„dass die Wertungen des neuen Verbrauchsgüterkaufrechts nicht unbesehen auf den unternehmerischen Rechtsverkehr übertragen werden dürfen".*[17] Allerdings findet das Gebot zur Beachtung der Handelsgewohnheiten und -gebräuche keine Anwendung gegenüber Unternehmern, die nicht Kaufleute i.S.d. HGB sind (bspw. gegenüber Freiberuflern oder Landwirten).[18]

Der BGH[19] hat im Hinblick auf den Passus *„Gebräuche und Gepflogenheiten des Handelsverkehrs"* festgestellt, dass Verstöße gegen das Transparenzgebot nach § 307 Abs. 1 S. 2 BGB nicht den Gebräuchen und Gepflogenheiten des Handelsverkehrs entsprechen – was selbst dann gilt, wenn das mit den Allgemeinen Geschäftsbedingungen konfrontierte Unternehmen eine besondere Marktstellung hat.[20]

Die Anforderungen an die Transparenz von Vertragsbestimmungen im Geschäftsverkehr mit Unternehmern sind allerdings nicht generell geringer als im Rechtsverkehr mit Verbrauchern.[21] Zwar ist bei Unternehmern aufgrund ihrer Geschäftserfahrung und der nach § 310 Abs. 1 S. 2 BGB zu berücksichtigenden Gewohnheiten und Gebräuche im Handelsverkehr von einer besseren Erkenntnis- und Verständnismöglichkeit als bei Verbrauchern auszugehen.[22] Dies führt jedoch nicht zu einer generellen Absenkung des durch § 307 Abs. 1 BGB gewährleisteten Schutzniveaus.[23]

V. Westphalen[24] konstatiert in Bezug auf die Reformdebatte um das AGB-Recht, *„dass die in § 312 I 2 BGB erwähnten ‚Gepflogenheiten und Gebräuche‘ als Tatbestandsmerkmal nicht geeignet sind, die richterliche Inhaltskontrolle im unternehmerischen Verkehr überhaupt zu beeinflussen".*[25]

Hingegen finden § 307 Abs. 1 und 2 BGB gemäß § 310 Abs. 1 S. 2 1. Hs. BGB in den vorgenannten Fällen des § 310 Abs. 1 S. 1 BGB auch insoweit Anwendung, als dies zur Unwirksamkeit von in

- § 308 BGB (Klauselverbote mit Wertungsmöglichkeit) und
- § 309 BGB (Klauselverbote ohne Wertungsmöglichkeit)

genannten Vertragsbestimmungen führt.

8

---

17 AnwK-Schuldrecht/*Hennrichs*, § 310 BGB Rn 4: *„Selbst wenn man wegen der Änderungen des Kauf- und Werkvertragsrechts insoweit ein verändertes ‚Leitbild‘ i.S.d. § 307 Abs. 2 Nr. 1 (BGB) ausmachen wollte, sollte dies nicht zu einer Verengung der Gestaltungsfreiheit zwischen Unternehmern führen."*
18 Palandt/*Grüneberg*, § 310 BGB Rn 5.
19 NJW 2012, 54, 56 = NZM 2012, 24, 26.
20 Dazu auch *Schmidt*, NZM 2012, 495.
21 BGH GRUR 2016, 606 = WRP 2016, 721, zitiert nach juris Rn 27.
22 BGH GRUR 2016, 606, zitiert nach juris Rn 27 unter Bezugnahme auf BGH NJW 2010, 3152 Rn 30.
23 BGH GRUR 2016, 606, zitiert nach juris Rn 27 unter Bezugnahme auf MüKo/*Wurmnest*, § 307 Rn 62; Beck-OK-BGB/*H. Schmidt*, § 307 Rn 48.
24 NJW 2012, 2243, 2247.
25 A.A. hingegen *Müller/Griebler/Pfiel*, BB 2009, 2658.

§ 6 Anwendungsbereich (§ 310 BGB)

9   D.h., die Wertungen und Rechtsgedanken der einzelnen Klauselverbote der §§ 308 und 309 BGB (mögen diese auch nicht direkt anwendbar sein) können mit in die allgemeine Inhaltskontrolle des § 307 BGB einfließen (sog. **mittelbare** oder **Indizwirkung** der besonderen Klauselverbote im unternehmerischen Rechtsverkehr).[26] Damit gewinnen sie bei der Beurteilung, ob konkret in Rede stehende AGB-Bestimmungen unwirksam sind, *„weil sie den Vertragspartner des Verwenders entgegen den Geboten von Treu und Glauben unangemessen benachteiligen"* (§ 307 Abs. 1 S. 1 BGB), an Bedeutung.

10 Der Ausschluss von § 309 BGB ist weitgehend irrelevant.[27] Die Klauselverbote i.S.v. § 309 BGB werden nämlich regelmäßig indiziell als *„unangemessene Benachteiligung"* auch unter Unternehmern i.S.v. § 307 Abs. 1 und 2 BGB qualifiziert.[28]

Nach **§ 310 Abs. 1 S. 3 BGB** (eingefügt zum 1.1.2009[29] durch das FoSiG, das zugleich die allgemeine Privilegierung der VOB/B in § 308 Nr. 5 und Nr. 9 BGB aufhob)[30] findet in den Fällen des § 310 Abs. 1 S. 1 BGB (Verwendung von Allgemeinen Geschäftsbedingungen gegenüber einem Unternehmer, einer juristischen Person des öffentlichen Rechts oder einem öffentlich-rechtlichen Sondervermögen, siehe Rdn 3 ff.) jedoch § 307 Abs. 1 und 2 BGB auf Verträge, die in der Vergabe- und Vertragsordnung für Bauleistungen Teil B (VOB/B) in der jeweils zum Zeitpunkt des Vertragsschlusses geltenden Fassung ohne inhaltliche Abweichungen insgesamt einbezogen sind, in Bezug auf eine **Inhaltskontrolle einzelner Bedingungen** keine Anwendung. Somit findet bei einer vollständigen und unmodifizierten Einbeziehung der VOB/B in Verträge über Bauleistungen im Geschäftsverkehr mit Unternehmen und der öffentlichen Hand **keine AGB-Einzelinhaltskontrolle** nach den §§ 307–309 BGB statt.[31] Allein möglich bleibt damit im unternehmerischen Geschäftsverkehr eine Kontrolle der VOB/B **als Ganzes** am Maßstab von § 307 Abs. 1 und 2 BGB.[32]

11 Durch das Schuldrechtsmodernisierungsgesetz ist der Verweis in § 24 S. 1 AGB-Gesetz (alt) auf Art. 29 lit. a EGBGB alt (Verbraucherverträge, nunmehr Art. 46 lit. b EGBGB) entfallen, der vom Gesetzgeber als überflüssig erachtet wurde: Der mit dem Verweis auf Art. 29 lit. a EGBGB alt ursprünglich bezweckte Schutz gegen eine Abwahl von EU-Verbraucherschutzstandards ist nämlich bei einer Verwendung von Allgemeinen Geschäftsbedingungen verzichtbar.[33] Hintergrund ist die Überlegung, dass die Missbräuchliche-

---

26 AnwK-Schuldrecht/*Hennrichs*, § 310 BGB Rn 4. Kritisch dazu jetzt aber NK-BGB/*Kollmann*, § 310 Rn 11.
27 Jauernig/*Stadler*, § 310 BGB Rn 2.
28 BGH NJW 1998, 677.
29 Wobei die Privilegierung des VOB/B gegenüber Verbrauchern auch schon vor Inkrafttreten des § 310 Abs. 1 S. 3 BGB nicht mehr galt: Vgl. BGH, Urt. v. 24.7.2008 – VII JR 55/07, wonach bei einer Verwendung der VOB/B gegenüber Verbrauchern jede einzelne Klausel einer AGB-Kontrolle (nach dem § 307 ff. BGB) unterliegt.
30 BT-Drucks 16/9787, S. 22.
31 Palandt/*Grüneberg*, § 310 BGB Rn 5.
32 BT-Drucks 16/9787, S. 24. Dazu auch *Kuffer*, NZBau 2009, 73.
33 RegE, BT-Drucks 14/6040, S. 160 l. Sp.

Klausel-Richtlinie 93/13/EWG,[34] deren Transformationsbestimmungen gemäß Art. 29 lit. a Abs. 1 und 4 Nr. 1 EGBGB trotz Rechtswahl weiterhin Anwendung finden sollen, nur vorformulierte Vertragsbedingungen, die ein Unternehmer gegenüber Verbrauchern stellt, erfasst.[35]

C. Sachlicher Anwendungsbereich (Elektrizitäts-, Gas-, Fernwärme-, und Wasserversorgungsunternehmen)

Vorbemerkung 12

Die Niederspannungsanschlussverordnung (NAV),[36] Niederdruckanschlussverordnung (NDAV),[37] Stromgrundversorgungsverordnung (StromGVV),[38] Gasgrundversorgungsverordnung (GasGVV),[39] Verordnung über allgemeine Bedingungen für die Versorgung mit Fernwärme (AVBFernwärmeV)[40] und die Verordnung über allgemeine Bedingungen für die Versorgung mit Wasser (AVBWasserV)[41] unterfallen als Rechtsverordnungen **nicht** dem Zweiten Abschnitt des Zweiten Buches des BGB (§§ 305 ff. BGB) und damit auch **keiner Inhaltskontrolle**. Gleichwohl besteht die Möglichkeit, auch diese Allgemeinen Versorgungsbedingungen auf die Einhaltung der Ermächtigung (und damit auf ihre Angemessenheit) hin zu überprüfen.[42]

Aber: **Besondere Bedingungen für Sonderabnehmer** bedürfen hingegen der Einbeziehung in Verträge (d.h. gegenüber Sonderabnehmern gelten die Allgemeinen Versorgungsbedingungen nur kraft Einbeziehung in den jeweiligen Vertrag) und unterliegen damit grundsätzlich auch der **Inhaltskontrolle**, die in § 310 Abs. 2 BGB eine Modifikation dahingehend erfährt, dass die Inhaltskontrolle nach den §§ 308 und 309 BGB – zwecks Gleichbehandlung von Sonder- mit Tarifabnehmern („um Sonderabnehmer nicht besser zu stellen als Tarifabnehmer")[43] – ausgeschlossen wird[44] (Freistellung von den §§ 308 f. BGB). Gemäß § 310 Abs. 2 S. 2 BGB gilt diese Vorgabe auch für Verträge über die Entsorgung von Abwasser. 13

---

34 Vgl. Anhang III.
35 So *Dörner* in Schulze/Schulte-Nölke, S. 186, 199.
36 Vom 1.11.2006 – BGBl I, S. 2477.
37 Vom 1.11.2006 – BGBl I, S. 2477, 2485.
38 Vom 26.6.2006 – BGBl I, S. 2391.
39 Vom 26.10.2006 – BGBl I, S. 2391, 2396.
40 Vom 20.6.1980 – BGBl I, S. 742.
41 Vom 20.6.1980 – BGBl I, S. 750, 1067.
42 Palandt/*Grüneberg*, Vor § 307 BGB Rn 3; Palandt/*Grüneberg*, § 310 BGB Rn 6.
43 Palandt/*Grüneberg*, § 310 BGB Rn 6.
44 Jauernig/*Stadler*, § 310 BGB Rn 3.

Hingegen bleibt eine Inhaltskontrolle nach § 307 Abs. 1 und 2 BGB möglich,[45] ebenso wie eine Billigkeitskontrolle nach § 315 Abs. 3 BGB.[46]

14 *Beachte*

Die §§ 308 und 309 BGB würden ohnehin kaum zur Anwendung gelangen, da Sonderabnehmer meist Unternehmer (i.S.v. § 14 BGB) sind, weswegen bereits § 310 Abs. 1 S. 1 BGB einschlägig ist – weswegen *Heinrichs*[47] mit Recht darauf hinweist, dass die praktische Bedeutung von § 310 Abs. 2 BGB gegen Null tendiere.

15 Nach § 310 Abs. 2 S. 1 BGB (Versorgungsunternehmen) finden die §§ 308 und 309 BGB in Vereinbarkeit mit Art. 1 Abs. 2 der Klausel-Richtlinie[48] **keine Anwendung** auf Verträge der

- Elektrizitäts-,
- Gas-,
- Fernwärme- und
- Wasserversorgungsunternehmen

über die Versorgung von **Sonderabnehmern** mit elektrischer Energie, Gas, Fernwärme und Wasser aus dem Versorgungsnetz, soweit die Versorgungsunternehmen nicht zum Nachteil der Abnehmer von Verordnungen über Allgemeine Bedingungen für die Versorgung von Tarifkunden mit elektrischer Energie, Gas, Fernwärme und Wasser abweichen. Dieser Ausnahmetatbestand gilt nach § 310 Abs. 2 S. 2 BGB entsprechend für Verträge über die Entsorgung von Abwasser.

16 Damit übernimmt § 310 Abs. 2 BGB die frühere Ausnahme des § 23 Abs. 2 Nr. 3 AGB-Gesetz (alt), hinter der der Gedanke stand, dass Sonderabnehmer, auch wenn sie Verbraucher (i.S.v. § 13 BGB) sind, keines stärkeren Schutzes bedürfen als Tarifabnehmer.[49] Daher muss es entsprechenden Versorgungsunternehmen freistehen, ihre Allgemeinen Geschäftsbedingungen mit Sonderabnehmern entsprechend den Allgemeinen Versorgungsbedingungen (die für den Regelfall der typisierten Vertragsbeziehungen der Versorgungsunternehmen zu Tarifkunden den Inhalt der Versorgungsverträge bestimmen) auszugestalten (Anerkennung des Bedürfnisses für eine Parallelgestaltung gegenüber Verbrauchern als Tarifkunden und Verbrauchern als Sonderabnehmern).

---

45 Vgl. bspw. BGH NJW 2004, 2161: So soll bspw. ein Haftungsausschluss für einfaches Verschulden bzw. eine Haftungsbegrenzung auf 5.000 EUR wegen der Indiz- und Leitbildfunktion der AVB nicht gegen § 307 BGB verstoßen. Zudem BGH NJW 1998, 1640.
46 BGH NJW 2008, 2172.
47 Palandt/*Heinrichs*, Vorauflage, § 310 BGB Rn 6.
48 AnwK-Schuldrecht/*Hennrichs*, § 310 BGB Rn 5.
49 RegE, BT-Drucks 14/6040, r. Sp.

C. Sachlicher Anwendungsbereich § 6

Mit § 310 Abs. 2 S. 1 BGB verfolgt der deutsche Gesetzgeber das Ziel, „*es den Versorgungsunternehmen freizustellen, ihre Allgemeinen Geschäftsbedingungen für Verträge mit Sonderabnehmern entsprechend den Allgemeinen Versorgungsbedingungen für Tarifabnehmer auszugestalten*",[50] weswegen der BGH[51] den Bestimmungen der AVBGasV auch für Sonderkundenverträge eine u.a. auf das Preisänderungsrecht nach § 4 Abs. 1 und 2 AVBGasV bezogene Leitbildfunktion beigemessen hat, da der Gesetzgeber mit § 4 Abs. 1 und 2 AVBGasV selbst den Beurteilungsmaßstab gesetzt habe, „*ob Sonderkunden durch eine Preisanpassungsklausel i.S.v. § 307 Abs. 1 BGB unangemessen benachteiligt werden, so dass bei einer vertraglichen Preisanpassungsklausel, die mit § 4 AVBGasV inhaltlich übereingestimmt hat, also davon nicht zum Nachteil des Abnehmers abgewichen ist, keine unangemessene Benachteiligung des Sonderabnehmers anzunehmen war*".[52]

§ 310 Abs. 2 BGB sieht vor, dass Verträge mit Sonderabnehmern nicht nur im Bereich der Gas- und Stromversorgung (wie unter der Geltung des AGBG), sondern auch auf dem Fernwärme- und Wassersektor neben der allgemeinen Inhaltskontrolle nach § 307 BGB unter bestimmten Voraussetzungen auch einer richterlichen Überprüfung nach den §§ 308, 309 BGB unterliegen. Dabei wollte der Gesetzgeber jedoch mit der Einbeziehung von Fernwärmeverträgen in § 310 Abs. 2 BGB lediglich eine vom Schrifttum bemängelte „*planwidrige Lücke*" für die auch auf dem Fernwärme- und Wassersektor in Einzelfällen anzutreffenden Sonderverträge ausfüllen[53] – wobei es dem Gesetzgeber nicht um eine Erweiterung der AGB-rechtlichen Kontrolle nach den §§ 307 ff. BGB auf sämtliche auf dem Fernwärme- und Wassersektor abgeschlossenen Lieferverträge ging. Vielmehr wollte er die in § 310 Abs. 2 BGB vorgesehenen Beschränkungen einer AGB-rechtlichen Inhaltskontrolle lediglich klarstellen, dass Sonderabnehmer in keinem Bereich der Energieversorgung eines stärkeren Schutzes bedürfen als Tarifkunden und sich daher bei der Wasser- und Fernwärmeversorgung – ebenso wenig wie bei der Gas- und Stromlieferung – uneingeschränkt auf eine Klauselkontrolle nach den §§ 308, 309 BGB berufen können:[54] Da der Gesetzgeber den Begriff des „*Sonderabnehmers*" im Fernwärme- und Gassektor nicht neu definieren wollte, treffe die Regelung des § 310 Abs. 2 BGB keine Aussage darüber, an welchen Maßstäben die Wirksamkeit von Allgemeinen Geschäftsbedingungen in Fernwärme- und Wasserverträgen, die nicht gegenüber Sonder-

---

50 So BGHZ 198, 111 = NJW 2013, 3647, zitiert nach juris Rn 57.
51 So BGHZ 198, 111 = NJW 2013, 3647, zitiert nach juris Rn 57.
52 BGHZ 198, 111 = NJW 2013, 3647, zitiert nach juris Rn 57 unter Bezugnahme auf BGH, Urt. vom 14.7.2010 – VIII ZR 246/08 – Rn 34 f.
53 BGHZ 189, 131 = NJW 2011, 2501, zitiert nach juris Rn 29 unter Bezugnahme auf BT-Drucks 14/6040, S. 160.
54 BGHZ 189, 131, zitiert nach juris Rn 30 unter Bezugnahme auf *Ulmer* in Ulmer/Brandner/Hensen, 9. Aufl., § 23 AGBG Rn 38 und 39.

abnehmern verwendet werden, zu messen seien. Es verbleibe daher bei Preisanpassungsklauseln, die im Anwendungsbereich der AVBFernwärmeV Verwendung finden, beim Vorrang der speziellen Vorgaben des § 24 Abs. 3 AVBFernwärmeV a.f. § 310 Abs. 2 BGB bestimmt lediglich die Nichtanwendung des AGB-Rechts auf bestimmte Verträge – hingegen resultiert aus dieser Norm keine Durchbrechung des Anwendungsbereichs der AVBFernwärmeV, der von § 1 Abs. 1 AVBFernwärmeV eröffnet wird.[55] Für die Maßgeblichkeit der AVBFernwärmeV sei die Regelung nicht einschlägig, da sie lediglich die Nichtanwendung des AGB-Rechts auf bestimmte Verträge bestimmt. Verträge, die nach Allgemeinen Vertragsbedingungen der Versorgungswirtschaft geschlossen worden sind, unterfallen keiner AGB-rechtlichen Überprüfung, weil die verwendeten Versorgungsbedingungen Rechtsnormen sind.[56]

17   Infolge der fortschreitenden Liberalisierung auf dem Energieversorgungsmarkt erweitert sich auch der Anwendungsbereich der Ausnahme des § 310 Abs. 2 BGB. Zunehmend schließen nämlich nun auch Verbraucher mit Versorgungsunternehmen Verträge ab, die nicht von vornherein den Allgemeinen Versorgungsbedingungen unterliegen. Folge ist, dass diese Verbraucher insoweit zu **Sonderabnehmern** werden. Damit besteht nach Ansicht des Gesetzgebers auch weiterhin ein Bedürfnis für eine Parallelregelung der Vertragsbedingungen der Versorgungsunternehmer gegenüber Verbrauchern als Tarifkunden einerseits und Verbrauchern als Sonderabnehmern andererseits mit der Notwendigkeit einer Ausnahmeregelung.[57]

Nach Ansicht des BGH[58] sind §§ 307 Abs. 1, 310 Abs. 2 BGB richtlinienkonform dahin auszulegen, dass die Anforderungen des § 307 Abs. 1 S. 2 BGB, wonach eine „*unangemessene Benachteiligung*" sich auch daraus ergeben kann, dass eine Klauselbestimmung nicht klar und verständlich ist, nicht durch § 310 Abs. 2 BGB und den hierin zum Ausdruck gekommenen Willen des deutschen Gesetzgebers verkürzt werden können, die Anforderungen an die tatbestandliche Konkretisierung von Anlass, Voraussetzungen und Umfang eines in Sonderkundenverträgen vorgesehenen Preisänderungsrecht nicht über das für Tarifkundenverträge vorgesehene Maß hinausgehen zu lassen.

18   Die Altregelung des § 23 Abs. 2 Nr. 2 AGB-Gesetz hat allerdings insoweit eine **Ergänzung** erfahren, als die Ausnahmeregelung des § 310 Abs. 2 BGB i.d.F. der Schuldrechtsreform 2002 auch Verträge mit Sonderabnehmern über die

- Versorgung mit Wasser und Fernwärme sowie die
- Entsorgung von Abwässern

---

55 So OLG Brandenburg ZNER 2012, 184 = RdE 2012, 160.
56 OLG Brandenburg ZNER 2012, 184, zitiert nach juris Rn 36 unter Bezugnahme auf BGHZ 100, 1, 8.
57 RegE, BT-Drucks 14/6040, S. 160 r. Sp.
58 BGHZ 198, 111 = NJW 2013, 3647, zitiert nach juris Rn 56.

enthält, da dieser Regelungsbereich auch früher schon eine „*planwidrige Lücke*" darstellte.[59] Die Ergänzung ist auch erklärlich, weil der entsprechende Versorgungsbereich in Art. 242 EGBGB (infolge Art. 1 Nr. 3 Schuldrechtsmodernisierungsgesetz – respektive § 27 AGB-Gesetz (alt)) eine Ermächtigungsgrundlage zum Erlass von Rechtsverordnungen zur Regelung der Ver- bzw. Entsorgungsbedingungen normiert. Mit Wirkung vom 1.4.1980 sind auch bereits (schon) entsprechende Verordnungen über die Allgemeinen Versorgungsbedingungen für Wasser und Fernwärme für Verträge zwischen Versorgungsunternehmen und ihren Tarifkunden erlassen worden. Eine entsprechende Verordnung über die Allgemeinen Entsorgungsbedingungen für Abwasser wird in Kürze erlassen werden.

Der Gesetzgeber sah keine Gründe, die für eine (fortbestehende) divergierende Regelung hätten sprechen können, so dass die Lücke im Rahmen der Fortschreibung der Vorschriften zur Regelung des Rechts der Allgemeinen Geschäftsbedingungen geschlossen werden konnte.[60]

19

D. Verbraucherverträge

Bei Verträgen zwischen einem Unternehmer (§ 14 BGB) und einem Verbraucher (§ 13 BGB) (**Verbraucherverträgen – neudeutsch: B2C-Verträge**)[61] finden gemäß § 310 Abs. 3 BGB die Vorschriften der §§ 305 ff. BGB mit folgenden Maßgaben Anwendung:

20

- Allgemeine Geschäftsbedingungen gelten als vom Unternehmer gestellt, es sei denn, dass sie durch den Verbraucher in den Vertrag eingeführt wurden (Nr. 1);
- § 305 lit. c Abs. 2 und die §§ 306 und 307–309 BGB sowie Art. 29 lit. a EGBGB finden auf vorformulierte Vertragsbedingungen auch dann Anwendung, wenn diese nur zur einmaligen Verwendung bestimmt sind und soweit der Verbraucher aufgrund der Vorformulierung auf ihren Inhalt keinen Einfluss nehmen konnte (Nr. 2); und
- bei der Beurteilung der „unangemessenen Benachteiligung" nach § 307 Abs. 1 und 2 BGB sind auch die den Vertragsschluss begleitenden Umstände zu berücksichtigen (Nr. 3).

Ein Bauträgervertrag, in dem der Verbraucher – ein Existenzgründer – nach § 9 Abs. 1 UStG zur Umsatzsteuer optiert, um eine Umsatzsteuerrückvergütung zu erhalten, ist kein Verbrauchervertrag gemäß § 310 Abs. 3 BGB, sondern ein Unternehmervertrag gemäß § 310 Abs. 1 BGB.[62]

---

59 *Ulmer* in Ulmer/Brandner/Hensen, § 23 AGBG Rn 39.
60 RegE, BT-Drucks 14/6040, S. 160 r. Sp.
61 Vgl. näher *Borges*, Inhaltskontrolle von Verbraucherverträgen, 2000.
62 BGH NJW 2016, 2173 = ZIP 2016, 1486, zitiert nach juris Rn 29 unter Bezugnahme auf BGHZ 162, 253, 256 f.; BGH NJW 2008, 435 Rn 6. In einer solchen Fallgestaltung sind hohe Anforderungen an die Erschütterung der Indizwirkung eines Verstoßes gegen § 308 Nr. 1 BGB zu stellen.

§ 6 Anwendungsbereich (§ 310 BGB)

21 *Beachte*

§ 310 Abs. 3 BGB gilt gemäß Art. 229 § 5 Abs. 1 S. 1 EGBGB für Verträge, die nach dem 1.1.2002 geschlossen worden sind. Nach Art. 229 § 5 Abs. 1 S. 2 EGBGB gilt die Regelung für Dauerschuldverhältnisse, die seit dem 1.1.2003 geschlossen wurden. Hingegen ist auf die zwischen dem 24.7.1996 und dem 31.12.2001 geschlossenen Verträge die inhaltsgleiche Altregelung des § 24 lit. a AGB-Gesetz (siehe Rdn 22) weiter anzuwenden.[63]

22 § 310 Abs. 3 BGB entspricht wörtlich § 24 lit. a AGB-Gesetz (alt),[64] wobei lediglich die Verweisungen auf die früheren Vorschriften des AGB-Gesetzes durch solche auf die Bestimmungen des Zweiten Abschnitts des Zweiten Buches des BGB (Gestaltung rechtsgeschäftlicher Schuldverhältnisse durch Allgemeine Geschäftsbedingungen, d.h. der § 305 BGB) ersetzt wurden. Damit wird der **Verbraucherschutz** (auch Drittbindungen und Einzelvertragsklauseln unterliegen in Verbraucherverträgen einer Inhaltskontrolle, zudem sind bei der Inhaltskontrolle auch die den Vertragsschluss begleitenden Umstände zu berücksichtigen) zu einem tragenden Prinzip des AGB-Rechts erklärt.[65]

23 § 310 Abs. 3 BGB folgt den Vorgaben der Klausel-Richtlinie,[66] die in ihren Art. 3 Abs. 1 und 2 für Verträge zwischen Gewerbetreibenden und Verbrauchern grundsätzlich alle Vertragsklauseln, die nicht im Einzelnen ausgehandelt werden (d.h., die im Voraus abgefasst werden, mithin besondere vorformulierte Standardverträge, weswegen der Verbraucher keinen Einfluss auf den Inhalt nehmen konnte), der Inhaltskontrolle unterwirft.

24 **Neu** ist allein die Legaldefinition des **Verbrauchervertrags** i.S. eines **jeden** Vertrags zwischen einem Unternehmer (§ 14 BGB) und einem Verbraucher (§ 13 BGB). Kein Verbrauchervertrag ist somit ein solcher nur zwischen Unternehmern bzw. nur zwischen Verbrauchern. Es spielt für die Annahme eines Verbrauchervertrags keine Rolle, ob dabei die Lieferung einer neuen oder einer gebrauchten Sache bzw. einer Mobilie oder einer Immobilie in Rede steht.[67] Der Vertragsgegenstand ist jedoch – abweichend von Art. 4 Abs. 1 i.V.m. den Erwägungsgründen in Nr. 2, 5 bis 7 und 9 der Klausel-Richtlinie – **nicht** auf Warenkäufe und Dienstleistungen beschränkt (vgl. Wortlaut: „*Verträgen*"). Nach Art. 8 der Klausel-Richtlinie ist ein entsprechender verstärkter Verbraucherschutz (wie in § 310 Abs. 3 BGB erfolgt) jedoch statthaft.[68]

---

63 Palandt/*Grüneberg*, § 310 BGB Rn 9.
64 Eingefügt in das AGB-Gesetz durch Gesetz vom 19.7.1996 zur Umsetzung der Klauselrichtlinie 93/13/EWG vom 5.4.1993.
65 Palandt/*Grüneberg*, § 310 BGB Rn 7.
66 NK-BGB/*Kollmann*, § 310 Rn 19.
67 AnwK-Schuldrecht/*Hennrichs*, § 310 BGB Rn 6: Dies stellt eine Erweiterung gegenüber der Klausel-Richtlinie dar („*Vertrag über den Verkauf von Waren und über Dienstleistungen*", der aber nach Art. 8 der Klausel-Richtlinie statthaft ist).
68 Jauernig/*Stadler*, § 310 BGB Rn 6.

Auch **Drittbedingungen** (siehe hierzu Rdn 33 f.) und **Einzelvertragsklauseln** (siehe Rdn 36 ff.) unterliegen in Verbraucherverträgen einer Inhaltskontrolle (unter Berücksichtigung der den Vertragsschluss begleitenden Umstände; vgl. § 310 Abs. 3 Nr. 3 BGB, siehe hierzu auch Rdn 53 ff.).

Einseitige Rechtsgeschäfte des Unternehmers unterfallen nach § 310 Abs. 3 BGB der Inhaltskontrolle dann, wenn sie auf das Vertragsverhältnis einwirken.[69]

25

Beachte

26

Der **Arbeitsvertrag** ist nach neuerer Judikatur „Verbrauchervertrag" i.S.v. § 310 Abs. 3 BGB,[70] wobei jedoch die Besonderheiten des Arbeitsrechts nach § 310 Abs. 4 S. 2 BGB Berücksichtigung finden müssen.[71] Der Wortlaut des § 13 BGB erfasst auch den Arbeitnehmer bei Abschluss des Arbeitsvertrags.

Da Verträge zwischen Arbeitnehmern und Arbeitgebern in Bezug auf das Arbeitsverhältnis Verbraucherverträge i.S.v. § 310 Abs. 3 Eingangshalbs. BGB sind,[72] gilt dies gleichermaßen für **Vereinbarungen** zwischen Arbeitnehmern und Arbeitgebern **über die Bedingungen der Beendigung ihres Arbeitsverhältnisses**.[73] Der Arbeitnehmer handelt auch insoweit als Verbraucher i.S. des § 13 BGB.

Auch ein „**Volontariatsvertrag**", in dem sich ein „Volontär" entsprechend den vom Arbeitgeber vorformulierten Bedingungen verpflichtet, sich nach Abschluss des Berufsausbildungsverhältnisses an einer Hochschule unter Fortzahlung der Ausbildungsvergütung weiterzubilden und während der vorlesungsfreien Zeit entsprechend den Weisungen des Arbeitgebers in dessen Betrieb zu arbeiten, ist ein Verbrauchervertrag i.S.v. § 310 Abs. 3 BGB.[74]

Damit ist die frühere Auffassung, ein Arbeitnehmer könne nicht Verbraucher i.S.v. § 13 BGB sein, „*weil arbeitsrechtlich Arbeitgeber und Arbeitnehmer nicht mit Unternehmer und Verbraucher deckungsgleich sind*",[75] obsolet – ebenso die von *Hromadka* darauf gestützte Ansicht, der Arbeitsvertrag sei kein Verbrauchervertrag i.S.v. § 310 Abs. 3 BGB.[76]

27

---

69 OLG Jena ZIP 1999, 1534; *Heinrichs*, NJW 1996, 2194; Palandt/*Grüneberg*, § 310 BGB Rn 11: Z.B. wenn die Beschränkung einer vom Unternehmer erteilten Vollmacht auf das Vertragsverhältnis einwirkt und dadurch die Rechtsstellung des Verbrauchers verschlechtert, vgl. dazu auch den Anhang zur Klausel-Richtlinie Nr. 1n.
70 BVerfG NJW 2007, 286; BAG NJW 2005, 3305 = BAG ZIP 2005, 1699 = BAG NZA 2005, 1111 = BAG DB 2005, 2136 = BAG BB 2005, 2131.
71 Palandt/*Grüneberg*, § 310 BGB Rn 11.
72 BAG NZA 2013, 1024 = DB 2013, 2030 Rn 14; BAG NZA 2012, 1147 Rn 14.
73 BAGE 153, 1 = NJW 2016, 1195 = NZA 2016, 351, zitiert nach juris Rn 13.
74 BAGE 126, 187 – Ls.
75 Jauernig/*Stadler*, § 310 BGB Rn 16.
76 *Hromadka*, NJW 2002, 2524.

§ 6 Anwendungsbereich (§ 310 BGB)

28   Die neuere Judikatur zum Arbeitsvertrag als Verbrauchervertrag argumentiert wie folgt:[77] Die gesetzliche Regelung des § 310 Abs. 3 BGB nimmt eine Negativabgrenzung vor. Verbraucher ist jede Person, die ein Rechtsgeschäft zu einem Zweck abschließt, der überwiegend[78] weder ihrer gewerblichen noch ihrer selbstständigen beruflichen Tätigkeit zugerechnet werden kann (vgl. § 13 BGB). Der Arbeitsvertrag ist der unselbstständigen beruflichen Tätigkeit des Arbeitnehmers zuzuordnen. „Verbraucher" bezeichnet nur einen rechtstechnischen Oberbegriff. Einen konsumtiven Zweck, wie er für Kauf- oder Darlehensverträge typisch ist, verlangt das Gesetz nicht. Mit der Definition des Verbraucherbegriffs hat sich der Gesetzgeber vom allgemeinen Sprachgebrauch gelöst und eine eigenständige umfassende Begriffsbestimmung vorgegeben. Deren Sinn ergibt sich jeweils aus dem Zusammenhang der Normen, die auf die Eigenschaft als Verbraucher abstellen. Nach der systematischen Stellung im Allgemeinen Teil des Bürgerlichen Gesetzbuchs findet § 13 BGB auf alle Arten von Rechtsgeschäften Anwendung. Aus Art. 29 und 29 lit. a EGBGB a.F. einerseits und Art. 30 EGBGB a.F. andererseits (nunmehr: Rom I-VO, dazu vorstehend § 4 Rdn 230) folgt nach Ansicht der Rechtsprechung nichts anderes. Art. 29 EGBGB a.F. enthält eine selbstständige, deutlich engere Begriffsbestimmung des Verbrauchervertrags (nunmehr Art. 6 Rom I-VO), der eine Überschneidung mit dem Arbeitsvertrag in Art. 30 EGBGB a.F. (nunmehr Art. 8 Rom I-VO) von vornherein ausschließt. Die Vorschriften verfolgen jeweils besondere kollisionsrechtliche Schutzzwecke. Nach Art. 36 EGBGB a.F. sei der Grundsatz der einheitlichen Auslegung in den Vertragsstaaten zu beachten. Rückschlüsse auf den Verbraucherbegriff des § 13 BGB ließen sich daraus nicht ziehen.

29   Für die Einordnung des Arbeitnehmers als „Verbraucher" spricht auch die Entstehungsgeschichte des § 13 BGB. Die Übernahme des § 24 lit. a AGB-Gesetz (alt) in § 13 BGB und § 310 Abs. 3 BGB steht einem engen Verbraucherbegriff entgegen. Der Verbraucherbegriff hat nämlich einen Bedeutungswandel erfahren, weil die Bereichsausnahme des § 23 Abs. 1 AGBG alt für das Gebiet des Arbeitsrechts nicht mehr besteht. Aufgrund von § 310 Abs. 4 BGB sind die Einzelarbeitsverträge dem AGB-Recht unterstellt, das Verbraucherverträge gemäß § 310 Abs. 3 BGB grundsätzlich mit einschließt. Diese Vorschrift ist, anders als z.B. § 305 Abs. 2 und 3 BGB, nicht ausgenommen worden. Schließlich hat der Gesetzgeber in § 15 UKlaG das Arbeitsrecht ausdrücklich ausgeschlossen, um die Herbeiführung einer abstrakten gerichtlichen Kontrolle vorformulierter Arbeitsverträge im Wege einer Unterlassungsklage durch Verbraucherverbände (aber auch durch Gewerkschaften) zu unterbinden.[79]

---

77 Vgl. bspw. BAG AP BGB § 310 Nr. 12; BAG AP BGB § 307 Nr. 28; BAG AP BGB § 310 Nr. 1.
78 Seit dem 13.6.2014 in Umsetzung der VerbraucherrechteRL.
79 Dazu RegE, BT-Drucks 14/7052, S. 189 f.

D. Verbraucherverträge § 6

Der Verbraucherbegriff des § 13 BGB bietet eine breite Grundlage für die Anwendung der Verbraucherschutzvorschriften. Ihm kommt aber kein abstrakt zu bestimmender Sinn zu. Aufschluss können nur die weiteren Normen geben, die auf die Eigenschaft als Verbraucher abstellen. Dass die Erstreckung des Verbraucherbegriffs auf den Arbeitnehmer nicht zu unvertretbaren Ergebnissen führt, zeigt die zu § 312 BGB ergangene Entscheidung des BAG vom 27.11.2003:[80] Entscheidend für das Widerrufsrecht ist in der Entscheidung die Frage des Haustürgeschäfts und nicht die des Verbraucherbegriffs. Der Status des Arbeitnehmers als solcher steht der Anwendung des § 312 BGB nicht entgegen. Außerdem erscheint der Zinssatz des § 288 Abs. 2 BGB von acht (inzwischen neun) Prozentpunkten über dem Basiszinssatz nicht auf Arbeitsverhältnisse zugeschnitten.[81] Ist danach die sachgerechte Anwendung der auf den Verbraucher bezogenen Schutzvorschriften nicht vornehmlich auf der Statusebene, sondern bei der konkret in Rede stehenden Norm vorzunehmen, steht der Einbeziehung des Arbeitnehmers in den Verbraucherbegriff nichts mehr entgegen. Nur dort, wo sich kraft gesetzlicher Anordnung oder aus systematisch-teleologischem Gründen etwas anderes ergibt, lässt sich von der Anwendung der Verbraucherschutzregeln auf das Arbeitsverhältnis absehen.

30

Somit findet § 310 Abs. 3 BGB auch auf Arbeitsverträge Anwendung. Die Vorschrift enthält keine einschränkenden Tatbestandsmerkmale. Der Unterscheidung, ob die vorformulierten Vertragsbedingungen für eine Vielzahl von Verträgen oder nur zur einmaligen Verwendung bestimmt sind, kommt im Individualarbeitsrecht keine größere Bedeutung als im Allgemeinen Vertragsrecht zu. Die Anwendung des maßgebenden Kriteriums der fehlenden Einflussnahmemöglichkeit aufgrund der Vorformulierung ergibt auch bei Arbeitsverträgen einen guten Sinn. Sondervorschriften oder Besonderheiten des Arbeitsrechts stehen nicht entgegen. Vielmehr spricht gerade der Zweck, den der Gesetzgeber mit der Aufhebung der Bereichsausnahme des § 23 Abs. 1 AGB-Gesetz (alt) für das Arbeitsrecht verfolgt hat, dafür, die Inhaltskontrolle von Allgemeinen Geschäftsbedingungen auch im Arbeitsverhältnis nach Maßgabe von § 310 Abs. 3 BGB zu erweitern. Denn es sollte sichergestellt werden, dass das Schutzniveau der Arbeitsvertragskontrolle nicht hinter derjenigen des Zivilrechts zurückbleibt.[82]

31

I. Standard-Verbraucherverträge (§ 310 Abs. 3 Nr. 1 BGB)

Bei Verbraucherverträgen gelten nach der gesetzlichen Fiktion des § 310 Abs. 3 Nr. 1 BGB Allgemeine Geschäftsbedingungen als vom Unternehmer (§ 14 BGB) *„gestellt"*,

32

---

80 BAG AP BGB § 312 Nr. 1.
81 BAG NZA 2005, 694.
82 Vgl. RegE, BT-Drucks 14/6857, S. 53 f.

es sei denn, dass sie durch den Verbraucher (§ 13 BGB) in den Vertrag eingeführt wurden. § 310 Abs. 3 Nr. 1 BGB begründet für Standard-Verbraucherverträge (bei denen Allgemeine Geschäftsbedingungen, d.h. für eine Vielzahl von Fällen vorformulierte Vertragsbedingungen,[83] verwendet werden) und Allgemeine Geschäftsbedingungen, die der Unternehmer gestellt hat (§ 305 Abs. 1 S. 1 BGB – wobei auch Drittbedingungen erfasst werden,[84] siehe § 3 Rdn 44), eine gesetzliche Vermutung (gesetzliche Fiktion; vgl. Wortlaut: „*gelten*") zulasten des Unternehmers:[85] Entsprechende Vertragsbedingungen **gelten** als vom Unternehmer gestellt (Fiktion des Tatbestandsmerkmals „*Stellen*") – es sei denn, der Verbraucher hat sie in den Vertrag eingeführt,[86] wofür den Unternehmer die **Beweislast** trifft[87] (vgl. Art. 3 Abs. 2 S. 3 Klausel-Richtlinie).

33 Vom Unternehmer ständig verwendete Allgemeine Geschäftsbedingungen sind diesem auch dann zuzurechnen, wenn sie jeweils handschriftlich in eine Leerstelle des Vertrags eingesetzt werden.[88] § 310 Abs. 3 Nr. 1 BGB findet des Weiteren dann Anwendung, wenn vorformulierte Regelungen nicht auf Verlangen des Unternehmers, sondern auf Vorschlag eines Dritten (sog. **Drittklausel** – bspw. von Notaren oder Maklern) Vertragsinhalt geworden sind.[89] Dies liegt darin begründet, dass nach dem Wortlaut und dem Schutzzweck von Art. 3 der Klausel-Richtlinie die Mitgliedstaaten verpflichtet sind, auch Drittklauseln in eine Inhaltskontrolle mit einzubeziehen.[90]

34 Klauseln, die nicht vom Verwender (sondern von einem unbeteiligten Dritten [bspw. einem neutralen Notar – nicht jedoch von einem „*Hausnotar*"]) „*gestellt*" werden (sog. **Drittklauseln**), sind nach § 305 Abs. 1 S. 1 BGB (eigentlich) **keine** Allgemeinen Geschäftsbedingungen. Davon weicht § 310 Abs. 3 Nr. 1 BGB für Verbraucherverträge ab und fingiert Drittklauseln (vgl. Wortlaut: „*gelten*") grundsätzlich als Allgemeine Geschäftsbedingungen. Etwas anderes gilt nur dann (d.h. keine Qualifikation als „*Allgemeine Geschäftsbedingung*"), wenn

---

83 BGH NJW 2008, 2250.
84 D.h. auch vom Notar aufgesetzte Standard-Verbraucherverträge unterliegen der Inhaltskontrolle – Staudinger/*Schlosser*, § 310 BGB Rn 9.
85 AnwK-Schuldrecht/*Hennrichs*, § 310 BGB Rn 9.
86 Bspw. durch Verwendung entsprechender ADAC-Formulare beim Autokauf oder ein Mietformularvorschlag des Mieters: Palandt/*Grüneberg*, § 310 BGB Rn 13.
87 BGH NJW 2008, 2250.
88 Palandt/*Grüneberg*, § 310 BGB Rn 12 unter Bezugnahme auf BGH NJW 2008, 2250 und BGH NJW 1999, 2180.
89 BGH NJW 1999, 2180; MüKo/*Basedow*, § 310 BGB Rn 56; Palandt/*Grüneberg*, § 310 BGB Rn 12 (Drittbedingung); Staudinger/*Schlosser*, § 310 BGB Rn 55.
90 *Heinrichs*, NJW 1995, 157; Palandt/*Grüneberg*, § 310 BGB Rn 12.

D. Verbraucherverträge § 6

■ der Verbraucher sie selbst (bzw. wenn sie in seinem Auftrag durch einen Rechtsanwalt oder einen Notar in den Vertrag eingestellt werden)[91] in den Vertrag eingeführt hat (z.b. Klauseln seines *„Hausnotars"*)[92] oder wenn
■ es sich um eine Individualabrede i.S.v. § 305 Abs. 1 S. 3 BGB handelt.[93] Letzteres ist dann anzunehmen, wenn der Unternehmer einen gesetzesfremden Regelungsgehalt ernsthaft zur Disposition stellt und dem Verbraucher eine reale Möglichkeit zur Änderung des Klauselinhalts eröffnet.[94]

Eine *„Vielzahl von Verwendungen"* (i.S.d. AGB-Begriffs) liegt auch vor, wenn der (neutrale) Notar die Vertragsbedingungen aus seiner ständig benutzten **Mustersammlung** entnimmt.[95]

35

Beachte
Im Falle des § 310 Abs. 3 Nr. 1 BGB trägt der Verbraucher die **Beweislast** dafür, dass eine Klausel für eine *„Vielzahl von Verwendungen"* vorformuliert worden ist[96] und er infolge der Vorformulierung keinen Einfluss auf ihren Inhalt nehmen konnte.[97] Dies war vor der Entscheidung des BGH umstritten, da nach einer Auffassung aus Art. 3 Abs. 2 Unterabs. 3 der Missbräuchliche-Klausel-Richtlinie (wonach der Unternehmer beweisen muss, dass eine Standardvertragsklausel im Einzelnen ausgehandelt worden ist) angenommen wurde, dass nicht der Verbraucher, sondern der Unternehmer die Beweislast dafür trägt, dass der Verbraucher trotz der Vorformulierung auf den Inhalt der Klausel Einfluss nehmen konnte.[98] Überwiegend war hingegen die Auffassung vertreten worden, dass – dem Wortlaut der Vorschrift entsprechend – der Verbraucher nach allgemeinen Grundsätzen die Darlegungs- und Beweislast für die tatsächlichen Voraussetzungen des gesetzlichen Tatbestands trägt.[99] Das Merkmal der *„Einflussmög-*

---

91 Dazu *Bunte*, DB 1996, 1381.
92 Jauernig/*Stadler*, § 310 BGB Rn 7.
93 Wozu die bloße theoretische Möglichkeit einer Einflussnahme des Verbrauchers nicht ausreicht: so *Bunte*, DB 1996, 1391; *Heinrichs*, NJW 1996, 2192; Palandt/*Grüneberg*, § 310 BGB Rn 13.
94 Palandt/*Grüneberg*, § 310 BGB Rn 13: Eine Absenkung der Anforderungen an eine Individualabrede (wegen der Erweiterung der Inhaltskontrolle auf Drittklauseln) sei nicht gerechtfertigt; a.A. hingegen *Braunfels*, DNotZ 1997, 356, 380.
95 Umstritten, so aber *Brambring*, FS für Heinrichs, 1998, S. 39, 46; Jauernig/*Stadler*, § 310 BGB Rn 7; Palandt/ *Grüneberg*, § 310 BGB Rn 12; a.A. hingegen *Ulmer* in: FS für Heinrichs, 1998, S. 555, 560. Zurückhaltend: *Heinrichs*, NJW 1998, 1449.
96 BGHZ 176, 140 = BGH NJW 2008, 2250.
97 BGHZ 176, 140 = NJW 2008, 2250 – Ls.
98 *Bunte*, DB 1995, 1389, 1392; *v. Westphalen*, BB 1996, 2101, 2103; NK-BGB/*Kollmann*, § 310 Rn 8.
99 Erman/*Roloff*, 12. Aufl., § 310 BGB Rn 20; NK-BGB/*Kollmann*, § 310 Rn 32; Bamberger/Roth/*Becker*, 2. Aufl., § 310 BGB Rn 21; Wolf/Horn/*Lindacher*, 4. Aufl., § 24a AGBG Rn 37; *Heinrichs*, NJW 1996, 2190, 2193; *Eckert*, ZIP 1996, 1238, 1240; *Schwerdtfeger*, DStR 1997, 499, 501; OLG Brandenburg NJ 2005, 273, 274.

Ring 395

lichkeit" soll aber gleichbedeutend[100] oder weitgehend gleichbedeutend[101] mit dem *„Aushandeln"* i.S.v. § 305 Abs. 1 S. 3 BGB sein.

Der Unternehmer trägt die Darlegungs- und Beweislast dafür, dass die vorformulierten Vertragsklauseln im Einzelnen ausgehandelt worden sind, obwohl sie vorformuliert wurden.[102]

Für den Fall, dass es sich um die Verwendung einer Einmalklausel in einem Verbrauchervertrag handelt, muss aufgrund des Wortlauts in § 310 Abs. 3 Nr. 1 und 2 BGB hingegen der Verbraucher den Nachweis führen, dass eine in Rede stehende Klausel vorformuliert worden ist – und darüber hinaus auch, dass er auf deren Inhalt (i.S. einer Individualabrede nach § 305 Abs. 1 S. 2 BGB) keinen Einfluss nehmen konnte.[103]

II. Einmalbedingungen in Verbraucherverträgen (§ 310 Abs. 3 Nr. 2 BGB)

36 Bei Verbraucherverträgen finden § 305 lit. c Abs. 2 und die §§ 306 und 307–308 BGB nach § 310 Abs. 2 Nr. 2 BGB auf vorformulierte Vertragsbedingungen auch dann Anwendung, wenn diese nur zur *„einmaligen Verwendung"* bestimmt sind und soweit der Verbraucher (§ 13 BGB)[104] aufgrund der Vorformulierung (oder einseitigen Vorgabe)[105] auf ihren Inhalt keinen Einfluss (i.s. einer tatsächlichen Einflussnahme)[106] nehmen konnte. Abweichend von § 305 Abs. 1 S. 1 BGB, wonach Allgemeine Geschäftsbedingungen *„für eine Vielzahl von Verträgen"* vorformuliert sein müssen (um als Allgemeine Geschäftsbedingungen qualifiziert werden zu können), unterfallen nach § 310 Abs. 3 Nr. 2 BGB dem AGB-Begriff in Verbraucherverträgen damit auch Klauseln, die nur zu einer *„einmaligen Verwendung"* vorformuliert worden sind (sog. **Einmalklauseln**).

---

100 Palandt/*Heinrichs*, § 310 BGB Rn 17.
101 Wolf/Horn/*Lindacher*, 4. Aufl., § 24a AGBG Rn 37.
102 BGHZ 176, 140 = NJW 2008, 2250, zitiert nach juris Rn 14 unter Bezugnahme auf Staudinger/Schlosser, § 310 BGB Rn 60; MüKo/*Basedow*, § 310 BGB Rn 49 und 60; *Ulmer/Schäfer* in Ulmer/Brandner/Hensen, § 310 BGB Rn 77; *Berger* in Prütting/Wegen/Weinreich, § 310 BGB Rn 8.
103 So v. *Westphalen*, NJW 2009, 2355 unter Bezugnahme auf BGHZ 176, 140 = NJW 2008, 2250.
104 Wobei der BGH (WM 2017, 868 = BB 2017, 1025 – Ls.) in Bezug auf § 310 Abs. 3 Nr. 2 BGB festgestellt hat, dass eine als Außengesellschaft rechtsfähige GbR, deren Gesellschafter eine natürliche und eine juristische Person sind, unabhängig davon, ob sie lediglich zu privaten Zwecken und nicht gewerblich oder selbständig beruflich tätig ist, nicht *„Verbraucher* i.S. des § 13 BGB in der bis zum 13.6.2014 geltenden Fassung ist.
105 Bspw. durch den Arbeitgeber im Falle einer durch diesen auf einseitig vorgegebener vertraglicher Grundlage gewährten Sonderzahlung, die auch Gegenleistung für die vom Arbeitnehmer erbrachte Arbeitsleistung ist: BAG NJW 2015, 3326 = NZA 2015, 992, zitiert nach juris Rn 15.
106 BGHZ 176, 140 = NJW 2008, 2250.

D. Verbraucherverträge § 6

Da Arbeitsverträge „*Verbraucherverträge*" i.S.v. § 310 Abs. 3 BGB sind (siehe Rdn 26 ff.), kann § 307 BGB auf eine vorformulierte entsprechende Befristungsabrede zur Anwendung gelangen.[107] Auf § 305 lit. c Abs. 1 verweist § 310 Abs. 3 Nr. 2 nicht.[108]

Auf Einmalklauseln in Verbraucherverträgen finden die §§ 305 lit. c Abs. 2, 306, 307–309 BGB und früher Art. 29 lit. a EGBGB (alt)[109] (vgl. jetzt Art. 46 lit. b EGBGB) Anwendung, weil der Verbraucher infolge der Vorformulierung auch hier keinen Einfluss auf den Inhalt der Vertragsbedingung nehmen konnte.[110] Auch wenn eine Entgeltregelung (Bezugnahmeklausel als Allgemeine Geschäftsbedingung) auf einer eingeholten Genehmigung des zuständigen Ministeriums beruhen sollte, kann die Bezugnahmeklausel als Einmalbedingung i.S.v. § 310 Abs. 3 Nr. 2 BGB eine Allgemeine Geschäftsbedingung sein, die vom BAG als typische Erklärung selbst ausgelegt werden kann.[111] 37

Mit dieser Regelung kommt der Gesetzgeber einer Vorgabe der Klausel-Richtlinie nach, die in ihrem Art. 2 lit. a und 3 Abs. 1 die Verpflichtung statuiert, den Schutz auch auf Vertragsbedingungen auszudehnen, die keine „*Allgemeinen Geschäftsbedingungen*" sind. 38

Problematisch ist, ob § 310 Abs. 3 Nr. 2 BGB auch **Drittklauseln** (zum Begriff siehe Rdn 33 f.) unterfallen, was von der h.M. unter Bezugnahme auf die Ausweitung der AGB-Vorschriften infolge Art. 3 Klausel-Richtlinie bejaht wird[112] mit der Folge, „*dass selbst notarielle Einzel-Verbraucherverträge, die vom Notar nicht auf Veranlassung und im Auftrag eines der Vertragspartner, sondern eigenständig im Rahmen seiner Amtspflichten vorformuliert werden, der AGB-Kontrolle unterliegen sollen*".[113] 39

Zusammengefasst soll es also nach h.A. keine Rolle spielen, ob die Klausel auf Vorschlag des Unternehmers selbst (bzw. einem von diesem Beauftragten, bspw. seinem „*Hausnotar*" [**Eigenklausel**]) oder eines unbeteiligten (neutralen) Dritten (bspw. eines Notars – 40

---

107 BAGE 140, 191, zitiert nach juris Rn 17.
108 BAGE 154, 178 = NZA 2016, 762, zitiert nach juris Rn 31. Zu Überlegungen, die Norm im Wege richtlinienkonformer Auslegung gleichwohl anzuwenden Palandt/*Grüneberg*, § 310 BGB Rn 18; *Deinert* in Däubler/Bonin/Deinert, § 310 BGB Rn 20; Erfurter Kommentar/*Preis*, §§ 305–310 BGB Rn 23.
109 Aufgehoben mit Wirkung vom 17.12.2009 infolge des Gesetzes zur Anpassung der Vorschriften des Internationalen Privatrechts an die VO (EG) Nr. 593/2008 vom 25.6.2009 – Rom I-VO (BGBl I, S. 1574).
110 NK-BGB/*Kollmann*, § 310 Rn 37.
111 BAGE 152, 82 = NZA-RR 2015, 649, zitiert nach juris Rn 23.
112 Vgl. etwa *Bunte*, DB 1996, 1392; Palandt/*Grüneberg*, § 310 BGB Rn 16; MüKo/*Basedow*, § 310 BGB Rn 68; Staudinger/*Schlosser*, § 310 BGB Rn 63.
113 AnwK-Schuldrecht/*Hennrichs*, § 310 BGB Rn 11.

Drittklausel) in den Vertrag einbezogen worden ist.[114] Etwas anderes gilt nur dann, wenn die für einen Einzelfall vorformulierte Klausel auf Vorschlag des Verbrauchers (§ 13 BGB) in den Vertrag Eingang fand.[115]

41 Dem widerspricht zu Recht *Hennrichs*[116] im Hinblick auf die zwischen der Nr. 1 und der Nr. 2 in § 310 Abs. 3 BGB erfolgten Differenzierung im Wortlaut (*„gelten als vom Unternehmer gestellt"*). Das Tatbestandsmerkmal *„Stellen"* soll gemeinschaftsrechtlich unzulässig sein[117] *„und kommt im Text von Nr. 2 nicht vor"*.[118] Im Übrigen – *„Einzel-Verträge in die AGB-Kontrolle einzubeziehen, ist nach der Konzeption des Bürgerlichen Vertrags- und des AGB-Rechts an sich systemfremd. Diese Ausweitung ist auf das durch die Richtlinie veranlasste Maß zu beschränken. Für ein allgemeines Übergreifen der AGB-Kontrolle auf notarielle Verträge besteht aber nach der Richtlinie keinerlei Anlass."*[119]

42 § 310 Abs. 3 Nr. 2 BGB setzt (in Anlehnung an Art. 3 der Klausel-Richtlinie) voraus, dass der Verbraucher (aufgrund der Vorformulierung) keinen Einfluss auf den Inhalt der Klausel nehmen konnte (d.h. der Verbraucher genießt keinen Schutz, wenn die für einen Einzelfall vorformulierte Klausel auf seinen Vorschlag hin Aufnahme in den Vertrag fand).[120] Ob er Einfluss nehmen konnte, beurteilt sich entsprechend § 310 Abs. 3 Nr. 1 a.E. BGB (womit bereits das Tatbestandsmerkmal *„Vorformulierung"* fehlt) sowie[121] nach Maßgabe der Voraussetzungen einer Individualabrede nach § 305 Abs. 1 S. 3 BGB.[122]

---

114 *Braunfels*, DNotZ 1997, 356; *Bunte*, DB 1996, 1392; *Heinrichs*, NJW 1998, 1449; Jauernig/*Stadler*, § 310 BGB Rn 8; Palandt/*Grüneberg*, § 310 BGB Rn 16.
115 Palandt/*Grüneberg*, § 310 BGB Rn 16.
116 AnwK-Schuldrecht/*Hennrichs*, § 310 BGB Rn 12 unter Bezugnahme auf *Ulmer* in FS für Heinrichs, 1998, S. 555, 565 ff.
117 So *Heinrichs*, NJW 1995, 157.
118 Palandt/*Grüneberg*, § 310 BGB Rn 16.
119 AnwK-Schuldrecht/*Hennrichs*, § 310 BGB Rn 12: Die Richtlinie erfasse nur Verbraucherverträge über Waren und Dienstleistungen und nur insoweit normiere sie verbindliche Vorgaben – *„Der praktisch wichtige Bereich der notariellen Immobiliengeschäfte liegt damit von vornherein außerhalb des Anwendungsbereichs der Richtlinie. Eine erweiternde richtlinienkonforme Auslegung des nationalen Rechts kommt daher jedenfalls insoweit nicht in Betracht."*
120 Palandt/*Grüneberg*, § 310 BGB Rn 16.
121 Da das Treffen einer Individualvereinbarung (§ 305 Abs. 1 S. 3 BGB) und die in § 310 Abs. 3 Nr. 2 BGB verwendete Formulierung („*Einfluss nehmen konnte*") in der Sache keinen Unterschied mache: so *Brandner*, AnwBl. 1994, 339; Palandt/*Grüneberg*, § 310 BGB Rn 17; a.A. hingegen *Coester-Waltjen* in FS für Medicus, 1999, S. 63, 69.
122 *Heinrichs*, NJW 1997, 1409; *Heinrichs*, NJW 1998, 1449; Jauernig/*Stadler*, § 310 BGB Rn 8; a.A. hingegen *Ulmer* in FS für Heinrichs, 1998, S. 555, 569 f.

„*Einflussnehmen*" i.S.v. § 310 Abs. 3 Nr. 2 BGB entspricht somit „*Aushandeln*" i.S.v. § 305 Abs. 1 S. 3 BGB[123] (siehe hierzu § 3 Rdn 59 ff.). Auch das BAG geht davon aus, dass die Möglichkeit der Einflussnahme gemäß § 310 Abs. 3 Nr. 2 BGB inhaltlich einem Aushandeln entspricht und damit voraussetzt, dass der Verwender die Klausel ernsthaft zur Disposition gestellt und dem Arbeitnehmer Gestaltungsfreiheit zur Wahrung seiner Interessen eingeräumt hat.[124] Die Möglichkeit der Einflussnahme ist nicht bereits deshalb auszuschließen, weil der vorformulierte Text bestehen bleibt. Auch bei einem Belassen des vorformulierten Textes ist eine Einflussnahme möglich, wenn der Text zwischen den Vertragsparteien erörtert worden ist und der Verwender grundsätzlich zu einer Abänderung der Klausel bereit war und dies dem Anderen bei Abschluss des Vertrages bewusst gewesen ist.[125] Die Beweislast dafür, dass bei einer Vertragsklausel, die nur zu einer einmaligen Verwendung bestimmt ist, für den Verbraucher keine Möglichkeit zur Einflussnahme bestanden hat, trägt letztlich der Verbraucher, wenn sich der Unternehmer im Rahmen einer abgestuften Darlegungslast auf eine entsprechende Behauptung des Verbrauchers konkret eingelassen hat.[126]

Auch der Arbeitsvertrag des Cheftrainers eines Profifußballvereins unterliegt ganz oder in einzelnen Bestimmungen der AGB-Kontrolle nach den §§ 305 ff. BGB, wenn der Verein nicht substantiiert darlegt, dass der Verwender den gesetzesfremden Kerngehalt seiner Allgemeinen Geschäftsbedingungen im Vertrag oder die streitige Bestimmung i.S.d. § 305 Abs. 1 S. 3 BGB ausgehandelt hat bzw. der Trainer – entgegen dessen konkreten Vortrag – auf den Inhalt der Bestimmungen trotz ihrer Vorformulierung „*Einfluss*" i.S.d. § 310 Abs. 3 Nr. 2 BGB nehmen konnte:[127] Die Möglichkeit der Einflussnahme setze

---

[123] Palandt/*Grüneberg*, § 310 BGB Rn 17. Ebenso wie das BAG ArbR 2016, 530, zitiert nach juris Rn 25: Die Möglichkeit der „*Einflussnahme*" sei nicht bereits dann auszuschließen, wenn der vorformulierte Text bestehen bleibt. I.d.R. schlage sich eine Bereitschaft zum Aushandeln zwar in Änderungen des vorformulierten Textes nieder. Bleibe es nach einer Erörterung des vorformulierten Text, weil der Betroffene nunmehr mit diesem einverstanden sei, so könne der Vertrag gleichfalls als das Ergebnis eines „*Aushandelns*" betrachtet werden. Voraussetzung dafür sei aber, dass sich der Verwender deutlich und ernsthaft zu eventuell gewünschten Änderungen der zu treffenden Vereinbarung bereit erklärt und dass dies dem anderen Teil bei Abschluss des Vertrags bewusst war. Die Möglichkeit der Einflussnahme müsse sich dabei auf die konkrete Klausel beziehen, deren Anwendbarkeit oder Auslegung im Streit steht. Sei die Möglichkeit der „*Einflussnahme*" streitig, müsse der Verwender – nach den Grundsätzen der abgestuften Darlegungslast – den Vortrag des Verwendungsgegners, er habe keine Einflussmöglichkeit gehabt, qualifiziert bestreiten, indem er konkret darlege, wie er Klauseln zur Disposition gestellt hat und aus welchen Umständen darauf geschlossen werden könne, der Verwendungsgegner habe die Klauseln freiwillig akzeptiert – unter Bezugnahme auf BAG NJW 2014, 2138 Rn 31; BAG NJW 2010, 2827 Rn 27.
[124] BAG, Urt. v. 25.5.2005 – 5 AZR 572/04.
[125] BGH, Urt. v. 3.4.1998 – V ZR 6/97.
[126] BAG, Urt. v. 25.5.2005 – 5 AZR 572/04.
[127] LAG Hamm BB 2011, 2676 = NZA-RR 2012, 75 – Ls. 1.

§ 6 Anwendungsbereich (§ 310 BGB)

voraus, dass der Verwender den gesetzesfremden Kerngehalt seiner Allgemeinen Geschäftsbedingungen ernsthaft zur Disposition stellt und dem Verwendungsgegner Gestaltungsfreiheit zur Wahrung seiner Interessen einräumt, wobei – wie gerade ausgeführt – das Merkmal des „*Einflussnehmens*" in § 310 Abs. 3 Nr. 2 BGB dem „*Aushandeln*" in § 305 Abs. 1 S. 3 BGB entspreche.[128] Sei die Möglichkeit der Einflussnahme streitig, müsse der Verwender nach den Grundsätzen der abgestuften Darlegungslast den Vortrag des Verwendungsgegners, er habe keine Einflussmöglichkeit gehabt, qualifiziert bestreiten, indem er konkret darlegt, wie er Klauseln zur Disposition gestellt hat und aus welchen Umständen darauf geschlossen werden kann, der Verwendungsgegner habe die Klauseln freiwillig akzeptiert.[129] Bei vorformulierten Ausschlussfristen, die Allgemeine Geschäftsbedingungen i.S.v. § 305 Abs. 1 S. 1 BGB sind bzw. die bei einmaliger Verwendung mangels Einflussmöglichkeit des Arbeitnehmers der AGB-Kontrolle in dem durch § 310 Abs. 3 Nr. 2 BGB bestimmten Umfang unterliegen, sei § 139 BGB durch § 306 BGB ausgeschlossen.[130]

43 Die Möglichkeit der **Einflussnahme** (angelehnt an Art. 3 Abs. 2 S. 1 Klausel-Richtlinie) wird von der h.m. – obgleich eigentlich eine sprachliche Abweichung zu § 305 Abs. 1 S. 3 BGB („*ausgehandelt*") besteht – **sachlich einheitlich verstanden** („*Einflussmöglichkeit gleich Aushandeln*").[131]

44 *Beachte*

Im Unterschied zu § 310 Abs. 3 Nr. 1 BGB (Drittklauseln, siehe Rdn 33 f.) trifft aber nach § 310 Abs. 3 Nr. 2 BGB (Einzelvertragsklauseln) den Verbraucher die **Beweislast** dafür, dass er keine Möglichkeit einer Einflussnahme auf die Klausel hatte.[132]

---

128 LAG Hamm BB 2011, 2676, zitiert nach juris Rn 112 unter Bezugnahme auf BAG NZA 2005, 1111, 1116; 2010, 939, 941.
129 LAG Hamm BB 2011, 2676, zitiert nach juris Rn 112 unter Bezugnahme auf BAG NZA 2010, 939, 941.
130 LAG Hamm BB 2011, 2676, zitiert nach juris Rn 258.
131 Palandt/*Grüneberg*, § 310 BGB Rn 13; a.A. AnwK-Schuldrecht/*Hennrichs*, § 310 BGB Rn 13 unter Bezugnahme auf *Ulmer* in FS für Heinrichs, 1998, S. 555, 564 f. – beide Auslegungen können auseinanderfallen: „*Das Merkmal der Einflussnahmemöglichkeit i.S.d. Abs. 3 Nr. 2 ist europarechtlich geprägt, da es auf Verbraucherverträge bezogen ist und damit in den Anwendungsbereich der Klausel-Richtlinie fällt. Dagegen kann das allgemeine Kriterium des Aushandelns i.S.d. § 305 Abs. 1 S. 3 in autonomer nationaler Auslegung bestimmt werden.*"
132 BGH NJW 2008, 2266. Dabei soll jedoch bei umfangreichen und komplizierten Texten der Beweis des ersten Anscheins ausreichen: so Palandt/*Grüneberg*, § 310 BGB Rn 17: Es sei zu berücksichtigen, „*dass der typische Verbraucher nicht das erforderliche rechtliche Know-how hat, um ihn benachteiligende Vertragsklauseln zu durchschauen und zweckentsprechende Änderungen durchzusetzen*".

D. Verbraucherverträge § 6

Dem Wortlaut der Vorschrift entsprechend trägt der Verbraucher nämlich nach allgemeinen Grundsätzen die **Darlegungs- und Beweislast** für die tatsächlichen Voraussetzungen des gesetzlichen Tatbestands.[133]

45

Dieser Auffassung hat sich 2008 auch der BGH angeschlossen:[134] Bei Vertragsklauseln, die zur einmaligen Verwendung bestimmt sind, steht es allein im Einklang mit dem klaren Wortlaut der Vorschrift, **Darlegungs- und Beweislast** nicht dem Unternehmer, sondern dem Verbraucher dafür aufzuerlegen, dass die Vertragsklauseln vorformuliert worden sind und dass er infolge der Vorformulierung keinen Einfluss auf ihren Inhalt nehmen konnte. Der Gesetzgeber hat bei der Erstreckung der Inhaltskontrolle auf Individualverträge, die vorformulierte Vertragsklauseln enthalten (§ 310 Abs. 3 Nr. 2 BGB), den Umstand, dass der Verbraucher infolge der Vorformulierung auf den Inhalt der Vertragsklauseln keinen Einfluss nehmen konnte, als Tatbestandsvoraussetzung der Eröffnung der Inhaltskontrolle ausgebildet. Für solche Umstände trägt nach den allgemeinen Grundsätzen derjenige die Darlegungs- und Beweislast, der sich zu seinen Gunsten auf ihr Vorliegen beruft.

46

Im Falle des § 310 Abs. 3 Nr. 1 BGB trägt der Verbraucher die **Beweislast** dafür, dass die fraglichen Klauseln für eine „*Vielzahl von Fällen*" vorformuliert worden sind, und der Unternehmer die Darlegungs- und Beweislast dafür, dass die vorformulierten Vertragsklauseln im Einzelnen ausgehandelt worden sind, obwohl sie vorformuliert wurden.[135]

47

Der BGH[136] folgt der Auffassung, dass (dem Wortlaut der Vorschrift entsprechend) der Verbraucher nach allgemeinen Grundsätzen die Darlegungs- und Beweislast für die tatsächlichen Voraussetzungen des gesetzlichen Tatbestands trägt.[137] Das Merkmal der **Einflussnahmemöglichkeit** soll zwar gleichlautend[138] oder weitgehend gleichbedeutend mit dem „*Aushandeln*" i.S.v. § 305 Abs. 1 S. 3 BGB sein.[139] Die von dieser Vorschrift abweichende Verteilung der Darlegungs- und Beweislast rechtfertige sich jedoch daraus, dass die genannten Voraussetzungen der Eröffnung der Inhaltskontrolle

48

---

133 So Palandt/*Grüneberg*, § 310 BGB Rn 17; Erman/*Roloff*, § 310 BGB Rn 20; NK-BGB/*Kollmann*, § 310 Rn 39; Bamberger/Roth/*Becker*, § 310 BGB Rn 21; *Berger* in Prütting/Wegen/Weinreich, § 310 BGB Rn 9; *Heinrichs*, NJW 1996, 2190, 2193; OLG Brandenburg NJ 2005, 273, 274.
134 BGH NJW 2008, 2250, 2252.
135 BGH NJW 2008, 2250, 2251; Staudinger/*Schlosser*, § 310 BGB Rn 60; MüKo/*Basedow*, § 310 BGB Rn 49 und 60; *Ulmer/Schäfer* in Ulmer/Brandner/Hensen, § 310 BGB Rn 77; Palandt/*Grünewald*, § 310 BGB Rn 8.
136 BGH NJW 2008, 2250, 2252.
137 So auch Palandt/*Grünewald*, § 310 BGB Rn 17; MüKo/*Basedow*, § 310 BGB Rn 66; NK-BGB/*Kollmann*, § 310 Rn 59.
138 Palandt/*Grünewald*, § 310 BGB Rn 17.
139 A.A. hingegen *Ulmer/Schäfer* in Ulmer/Brandner/Hensen, § 310 BGB Rn 85.

vorformulierter Vertragsklauseln für einen einzelnen Verbrauchervertrag Tatbestandsvoraussetzungen des § 310 Abs. 1 Nr. 2 BGB seien, denen nicht (wie im Falle des § 305 Abs. 1 S. 3 BGB) die Funktion einer Ausnahmeregelung zukomme.[140] Das Gleiche gilt, soweit in dem Merkmal, dass der Verbraucher infolge der *„Vorformulierung"* keinen Einfluss auf den Inhalt der Vertragsbedingung nehmen konnte, ein Wiederaufleben des *„Stellens"* von Vertragsbedingungen i.S.v. § 305 Abs. 1 BGB gesehen wird. Die Beweislast für das Vorliegen dieser Voraussetzung trägt auch nach diesem Ansatz der Verbraucher.[141]

49 Mit dem BGH[142] ist somit von Folgendem auszugehen: *„Bei Vertragsklauseln, die zur einmaligen Verwendung bestimmt sind, steht es allein im Einklang mit dem klaren Wortlaut der Vorschrift, Darlegungs- und Beweislast nicht dem Unternehmer, sondern dem Verbraucher dafür aufzuerlegen, dass die Vertragsklauseln vorformuliert worden sind und dass er infolge der Vorformulierung keinen Einfluss auf ihren Inhalt nehmen konnte."*[143] Der Gesetzgeber hat bei der Erstreckung der Inhaltskontrolle auf Individualverträge, die vorformulierte Vertragsklauseln enthalten (§ 310 Abs. 3 Nr. 2 BGB), den Umstand, dass der Verbraucher infolge der Vorformulierung auf den Inhalt der Vertragsklauseln keinen Einfluss nehmen konnte, als **Tatbestandsvoraussetzung** der Eröffnung der Inhaltskontrolle ausgebildet, womit dafür nach allgemeinen Grundsätzen derjenige die Darlegungs- und Beweislast zu tragen hat, der sich zu seinen Gunsten auf ihr Vorliegen beruft.[144]

50 Nach h.M.[145] trägt also der Verbraucher die Beweislast für die Voraussetzungen des § 310 Abs. 2 Nr. 2 BGB, was auch mit Art. 3 Abs. 2 S. 3 der Klausel-Richtlinie vereinbar ist, da letztere **nur** Standard-, nicht aber Einzel-Verbraucherverträge (i.S.v. § 310 Abs. 3 Nr. 2 BGB) erfasst.[146]

51 Als **Rechtsfolge** gelangen auf die Einmalklausel im Verbrauchervertrag folgende Regelungen zur Anwendung:
- § 305 lit. c Abs. 2 BGB
- § 306 BGB
- §§ 307–309 BGB

---

140 *Ulmer/Schäfer* in Ulmer/Brandner/Hensen, § 310 BGB Rn 84.
141 So Staudinger/*Schlosser*, § 310 Rn 64 und 66.
142 BGH NJW 2008, 2250, 2252.
143 BGH NJW 2008, 2250, 2252.
144 BGH NJW 2008, 2250, 2252.
145 BGH NJW 2008, 2250; Palandt/*Grüneberg*, § 310 BGB Rn 17; MüKo/*Basedow*, § 310 BGB Rn 11.
146 Dazu näher BGH NJW 2008, 2250, 2253.

D. Verbraucherverträge § 6

- Art. 46 lit. b EGBGB
- Der Vorrang einer Individualabrede vor Allgemeinen Geschäftsbedingungen gilt trotz der fehlenden Verweisung in § 310 Abs. 3 Nr. 2 auf § 305 lit. b BGB auch für **vorformulierte Einmalbedingungen in Verbraucherverträgen**.[147]

Nach – wenn auch nicht unumstrittener – Auffassung sollen neben den enumerativ in § 310 Abs. 3 Nr. 2 BGB genannten Vorschriften auch die nicht ausdrücklich genannten Regelungen des 52

- § 305 Abs. 2 Nr. 2 BGB (Transparenzgebot) sowie
- § 305 lit. c Abs. 1 BGB (Schutz vor überraschenden Klauseln)

aufgrund einer **Normkorrektur durch richtlinienkonforme Auslegung**[148] zur Anwendung gelangen.[149] Das in den Art. 4 Abs. 2 und 5 S. 1 Klausel-Richtlinie zum Ausdruck kommende Transparenzgebot (Verständlichkeit für den Verbraucher) gelte auch für Einmalklauseln.[150] Die Normkorrektur müsse hingegen nicht zu einer Anwendbarkeit von § 305 lit. b BGB führen, da bei einem Konflikt zwischen vorformulierter Klausel und Individualvereinbarung letztere bereits nach § 157 BGB Vorrang genieße.[151]

Der Arbeitsvertrag des Cheftrainers eines Profifußballvereins unterliegt – wie bereits ausgeführt (siehe Rdn 42) – ganz oder in einzelnen Bestimmungen der AGB-Kontrolle gemäß §§ 305 ff. BGB, wenn der Verein nicht substantiiert darlegt, dass der Vertrag oder die streitige Bestimmung i.S.d. § 305 Abs. 1 S. 3 BGB ausgehandelt wurde – bzw. der Trainer (entgegen dessen konkreten Vortrag) auf den Inhalt der Bestimmungen trotz ihrer Formulierung „*Einfluss*" i.S.d. § 310 Abs. 3 Nr. 2 BGB nehmen konnte.[152]

---

147 BAG NZA 2017, 58 – Ls.: Individuelle Vertragsabreden haben Vorrang vor Allgemeinen Geschäftsbedingungen i.s.v. § 305 Abs. 1 BGB und vor in Verbraucherverträgen vorformulierten Einmalbedingungen i.S.v. § 310 Abs. 3 Nr. 2 BGB. Ausdrücklich klargestellt sei dies für Allgemeine Geschäftsbedingungen in § 305 lit. b BGB. Der Vorrang der Individualabrede ergebe sich i.Ü. aber auch aus allgemeinen Rechtsgrundsätzen – und gelte trotz der fehlenden Verweisung in § 310 Abs. 3 Nr. 2 auf § 305 lit. b BGB auch für vorformulierte Einmalbedingungen in Verbraucherverträgen, so BAG NZA 2017, 58, zitiert nach juris Rn 35 unter Bezugnahme auf *Clemenz* in Clemenz/Kreft/Krause, AGB-Recht, § 305b BGB Rn 35. Vgl. einen Vorrang der Individualabrede aus den §§ 133, 157 BGB ableitend auch Staudinger/*Schlosser*, § 310 BGB Rn 67; Erman/*Roloff*, § 310 BGB Rn 21.
148 So *Heinrichs*, NJW 1996, 2190.
149 Jauernig/*Stadler*, § 310 BGB Rn 8; Palandt/*Grüneberg*, § 310 BGB Rn 18.
150 Palandt/*Grüneberg*, § 310 BGB Rn 18.
151 Womit der Nichtverweis in § 310 Abs. 3 Nr. 2 BGB auf § 305 lit. b BGB unschädlich sei: Palandt/*Grüneberg*, § 310 BGB Rn 18 unter Bezugnahme auf *v. Westphalen*, BB 1996, 2104.
152 LAG Hamm BB 2011, 2676 = NZA-RR 2012, 75 – Ls.

III. Die Beurteilung der unangemessenen Benachteiligung (§ 310 Abs. 3 Nr. 3 BGB)

53 Bei Verbraucherverträgen sind gemäß § 310 Abs. 3 Nr. 3 BGB bei Beurteilung der „*unangemessenen Benachteiligung*" nach § 307 Abs. 1 und 2 BGB auch **die den Vertragsschluss begleitenden Umstände** zu berücksichtigen. Abweichend von § 307 Abs. 1 und 2 BGB, wonach die „*Unangemessenheit*" im Rahmen der Inhaltskontrolle grundsätzlich nach einem abstrakt-generalisierenden Maßstab zu erfolgen hat, sind gemäß § 310 Abs. 3 Nr. 3 BGB (im Individualprozess)[153] bei Verbraucherverträgen **zudem**[154] (nicht stattdessen)[155] – d.h. ergänzend – die den „*Vertragsschluss begleitenden Umstände*" zu berücksichtigen (**Berücksichtigung von Begleitumständen**). Die Kontrolle erfolgt auch bei Verbraucherverträgen stets am Maßstab des § 307 BGB (und somit nicht an Art. 3 der Klausel-Richtlinie).[156]

54 In Umsetzung von Art. 4 Abs. 1 Klausel-Richtlinie sind gemäß § 310 Abs. 3 Nr. 3 BGB bei der Beurteilung der „unangemessenen Benachteiligung" (im Rahmen der Inhaltskontrolle nach § 307 Abs. 1 und 2 BGB) bei Verbraucherverträgen „**auch**" die den Vertragsschluss begleitenden Umstände zu berücksichtigen – d.h. es ist nicht lediglich (wie bei § 307 BGB sonst üblich, siehe § 5 Rdn 453 ff.) eine generalisierend-überindividuelle Betrachtungsweise zugrunde zu legen,[157] sondern es sind ergänzend auch konkret-individuelle Umstände mit zu berücksichtigen (**Kombinationslösung**).[158]

55 Diese Berücksichtigung von Begleitumständen bei der Beurteilung einer „*unangemessenen Benachteiligung*" verstößt nicht gegen EG-Recht.[159]

---

153 Wohingegen es im Verbandsprozess (der Natur der Sache entsprechend) bei einem abstrakt-überindividuellen Kontrollmaßstab bleibt: *Heinrichs*, NJW 1996, 2194.
154 D.h. unter grundsätzlichem Festhalten an einer generell-überindividuellen Betrachtung, mithin einer Abwägung des Unternehmerinteresses mit jenen der typischerweise beteiligten Verbraucher: BT-Drucks 13/2713, S. 7 f. Zu § 24 lit. a AGBG.
155 Jauernig/*Stadler*, § 310 BGB Rn 9.
156 Palandt/*Grüneberg*, § 310 BGB Rn 22: Wobei allerdings eine Klausel, die gegen Art. 3 Klausel-Richtlinie verstößt, zwingend gleichermaßen § 307 BGB („außerdem") verletzt.
157 AnwK-Schuldrecht/*Hennrichs*, § 310 BGB Rn 14.
158 AnwK-Schuldrecht/*Hennrichs*, § 310 BGB Rn 14: Die der Klausel-Richtlinie entspricht, „wie deren Art. 7 Abs. 2 und ihr Anhang zeigen".
159 Erman/*Roloff*, § 310 BGB Rn 24; *Heinrichs*, NJW 1996, 2193; Staudinger/*Schlosser*, § 310 BGB Rn 70; a.A. hingegen MüKo/*Basedow*, § 305 BGB Rn 74. *Grüneberg* (Palandt/*Grüneberg*, § 310 BGB Rn 19) weist darauf hin, dass die Klausel-Richtlinie in ihrem Anhang einen Katalog von Klauseln enthält, die – unabhängig vom sonstigen Vertragsinhalt und den den Vertragsschluss begleitenden Umständen – für unwirksam erklärt werden können, und dass Art. 7 Abs. 2 der Klausel-Richtlinie ein Verfahren der Inhaltskontrolle der Klauseln ohne Bezug zu einem bestimmten Vertrag normiert. Damit berücksichtige die Richtlinie beide Kontrollansätze und überlasse den Mitgliedstaaten nach Art. 249 Abs. 3 EGV die Feinabstimmung.

Beachte

Hingegen gilt im Hinblick auf eine **Inhaltskontrolle von Einmalklauseln** (siehe Rdn 36 ff.), deren Verwendung auf einen einzelnen Fall beschränkt ist, ein **konkret-individueller Maßstab** im Einzelfall.[160]

Die „*Angemessenheit*" bzw. „*Unangemessenheit*" einer Vertragsklausel beurteilt sich danach, ob sich der Unternehmer gegenüber dem Verbraucher entsprechend Art. 4 Abs. 1 i.V.m. Erwägungsgrund Nr. 16 der Klausel-Richtlinie „*billig und loyal*" verhält. Aus Art. 4 Abs. 1 i.V.m. dem zweiten Teil des Erwägungsgrundes Nr. 16 der Klausel-Richtlinie kann eine Prüfung der Begleitumstände sich in zwei Richtungen auswirken: Sie kann gegen eine Klausel bereits bestehende Bedenken verstärken mit der Folge, dass diese einer Inhaltskontrolle nicht (mehr) standhält.[161] Sie kann andererseits aber auch bestehende Bedenken so abschwächen, dass eine Anwendbarkeit von § 307 BGB entfällt.[162]

Im Zusammenhang mit der Prüfung der Umstände kann bspw. auch ein dem Verbraucher bei Vertragsschluss übergebenes **Merkblatt** Bedeutung erlangen.[163]

56

Beachte

Hingegen findet eine entsprechende Berücksichtigung der „*Umstände des Einzelfalles*" (die sich für und gegen den Verbraucher auswirken kann) nach § 305 lit. c Abs. 1 BGB (siehe hierzu § 4 Rdn 135 ff.) statt.[164]

57

Die **Kombinationslösung** (siehe Rdn 54) findet im Rahmen der Inhaltskontrolle nach § 307 BGB und auch bei der Anwendung unbestimmter Rechtsbegriffe gemäß § 308 BGB Anwendung – **nicht** jedoch im Zusammenhang mit § 309 BGB.[165]

58

IV. Bereichsausnahmen

Der Zweite Abschnitt des Zweiten Buches des BGB (Gestaltung rechtsgeschäftlicher Schuldverhältnisse durch Allgemeine Geschäftsbedingungen) findet nach § 310 Abs. 4 S. 1 BGB **keine Anwendung** bei Verträgen bestimmter Rechtsgebiete, nämlich des

59

---

160 *Michalski*, DB 1999, 677; Palandt/*Grüneberg*, § 310 BGB Rn 19.
161 Palandt/*Grüneberg*, § 310 BGB Rn 21.
162 OLG Frankfurt/M. NJW-RR 2001, 780; AnwK-BGB/*Kollmann*, § 310 BGB Rn 34; Palandt/*Grüneberg*, § 310 BGB Rn 21: Die Ausnutzung von geschäftlicher Unerfahrenheit bzw. einer Überrumpelungssituation könne somit für eine Unwirksamkeit sprechen, das Fehlen einer „*rollenspezifischen Unterlegenheit*" dagegen; a.A. hingegen *Michalski*, DB 1999, 677.
163 OLG Karlsruhe NJW-RR 2006, 605.
164 Jauernig/*Stadler*, § 310 BGB Rn 9; Jauernig/*Stadler*, § 305c BGB Rn 2.
165 Palandt/*Grüneberg*, § 310 BGB Rn 20.

§ 6 Anwendungsbereich (§ 310 BGB)

- Erb-,
- Familien- und
- Gesellschaftsrechts[166] sowie auf
- Tarifverträge, Betriebs- und Dienstvereinbarungen,

womit die Regelung insoweit weitgehend § 23 Abs. 1 AGB-Gesetz (alt) ohne sachliche Änderung folgt.[167] Eine Neuregelung infolge der Schuldrechtsreform 2002 gilt für das Arbeitsrecht: Bei der Anwendung auf Arbeitsverträge sind gemäß § 310 Abs. 4 S. 2 BGB die im Arbeitsrecht geltenden Besonderheiten *„angemessen zu berücksichtigen"*.

1. Familien- und Erbrecht

60 Die praktische Relevanz des Ausschlusses der § 305 ff. BGB für das Familien- und Erbrecht ist relativ gering, da für diese Bereiche (sieht man einmal für den Erbschaftskauf nach § 2371 BGB ab[168] – auf den sich die Freistellung gleichermaßen bezieht,[169] ebenso wie auch für Verträge über den vorzeitigen Erbausgleich nach § 311 lit. b Abs. 5 BGB) die Verwendung von Formularverträgen selten ist.

61 *Beachte*

Verträge des Familienrechts sind allein solche, die die familienrechtlichen Beziehungen regeln (bspw. §§ 1372, 1408, 1585 lit. c bzw. 1587 lit. o BGB),[170] gleichermaßen (in analoger Anwendung) entsprechende Verträge zwischen registrierten Lebenspartnern.[171] Die Regelung erfasst damit nicht schuldrechtliche Verträge zwischen Ehegatten, registrierten Lebenspartnern, Verwandten und nichtehelichen Lebenspartnern.[172] Für Letztere kann ggf. aber die Bereichsausnahme für das Gesellschaftsrecht maßgeblich sein.[173] Mit Inkrafttreten des LPartG ist § 310 Abs. 4 S. 1 BGB auf Verträge des Lebenspartnerschaftsrechts (d.h. solche, die die lebenspartnerschaftlichen Beziehun-

---

166 Da sich bei Gesellschaftsverträgen in etwa gleich starke Partner gegenüber stehen und damit der Schutzzweck des AGB-Rechts nicht einschlägig sei – AnwK-Schuldrecht/*Hennrichs*, § 310 BGB Rn 20. Zum Problem, ob Verträge zum Erwerb einer gesellschaftsrechtlichen Beteiligung (die keine unternehmerischen Befugnisse vermittelt und nur zur Vermögensanlage gehalten wird) trotz § 310 Abs. 4 S. 1 BGB der AGB-Kontrolle unterliegen: Palandt/*Grüneberg*, § 310 BGB Rn 50 einerseits und AnwK-Schuldrecht/*Hennrichs*, § 310 BGB Rn 20 andererseits.
167 Die Ausnahmen sind mit der Klausel-Richtlinie vereinbar – so AnwK-Schuldrecht/*Hennrichs*, § 310 BGB Rn 16: arg. Erwägungsgrund 10 der Klausel-Richtlinie.
168 Jauernig/*Stadler*, § 310 BGB Rn 10.
169 Umstritten, so aber Palandt/*Grüneberg*, § 310 BGB Rn 48.
170 Palandt/*Grüneberg*, § 310 BGB Rn 48.
171 Palandt/*Grüneberg*, § 310 BGB Rn 48.
172 Jauernig/*Stadler*, § 310 BGB Rn 10; Palandt/*Grüneberg*, § 310 BGB Rn 48.
173 So *Ulmer/Schäfer* in Ulmer/Brandner/Hensen, § 310 BGB Rn 117; Palandt/*Grüneberg*, § 310 BGB Rn 48.

gen regeln) analog anwendbar.[174] Vgl. aktuell das Gesetz zur Einführung des Rechts auf Eheschließung für Personen gleichen Geschlechts vom 20.7.2017[175], infolgedessen zum einen gemäß § 1309 Abs. 3 BGB neu die Möglichkeit einer Eheschließung gleichgeschlechtlicher Paare eröffnet und zum anderen nach § 20a LPartG neu die Umwandlung einer Lebenspartnerschaft in eine Ehe ermöglicht wird.

2. Gesellschaftsrecht

Gesellschaften, die von der gesellschaftsrechtlichen Bereichsausnahme nach § 310 Abs. 4 S. 1 BGB erfasst werden, sind[176] die **62**

- Handelsgesellschaften (OHG und KG),
- Stille Gesellschaft,[177]
- Gesellschaft bürgerlichen Rechts (GbR),
- Genossenschaft[178] bzw. der
- Verein.[179]

Damit unterliegen bspw. einer richterlichen Inhaltskontrolle allein am allgemeinen Maßstab des § 242 BGB[180] die Gesellschaftsverträge körperschaftlich strukturierter Publikumsgesellschaften[181] (und zwar sowohl formularmäßige Regelungen bei der Publikums-KG[182] als auch der Publikums-GmbH[183]) sowie die Satzung eines Vereins.[184] **63**

Von einem Unternehmer für eine Vielzahl von Fällen vorformulierte Vertragsbedingungen unterliegen am Maßstab des § 242 BGB damit einer ähnlichen **objektiven Auslegung** und Inhaltskontrolle wie AGB-Klauseln[185] – Unklarheiten gehen zulasten des Unternehmers.[186] So soll bspw. eine die fahrlässige Pflichtverletzung nicht berücksichtigende Freizeichnungsklausel (da sie, wie in der Praxis üblich, nur Vorsatz und grobe Fahrlässigkeit erfasst) jedenfalls für einen Schadensersatzanspruch aus Prospekthaftung (aus Verschulden bei Vertragsschluss, vgl. § 280 i.V.m. §§ 311 Abs. 2, 241 Abs. 1 BGB) unwirksam sein.[187] **64**

---

174 Palandt/*Grüneberg*, § 310 BGB Rn 48.
175 BGBl. I 2017, 2787.
176 Dazu Palandt/*Grüneberg*, § 310 BGB Rn 49.
177 BGHZ 127, 176, 182.
178 BGHZ 103, 219, 224 (auch soweit es um kooperationsrechtliche Austausch- und Benutzungsverhältnisse zwischen Genossenschaft und Mitglied geht); zudem OLG Naumburg OLG-NL 2002, 111 (formularmäßige Abfindungsvereinbarung zwischen einer LPG und einem ehemaligen Mitglied).
179 BGH NJW 1998, 454; BGHZ 128, 93; OLG Düsseldorf NJW 2008, 145.
180 Dazu auch *Hey*, Freie Gestaltung von Gesellschaftsverträgen und ihre Schranken, 2004.
181 Nicht entschieden hinsichtlich einer Genossenschaftssatzung: BGHZ 103, 219, 226.
182 Ständige Judikatur – vgl. bspw. BGHZ 104, 50, 53; 102, 172, 177; 84, 11, 13; 64, 238.
183 LG Münster NJW-RR 1996, 676.
184 Palandt/*Grüneberg*, § 310 BGB Rn 49.
185 BGH NJW 2004, 3706, 3708; BGH NJW 2001, 1270.
186 BGH NJW 2004, 3706, 3708.
187 BGH NJW 2004, 3706, 3708.

§ 6 Anwendungsbereich (§ 310 BGB)

65 Die Schutzvorschriften des AGB-Rechts gelten in Bezug auf eine Nachhaftungsklausel in einem geschlossenen Immobilienfonds auch für Verbraucher, die sich an einer Gesellschaft beteiligen, die einem größeren Kreis von Interessenten zugänglich ist:[188] Immobilienfonds haben nämlich mit Gesellschaftsrecht in der Sache nichts zu tun, da sie den sich beteiligenden Verbrauchern keinen unternehmerischen Einfluss gewähren. Daher muss eine AGB-Klauselkontrolle nach den §§ 307 ff. BGB als Schutzrecht eingreifen und zwar von der Auslegung entsprechender Klauseln über das Transparenzgebot bis zu der angestrebten Haftungsverlagerung. Den Verbrauchern werden nämlich keine angemessenen Kontrollrechte eingeräumt. Die Verträge werden von den Initiatoren und den Banken meist vorformuliert.

66 Keine Freistellung (mithin Anwendbarkeit der §§ 307 ff. BGB aufgrund der Klausel-Richtlinie) gilt für den Erwerb gesellschaftsrechtlicher Beteiligungen zur Vermögensanlage ohne unternehmerische Befugnisse[189] – ebenso[190] wie für Vereinbarungen (Abreden) über die Ausübung von Gesellschaftsrechten (bspw. des Depotstimmrechts), Genussrechtsbindungen,[191] Emissionsbindungen,[192] Satzungsbestimmungen und Allgemeine Versicherungsbedingungen (AVB, die das Versicherungsverhältnis zwischen dem VVaG und seinen Mitgliedern regeln)[193] bzw. für Satzungsbestimmungen eines Verbandes, die die Rechtsbeziehungen zu Dritten regeln,[194] weiterhin für Dienstleistungsangebote der Gesellschaft an Gesellschafter außerhalb des Gesellschaftszwecks[195] bzw. für Vorstandsverträge.[196]

67 *Beachte*

Die Anwendung gesellschaftsrechtlicher Gestaltungsformen zwecks Umgehung der §§ 305 ff. BGB unterfällt § 306 lit. a BGB.[197]

3. Arbeitsrecht

68 Die Vorschriften der §§ 305 ff. BGB über Allgemeine Geschäftsbedingungen und damit auch die Zweifelsfall-Regelung des § 305 lit. c Abs. 2 BGB finden auf **Betriebsvereinbarungen** keine Anwendung, so § 310 Abs. 4 S. 1 BGB.[198]

---

188 OLG Frankfurt/M. NJW-RR 2004, 991.
189 OLG Frankfurt/M. NJW-RR 2004, 991; OLG Oldenburg NZG 1999, 896; KG WM 1999, 325. Zudem *Heinrichs*, NJW 1998, 1462; MüKo/*Basedow*, § 310 BGB Rn 86; Palandt/*Grüneberg*, § 310 BGB Rn 49. Offen gelassen von BGH NJW 2001, 1270.
190 Beispiele nach Palandt/*Grüneberg*, § 310 BGB Rn 49.
191 BGHZ 119, 305, 312.
192 *Gottschalk*, ZIP 2006, 1121, 1122.
193 BGHZ 136, 394.
194 *Hiermann*, NZG 1999, 325, 328; Jauernig/*Stadler*, § 310 BGB Rn 11; Palandt/*Grüneberg*, § 310 BGB Rn 49.
195 BGH NJW-RR 1992, 379; OLG Düsseldorf NJW 2008, 1451.
196 *Bauer/Arnold*, ZIP 2006, 2337; Palandt/*Grüneberg*, § 310 BGB Rn 49.
197 Palandt/*Grüneberg*, § 310 BGB Rn 49.
198 Vgl. dazu auch BAG NZA 2014, 1036, zitiert nach juris Rn 16.

D. Verbraucherverträge § 6

Bei der Anwendung der §§ 305 ff. BGB auf Arbeitsverträge sind nach § 310 Abs. 4 S. 2 1. Hs. BGB *„die im Arbeitsrecht geltenden Besonderheiten"* angemessen zu berücksichtigen. Dabei sind die §§ 305 Abs. 2 und 3 BGB nicht anzuwenden (so § 310 Abs. 4 S. 2 2. Hs. BGB). Eine analoge Anwendung von § 305 Abs. 2 BGB scheidet aufgrund der klaren gesetzgeberischen Entscheidung aus.[199] Gemäß § 310 Abs. 4 S. 3 BGB stehen Tarifverträge, Betriebs- und Dienstvereinbarungen Rechtsvorschriften i.S.v. § 307 Abs. 3 BGB gleich. Die umfassende Bereichsausnahme zugunsten des **Arbeitsrechts** beschränkt sich infolge des Schuldrechtsmodernisierungsgesetzes gemäß § 310 Abs. 4 S. 1 BGB nur noch auf arbeitsrechtliche Kollektivvereinbarungen (mithin Tarifverträge sowie Betriebs- und Dienstvereinbarungen).[200] Dies liegt darin begründet, dass diese Vereinbarungen von den Tarifvertragsparteien (bzw. den Betriebspartnern) ausgehandelt worden sind und in dieses kollektivrechtliche System seitens des Gesetzgebers nicht eingegriffen werden soll:[201] *„Andernfalls (würde) das System der Tarifautonomie konterkariert"*,[202] eine Begründung, die jedoch allein für Tarifverträge (nicht jedoch für Betriebs- und Dienstvereinbarungen) zutreffend ist.[203] Bei Tarifverträgen wird – so das die BAG[204] – die bei Individualarbeitsverträgen typischerweise zu verneinende Verhandlungsparität von Verfassung wegen vorausgesetzt, weshalb die Ergebnisse kollektiv ausgehandelter Tarifvereinbarungen die Vermutung der *„Angemessenheit"* für sich haben – weshalb die AGB-Kontrolle durch die §§ 305 ff. BGB für Tarifverträge gemäß § 310 Abs. 4 S. 1 BGB ausgeschlossen ist.[205] Insoweit soll eine *„Tarifzensur"* auch nicht mittelbar erfolgen.[206]

Formularmäßig verwendete Klauseln in Arbeitsverträgen, die auf eine solche Kollektivregelung Bezug nehmen oder mit ihr übereinstimmen und lediglich deren gesamten Inhalt wiedergeben, unterliegen deshalb keiner Inhaltskontrolle.[207]

Im Unterschied zur früheren arbeitsgerichtlichen Judikatur unterliegen damit Betriebsvereinbarungen nicht mehr einer gerichtlichen Billigkeitskontrolle.[208] Damit findet zwar bei Betriebsvereinbarungen keine Inhaltskontrolle am Maßstab der §§ 305 ff. BGB mehr statt – doch sind die Betriebsparteien beim Abschluss ihrer Vereinbarungen

---

199 BAGE 128, 73; BAGE 122, 12.
200 BAG NZA-RR 2008, 404; BAG NJW 2006, 2653; Palandt/*Grüneberg*, § 310 BGB Rn 50.
201 AnwK-Schuldrecht/*Hennrichs*, § 310 BGB Rn 17.
202 BT-Drucks 14/6857, S. 54.
203 So *Annuß*, BB 2002, 459.
204 BAG ArbR 2017, 198 = EzA-SD 2017, Nr. 8, 9, zitiert nach juris Rn 23.
205 BAG ArbR 2017, 198, zitiert nach juris Rn 23 unter Bezugnahme auf BAGE 148, 139 Rn 29.
206 BAG ArbR 2017, 198, zitiert nach juris Rn 23 unter Bezugnahme auf WLP/*Stoffels*, § 310 BGB Rn 111.
207 BAG NZA-RR 2012, 232, zitiert nach juris Rn 46 unter Bezugnahme auf BAG AP BGB § 611 Arbeitgeberdarlehen Nr. 1. Das BAG (BAGE 148,357 = NZA 2014, 1341, zitiert nach juris Rn 22 unter Bezugnahme auf BAG NZA-RR 2008, 586) hat entschieden, dass arbeitsvertragliche Verweisungen auf Tarifverträge nicht von der Ausnahmebestimmung des § 310 Abs. 4 S. 1 BGB erfasst werden: Diese gelte nur für Tarifverträge selbst, nicht aber für arbeitsvertragliche Bezugnahmeklauseln, die auf Tarifverträge verweisen.
208 Jauernig/*Stadler*, § 310 BGB Rn 12.

gemäß § 75 Abs. 1 und 2 S. 1 BetrVG an die Grundsätze von Recht und Billigkeit gebunden und damit auch zur Wahrung der grundrechtlich geschützten Freiheitsrechte verpflichtet (sog. **Binnenschranken**). Dazu gehört auch die durch Art. 12 Abs. 1 GG geschützte Berufsfreiheit der Arbeitnehmer.[209]

70 **Arbeitsverträge** werden jedoch nach § 310 Abs. 4 S. 2 BGB (eine Regelung, die im Gesetzgebungsverfahren auf eine Bundesratsinitiative zurückgeht)[210] nunmehr grundsätzlich den AGB-Regelungen (§§ 305 ff. BGB) unterstellt[211] – auch *„kirchliche Arbeitsvertragsrichtlinien"*.[212] Die Neuregelung zielt darauf ab, das Schutzniveau der Inhaltskontrolle im Arbeitsrecht mit jenem im allgemeinen Zivilrecht gleichzusetzen.[213] Die Inhaltskontrolle erfasst auch Einmalklauseln[214] – nicht jedoch Individualvereinbarungen (vgl. § 305 Abs. 1 S. 3 BGB).[215] Der Gesetzgeber greift mit § 310 Abs. 4 S. 2 BGB zugleich eine einschlägige BAG-Judikatur auf, die auch früher schon nach Maßgabe der §§ 242, 315 BGB eine arbeitsvertragliche Inhaltskontrolle anerkannte.[216]

Wenn ein Arbeitsvertrag Allgemeine Geschäftsbedingungen i.S.v. § 305 Abs. 1 BGB beinhaltet, die vom Arbeitgeber für eine Vielzahl von Verträgen gleichlautend verwendet und dem Arbeitnehmer bei Vertragsschluss gestellt werden, sind diese nach ihrem objektiven Inhalt und typischen Sinn einheitlich so auszulegen, wie sie von verständigen und redlichen Vertragspartnern unter Abwägung der Interessen der normalerweise beteiligten Verkehrskreise verstanden werden, wobei nicht die Verständnismöglichkeiten des konkreten, sondern die des durchschnittlichen Vertragspartners des Verwenders zugrunde zu legen sind.[217] Maßgebend sind die Verständnismöglichkeiten des typischerweise bei Verträgen der geregelten Art zu erwartenden nicht rechtskundigen Vertragspartners.[218] Der Verwender ist demgemäß verpflichtet, die Rechte und Pflichten des Vertragspartners möglichst klar und überschaubar darzustellen, d.h. sie müssen so gestaltet sein, dass der nicht rechtskundige Durchschnittsarbeitnehmer die benachteiligende Wirkung ohne Einholung von Rechtsrat erkennen kann.[219] Ansatzpunkt für die Auslegung Allgemeiner

---

209 BAGE 137, 300 = NZA 2011, 989, zitiert nach juris Rn 20.
210 BR-Drucks 338/01, S. 28.
211 Dazu näher *Annuß*, BB 2002, 460; *Hromadka*, NJW 2002, 2523; *Schnitker/Grau*, BB 2002, 2120; *Thüsing/Leder*, BB 2004, 42; *Tschöpe*, DB 2002, 1830.
212 Umstritten, so aber Palandt/*Grüneberg*, § 310 BGB Rn 51 unter Bezugnahme auf BAG NZA 2006, 872; BAG NZA 2005, 1059, 1063.
213 So BT-Drucks 14/6857, S. 54.
214 BAG NJW 2005, 3305; Palandt/*Grüneberg*, § 310 BGB Rn 51.
215 Palandt/*Grüneberg*, § 310 BGB Rn 51.
216 AnwK-Schuldrecht/*Hennrichs*, § 310 BGB Rn 17 unter Bezugnahme auf BAG NJW 1996, 2117.
217 Ständige Judikatur, vgl. etwa BAGE 126, 198 = NZA 2008, 757, zitiert nach juris Rn 23 unter Bezugnahme auf BAG AP BGB § 307 Nr. 32; BAGE 115, 372, 381.
218 BAGE 126, 198, zitiert nach juris Rn 23 unter Bezugnahme auf *Däubler* in Däubler/Dorndorf/Bonin/Deinert, AGB-Kontrolle im Arbeitsrecht, 2. Aufl., § 305c BGB Rn 29.
219 BAGE 126, 198, zitiert nach juris Rn 23 unter Bezugnahme auf *Reinecke*, BB 2005, 378, 379.

D. Verbraucherverträge § 6

Geschäftsbedingungen ist in erster Linie der Vertragswortlaut. Ist der Wortlaut eines Formularvertrags nicht eindeutig, kommt es für die Auslegung entscheidend darauf an, wie der Vertragstext aus der Sicht der typischerweise an Geschäften dieser Art beteiligten Verkehrskreise zu verstehen ist, wobei der Vertragswille verständiger und redlicher Vertragspartner beachtet werden muss.[220] Von Bedeutung für das Auslegungsergebnis sind schließlich auch der von den Arbeitsvertragsparteien verfolgte Regelungszweck sowie die Interessenlage der Beteiligten.[221] Die Auslegung Allgemeiner Geschäftsbedingungen durch ein LAG unterliegt der vollen revisionsrechtlichen Nachprüfung durch das BAG.[222]

Wie der Arbeitsvertrag ist auch der zur **Auflösung des Arbeitsverhältnisses geschlossene Aufhebungsvertrag** „*Verbrauchervertrag*" i.S. des § 310 Abs. 3 BGB.[223]

Bei der Anwendung auf **Arbeitsverträge** sind gemäß § 310 Abs. 4 S. 2 1. HS BGB aber die im Arbeitsrecht geltenden „*Besonderheiten*" (rechtlicher wie tatsächlicher Art)[224] angemessen zu berücksichtigen.   71

Der genaue Bedeutungsgehalt dieser gesetzlichen Aussage erschließt sich nicht sofort.[225] Der Gesetzgeber hat mit dieser Regelung jedenfalls die Erwartung verbunden, dass den Besonderheiten spezifischer Arbeitsrechtsbereiche (wie bspw. dem kirchlichen Arbeitsrecht)[226] angemessen Rechnung getragen werden kann.[227]   72

Die damit mögliche Inhaltskontrolle von Arbeitsverträgen gemäß den §§ 307 ff. BGB **ersetzt** die infolge richterlicher Rechtsfortbildung in der Vergangenheit entwickelten arbeitsrechtlichen Grundlagen einer „*Billigkeitskontrolle bei gestörter Vertragsparität*" (ohne die Möglichkeit einer Doppelkontrolle).[228] Die von der früheren arbeitsgerichtlichen Judikatur entwickelten Grundsätze zur Billigkeitskontrolle können jedoch bei Anwendung und Auslegung der Generalklausel des § 307 BGB auch weiterhin Berücksichtigung finden.[229]   73

---

220 BAGE 126, 198, zitiert nach juris Rn 24 unter Bezugnahme auf BAGE 115, 372, 381.
221 BAGE 126, 198, zitiert nach juris Rn 24 unter Bezugnahme auf BAG AP TVG § 1 Bezugnahme auf Tarifvertrag Nr. 52.
222 BAGE 126, 198, zitiert nach juris Rn 24.
223 BAGE 154, 178 = NZA 2016, 762 unter Bezugnahme auf BAGE 153, 1 = NJW 2016, 1195 Rn 13; *Schaub/Linck*, Arbeitsrechts-Handbuch, § 122 Rn 13; *Däubler* in Däubler/Bonin/Deinert, AGB-Kontrolle im Arbeitsrecht, 4. Aufl., Einl. Rn 156; *Krause* in Clemenz/Kreft/Krause, AGB-Recht, Einf. Rn 110.
224 Palandt/*Grüneberg*, § 310 BGB Rn 51 unter Bezugnahme auf BAG NJW 2005, 3305; BAG NZA 2004, 727.
225 So auch *Hromadka*, NJW 2002, 2528; Jauernig/*Stadler*, § 310 BGB Rn 16.
226 Vgl. BAG NZA 2006, 872, 874 zu kirchlichen Arbeitsvertragsrichtlinien, die nur einer beschränkten Inhaltskontrolle unterliegen.
227 BT-Drucks 14/7052, S. 189.
228 Palandt/*Grüneberg*, § 310 BGB Rn 51.
229 Palandt/*Grüneberg*, § 310 BGB Rn 51.

Bei der Anwendung der §§ 305 ff. BGB sind nach § 310 Abs. 4 S. 2 BGB die im Arbeitsrecht geltenden „*Besonderheiten*" angemessen zu berücksichtigen. Maßgeblich sind insoweit nicht nur rechtliche, sondern auch tatsächliche Besonderheiten des Arbeitslebens, d.h. alle dem Arbeitsverhältnis innewohnenden Besonderheiten.[230] Dabei erfasst die Norm weder nur rechtlich besonders ausgestaltete Arbeitsverhältnisse, noch muss die Norm ausschließlich auf Arbeitsverträge anwendbar sein, sofern sie sich nur auf dem Gebiet des Arbeitsrechts besonders auswirkt.[231] Jedoch ist es nicht Sinn des § 310 Abs. 4 S. 2 BGB, die frühere Bereichsausnahme des § 23 AGBG wieder einzuführen.[232] Dies gilt auch für die Rechtsprechung des BAG vor dem Inkrafttreten des Schuldrechtsmodernisierungsgesetzes. Diese ist auf ihre Vereinbarkeit mit der Regelung des § 310 Abs. 4 S. 2 BGB zur Zulässigkeit Allgemeiner Geschäftsbedingungen in Arbeitsverträgen hin zu überprüfen.[233]

74 Allerdings sollen die besonderen Klauselverbote des § 309 BGB nicht zwingend uneingeschränkt auf Arbeitsverträge anwendbar sein.[234]

75 Andererseits rechtfertige § 888 Abs. 3 ZPO als arbeitsrechtliche Besonderheit – abweichend von § 309 Nr. 6 BGB – die **formularmäßige Vereinbarung von Vertragsstrafen**.[235] Nach der Rechtsprechung des BAG sind Vertragsstrafenabreden in Formularverträgen nach § 309 Nr. 6 BGB zwar generell unzulässig – in formularmäßigen Arbeitsverträgen folgt aber aus der angemessenen Berücksichtigung der im Arbeitsrecht geltenden Besonderheiten nach § 310 Abs. 4 S. 2 BGB die grundsätzliche Zulässigkeit von Vertragsstrafenabreden.[236] Dabei ist allerdings zum Schutz des Arbeitnehmers ein strenger Maßstab anzulegen.[237]

Die bloße Bezugnahme auf die Vorschriften der §§ 169 ff. SGB III führt weder für sich genommen noch über die Regelung des § 310 Abs. 4 BGB zu einer Legitimation der Klauseln, die den dort genannten Grundsätzen nicht genügen.[238]

76 Nach § 310 Abs. 4 S. 2 2. Hs. BGB sind die Einbeziehungsvorschriften nach § 305 Abs. 2 und 3 BGB (siehe § 4 Rdn 13 ff., 65 ff.) auf Arbeitsverträge **nicht** anzuwenden, da diesbe-

---

230 LAG Hamm BB 2011, 2676, zitiert nach juris Rn 298 unter Bezugnahme auf BAG NZA 2005, 1111, 1113; BAG NZA 2008, 1194, 1198; BAG NZA 2011, 89, 93; BAG NZA 2011 206, 209.
231 LAG Hamm BB 2011, 2676, zitiert nach juris Rn 298 unter Bezugnahme auf BAG NZA 2004, 727, 731 f.
232 LAG Hamm BB 2011, 2676, zitiert nach juris Rn 298 unter Bezugnahme auf LAG Hamm NZA 2003, 499, 502.
233 LAG Hamm BB 2011, 2676, zitiert nach juris Rn 298 unter Bezugnahme auf LAG Hamm NZA-RR 2004, 515, 518 f.
234 So BT-Drucks 14/6857, S. 54. Kritisch dazu AnwK-Schuldrecht/*Hennrichs*, § 310 BGB Rn 18.
235 BAG ZIP 2004, 1277; *Morgenroth/Leder*, NJW 2004, 2792.
236 BAG NZA 2014, 777 = ZIP 2014, 1500, zitiert nach juris Rn 21 unter Bezugnahme auf BAGE 110, 8 = AP BGB § 309 Nr. 3.
237 BAG NZA 2014, 777, zitiert nach juris Rn 21 unter Bezugnahme auf BAG AP BGB § 307 Nr. 28.
238 LAG Berlin-Brandenburg NZA-RR 2011, 65 = DB 2011, 420 – Ls. 4.

D. Verbraucherverträge § 6

züglich arbeitsrechtliche Spezialvorschriften (bspw. § 2 NachweisG) eingreifen:[239] Die Bestimmung des § 305 Abs. 2 Nr. 2 BGB, die den Verwender verpflichtet, der anderen Vertragspartei die Möglichkeit zu verschaffen, in zumutbarer Weise vom Inhalt der Allgemeinen Geschäftsbedingung Kenntnis zu nehmen, gilt im Arbeitsrecht gemäß § 310 Abs. 4 S. 2 2. Hs. BGB ausdrücklich nicht. Der Gesetzgeber hat dies damit begründet, dass der Arbeitgeber dem Arbeitnehmer nach dem Nachweisgesetz die wesentlichen Vertragsbestimmungen auszuhändigen hat,[240] seiner Auffassung nach also für eine Einbeziehungskontrolle nach § 305 Abs. 2 und Abs. 3 BGB kein Bedürfnis bestand. Diese Annahme ist unzutreffend. § 305 Abs. 2 BGB und das Nachweisgesetz verfolgen nämlich unterschiedliche Regelungsziele und haben deshalb auch gänzlich andere Rechtsfolgen. Das Nachweisgesetz setzt die Nachweisrichtlinie 91/533/EWG in das nationale Recht der Bundesrepublik Deutschland um. Diese Richtlinie gebietet es nicht, tatsächlich getroffene Vertragsbestimmungen bei unzureichender schriftlicher Fixierung nachträglich als unwirksam anzusehen.[241] Das Nachweisgesetz will in Umsetzung dieser Richtlinie durch die Verpflichtung zur schriftlichen Fixierung der bereits getroffenen wesentlichen Vertragsabreden lediglich Rechtssicherheit und Rechtsklarheit im Arbeitsrechtsverkehr schaffen.[242] Es dient damit der Beweissicherung und enthält lediglich eine nicht konstitutive Formvorschrift für arbeitsvertragliche Abreden. Über die Nachweisrichtlinie hinausgehende Regelungsziele verfolgt das Nachweisgesetz nicht. Ein Verstoß gegen das Nachweisgesetz macht daher tatsächlich vereinbarte Vertragsbedingungen nicht unwirksam.[243] Demgegenüber soll die Einbeziehungsregelung des § 305 Abs. 2 BGB die Möglichkeit der Selbstbestimmung des mit einer Allgemeinen Geschäftsbedingung konfrontierten Vertragspartners bei der Einbeziehung dieser Bestimmung sicherstellen. Verstöße gegen § 305 Abs. 2 BGB führen deshalb dazu, dass die Vertragsbestimmung, die der Vertragspartner nicht hinreichend zur Kenntnis hat nehmen können, nicht Vertragsbestandteil wird und sich der Vertrag insoweit nach dem Grundsatz des Verbotes der geltungserhaltenden Reduktion (siehe hierzu § 4 Rdn 166) nach den gesetzlichen Vorschriften richtet (§ 306 Abs. 2 BGB). Ungeachtet der von falschen rechtlichen Voraussetzungen ausgehenden Begründung des Gesetzgebers sieht sich das BAG[244] an den eindeutigen Gesetzeswortlaut und Willen des Gesetzgebers gebunden. Der in Art. 20 Abs. 2 GG enthaltene Grundsatz der Gewaltenteilung schließt es aus, dass die Gerichte Befugnisse beanspruchen, die von der Verfassung dem Gesetzgeber übertra-

---

239 AnwK-Schuldrecht/*Hennrichs*, § 310 BGB Rn 17. Kritisch Jauernig/*Stadler*, § 310 BGB Rn 13: Das NachweisG regele nur den Nachweis der Bedingungen eines „*wirksamen*" Arbeitsvertrags. Ebenso *Annuß*, BB 2002, 460.
240 RegE, BT-Drucks 14/6857, S. 54.
241 EuGH AP NachwG § 2 Nr. 4.
242 RegE, BT-Drucks 13/668, S. 8.
243 BAG AP BBiG § 4 Nr. 1.
244 BAG NZA-RR 2005, 401.

gen sind. Den Gerichten ist lediglich die Rolle des Normanwenders zugewiesen. Die Normsetzung ist ihnen grundsätzlich untersagt. Die Gerichte haben sich daher bei der Auslegung von Gesetzen darauf zu beschränken, den vom Gesetzgeber festgelegten Sinn und Zweck des Gesetzes zur Geltung zu bringen.[245] Jede Auslegung findet dort ihre Grenzen, wo sie mit dem Wortlaut und dem klar erkennbaren Willen des Gesetzes in Widerspruch tritt.[246] Eine analoge Anwendung des § 305 Abs. 2 BGB für die Frage, ob Allgemeine Geschäftsbedingungen Vertragsinhalt geworden sind, ist daher nicht möglich. Die Einbeziehung von Allgemeinen Geschäftsbedingungen im Arbeitsrecht bestimmt sich deshalb allein nach den §§ 145 ff. BGB.

Zwar sind im Arbeitsrecht **Ausgleichsklauseln** in verschiedenen Formen üblich.[247] Es gibt nach Ansicht des BAG[248] aber keine Gründe, Ausgleichsklauseln generell trotz ihres möglichen Überraschungseffekts, ihrer unangemessenen Benachteiligung des Arbeitnehmers und ihrer möglichen Intransparenz für wirksam zu erachten: Aus der Üblichkeit allein folge weder die Rechtmäßigkeit noch die Angemessenheit einer Klausel, die *„an sich"* in Formularverträgen unzulässig ist. Ansonsten würde zu Unrecht die bisherige Üblichkeit von Ausgleichsquittungen rechtfertigend berücksichtigt, wenn dem Arbeitgeber als Verwender ohne begründete und billigenswerte Interessen und ohne Gegenleistung zugestanden würde, mit vorformulierten Klauseln bestehende Ansprüche des Arbeitnehmers zum Erlöschen zu bringen.[249]

Die *„angemessene Berücksichtigung der Besonderheiten des Arbeitsrechts"* i.S.v. § 310 Abs. 4 S. 2 BGB schließt es ein, dass in einem Arbeitsvertrag mit einem kirchlich-diakonischen Anstellungsträger auf die für das Arbeitsverhältnis einschlägige, von einer paritätisch mit weisungsunabhängigen Mitgliedern besetzten Kommission beschlossene Arbeitsvertragsordnung in der jeweils gültigen Fassung Bezug genommen werden kann:[250] Eine solche **Bezugnahme** gewährleiste ebenso wie die arbeitsvertragliche Bezugnahme eines einschlägigen Tarifvertrags eine Anpassung der Arbeitsbedingungen an veränderte Umstände und liege nicht nur im Interesse des Anstellungsträgers, sondern auch des Arbeitnehmers. Unabhängig davon, ob man den Beschlüssen dieser Arbeitsrechtlichen Kommission Richtigkeitsgewähr zubilligt, gewährleisteten die paritätische Besetzung und die Unabhängigkeit der Mitglieder der Kommission, dass die Arbeitgeberseite bei der Festlegung des Inhalts der Arbeitsleistungen ihre Interessen nicht einseitig durchset-

---

245 BVerfGE 96, 375.
246 BVerfG AP GG Art. 100 Nr. 11; BAG AP BGB § 611 Arbeitsbereitschaft Nr. 12.
247 BAG AP ZPO § 448 Nr. 7.
248 NJW 2012, 103, zitiert nach juris Rn 53.
249 BAG NJW 2012, 103, zitiert nach juris Rn 53 unter Bezugnahme auf LAG Düsseldorf LAGE BGB 2002 § 307 Nr. 7.
250 So BAGE 135, 163 = NZA 2011, 634, zitiert nach juris Rn 22.

D. Verbraucherverträge § 6

zen könne.[251] Die Bezugnahme stabilisiere das Arbeitsverhältnis insofern, als eine notwendige Anpassung der Arbeitsbedingungen an veränderte Umstände auch ohne Änderungskündigung und damit ohne Gefährdung des Fortbestehens des Arbeitsverhältnisses erreicht werden könne. Beschließt die Arbeitsrechtliche Kommission für den Arbeitnehmer günstigere Regelungen – z.b. die Erhöhung der Vergütung –, fänden diese ohne eigenes Zutun des Arbeitnehmers auf das Arbeitsverhältnis Anwendung. Die Bezugnahmeklausel verschaffe dem Arbeitnehmer damit die Teilhabe an der Entwicklung der Lohn- und Gehaltsentwicklung.[252]

Das BAG[253] hat entschieden dass es sich bei einer Ausschlussklausel zwar um eine Allgemeine Geschäftsbedingung handelt: Bereits das äußere Erscheinungsbild begründe eine tatsächliche Vermutung.[254] Jedoch bestimme § 310 Abs. 4 S. 2 BGB, dass § 305 Abs. 2 BGB bei der Kontrolle vorformulierter Vertragsbedingungen im Arbeitsrecht keine Anwendung findet. Eine analoge Anwendung der Bestimmung scheide aufgrund der klaren gesetzgeberischen Entscheidung aus.[255] Auch die Richtlinie 93/13 EWG des Rates vom 5.4.1993 über missbräuchliche Klauseln in Verbraucherverträgen gebiete nichts anderes: Die Richtlinie finde nämlich nach ihrem zehnten Erwägungsgrund auf Arbeitsverträge keine Anwendung. Zudem wäre eine Korrektur des § 310 Abs. 4 S. 2 2. Hs. BGB auch contra legem.[256]

Tarifverträge,[257] Betriebs-[258] (gleichermaßen Sozialpläne und Interessenausgleiche, vgl. § 112 BetrVG)[259] und Dienstvereinbarungen stehen gemäß § 310 Abs. 4 S. 3 BGB Rechtsvorschriften i.S.v. § 307 Abs. 3 BGB gleich mit der Folge, dass § 307 Abs. 1 und 2 sowie die §§ 308 und 309 BGB nicht zur Anwendung gelangen, da die genannten Regelungen nur für Bestimmungen in Allgemeinen Geschäftsbedingungen greifen, durch die von Rechtsvorschriften abweichende oder diese ergänzende Regelungen vereinbart werden.

77

---

251 BAGE 135, 163, zitiert nach juris Rn 22 unter Bezugnahme auf *Deinert*, ZTR 2005, 461, 475.
252 BAGE 135, 163, zitiert nach juris Rn 22.
253 BAGE 147, 342 = NZA 2014, 1076.
254 BAGE 147, 342 zitiert nach juris Rn 56 unter Bezugnahme auf BAGE 139, 44.
255 BAGE 147, 342 zitiert nach juris Rn 56 unter Bezugnahme auf RegE, BT-Drucks 14/6857, S. 54; *Deinert* in Däubler/Bonin/Deinert, § 305 BGB Rn 40; Erfurter Kommentar/*Preis*, §§" 305–310 BGB Rn 26; HWK/*Gotthardt*, § 305 BGB Rn 10; *Kreft* in Clemenz/Kreft/Krause, § 310 BGB Rn 66.
256 BAGE 147, 342 zitiert nach juris Rn 57 unter Bezugnahme auf $_{Deinert}$ in Däubler/Bonin/Deinert, § 305 BGB Rn 41.
257 Vgl. LAG Köln EzA-SD 2005, Nr. 19 und 21; *Gotthardt*, Arbeitsrecht nach der Schuldrechtsreform, 2. Aufl. Rn 335 und 337. Nicht jedoch nachwirkende Tarifverträge: so BAG NZA 2007, 1045.
258 Die Vereinbarung des Widerrufsvorbehaltes in einer arbeitsrechtlichen Zusatzvereinbarung ist nicht wegen Verstoßes gegen § 308 Nr. 4 BGB unwirksam, sofern der Widerruf auf einer Betriebsvereinbarung beruht. Arg.: Betriebsvereinbarungen unterfallen wegen § 310 Abs. 4 S. 1 BGB nicht den Bestimmungen der §§ 305 ff. BGB, so LAG Köln, Urt. v. 21.1.2005 – 12 Sa 37/04.
259 BAG ZIP 2007, 1875, 1878.

Ring 415

Dies bedeutet, dass arbeitsvertragliche Regelungen, die bloß Kollektivvereinbarungen (die unter dem Schutz von Art. 9 Abs. 3 GG stehen – **beachte aber**: Betriebs- und Dienstvereinbarungen stehen allerdings nicht unter dem Schutz der Tarifautonomie, siehe Rdn 68) wiederholen (i.S. einer Übereinstimmung), die ohnehin für den Arbeitsvertrag relevant sind,[260] einer Inhaltskontrolle nach Maßgabe von § 309, § 308 bzw. § 307 Abs. 1 und 2 BGB **nicht** unterworfen werden. Eine AGB-Klausel über Ausschlussfristen entspricht nicht einer tariflichen Bestimmung oder anderen Norm i.S.d. § 310 Abs. 4 S. 3 BGB, die auf das Arbeitsverhältnis unmittelbar Anwendung findet.[261]

78 Eine Nicht-Übereinstimmung (**Abweichung**) liegt bspw. vor, wenn in der vertraglichen Regelung auf sachlich nicht einschlägige Tarifverträge bzw. auf Einzelbestimmungen eines zwar einschlägigen, aber normativ nicht verbindlichen Tarifvertrags (Entsprechendes ist für Betriebs- und Dienstvereinbarungen anzunehmen) Bezug genommen wird.[262] In entsprechenden Fällen, wenn also bspw. nicht-tarifgebundene Arbeitsvertragsparteien auf einen Tarifvertrag Bezug nehmen (bzw. parallele Regelungen treffen), unterliegt dieser Teil des Arbeitsvertrags nicht der Inhaltskontrolle,[263] wobei etwas anderes dann gilt, wenn lediglich eine einzelne Bestimmung des Tarifvertrags Eingang in den Arbeitsvertrag gefunden hat.[264] Die Bezugnahmeklausel unterliegt hingegen immer der Inhaltskontrolle.[265]

79 *Beachte*

Auf Kauf-, Miet- oder Darlehensverträge mit Arbeitnehmern finden die §§ 305 ff. BGB unmittelbare Anwendung – nicht mittelbar erst über § 310 Abs. 4 BGB.[266]

80 Vgl. zu diesem Aspekt „*Arbeitsrecht*" verfahrensrechtlich auch § 15 UKlaG, wonach das Unterlassungsklagegesetz auf das Arbeitsrecht keine Anwendung findet.

---

260 Jauernig/*Stadler*, § 310 BGB Rn 14.
261 BAG NZA 2008, 699, zitiert nach juris Rn 18 unter Bezugnahme auf BAGE 116, 66 – unter II.3.b.
262 Jauernig/*Stadler*, § 310 BGB Rn 15 unter Bezugnahme auf *Annuß*, BB 2002, 460; *Hromadka*, NJW 2002, 2526.
263 BAG NZA 2007, 1049; BAG NZA 2006, 40, 46; Palandt/*Grüneberg*, § 310 BGB Rn 51.
264 BAG NJW 2007, 2279; Palandt/*Grüneberg*, § 310 BGB Rn 51.
265 So Palandt/*Grüneberg*, § 310 BGB Rn 51.
266 BAG NJW 1994, 213; BAG NJW 2005, 3164, 3165; Palandt/*Grüneberg*, § 310 BGB Rn 51: was auch für Aktienoptionen gilt, so BAG ZIP 2008, 1390.

Stichwortverzeichnis

fette Zahlen = Paragrafen, magere Zahlen = Randnummern

Abgabe-/Absendefiktion **5** 406
Abschlussvertreter **5** 265
– Geschäftsverkehr, kaufmännischer **5** 219
– Vertreter ohne Vertretungsmacht **5** 225
Abwehrklausel **4** 75, 130
AGB, öffentlich-rechtliche **3** 30 f.
AGB-Recht
– Anwendungsbereich **2** 53 ff.
– Einmalklausel **3** 39
– Ermächtigung zu Rechtsverordnungen **2** 18, 41 f.
– Legaldefinition **3** 1
– Synopse BGB – AGBG (alt) **2** 49
Analogieverbot **4** 152
Analphabet **4** 57
Änderungsklausel **4** 101
Änderungsvorbehalt **5** 359 ff.
– Darlegungs- und Beweislast **5** 365
– Einzelfälle **5** 369 f., 380 f.
– Erbringung Teilleistung **5** 363
– Geschäftsverkehr, kaufmännischer **5** 379
– Leistungen, übertarifliche **5** 371
– Zinsänderungen **5** 372 ff.
– Zumutbarkeit **5** 365 ff.
Angemessenheit **5** 71 ff.
Anleihebedingungen **4** 12
Annahme-/Leistungsfrist **5** 63 ff.
– Annahmefrist **5** 266 f.
– Ausübung Optionsrecht **5** 267
– Einkaufsbedingungen **5** 275
– Frist, nicht hinreichend bestimmte **5** 270
– Geschäftsverkehr, kaufmännischer **5** 290
– Leistungsfrist **5** 272 ff.
– Leistungsvorbehalt **5** 277
– Lieferbedingungen **5** 275
– Nachfrist, unechte **5** 276
– Rechtsfolge **5** 287
– Unangemessenheit **5** 265 ff., 279 ff.
– Unangemessenheit, Einzelfälle **5** 269, 282
– Unbestimmtheit **5** 283
– Unklarheitenregelung **5** 271
– Verhältnis zu anderen Vorschriften **5** 288 ff.
– Verhältnis zur Individualabrede **5** 273
– Verlängerungsklausel **5** 278
– Widerrufsfrist **5** 284 ff.
Antiquitäten **5** 133
Anwendungsbereich **3** 9, **6** 1 ff.
– AGB-Recht **2** 53 ff.
– Anleihebedingungen **4** 12
– Arbeitsrecht **2** 43, **3** 1
– Ausschluss Anwendung **2** 43, **3** 11

– Einschränkung, persönliche **3** 9
– Elektrizitätsunternehmen **6** 12 ff.
– Erweiterung durch Neuregelung **3** 9
– Fernwärmeunternehmen **6** 12 ff.
– Gasunternehmen **6** 12 ff.
– Rechtsgebiete, ausgeschlossene **3** 25 ff.
– Rechtsnormen **3** 10
– sachlicher **6** 12 ff.
– Sonderabnehmer **6** 13 f.
– Wasserversorgungsunternehmen **6** 12 ff.
Arbeitsvertrag
– Anwendungsbereich AGB-Recht **2** 43, **6** 26 ff.
– Arbeitskampfmaßnahme **5** 341
– Dauerschuldverhältnis **5** 201
– Leistungen, übertarifliche **5** 371
– Leistungsverweigerungsrechte **5** 44
– Rücktrittsvorbehalt **5** 327 ff.
– Übung, betriebliche **3** 88
– Verbrauchervertrag **6** 68 f.
– Zurückbehaltungsrechte **5** 44
Aufrechnung
– Erschwernis **5** 57
– Verbot **5** 48 ff.
Aufsichtsbehörde **2** 33
Aufwendungsanspruch
– Einzelfälle **5** 429
– Ersatzhöhe **5** 427 f.
– Unangemessenheit **5** 419 ff.
– Vertragsabwicklung **5** 411 ff.
Aushang **4** 27 f.
Ausländer
– Hinweispflicht Verwender **4** 22
– Kenntnisnahmemöglichkeit **4** 46, 58
Auslandsberührung **4** 230 ff.
Auslegung **5** 1 ff.
– AGB, widersprechende **4** 143 ff.
– Analogieverbot **4** 152
– AVB **4** 164
– Dauerschuldverhältnis **4** 210
– ergänzende **4** 151 f., 168, 207 ff.
– Ersetzungsklausel **4** 217
– Fachbegriffe **4** 149, 165
– Gegenstand **5** 1 ff.
– generell-typisierende **4** 175
– Günstigkeit **5** 8 f.
– im Individualprozess **4** 188, 192
– im Verbandsprozess **4** 190 f.
– Klarheit/Verständlichkeit **5** 1
– Klausel, salvatorische **4** 217
– Klauselabgrenzung, geltungserhaltende **4** 169

417

Stichwortverzeichnis

- kundenfeindlichste **4** 185
- Neuregelung durch Schuldrechtsmodernisierungsgesetz **5** 4 f.
- objektive **4** 163
- Rechtsbegriffe **4** 165
- Reduktion, geltungserhaltende **4** 215
- Regel, allgemeine **4** 183
- Restriktionsprinzip **4** 193 f.
- Sprachgebrauch, allgemeiner **4** 150
- Umgehung **4** 122
- Unklarheitenregelung **5** 6 ff.
- Unverständlichkeit **5** 10
- Verbot geltungserhaltender Reduktion **4** 166 ff.
- Versicherungsbedingungen **4** 147
- Vertragsbedingungen, technische **4** 146
- Vertrags~, ergänzende **4** 187, 207 ff.
- Wirksamkeit, inhaltliche **5** 1

Ausschlussklausel **5** 139 ff.
Ausspiel-/Lotterievertrag **5** 105
Ausstrahlungswirkung **2** 57
Ausübung Optionsrecht **5** 267
Ausübungskontrolle **5** 58

Bank-AGB
- Bausparkasse **4** 83 ff.
- Darlehensvertrag **5** 334
- Zinsänderungen **5** 372 ff.

Barzahlungs-/Handelsklausel **5** 59
Bauleistungen **5** 162
- Bauaufträge **5** 100
- Bauherrenmodell **3** 50
- Bausparkasse **4** 89 ff.
- Bauträgervertrag **5** 162

Beförderungsvertrag
- Haftungsausschluss **5** 128
- Tarif, Einbeziehung **4** 92 ff.

Begriff **3** 1 ff.
- Klarstellung nach § 305 Abs. 1 S. 2 BGB **3** 57 f.
- Legaldefinition **3** 1
- Schriftformklausel **3** 80 ff.
- Verwender **3** 1, 46 ff.
- Vorformulierung **3** 35 f.

Behinderung
- Einbeziehung **4** 6
- Kenntnisnahmemöglichkeit **4** 30, 49 ff.

Benachteiligung, unangemessene
- Benachteiligung **5** 475 ff.
- Beurteilung **6** 53 ff.
- Gefährdung Vertragszweck **5** 450 ff.
- Merkblatt **6** 56
- Reisevertragsrecht **5** 491
- Unangemessenheit **5** 479 ff.
- Verbrauchervertrag **6** 53 ff.

Bestätigungsschreiben, kaufmännisches **4** 74 f., 133

Bezugnahme
- kleine, dynamische **3** 27

BGB-InfoV **4** 16
Bildschirmtext **4** 37
Bitte **3** 22
Blue-pencil-Test **4** 198
Bürgschaft **4** 141

Darlegungs-/Beweislast
- Änderungsvorbehalt **5** 365
- Beweisanforderungen **5** 231
- Beweislastregeln, vertragliche **5** 231
- Erklärungen, fingierte **5** 399
- Gegenbeweis **5** 430
- Klausel ohne Wertungsmöglichkeit **5** 14, 120
- Klauseln, mehrdeutige **4** 138
- Klauselverbot ohne Wertungsmöglichkeit **5** 256 ff.
- Pauschalierung Schadensersatz **5** 77
- Tatsachenbestätigung **5** 236 ff.
- Telekommunikationsvertrag **5** 241
- Vorliegen AGB **3** 8, 89 ff.
- Wissensbestätigung **5** 237 f.

Darlehensvertrag
- Aufwendungsanspruch **5** 429
- Rücktrittsvorbehalt **5** 327 ff.

Datenschutzerklärung **4** 33
Dauerschuldverhältnis **4** 210, **5** 196 ff., 334
- Vertragstypen, gemischte **5** 200

Dienstleistungsvertrag
- Einbeziehung **4** 95 ff.
- Unangemessenheit **5** 422

Dienstvertrag **5** 334
Dissens **4** 203

Dritter
- Vertrag zugunsten **3** 36

Drittklausel **3** 48, 56

Ebay **4** 32
Eigentumsvorbehalt **4** 131 ff.
- einfacher **4** 131
- erweiterter/verlängerter **4** 132 ff.

Einbeziehung **3** 1, **4** 1 ff.
- AGB, mehrere **4** 23
- Änderungsklausel **4** 101
- Änderungsvereinbarung **4** 7
- Anleihebedingungen **4** 12
- Aushang **4** 27 ff.
- Auslandsberührung **4** 230 ff.
- Beförderungstarife **4** 92 ff.
- Behinderung **4** 6, 30, 49 ff.
- Bereichsausnahme **4** 3
- BGB-InfoV **4** 16
- Dienstleistung, andere **4** 95 ff.
- Einbeziehungsprivileg **4** 102

Stichwortverzeichnis

- Einbeziehungsvoraussetzung, negative **4** 136
- Einverständnis, Vertragspartner **4** 59 ff.
- Erleichterung **4** 3
- Fälle, besondere **4** 85 ff.
- Formularverträge **4** 14
- Geltungs-/Einbeziehungsvereinbarung **4** 1 f.
- Informationsleistung **4** 95 ff.
- Internethandel **4** 83 f.
- nachträgliche **4** 24 ff.
- Rahmenvereinbarung **4** 65 ff.
- Telekommunikationsleistung **4** 95 ff.
- Umgehungsverbot **4** 118 ff.
- Versicherungsbedingungen **4** 15
- Versicherungsvertrag **4** 68
- Voraussetzungen, gesetzliche **4** 13 ff.
- Wegfall § 305 lit.a Nr. 1 BGB-RegE **4** 98 ff.

Einbeziehung, Unternehmen **4** 3, 8 ff., 69 ff.
- Abwehrklausel **4** 75
- Anwendung § 310 Abs. 1 BGB **4** 69
- Auftragsbestätigung **4** 75
- ausdrückliche **4** 70
- Bestätigungsschreiben, kaufmännisches **4** 74 f.
- Handelsbrauch **4** 78 ff.
- kaufmännischer Geschäftsverkehr **4** 78
- Scheinunternehmer **6** 4
- schlüssige **4** 76

Einbeziehung, Veranlassung **3** 46 ff.
- Bauherrenmodell **3** 50
- Drittklausel **3** 48
- Klauseln mit Leerraum **3** 53 f.
- Regelungsalternative **3** 52
- Veranlassen, Begriff **3** 51 ff.
- Veranlasser **3** 46 ff.
- Verbrauchervertrag **3** 49
- Verhandlungsbereitschaft **3** 56

Einkaufsbedingungen **5** 275
Einmalbedingung **6** 36 ff.
Einmalklausel **3** 39
Einrichtung, qualifizierte **2** 47
Einverständnis **4** 59 ff.
Einwendung **2** 35
Einwilligungsklausel **4** 34
Einzelfallbetrachtung **3** 40, 69
Elektrizitätsunternehmen **6** 12 ff.
Empfängerhorizont **3** 22 f.
Entscheidungsregister BKartA **2** 45
Erbrecht **6** 60 f.
Erklärungen, fingierte **5** 382 ff.
- Angemessenheit, Erklärungsfrist **5** 389 ff.
- Anwendungsbereich **5** 384
- Darlegungs- und Beweislast **5** 399
- Eintritt Erklärung **5** 400
- Einzelfälle Erklärungsfristen **5** 390
- Erklärung, antizipierte **5** 386
- Geschäftsverkehr, kaufmännischer **5** 401

- Hinweispflicht **5** 392 ff.
- VOB Ausnahme **5** 397 f.
- Voraussetzungen, allgemeine **5** 382 ff.
- Wiedergabe gesetzliche Fiktion **5** 386
- Zulässigkeit **5** 388 ff.

Ersatz-AGB **4** 218
Ersetzungsklausel **4** 217

Familienrecht **6** 60 f.
Fernwärmeunternehmen **6** 12 ff.
Form
- Anzeige/Erklärung **5** 243 ff.
- Eingang bei bestimmten Personen **5** 251
- Geschäftsverkehr, kaufmännischer **5** 253
- Posteingangsstelle, zentrale **5** 251
- Schriftform **5** 248
- Textform **5** 249
- Zugang **5** 250

Formularverträge **4** 14
Formularverwendung **3** 46 ff., 63
Freizeichnungsklausel **4** 221
Frist
- Erklärungsfrist **5** 389 ff.
- Klauselverbote mit Wertungsmöglichkeit **5** 256 ff.
- Klauselverbote ohne Wertungsmöglichkeit **5** 14 ff., 120
- nicht hinreichend bestimmte **5** 167
- Verkürzung Mängelanzeigepflicht **5** 182 ff.

Gasunternehmen **6** 12 ff.
Gefährdung, Vertragszweck **5** 450 ff.
Gefahrübergangsklausel **2** 17
Gemeinschaftsordnung **3** 28
Generalklausel **5** 471 ff.
Geschäftsbesorgungsvertrag **5** 334
Geschäftsverkehr, kaufmännischer
- Abschlussvertreter **5** 227
- Änderungsvorbehalt **5** 379
- Annahme-/Leistungsfrist **5** 290 f.
- Anzeige/Erklärung, Klauselverbot **5** 243
- Aufrechnungsverbot **5** 59
- Ausschlussfrist Mängelanzeige **5** 186
- Ausschlussklausel **5** 153 f.
- Barzahlungs-/Handelsklausel **5** 59
- Begrenzung, persönliche **6** 2
- Begrenzung, sachliche **6** 2
- Bestätigungsschreiben, kaufmännisches **4** 74 f., 133
- Eigentumsvorbehalt **4** 133
- Einbeziehung bei Unternehmen **4** 78 ff.
- Erklärungen, fingierte **5** 401
- Form **5** 253
- Fristsetzung **5** 66
- Gewährleistung **5** 153 f., 187

419

Stichwortverzeichnis

- Haftungsausschluss 5 129
- Indizwirkung, mittelbare Wirkung 6 9
- Kassaklausel 5 59
- kaufmännisches Bestätigungsschreiben 4 74 ff.
- Leistungsverweigerungsrechte 5 47
- Mahnung 5 66
- Nacherfüllung 5 166 ff., 174 f., 181
- Nachfrist 5 326
- Nichtverfügbarkeit Leistung 5 432 ff.
- Pauschalierung Schadensersatz 5 83
- Person, juristische ÖR 6 5
- Preiserhöhungsklauseln 5 35 ff.
- Rücktrittsvorbehalt 5 358
- Scheinunternehmer 6 4
- Subsidiaritätsklausel 5 153 f.
- Transparenzgebot 5 464
- Unternehmer 6 3
- Verjährung 5 195
- Vertragsabwicklung 5 431
- Vertragsstrafe 5 90, 99 f.
- Verweisungsklausel 5 153 f.
- Verwendung AGB im ~ 6 2 ff.
- Vielzahl von Verträgen 3 43
- Wechsel Vertragspartner 5 219
- Zugangsfiktion 5 410
- Zurückbehaltungsrechte 5 46

Gesellschaftsrecht 6 62 ff.
Gesetz zur Bekämpfung des Zahlungsverzugs im Geschäftsverkehr 5 291
Gesetzgebungsmaterialien 1 2
Gesundheitsfragen 3 29
Gewährleistung 5 130 ff.

- Antiquitäten 5 133
- Ausschlussfrist Mängelanzeige 5 182 ff.
- Ausschlussklausel 2 17, 5 139 ff.
- Geschäftsverkehr, kaufmännischer 5 153 f., 187
- Haftungsausschluss 5 121
- II. Wahl 5 133
- Lieferung neu hergestellter Sachen 5 131 ff.
- Mangel Bauwerk 5 186
- Mangel, offensichtlicher 5 184 f.
- Mängelanzeige Ausschlussfrist 5 182 ff.
- Miet-/Pacht-/Gebrauchsüberlassung 5 132
- Neuheit 5 137
- Nutztier 5 134
- Preisnachlass 5 133
- Rechtsmangel 5 138 f.
- Sache, zusammengesetzte 5 135
- Software 5 133
- Subsidiaritätsklausel 5 147 ff.
- Verweisung auf Dritte 5 139 ff.
- Verweisungsklausel 5 144 ff.
- Werkleistung 5 131

gleichwertige Zahlungsaufstellung 5 303

Grund, sachlicher
- Arbeitskampfmaßnahme 5 341
- Preissteigerung 5 342
- Rücktrittsvorbehalt 5 337 ff.
- Selbstlieferungsvorbehalt 5 343
- Vertragspartner 5 345 ff.
- Verwender 5 338 ff.
- Vorratsschuld 5 340

Grundschuld 4 142

Haftungsausschluss 5 102 ff.
- Ansprüche, deliktische 5 104
- Beförderungsbedingungen 5 128
- Geschäftsverkehr, kaufmännischer 5 129
- Kündigungsrecht 5 127
- Lotterie-/Ausspielvertrag 5 105
- Personenbeförderung 5 105
- Pflichtverletzung 5 114, 120 ff.
- Rücktrittsrecht 5 124 ff.
- Schlechtleistung 5 114
- Tarifvorschriften 5 128
- Verletzung Leben/Körper/Gesundheit 5 107 ff.

Hinweispflicht Verwender 4 18 ff.
- Aushang 4 27 ff.
- Ausländer 4 22
- bei Vertragsschluss 4 19
- Einbeziehung mehrere AGB 4 23
- Erklärungen, fingierte 5 392 ff.
- Hinweis, ausdrücklicher 4 19
- Hinweis, Ausnahme 4 27
- Klauselwirrnis 4 23
- nach Vertragsschluss 4 24 ff.
- Ort 4 20
- Unterscheidung Vertragsbedingung 3 22
- VOB/B 4 21

Immobilien 5 136
Individualvereinbarung 3 59 ff.
- Aushandeln 3 60, 67 ff.
- Auslegung 3 74
- Begriff 3 59
- Beweislast 3 89 ff.
- Einzelfallbetrachtung 3 69
- Fernwirkung 3 77
- Formularverwendung 3 63
- Individualabrede 3 65 ff.
- nach Vertragsschluss 3 78
- prima-facie Beweis 3 63
- Schriftformklausel 3 80 ff.
- Tarifwahl 3 71
- Teilklausel 3 76
- Übung, betriebliche 3 88
- Unwirksamkeitsgrund 3 62
- Verhandlungsbereitschaft 3 67

Stichwortverzeichnis

- Verwendung, inhaltlich unveränderte **3** 70 ff.
- vorformulierte **3** 72
- Vorrang vor AGB **3** 61, 64, 75 ff., 86
- Widerspruch, mittelbarer/indirekter **3** 75
Informationspflichtenklausel **4** 178
Inhaltskontrolle **1** 3 f., **5** 11 ff.
- Anwendbarkeit **5** 11 ff.
- Vorrang überraschende Klausel **4** 154
Interesse, öffentliches **1** 4
Internethandel
- Einbeziehung bei Unternehmen **4** 83 f.
- Fremdsprache **4** 47 f.
- Kenntnisnahmemöglichkeit **4** 32, 37 ff.
Irreführung **5** 469

Kassaklausel **5** 59
Kenntnisnahmemöglichkeit **4** 30 ff.
- Abwesenheit **4** 35
- Analphabet **4** 57
- Anwesenheit **4** 35
- Ausländer **4** 46, 58
- Behinderung **4** 30, 49 ff.
- Bildschirmtext **4** 37
- Datenschutzerklärung Werbezweck **4** 33
- Ebay **4** 32
- Einwilligungsklausel **4** 34
- Fremdsprache **4** 47 f.
- Internethandel **4** 32, 37 ff.
- Klausel, salvatorische **4** 45
- Staffelverweisung **4** 43
- Telefonabschluss **4** 36
- Transparenzgebot **4** 44
- Zumutbarkeit **4** 44
Kfz
- Informationspflichtenklausel **4** 178
- Waschanlage **5** 489 f.
Klageverzicht **5** 254
Klausel mit Leerraum **3** 53 f.
Klausel, deklaratorische **3** 17
Klausel, gleichrangige widersprechende **4** 184
Klausel, mehrdeutige **4** 174 ff.
- Gewerbemiete **4** 179 ff.
- gleichrangige widersprechende **4** 184
- Informationspflichtenklausel Kfz **4** 178
- Kernbereich **4** 182
- Schönheitsreparaturen **4** 186
- Unklarheitenregelung **4** 174, **5** 271
Klausel, missbräuchliche **1** 3 f.
Klausel, salvatorische **4** 45, 217, **5** 466
Klausel, überraschende **4** 135 f., 155 ff.
- Bürgschaft auf erstes Anfordern **4** 141
- Darlegungs- und Beweislast **4** 138
- Einbeziehungsvoraussetzung, negative **4** 136
- Einzelfälle, bejahte **4** 171 f.
- Einzelfälle, verneinte **4** 173

- Grundschuld **4** 142
- Rechtsbegriffe **4** 165
- überraschende **4** 159 ff.
- Überrumpelungseffekt **4** 137, 159 ff.
- Ungewöhnlichkeit, objektive **4** 157 f.
- Verbot Reduktion, geltungserhaltender **4** 166 ff.
- Verjährungsbegrenzung **4** 140
- Vorrang vor Inhaltskontrolle **4** 154
- Zeitbürgschaft **4** 139
Klauselabgrenzung, geltungserhaltende **4** 169
Klauselverbote mit Wertungsmöglichkeit **5** 256 ff.
- Einzelfallbetrachtung **5** 256
- Interessenabwägung **5** 257
- Rechtsbegriff, unbestimmter **5** 256
- Rechtsfolge **5** 259
- Tatbestandsmerkmale, wertungsunabhängige **5** 258
- Wertungswiderspruch **5** 257
Klauselverbote ohne Wertungsmöglichkeit **5** 14 ff.
- Abschlussvertreter, Haftung **5** 220 ff.
- Aufrechnungsverbot **5** 48 ff.
- Barzahlungs-/Handelsklausel **5** 59
- Beweislast **5** 228 ff.
- Dauerschuldverhältnisse Laufzeit **5** 196 ff.
- Einleitungssatz **5** 17
- Einzelfälle **5** 18 ff.
- Erleichterung Verjährung **5** 188 ff.
- Form Anzeige/Erklärung **5** 243 ff.
- Fristsetzung **5** 61 ff.
- Kassaklausel **5** 59
- Leistungsverweigerungsrechte **5** 38 ff.
- Mahnung **5** 61 ff.
- Preiserhöhung, kurzfristige **5** 18 ff.
- Rechtsfolgen **5** 33, 37, 60, 82
- Wechsel Vertragspartner **5** 210 ff.
- Zurückbehaltungsrechte **5** 46
Kollision **4** 131 ff.
- Abwehrklausel **4** 130
- Prinzip der Kongruenzgeltung **4** 128 ff.
- Theorie des letzten Wortes **4** 127
Kongruenzgeltung **4** 128 ff.
Konkurrenzregel **3** 61, 64, 86
Kündigung
- Kündigungsrecht **5** 127

Lastschriftenklausel **3** 45
Leasing **5** 334
Legaldefinition **3** 1
Leistung
- Leistungsvorbehalt **5** 277
- Rückgewähr **5** 435
- Verweigerungsrecht **5** 38 ff.
Lieferbedingungen
- Annahme-/Leistungsfrist **5** 275
Lieferung **5** 131 ff.

421

Stichwortverzeichnis

Lotterie-/Ausspielvertrag **5** 105

Mahnung **5** 61 ff.
Merkblatt **6** 56
Mietvertrag
– Aufrechnungsverbot **5** 56
– Aufwendungsanspruch **5** 429
– Gewährleistung **5** 132
– Klauseln, mehrdeutige **4** 178 ff.
– Kündigungsausschluss **5** 493
– Leistungsverweigerungsrechte **5** 44
– Rücktrittsvorbehalt **5** 334
– Schönheitsreparaturen **4** 186, **5** 448, 492
– Unangemessenheit **5** 492 f.
– Vertragsstrafe **5** 101
Missbräuchlichkeit
– Interesse, öffentliches **1** 4
– Missbräuchliche-Klausel-Richtlinie **1** 3
– Missbrauchskontrolle **1** 3 f.
– Zuständigkeit **1** 3
Missverständlichkeit **5** 164

Nacherfüllung **5** 155 ff.
– Anzahl Versuche **5** 165
– Aufwendungen **5** 169 ff.
– Bauleistung **5** 162
– Fehlschlag **5** 161
– Geschäftsverkehr, kaufmännischer **5** 166 ff., 174 f., 181
– Nacherfüllungsklausel **2** 16 f.
– Scheitern **5** 157 f.
– Unverhältnismäßigkeit **5** 179 f.
– Vorenthaltung **5** 176 ff.
– Vorleistungsklausel **5** 176 ff., 179
Nachfrist **5** 315
– Geschäftsverkehr, kaufmännischer **5** 326
– Unangemessenheit **5** 319 ff.
– Unangemessenheit, Einzelfälle **5** 323
– unechte **5** 276
Nichtigkeit **4** 220, 224 ff.
Nichtverfügbarkeit Leistung **5** 432 f.
– Geschäftsverkehr, kaufmännischer **5** 436
– Lösungsrecht **5** 435
– Rückgewähr Leistung **5** 435
– Selbstlieferungsvorbehalt **5** 434
– Vorratsklausel **5** 434
Notar **3** 39
Nutzungsvergütung **5** 425 f.

Pachtvertrag **5** 334
Partnerschaftsvermittlung **5** 429
Pauschalierung Schadensersatz **5** 67 ff.
– Angemessenheit **5** 71 ff.
– Beispiele Üblichkeit/Unüblichkeit **5** 76

– Beurteilungsspielraum **5** 73
– Beweislast **5** 77
– Geschäftsverkehr, kaufmännischer **5** 83
– Rechtsfolgen **5** 82
– Vorbehalt Nachweis geringer Schaden **5** 78 ff.
Personenbeförderung **5** 105
Postbeförderungsverträge **4** 95 ff., 104 ff.
Posteingangsstelle, zentrale **5** 251
Praktik, verbraucherschutzgesetzwidrige **2** 22
Preiserhöhung **5** 342
– Anpassungsklauseln **4** 212, 219, **5** 18 ff.
– Erhöhungsklauseln **5** 18 ff.
– Geschäftsverkehr, kaufmännischer **5** 35 ff.
– Grund, sachlicher **5** 29 ff.
– kurzfristige **5** 18 ff.
– Rechtsfolge **5** 33, 37
– Reisevertrag **5** 34
prima-facie Beweis **3** 41, 63
Privatautonomie **2** 9, 51

Rahmenvereinbarung **4** 65 ff.
Rechnung
– Begriff **5** 303
Recht, materielles **2** 1 ff.
– Änderungen, inhaltliche durch Integration **2** 1 ff.
– Anwendungsbereich AGB-Recht **2** 53 ff.
– Ausstrahlungswirkung **2** 57 ff.
– Dispositivität Schuldrecht **2** 59
– Grundsatz Privatautonomie **2** 9
– Inhaltsfreiheit **2** 7
– Neuordnung, systematische **2** 2 ff.
– Prüf-/Anpassungsbedarf für die Praxis **2** 14
– Rationalisierungsfunktion **2** 6
– Spielraum für Ergänzung/Anpassung **2** 15 ff.
– Splitting-Lösung **2** 10
– Verbrauchsgüterkauf **2** 16 f.
– Vereinfachungsfunktion **2** 6
– Vertragsfreiheit **2** 7
– Vertragsgestaltungsfreiheit **2** 8, 59
– Vertragsparität **2** 7
– Zweck **2** 58 ff.
Rechtsfolgen **5** 377
– Annahme-/Leistungsfrist **5** 287
– Klauselverbote mit Wertungsmöglichkeit **5** 259
– Rücktrittsvorbehalt **5** 358
– Verbrauchervertrag **6** 51 f.
Rechtsfolgen
– Nichteinbeziehung/Unwirksamkeit **4** 4 f., 195 ff., 226 ff.
– Anpassungsklausel **4** 219
– Aufrechterhaltung Restvertrag **4** 199 ff.
– Dissens, offener **4** 203
– Eingreifen, ersatzweises Recht, dispositives **4** 205 ff.
– Ersatz-AGB **4** 218

422

Stichwortverzeichnis

- Freizeichnungsklausel **4** 221
- Gesamtnichtigkeit **4** 220
- Preisänderungsklausel **4** 212
- Schadensersatzanspruch **4** 229
- Totalnichtigkeit **4** 224 ff.
- Unwirksamkeit Vertrag **4** 220 ff.

Rechtsgeschäft, einseitiges **2** 61, **3** 14, 18 ff.
Rechtsprechungsübersicht **1** 1
Reduktion, geltungserhaltende **4** 166 ff., 199 ff., 214
Regelwerk, sportliches **3** 29
Reisevertrag
- Preiserhöhung **5** 34
- Unangemessenheit **5** 424, 491

Rücktritt
- Angabe Lösungsgrund **5** 354 ff.
- Haftungsausschluss **5** 127

Rücktrittsvorbehalt **5** 327 ff.
- Angabe Lösungsgrund **5** 354 ff.
- Anwendungsbereich **5** 329 ff.
- Dauerschuldverhältnisse **5** 334
- Geschäftsverkehr, kaufmännischer **5** 358
- Rechtsfolge **5** 357

Sache
- Immobilien **5** 136
- neue **5** 131 ff., 137
- zusammengesetzte **5** 135

Schadensersatz
- Aufwendungsanspruch **5** 429
- Schiedsspruch **1** 7
- Schiedsvereinbarung **1** 7

Schlichtungsstelle **2** 46
Schönheitsreparatur **4** 186, **5** 448, 492
Schuldübernahme **5** 214
Software **5** 133
Sonderabnehmer **6** 13 f.
Splitting-Lösung **2** 10
Staffelverweisung **4** 43
Subsidiaritätsklausel **5** 147 ff.
Subunternehmervertrag **3** 34, 44
Synopse BGB – AGBG (alt) **2** 49

Tarifvorschriften **5** 128
Tarifwahl **3** 71
Teilklausel **3** 76
Teilleistung **5** 363
Teilungserklärung **3** 29
Telefonabschluss **4** 36
- Call-by-Call-Verfahren **4** 110 ff.
- Dienstleistung nach Ende Telefonat **4** 113, 117
- Einbeziehung **4** 95 ff.
- Fernkommunikationsmittel **4** 115 f.
- Mehrwert-/Informationsdienste **4** 110 ff.

- Telefonverbindung **4** 110 ff.

Telekommunikationsvertrag
- Darlegungs- und Beweislast **5** 241

Tier/Nutztier **5** 134
Transparenzgebot **4** 44, **5** 455 ff.
- Fallgruppen **5** 465 ff.
- fehlende **5** 468
- Geschäftsverkehr, kaufmännischer **5** 464
- Irreführung **5** 469
- Stellung, systematische **5** 467
- Vorbehalt Gestaltung **5** 470
- Vorbehalte, salvatorische **5** 466
- Zusammenwirken mit anderen AGB **5** 467

Übergangsvorschriften **2** 48
Überleitungsvorschriften **2** 44 ff.
Überprüfungs- und Abnahmefrist **5** 306 f.
- Entgeltforderung des Vertragspartners **5** 312
- kaufmännischer Verwender **5** 313 f.
- unangemessene ~ **5** 308
- Zahlungspflicht des Verwenders **5** 312

Überrumpelungseffekt **4** 137, 159 ff.
Übung, betriebliche **3** 88
Umgehungsverbot **4** 118 ff.
- Anweisung, bankinterne **4** 124
- Auslegung **4** 122
- Umgehung **4** 122 f.

Unangemessenheit
- Annahme-/Leistungsfrist **5** 265 ff.
- Annahme-/Leistungsfrist, Einzelfälle **5** 269, 282
- Aufwendungsanspruch **5** 427 f.
- Benachteiligung **5** 479 f.
- Nachfrist **5** 319 ff.
- Nachfrist, Einzelfälle **5** 323
- Vergütungsanspruch **5** 421 ff.
- Vertragsabwicklung **5** 419 ff., 427 ff.

Unbestimmtheit
- Annahme-/Leistungsfrist **5** 283

Unterlassungsklagengesetz (UKlaG) **2** 1 ff., 19 ff.
- als verfahrensrechtlicher Teil AGB-Recht **2** 19 ff.
- Anspruch auf Mitteilung Daten **2** 38 f.
- Anspruchsgegner **2** 31
- Anwendbarkeit ZPO **2** 31
- Anwendungsausschluss **2** 43
- Bekanntmachungsbefugnis **2** 32
- Einrichtung, qualifizierte **2** 47
- Einwendung gegen Urteil **2** 35
- Entscheidung, abweichende **2** 35
- Entscheidungsregister BKartA **2** 45
- Ermächtigung zu Rechtsverordnungen **2** 41 f.
- Geltendmachung Anspruch **2** 26 f.
- Gliederung **2** 19
- Klageberechtigte **2** 22 ff.
- Kundenbeschwerden **2** 40 ff.
- Praktik, verbraucherschutzgesetzwidrige **2** 22

423

Stichwortverzeichnis

- Schlichtungsstellen **2** 46
- Stelle, qualifizierte **2** 28 ff.
- Synopse BGB – AGBG (alt) **2** 49
- Übergangsvorschriften **2** 48
- Überleitungsvorschriften **2** 44 ff.
- Unterlassungsanspruch **2** 22 ff.
- Unwirksamkeit Klausel **2** 36
- Urteilsformel **2** 34
- Verbraucherschutzgesetz **2** 24
- Verfahren **2** 31 ff.
- Verjährung **2** 27
- Versicherungsbedingungen **2** 33
- Widerrufsanspruch **2** 22 ff.
- Wirkung Urteil **2** 36
- Zielsetzung **2** 20

Unvereinbarkeit **5** 442 ff.
Unverhältnismäßigkeit **5** 136 f.
Unwirksamkeit
- aus Urteil nach UKlaG **2** 36
- Individualvereinbarung **3** 61

Veranlasser **3** 46 ff.
Verbraucherschutz **1** 3, **2** 24
Verbrauchervertrag **6** 20 ff.
- Arbeitsvertrag **6** 26 ff., 68 ff.
- Benachteiligung, unangemessene **6** 53 ff.
- Bereichsausnahmen **6** 59 ff.
- Darlegungs- und Beweislast **6** 45 ff.
- Drittklauseln **6** 39 ff.
- Einmalbedingung **6** 36 ff.
- Erbrecht **6** 60 f.
- Familienrecht **6** 60 f.
- Gesellschaftsrecht **6** 62 ff.
- Inhaltskontrolle **6** 55
- Möglichkeit Einflussnahme **6** 43 ff.
- Rechtsfolge **6** 51 f.
- Standard~ **6** 32 ff.
- Tatbestandsvoraussetzung **6** 49
- Veranlassung Einbeziehung **3** 49
- Verbraucher **6** 30
- Verwendung, einmalige **3** 39

Verbrauchsgüterkauf **2** 16 f.
- Gefahrübergang **2** 17
- Gewährleistungsausschluss **2** 17
- Nacherfüllungsklausel **2** 17
- Verjährungsklausel **2** 17

Vergütungsanspruch
- Dienstleistungsertrag **5** 422
- Reisevertrag **5** 424
- Vertragsabwicklung **5** 415 f., 421 ff.
- Werkvertrag **5** 423

Verhandlungsbereitschaft
- Individualvereinbarung **3** 65 f.
- Veranlassung Einbeziehung **3** 56

Verjährung
- Begrenzung **4** 140
- Erleichterung **5** 188 ff.
- Geschäftsverkehr, kaufmännischer **5** 195
- Klausel **2** 17
- Mängel **5** 184 ff.
- UKlaG **2** 27
- Verkürzung Mängelanzeigepflicht **5** 182 ff.

Verlängerungsklausel **5** 278
Verschleierung **5** 468
Versicherungsvertrag
- Annahme-/Leistungsfrist **5** 288
- AVB **4** 98 ff.
- Einbeziehung **4** 68
- Versicherungsbedingungen **2** 33, **4** 15, 147, 164

Versteigerer **3** 48
Verstoß Treu/Glauben **5** 437 ff.
- Benachteiligung, unangemessene **5** 441 ff.
- Generalklausel **5** 471 ff.
- Tatbestandsvoraussetzung **5** 475 ff.

Vertragsabwicklung **5** 411 ff.
- Anwendungsbereich **5** 413 f.
- Aufwendungsanspruch **5** 417 f., 427 ff.
- Dienstleistungsertrag **5** 422
- Gegenbeweis **5** 430
- Geschäftsverkehr, kaufmännischer **5** 431
- Nutzungsvergütung **5** 425 f.
- Reisevertrag **5** 424
- Unangemessenheit **5** 419 ff., 427 ff.
- Vergütungsanspruch **5** 415 f., 421 f.
- Werkvertrag **5** 423
- § 308 Nr. 7 lit a BGB **5** 415 f.
- § 308 Nr. 7 lit b BGB **5** 417 f.

Vertragsbedingung **3** 12 ff.
- AGB, öffentlich-rechtliche **3** 30 f.
- AGB-Charakter **3** 33
- Bestätigung Tatsache **3** 13
- Einbeziehung **3** 24 f.
- Empfängerhorizont **3** 22 f.
- Erklärungen Versicherer **3** 29
- Gemeinschaftsordnung **3** 29
- Gesundheitsfragen **3** 29
- Inhaltsbestimmung **3** 16
- Klausel, deklaratorische **3** 17
- kleine, dynamische **3** 27
- Rechtsgebiete, ausgeschlossene **3** 25 ff.
- Rechtsgeschäft, einseitiges **3** 14, 18 ff.
- Regelungen, unwirksame **3** 29
- Regelwerk, sportliches **3** 29
- Subunternehmervertrag **3** 34
- technische **4** 146
- Teilungserklärung **3** 29
- Unterscheidung Bitte/Empfehlung/Hinweis **3** 22
- Vertragsschluss **3** 14
- Vertragsschlussklausel **3** 16

Stichwortverzeichnis

- VOB/C **3** 32
- Werbeprospekt **3** 13
- Vertragsbeendigung **5** 89
- Vertragsgestaltungsfreiheit **2** 62
- Vertragsparität **2** 7
- Vertragspartnerwechsel **5** 210 ff.
- Vertragsschlussklausel **3** 16
- Vertragsstrafe **5** 84 ff.
  - (Nicht-)Abnahme **5** 89
  - Angemessenheit **5** 96
  - Anrechnung **5** 96
  - Ausschließlichkeitsbindung **5** 101
  - Bauaufträge **5** 100 f.
  - Geschäftsverkehr, kaufmännischer **5** 90, 100 f.
  - Handelsvertretervertrag **5** 101
  - Höhe **5** 93 f., 100
  - Kumulierung **5** 100
  - Mietvertrag **5** 101
  - Submissionsabsprache **5** 101
  - untersagte **5** 89
  - Verschulden Vertragspartner **5** 95, 100
  - Verstöße, mehrere **5** 98
  - Vertragsbeendigung **5** 89
  - Verzögerung, erhebliche zeitliche **5** 99
  - Wirksamkeitserfordernisse **5** 91 ff.
- Vertragstypen, gemischte **5** 199 f.
- Vertragsübernahme **5** 214
- Vertreter
  - Abschlussvertreter **5** 220 ff., 225, 227
  - Geschäftsverkehr, kaufmännischer **5** 227
  - Handelsvertreter **5** 101, 334, 429
- Verwahrvertrag **5** 334
- Verweisungsklausel **5** 144 ff.
- Verwender **3** 46 ff.
- Verwirrung **5** 469
- Verzug **5** 89
- Vielzahl von Verträgen
  - Absicht der Mehrfachverwendung **3** 40 ff.
  - Absicht der Mehrfachverwendung, Dritter **3** 41
  - Anschein der Mehrfachverwendungsabsicht **3** 43
  - Begriff **3** 36 ff.
  - Einzelfallbetrachtung **3** 40

- Indizierung bei Unternehmer **3** 44
- Lastschriftklausel **3** 45
- Subunternehmervertrag **3** 44
- Vertragsidentität **3** 42
- Zahl, unbestimmte **3** 40 ff.
- VOB
  - Erklärungen, fingierte **5** 397 f.
- VOB/B **4** 21
- VOB/C **3** 32
- Vorformulierung **3** 35 ff.
- Vorleistungsklausel **5** 176 ff.
- Vorrang **4** 154

- Wartungs-/Servicevertrag **5** 429
- Wasserversorgungsunternehmen **6** 12 ff.
- Werkleistung **5** 131
- Werkvertrag **5** 423
- Widerrufsrecht
  - Ausnahme von Klauselverbot **5** 284 ff.

- Zahlungsfrist **5** 291
  - 30 Tage nach Empfang der Gegenleistung **5** 300 f.
  - 30 Tage nach Zugang einer Rechnung **5** 302
  - Entgeltforderung des Vertragspartners **5** 298
  - kaufmännischer Verwender **5** 299
  - konkrete Vorgaben **5** 295
  - unangemessen lange ~ **5** 292
  - Unangemessenheit **5** 293 ff.
  - Zahlungspflicht des Verwenders **5** 298
  - Zugang der Rechnung **5** 296
- Zahlungsverzug **5** 89
- Zeitbürgschaft **4** 139
- Zinsen
  - Änderungen **5** 372 ff.
- Zugangsfiktion **5** 402 ff.
  - Abgabe-/Absendefiktion **5** 406
  - Geschäftsverkehr, kaufmännischer **5** 410
- Zugangszeiten **5** 252
- Zumutbarkeit **4** 44, **5** 365 ff.
- Zurückbehaltungsrechte **5** 46
- Zuständigkeit **1** 3 f.

Diese digitale Fachbibliothek kann mehr.

Das Deutsche Anwalt Office Premium bietet Fachwissen, Formulare und Seminare.

Ausführliche Informationen finden Sie unter: www.haufe.de/daop

Oder rufen Sie uns einfach an:
0800 72 34 252 (kostenlos)

DeutscherAnwaltVerlag   HAUFE.

Alles rund ums Zivilprozessrecht!

AnwaltFormulare
Zivilprozessrecht

AnwaltFormulare
Zwangsvollstreckung
Erläuterungen und Muster

AnwaltFormulare
Vorläufiger Rechtsschutz
Schriftsätze und Erläuterungen
mit CD-ROM

Das 1x1 der Lohnpfändung
Erläuterungen, Tabellen,
Rechenbeispiele, Formulare

Inkassokosten
Ein Praxisleitfaden zur
Erstattungsfähigkeit von Inkassokosten

Die Reform der Sachaufklärung
Sachpfändung und Vermögensauskunft
(Offenbarungsverfahren) unter neuen
Bedingungen

Kontopfändung unter veränderten Rahmenbedingungen

Die Praxis der Zwangsverwaltung

Das 1 x 1 des neuen Mediationsgesetzes
Mediation und andere Formen
außergerichtlicher Konfliktbeilegung

Diese und weitere Bücher finden Sie auf unserer Homepage unter:
www.anwaltverlag.de

Deutscher**Anwalt**Verlag

Rechtsanwalt
Norbert Schneider
Gebührenrechtsexperte
Mitentwickler von
AnwaltsGebühren.Online

„Mein Expertenwissen ist sofort zur Stelle, wo Sie es auch brauchen. Und zwar mit einem Klick in AnwaltsGebühren.Online."

Was Sie von AnwaltsGebühren.Online erwarten können: Zeitersparnis, Arbeitsentlastung, Honorarvorteile. Denn Gebührenexperten wie ich servieren Ihnen unser Wissen quasi auf dem Silbertablett genau dahin, wo Sie es bei der Abrechnung gerade brauchen.

Keine langwierige Recherche in dicken Wälzern mehr! Ab sofort erhalten Sie Expertentipps, Sonderfälle und Grenzwerte bequem mit einem Klick maßgeschneidert für Ihre Abrechnung. Für Sie bedeutet das: Lehnen Sie sich entspannt zurück!

AnwaltsGebühren.Online weiß automatisch, welches Expertenwissen Ihnen gerade helfen könnte. Außerdem führt Sie die Software Schritt für Schritt durch alle Positionen, die bei Ihrem abzurechnenden Sachverhalt relevant sind. Insgesamt ein einzigartiger Service, mit dem Sie endlich das Maximum aus Ihrer Abrechnung herausholen.

AnwaltsGebühren.Online

DAMIT UNTERM STRICH MEHR RAUSKOMMT

Jetzt 30 Tage kostenlos testen!

Deutscher**Anwalt**Verlag

Anmeldung zum GRATIS-Test unter:
www.anwaltsgebuehren.online